# DIOS EN SANDALIAS

Encuentros transformadores
con el Verbo hecho carne

CHRISTOPHER SHAW

TYNDALE HOUSE PUBLISHERS
CAROL STREAM, ILLINOIS, EE. UU.

Visite Tyndale en Internet: TyndaleEspanol.com y BibliaNTV.com.

*Tyndale* y el logotipo de la pluma son marcas registradas de Tyndale House Ministries.

*Dios en sandalias: Encuentros transformadores con el Verbo hecho carne*



Originalmente publicado en el 2008 por Desarrollo Cristiano Internacional, con ISBN 978-9-968881-17-3.



Diseño de la versión de Tyndale: Alberto C. Navata Jr.

Edición del español: Desarrollo Cristiano Internacional



ISBN 978-1-4143-9971-3

Impreso en Estados Unidos de América
Printed in the United States of America

30 29 28 27 26 25 24
11 10 9 8 7 6 5

# Agradecimientos

Solamente quien se ha propuesto producir un libro conoce íntimamente el profundo esfuerzo que representa. Por el camino no solamente debe sobreponerse a los interminables obstáculos que son comunes a este tipo de proyecto, sino también sostener una feroz lucha, en el hombre interior, con el desánimo. En ocasiones, cuando la sensación de estar trabajando en vano ha sido particularmente intensa, he peleado contra el deseo de abandonar el proyecto. Es por esto que quisiera, de manera especial, dejar testimonio escrito de la bendición que ha significado para mí trabajar a la par de mi asistente editorial, Ismaela de Vargas. Ella no solamente ha aportado su valiosa experiencia profesional al tedioso proceso de revisar y corregir el texto de cada día, sino que muchas veces también me ha acercado esa palabra de ánimo que ha sido invalorable para seguir adelante con el proceso. ¡Por todo esto, y tantas otras cosas: gracias, Ismaela!

Agradezco a la persona que realizó el minucioso trabajo de revisar el texto, buscando mejorar aún los detalles más pequeños. Su respeto y eficiencia en el desempeño de esta labor han sido de mucha inspiración para mí. Aunque prefirió permanecer en el anonimato, sé que su servicio no ha pasado desapercibido por Aquél que *ve en lo secreto.*

También quisiera agradecer a mi hija, Melanie, por la creatividad y el esmero que invirtió en el diseño de la portada y el interior de la publicación original. Su capacidad para tomar un concepto y volcarlo en una imagen que complementa el mensaje del texto ha sido maravillosa.

Por último, quisiera agradecer a todo el equipo de Desarrollo Cristiano Internacional por las muchas maneras en que me han animado por el camino, soportando las inevitables desatenciones que resultan de trabajar tan intensamente en un proyecto como este.

En cuanto al Señor, el salmista es el que mejor describe el sentir de mi corazón en este tiempo:

*Cuando veo tus cielos, obra de tus dedos,*
*la luna y las estrellas que tú has establecido,*
*digo: ¿Qué es el hombre para que de él te acuerdes,*
*y el hijo del hombre para que lo cuides?*
Salmos 8.3–4

La pregunta de David no es una invitación a hacer teología, sino a postrarse ante él y exclamar: *¡Tú has sido exageradamente bueno conmigo, Señor!*

# Índice de temas

# ¡No lea este libro!

Las imágenes hablan por sí mismas. En tres ocasiones, en la historia del pueblo de Dios, el Señor ordenó a sus mensajeros (Jeremías, Ezequiel y Juan) que, literalmente, comieran el texto que contenía sus palabras. El apóstol relata, de aquella experiencia: «tomé el librito de la mano del ángel y lo devoré, y fue en mi boca dulce como la miel; y cuando lo comí, me amargó las entrañas» (Apocalipsis 10.10). Al igual que sus antecesores, el mensaje de Dios se fundió con su persona, de manera que experimentó, en lo más íntimo de sus entrañas, el impacto y peso de lo que el Señor quería compartir con su pueblo. El proceso nos ofrece la más clara evidencia que las Escrituras, por sus orígenes, son como ningún otro texto sobre la faz de la tierra. Acercarnos a ellas es una experiencia que no puede ser alcanzada por el mero ejercicio de captar, con los ojos, las frases impresas sobre sus páginas.

Para experimentar todo lo que nos ofrece la Palabra, sin embargo, debemos entender la forma en que la presente cultura ha afectado nuestros hábitos de lectura. Como nunca antes, nos encontramos expuestos a alarmantes niveles de saturación informática. A la descomunal fuente de información que ofrece Internet se le suma, gracias a los increíbles avances de la tecnología, el acceso a los contenidos de enciclopedias, libros, revistas, diarios, escritos y otras publicaciones que, en otros tiempos, eran el privilegio propio de bibliotecas y bancos de datos. El problema es que no disponemos de tiempo para leer siquiera el 1% de toda la información con que nos cruzamos cada día. La única manera de sobrevivir es mediante un despiadado proceso de selección a la hora de leer algo. El criterio que utilizamos para este proceso responde al espíritu utilitario de este tiempo, lo que lleva a que automáticamente descartemos todo aquello que no aporte un claro y rápido beneficio para nuestra vida.

Esta forma de leer tiene dramáticas implicaciones a la hora de acercarnos al texto sagrado. Un porcentaje elevado del pueblo de Dios ha abandonado por completo la lectura de las Escrituras, porque ya no tienen tiempo para perder en una actividad con tan pocos beneficios aparentes. Otros aún conservamos el hábito de la lectura, pero, sin darnos cuenta, nos acercamos a la Palabra con el mismo espíritu pragmático que la cultura nos ha impuesto. Exigimos que la Biblia nos entregue, sin rodeos, la «fórmula» para resolver el problema o desafío particular que enfrentamos en este momento. Por esto, nuestra lectura se limita a las porciones de las Escrituras que más rápidamente hablan a nuestra necesidad. Testimonio de esto es el hecho de que en muchas Biblias solamente las páginas de los Salmos y algunos libros del Nuevo Testamento muestran señales de haber sido visitados por nosotros.

La lectura de la Palabra de Dios, sin embargo, precisa de un acercamiento enteramente diferente. Ella revela el corazón de nuestro Padre celestial. Cuando nos aproximamos a este texto, debemos deliberadamente descartar el agitado e inquieto espíritu de Marta y asumir la postura de María que tanto agradó al Señor (Lucas 10.39–41). María no indicó a Jesús cuáles eran los temas que debía tocar, ni exigió que su enseñanza se refiriera específicamente a las cargas que ella sobrellevaba. Ni siquiera le impuso la obligación de hablar. Simplemente se ubicó a sus pies y dispuso su corazón para prestarle atención. La libertad que le otorgó es la que tanto necesitamos a la hora de abrir la Palabra.

*Dios en sandalias* intenta llevar al lector por este camino. Si usted ha decidido leer este libro con la intención de encontrar algunos principios que le puedan ser útiles para su propia vida, le garantizo que se sentirá desilusionado. Más bien, cada día encontrará que se le extiende una invitación a participar de su propia aventura, al caminar junto a Cristo por los Evangelios. Puedo afirmar, con absoluta certeza, que lo mejor que ofrece este libro no se encuentra en estas páginas, sino en la persona de Jesús. Si permite que estas páginas sean apenas un punto de partida para algo mucho mayor, encontrará que el libro guarda para usted cierta utilidad.

Para facilitar ese proceso *Dios en sandalias* utiliza una misma estructura cada día. El tema y el texto están detallados al inicio de cada página. En la mayoría de los casos este texto será el mismo durante varios días y se le animará a que vuelva, una y otra vez, a meditar en su contenido. La selección de los pasajes sigue el orden cronológico que emplea la armonía de los cuatro Evangelios.* No obstante, el libro no intenta cubrir la totalidad de los eventos que presentan los Evangelios, aunque encontrará que abarca una gran diversidad de sucesos y enseñanzas en la vida de Jesús.

La primera parte del devocional se denomina *encuentro*. Normalmente consiste en algunas preguntas que pueden servir para estimular su propio encuentro con el Señor. Aunque usted no lo crea, esta es la parte más importante del libro, porque es lo que le permitirá a usted sumergirse en una aventura similar a la que yo he disfrutado durante los últimos cuatro años. Por esta razón, le animo a que resista la tentación de saltear las preguntas. Dedique lo mejor de su tiempo a este período de reflexión y descubrirá cómo Dios comienza a revelarse a su corazón.

La segunda parte de la estructura diaria se denomina *aporte*. En este espacio encontrará algunas de las reflexiones que yo he elaborado con respecto al texto del día. No obstante, quisiera insistir en que esta segunda porción es, a mi entender, la que menos valor tiene. El libro realmente cumplirá con uno de sus principales objetivos si usted se propone mantener un registro de las reflexiones que realiza, las cuales eventualmente constituirán su propio aporte al texto. Con este fin quisiera animarle a que preste especial atención a las revelaciones que el Señor comparte con usted, a medida que se sienta a sus pies para escucharle. A la vez, el diálogo que el libro intenta impulsar se presta para que usted pueda, también, invitar a algunas otras personas a que se unan a usted en esta aventura. Los tiempos que establezcan para compartir lo que van descubriendo serán realmente sabrosos.

Otro elemento que le será útil es que en este libro usted no está obligado a seguir las fechas del calendario anual. En los devocionales tradicionales cada reflexión coincide con un día específico del año. Ocasionalmente, por diferentes compromisos y actividades, encontramos que no hemos podido mantener la lectura del libro y debemos saltear varios días para no atrasarnos con la fecha. La propuesta de *Dios en sandalias* es que usted se comprometa a pasar un año caminando con Jesús por los evangelios, pero tiene libertad para elegir cuándo desea comenzar esa aventura. Por la manera en que están identificados los días, no necesita atarse al calendario y puede aprovechar la continuidad del texto, que es una parte esencial de este libro.

Quisiera señalar, para finalizar, que *Dios en sandalias* se resiste tenazmente a entregarle al lector todas las respuestas a las preguntas planteadas. Por eso, encontrará que muchas reflexiones no desembocan en conceptos bien trabajados y conclusiones prolijamente

* *The Book of Jesus. The New Amsterdam Publishing Company.* © 1997

presentadas. Algunos días sentirá que el ejercicio de caminar con él no le dejó nada en concreto; que son más las preguntas y dudas que las respuestas. Le será útil, en estas ocasiones, recordar que usted participa de un proceso que dejará su fruto solamente con el paso del tiempo. En otras ocasiones sentirá que vuelve, una y otra vez, sobre las mismas observaciones. El insaciable apetito por lo nuevo, que es tan parte de esta cultura, le producirá cierto fastidio con estas reiteraciones. Los Evangelios, sin embargo, no contienen una multitud de enseñanzas, sino unas pocas verdades presentadas, una y otra vez, en distintos formatos. Se le recordará, en reiteradas ocasiones, que la sabiduría en el reino no consiste en saber mucho, sino en practicar lo poco que sí conocemos. En otras situaciones usted percibirá elementos en la persona de Jesús que lo desconciertan, confunden o, incluso, indignan. No se alarme por estas sensaciones. Son un claro indicio de que usted ha comenzado a deshacerse de la imagen que tenía del Señor, para experimentar un acercamiento más íntimo y genuino al Hijo de Dios. El descubrir que Jesús es enteramente diferente a lo que imaginaba es un paso esencial para que la relación que usted disfruta con él salga del plano netamente religioso en el que tan fácilmente caemos.

La lectura detenida de los Evangelios ha sido para mí una experiencia profundamente conmovedora. En ocasiones he sentido intensa tristeza por la insospechada distancia que me separa del Señor. En otros momentos, me ha resultado irresistiblemente seductor el asombroso potencial que encierra conocerlo a él. Aún en otros, me ha pasmado la magnífica liberalidad de su amor. En medio de todas esas impresiones me he visto obligado a preguntarme, una y otra vez, ¿por qué esperé tanto tiempo para aceptar la invitación de caminar con él cada día? Aunque aún me quedan muchas preguntas sin respuesta, una convicción se ha instalado en mi corazón: conozco muy poco a Jesús. Por la gracia de Dios, sin embargo, hoy lo conozco mejor de lo que lo conocía hace unos años. Mi esperanza es que usted también, de aquí a un tiempo, pueda dar testimonio de que conoce mejor a Jesús, de lo que lo conocía antes de iniciar esta aventura.

Christopher Shaw

DIOS EN SANDALIAS

DÍA 1

## La oración de Salomón *(Al comenzar)*

# ¿Qué deseas que haga por ti?

### 1 Reyes 3.5–15

***Si usted no tomó tiempo para leer el prefacio, titulado «¡No lea este libro!», o deliberadamente decidió saltarlo, quisiera animarlo ahora a que vuelva para atrás. En ese segmento del libro encontrará algunas observaciones interesantes sobre la forma en que se armó, incluyendo una lista de sugerencias acerca de la manera en que podrá sacarle el máximo provecho a*** **Dios en sandalias.** ***¿Por qué no toma un momento para leerlo ahora?***

*Una vez concluida la lectura del prefacio, lea el texto de este día. ¿Qué cualidades de Dios revela la oferta que le extendió a Salomón en el verso 5? ¿En qué consistía la carga de Salomón? ¿De qué manera afectó a su oración la responsabilidad que pesaba sobre sus hombros? ¿Cómo respondió el Señor al pedido del rey?*

La aparición del Señor a Salomón en Gabaón constituye uno de los momentos preciosos en la historia del pueblo de Dios. La oferta que recibe el rey revela, primeramente, los riesgos que él Señor está dispuesto a asumir en la relación con sus hijos, pues le estaba dando licencia para que escogiera lo que quisiera. Esta libertad es uno de los maravillosos regalos que el Señor le ha hecho al hombre. Asimismo, la respuesta de Salomón, que agradó sobremanera a Dios, nos permite vislumbrar el extraordinario potencial que puede alcanzar una vida que está enteramente centrada en los asuntos del reino. Claramente Salomón podría haber pedido cualquiera de las cosas que el Señor le mencionó posteriormente (larga vida, riquezas, la vida de sus enemigos), pero lo único que pesaba sobre su corazón era agradar a Dios cumpliendo responsablemente la tarea que él le había confiado. Cuando una persona está enteramente absorta en los asuntos de su Señor, todo lo que ofrece el mundo se torna menos que nada.

Quisiera invitarle ahora a que realice un pequeño ejercicio, basado en la historia de Salomón. Imagine por un momento que Dios se le aparece personalmente y le formula la misma pregunta que le hizo a Salomón: «¿Qué quieres que haga por ti?», una pregunta que Jesús también hizo a algunas de las personas con las que se cruzó durante los tres años de su ministerio público. ¿Cómo respondería usted a esta pregunta? No se apresure en la respuesta. Medite por un momento en las implicaciones de esta oferta y los deseos más profundos de su propio corazón. ¿Qué le pediría al Señor? Convierta en oración la respuesta que viene a su mente.

Ahora quisiera invitarle a un paso adicional en este ejercicio. Imagine que este encuentro entre usted y el Señor se produce, pero se invierten los papeles. En lugar de preguntarle el Señor a usted, usted le pregunta a él: «Señor, ¿qué deseas que yo haga por ti?». ¿Cómo cree usted que él respondería? ¿Estaría usted dispuesto a darle lo que él le pide? Tengo la certeza de que según vaya avanzando usted en el desafío de caminar con Jesús por los Evangelios, encontrará la respuesta para algunas de estas preguntas. ¡Que Dios, en su bondad, le dé la valentía de responder apropiadamente a los desafíos que él le presenta!

DIOS EN SANDALIAS

DÍA 2

# En el principio *(Jesús, Dios Eterno)*
## Más allá del tiempo

### Juan 1.1–14

***Lea el texto de esta semana, y luego concentre su atención en el verso 1. En su opinión, ¿por qué Juan escogió comenzar su evangelio con este mensaje?***

Es bueno y apropiado que nuestra aventura con Jesús inicie en este punto: «En el principio existía el Verbo, y el Verbo estaba con Dios, y el Verbo era Dios» (1).

La declaración del apóstol ofrece una réplica del relato de Génesis, cuyos orígenes también se encuentran más allá de la historia particular del planeta que habitamos: «En el principio creó Dios los cielos y la tierra». Este «principio», al que ambos autores se refieren, escapa a los parámetros que nosotros utilizamos para medir el paso del tiempo, pues está escondido en la misma eternidad.

Juan no pretende entrar en el misterio de esta frase. Simplemente afirma que el Verbo existía desde siempre, porque el Verbo es Dios mismo. Su declaración nos ayuda a asumir, desde el mismo principio, la postura correcta en nuestra relación con el Señor. Él es el origen de todas las cosas, incluso de nuestra propia historia personal. Una y otra vez, a medida que caminemos con él en esta serie, vamos a retornar a esta verdad. Cada escena que presenciaremos nos conducirá, indefectiblemente, a la persona de Dios. El hombre es, y por siempre será, el que responde a la iniciativa divina, un actor secundario en una historia que es mucho más grande y profunda que el relato de nuestro fugaz paso por este planeta.

La declaración del discípulo amado también sirve para enmarcar el peregrinaje terrenal del Mesías en lo eterno. Su presencia en este mundo, limitada a tan pequeño lapso de tiempo como el que representan escasos treinta y tres años de vida, está incluida en un proyecto que nace en el mismo corazón de Dios y que, por esta razón, necesariamente está contenida en la eternidad.

Qué bueno resulta, entonces, comenzar esta aventura en actitud de adoración, maravillados frente al hecho de que se nos ha concedido contacto con el Eterno. Podemos exclamar, junto con Moisés: «Señor Jehová, tú has comenzado a mostrar a tu siervo tu grandeza y tu mano poderosa; porque ¿qué dios hay en el cielo o en la tierra que haga obras y proezas como las tuyas?» (Deuteronomio 3.24).

Sostener esta postura a lo largo del año será uno de los factores que más favorecerá nuestra entrada en las profundidades de la persona de Cristo. No nos aproximaremos a él como quienes pretenden analizarlo, explicarlo y desmenuzarlo. Más bien, nos acercaremos para simplemente saborear el irresistible encanto de su persona.

*«Señor, tú eres la encarnación de todos nuestros anhelos, la manifestación de nuestros más osados sueños. Al acercarnos a tu persona no hacemos más que responder a tu iniciativa. Venimos con el corazón abierto y la voluntad dispuesta a dejar que tú nos conduzcas a donde tú quieras. Produce en nosotros las experiencias que tú deseas. No te pedimos que nos expliques lo que haces, sino que nos mantengas cerca de ti. Estar contigo, Señor, es todo el bien que anhelamos».*

## En el principio *(Jesús, Dios Eterno)*
# El Verbo de vida

### Juan 1.1–14

***Juan escogió referirse a Cristo como «el Verbo». Medite acerca del significado de esta palabra. ¿Qué imágen ofrece de la persona del Mesías?***

Juan es el único autor del Nuevo Testamento que se refiere a Jesús como el Verbo. Este detalle también nos anima a creer que el relato de Génesis 1 inspiró la introducción de este Evangelio. El mundo, tal como lo conocemos hoy, comienza a existir a partir de la palabra hablada del Creador. Siete veces, en ese primer capítulo, se reitera la frase «dijo Dios», seguida por la afirmación «y fue así». No podemos dejar de percibir el extraordinario poder que contiene la palabra de Dios. Esta misma percepción es la que lleva a Juan a declarar: «todas las cosas fueron hechas por medio de Él, y sin Él nada de lo que ha sido hecho, fue hecho» (3). Es decir, todas las cosas que existen en el universo se originan en el Verbo, y fuera del Verbo nada existe.

Meditemos, por un instante, en el significado de la palabra «verbo» o *«logos»*, según el griego. Es por medio de *palabras* que logramos situarnos en el plano de la vida para la cual fuimos creados. Somos seres llamados a la comunión con nuestros semejantes y con el Creador. Las palabras nos ofrecen la oportunidad de darnos a conocer y de que otros nos conozcan, de manera que se rompa la alienación que impone el pecado. Las palabras son el puente por el cual conseguimos acortar la distancia que nos separa unos de otros.

¡Cuánto más poder existe, entonces, en la palabra que procede de la boca de Dios! No es como ninguna otra palabra pronunciada en el universo, pues ella procede de la fuente misma de la vida. Por esto, la vida y su palabra son una y la misma esencia. En cambio, las palabras que pronunciamos nosotros son palabras recibidas de otros. Sus palabras engendran vida porque él mismo «sostiene todas las cosas con la palabra de su poder» (Hebreos 1.3).

Esta palabra, entonces, es indispensable, pues la vida misma está contenida en ella. Sin ella los hombres estamos condenados a transitar por este mundo sin destino alguno, llevados y seducidos por todas las palabras que no son más que una pobre imitación de esta palabra. Esta palabra reprende, corrige, limpia, purifica, y orienta, pues «es viva y eficaz y más cortante que cualquier espada de dos filos: penetra hasta la división del alma y del espíritu, de las coyunturas y los tuétanos, y es poderosa para discernir los pensamientos y las intenciones del corazón» (Hebreos 4.12).

En el comienzo de la aventura que propone este libro nos resulta provechoso, entonces, adoptar como nuestra la afirmación de Simón Pedro: «Señor, ¿a quién iremos? Tú tienes palabras de vida eterna» (Juan 6.68). Que Dios, en su bondad, nos conceda ir más allá de las palabras que contienen estas páginas para arribar a los pies de la Palabra. ¡En él está la vida que tan desesperadamente anhelamos!

*«Señor, crea en mí hambre y sed por la palabra que vivifica».*

| DIOS EN SANDALIAS | |
|---|---|
| DÍA | 4 |

## En el principio *(Jesús, Dios Eterno)*
# Luz en las tinieblas

### Juan 1.1–14

***Hoy meditaremos sobre los versículos 4 y 5. Imagine, por un instante, cómo sería la vida si no tuviéramos acceso a la luz. ¿Qué consecuencias traería sobre nosotros esa condición?***

Juan prosigue con la analogía que traza con el relato de la creación e introduce ahora el tema de la luz. La narrativa de Génesis declara que «dijo Dios: "Sea la luz." Y fue la luz. Vio Dios que la luz era buena, y separó la luz de las tinieblas» (1.3–4, RVR95). Del mismo modo el evangelista declara de Cristo: «En Él estaba la vida, y la vida era la luz de los hombres. Y la luz brilla en las tinieblas, y las tinieblas no la comprendieron» (1.4–5).

Debemos tomar en cuenta que en el período en que se escribió este Evangelio la oscuridad constituía una verdadera limitación para la humanidad. Cuando caía el atardecer y se ponía el sol, la gran mayoría de las actividades del día cesaban. Los hombres no poseían aún los medios como para prolongar, con iluminación artificial, las horas hábiles del día, de manera que la noche imponía serios obstáculos para las actividades de la población.

La analogía muestra cuán profunda es la incapacidad del hombre de discernir los caminos que debe escoger para echar mano de la vida. Aun a los que poseen mejor vista, la noche no les permite ver nada con claridad. Todo permanece en penumbras, escondido en un mundo de sombras y siluetas. La necesidad de la luz se intensifica, pues, sin ella, avanzar en el camino resultará extremadamente tortuoso y arriesgado.

El Hijo de Dios, declara Juan, es la luz que tanto necesitan los hombres. Su luz, sin embargo, no poseía la cualidad transitoria de las luces que podían fabricar los hombres, tales como una antorcha, una vela y una lámpara. Estas permanecían el tiempo que duraba el combustible que las mantenía encendidas. Cuando por fin se consumía, las tinieblas volvían a imponer su mano tenebrosa sobre todos. Juan afirma que, a diferencia de estos precarios utensilios, la luz de Cristo es más intensa que las tinieblas, de modo que la oscuridad no puede sojuzgarla. Esta luz, a diferencia de las otras luces, posee vida propia, que le permite conquistar, en forma definitiva, los lugares donde anteriormente las tinieblas han reinado sin restricciones.

Resulta lógico, entonces, afirmar que a mayor cercanía a la persona de Cristo, mayor luz recibiremos sobre la vida a la que hemos sido llamados. El camino para discernir con más nitidez el reino no se encuentra en el disciplinado y minucioso estudio de las Escrituras, aunque este puede ser uno de los medios por los que nos acercamos. La luz que buscamos no la alcanzamos con la mente, sino con el espíritu.

La entrada del Mesías a la tierra es el anticipo a aquel momento en que las tinieblas dejarán de existir por completo, pues llegará el día en que «no habrá más noche» y los que son el pueblo del Cordero «no tendrán necesidad de luz de lámpara ni de luz del sol, porque el Señor Dios los iluminará, y reinarán por los siglos de los siglos» (Apocalipsis 22.5).

## En el principio *(Jesús, Dios Eterno)*
# Identidad perdida

### Juan 1.1–14

***La visita de la Luz del mundo a los hombres debería haber sido motivo de profundo regocijo entre las personas. No obstante, Juan revela una reacción muy diferente a la esperada. Lea los versos 7 al 11 de este capítulo. ¿Cuál fue la reacción de los hombres? ¿Qué indica esto acerca de nuestra condición como pecadores? ¿Qué debe suceder para que seamos capaces de ver la luz que brilla en las tinieblas?***

La descripción que nos ofrece Juan acerca de la persona de Cristo pareciera dirigirse hacia un desenlace natural: la luz que tanto necesita el mundo se presenta entre ellos e «ilumina a todo hombre» (9). Estos, extasiados porque finalmente han encontrado lo que tanto tiempo han buscado, reciben con gratitud la presencia de la luz y reordenan sus vidas conforme a la visión que ahora poseen. El relato de este Evangelio, sin embargo, da un giro inesperado. «Existía la luz verdadera que, al venir al mundo, alumbra a todo hombre. En el mundo estaba, y el mundo fue hecho por medio de Él, y el mundo no le conoció. A lo suyo vino, y los suyos no le recibieron» (10–11).

La llegada del Mesías representa una oportunidad sin igual en la historia de la humanidad. No se trata de conocer a alguien que puede auxiliarnos a la hora de descifrar los misterios de la vida, sino a uno que nos ofrece la posibilidad de entrar en contacto con Aquél de quien fluye la existencia de todo lo que habita en el universo. Él es la respuesta a todas nuestras preguntas, el objeto de nuestros más profundos anhelos, la razón por la que existimos.

Frente a la extraordinaria posibilidad que esto representa, los textos que acabamos de leer revelan una tragedía de incalculables proporciones. Juan afirma que el mundo no lo reconoció. Se entiende por esto que la desfiguración sufrida por el pecado ha sido tan profunda y absoluta que el pecador ya no reconoce en su Creador ninguna similitud con su propia persona. La distancia que lo separa de Aquél que dio inicio a la vida es tan enorme que ya no guarda ningún registro de lo que alguna vez significó haber sido creado a imagen y semejanza de Dios.

La misma actitud es la que identifica el apóstol Pablo en su carta a la iglesia en Roma: «NO HAY JUSTO, NI AUN UNO; NO HAY QUIEN ENTIENDA, NO HAY QUIEN BUSQUE A DIOS». A pesar de nuestra convicción de ser personas que «buscamos» a Dios, la verdad es que Cristo no es bienvenido entre aquellos que moran en las tinieblas. La relación entre Creador y criaturas ha sufrido un daño irreversible, que solamente podrá ser restaurada por la intervención directa del Señor.

Por esto, no erramos al afirmar que no es por iniciativa propia que nos acercamos a Dios, sino siempre en respuesta a los pasos que Él toma en nuestra dirección. Este principio es importante para el ejercicio de una vida espiritual sana, porque nos ubica en el plano que nos corresponde, el de gente que reacciona frente a la intervención divina. Recordarlo servirá para mantener, en todo momento, una actitud de profunda gratitud por la incomparable gracia de nuestro Señor.

DIOS EN SANDALIAS

DÍA 6

# En el principio *(Jesús, Dios Eterno)*
## Obsequio sin igual

### Juan 1.1–14

***Lea los versos 12 y 13. ¿Qué distingue a este grupo de personas de las mencionadas en los versos anteriores? ¿Qué privilegios se les concede a los que reciben al Señor?***

Un pequeño destello de esperanza se asoma sobre el cuadro desalentador que presentaron los versos 10 y 11. En medio de un ambiente de indiferencia, Dios logra tocar la vida de algunos, suficientes como para emprender una aventura, cuyo objetivo es nada menos que la transformación de las naciones.

Podríamos sentirnos tentados a pensar que estos pocos pertenecen a una categoría más noble y comprometida que el resto de la humanidad. Tal noción queda completamente descartada por la explicación que agrega Juan a su declaración: «Pero a todos los que le recibieron, les dio el derecho de llegar a ser hijos de Dios, es decir, a los que creen en su nombre, que no nacieron de sangre, ni de la voluntad de la carne, ni de la voluntad del hombre, sino de Dios» (12–13).

Este es un excelente momento para que nos detengamos a saborear el privilegio que se nos ha otorgado, el derecho de llegar a ser hijos de Dios. Aunque comprender cabalmente lo que significa ser hijo de Dios puede tomarnos toda una vida, es una condición absolutamente indispensable para experimentar la plenitud a la que hemos sido llamados. Para entender esta verdad no necesitamos más que echar una pequeña mirada al hijo mayor en la parábola del «hijo pródigo». A pesar de que era hijo, vivía como empleado, esperando recibir en algún momento de su vida la recompensa por su fiel servicio. Lo triste es que su esfuerzo era absolutamente innecesario, pues no podía obtener lo que ya le pertenecía por herencia. ¡Qué trágico, estar trabajando por algo que ya es nuestro!

La desdicha de una vida de pobreza, a pesar de ser herederos de las riquezas del rey, es la que motivó a Pablo a orar con pasión por la iglesia en Éfeso: «Mi oración es que los ojos de vuestro corazón sean iluminados, para que sepáis cuál es la esperanza de su llamamiento, cuáles son las riquezas de la gloria de su herencia en los santos, y cuál es la extraordinaria grandeza de su poder para con nosotros los que creemos» (1.18–19). El hecho es que, si no son iluminados los ojos de nuestros corazones, viviremos una vida de derrota, excluidos de la victoria de Cristo, contemplando con desánimo el futuro, cuando en realidad cada día trae consigo la promesa de increíbles aventuras espirituales para aquellos que están dispuestos a seguir al Señor.

Cuando me detengo a escuchar mi corazón, sé que existe en mí un profundo anhelo por vivir esta clase de vida. No obstante, las tinieblas continuamente amenazan con nublar mi visión. Por esto, debo hacer mía una y otra vez la oración de Pablo, y le animo a que ore en la misma dirección. No permita que el enemigo lo convenza de que usted es un pobre desdichado. Declare que es hijo y, como tal, heredero de los tesoros del reino. Este es un derecho que Dios le ha dado a cada uno de sus hijos. Queda en nosotros ejercer cada día ese privilegio.

# En el principio *(Jesús, Dios Eterno)*
## El Verbo se hace carne

### Juan 1.1–14

***El verso 14 describe la más grande empresa misionera de todos los tiempos. Lea el texto varias veces y pida al Espíritu que le permita percibir algo de las dimensiones que posee.***

«Y el Verbo se hizo carne, y habitó entre nosotros, y vimos su gloria, gloria como del unigénito del Padre, lleno de gracia y de verdad». Al meditar sobre este versículo se apodera de mí una profunda sensación de ineptitud. El texto resume, en una sola frase, la más misteriosa transformación jamás vista en la historia del universo. El Verbo, que le dio existencia a la vida misma, se despoja de su eternidad para vestirse de la frágil y transitoria condición que implica ser humano; en efecto, *Dios en sandalias.*

Solamente cuando consideramos cuán renuentes somos a salir de nuestros pequeños mundos, a fin de mostrar siquiera un fugaz interés en la vida de otros, podemos comenzar a entender la enormidad de esta empresa misionera que sacudirá los mismos cimientos del universo. En efecto, «aunque existía en forma de Dios, no consideró el ser igual a Dios como algo a qué aferrarse, sino que se despojó a sí mismo tomando forma de siervo, haciéndose semejante a los hombres. Y hallándose en forma de hombre, se humilló a sí mismo, haciéndose obediente hasta la muerte, y muerte de cruz» (Filipenses 2.6–8). Su trayectoria es completamente contraria a las ambiciones de grandeza que tanto anhelamos nosotros. El Señor paulatinamente reducirá el espacio que ocupa hasta quedar «auto-limitado» en la figura de un humilde esclavo.

¿Qué es lo que motivó al Señor a imponer tan drástica limitación a su condición divina?: ¡una inexplicable pasión por asegurar una relación con nosotros! El Verbo que elige habitar en la carne emprende el camino de muerte que librará al hombre de las consecuencias eternas de su propia rebeldía contra el Creador. Representa mucho más que la satisfacción de un requisito legal. Siendo rico, sin embargo, por amor a nosotros se hizo pobre, para que nosotros por medio de su pobreza llegáramos a ser ricos (2 Corintios 8.9). Su ejemplo muestra el único camino por el cual podrán ser aliviadas las aflicciones, los sufrimientos y las desdichas de aquellos que andan en tinieblas. La redención de una persona siempre implica la presencia de otra dispuesta a sacrificarse por ella. Quizás esta es la razón por la que la iglesia logra tan poco impacto en este tiempo. Todos queremos que otros sean salvos, siempre y cuando no signifique un sacrificio para nosotros.

La decisión de tomar forma de hombre encierra, también, un acto de asombrosa misericordia por parte de nuestro Creador. La fragilidad de nuestra condición humana no nos permite comprender ni aún soportar las más restringidas manifestaciones de lo alto. Al hacerse como uno de nosotros, logra cerrar la brecha que nos separa de él y consigue presentar la Vida en un formato que los hombres pueden fácilmente reconocer. Aún así, es tan profunda la atrofia espiritual que ha impuesto el pecado, que muchos no lograron percibir la presencia de Cristo entre ellos.

A pesar de esto, el paso de Jesús por la tierra nos ofrece el más nítido retrato del Dios que «extiende los cielos como una cortina y los despliega como una tienda para morar» (Isaías 40.22).

# En el principio *(Jesús, Dios Eterno)*

# Vimos su gloria

## Juan 1.1–14

***Medite, en el día de hoy, sobre el significado de la frase «vimos su gloria» En su opinión, ¿por qué la «gracia» y la «verdad» son las características sobresalientes de esta gloria?***

La extraordinaria naturaleza del viaje que emprendió Cristo al vestirse de carne lo capta la frase «y habitó entre nosotros». El verbo que escoge Juan significa, literalmente, que Jesús estableció su morada entre nosotros. Sin duda esta es una referencia al tabernáculo que acompañó al pueblo durante su peregrinaje por el desierto. La expresión también revela un compromiso con la intimidad en el corazón del que vino a vivir entre nosotros. Existen personas que, si bien habitan en la carne, escogen establecer la mayor distancia posible entre su vida y la de sus pares. Cuando Juan indica que el Verbo estableció su morada entre nosotros está afirmando que Jesús bien podría haber sido el vecino de cualquiera de nosotros, viviendo en las mismas condiciones precarias que nosotros.

Es precisamente este elemento el que permitió que hombres como Juan, auténtico representante del pueblo, pudieran acercarse al Dios eterno y contemplarlo. Es esa experiencia la que le permite afirmar que «vimos su gloria, gloria como del unigénito del Padre» (14).

Una de las definiciones que da la Real Academia Española para la palabra «gloria» es: «persona o cosa que ennoblece o ilustra en gran manera a otra». En este sentido, la belleza de Jesús es un fiel reflejo de la hermosura del Padre, de modo que él mismo puede afirmar que «el que me ha visto a mí, ha visto al Padre» (Juan 14.9). A la vez, en Cristo los discípulos vieron la manifestación más fiel y clara de lo que Dios pretendía cuando creó al ser humano, el ideal al cual debemos aspirar cada uno de nosotros. De hecho, hemos sido predestinados a «ser hechos conforme a la imagen de su Hijo» (Romanos 8.29).

El apóstol señala que esta gloria poseía dos características sobresalientes: gracia y verdad. El concepto de gracia se refiere a todo aquello que es contrario a las leyes naturales, carnales y diabólicas (Santiago 3.15) que gobiernan las relaciones interpersonales en este mundo. Cristo señala con su vida un camino enteramente diferente al de los hombres, en el cual las actitudes y las conductas contradicen una y otra vez la sabiduría popular de nuestra cultura caída.

En realidad este concepto, en un mundo donde «esconder el rostro» del semejante es tan natural como comer o dormir, resulta particularmente llamativo. Jesús no solamente proclama la existencia de una verdad absoluta ante la que deben rendirse todos los seres humanos, sino que la vive intensa y personalmente.

Si permite que el Espíritu lo conduzca a dónde él quiere, por medio de este estudio, se dará cuenta ahora mismo de que estar cerca del que es gracia y verdad puede llegar a ser incómodo. En su presencia quedarán expuestas nuestras mezquindades y flaquezas. Mas el Señor insiste en «instalar su carpa» cerca de la nuestra. Entréguese a esa relación y permita que él lentamente ordene su vida, para que su gloria se vea en todo lo que usted es.

DIOS EN SANDALIAS

DÍA 9

# Sorpresa celestial *(Visita a Zacarías)*
# Desde el anonimato

## Lucas 1.5–25

*Lea el texto de esta semana. ¿Quiénes eran Zacarías y Elizabet? ¿Por qué los escogió Dios para ser los padres de Juan?*

El relato de la historia del nacimiento de Jesús comienza con dos personas completamente desconocidas para nosotros, Zacarías y Elizabet. Ellos —aunque aún no lo saben— han sido escogidos para ser los padres del que irá delante del prometido. Su participación en los eventos que acompañan la llegada del Mesías se limita a unos pocos versículos en el Evangelio según Lucas. Lo que ocurrió con ellos después del nacimiento de Juan permanece tan escondido para nosotros, como los años que transcurrieron antes de su fugaz aparición en las Escrituras.

Estos dos, sin embargo, son los más fieles representantes de la enorme multitud de personas que conforman «el pueblo de Dios». Son personas cuyos nombres no eran conocidos a más que un pequeño puñado de individuos. Los hechos de sus vidas no están registrados en ningún compendio de las grandes figuras de la historia de la humanidad. Probablemente no hayan participado de tan dramáticos eventos, como lo fueron la confrontación de Goliat, la derrota de los 400 profetas de Baal o el paso por el horno de fuego de Nabucodonosor. Desde una perspectiva terrenal se les podría describir como insignificantes, figuras relegadas al olvido.

La perspectiva del reino sobre el asunto, sin embargo, es otra. Mide nuestro paso por la tierra con una vara enteramente diferente a la que usan los hombres. Encuentra, entre aquellos que el mundo descarta, algunos de los más preciosos tesoros espirituales. De Elizabet y Zacarías, por ejemplo, afirma que «ambos eran justos delante de Dios, y se conducían intachablemente en todos los mandamientos y preceptos del Señor» (6).

La frase, más que un comentario sobre un evento, es el resumen de un estilo de vida de profunda devoción y fidelidad al Señor. Ellos eran poseedores de esa cualidad que tanto esquivan los ministros de este tiempo: la integridad. Los años no han logrado mellar su compromiso de vivir en santidad, ocupados en prestar el servicio al que han sido llamados. Mientras se concentran en vivir esa vida de fidelidad, el Señor los ha escogido para algo más grande de lo que ellos jamás pudieron haberse imaginado. Quisiera que tome nota, sin embargo, de que ellos no han hecho absolutamente nada para ser elegidos. No se han postulado para un puesto, ni le han sugerido al Señor que ellos están para proyectos «más importantes».

Su actitud expone un importante principio, que se reitera una y otra vez en la Palabra: Si Dios irrumpe en la vida de alguien, será con la persona que está ocupada en ser fiel en el lugar donde ha sido ubicada. Fuera de una vida de fidelidad a nuestro llamado, no existe en nosotros nada que pueda producir estas visitaciones. Por esto, no es necesario perder tanto tiempo buscando y clamando por esas manifestaciones que tanto obsesionan a la Iglesia en este tiempo.

Muchas veces anhelamos una experiencia más dramática en nuestra vida espiritual; pero Dios se interesa en, y ve con sumo agrado, la vida del hombre y la mujer que procuran mantener firme su compromiso a lo largo de las semanas, los años, y las décadas.

# Sorpresa celestial *(Visita a Zacarías)*
# Visita inesperada

## Lucas 1.5–25

***Vuelva a leer el relato de la aparición del ángel a Zacarías. ¿Cómo reaccionó a la aparición? En su opinión, ¿por qué reaccionó de esta manera?***

Sin duda la aparición del ángel de Jehová a Zacarías nos entusiasma mucho más que el testimonio sobre él y su esposa, que señala que eran intachables delante de Dios. «Ser intachable» es poseer un carácter aplaudido por todos, pero, como el camino para alcanzarlo es demasiado lento y trabajoso, no nos sentimos impulsados a recorrerlo. Influenciados por una cultura adicta a la adrenalina y las intensas sensaciones, nos sentimos en la necesidad de sustentar nuestra devoción con dramáticas experiencias espirituales. Queremos «sentir» que él nos ha tocado, que se ha movido en medio de nosotros o que hemos sido testigos de algún milagro espectacular. Para los que creen que de esto se trata la vida espiritual, recibir la visita de un ángel significaría, sin duda, «tocar el cielo con las manos».

La experiencia de Zacarías, sin embargo, nos deja al menos tres importantes advertencias. En primer lugar, ocurrió «mientras Zacarías ejercía su ministerio sacerdotal delante de Dios». Precisamente este contexto es el que nos produce tantas dificultades, pues el «mientras» nos aburre. No obstante, ser fieles en la tarea que se nos ha confiado es una condición indispensable para acceder a proyectos mayores. En ocasiones esta fidelidad debe ser probada, como en el caso de Elizabet y Zacarías, a lo largo de toda una vida. No está en nosotros acceder o no a proyectos mayores, sino que es una decisión exclusiva de Aquél en cuyas manos está nuestra vida.

Una segunda advertencia la encontramos en la reacción de Zacarías: «se turbó, y el temor se apoderó de él». La aparición del ángel no resultó ser una experiencia agradable, tal como la imaginaríamos si nos ocurriera algo similar a nosotros. De hecho, un recorrido por las Escrituras revelará que esta reacción de temor es común a todas las personas que recibieron una visita celestial. Cada una de ellas sintió profundo miedo ante algo que cae radicalmente fuera del ámbito de nuestra existencia cotidiana. La verdad es que no poseemos capacidad para movernos con naturalidad dentro de este plano, porque la fragilidad de nuestra condición humana no puede soportar más que la más tenue manifestación de lo alto.

Esto nos lleva a una tercera advertencia. No hallamos ningún indicio de que Zacarías haya tenido otra experiencia como esta a lo largo de su vida. Al observar los 2000 años de historia del pueblo de Dios que están registrados en la Biblia, encontraremos que esta clase de visitaciones son sumamente escasas. Creo que la razón es clara: la vida espiritual no se desarrolla en el plano de lo extraordinario, sino en el de lo ordinario. El Señor sabe bien que esta clase de experiencias fácilmente pueden convertirse en una distracción. Por esto, el discípulo sabio convertirá en propia la oración del salmista: «Señor, mi corazón no es soberbio, ni mis ojos altivos; no ando tras las grandezas, ni en cosas demasiado difíciles para mí; sino que he calmado y acallado mi alma; como niño destetado en el regazo de su madre, como niño destetado reposa en mí mi alma» (131.1–2).

## Sorpresa celestial *(Visita a Zacarías)*

# Vendrá un profeta

### Lucas 1.5–25

***Lea el mensaje que le trajo el ángel a Zacarías. Según su llamamiento, ¿qué clase de vida debía seguir Juan? ¿Qué trabajo le estaba confiando el Señor? ¿Por qué era necesario que alguien realizara esta labor?***

Frente a la reacción de Zacarías, el ángel inmediatamente lo exhorta: «No temas». Esta frase se usa al menos cincuenta y ocho veces en las Escrituras, la gran mayoría de ellas en el contexto de una manifestación o una palabra de lo alto. El hecho de que cada vez que el Señor habla o se revela necesita calmar los temores, muestra la profunda distancia que ha dejado el pecado en esta relación. Quien teme a otra persona es porque cree que de alguna manera lo dañará o que la relación con ella lo perjudicará de alguna manera.

Antes de que el Señor pueda siquiera orientar nuestras vidas, entonces, debe encontrar la forma de calmar nuestras ansiedades. Si no entendemos que él busca solamente lo mejor para nosotros, siempre que escuchemos sus palabras lo haremos con una cuota de desconfianza. Seguramente por esta razón él animó el corazón de Josué al exhortarlo: «¡Sé fuerte y valiente! No temas ni te acobardes, porque el SEÑOR tu Dios estará contigo dondequiera que vayas» (Josué 1.9). Se necesita coraje para conseguir sobreponerse a los constantes cuestionamientos y «peros» que se instalan en nuestro corazón.

Las noticias que le trae el ángel son muy buenas. Zacarías y Elizabet, de edad avanzada, nunca habían podido concebir un hijo. Ahora el ángel les anuncia que les será dado un hijo que no solamente alegrará su corazón, sino el de toda una multitud de personas. Una clara indicación de que a este niño le espera una importante asignación en los propósitos de Dios.

¿Cuál será el llamado del pequeño? En primer lugar, el ángel declara que el niño será «grande» delante del Señor. No existe grandeza mayor que esta, aunque como hombres muchas veces nos afanamos por las pequeñeces que entre nosotros se consideran grandes. Qué precioso, sin embargo, que Aquél que verdaderamente entiende de grandezas ¡pueda declararnos grandes! A modo de explicación el ángel indica que, aun desde el vientre, este pequeño será lleno del Espíritu. De esta manera, se introduce en el relato una de las figuras clave para la era que comienza: la tercera persona de la trinidad, el Ayudador, el que acompañará personalmente a cada uno de los que el Padre integra a la gran familia de Dios.

La función de este varón será preparar el camino para el prometido. Es una tarea similar a la de los funcionarios que iban delante de un rey para preparar los detalles necesarios para su llegada a una ciudad o un pueblo. El hijo de Zacarías es llamado «a preparar delante del Señor un pueblo bien dispuesto». Él no es la persona que cambiará el corazón del pueblo, sino que trabajará para que estén listos para que el Señor los ministre.

El trabajo que le han asignado a Juan deja en claro la función que cada uno de nosotros podemos realizar como colaboradores en los proyectos eternos. No podemos cambiarle la vida a nadie, pues no poseemos la capacidad de transformar los corazones. No obstante, podemos ayudar a que las personas se ubiquen en el lugar donde Dios puede ministrarlas, ¡y esto no es poca cosa!

DIOS EN SANDALIAS

DÍA 12

## Sorpresa celestial *(Visita a Zacarías)*

# Orar por costumbre

### Lucas 1.5–25

***Lea de nuevo el diálogo entre Zacarías y el ángel. ¿Por qué dudó Zacarías? ¿Qué luz nos arroja su duda sobre sus oraciones? En nuestro caso particular, ¿cómo podríamos corregir esto?***

El mensaje que el ángel le trae a Zacarías le fue enviado porque «su petición ha sido oída». No dudo de que Zacarías y Elizabet hubieran derramado su corazón delante de Dios durante largos años. Pocas condiciones parecen movilizar tanto nuestra alma como el no poder concebir un hijo. Imagino, también, que con el pasar de los años llegaba a ser difícil mantener viva la llama de la esperanza de que algún día serían padres. Ciertamente, desde una perspectiva humana, ya había pasado el tiempo en el que fuera posible que llegara el anhelado vástago.

¿Será por esto que Zacarías respondió de la forma que lo hizo? «¿Cómo podré saber esto? Porque yo soy anciano y mi mujer es de edad avanzada.» La respuesta es inocente, pero delata un descreimiento de que tal cosa pudiera, en realidad, ocurrir. Por experiencia propia, sé lo fácil que es caer en la costumbre de repetir algunas peticiones delante del trono de gracia, cuando desde hace tiempo ya hemos dejado de creer que realmente pueda ocurrir algo al respecto. Seguimos pronunciando las palabras, pero la pasión que alguna vez las movilizó la hemos perdido.

La situación nos presenta uno de los grandes peligros que erosiona la vida espiritual: vivir nuestra relación con Cristo en «piloto automático». Toda actividad tiende a convertirse en rutina después de un tiempo, y la rutina adormece el espíritu. Seguimos con las mismas actividades, pero el corazón ha dejado de participar de ellas. Cuando entramos en este plano, nuestra vida espiritual indefectiblemente comenzará a apagarse. De hecho, el reproche del Señor contra Israel fue precisamente por esta clase de comportamiento: «este pueblo se me acerca con sus palabras y me honra con sus labios, pero aleja de mí su corazón, y su veneración hacia mí es sólo una tradición aprendida de memoria» (Isaías 29.13).

Si alguna vez ha cantado en una reunión mientras pensaba en otras cosas, o se ha sorprendido de que ha pasado cinco minutos orando sin saber qué dijo, entenderá cuán fácil es caer en una rutina religiosa. Aun la lectura de este libro puede ser simplemente parte de una rutina diaria, sin que usted realmente experimente todo lo que el Señor quiere que viva cada día. Es por esto que necesitamos cambiar periódicamente nuestras rutinas, para no quedar presos del aburrimiento.

*«Señor, pensar en lo fácil que resulta desconectar mi espíritu mientras realizo mis actividades cotidianas me da temor. Quizás no he entendido que el secreto de la vida espiritual no está en las actividades que yo desarrollo, Señor, sino en seguirte a ti. Lo que tú estás haciendo es lo que debe marcar la diferencia en mi vida, porque mi llamado siempre será a seguirte, dondequiera que vayas. ¡Dame ojos para verte, Señor!, aun en medio de las actividades del quehacer cotidiano. Deseo que me sorprendas, me inquietes, me desafíes y, aun… que me confundas. Lo que no quiero, Señor, es quedarme dormido mientras transcurre la vida a mi alrededor».*

| DIOS EN SANDALIAS | |
|---|---|
| DÍA | 13 |

## Sorpresa celestial *(Visita a Zacarías)*

# Aventura a medias

### Lucas 1.5–25

***Observe la respuesta del ángel a la pregunta de Zacarías. Enumere las formas en que afecta nuestra vida la falta de fe.***

La pregunta de Zacarías al ángel contiene una cuota de inocencia que juzgamos inofensiva. ¿Quién de nosotros no se sorprendería por semejante anuncio? No hay nada malo —pensamos— en pedir una explicación sobre la extraña noticia de un embarazo en los años de la vejez.

El ángel Gabriel, que evidentemente posee una asombrosa percepción espiritual, inmediatamente identifica la base de la pregunta de Zacarías. La naturaleza de esta no es la curiosidad, sino la falta de fe. En lo secreto de su corazón no cree posible que «un anciano y una mujer de edad avanzada» puedan concebir un hijo.

La falta de fe siempre representa un serio obstáculo para el desarrollo de la vida a la que hemos sido llamados. En ocasiones, como sucedió con los diez espías israelitas, la ausencia de fe puede traer consecuencias nefastas para quienes la padecen. A toda una generación se le negó la entrada a la Tierra Prometida, y quedó condenada a perecer en la aridez del desierto. En otras ocasiones, sin embargo, la falta de fe resulta en consecuencias menos drásticas. Si bien no implica que nos perderemos de la totalidad de la bendición que Dios nos ha reservado, nuestra participación en la aventura de caminar con él se verá limitada.

Este es el caso de Zacarías, aunque el anuncio de las consecuencias sobre su vida no escapa de un cierto toque de humor. «He aquí, te quedarás mudo, y no podrás hablar hasta el día en que todo esto acontezca, por cuanto no creíste mis palabras, las cuales se cumplirán a su debido tiempo» (20). En similares condiciones en que otros padres disfrutan plenamente de la alegría de divulgar la feliz noticia de un embarazo, el sacerdote debería conformarse con ser un mero espectador del evento. ¡Cuánta frustración debe haber sentido de que justo en este momento se le privara del habla!

Vale la pena considerar la advertencia que a todos nos deja Zacarías. Vivir, en toda su plenitud, la vida que Cristo ofrece está al alcance de cada uno de nosotros. No obstante, para que experimentemos todo el potencial que encierra cada aventura con él deberemos seguirlo de «todo corazón». Existe un grado de osadía y «locura» en los héroes de la fe, que no les permite andar con rodeos a la hora de recibir una palabra de parte de Dios. Entienden que las palabras que el Señor pronuncia son para producir en nosotros obediencia, no ¡un estudio de factibilidad!

No es que los que viven por fe nunca duden. Ellos también sufren algunos titubeos a la hora de escuchar las instrucciones que el Señor les da. La diferencia entre ellos y nosotros es que ellos no permiten que sus dudas decidan el rumbo a seguir. Quizás también entienden el significado de la explicación que le ofreció Gabriel a Zacarías: «he sido enviado para hablarte y anunciarte estas *buenas nuevas*». Avanzan en la certeza de que Dios, por siempre, es fuente de buenas propuestas. Nunca nos llevará por un camino que resulte perjudicial para nuestra vida en Cristo.

DIOS EN SANDALIAS

DÍA 14

## Sorpresa celestial *(Visita a Zacarías)*

# Repercusiones

### Lucas 1.5–25

***Continúe meditando en el pasaje de esta semana. ¿Qué ocurrió cuando Zacarías salió del templo? ¿Qué lección nos deja esto acerca de las consecuencias que nuestra falta de fe deja en otros?***

Mientras Zacarías permanecía dentro del templo, el pueblo lo esperaba y se extrañaba de su tardanza. «Pero cuando salió, no podía hablarles, y se dieron cuenta de que había visto una visión en el templo; y él les hablaba por señas, y permanecía mudo».

La convicción de que la fe es algo «muy personal» está fuertemente instalada en nuestro concepto de la vida espiritual. Hemos cedido frente a la idea de que cada uno posee la capacidad de construir en soledad su propia experiencia en Cristo. Nuestro débil compromiso con la Iglesia muchas veces revela cuán poco valor le damos a los aportes de nuestros hermanos al proceso que Dios realiza en nuestras vidas.

La experiencia de Zacarías muestra que nuestras vivencias en lo secreto indefectiblemente afectan la vida de aquellos con los que nos encontramos en el ámbito de la vida pública, aun cuando no seamos conscientes de ello. Nuestra vida está forzosamente ligada a la vida de otros que comparten con nosotros nuestra existencia.

El apóstol Pablo escogió la analogía del cuerpo humano para explicar este misterio, ilustrando cómo la realidad de un miembro afecta la de otros: «Y si un miembro sufre, todos los miembros sufren con él; y si un miembro es honrado, todos los miembros se regocijan con él» (1 Corintios 12.26). La imagen es perfecta para entender nuestra relación con otros. Si una persona pierde su mano en un accidente, todo el cuerpo sufrirá las consecuencias, aun cuando las secuelas más directas de la crisis la sufra el brazo.

¿Acaso no son los hijos los mejores ejemplos de la fe –o falta de fe– de sus padres? Aún cuando los padres han confiado la formación espiritual de sus hijos a los maestros de la escuela dominical, la mayor influencia sobre la vida de ellos la ejercerán aquellas vidas de la que son testigos en la intimidad del hogar.

La respuesta inapropiada de Zacarías, ante la visita del ángel, significó que él perdiera parte de la aventura que Dios había preparado para él. Es tentador pensar que el asunto termina aquí, pero claramente la gente que lo esperaba afuera también resultó afectada por su experiencia. Cuando salió percibieron que algo había ocurrido, pero no tuvieron acceso a los detalles, pues Zacarías no estaba habilitado para compartir con ellos lo vivido.

Imagine, por un instante, que Zacarías hubiera reaccionado con fe al anuncio. ¿Qué hubiera ocurrido al salir del templo? ¿Acaso no hubiera gritado a los cuatro vientos que iba a ser papá, que Dios mismo se lo había anunciado? El pueblo hubiera entrado de lleno en el gozo de él. En lugar de esto, volvieron a sus casas perplejos, con la sensación de haberse perdido algo importante.

Lo que vivimos en el plano privado de nuestras vidas incide en nuestras relaciones en el ámbito público. Cuando desatendemos este aspecto de nuestras vidas, no sufrimos solamente nosotros. Todo el cuerpo de Cristo se ve empobrecido.

# Sorpresa celestial *(Visita a Zacarías)*
# Así fue

## Lucas 1.5–25

***Lea de nuevo el pasaje de esta semana. ¿Cómo terminó esta historia? ¿Qué cambios traería a la vida de la anciana pareja?***

El susto que le produjo a Zacarías la visita del ángel pasó y luego, seguramente, dio lugar al asombro. Al igual que su padre Jacob, el anciano sacerdote pudo haber exclamado: «¡He visto a Dios cara a cara, y ha sido preservada mi vida!» (Génesis 32.30). Nadie permanece igual luego de semejante experiencia. Quizás en esta observación encontramos la más clara evidencia de lo que constituye una genuina experiencia espiritual. En cada reunión experimentamos toda una gama de emociones. Rápidamente atribuimos al Señor aquellas que consideramos más agradables. No obstante, el impacto de ellas no duran más allá de ese encuentro y nuestras vidas continúan en las mismas condiciones que antes.

Como ya se ha señalado, las experiencias más espirituales muchas veces se producen en el terreno de lo ordinario. Dios no solamente nos llama a aceptar esto, sino también a aprender a valorar lo cotidiano, pues pasaremos la mayor parte de nuestra vida en ese ámbito. Así también le ocurrió a Zacarías. «Cuando se cumplieron los días de su servicio sacerdotal, regresó a su casa. Y después de estos días, Elizabet su mujer concibió».

Ella, por su parte, se recluyó por cinco meses, diciendo: «Así ha obrado el Señor conmigo en los días en que se dignó mirarme para quitar mi afrenta entre los hombres». ¿Quién de nosotros puede saber cuántas lágrimas habría derramado esta mujer? ¡Cuántos momentos de angustia habría experimentado! En cuántas ocasiones se sentiría excluida de las festividades y alegrías que acompañaban a las otras familias con las que se relacionaba. Su dolor, sin embargo, nunca se había convertido en reproche contra el Señor, pues el evangelista testifica que tanto ella como su esposo vivían una vida intachable. En algún momento aceptaron la realidad y siguieron adelante.

Llegar al punto de la aceptación es una de las más grandes conquistas en la vida espiritual. Se trata de aquel momento en que soltamos aquella situación que tanta angustia nos ha producido y decidimos rendirnos a los pies de Cristo. Deja de ser una obsesión que nos atormenta día y noche, porque hemos arribado a la convicción de que la situación está enteramente en manos de nuestro buen Padre celestial y decidimos descansar en él. Escogemos la muerte, para que la vida de Cristo se fortalezca más en nosotros.

Esta decisión no significa que automáticamente desaparece nuestra angustia, aunque sin duda habrá comenzado un importante proceso de sanidad en nuestros corazones. Lo importante es que habremos logrado «no poner nuestra vista en las cosas que se ven, sino en las que no se ven; porque las cosas que se ven son temporales, pero las que no se ven son eternas» (2 Corintios 4.18). Nuestra alma reposa al saber que nuestro Padre hará lo que es mejor para nosotros, aunque no obre de la forma que nosotros consideramos indicada para determinada situación.

Para Elizabet la intervención de Dios llegó muchos años más tarde, cuando ya había perdido toda esperanza de concebir un hijo. Su alegría se vio multiplicada porque entendía, como ninguna otra madre, que todo hijo es, verdaderamente, un regalo del cielo.

| DIOS EN SANDALIAS | |
|---|---|
| DÍA | 16 |

# Muy favorecida *(Visita a María)*
# El Señor está contigo

## Lucas 1.26–38

***Lea el relato de la visita del ángel a María. Observe la forma en que la saludó. ¿Por qué reaccionó ella con temor a este saludo?***

El gran proyecto de Dios se ha puesto en marcha y los diferentes participantes comienzan a ocupar sus lugares. Una vez más el ángel Gabriel es enviado por el Señor, esta vez «a una virgen desposada con un hombre que se llamaba José, de los descendientes de David; y el nombre de la virgen era María» (27).

La aparición del mensajero celestial contiene muchos de los ingredientes observados en la visita a Zacarías. María no había solicitado esa visita, ni encontramos indicios de que pasara días orando para que Dios la usara en algún proyecto eterno. Ella no hacía más que vivir una vida de fidelidad en el lugar que le tocaba. En este momento particular se encontraba ocupada en los preparativos para su boda con José. Observamos, también, que el saludo de Gabriel «¡Salve, muy favorecida!» la perturbó, lo que confirma lo precario que son nuestras condiciones para recibir con un espíritu apacible una visita de lo alto. Es tan marcado el contraste con lo que vivimos en el día a día, que nuestra reacción inicial se tiñe de pavor.

Es interesante notar que la frase que utiliza el ángel: «Dios está contigo», se pronuncia prácticamente en todas las situaciones donde se produce una revelación de lo alto. Muchas de estas manifestaciones perturban a quienes las reciben, pues suelen comunicar un mensaje que implica un dramático cambio en la vida de ellos. A Abraham se le ordena dejar la casa de sus padres; a Moisés, volver a Egipto; a Josué, asumir la dirección de la conquista de Canaán; a Gedeón, expulsar a los madianitas; a Ananías, visitar a Saulo; a Pedro, exponerle el evangelio a Cornelio, un gentil. Las instrucciones del Señor, sin embargo, nunca suenan «buenas» a quienes las escuchan. Más bien, infunden temor, y en cada una de esas situaciones el Señor responde: «No temas, yo estaré contigo».

La verdad es que la mayoría de nosotros preferiríamos algo más tangible que la promesa del Señor de que él nos acompañará. Esta es, sin embargo, la única palabra que necesitamos, y Dios lo sabe. Transitar confiados por los caminos que el Señor nos indica no depende de lo lógico que resulte escogerlos, sino de la certeza de que quien los traza los conoce bien. Son tantas las instrucciones controvertidas que recibiremos de parte del Señor, que nos será imposible acatar sus pedidos a menos que seamos poseedores de una convicción inamovible de que «él sabe lo que es bueno para nosotros». Los grandes héroes de la fe son aquellos que, enfrentados a durísimas circunstancias, no dejaron de confiar en la bondad del Dios que los dirigía. Por este camino deberá caminar María, como también cada uno de nosotros.

*«Haz crecer en mí esa confianza, Señor, de manera que cuando tú me hables no fije la vista en el contenido del mensaje, sino en el corazón de quien lo envía».*

DIOS EN SANDALIAS

DÍA 17

# Muy favorecida *(Visita a María)*

# Hijo del Altísimo

## Lucas 1.26–38

***Lea el mensaje que Gabriel da a María. ¿Por qué la ha escogido Dios? Intente enumerar las cualidades que tendrá el hijo que le nacerá.***

La clave de lo que está por acontecer en la vida de María se encuentra en la frase «has hallado gracia delante de Dios». La gracia es, en esencia, gratuidad, algo que nos es concedido indistintamente de nuestras habilidades o nuestros méritos. Hablar de gracia es incursionar en aquello que está fuera del alcance de los seres humanos. Se refiere a actitudes y posturas que resultan de una acción divina en la vida del hombre. La gracia activa las bondades de Dios a nuestro favor, las cuales permiten que podamos sostener vidas que le agradan a él. Es por esta razón que el apóstol Pablo exhorta al joven Timoteo a fortalecerse en la gracia (2 Timoteo 2.1), pues en vano trabajará si Dios no le concede los beneficios de aquello que procura alcanzar. Si María intenta explicarse lo que está por ocurrir en su vida, tal esfuerzo le resultará inútil, pues la gracia escapa por completo de lo racional y lógico de este mundo.

Observamos, también, que Gabriel no anuncia que Jesús *hará* grandes obras, sino que *será* grande. La diferencia remarca el contraste que existe entre la vida que acontece en el plano humano y aquella que transcurre en la esfera del reino de los cielos. En la tierra nuestra identidad gira casi exclusivamente alrededor de aquello que hacemos. Solemos evaluar a una persona según el grado de excelencia que alcanza en el plano de las actividades que realiza. Nos refugiamos en una vida llena de actividades porque creemos que será el camino más seguro para ganarnos la aprobación y el reconocimiento que tanto anhela nuestra humanidad. Imponer momentos de descanso a este estilo de vida podría resultar un verdadero desafío, pues nos atemoriza sobremanera que otros nos consideren personas ociosas, etiquetados por aquella vergonzosa condición de quienes han optado por una vida infructuosa.

En el reino, sin embargo, el *hacer* fluye de lo que somos. El *ser* es lo que le da peso y significado a nuestras actividades. Lo que hacemos es pasajero, pero lo que somos es eterno. Cuando el ser ha sido ignorado, lo que hacemos se convierte en simple movimiento, desprovisto de la vida que debería sustentarlo.

Recuperar el equilibrio entre el *ser* y el *hacer* es uno de los más grandes desafíos que enfrenta el hombre de estos tiempos, pues las mismas actividades que nutren y desarrollan el *ser* son las que no podemos realizar por estar demasiado ocupados en el *hacer*.

El impacto profundo de Cristo sobre la vida de los doce, los setenta y las multitudes que lo acompañarán a lo largo de su vida de ministerio público descansará en gran parte sobre la clase de persona que él es, y nada afectará tan profundamente lo que es como el ser «Hijo del Altísimo». La relación con el Padre le dará a su vida un peso y una autoridad sin igual. A medida que avancemos por el relato de los Evangelios podremos observar, una y otra vez, que el ministerio no es más que la cara visible de una realidad invisible: un hombre enteramente entregado al Dios que lo ha enviado.

DIOS EN SANDALIAS

DÍA 18

# Muy favorecida *(Visita a María)*

# Nada imposible

## Lucas 1.26–38

*¿Cómo reacciona María al anuncio del ángel? ¿Por qué a ella sí le dio una explicación y a Zacarías no? ¿Qué sentimientos habrá producido en ella la aclaración de Gabriel?*

El anuncio del ángel a María produce en ella confusión: «¿Cómo será esto, puesto que soy virgen?» Su pregunta, muy similar a la de Zacarías, no aparenta tener su origen en una falta de fe, pues el ángel no la reprende. Más bien, le proporciona algunos detalles adicionales: «El Espíritu Santo vendrá sobre ti, y el poder del Altísimo te cubrirá con su sombra; por eso lo santo que nacerá será llamado Hijo de Dios».

Creo que una de las razones por las que el Señor muchas veces no ofrece explicaciones es porque estas solamente despertarán en nosotros nuevas preguntas. No podemos escapar del hecho de que la palabra de Dios desconcierta y perturba. Sus propuestas producen una franca incomodidad en nosotros porque sus proyectos se salen por completo de lo que consideramos natural o apropiado. Muchos años antes de este incidente, el profeta Isaías había declarado de parte del Señor: «mis pensamientos no son vuestros pensamientos, ni vuestros caminos mis caminos» (55.8).

La declaración descarta por completo la posibilidad de que la forma en que procede el Señor no es más que una versión perfeccionada de las mejores intenciones de los hombres. Sus caminos no guardan ninguna similitud con los nuestros, a pesar de que con frecuencia el Dios que mostramos al mundo pareciera andar por los mismos caminos que nosotros. Nuestro enojo es también su enojo y desaprueba a las mismas personas que nosotros desaprobamos. Tiene un corazón igual de mezquino y miserable que los hombres y dedica la mayoría de sus esfuerzos a trabajar para el beneficio de unos pocos.

El Dios que envía al ángel Gabriel no es ese dios. Su obrar se sale por completo de todo lo que conocemos o podamos imaginar siquiera. No entendemos qué es lo que ve en nosotros, ni tampoco por qué escogió acercarse para invitarnos a caminar con él. Acostumbrados a movernos en una cultura que exige una explicación lógica y razonable para todas nuestras actividades, nos descoloca encontrarnos frente a un Dios que descarta por completo los sistemas que tanta seguridad nos proveen.

Un embarazo por obra del Espíritu Santo sigue siendo tan increíble hoy como lo debe de haber sido para María hace dos mil años. El principio que rige el accionar del Altísimo, sin embargo, es el mismo para toda la eternidad: «ninguna cosa será imposible para Dios». El hombre sabio y la mujer entendida saben que el Señor no puede ser contenido ni explicado por los más sofisticados procesos de razonamiento disponibles al ser humano. Por esto, no descarta nunca la posibilidad de ser sorprendido por su accionar. Una y otra vez descubrirá que él rompe por completo las leyes naturales que gobiernan y limitan la actividad de los que habitamos este planeta.

Entregarse a él no es una invitación a no pensar, sino a entender que nuestros pensamientos son extremadamente limitados a la hora de entender su proceder. Vivir por fe no es creer que él puede hacerlo todo, sino saber que cuando Dios escoge ponerse en marcha no existe situación alguna que pueda constituirse en un obstáculo para su obrar.

DIOS EN SANDALIAS

DÍA 19

# Muy favorecida *(Visita a María)*
# He aquí tu sierva

## Lucas 1.26–38

***Vuelva a leer el relato de la visita de Gabriel a María. Procure identificar las implicaciones que tenía para María entrar en el plan de Dios. ¿De qué forma respondió ella al proyecto celestial?***

Involucrarse con la persona de Jesús no siempre resulta en la experiencia tan placentera que imaginamos. El Señor puede invitarnos a transitar por un camino que despertará la censura en aquellos que son parte de nuestro entorno cotidiano. La única forma de responder es rendirnos a sus pies. De hecho, caminar con él es un llamado a volver a convertirnos cada día.

Desde la comodidad de quienes conocemos la totalidad de la historia de Jesús es muy fácil que le otorguemos al encuentro de Gabriel con María una irresistible mística. ¿Qué mujer no hubiera querido estar en el lugar de ella, escogida para tan sublime llamado?

Si nos ubicamos en el lugar de la joven israelita, sin embargo, quizás podamos percibir algo del profundo desconcierto que le produjo el anuncio del ángel. Una mujer embarazada fuera del matrimonio era, en esa sociedad, un asunto que podía acarrear las más serias consecuencias para ella. ¿Qué explicación podía ofrecer ella ante tan escandalosa situación? Más allá de las burlas y el desprecio de la gente de su pueblo, María corría el peligro de perder a su prometido. ¿Quién iba a querer casarse con una que, ante los ojos del mundo, no era más que una ordinaria «mujerzuela»? Los más radicales podían incluso creer que era necesaria una severa disciplina para semejante desliz moral.

Nada de esto parece preocupar al Señor. El que desee involucrarse con Cristo deberá entender que se ganará el desprecio y la condenación de los que andan en tinieblas. El mismo Hijo de Dios llegaría un día a interceder ante el Padre por sus seguidores, diciendo: «Yo les he dado tu palabra y el mundo los ha odiado, porque no son del mundo, como tampoco yo soy del mundo». Solamente aquellos que están dispuestos a darle la espalda a la aprobación de los hombres podrán constituirse en verdaderos discípulos de él. ¿Será esta la razón por la que muchos de nosotros imponemos fuertes restricciones a nuestra vida espiritual, limitando nuestros encuentros con Jesús a unos pocos momentos por semana? Darle mayor libertad a él podría producir semejante descalabro en nuestro ordenado mundo que nunca más seríamos iguales.

Claramente la propuesta de Dios implica para María la posibilidad de una vida de incomprensión y humillación. Es precisamente por esta razón que la respuesta de ella es tan sublime: «He aquí la sierva del Señor; hágase conmigo conforme a tu palabra». Ante la incertidumbre de un futuro desconocido, ella escoge la sumisión a Dios. ¡Cuánta grandeza revelada en esta sencilla actitud! La más intensa lucha interior debe, finalmente, desembocar en este punto. Los argumentos, las dudas, la incertidumbre, y aun la vida misma quedan rendidos ante la grandeza de Aquél en cuyas manos está escondido nuestro destino. No poseemos claridad sobre lo que nos depara el futuro, pero se ha apoderado de nosotros una extraña paz que no encuentra explicación. Se instalará en lo profundo de nuestro ser la inconfundible convicción de que hemos escogido la vida, y quien escoge la vida no será defraudado.

# Un hombre justo *(Visita a José)*
## Un dilema

### Mateo 1.18–25

***Lea el texto de hoy. Imagine el intenso conflicto que debe de haber producido en José la noticia del embarazo de su prometida. ¿Qué obstáculos enfrentaba ante esta situación?***

En los días anteriores he comentado que los proyectos del Señor siempre se extienden más allá del pequeño círculo de nuestra propia existencia. La bendición que él trae a nuestra vida es apenas una pequeña parte del gran proyecto del Eterno, cuyas dimensiones ni siquiera podemos imaginar. Aun desconociendo los detalles de esta empresa celestial nos resultará provechoso recordar que somos parte de un pueblo y que en toda obra que Dios emprende lo hace pensando en el bien de muchos.

José desconoce por completo cuál es su parte en el extraordinario proyecto misionero que el nacimiento de Cristo representa. Repentinamente se encuentra envuelto en una situación profundamente humillante. La mujer con quien ha decidido contraer matrimonio está embarazada.

Mateo no nos ofrece ningún comentario sobre el terrible golpe que esta noticia debe haber representado para José. Nuestra propia experiencia nos lleva a creer que debe haberse hundido en la más profunda de las angustias. ¡Cuántas preguntas se habrán agolpado en su mente! Y no padecía solamente esto; también debía decidir ahora el mejor camino a seguir.

El evangelista comenta que José era un hombre justo. El que lo fuera no indica que supiera cómo salir de la situación, pero sí nos da una pista clara sobre lo que más importa en momentos de crisis. La forma correcta de manejar una situación compleja no descansa tanto en nuestra capacidad de seguir un procedimiento pre-establecido, sino en ser la clase de persona que siempre actuará con integridad sin importar el desenlace particular de las circunstancias.

Al igual que Zacarías, Elizabet y María, José era una persona con un camino recorrido en la vida espiritual. La relación que había cultivado con Dios le proveyó, en ese momento intensamente doloroso, una clara dirección: hacer lo que era correcto y justo delante de los ojos del Dios que siempre había seguido.

Aún mientras meditaba sobre los pasos particulares que debía tomar, un ángel del Señor se le aparece en sueños. Cuando existe un intenso deseo de hacer lo que es bueno, Dios muestra, por el medio que él escoja, el camino a seguir. En este caso el mensajero celestial le provee una perspectiva completamente inesperada: «No temas recibir a María tu mujer, porque lo que se ha engendrado en ella es del Espíritu Santo». Una vez más lo inexplicable tiene explicación, aunque esta jamás se nos hubiera ocurrido a nosotros.

En cuántas situaciones nos hemos apresurado a arribar a conclusiones equivocadas por no poseer toda la información necesaria sobre una situación. La persona sabia siempre deja margen para el error. Aun cuando las conclusiones a las que arribamos parecieran ser el producto de un impecable proceso de razonamiento, es posible que nos hayamos equivocado en ellas. La cautela a la hora de arribar a conclusiones es apropiada porque nuestro conocimiento de los hechos siempre es precario. Hacemos bien en desconfiar de las conclusiones a las que tan confiadamente quiere llegar nuestro corazón.

| DIOS EN SANDALIAS | |
|---|---|
| DÍA | 21 |

# Un hombre justo *(Visita a José)*
# Así lo hizo

## Mateo 1.18–25

***¿Cómo se habrá sentido José cuando despertó de su sueño? ¿De qué manera procedió? ¿Qué nos dice esto acerca de la clase de persona que era?***

El relato de la visita celestial a José tiene una breve conclusión: «cuando despertó José del sueño, hizo como el ángel del Señor le había mandado, y tomó consigo a su mujer; y la conservó virgen hasta que dio a luz un hijo; y le puso por nombre Jesús».

En cuántos relatos bíblicos falta este sencillo comentario sobre el personaje de la historia: *e hizo según el Señor le había mandado.* ¡En cada situación, este pequeño comentario sería la conclusión perfecta para nuestras más emocionantes experiencias en el Señor! Ya hemos señalado, no obstante, que nuestro afán por entender bien lo que se nos está pidiendo dificulta que terminemos haciendo lo que Dios nos ha indicado.

La Palabra se nos entrega precisamente para este propósito: generar en nosotros una acción concreta basada en las instrucciones recibidas. «Las cosas secretas pertenecen al SEÑOR nuestro Dios», declara el autor de Deuteronomio, «mas las cosas reveladas nos pertenecen a nosotros y a nuestros hijos para siempre, a fin de que guardemos todas las palabras de esta ley» (29.29). De hecho, este es el mensaje reiterado del libro que Moisés dejó como legado a un pueblo que, una y otra vez, desatendió las instrucciones recibidas de lo Alto.

El verdadero impacto de la Palabra de Dios no se mide por el grado de emoción que sentimos al oírla, ni por las lágrimas que se nos caen cuando él nos habla, aunque sus palabras pueden afectar profundamente nuestras emociones. El impacto se evalúa a partir del momento en que comenzamos a caminar en esa verdad, pues solamente la obediencia desata la bendición de Dios sobre nuestras vidas. A aquella generación del desierto le dijo Moisés: «Estos, pues, son los mandamientos, los estatutos y los juicios que el SEÑOR vuestro Dios me ha mandado que os enseñe, para que los pongáis por obra en la tierra que vais a poseer, para que temas al SEÑOR tu Dios, guardando todos sus estatutos y sus mandamientos que yo te ordeno, tú y tus hijos y tus nietos, todos los días de tu vida, para que tus días sean prolongados. Escucha, pues, oh Israel, y cuida de hacerlo, para que te vaya bien y te multipliques en gran manera, en una tierra que mana leche y miel, tal como el SEÑOR, el Dios de tus padres, te ha prometido» (Deuteronomio 6.1–3).

Sin duda José tuvo que hacer a un lado los sentimientos que invadían su corazón, y cerrar sus oídos a las insistentes preguntas que atormentaban su mente. En última instancia la obediencia depende de una decisión, y cuando despertó procedió según las indicaciones que había recibido.

Mateo añade el detalle de que conservó a María virgen hasta que nació Jesús. Entiendo por esto que después del nacimiento sostuvo con ella la relación normal de todo matrimonio, y así debe ser. No necesitamos otorgarle a ella atributos adicionales. Es incomparable la belleza de una vida que es genuinamente espiritual y humana a la vez. En esto, José y María proveerían para el niño Jesús un ejemplo de devoción, que dejaría una inconfundible huella sobre su corazón.

## Su nombre es Juan *(Nace el Bautista)*

# Lección aprendida

### Lucas 1.57–66

***Lea el texto de hoy. ¿Qué detalles llaman su atención? ¿Qué cambios provocó en la vida de otras personas la experiencia de Zacarías y Elizabet? ¿Qué verdades ilustra el pasaje?***

Los detalles del nacimiento de Juan nos presentan la otra cara de aquel Zacarías que conocimos mientras llevaba a cabo sus labores en el templo. Así como en aquel evento se manifestaron las consecuencias de la falta de fe, aquí se destacan las admirables repercusiones del correcto ejercicio de la fe.

Observamos, en primer lugar, que «sus vecinos y parientes oyeron que el Señor había demostrado su gran misericordia hacia ella [Elizabet]; y se regocijaban con ella». Como ya se ha señalado, el accionar de Dios siempre se extiende más allá del pequeño círculo en que se desarrolla nuestra vida. Cuando él interviene en la vida de uno de sus hijos y este responde a ese accionar, otros son alcanzados por esa bendición (Deuteronomio 28.9–10).

En segundo lugar, se produce una pequeña crisis a la hora de nombrar al recién nacido. La costumbre de la época exigía que el primogénito llevara el nombre del padre. Para sorpresa de todos la madre anunció que se llamaría Juan, tal como lo había ordenado el ángel. Los que estaban presentes pidieron a Zacarías, que aún seguía mudo, que ratificara esta decisión. Anteriormente el sacerdote había dudado sobre la factibilidad del proyecto que Dios le anunciaba, pero ahora no vaciló en escribir sobre una tablilla: «su nombre es Juan». No tenía intención alguna de volver a transitar el camino de la duda y el cuestionamiento.

La decisión, que parece sin consecuencia para nosotros, trajo un resultado inmediato: «al instante le fue abierta su boca y suelta su lengua, y comenzó a hablar dando alabanza a Dios». Los resultados adversos de su incredulidad fueron revertidos, y no solamente esto sino que su recuperación se manifestó en una efusiva declaración de las bondades del Señor. Los meses de sufrido silencio ahora daban lugar a una verdadera fiesta de adoración.

Una de las maravillas que descubrimos en el Señor es, que es Dios de segundas oportunidades. Él no cesa en sus intentos de establecer con nosotros una relación con dimensiones eternas, sin importarle las veces que dudemos de la bondad de sus intenciones. La hermosura de este misterio, sin embargo, la perciben mejor aquellos que han pasado por un período de silencio y tristeza como el que le tocó vivir a Zacarías. Aunque las consecuencias de nuestros titubeos espirituales no son siempre tan dramáticas como perder por unos meses el habla, cada vez que desistimos de caminar en su verdad experimentaremos esa pesadez y tristeza que indican que nos hemos alejado de Aquél de quien fluye la vida.

¡Qué sabia es la persona que no olvida lo que vivió en aquellos momentos de sequía espiritual! El Señor seguirá trayendo a nuestras vidas nuevas palabras y cada una de ellas representará una invitación a caminar en obediencia con él. ¡Cuántos momentos de angustia y tristeza podremos evitar si escogemos creer sus osadas propuestas, aun cuando los detalles de las mismas nos resulten incomprensibles! Madurar es, en última instancia, precisamente esto: atesorar en nuestros corazones las lecciones aprendidas para no volver al camino del error.

DIOS EN SANDALIAS

DÍA 23

## Viaje a Belén *(Nace Jesús)*

# Mucho más que un censo

### Lucas 2.1–7

***Lea el texto de hoy, y luego fije su atención sobre los primeros tres versículos. ¿Qué motivó a Lucas a darnos el contexto histórico del nacimiento del Mesías? ¿Cuál es la participación del Señor en los eventos del mundo?***

El párrafo con que inicia el capítulo que relata el nacimiento del Cristo no pareciera merecer mayores comentarios. Bien podría haberlo insertado Lucas simplemente porque toda historia requiere de una introducción. La misma enmarca los detalles que el narrador va a compartir. Es la clase de prólogo que se presta para el olvido, similar al de cualquier diario de nuestra época.

El Evangelio según Mateo nos da la pista de que los eventos que se desarrollan en el mundo político no son el resultado de los caprichos de sus gobernantes. A su relato añade un comentario, que repetirá una y otra vez en su evangelio: «Todo esto sucedió para que se cumpliera lo que el Señor había hablado por medio del profeta» (Mateo 1.22). La movilización de María y José hacia Belén, entonces, no es el resultado de un inconveniente edicto que momentáneamente desacomoda sus vidas, sino la manifestación de la intervención de la mano de un Dios soberano en los acontecimientos que nosotros consideramos insignificantes y alejados de nuestros intereses espirituales.

Esta observación nos permite desechar, de una vez, el concepto arraigado en el pueblo de Dios de que el mundo en que vivimos está fuera de control y se escapa completamente de los proyectos del Señor a quien seguimos. Desde tiempos inmemoriales él ha movilizado a los gobernantes y a las naciones para que sirvan a los intereses de él. Intervino directamente, por ejemplo, en las circunstancias de Egipto para que Faraón liberara a Israel (Éxodo 6.1). Levantó una y otra vez, en la época de Jueces, pueblos para que oprimieran a Israel a fin de que su pueblo volviera su corazón al Señor (Jueces 2.13–14). En muchas ocasiones declaró, por medio de diferentes profetas, que usaría a distintos reyes y pueblos para cumplir sus propósitos (Isaías 22.20; Jeremías 25.9). Es decir, el Señor tiene su mano en eventos que aparentemente son fortuitos y sin sentido para nosotros.

Esta verdad debería librarnos del espíritu de temor que tantas veces nos lleva a ver el mundo como un lugar hostil y peligroso. Es cierto que el diablo anda como león rugiente, pero la Iglesia puede avanzar confiada en medio de las tinieblas porque sabe que nadie podrá adelantar un paso sin que el Señor así lo permita. Por encima del aparente caos de nuestro entorno existe un Dios que reina, soberano sobre todo, y para lograr sus propósitos se sirve de la vida de aquellos que no lo honran.

María y José probablemente desconocían la importancia espiritual de llegar a Belén. Lo importante era vivir con paz y quietud los aparentes contratiempos de la época, como quienes saben que la mano de Dios no siempre es visible, pero aún así está presente.

## Viaje a Belén *(Nace Jesús)*

# Espiritualidad de pesebre

### Lucas 2.1–7

***¿Qué sensaciones acompañarían a la pareja cuando llegaron a Belén? ¿Por qué fue necesario que Jesús naciera en un pesebre? ¿Qué nos anuncia esta escena sobre el futuro que le esperaba al Cristo?***

María y José se dirigieron a Belén para inscribirse en el censo ordenado por César Augusto. «Y sucedió que mientras estaban ellos allí, se cumplieron los días de su alumbramiento. Y dio a luz a su hijo primogénito; le envolvió en pañales y le acostó en un pesebre, porque no había lugar para ellos en el mesón» (6–7).

Seguramente María ya había considerado la posibilidad de que su hijo naciera durante el viaje que realizaban. Aun así, debe de haber sido para ella una experiencia traumática. Se encontraba lejos de sus amigas y parientes, las cuales seguramente la hubieran acompañado en tan significativo evento. Tampoco disfrutaba de los beneficios normales de estar en su propia casa. Ni siquiera pudo asegurarse de un lugar de modesta comodidad, pues no encontraron espacio para ellos en la posada. Ya a la víspera del nacimiento decidieron refugiarse en un establo, lugar poco acogedor por su condición rústica y la obvia falta de higiene de un albergue para animales.

La imagen choca con nuestras sensibilidades. Deseamos un palacio para el futuro rey, no un lugar entre las bestias. Si debe nacer en un establo, insistimos en que tenga un aspecto más benévolo y agradable, como los miles de pequeños e inocuos pesebres que acompañan las celebraciones navideñas de cada año. La experiencia de María y José en Belén, sin embargo, es un adecuado símbolo de la vida espiritual a la que hemos sido llamados. Los acontecimientos más estremecedores de esta vida pueden ocurrir en el marco de la sencillez y privación. A pesar de nuestra inclinación por crear «ambientes» más apropiados para el mover de Dios, como nuestras celebraciones semanales de canto y alabanza, el Señor obra mayormente en medio de nuestra vida diaria, donde rara vez se presentan las condiciones prolijas y predecibles de nuestras reuniones. Los que estamos esperando que solamente en el entorno apropiado se produzcan las visitaciones de nuestro Señor, corremos el peligro de desaprovechar la mayoría de las experiencias espirituales que surgen cada día.

Una segunda observación es, que las manifestaciones más significativas del Señor no siempre son percibidas por los que están más cerca de ellas. Las personas que se encontraban en Belén esa noche no se enteraron del dramático evento que ocurría prácticamente bajo sus propias narices. Su falta de percepción, sin embargo, no invalidó el acontecimiento que cambiaría el rumbo de la historia.

Siempre ha presentado una tentación para nosotros el creer que si no vemos al Señor obrando es porque no está haciendo nada. Lo lógico sería dudar de la eficacia de nuestra visión, pero nos resulta más fácil declarar que Dios no está con nosotros. Belén nos recuerda que solamente unos pocos perciben los eventos más significativos del mundo espiritual. El Señor está presente y obra conforme a sus propósitos aun cuando no veamos ni el menor rastro de su accionar. Esta certeza debe servir de ancla para nuestras almas. «Dichosos los que no vieron, y sin embargo creyeron» (Juan 20.29).

DIOS EN SANDALIAS

DÍA **25**

## Buenas Nuevas de gran gozo *(Anuncio a los pastores)*

# Sorprendidos por su gloria

### Lucas 2.8–21

***Lea el texto de hoy. Trate de imaginar la reacción de los pastores ante tan inesperada visión. ¿Qué actividad realizaban los pastores cuando recibieron semejante visitación? En su opinión, ¿por qué Dios escogió hablarles en esas circunstancias? ¿Por qué Dios los escogería para ser los primeros en recibir la noticia del nacimiento del Mesías?***

José y María llegaron a Belén para inscribirse en el censo que realizaban las autoridades del gobierno romano. Durante su estadía, María había comenzado con el trabajo de parto y se vieron obligados a refugiarse en un pesebre, pues en el pueblo no encontraron ninguna habitación disponible. Mientras la pareja vivía estos momentos de profundo drama, un ángel se apareció a un grupo de humildes pastores en la región.

Volvemos a observar, en la experiencia de los pastores, la misma realidad que vimos en Zacarías, María y José. En el momento de la visitación los pastores estaban ocupados en las tareas que les correspondían, cuidando a sus rebaños durante las vigilias de la noche. Nuestra perspectiva evangélica quisiera verlos postrados, clamando por una visitación de lo alto u ocupados en proclamar las grandezas del Señor. Pero… ¡nada de esto! Estaban inmersos en lo que hacían cada día del año: cuidar ovejas. Como he afirmado anteriormente, las veces que Dios escogió manifestarse a alguien lo hizo en forma absolutamente soberana e independiente del interés o la falta de interés de la persona. En más de un caso notamos, incluso, que la persona visitada mostró poco entusiasmo por la revelación que el Señor trajo a su vida.

También es interesante notar que la manifestación se desarrolló en medio de la noche, el momento del día en que los pastores podían tener menos expectativas de un evento sobrenatural. La observación resulta aún más valiosa para nosotros, pues en esta época hemos llegado a reducir la espiritualidad a momentos de la vida que están reservados para ese fin. Esperamos que Dios, si quiere decirnos algo, nos hable en el tiempo de nuestro devocional, o durante alguna de las celebraciones de la iglesia en las que participamos durante la semana. El resto del tiempo no solamente estamos desconectados del Señor, sino que también, muchas veces, descartamos que pueda ocurrir algún acontecimiento relacionado con nuestra vida espiritual. No obstante, las circunstancias del anuncio a los pastores nos recuerda que el Señor puede escoger los momentos más inesperados e incluso, a nuestro entender, inapropiados para acercarse a nuestra vida con alguna directiva. ¡Cuántas de estas experiencias suceden sin que ni siquiera tomemos conciencia de ellas, simplemente porque, al no estar abiertos a la posibilidad, hemos llegado a descartar que puedan ocurrir!

Para crecer en esta dirección, le invito a convertir en suya esta oración: *«Señor, entiendo que tú no estás limitado a mis horarios, ni a mis estructuras. Perdóname la osadía de creer que puedo definir la forma y el momento en que tú intervendrás en mi vida. Quiero transitar por la vida con el corazón siempre atento a tu mover. Te manifiesto mi disposición a ser sorprendido, aun cuando tu mover pueda desorientarme. La verdad es que no quiero perderme nada, porque entiendo que mi llamado siempre es a unirme a lo que tú ya estás haciendo»*.

# Buenas Nuevas de gran gozo *(Anuncio a los pastores)*
# No teman

## Lucas 2. 8–21

***¿Cómo reaccionó el ángel ante el miedo de los pastores? ¿Qué ingredientes contenía el mensaje que compartió con ellos?***

Como ya he señalado, ante las manifestaciones divinas la reacción universal en las Escrituras ha sido el pavor. Si recorriéramos los pasajes en que estas se narran, podríamos observar que en casi todas las instancias el Señor confortó con las mismas palabras que los pastores escucharon: «No teman».

Entiendo por esto que, si bien el temor a Jehová es sumamente saludable para nosotros, no es la intención del Señor producir en nosotros un miedo que nos paralice. Más bien, sus intervenciones siempre llevan un propósito puntual, y es necesario que escuchemos lo que él quiere decirnos en ese momento. Cuando el miedo que sentimos es tan fuerte que ya no sabemos lo que estamos haciendo, corremos peligro de no prestar atención a las indicaciones que él quiere darnos.

Así resultó con los pastores. Inmediatamente, el ángel les informó que les traía Buenas Nuevas de ¡gran gozo!, que no solamente afectaban la vida de ellos, sino también la de todo el pueblo. Al describir la llegada del Mesías como una noticia muy buena, el ángel también revela cuál es la perspectiva celestial de este evento. Jesús no llega, como a veces pareciera sugerir nuestra práctica de la vida espiritual, para añadir su lista de exigencias a nuestras agitadas vidas cotidianas. Cuando se presenta la propuesta de Jesús como sumarse a una religión, lejos de ser una buena noticia simplemente le añade una cuota adicional de agobio a la vida. De esa manera, nos vemos obligados a encontrar la forma de separar, de nuestra cotidiana actividad, tiempo para invertir en los ejercicios que, según creemos, sustentan nuestra vida espiritual.

Cristo no llega con esta intención sino, más bien, con el compromiso de unificar nuestras vidas fragmentadas bajo una sola consigna: vivir intensamente para Dios en todos los ámbitos de la vida. Descubrir que hemos sido creados para una relación plena y profunda con el Señor constituye la mejor noticia en medio de una vida en la que, muchas veces, hemos deambulado por una diversidad de entornos y actividades que poco han aportado a nuestra salud espiritual.

El ángel recalca, además, que la noticia era para TODO el pueblo, no para un segmento exclusivo. Es en este detalle que mejor percibimos el corazón amplio del Padre, un corazón que se duele y sufre por la totalidad de la humanidad caída. Observaremos en la vida de Jesús ese compromiso de extender la gracia de Dios hacia los segmentos más olvidados o despreciados de la sociedad.

Es significativo que unos humildes pastores hayan recibido el anuncio. En nuestro medio la noticia saldría desde las esferas gubernamentales y fluiría lentamente hacia abajo hasta, quizás, tocar la vida de los más olvidados. En el reino, sin embargo, los últimos reciben mayor consideración. La bendición fluye desde los más pobres hacia los más privilegiados, quizás porque entre los más sencillos siempre existe mayor apertura y disposición a recibir. De esta manera, el Señor se aseguraba que ni uno solo quedara excluido del gran regalo de Dios.

## Buenas Nuevas de gran gozo *(Anuncio a los pastores)*

# ¡La gloria del Señor!

### Lucas 2.8–21

***Vuelva a leer el texto de la aparición del ángel a los pastores. Ubíquese en el lugar para experimentar el asombro que se apoderó de ellos. ¿Cuál es la razón por la que los ángeles irrumpieron en adoración?***

El mensaje a los pastores es interesante porque nos ofrece la perspectiva celestial de la misión de Jesús. El texto nos deja con la sensación de que las huestes celestiales prácticamente no le dieron tiempo al ángel de terminar de entregar a los pastores las buenas nuevas de gran gozo. Irrumpen en la escena con alabanzas y proclamas de la grandeza del Señor, como si no pudieran contener algo que exige, a toda costa, ser gritado por los pasillos del universo. ¡Y sin duda es así! Los que moran en las alturas entienden las profundas implicaciones de la misión de Cristo, porque son conscientes de lo absolutamente irredimible que es la situación del ser humano. A medida que avanzamos por los Evangelios podremos observar que quienes expresan mayor devoción y gratitud a Jesús son aquellos que han experimentado, en carne propia, las más profundas bajezas humanas. Mientras conservemos en nuestros corazones la sensación de que, en el fondo, no somos «tan malas personas», no le encontraremos grandes méritos a su sacrificio.

El compromiso de establecer la «paz» entre los hombres es un término mucho más complejo que la simple ausencia de conflictos. Hablar de paz, en su sentido bíblico, es hablar de un estilo de vida que se caracteriza por plenitud e intensidad, una existencia que satisface los anhelos más incomprensibles de nuestra humanidad, deseos que heredamos del mismo Señor. No se refiere a la abundancia exterior, sino a una llenura interior, una realidad profunda que produce plenitud de gozo y sentido de propósito en el andar diario. Es, en un sentido, volver a vivir la vida en la dimensión plena que la primera pareja experimentó en el Edén.

Restaurar en el hombre esta realidad es el fruto de la «buena voluntad» de Dios hacia nosotros. No lo mueve otra cosa que la generosidad de su espíritu, el darle forma visible a su misma esencia, que es la de ser benévolo con aquellos que él creó. Esta cualidad es la que Jesús llamaría la «perfección del Padre», la capacidad de ser «bondadoso [aun] para con los ingratos y perversos» (Lucas 6.35). Su buena voluntad, a diferencia de nuestros criterios selectivos y exclusivistas, no deja afuera a nadie, algo que no siempre consideramos apropiado. El marcado contraste entre él y nosotros es el que lleva a los ángeles a esta incontenible adoración, a declarar ante los pastores: «¡Gloria a Dios en las alturas!»

Nunca podremos comprender los incalculables beneficios que hemos recibido por la iniciativa de Jesús de acercarse a nosotros. No obstante, cuanto más conscientes estemos de nuestra propia bajeza, mayor será nuestra gratitud por haber sido alcanzados por la bondad divina. Podemos exclamar, junto al salmista: «Te exaltaré mi Dios, oh Rey, y bendeciré tu nombre eternamente y para siempre. Todos los días te bendeciré, y alabaré tu nombre eternamente y para siempre. Grande es el SEÑOR, y digno de ser alabado en gran manera; y su grandeza es inescrutable» (Salmos 145.1–2).

DIOS EN SANDALIAS

DÍA 28

## Buenas Nuevas de gran gozo *(Anuncio a los pastores)*

# Movidos por Él

### Lucas 2.8–21

***«Y aconteció que cuando los ángeles se fueron al cielo, los pastores se decían unos a otros: Vayamos, pues, hasta Belén y veamos esto que ha sucedido, que el Señor nos ha dado a saber. Fueron a toda prisa, y hallaron a María y a José, y al niño acostado en el pesebre» (15–16). ¿Qué movió a los pastores a ir hacia Belén? ¿De qué manera fueron? ¿Cuál era su intención?***

La gloria que rodeó a los pastores, mientras cuidaban las ovejas durante las vigilias de la noche, impactó profundamente sus vidas. Esto era mucho más que una curiosidad para comentar en el pueblo al otro día. Se apoderó de ellos una urgencia santa que los movilizó a salir en busca del pequeño.

La respuesta de ellos es una de las características de un genuino encuentro con el Señor, experiencia que nunca nos deja igual a como estábamos antes. Son encuentros transformadores, que marcan un «antes» y un «después» en nuestras vidas; volver a casa del mismo modo que llegamos es inconcebible, porque entrar en contacto con Dios es cambiar. Los pastores inmediatamente demostraron que este encuentro tenía profundas connotaciones espirituales para ellos. Sin ser hombres religiosos, sintieron el impulso a poner por obra, sin demora alguna, las instrucciones que habían recibido.

Este es el resultado de un profundo encuentro con Dios: ¡el entusiasmo pasa a ser acción! Él no nos visita para satisfacer una curiosidad, ni se presenta solamente para que nos sintamos a gusto con su presencia. El Señor siempre está ocupado en los proyectos que atesora en su corazón y su acercamiento a nosotros tiene como intención enrolarnos en ellos. De este modo, cada experiencia con su persona debería movilizarnos a realizar algo que no habíamos considerando antes del encuentro. Por esto, al pedirle que nos hable, debemos estar dispuestos a que él interrumpa, desvíe o redireccione nuestra vida.

Quisiera señalar, a la vez, que las instrucciones que él trae siempre están al alcance de la persona que las recibe. Nadie puede argumentar que el Señor pide lo imposible. En ocasiones la implementación de su palabra puede resultar difícil, pero esto no se debe a lo complejo de la tarea que nos encomienda, sino a la resistencia de nuestra carne a dejar que el Espíritu nos guíe. Si Dios nos habla es porque él ya ha evaluado nuestras condiciones para obedecerle.

Note cuán sencillas eran las instrucciones para los pastores: «hallaréis a un niño envuelto en pañales y acostado en un pesebre». No se les requería profundos conocimientos de la Palabra para poder encontrar al Mesías. Su condición era tan ordinaria y sencilla que aun ellos, sin las herramientas que nosotros consideraríamos indispensables para una misión espiritual, podían muy bien ejecutar las órdenes recibidas.

La observación debe animar nuestros corazones. Los tesoros más profundos y preciosos del reino están al alcance de los que menos recursos tienen. La sencillez de corazón nos dará amplia entrada a dimensiones donde los más sofisticados acabarán enredados y confundidos. Ser como niños, en este ámbito, ¡resulta una verdadera ventaja! Cuando llegaron a Belén, hallaron al niño como se les había dicho, lo cual reafirmaba en ellos el valor de la obediencia.

## Buenas Nuevas de gran gozo *(Anuncio a los pastores)*

# Testigos naturales

### Lucas 2.8–21

***Imagine la urgencia de los pastores al salir en busca del pesebre. ¿Qué hicieron cuando llegaron? ¿Qué indica esto acerca de la forma en que avanza el proyecto de Dios?***

Los pastores, conmovidos por la visitación celestial que habían recibido, salieron «a toda prisa» para verificar la palabra que les había hablado el mensajero celestial. Dejando las ovejas, fueron a Belén y encontraron al niño envuelto en pañales, tal como se les había anunciado. «Y cuando lo vieron, dieron a saber lo que se les había dicho acerca de este niño. Y todos los que lo oyeron se maravillaron de las cosas que les fueron dichas por los pastores» (17–18).

Qué interesante la reacción de los pastores al llegar al pesebre, ¿verdad? ¡Los eventos extraordinarios de la noche no se prestaban para que guardaran silencio! Comenzaron a contar a todos los que estaban con ellos lo que habían vivido en el campo, y la gente quedaba maravillada del relato que compartían.

Resulta provechoso tomar nota de que los pastores ya no seguían siendo los mismos hombres que habían sido cuando comenzó aquella noche. La formación que poseían era precaria, y probablemente sus inclinaciones espirituales eran bastante escasas. Nadie los había capacitado para la tarea de divulgar las Buenas Nuevas que habían escuchado, ni los había instruido en el método indicado para captar la atención de la gente antes de dar su mensaje. No organizaron una reunión, ni buscaron a otros con más conocimiento para que se encargaran de divulgar la noticia. Con el entusiasmo lógico de quienes habían sido testigos de una increíble visión, simplemente comenzaron a hablar de lo que habían vivido. No les faltaba pasión ni fervor, porque aún conservaban el asombro de haber sido visitados por el Señor.

La respuesta de los pastores es la forma en que comienza todo movimiento misionero impulsado por el Señor. Los principales protagonistas en esta empresa comparten las buenas nuevas en forma completamente natural y espontánea. No necesitan que nadie los presione para «salir» a compartir con otros, ni tampoco requieren charlas motivadoras para emprender la tarea evangelizadora. La realizan porque existe en ellos un estado de ebullición que no los deja tranquilos, exigiendo la atención de todos los que estén dispuestos a escuchar. De esta forma se extiende el reino. No debería existir la necesidad de organizar, en las iglesias, reuniones para evangelizar a otros. Más bien, los miembros del Cuerpo, poseídos de una pasión y un entusiasmo inusual, deben buscar hablar de los hechos asombrosos de Dios en la vida de ellos, a cuantos se les crucen por el camino.

En este detalle encontramos el elemento clave del impacto evangelizador de una vida sobre otra: aquellos que comparten las buenas nuevas están experimentando a diario, en sus vidas personales, una aventura apasionante con el Señor. Nada logra semejante impacto sobre la vida de otros como hablar de una experiencia que es real y vital en nuestras propias vidas. Cuando intentamos suplir este testimonio con argumentos intelectuales que defienden la existencia de Dios, nuestra eficacia como evangelistas decae en forma dramática. Compartir a Cristo con otros es un llamado a vivirlo intensamente en nuestras propias vidas.

DÍA 30

## Buenas Nuevas de gran gozo *(Anuncio a los pastores)*

# Más allá de los eventos

### Lucas 2.8–21

***¿Cómo termina este pasaje, según el testimonio de Lucas? ¿Qué observa en la respuesta de María? ¿Cómo regresaron los pastores?***

El relato de los pastores acerca de todo lo que habían vivido en el campo dejó maravilladas a las personas que lo escucharon. Cuando concluyeron su visita al establo «se volvieron, glorificando y alabando a Dios por todo lo que habían oído y visto, tal como se les había dicho» (20).

Como hemos señalado, los pastores ya no eran las mismas personas que habían sido cuando comenzó la noche. El mover de Dios entre los hombres no contempla la posibilidad de que algunos se ubiquen en el plano de espectadores, pues siempre obliga a una respuesta, aun cuando esta pueda darse en forma de un categórico rechazo a su propuesta.

Quizás esta sea la razón por la que muchos de los programas en nuestras iglesias no afectan la vida de los que participan en ellos. Muchas de nuestras reuniones están más orientadas a agradar al auditorio, que a invitarlo a una experiencia profunda y renovadora con el Señor.

Los pastores, sin que nadie les hubiera dicho que esta era la respuesta apropiada, volvieron glorificando y alabando al Señor. Es decir, dieron rienda suelta a los impulsos naturales que produce el abrirse a la vida espiritual, algo que guardan en común todas las vidas que fueron tocadas por el Señor en los Evangelios.

Lucas añade un pequeño comentario a la escena de euforia que vivían los pastores. «Pero María atesoraba todas estas cosas, reflexionando sobre ellas en su corazón» (19). La respuesta de la madre del Señor es reveladora porque nos indica que algunos, en el pueblo de Dios, recorrerán un camino aún más profundo que el de los pastores. Este camino resulta no solamente de responder a los estímulos inmediatos de la vida, sino de buscar la forma de dilucidar las verdades espirituales a las que apuntan las manifestaciones más visibles del Señor. Es en este segundo nivel que una persona puede percibir los principios universales que se aplican a una diversidad de situaciones y que pueden servir para edificar la vida de otros, o producir en nosotros un crecimiento más sostenido.

No todos podrán realizar el recorrido de María, ni tampoco todos han sido llamados a él. Lo que sí podemos afirmar es que el Señor siempre ha provisto para su pueblo personas sabias y entendidas en los asuntos del reino, que pueden formar y edificar a otros en una experiencia espiritual más sólida.

Para quienes hemos sido llamados a esta función dentro del Cuerpo, separar tiempo para reflexionar y meditar sobre el significado de una diversidad de experiencias es una disciplina importante. De este ejercicio podremos destilar los tesoros que serán útiles en el trabajo de acompañar a otros en su vida espiritual. Observe con cuánta frecuencia en los Evangelios Cristo llevaba a los discípulos a meditar sobre el significado de los eventos que sucedían en la vida de ellos. Este hábito enriquecerá mucho nuestras vidas y ministerios, pero demanda de nosotros cultivar el deseo de profundizar en los asuntos de Dios.

DIOS EN SANDALIAS

DÍA 31

## Luz a las naciones *(Llegan los magos del oriente)*
# En pos de una estrella

### Mateo 2.1–12

***Lea el texto de Mateo para estos días. ¿Qué indica la participación de los magos del oriente en el nacimiento de Jesús? ¿De qué manera les notificó Dios el evento? ¿Por qué usó otro método, y no como procedió con los pastores?***

La llegada de estos hombres, estudiosos de los fenómenos astronómicos que observaban en el firmamento, inmediatamente traslada el significado del nacimiento de Jesús, más allá de las fronteras de Israel, hacia el mundo gentil. Desde tiempos inmemoriales Dios había comunicado a su pueblo que deseaba que ellos fueran una nación de sacerdotes, instrumentos del Señor para bendecir a toda la tierra. De hecho, esta vocación está contenida en el llamado del padre de la nación, Abraham: «Bendeciré a los que te bendigan, y al que te maldiga, maldeciré. En ti serán benditas todas las familias de la tierra» (Génesis 12.3).

Tristemente, no encontramos indicios en la historia del Antiguo Testamento de que alguna vez le haya interesado a Israel buscar la forma de extender la bendición de Dios hacia sus vecinos más cercanos. No obstante, el Señor se movió periódicamente entre los gentiles. Las Escrituras relatan cómo Naamán, de vuelta a su país, compartió las convicciones espirituales que resultaron de la sanidad que recibió de Dios. Desde África llegó la reina de Saba para probar la sabiduría de Salomón. Jonás, renuente misionero de Jehová, predicó la Palabra entre los asirios, y fue testigo del arrepentimiento de toda una ciudad. En el exilio, Dios usó poderosamente a Daniel para bendecir a los babilonios, como también a Ester, a Nehemías y a Esdras.

No cabe duda de que el Señor, a pesar de la indiferencia de su pueblo, siempre ha sabido cuál es el medio ideal y particular para moverse entre las naciones a fin de dar a conocer las bondades de su corazón. El relato de Mateo es llamativo porque muestra a un grupo de hombres que, sin la herencia religiosa de los judíos, supieron cómo descubrir que el Mesías había nacido. El mensajero de esta noticia, para ellos, fue una estrella. No se nos provee ningún tipo de detalle acerca de la forma en que apareció este astro, ni cómo interpretaron su significado. Nos basta con saber que el firmamento proclama la existencia de Dios, pero solamente lo perciben aquellos con ojos para verlo. David compartió, en el Salmo 8, su asombro ante la creación de Dios, y exclamó: «tus cielos, obra de tus dedos, la luna y las estrellas que tú has establecido» (3). En el Salmo 19 declara que «los cielos proclaman la gloria de Dios, y la expansión anuncia la obra de sus manos» (1).

Los magos, con esa obsesión típica de los científicos, habían interpretado el mensaje de un fenómeno que observaron en el cielo, y llegaron a Jerusalén para investigar más a fondo el asunto. Aun no teniendo mensajeros dispuestos a ir a los gentiles, Dios se estaba moviendo en medio de ellos y dando a conocer su intención de incluir a los gentiles en la salvación que empezaba, primero, en la casa de Israel. Para este fin, él se servirá del medio que quiera.

DÍA 32

## Luz a las naciones *(Llegan los magos del oriente)*

# Información inútil

### Mateo 2.1–12

***Los magos del oriente habían dado por hecho que los habitantes de Jerusalén ya sabían del nacimiento del rey prometido. ¿Por qué Herodes reaccionó con temor ante la noticia? ¿Por qué razón los escribas y los sacerdotes no sabían que el evento ya había ocurrido?***

Tres hombres sabios llegaron del oriente, impulsados por el mensaje que habían descifrado de una extraña estrella aparecida en el firmamento. Escogieron dirigirse al lugar que consideraban el más propicio para encontrar instrucciones que los condujeran al niño, aunque está claro que no siempre en los ámbitos más religiosos se encuentra quién pueda orientar a la gente.

Cuando leo este pasaje, recuerdo las diversas conferencias sobre los «últimos tiempos» a las que he asistido. Siempre me ha asombrado el grado de confianza que demuestran los expertos en el tema y con cuánta seguridad interpretan los eventos que van sucediendo en el mundo de nuestros tiempos. De igual manera los sacerdotes y escribas no dudaron, ante Herodes, de proporcionarle la información que requería. Citaron, de memoria, al profeta que anunciaba el nacimiento del Mesías en Belén. Seguramente habían estudiado minuciosamente el texto, intentando interpretar cada detalle de la promesa del evento que anunciaba Miqueas. No obstante el profundo conocimiento de las Escrituras que poseían, no se habían enterado de que el evento ¡ya había ocurrido!

El hecho es que conocer los textos no garantiza que podamos percibir la forma en que sucederán los eventos que anuncian. Esta dificultad es la misma que les impidió entender a muchos, de los que estuvieron delante de Jesús, que él era el Mesías. Preferían descartar al hombre antes que deshacerse de sus presuposiciones acerca de cómo debía ser. Así también nosotros, en ocasiones, le otorgamos cierto grado de confiabilidad a nuestras interpretaciones, como si no existiera margen alguno de que podamos equivocarnos.

La consulta de Herodes a los escribas y sacerdotes debe servirnos como advertencia. Aun en el caso del estudio más cuidadoso del texto, nuestras interpretaciones y deducciones siempre estarán sujetas a las limitaciones propias de nuestra humanidad. Hacemos bien en recordar que Dios, así como una y otra vez lo relata la Palabra, obra en forma completamente sorpresiva y distinta a lo esperado. En ocasiones nuestras presuposiciones e interpretaciones no solamente dificultarán nuestra percepción de su mover, sino que se constituirán en un verdadero estorbo para entender algunos aspectos de la vida espiritual.

Las autoridades de Jerusalén descubrieron que un significativo evento público había ocurrido sin que ellos estuvieran enterados de ello, y esto los llenó de temor. Para los que somos del pueblo de Dios, sin embargo, esta realidad no debe producir en nosotros angustia alguna. Sabemos que, aun cuando no lo percibamos, él está activo en el mundo que nos rodea, ordenando todas las cosas según sus propósitos eternos. Su accionar es misterioso y se extiende mucho más allá de lo que nosotros podamos percibir. La inmensidad de su obra nos invita a una postura de descanso, pues no necesitamos estar al tanto de cada paso que toma. Más bien, podemos postrarnos ante su soberanía y exclamar: «¡Quién como tú, Señor, en la grandeza de tus obras!».

DIOS EN SANDALIAS

DÍA 33

# Luz a las naciones *(Llegan los magos del oriente)*
# Ayuda de los impíos

## Mateo 2.1–12

***¿De qué manera colaboró Herodes con la misión de los magos? ¿Qué ocurrió cuando ellos volvieron a emprender su marcha? ¿Qué nos indica esto acerca de la forma en que Dios puede dirigir los pasos de los suyos?***

Herodes se recuperó rápidamente de la consternación que le produjo la noticia de que en Israel había nacido un rey. «Llamó a los magos en secreto y se cercioró con ellos del tiempo en que había aparecido la estrella. Y enviándolos a Belén, dijo: "Id y buscad con diligencia al niño; y cuando le encontréis, avisadme para que yo también vaya y le adore"(7–8).

El paso de los magos por Jerusalén muestra que Dios se sirve de quien quiera para proveer a los suyos el apoyo y los recursos que precisan para avanzar en los proyectos que él les propone. Los Evangelios no esconden la perversidad de Herodes, que gobernaba para servirse a sí mismo. Él es el que eventualmente ordenó la decapitación de Juan el Bautista, una decisión que resultó del deseo de congraciarse con los agasajados en una fiesta. No obstante, también fue el instrumento que utilizó el Señor para que los magos recibieran los datos que precisaban. Del mismo modo Pablo, en la carta a la iglesia de Filipos, menciona que algunos «proclaman a Cristo por ambición personal, no con sinceridad, pensando causarme angustia en mis prisiones. ¿Entonces qué? Que de todas maneras, ya sea fingidamente o en verdad, Cristo es proclamado; y en esto me regocijo, sí, y me regocijaré» (Filipenses 1.17–18). Claramente el apóstol consideraba que ni las personas más malvadas representaban para el Señor obstáculo alguno en el logro de sus propósitos. Su soberanía absoluta sobre todas las cosas nunca debería ser una verdad sometida a dudas para los que somos de la casa del Señor.

«Y habiendo oído al rey, se fueron; y he aquí, la estrella que habían visto en el oriente iba delante de ellos, hasta que llegó y se detuvo sobre el lugar donde estaba el niño. Cuando vieron la estrella, se regocijaron sobremanera con gran alegría» (9–10). Una vez que hubieron emprendido su marcha hacia Belén, volvió a aparecer la estrella que los había guiado en un primer momento, y les proveyó confirmación adicional sobre el camino que se les había indicado. Vale la pena señalar que su reaparición ocurrió cuando emprendieron la marcha hacia Belén. El Señor dirige y acompaña a quienes están en movimiento, no a aquellos que se demoran esperando tener certeza absoluta sobre el camino a seguir. Así ha ocurrido siempre en la historia del pueblo de Dios. Él nos provee la información que necesitamos para el próximo tramo del trayecto, y hasta que decidamos avanzar no nos proveerá las nuevas instrucciones. Caminar con él siempre implica experimentar crecimiento en la fe.

El evangelista comenta que «cuando vieron la estrella, se regocijaron sobremanera con gran alegría». La ratificación de que estamos en sus caminos lleva siempre un corolario: ¡gozo inefable! No quedamos libres de pruebas ni dificultades, pero sí se apodera de nosotros una locura santa. En medio de la batalla, nos sostiene la profunda convicción de que estamos donde debemos estar.

DIOS EN SANDALIAS

DÍA 34

# Luz a las naciones *(Llegan los magos del oriente)*
# Todos los pueblos le adorarán

## Mateo 2.1–12

***Eventualmente los magos llegaron a Belén. ¿De qué forma adoraron al niño? ¿Qué implica su presencia en los primeros días de vida del Cristo? ¿Cómo se les indicó la forma en que debían regresar a casa?***

La imagen de los hombres del oriente adorando al pequeño Jesús revela el más profundo deseo del Señor para con las naciones. Aunque la historia del Antiguo Testamento se centra mayormente en las aventuras y desventuras de Israel, el proyecto original siempre contempló extender la bendición del Señor hasta los confines de la tierra, tal cual lo expresó el profeta Isaías: «Dice Él: poca cosa es que tú seas mi siervo, para levantar las tribus de Jacob y para restaurar a los que quedaron de Israel; también te haré luz de las naciones, para que mi salvación alcance hasta los confines de la tierra» (49.6). Y otra vez, en el capítulo 51: «Prestadme atención, pueblo mío, y oídme, nación mía. Porque de mí saldrá una ley, y estableceré mi justicia para luz de los pueblos. Cerca está mi justicia, ha salido mi salvación, y mis brazos juzgarán a los pueblos; por mí esperan las costas y en mi brazo ponen su esperanza» (4–5).

En el Nuevo Testamento Pedro también advierte a sus lectores, a quienes llama «reino de sacerdotes» y «nación santa», sobre el anhelo de Dios de alcanzar a todos: «El Señor no se tarda en cumplir su promesa, según algunos entienden la tardanza, sino que es paciente para con vosotros, no queriendo que nadie perezca, sino que todos vengan al arrepentimiento» (2 Pedro 3.9). Es por esto que el Señor no puede quedarse quieto ante la indiferencia de su pueblo hacia aquellos que aún no han sido alcanzados por su luz admirable. Utilizó una feroz persecución contra su Iglesia de los primeros tiempos, para que se dispersara y así compartiera las Buenas Nuevas con los más alejados. No debemos dudar de que echará mano de los medios que sean necesarios para crear en nosotros un compromiso no solamente con los de Jerusalén, sino también con los de Judea, Samaria y los que viven en los confines de la tierra.

La presencia de los magos en los primeros días de vida del Mesías claramente indica que la llegada del Salvador es en beneficio de toda la humanidad, y no solo de un pequeño grupo selecto. Los magos, por su parte, nos dejan ejemplo de lo que significa adorar. Un acto de adoración afecta la totalidad de nuestra vida, ya sea en una postura física —como es postrarse— o en la entrega de nuestros bienes, como lo indican los «obsequios de oro, incienso y mirra». El verdadero adorador no guarda nada para sí mismo, porque no le alcanzan los medios para expresar su devoción hacia la persona que adora.

Al cerrar este segmento es bueno que recordemos que Dios utilizó una estrella, un rey indigno y un sueño para guiar a estos hombres. Él no se limita a un solo método, ni utiliza el mismo medio cada vez que nos habla. Conviene que caminemos por la vida con la disposición de ser sorprendidos, pues nunca sabremos cuándo ni cómo él puede llegar a acercarse a nosotros. No obstante, ¡bienvenido sea cuando llegue!

«He visto tu salvación» *(Presentan a Jesús en el templo)*

# Sujeto en todo

## Lucas 2.22–35

***Lea los versos 22 al 24 del texto de estos días. ¿Por qué se dirigieron a Jerusalén, aun siendo Jesús hijo del Altísimo? ¿Qué nos indica esto sobre la relación del Cristo con la ley de Dios?***

La ley estipulaba que una mujer que había dado a luz debía ser considerada impura durante cuarenta días luego del parto. Como el bebé había participado de dicha experiencia era necesario que tanto él, como su madre, subieran a Jerusalén para cumplir con los ritos de purificación establecidos en la ley del Antiguo Testamento. El sacrificio se realizaba porque cada israelita sabía que, delante de Dios, no merecía la vida. Los animales ofrecidos en expiación llevaban sobre sí el castigo del pueblo y libraban a las personas de sufrir el castigo justo y merecido.

Al pensar en la persona de Jesús no ignoramos que él no requería ningún rito de purificación, pues, como declara el autor de Hebreos, aunque vivió en la carne lo hizo «sin pecado» (4.15). No obstante, el Padre requería que su Hijo viviera plenamente la experiencia de ser hombre. «Por tanto, tenía que ser hecho semejante a sus hermanos en todo, a fin de que llegara a ser un misericordioso y fiel sumo sacerdote en las cosas que a Dios atañen, para hacer propiciación por los pecados del pueblo» (Hebreos 2.17).

Las condiciones bajo las cuales vivió Cristo revelan una de las razones por las que resultó tan increíblemente eficaz en su esfuerzo por relacionarse con la generación que lo conoció. La tendencia en personas, que ocupan cierto nivel social o jerárquico que los eleva por encima de sus pares, es creer que su posición los exime de exponerse a las limitaciones de aquellos que no acceden a los privilegios que ellos poseen. Un alto funcionario gubernamental, por ejemplo, puede fácilmente creer que no tiene por qué pagar impuestos sobre sus importaciones, ni sufrir las humillaciones que son parte de la vida del pueblo, como es hacer fila para ser atendido en las instituciones públicas. Los «pequeños» permisos que se va concediendo, sin embargo, tienden a establecer distancia con las mismas personas que pretende servir, y estas siembran resentimientos hacia él. Esto restará credibilidad a sus propuestas, pues la gente creerá que desconoce la realidad con la que se ven obligados a luchar cada día.

Jesús, sin que fuera necesario para él, escogió vivir plenamente todas las experiencias que le son comunes a los hombres. Por su nacimiento se presentaron las ofrendas que la ley requería. En el momento que inició su ministerio público se sometió a la experiencia del bautismo. Durante su vida jamás utilizó su autoridad o poder para beneficio propio. En esto vemos las verdaderas marcas de la grandeza de un líder. Su estatura espiritual no depende tanto de lo que hace, sino de lo que escoge no hacer.

Además de los ritos de purificación, María y José desearon que su pequeño hijo fuera dedicado al Señor. Esto no representaba un mero formalismo, sino el paso lógico de un matrimonio cuyo deseo más profundo era vivir una vida agradable a Dios. Desde muy pequeño, entonces, Jesús se benefició de la piedad y devoción de sus padres.

## «He visto tu salvación» *(Presentan a Jesús en el templo)*

# El arte de esperar

### Lucas 2.22–40

***Otros personajes están por incorporarse en el relato de la llegada del Cristo. Lea el pasaje y observe las formas en que Dios va uniendo las diferentes vidas en este gran proyecto celestial.***

Mientras los padres de Jesús se movilizaban para ofrecer los sacrificios correspondientes por su nacimiento, otra historia se desarrollaba en la vida de quien, probablemente, aún no sabía que el Mesías había arribado. Lucas nos comparte que «había en Jerusalén un hombre que se llamaba Simeón; y este hombre, justo y piadoso, esperaba la consolación de Israel; y el Espíritu Santo estaba sobre él» (25).

Dos detalles inmediatamente saltan a la vista en la descripción del personaje que se incluye en la historia. El primero de ellos es que el evangelista no habla de las actividades que este hombre desarrollaba, ni de qué clase de ministerio cumplía. Más bien, escoge detenerse en aquellas características que mayor peso tienen en el reino de los cielos, las que describen la clase de persona que era Simeón. Este varón era justo y piadoso. Ambos atributos hablan de cierta forma de ser, en la cual lo que más brilla es un corazón que ha sido tocado por la gracia transformadora de Dios. Su persona despedía una fragancia que resultaba irresistible a los que estaban cerca de él y, precisamente por estas cualidades, el Espíritu actuaba sobre él. Una vida ordenada según los principios eternos posee el respaldo pleno del Señor, tal como se lo señala Pablo a Timoteo: «si alguno se limpia de estas cosas, será un vaso para honra, santificado, útil para el Señor, preparado para toda buena obra» (2 Timoteo 2.21).

El segundo punto de interés es que este hombre «esperaba» la consolación de Israel. En el siguiente versículo Lucas añade que «por el Espíritu Santo se le había revelado que no vería la muerte sin antes ver al Cristo del Señor» (26). No sabemos en qué momento de su vida recibió esta revelación. Puede que haya sido en el pasado reciente o, como suele ocurrir en el mover de Dios, muchos años atrás. Sea como fuera el asunto, el hombre esperaba el cumplimiento de esta palabra.

¡Cuánta quietud y confianza encierra esa actitud de espera!, útil especialmente para los que sufrimos de impaciencia crónica. Simeón no había recibido más información que la que contiene el versículo: es decir, no vería la muerte antes del cumplimiento de esa palabra. No obstante, qué fácil resulta, con el pasar del tiempo, que la esperanza se vaya debilitando para dar lugar a la resignación, especialmente cuando ingresamos a la etapa de la vejez. Fue en esta etapa que Abraham decidió engendrar, por medio de Agar, el hijo que Dios le había prometido años antes. Lograr aquietar el espíritu y refrenar los impulsos normales de la vida es una de las señales de que avanzamos exitosamente hacia la etapa de la madurez. Para lograrlo, es necesaria la confianza inalterable en que Dios no solamente posee la capacidad de hacer lo que ha dicho, sino que también es fiel para cumplir su palabra. «Ciertamente ninguno de los que esperan en ti será avergonzado» (Salmos 25.3).

# «He visto tu salvación» *(Presentan a Jesús en el templo)*
# Encuentro divino

## Lucas 2.22–40

***¿Por qué subió al templo Simeón? ¿De qué manera cree usted que el Espíritu le comunicó esta directiva? ¿Qué fue necesario para que las diferentes personas de esta historia se encontraran en este lugar?***

En esta escena, ocurrida en Jerusalén, encontramos una de las mejores ilustraciones de cómo se desarrolla la vida de aquellas personas en quienes el Espíritu es el protagonista. Por su condición humana, Simeón bien podría haber exigido al Señor algún detalle adicional sobre la venida del Mesías. El papá del Bautista no dudó en preguntar cómo se produciría aquel milagroso embarazo en su esposa. Del mismo modo, María solicitó información más concreta sobre su propio rol en la gestación del Hijo de Dios. Nuestra tendencia siempre es creer que precisamos mayor información de la que nos ha sido otorgada, pues poder acceder a los detalles específicos de la aventura que estamos por vivir nos ayuda a reducir el grado de inseguridad que sentimos frente a ella.

Simeón, como se señaló en el devocional de ayer, esperaba pacientemente el cumplimiento de la palabra que Dios le había dado. A su confianza en la persona de Dios podemos sumar un segundo elemento, y es su convicción de que, en el momento oportuno, el Señor le proveería las instrucciones adicionales. De hecho, esto es exactamente lo que ocurrió, pues el Espíritu le señaló que debía subir al templo. Sospecho que aún en ese momento no poseía mayores detalles que este: «sube al templo». No debemos olvidar que en cada misión asignada existe un elemento que apunta a la formación personal de quien la va a desempeñar. De este modo, entonces, subió al templo con la misma confianza que había caracterizado su espera.

Mientras tanto, el Espíritu también había movilizado a los padres del niño Jesús, quienes también viajaron hacia el templo. De este modo, vemos cómo el Señor mueve «las piezas» de cada historia, la cual siempre resulta mucho más grande y compleja que los pequeños incidentes que acompañan nuestra vida personal. Cuando permitimos que el Espíritu sea el que dirija nuestros pasos, inevitablemente se producen en nuestras vidas aventuras que son mucho más apasionantes e increíbles que los eventos que nosotros podemos crear, aun con la más cuidadosa planificación.

Por otro lado, cuando percibimos el mover del Espíritu, como en este pasaje, nos damos cuenta de cuán provechoso nos resulta descartar gran parte de nuestras especulaciones y preocupaciones. Por más afanados que estemos por los asuntos de la vida espiritual, jamás podremos comprender la totalidad del accionar de Dios. Cuando nuestra vida ha sido incluida en la dimensión del reino, adquiere un ensanchamiento que ni siquiera nosotros mismos podemos comprender.

La postura decisiva para nosotros es cultivar esta misma actitud de atenta dependencia que vemos en la vida de Simeón. No hace falta que nos adelantemos ni nos demoremos. Nuestro llamado es a movernos a la par del Espíritu, que dará las instrucciones apropiadas a cada paso de la aventura en que él nos ha involucrado. En ocasiones podremos llegar a sentirnos inseguros, pero esto es normal. El Señor nos invita a que resolvamos esa inseguridad con firmeza, diciendo a nuestro inquieto espíritu: «¿Por qué te abates, alma mía, y por qué te turbas dentro de mí? Espera en Dios» (Salmos 43.5).

DÍA 38

## «He visto tu salvación» *(Presentan a Jesús en el templo)*
# Misión cumplida

**Lucas 2.22–40**

***¿Qué ocurrió cuando llegaron los padres de Jesús a donde estaba Simeón? ¿Cómo se dio cuenta de que se trataba del Mesías? ¿Qué detalles encuentra en la oración de Simeón?***

Cuando Simeón, movido por el Espíritu, llegó al templo, también aparecieron ahí los padres de Jesús. Hemos de creer que, conforme a la manera en que había sido guiado hasta el momento, el Espíritu le confirmó que estaba frente al Mesías, pues no gozaba de más detalles para identificarlo. Entonces «él tomó al niño en sus brazos, y bendijo a Dios y dijo: Ahora, Señor, permite que tu siervo se vaya en paz, conforme a tu palabra; porque han visto mis ojos tu salvación la cual has preparado en presencia de todos los pueblos; LUZ DE REVELACIÓN A LOS GENTILES, y gloria de tu pueblo Israel» (28–32).

La oración de Simeón nos ayuda a entender por qué Lucas afirma que era un hombre justo y piadoso. Observamos, primeramente, que él se mostró completamente satisfecho con la parte que le había tocado en esta aventura. No solicitó al Señor que le concediera algunos años más para ver crecer al pequeño, ni que le permitiera participar en la formación espiritual del muchacho. Más bien, declaró que estaba listo para despedirse de la vida, en paz. No vería ninguno de los acontecimientos portentosos que acompañarían la vida del Cristo, ni entendería, en forma acabada, de qué manera se sacrificaría para cumplir con su misión de redimir al mundo. No obstante, Simeón comprendía, en su espíritu, que los eventos que aún estaban por delante cumplirían, con la misma perfección que él había visto en su vida, la palabra hablada por el Señor por medio de sus profetas. No necesitaba presenciarlos para creer.

Otro elemento interesante en su oración es que, al mirar al pequeño indefenso en brazos de sus padres, declaró: «mis ojos han visto tu salvación». La salvación, a los ojos de Simeón, no se refería a una serie de eventos, sino a una persona. De hecho, podemos afirmar que la salvación no es un plan ni un evento puntual, aunque muchas veces así la hemos presentado en el ámbito de la iglesia. La salvación, en el proyecto de Dios, es una persona: Jesús, el Cristo. Disfrutar de ella no se refiere a realizar una oración, ni a participar de una reunión, sino a ser alcanzados por el amor del Hijo, construyendo una relación profunda y significativa con él. Cuando la limitamos a un evento, la relación tiende a quedar estancada.

Adicionalmente, vemos reiterada en las palabras de este varón la conciencia de un proyecto divino que trascendía las fronteras de Israel. Simeón no dudó en declarar que el pequeño había sido puesto como LUZ DE REVELACIÓN A LOS GENTILES, una perspectiva dramáticamente diferente a la visión cerrada y exclusivista del pueblo judío. Quien está plenamente insertado en los planes del Señor indefectiblemente cultivará una disposición mucho más amplia y generosa hacia la vida que la que caracteriza al hombre terrenal y natural. Cuanto más tiempo pasemos con él más será movido nuestro corazón a cultivar una actitud generosa y bondadosa hacia todos nuestros semejantes, pues entenderemos que también para ellos fue enviado el Mesías.

# «He visto tu salvación» *(Presentan a Jesús en el templo)*
# Jesús controversial (I)

## Lucas 2.22–40

***Simeón también pronunció una palabra para María. ¿Qué significado guardaban estas palabras? En su opinión, ¿por qué era necesario que ella las escuchara?***

El mover del Espíritu Santo resultó en que un hombre justo y piadoso, Simeón, se encontró con los padres de Jesús, que habían subido a Jerusalén para ofrecer sacrificios por el niño. Cuando Simeón vio al niño bendijo al Señor, y así confirmó que el pequeño había sido enviado como Salvador para su pueblo Israel. «Y los padres del niño estaban asombrados de las cosas que de El se decían» (33).

La reacción de ellos revela cuán limitadas son nuestras capacidades para entender todas las implicaciones que encierra un proyecto espiritual. Los padres ya sabían, por una sucesión de revelaciones celestiales, que el hijo de ellos era el Cristo prometido. Por haber sido engendrado por el mismo Espíritu realmente no podría esperarse de él nada menos que una vida extraordinaria. No obstante, ellos seguían experimentando asombro por lo que se decía de él. Es que aun cuando le damos la más amplia libertad a nuestra imaginación, no conseguimos percibir las dimensiones más profundas de una realidad espiritual. Al igual que los padres de Jesús, una y otra vez somos sorprendidos por los «descubrimientos» que nos son concedidos, aunque no debería extrañarnos la increíble grandeza de nuestro Dios.

Simeón bendijo a los padres y «dijo a su madre María: He aquí, este niño ha sido puesto para la caída y el levantamiento de muchos en Israel, y para ser señal de contradicción (y una espada traspasará aun tu propia alma) a fin de que sean revelados los pensamientos de muchos corazones» (34–35). La profecía ofrece una valiosísima perspectiva sobre el rol de Jesús durante su peregrinaje terrenal.

Simeón claramente indicaba que las respuestas al Cristo no serían circunstanciales, sino serían la consecuencia de una estrategia deliberada: ¡Él había sido puesto para producir en otros una reacción! Del mismo modo, su Iglesia, que no es más que la extensión de su vida y ministerio, ha sido puesta en medio de la sociedad para confrontar las tinieblas. Cuando esta reacción no se produce es porque ella ha perdido de vista su identidad. El hecho es que las tinieblas y la luz no pueden convivir en paz la una con la otra. Son mutuamente incompatibles, y cuando avance una al espacio donde ya está presente la otra, automáticamente se producirá un choque entre ambas. De esta manera, entonces, la iglesia plenamente identificada con Cristo siempre se verá envuelta en controversia, como también aquellos discípulos que siguen incondicionalmente al Hijo de Dios.

Es necesario que afirmemos, no obstante, que Jesús jamás se propuso deliberadamente escandalizar a nadie. En ocasiones nos cruzamos con personas que son amantes de la controversia, simplemente por amor al conflicto. La controversia en la vida de Jesús resultó por lo que él era, algo secundario a una realidad primaria. Sus acciones, que muchas veces fueron percibidas como escandalosas, fueron siempre la manifestación externa de convicciones y principios que sostenían la vida interior de Jesús. En Cristo tenemos la ilustración más clara de que el impacto principal de un líder lo determina la clase de persona que él es.

DIOS EN SANDALIAS

DÍA 40

# «He visto tu salvación» *(Presentan a Jesús en el templo)*
# Jesús controversial (II)

## Lucas 2.22–40

***Vuelva a leer los detalles del encuentro de Simeón con José y María. ¿Qué significa que Jesús sería señal de controversia? ¿Cómo se aplica esto a nuestra relación con él?***

El compromiso de Jesús fue establecer el reino de Dios, un reino en el cual los hombres comienzan a ubicarse en los lugares que el Señor ha reservado para ellos. Esta reubicación indefectiblemente significa que algunos, considerados grandes en el mundo, no recibirán ese mismo prestigio y reconocimiento. Otros, tenidos en poco por sus semejantes, serán ubicados en lugares de grandeza por las cualidades espirituales que poseen. De hecho, en el contexto mismo del nacimiento ya había comenzado ese proceso, pues las Buenas Nuevas fueron anunciadas a un grupo de pastores, que representaban al segmento menos valorizado de la población. Por otro lado, los escribas y sacerdotes, quienes gozaban de muy alta estima entre el pueblo, habían sido pasados por alto. Simeón señalaba a los padres de Jesús que el Cristo jugaría un papel fundamental en este proceso de reordenamiento: algunos caerían, mientras que otros serían levantados en alto (34).

Una segunda consecuencia que acompañaría la vida de Jesús, según Simeón, es que se convertiría en «señal de contradicción». La palabra «contradicción» indica la existencia de una situación controvertida donde no se logra un acuerdo sobre su significado. El Evangelio según Juan está repleto de escenas en las que Jesús produjo precisamente esta clase de reacciones entre su audiencia. Reacciones que polarizaban a las multitudes; de ellas afloraban actitudes desagradables, que muchas veces permanecían escondidas en situaciones normales de la vida.

Esta reacción puede ser el principio de algo nuevo para aquellos que están dispuestos a detenerse y sincerarse consigo mismos. Conocer la verdadera condición de nuestros corazones es el único camino para una experiencia espiritual genuina. El hijo pródigo necesitó llegar al punto de ver en su patética condicion el reflejo de su propia pobreza espiritual. Pedro tuvo que descubrir cuán profundamente engañosos eran los deseos de su corazón antes de que llegara a convertirse en el hombre que Cristo podía usar. Cada uno de nosotros debemos enfrentarnos con aquellas características propias que nos impiden la verdadera transformación que el Señor quiere producir en nuestras vidas. Nada resulta tan eficaz para traer a la luz estas actitudes y posturas como las situaciones de conflicto. Podemos mantener, en la mayor parte del curso de nuestra vida, una fachada de respetabilidad, pero cuando nos encontramos envueltos en situaciones de conflicto se observa quiénes somos realmente.

Simeón señalaba a María que esta sería una de las funciones de Jesús en la vida de los que lo rodearan: provocar la clase de controversia que permite revelar las verdaderas miserias del corazón. Son estas miserias las que él desea transformar, mientras que nosotros muchas veces pensamos que lo podemos entretener con nuestros pasatiempos religiosos. Reconocer esta función de Jesús es admitir que, en más de una ocasión, nuestra relación con él nos llevará a situaciones de profunda incomodidad y confusión. Si prestamos atención a las actitudes que exteriorizamos en esos momentos, habremos dado un gran paso para abrir nuestro ser interior a su obra transformadora.

DIOS EN SANDALIAS

DÍA 41

# «He visto tu salvación» *(Presentan a Jesús en el templo)*

# No todo es alegría

## Lucas 2.22–40

***Simeón incluyó, en medio de esta revelación, un mensaje personal para María. ¿Qué significaban estas palabras? ¿Qué comunicaban sobre la vida de la madre del Cristo?***

Luego de anunciar el camino que recorrería el Cristo, Simeón declaró a María cómo viviría ella la vocación de su hijo: «una espada traspasará aun tu propia alma» (35). La imagen que escogió es muy fuerte. No hace falta realizar un estudio del texto para comprender que se refería a una experiencia de profunda agonía personal, algo que la atormentaría en lo más íntimo de su ser.

Es muy probable que María no comprendiera muy bien las palabras de Simeón. En medio de tanta alegría que habían vivido en los últimos días seguramente le resultaba muy difícil entender cómo este niño podría, algún día, convertirse para ella en motivo de una experiencia de agudo sufrimiento. No obstante, una rápida mirada hacia atrás, a la vida de los grandes profetas en la historia de Israel, le confirmaría que el llamado divino siempre va acompañado de dolor. Sus instintos de madre se manifestarían intensamente a la hora de ver a su hijo rodeado de controversias, oposición y, aún, persecución. De alguna manera, sin embargo, el Señor le anunciaba que estas experiencias eran parte de la vocación a la que había sido llamada.

Aceptar como normal el sufrimiento en la vida del hijo de Dios es una decisión a la que nos hemos resistido desde siempre. Nuestra percepción romántica de la vida exige que los héroes de la fe se vean acompañados siempre de éxito y victoria. La verdad, en el reino, es diferente. Tal como afirmáramos en el devocional de ayer, estar incluidos en el reino de la luz implica, automáticamente, enemistad con el mundo. Las tinieblas no manifiestan esta enemistad en forma pasiva, sino que libran contra la luz una batalla encarnizada que dejará, en el camino, heridas de diversas magnitudes. Por esto, el sufrimiento no debe sorprendernos, «como si alguna cosa extraña nos estuviera aconteciendo» (1 Pedro 4.12).

En alguna oportunidad Watchman Nee afirmó que nuestra vocación en el ministerio exige que nos sequemos las lágrimas mientras mantenemos firme la mano en el arado. Quienes han respondido al llamado de servir al Señor y a su pueblo deben armarse de la idea de que el ministerio exige un precio que no puede ser obviado. En el mismo momento en que fue llamado Pablo, el Señor advirtió al mensajero que lo visitaría: «Ve, porque él me es un instrumento escogido, para llevar mi nombre en presencia de los gentiles, de los reyes y de los hijos de Israel; *porque yo le mostraré cuánto debe padecer por mi nombre*» (Hechos 9.15–16).

Saber que el sufrimiento es parte de nuestra vocación nos permitirá elaborar una respuesta enteramente diferente cuando sucedan hechos de agudo dolor personal. La misma servirá como confirmación de que estamos en el camino indicado y podremos canalizar nuestras lágrimas hacia el trono de gracia, en lugar de permitir que se conviertan en motivo de amargura. Seguramente el Varón experimentado en dolores secará nuestras lágrimas y traerá consuelo a nuestro ser.

# El niño con Ana *(Presentan a Jesús en el templo)*
# La profetisa

## Lucas 2.36–38

***Lea los versos 36 al 38. ¿Qué detalles nos da el pasaje sobre Ana? ¿Qué efecto produjo en ella contemplar al pequeño?***

Los padres de Jesús recibieron confirmación adicional sobre la vocación de su hijo cuando subieron a Jerusalén. Primeramente se encontraron con un varón justo y piadoso, quien bendijo a la pareja y describió el rol que cumpliría el Cristo en el futuro de Israel. Aún mientras hablaba con ellos se acercó esta profetisa, Ana, quien también participó de la celebración en torno al nacimiento de Jesús.

El evangelista ofrece escasos detalles sobre la vida de Ana pero, aun siendo pocos, describen a una persona con una irresistible belleza espiritual. Esta mujer había pasado la mayor parte de su vida sin su marido. La pérdida de su compañero, sin embargo, no la había incapacitado. Ana se entregó de lleno a servir en la zona del templo, mayormente con ayunos y oraciones, aunque su título de profetisa revela que también ministraba a otros palabras que recibía del Señor.

A ella, como a los pastores, a los magos y a Simeón, también se le concedió que viera al Prometido de Israel. Al igual que los demás, ofreció acciones de gracias y alabanza al Señor cuando contempló al pequeño. También ella percibía, por medio del Espíritu, que la mano de Jehová estaba sobre la vida del bebé y que venían tiempos extraordinarios para el pueblo que tanto tiempo había vivido en tinieblas. Observamos también en ella la misma respuesta que vimos en los pastores. El gozo de conocer la identidad del pequeño la llevó a hablar «de Él a todos los que esperaban la redención de Jerusalén».

El encuentro con el pequeño Jesús fue apenas un momento en la vida de esta mujer. No obstante, inmediatamente comenzó a dar testimonio de los tiempos que se aproximaban. El gozo de ver a Jesús se sumó a toda una vida de caminar con Dios, por lo que el evento cobró un sentido mucho más profundo de lo que podría comunicar un suceso aislado de la realidad cotidiana. En este detalle encontramos el ingrediente que más impacto logra a la hora de compartir con otros. Cuando el testimonio se sale del plano intelectual y expone la experiencia personal de quien está caminando a diario con el Señor, el mensaje posee una pasión y una autoridad que jamás logrará argumentación alguna a favor de Dios. Cuando Cristo ha sido reducido a una rutina religiosa, de la cual se ausenta nuestro corazón, nos vemos obligados a hablar de conceptos que ni siquiera nosotros mismos practicamos. Los quebrantados y desanimados, sin embargo, no andan en busca de una fórmula, sino de una persona que demuestre hacia ellos compasión.

El relato del nacimiento del Cristo termina con el testimonio de Ana. Los grandes momentos de su vida están aún por delante. Todos los ingredientes de su grandeza, sin embargo, estuvieron presentes en su llegada. Su ministerio no será otra cosa que la plena manifestación de los elementos que vemos presentes en los primeros días de su vida. En un olvidado y ordinario establo de Belén comenzó lo que acabaría siendo la más asombrosa historia de todos los tiempos.

DIOS EN SANDALIAS

DÍA 43

# Los años escondidos *(Jesús, niño)*

# ¡A crecer!

## Lucas 2.39–52

*Lea los versos 39 y 40. ¿Cuántos años encierran estos dos versículos? En su opinión, ¿cómo cree que transcurrió la vida de Jesús durante ese tiempo? ¿Qué factores contribuyeron a su crecimiento?*

La oración «se volvieron a Galilea, a su ciudad de Nazaret», desprovista por completo de dramatismo, corre peligro de pasar inadvertida. No nos indica otro hecho que el retorno al hogar y el inicio de un período en la vida de Jesús del cual los evangelistas guardan silencio. Salvo un pequeño paréntesis a los doce años de edad, el Hijo de Dios pasará desapercibido los siguientes treinta años de su vida. La única indicación que se registra de lo que ocurrió durante este período es que «el niño crecía y se fortalecía, llenándose de sabiduría; y la gracia de Dios estaba sobre Él».

¿Se siente tentado a avanzar rápidamente a las partes más emocionantes de los Evangelios? Usted y yo somos productos de una cultura adicta a la adrenalina que considera «aburridos» los momentos de silencio y quietud. La televisión, el cine y los juegos electrónicos ponen a nuestra disposición una interminable oferta de experiencias cargadas de vertiginosas emociones. Aun en nuestras reuniones exhibimos un insaciable deseo de momentos cargados de emoción para sentir que, de alguna manera, hemos logrado establecer contacto con nuestro Dios. Cuanto más buscamos esta clase de experiencias menos atractivo nos resulta el ámbito de lo ordinario, donde la vida transcurre a un paso más pausado.

Piense por un instante en el porcentaje de su vida que transcurre en el plano de lo ordinario. Los momentos profundamente emocionantes tales como una fiesta de graduación, un casamiento, el nacimiento de un hijo o un viaje largamente planificado, no ocupan ni 10% de la totalidad de nuestra experiencia. Las rutinas y actividades que constituyen el grueso de nuestra existencia suman el restante 90% de la vida. Si calificamos de insignificante esta dimensión de nuestra existencia, habremos reducido dramáticamente nuestras posibilidades de alcanzar la madurez.

Considere qué ocurriría en su vida si usted creyera que Dios puede salir a su encuentro en los lugares donde su vida cotidiana se desarrolla, en medio de las actividades rutinarias de cada día. ¿No cobraría un nuevo impulso su vida espiritual? ¡Claro que sí!, pues estaría nutriendo constantemente su vida con una comunión ininterrumpida con el Altísimo. Tristemente, sin embargo, no disfrutamos de esta experiencia porque hemos descartado que Dios se mueve en el ámbito de lo cotidiano y ordinario. Estoy convencido, sin embargo, que las experiencias que más afectan nuestra vida espiritual no ocurren en el monte de la transfiguración, sino en la planicie de la vida cotidiana. Tanto Jesús como Juan el Bautista vivieron treinta años discretamente, para luego derramarse en ministerios relativamente cortos: seis meses, en el caso del hijo de Zacarías, y tres años en el caso del Galileo.

Estos años de anonimato son cruciales para lo que viene por delante. De hecho, lo que transcurre en la vida secreta de un siervo siempre influye dramáticamente en el impacto que su ministerio público provocará. ¿Será la falta de importancia que se le da a esta vida secreta lo que lleva a tantos ministros, hoy, a producir tan poco impacto en la vida de quienes reciben su servicio?

## Los años escondidos *(Jesús, niño)*

# Entre maestros

### Lucas 2.40–52

***El Evangelio según Lucas nos relata la única historia conocida de la niñez de Jesús. Lea con detenimiento los detalles del incidente. ¿Cómo vivieron la situación los diferentes personajes? ¿Qué detalles revela la respuesta de Jesús sobre su identidad como hijo de Dios?***

Lucas afirma que los padres de Jesús «acostumbraban ir a Jerusalén todos los años a la fiesta de la Pascua». Este peregrinaje era una actividad importante en la vida del pueblo, pero cobraba especial importancia en el año que un varón arribaba a la edad en que se iniciaba en la vida de adulto. Normalmente las familias de una misma región viajaban juntas y, al arribar a Jerusalén, los niños de doce y trece años solían separarse del grupo mientras recorrían los diferentes puntos de la gran ciudad. A la vez, las madres muchas veces se adelantaban en el regreso, retornando solas con los más pequeños mientras que los padres extendían uno o dos días la visita a la gran ciudad. Esta puede ser una de las razones por las que ni María ni José se dieron cuenta de que Jesús no estaba con ellos. Cada uno puede haber confiado que el muchacho estaba con la otra persona.

Fue al atardecer del primer día de viaje, cuando las familias se reunían para pasar juntos la noche, que los padres se dieron cuenta de que Jesús no estaba viajando con ellos, y emprendieron el camino de regreso para buscarlo.

Podemos imaginar que esta búsqueda la realizaron con cierta desesperación, pues, al hallarlo, María le reprochó su aparente falta de consideración hacia ellos: «Hijo, ¿por qué nos has tratado de esta manera? Mira, tu padre y yo te hemos estado buscando llenos de angustia».

El incidente nos presenta, por primera vez, al Jesús que veremos una y otra vez en los Evangelios. De igual manera, como ocurriría en el encuentro con la mujer samaritana, Jesús introduce una perspectiva inesperada a la situación. Señala a sus padres que lo asombroso no es que él estuviera en el templo, sino que ellos no supieran que le era «necesario estar en la casa de mi Padre». Su respuesta revela que consideraba inapropiado el reclamo de sus padres, porque estaba haciendo lo que debía hacer. Lucas añade aquí una frase que acompañará una gran variedad de situaciones en su vida: «ellos no entendieron las palabras que Él les había dicho». Cabe señalar que esta incomprensión es la que más se presta para conjeturas erradas acerca de la vida espiritual. Frente al misterio de Jesús es sabio guardar silencio y esperar mayor revelación por parte del Señor.

Cuando los padres encontraron a Jesús, él estaba «sentado en medio de los maestros, escuchándolos y haciéndoles preguntas. Y todos los que le oían estaban asombrados de su entendimiento y de sus respuestas». Aunque era muy joven, el niño ya demostraba ese sorprendente amor por las Escrituras que lo convertiría en un maestro sin igual. En efecto, Jesús ya cultivaba en su vida privada las disciplinas y los hábitos que le permitirían, un día, moverse con autoridad en el ámbito público. Los frutos de nuestra devoción personal no quedan escondidos cuando salimos a la calle.

DIOS EN SANDALIAS

DÍA 45

## Los años escondidos *(Jesús, niño)*

# Sujeción

### Lucas 2.40–52

***Lea los últimos dos versículos del relato. ¿Qué nos indican acerca del camino que recorrió Jesús hasta llegar a la edad de treinta años? ¿Cuáles aspectos de su persona se desarrollaron durante este período?***

Debo confesar que me sentí tentado a darle al episodio de Jesús en el templo una interpretación de travesura juvenil. El incidente me recuerda innumerables situaciones donde mis propios hijos han actuado sin tomar en cuenta la angustia que sus acciones pueden producir en sus padres. Es algo propio de la edad, cuando los niños aún no han desarrollado ese sentido de consideración y juicio que debería caracterizar a los mayores.

El texto despeja cualquier duda que pudiéramos tener con respecto a un comportamiento inapropiado por parte de Jesús. Nos relata que luego del incidente él «descendió con ellos y vino a Nazaret, y continuó sujeto a ellos». Esta actitud de sumisión a sus padres no deja espacio para un acto de rebeldía. Más bien cultivó una postura de quietud interior que dejaría profundas huellas en el desarrollo de su espíritu.

En esta época, en la que los jóvenes disimulan cada vez menos su fastidio ante la autoridad de los padres sobre sus vidas, qué útil resulta notar que el mismo Jesús consideró necesario confiar el rumbo de su vida a sus padres. Su ejemplo subraya un indispensable principio en la formación de una persona: las posturas apropiadas hacia Dios se aprenden en el contexto de las relaciones horizontales. Quien no logra someterse a los demás tampoco logrará vivir la sumisión en su relación con Dios, aun cuando insista que esto es así. El apóstol Juan, con un estilo directo y claro, despeja cualquier duda que podamos tener al respecto: «Si alguno dice: Yo amo a Dios, y aborrece a su hermano, es un mentiroso; porque el que no ama a su hermano, a quien ha visto, no puede amar a Dios a quien no ha visto» (1 Juan 4.20).

La actitud de Jesús va de la mano de la sabiduría de sus padres, que también supieron descansar en la persona de Dios, a pesar de que su hijo ocasionalmente los expondría a situaciones que los dejarían descolocados y perplejos. De hecho, experimentar la confusión ante la persona de Cristo será común a todos los que caminan con él, y debemos esperar que en ocasiones sus directivas nos resulten completamente incomprensibles.

María señala el camino a seguir en estas situaciones. La madre de Jesús «atesoraba todas estas cosas en su corazón», actitud que ya observamos en ella cuando los pastores los visitaron en el establo. Ella entendía que solamente con el tiempo se logra entrar en la profundidad de algunas realidades espirituales. No es necesario que forcemos una explicación sobre las situaciones incomprensibles, ni tampoco que las descartemos como insignificantes. En ocasiones el camino sabio será guardar la experiencia en el corazón y esperar pacientemente en el Señor para que él, cuando el momento sea propicio, traiga mayor luz sobre ella. Es una de las disciplinas de la vida espiritual que entregará los más preciosos frutos a quienes la practiquen.

# Los años escondidos *(Jesús, niño)*
# Hacia la madurez

## Lucas 2.40–52

***Dos pequeños versículos —casi un apéndice— concluyen el relato de Lucas sobre los años de la niñez de Jesús. Léalos e identifique los aspectos de la persona de Jesús afectados por el proceso de crecimiento en estos años.***

La brevedad del texto no le quita mérito a un profundo comentario sobre los años formativos de Jesús en el hogar de sus padres.

El evangelista señala que en esta etapa de la vida el niño crecía; es decir, seguía el proceso normal por el que debían atravesar todos los seres humanos. No obstante, debemos recordar que el crecimiento no siempre llega en toda su plenitud. El crecimiento sano es aquel que se produce en varias dimensiones distintas de la vida, tal cual lo indica el texto de hoy. El hecho de que un niño crezca en lo físico sin mayores aportes de sus padres puede fácilmente llevarnos a creer que en las otras áreas de su persona también crecerá sin necesidad de nuestra intervención. En el plano de lo espiritual, sin embargo, el crecimiento no ocurrirá si los padres no se comprometen a realizar una inversión deliberada y sostenida en la vida de sus hijos.

El primer elemento que identifica Lucas es la sabiduría. La sabiduría es el conocimiento aplicado a la vida con inteligencia. Quien es sabio no comete los errores propios de los que no han logrado madurar. Normalmente este atributo se desarrolla con el transcurso de los años, aunque no todos los ancianos son sabios. No obstante, quienes han recorrido la vida con un corazón enseñable habrán aprendido valiosas lecciones por el camino, útiles para tomar decisiones acertadas en el futuro. Sin duda la decisión de vivir sumiso a sus padres le dio a Jesús una significativa ventaja en el proceso de adquirir sabiduría.

El segundo elemento que observamos en el crecimiento de Jesús es la gracia, tanto para con Dios como para los hombres. Una vez más, notamos en él una característica rara en los más jóvenes, pues en esa etapa poseen una desmedida confianza en sus propias capacidades. La gracia se activa en nosotros cuando descubrimos que algo está más allá de nuestras posibilidades. No poseemos los medios o las habilidades para echar mano de eso y debemos apropiarnos de los recursos que nuestro Padre celestial pone a nuestra disposición. El ambiente propicio para la manifestación de la gracia es una conciencia aguda de nuestra insuficiencia, la cual muchas veces reconocemos sólo después de haber transitado un buen trecho por el camino de la vida. El niño Jesús, sin embargo, ya poseía una asombrosa percepción de sus propias limitaciones y comenzaba a manifestar en su vida las cualidades de un varón enteramente entregado a Dios.

No poseemos testimonio alguno sobre el rol que jugaron María y José en su desarrollo. No obstante, sus vidas piadosas sin duda dejaron profundas huellas en la vida del niño. Aunque nosotros hemos puesto nuestra confianza en un buen programa de escuela dominical para nutrir la vida espiritual de nuestros pequeños, el factor que más influye en sus vidas sigue siendo el hecho de que sus padres ejerciten la fe que profesan, la cual observarán durante el transcurso de cada día.

DIOS EN SANDALIAS

DÍA 47

# El ejemplo de María *(Un alto en el camino – 1)*
# Un sano ejercicio

## Lucas 2.19 y 51

***Hemos llegado al final de las lecturas relacionadas con el nacimiento y la infancia del Cristo. Vuelva a leer los versos 19 y 51 de Lucas 2. ¿Por qué María adoptó esta postura frente a los hechos que vivía? ¿Qué provecho le dejaba esta actitud? ¿De qué manera podemos nosotros incorporar esta disciplina a nuestras propias vidas?***

El salmista declara que es bienaventurada la persona cuyo deleite está en la Palabra de Dios y que medita en ella día y noche (1.2). Sin duda el texto constituye una invitación a cultivar la clase de vida donde la lectura de las Escrituras es una parte de nuestra rutina diaria, y así lo ha entendido el pueblo de Dios. No obstante, siento que hemos perdido en cierta medida el valor de añadirle a este ejercicio el proceso de la meditación. El significado más profundo de los textos que leemos, o aun de las experiencias que vivimos, no siempre es aparente a primera vista. Podemos someterlas a un proceso de reflexión con la expectativa de que el tiempo y la luz del Espíritu nos permitirán recibir beneficios adicionales a lo experimentado en un primer momento.

Dos principios importantes deben guiar este proceso. En primer lugar debe existir en nosotros cierta sensibilidad espiritual que nos permita percibir cuándo no hemos arribado a la plenitud de una experiencia espiritual. Aun cuando una lectura o experiencia nos haya aportado una bendición inicial, sentiremos en lo más íntimo de nuestro ser que igualmente quedan tesoros por descubrir. Esta percepción nos conducirá a una actitud de aquietada espera, en la que lentamente damos vuelta el texto en nuestra mente con la expectativa de mayor iluminación. María percibió que los sucesos en que estaba envuelta poseían un significado más profundo del que estaba «a la vista», y se dispuso a continuar reflexionando sobre el asunto.

El segundo principio es que la meditación es un proceso que se realiza en la intimidad de cada persona. Otros pueden estimularnos a reflexionar sobre un hecho o una verdad, pero nadie puede realizar el proceso por nosotros. No obstante, una gran parte de la Iglesia se ha acostumbrado a quedarse con el fruto de la meditación de unos pocos. La reflexión es privilegio de cada hijo de Dios. No requiere grandes estudios, ni profundos conocimientos de teología, porque es un proceso en el que un corazón dispuesto es guiado por el Espíritu.

En esta primera etapa de nuestra aventura con Jesús yo he compartido algunas de mis propias reflexiones. Mi intención ha sido estimularlo a echar mano de su propio proceso. Nos encontramos en un buen momento para que usted identifique las verdades que Dios le ha señalado en el trayecto recorrido hasta aquí. ¿Qué significan para su vida? ¿De qué manera afectan su relación con Cristo? ¿Cuál es el camino que el Señor le invita a recorrer en las próximas semanas?

¡No se pierda la oportunidad de convertir en suyo este peregrinaje! Cristo desea llevarlo a un nuevo plano en su relación con él. Anímese a responder sí a la propuesta que él le está extendiendo. ¡No se arrepentirá de esta decisión!

| DIOS EN SANDALIAS | |
|---|---|
| DÍA | 48 |

# Fundamento sólido *(El bautismo de Jesús)*
# Un evento de pocas luces

## Mateo 3.13–17

***El devocional de los siguientes días se enfoca en el bautismo del Cristo, evento que registran los tres Evangelios sinópticos. No obstante, nuestra reflexión se basará solamente en el relato de Mateo. Lea detenidamente el texto, varias veces si fuera posible. Acérquese a la multitud que estaba a la orilla del Jordán e intente ser un testigo más del bautismo del Cristo.***

Poco tiempo antes de que Jesús apareciera en público llegó Juan y comenzó a predicar «el bautismo del arrepentimiento para perdón de pecados» (Lucas 3.3). Rápidamente las multitudes comenzaron a reunirse a la orilla del Jordán para escuchar el mensaje del Bautista. Muchos de ellos «confesando sus pecados, eran bautizados por él en el Jordán » (Mateo 3.6). Juan instaba a los que él bautizaba a que implementaran cambios drásticos en sus vidas, que dieran testimonio de lo que Dios estaba obrando en sus corazones.

Un día, entre las multitudes que llegaban para ser bautizadas, aparece el Cristo, y, para sorpresa de Juan, escoge también someterse al rito del bautismo. El testimonio de lo que ocurrió en ese momento lo encontramos en el relato que nos ocupará los siguientes días.

Cuando nos sumergimos en la lectura de los eventos que acompañaron el paso de Jesús por la tierra resulta muy fácil pasar por alto el relato del bautismo. No posee el dramatismo de la resurrección de Lázaro, ni el misterio de la transfiguración, ni la belleza del Sermón del monte. Es más bien un incidente curioso en el que, pareciera ser, el Cristo no hace más que cumplir con una formalidad, un requisito para meterse de lleno en la verdadera obra del ministerio.

La Escritura dice que inmediatamente después de esta experiencia Jesús fue llevado al desierto para ser tentado por el diablo. Una lectura cuidadosa de ese pasaje claramente revela que la estrategia del enemigo va dirigida específicamente hacia lo que ha ocurrido en el bautismo. Evidentemente Satanás percibía el verdadero significado espiritual de lo que había ocurrido con Jesús en las aguas del Jordán, algo que nosotros, en nuestra primera lectura, quizás no hemos captado. Que el Cristo construya su ministerio sobre el fundamento establecido en el bautismo constituye para él una verdadera amenaza y, por esto, somete al Hijo de Dios a la más intensa de las pruebas. Es necesario, entonces, que volvamos atrás para descubrir cuáles son los elementos que se activaron en la vida de Cristo al pasar por el bautismo.

Quisiera invitarle a que, por algunos días, se detenga conmigo en este evento. Tengo convicción de que en el bautismo encontramos una de las claves para entender el extraordinario impacto logrado por Jesús durante su fugaz experiencia ministerial. Intente deshacerse de sus preconceptos e ideas acerca de este evento. Permita que el Espíritu traiga luz sobre aquellas verdades escondidas que pueden tocar su vida. Una vida transformada es el secreto de todo ministerio exitoso, pues el ministerio fluye de la vida.

*«Señor, me acerco a tu Palabra en actitud de silencio. No quiero quedarme con mi propia explicación del texto, sino sentarme a tus pies para que tú hables a mi corazón. ¡Sé tú mi maestro! Amén».*

DIOS EN SANDALIAS

DÍA 49

# Fundamento sólido *(El bautismo de Jesús)*
## Cumplir con toda justicia

### Mateo 3.13–17

***¿Cómo se habrá sentido Juan el Bautista cuando el Cristo vino a él? ¿Por qué se sintió de esta manera? ¿Cuál es la razón por la cual el Cristo dijo que era necesario que se «cumpliese toda justicia»? Antes de avanzar con esta reflexión, tome un momento para orar. No olvide que estudiar el texto es importante, pero aún más valioso es estar en contacto con el autor de la Palabra.***

Hemos comenzado la reflexión de este tema refiriéndonos a la importancia de detenerse en el bautismo del Cristo. Mi deseo es que podamos encontrar en este evento algunos principios fundamentales para el ministerio.

Hace unos años me acerqué a un verdadero maestro de la Palabra, un hombre con casi cincuenta años de ministerio y una vida de piedad y devoción que han impactado todo un continente. Mi intención era pedirle algunos consejos acerca de un curso que yo estaba por dictar. Imagine usted mi sorpresa (e intensa vergüenza) cuando este santo varón me dijo: «*Yo quisiera anotarme para este curso, porque creo que tú me puedes enseñar mucho sobre el tema*». ¿Qué podía enseñarle yo a este hombre de tan tremenda trayectoria? Mi incomodidad revela cuán acostumbrados estamos a pensar que el ministerio es algo que depende de nuestros méritos y nuestras capacidades. No lo entendemos como «Cristo en nosotros», sino más bien como «mis buenas obras para Cristo».

Seguramente Juan sentía esta misma indignidad frente a la figura de Jesús. Había proclamado su absoluta pequeñez —insignificancia— en comparación al Cristo. Al igual que Pedro cuando Jesús intentó lavar sus pies, entendía que no podía permitirle que se pusiera en el lugar de «servidor». No obstante, la palabra «permitir» nos advierte acerca de cuál es el peligro de esta aparente actitud de humildad. ¿Acaso alguno de nosotros está en condiciones de instruir al Señor en lo que puede o no hacer? Esta humildad puede en realidad ser, sin que nos demos cuenta, una postura de soberbia.

Esta es la primera lección que debemos aprender en el ministerio. Nosotros nunca sugerimos, ni dictamos nada. Estamos eternamente limitados al rol de quienes responden a la iniciativa de Otro. El Señor es el dueño de todas las decisiones que afectan nuestra vida. Aun cuando las propuestas de él contradigan todo lo que es lógico y razonable, nuestra respuesta debe ser siempre la de María: «hágase conmigo conforme a tu voluntad, Señor».

El problema, como ya hemos considerado en la vida de los primeros personajes examinados, es que las propuestas de Dios muchas veces se salen completamente de los parámetros de lo que nosotros consideramos apropiado o indicado para las situaciones en que nos encontramos. Por esto descubriremos, a medida que avanzamos por los Evangelios, que las palabras que Jesús habla desconciertan a quienes las escuchan. Del mismo modo, debemos estar dispuestos a experimentar esa misma confusión. En ocasiones, incluso, nos sentiremos tentados a corregirlo, tal cual lo hizo Juan. Con el tiempo, sin embargo, aprenderemos que la quietud y sumisión son las actitudes más sabias a la hora de escucharle hablar. Imponer esa quietud sobre nuestra ansiedad es parte de la disciplina a la que hemos sido llamados.

DÍA 50

# Fundamento sólido *(El bautismo de Jesús)*
# Los cielos abiertos

## Mateo 3.13–17

*Sigamos meditando juntos en este evento. Considere algunas de las siguientes preguntas: ¿Cómo reaccionó Juan frente a la observación del Cristo? ¿Qué significa la frase «Juan se lo permitió»? ¿Qué ocurrió cuando el Cristo salió de las aguas? ¿Qué significado guardan estos dos acontecimientos?*

**«Señor, descubre para nosotros aquellos misterios de este suceso que impactarán más profundamente nuestras vidas. No deseamos entretenernos con tu Palabra, sino que ella nos forme a tu misma imagen y semejanza. Obra en nosotros, por amor a tu nombre».**

Ayer reflexionábamos sobre la incomodidad de Juan frente al deseo de Jesús de ser bautizado. El Cristo le señaló que no le correspondía ni a Juan ni a Jesús decidir si algo era correcto o no. El llamado a cumplir toda justicia implica sujeción absoluta al Padre. Notamos la grandeza de Juan en que inmediatamente se sometió, otorgando a Jesús «permiso» para que actuara conforme a lo que Dios le había mandado. Es decir, se hizo a un lado para que Jesús pudiera hacer lo que debía.

Aunque esta acción pareciera contradecir lo que hemos venido afirmando, cada uno de nosotros posee la capacidad de otorgar «permiso» al Señor. Esto no es una muestra del poder que radica en nosotros, sino del espíritu de gracia con el que opera nuestro Dios. Él no obliga a nadie, aunque puede ser sumamente persuasivo. La imagen más elocuente de su obrar la observamos en Apocalipsis 3.20, donde se nos informa que él golpea a la puerta, esperando que le demos «permiso» para pasar. No invade, ni tampoco se impone. Es la imagen más sublime de respeto y bondad.

El texto relata que al salir Jesús de las aguas fueron abiertos los cielos. Entendemos que esto se refiere a un acontecimiento espiritual y no a un fenómeno meteorológico. La naturaleza del evento se confirma en los dos sucesos que acompañaron este hecho: vino sobre el Señor el Espíritu, en forma de paloma, y una voz celestial pronunció una declaración.

Es a estos dos acontecimientos que deseamos dedicar nuestra atención durante los próximos días. Ellos representan, para Jesús, una especie de rito de iniciación a la vida pública. Realizará la transición de carpintero a ministro del Altísimo y es apropiado que ese paso se vea acompañado de una ceremonia pública que proclama el comienzo de una nueva época. También es correcto y apropiado que el protagonista, en tan singular momento de la vida de Jesús, sea el mismo Padre.

Hemos de descubrir que este incidente activa los dos elementos fundamentales para un ministerio eficaz, y que nuestro estudio de este texto será muy valioso para identificar los ingredientes indispensables para nuestra propia aventura con el Señor. Me atrevo a afirmar que ningún siervo de Dios podrá tener éxito si estas dos realidades no existen en su vida ministerial. Quizás usted, en la lectura del pasaje, ya ha comenzado a percibir algunas de estas verdades. Continúe reflexionando sobre el relato durante el día, aun mientras se encuentra ocupado en las actividades de su quehacer cotidiano.

DIOS EN SANDALIAS

DÍA 51

## Fundamento sólido *(El bautismo de Jesús)*

# El Espiritu sobre él

### Mateo 3.13–17

***Vuelva otra vez al texto y permita que el Espíritu de Dios le guíe a través de la lectura del mismo. ¿Por qué descendió el Espíritu sobre Cristo? ¿Qué importancia tendrá el Espíritu en su vida a partir de ese momento? ¿Cómo se hubiera desarrollado el ministerio de Jesús sin la acción del Espíritu?***

Si solamente contáramos con la revelación del Antiguo Testamento, nos resultaría difícil precisar el significado de este evento. El Espíritu aparentemente no es el protagonista en la vida de muchos de los héroes del primer pacto. La vida de Jesús señala el inicio de una época enteramente diferente en el pueblo de Dios, en la cual se puede disfrutar de una relación dinámica, íntima y vital con el Espíritu.

El bautismo del Cristo revela que el Espíritu va a ser el «motor» del ministerio de Jesús. Para entender cuán dramático es este rol basta con leer el testimonio de las mismas Escrituras. Según ellas, el Cristo fue concebido por el Espíritu (Mateo 1.18), ungido por el Espíritu (Lucas 4.18) y llevado al desierto por el Espíritu (Mateo 4.1). Se movió en el poder del Espíritu (Lucas 4.14), se regocijó en el Espíritu (Lucas 10.21), bautizó a otros con el Espíritu (Juan 1.33), explicó que el nuevo nacimiento es por el Espíritu (Juan 3.34), anunció que el Espíritu vendría (Juan 7.39), se ofreció a sí mismo por el Espíritu (Hebreos 9.14), fue resucitado por el Espíritu (Romanos 8.11) y fue justificado por el Espíritu (1 Timoteo 3.16).

Estas son referencias específicas al Espíritu. Considere en las siguientes declaraciones de Jesús el rol que el Espíritu cumple :

- Mi comida es hacer la voluntad del que me envió, y llevar a cabo su obra (Juan 4.34).
- En verdad, en verdad os digo que el hijo no puede hacer nada por su cuenta, sino lo que ve hacer al Padre; porque todo lo que hace el Padre, eso también hace el hijo de igual manera (Juan 5.19).
- No puedo yo hacer nada por mí mismo; según oigo, así juzgo, y mi juicio es justo, porque no busco mi voluntad, sino la voluntad del Padre, que me envió (Juan 5.30).
- He descendido del cielo, no para hacer mi voluntad, sino la voluntad de aquél que me envió (Juan 6.38).
- Mi enseñanza no es mía, sino de aquél que me envió (Juan 7.16).
- Debemos hacer las obras del que me envió, mientras es de día (Juan 9.4).
- Aunque a mí no me creáis, creed las obras, para que sepáis y entendáis que el Padre está en mí y yo en el Padre (Juan 10.38).
- Yo te he glorificado en la tierra, habiendo terminado la obra que me diste que hiciera (Juan 17.4).

En estos textos descubrimos a Cristo con la imagen de una vida de unidad absoluta con el Padre. Entiendo que esta unidad es mediada por el Espíritu, quien hace posible que el Hijo perciba, a cada paso, cuál es el sentir del Padre y le permite alinearse con la voluntad del Altísimo.

## Fundamento sólido *(El bautismo de Jesús)*

# El Espíritu en nosotros

### Mateo 3.13–17

***Medite en las implicaciones que la presencia del Espíritu tiene para la vida y ministerio de Jesús. ¿Qué lugar debe ocupar el Espíritu en su vida? ¿Qué condiciones deben existir para esto? ¿Qué ocurriría si la iglesia se moviera según esta realidad?***

No avance en el devocional de este día sin antes tomar un tiempo para disfrutar de la compañía del Padre. Él anhela esos momentos de intimidad y quietud con nosotros en que nada nos distrae, ni siquiera la lectura de su Palabra.

El devocional de ayer giraba en torno al dramático testimonio del Nuevo Testamento acerca del lugar del Espíritu en la vida de Jesús. Vemos que la llegada del Espíritu sobre el Señor después de su bautismo no es un mero símbolo, sino la revelación de cuál es el medio por el que avanzará el Cristo en la obra que se le encomendó. No pareciera que llega a la tierra con un plan cuidadosamente elaborado que incluye sus objetivos a corto, mediano y largo plazo. Muchos ministerios hoy creen que sin esta clase de estrategia, adaptada del mundo de las empresas, es imposible avanzar significativamente en cualquier proyecto que emprendamos. Toda la evidencia de los Evangelios nos sugiere que los pasos de Jesús serán guiados por el Padre, por medio de la acción del Espíritu.

Cuando he tenido oportunidad de compartir esta reflexión con pastores, reaccionan muchas veces con incredulidad. Esta incredulidad no se debe a que duden del mensaje de los textos, ni tampoco del principio de que un ministerio exitoso solamente es posible en el poder del Espíritu. Está vinculada a las filosofías modernas de liderazgo que han condicionado fuertemente la perspectiva del líder de cómo se puede llevar adelante la obra de Dios. Tristemente, en la mayoría de los ministerios, nosotros somos los que planificamos, ideamos y proyectamos. Y limitamos el rol del Padre a bendecir nuestros proyectos, pero claramente son nuestros proyectos. Cuando otros se oponen o cuestionan lo que nosotros queremos hacer, defendemos «a muerte» nuestra postura ¡precisamente porque está en juego algo que ha nacido en nuestro propio corazón!

Jesús nos muestra el camino de la dependencia absoluta del Padre. Cada palabra que habla proviene del Padre, cada enfermo que sana es por indicación del Padre, cada milagro lo realiza siguiendo las instrucciones celestiales. Así también observamos en la trayectoria de la Iglesia en el libro de los Hechos. Muchos comentaristas señalan que en realidad el libro no se refiere a los hechos de los apóstoles, sino a los hechos del Espíritu. En cada incidente, en cada proyecto, en cada viaje percibimos claramente la presencia del Espíritu, guiando, orientando y corrigiendo a quienes estaban involucrados en dicha empresa.

El apóstol Pablo señala, en Romanos 8.14, que son hijos de Dios todos aquellos que son guiados por el Espíritu, no aquellos que poseen el Espíritu. La declaración implica que el Espíritu debe tener un rol activo y protagónico en nuestras vidas. Nuestra excesiva dependencia en nuestras propias habilidades, sin embargo, ha atrofiado nuestra capacidad de dejarnos guiar por el Señor de esta manera. Por esto, necesitamos volver a aprender este camino por medio de la práctica, tal como lo indica Hebreos 5.14.

DÍA 53

## Fundamento sólido *(El bautismo de Jesús)*
# «Este es mi hijo amado»

**Mateo 3.13–17**

***Vuelva a leer el relato sobre el bautismo de Jesús. ¿Qué significan las palabras del Padre? ¿Qué implicaciones tienen para el Cristo? ¿Por qué escoge este momento para hacer esta declaración sobre su Hijo?***

Al salir Jesús de las aguas, se oyó una voz del cielo que decía: «Este es mi Hijo amado, en quien me he complacido», una declaración con un profundo significado para la vida de Jesús como también para todos los que la escucharon. Este mensaje, a pesar de que muchas veces está ausente en nuestras vidas, también lo necesitamos nosotros.

*«Padre, mi corazón frágil, quebrado por la falta de amor y por el pecado, anhela escuchar estas palabras que confesaste a tu Hijo. Revela a mi espíritu las formas en que tú también me declaras: tú eres mi hijo amado en quien me complazco. Amén».*

Esta declaración se proclama en un momento clave en el peregrinaje de Jesús. Está por abandonar la vida discreta de la carpintería para introducirse en el ojo público, donde realizará las obras que el Padre le ha encomendado. No obstante, llega a este momento como un desconocido. Entre otras funciones esta declaración revela las «credenciales de Jesús», lo necesario para que un embajador pudiera llegar a presentarse ante el rey al que fue enviado. Normalmente estos enviados traían cartas de referencia que le daban a su misión el respaldo oficial del gobierno que representaban. Sin estos documentos el embajador no poseía la autoridad necesaria para poder entregar mensajes y negociar los intereses de su soberano.

Habrá observado que el Padre no pronuncia estas palabras directamente a Jesús. De haberlo hecho, le hubiera dicho: «Tú, eres mi hijo amado...» Pero su declaración utiliza el idioma de quien está identificando a su hijo ante un tercero. Entiendo que esto es exactamente lo que está ocurriendo aquí. El Padre está dando a conocer, en público, el sello de aprobación y el respaldo que recibe la vida del que ha sido bautizado. Para el Padre, Jesús no es un desconocido que le está dando seguimiento a una ocurrencia propia, sino que viene con la aprobación del Dios de los cielos. Desde el primer día de su vida pública, entonces, posee una singular autoridad ante los demás.

La cuestión de la autoridad del Hijo, como lo revela el relato del evangelio, será tema central de muchas de las controversias que provocará. Una y otra vez sus detractores cuestionarán su autoridad, exigiendo que revele quién le ha permitido realizar las obras que hace. La centralidad de ese tema revela cuán fundamental es la autoridad en la vida de un siervo.

Esa autoridad descansa sobre dos pilares: El primero es el poder de una vida dirigida por el Espíritu Santo. El segundo se relaciona con la declaración del Padre. Para Jesús, la conciencia de qué significa ser el Hijo de Dios le permitirá hacer frente a todos los cuestionamientos, las desilusiones y las traiciones del ministerio, sabiendo que cuenta con el único apoyo que realmente vale la pena: el de su propio Padre.

## Fundamento sólido *(El bautismo de Jesús)*

# Llamados a libertad

### Mateo 3.13–17

***El segundo aspecto de esta declaración es que el Padre está complacido con el Hijo. Es decir, está satisfecho, contento, gustoso con la vida de Jesús. Pero… ¿cómo puede ser esto? No ha realizado ningún milagro. No ha predicado ningún mensaje. No ha formado ni un solo discípulo. ¿Cómo puede el Padre estar satisfecho con una vida tan poco productiva? No olvide que las conclusiones a las cuales puede arribar usted, de la mano del Señor, son mucho más importantes que mis observaciones.***

¿Qué significa esta frase: *en quien me he complacido?* ¿Lo desconciertan estas palabras? Es que, a decir verdad, no estamos acostumbrados a que se nos apruebe simplemente por una relación. Desde pequeños se nos enseñó que la aprobación se gana con buenas obras. En algunos casos, vivimos rodeados de personas que nos recordaban siempre que nuestro esfuerzo no era suficiente para alcanzar el afecto de ellos. Lo nuestro estaba bien, pero…, y en ese «pero» yacía toda nuestra frustración y desencanto.

¿Sabía usted que el ministerio resulta muy atractivo para un altísimo porcentaje de personas que han experimentado profundos desencantos en sus relaciones? Para ellos, servir a otros representa la forma perfecta de ganarse el cariño y el aprecio que nunca recibieron de su familia. El problema es que la lista de necesidades que los demás traen es siempre más extensa que las recompensas que cosechamos por servirles. Eventualmente el servicio se convierte en una carga intolerable, porque descubrimos que aquí también se nos aprueba solamente por lo que damos.

El Padre está obrando de una manera radical al declararle esto al Cristo: *«Hijo mío, tú no necesitas comprobarme nada. No necesitas formar cierta cantidad de discípulos, ni realizar cierto número de milagros, ni predicar cierta cantidad de mensajes para que yo te apruebe. Yo te amo simplemente porque eres mi Hijo. ¡No lo olvides nunca!»* Jesús es librado de todos los lazos y las presiones que normalmente acompañan el ministerio porque sabe que su Padre lo ha aprobado desde antes de dar un solo paso en la obra.

¡Qué relación tan revolucionaria! No necesitamos demostrarle nada a nadie. No necesitamos defendernos, ni argumentar, ni vivir atemorizados. Podemos estar seguros en el amor del Padre. Es por esta razón que es tan absolutamente radical el texto que proclama «Mas a todos los que le recibieron, les dio el derecho [autoridad] de llegar a ser hijos de Dios, es decir, a los que creen en su nombre» (Juan 1.12). Esta declaración encierra todo el potencial de desarrollo de aquellos que están en Cristo. Por esto, también, el Espíritu testifica insistentemente que somos hijos de Dios (Romanos 8.16). En aquellos que llegan a entender el dramático significado de esta revelación se desata todo el poder de Dios, poder que nos libra de las ataduras y maldiciones que han formado parte de nuestra vida por tanto tiempo.

Imagine por un momento lo que podría ser su ministerio si estuviera dirigido enteramente por el Espíritu; si su vida gozara de la confianza y paz que poseen aquellos que se saben hijos de Dios. ¿Quién podría oponérsele? ¿Quién podría llevar al fracaso sus proyectos? ¿Quién podría conducirle al desánimo? ¡Con razón el enemigo no quiere que descubramos esta dimensión de la vida!

# Tiempo de prueba – I *(Jesús tentado)*
# Preludio

## Mateo 4.1–11

***En los últimos días hemos reflexionado sobre la singular experiencia de Cristo en el bautismo. A la luz de los hechos del evento sugerí que Dios estableció, por medio de este acontecimiento, el fundamento para un ministerio eficaz. Deseo invitarle, ahora, a que me acompañe en un estudio sobre las tentaciones de Cristo. El bautismo y las tentaciones son eventos íntimamente ligados porque el objetivo del enemigo es, precisamente, desactivar los dos elementos esenciales para una vida de victoria. Estoy convencido de que el estudio de las tentaciones nos revelará las áreas de nuestra vida en que más vamos a ser probados, pues los discípulos no están por encima de su maestro. Es por esta razón que debemos no solamente estudiar con cuidado los textos, sino también pedir que Dios nos dé especial discernimiento para entender cuán sutiles son las propuestas que el diablo trae al hijo de Dios.***

Luego de orar en esta dirección, lea con detenimiento el relato contenido en la Escritura de hoy. Las palabras son conocidas pero no permita que esta familiaridad lo lleve a una lectura superficial del texto. Intente identificar el dramatismo del encuentro y la intensidad de la oferta.

Lo primero que observamos en Jesús es que estamos frente a un hombre de singular madurez espiritual. En donde nosotros hubiéramos titubeado o tropezado, vemos a Cristo muy seguro de sí mismo. Su profundo discernimiento frente a las sutiles propuestas de un enemigo astuto y perseverante nos asombra. Su disciplina personal en medio de las tribulaciones es admirable. ¿Dónde yace el secreto de su madurez? ¿Cuáles son los ingredientes que han producido en él un carácter tan precioso?

Para entender a Jesús —el hombre público—, necesitamos considerar a Jesús —el hombre secreto. Jesús no adquirió su madurez del día a la noche. Tampoco fue por el acto del bautismo que el Hijo de Dios se convirtió en un varón perfecto y acabado para los intereses del Padre. Durante los largos años de inactividad pública su vida fue formada en la escuela del silencio, el anonimato y a la espera del cumplimiento de los tiempos de Dios. He aquí, entonces, nuestro primer principio para esta semana. La eficacia de un líder en público está enteramente definida por lo que es cuando nadie lo está mirando. La vida secreta y escondida, la que más fácilmente ignoramos, alimenta la vida pública. No ha de sorprendernos, entonces, que tantos ministros resulten tan débiles ante las tentaciones que acompañan sus ministerios. Sus vidas carecen de sustancia.

Como he señalado en los devocionales anteriores, la actitud de sumisión a sus padres durante un período tan extendido de tiempo marcó profundamente la vida de Jesús. Esos años no fueron años de quietud espiritual, sino de un perfil público muy bajo. Su tiempo aún no había llegado, pero no me cabe duda de que utilizó esos años para cultivar un profundo conocimiento de las Escrituras, crecer en la experiencia de la oración y desarrollar los hábitos que tanta admiración producirían en aquellos que entraban en contacto con él.

No necesitamos estar involucrados en la actividad de un ministerio público para colaborar con nuestro Padre en sus obras. Cada paso que damos en el ámbito privado debe aportar a esa obra, al tiempo en que públicamente ministramos a otros.

DIOS EN SANDALIAS

DÍA 56

## Tiempo de prueba – I (*Jesús tentado*)

# Una cita divina

### Mateo 4.1–11

**«Padre, a medida que profundice en este texto concédeme, por tu bondad, que tu Palabra toque mi espíritu y lo vivifique. Me resisto a controlar tu Palabra, a obligarla a que avale las conclusiones que ya he formado en mi mente. Más bien me abro a que ella me diga lo que tú quieres decirme. Amén».**

***El texto relata que «entonces Jesús fue llevado por el Espíritu al desierto para ser tentado por el diablo» (Mateo 4.1). Tome nota de que afirma, claramente, que fue llevado por el Espíritu para ser tentado. Puede que a usted y a mí no nos resulte cómoda esta frase, o que nos sintamos impulsados a adaptarla a nuestros conceptos. El texto, sin embargo, no dice que el Espíritu lo permitió, sino que deliberadamente lo condujo para ser probado. Esto nos obliga a una pregunta: ¿Para qué fue tentado Cristo?***

Una sencilla ilustración nos servirá de respuesta a esta pregunta. Cuando se diseña un nuevo vehículo, parte del proceso involucra llevarlo a una «pista de prueba». Es solamente cuando se echa a andar el carro, sujetándolo a los más intensos y diversos ensayos, que se puede comprobar si en realidad resulta útil o no para los fines que fue diseñado. Mientras sea admirado en el salón de exposiciones, o exista solamente en los planos, podrá parecer muy útil y atractivo, pero, aún así, se desconocerá por completo su confiabilidad. Imagine usted que lo compramos y, camino a casa, ¡se le suelta una rueda o se le cae el motor! Tales accidentes no ocurren precisamente proque ha sido probado previamente y se le han hecho todos los ajustes necesarios basados en los resultados de las pruebas.

Este principio se aplica a todas las esferas de la vida. La calidad y perdurabilidad de las cosas se comprueban con el pasar del tiempo, a medida que se van sujetando a una diversidad de circunstancias. Del mismo modo, en la vida espiritual, las verdades que afectan nuestras vidas no son aquellas almacenadas en nuestra cabeza, sino aquellas que ponemos por obra en el fragor de la experiencia cotidiana. Es por esta razón que muchos cristianos no experimentan victoria en sus vidas, pues las enseñanzas que reciben nunca son llevadas al plano de la práctica. Mientras permanezcan guardadas en la «sala de exhibición» nunca se podrá comprobar la eficacia de las mismas.

¿Se da cuenta para qué resultaba necesario que fuera probado el Mesías? No puede andar en el Espíritu hasta que surja la oportunidad de optar por una vida en la carne. No puede descansar en el Padre hasta que esté de cara a circunstancias que invitan a la ansiedad. No puede ejercer su autoridad hasta que se encuentre frente a situaciones que demandan firmeza espiritual. El desierto le proveerá una oportunidad única para afianzarse sobre el fundamento que el Padre ha colocado en el bautismo.

El Padre también suele conducirnos a situaciones de prueba. El objetivo es que crezcamos en dependencia de él, y las verdades que conocemos solamente en teoría sean puestas a prueba. En medio de estas dificultades, lo estéril caerá. Aquello que es bueno se afirmará y producirá un fruto precioso para el reino.

# Tiempo de prueba – I *(Jesús tentado)*
# Preparación

## Mateo 4.1–11

***El pasaje que nos ocupa genera nuevas preguntas, las cuales consideraremos en los siguientes días. Continúe meditando en ellas. ¿Por qué resulta importante saber que el Padre está detrás de nuestras pruebas? ¿Qué verdad nos revela acerca de la persona de Satanás? ¿Cuál es la mejor manera de afrontar estas dificultades? ¿Cómo podemos convertir en bendición las pruebas más duras de la vida?***

En nuestra reflexión de ayer observábamos que este encuentro lo propició el Espíritu de Dios. Aún mayor que el interés del diablo en derrotar al Hijo es el deseo profundo del Padre de que el Enviado se afiance en el camino que le ha sido marcado.

Es muy saludable para nosotros tomar nota de que en este encuentro el diablo no es más que un siervo involuntario del Padre. Esta idea parece un tanto desubicada en el entorno «guerrero» que acompaña a gran parte de la Iglesia hoy. De ser adoradores del Dios vivo y verdadero hemos pasado a ser personas obsesionadas con las actividades del enemigo. Dentro del pensamiento de muchos cristianos el diablo ataca donde quiere y cuando quiere. Esto los lleva a un estado permanente de temor y miedo.

La imagen que presenta la Palabra es otra. Satanás no hace nada sin que antes reciba el permiso del Padre. Esta restricción está claramente presentada en el libro de Job. En la experiencia de Job el diablo solicita permiso para tentarlo. En el libro de Apocalipsis, Juan también presenta reiteradas situaciones en las que el maligno recibe de Dios permiso para realizar ciertas acciones. Sin esa autorización no puede moverse ni a la derecha, ni a la izquierda. Todo discípulo debe tener absoluta certeza que, aun en las peores circunstancias, la soberanía de Dios jamás está en juego.

Debemos señalar, también, que esta prueba demandará a Jesús el agudizar su sensibilidad espiritual. Solamente de esta manera podrá discernir las sutiles artimañas que el enemigo le tenderá en lo espiritual, el plano en el cual se definirá el desenlace. Es justamente por la intensidad del encuentro, que Jesús prepara su espíritu con la práctica de severas disciplinas físicas. Nada agudiza tanto nuestros sentidos espirituales como la mortificación del cuerpo. En la supresión de los elementos que sustentan la vida física, el espíritu cobra un vigor sin precedentes.

El gran predicador estadounidense, Haddon Robinson, ha observado: *«En la vida de Jesús, el trabajo era la oración y el premio era el ministerio. En mi caso, la oración sirve para prepararme para la batalla. Para Jesús, sin embargo, ¡la oración era la batalla!»* Esta es una excelente observación, pues en el ministerio las batallas se ganan o se pierden en oración. Más adelante Cristo le iba a señalar a sus discípulos, ante los frustrados intentos por sanar a un muchacho epiléptico, que *«esta clase con nada puede salir, sino con oración»* (Marcos 9.29). No obstante, él no oró en el momento de ministrar al muchacho. ¿Por qué? Él venía del monte de la transfiguración; allí había estado en íntima comunión con el Padre. Su observación nos muestra que el momento de orar no es en el fragor del ministerio, sino antes.

DÍA 58

## Tiempo de prueba – I *(Jesús tentado)*

# Aparece el enemigo

### Mateo 4.1–11

***Lea, una vez más, el relato de la primera tentación. Trate de discernir lo que está en juego en la propuesta del diablo. ¿Cuál fue la respuesta del Cristo? ¿Por qué citó ese texto? ¿Cuál es el contexto del pasaje que utilizó?***

Del mismo modo que la persona ciega compensa la falta de vista agudizando su sentido del oído, la falta de alimento y las privaciones propias del desierto produjeron en Jesús un grado de sensibilidad espiritual poco común a los seres humanos.

No obstane, este ayuno cobró su precio. Con la sencillez que destaca a los autores de los Evangelios, Mateo observa: «Después de haber ayunado cuarenta días y cuarenta noches, sintió hambre» (4.2). Seguramente Cristo experimentaba en su cuerpo los fuertes dolores, mareos y debilitamiento que acompañan los ayunos más prolongados y es a esta condición debilitada que el enemigo apelará en primera instancia. Esto no hace más que revelar la tendencia natural que posee de atacar a su adversario por los flancos más debilitados, para asegurar de esta manera una victoria rápida y contundente.

Apelando, entonces, a la necesidad apremiante de satisfacer su hambre, el diablo inicia su primer ataque a Jesús: «Si eres Hijo de Dios, di que estas piedras se conviertan en pan» (4.3). Lo obvio de la invitación del enemigo no desvirtúa por un instante lo seductivo de la sugerencia. Para alguien que ha estado sin ingerir alimento durante cuarenta días, conseguir comida puede llegar a convertirse en una obsesión. La propuesta del enemigo parece que lleva este sencillo mensaje: *«Dios te ha dado poder y puedes utilizarlo para satisfacer tus necesidades. Si conviertes estas piedras en pan tendrás con qué alimentar tu cuerpo debilitado»*.

Sin embargo, un análisis más cuidadoso de la manera en que está presentada la propuesta nos alerta acerca de la verdadera esencia del ataque. Si la tentación se hubiera dirigido meramente a que Jesús satisficiera su hambre, de seguro el diablo hubiera pedido: *«¿Tienes hambre? Di a estas piedras que se conviertan en pan»*. Observe, sin embargo, que la sugerencia está condicionada por una inquietante insinuación: *«Si eres Hijo de Dios»* Es en esta frase que encontramos el verdadero corazón de la propuesta diabólica. El «si eres», que condiciona la propuesta, da a entender que su identidad de Hijo de Dios no es absolutamente segura. Coloca un manto de sospecha sobre las palabras que el Padre pronunció después del bautismo. No existe una negación, sino una sutil insinuación de que se requerirán mayores pruebas para producir absoluta certeza sobre su identidad.

Note que la estrategia empleada es la misma que utilizó con Eva. El diablo no contradice; simplemente planta una duda y con la misma intenta desestabilizar la estructura de la identidad del Hijo de Dios. Si logra discernir las secuelas que deja en una persona su falta de conciencia sobre su propia identidad, entenderá la seriedad de este ataque. Se trata de una cuestión fundamental para todo hijo de Dios, una en la que no debe existir duda alguna. La respuesta de Jesús nos dará una clara pista acerca de la forma de construir una clara identidad en él.

# Tiempo de prueba – I *(Jesús tentado)*
# Llamados a la obediencia

## Mateo 4.1–11

***Antes de iniciar la reflexión de hoy, acompáñeme en una oración, para que estemos en un mismo espíritu:* «Señor, estamos frente a algo muy profundo, que trae implicaciones dramáticas a nuestra vida. Queremos discernir todo lo que está en juego en esta primera tentación. Abre nuestro entendimiento y nuestra comprensión espiritual, para que sepamos cuál es la dimensión de nuestra verdadera lucha. Amén».**

*Medite en las siguientes preguntas: ¿Cómo respondió Cristo a esta insinuación? ¿Por qué citó ese texto? ¿Cuál es el contexto del pasaje que utilizó? Si dispone de más tiempo le recomiendo que lea el texto de Deuteronomio 8.*

El Señor captó inmediatamente la sutileza de la propuesta diabólica. Es muy importante que notemos esto. Muchas veces concentramos la atención en detalles que realmente no se relacionan con lo que está en juego. Si buscamos ser victoriosos en situaciones complejas, necesitaremos discernir todos los matices que presentan. Observe en cuántas ocasiones Cristo contestó a las personas según lo que veía en sus corazones y no según sus palabras. Este discernimiento solamente viene del Espíritu, pero también es importante que resistamos la tentación de juzgar los eventos por su apariencia.

La cita que escoge para librarse del dardo del enemigo («no solo de pan vivirá el hombre, sino de toda palabra que sale de la boca de Dios») se refiere a una situación puntual de duda e incertidumbre vivida por el pueblo de Israel. El texto lo tomó de un pasaje (Deuteronomio 8) cuyo tema principal es la obediencia. Este tema es central en las tres tentaciones, y esta es una de las razones por las que Cristo cita el texto. Cuando hablamos de obediencia debemos entender que se refiere al compromiso de establecerse sobre la Palabra de Dios para cumplirla, sin prestar atención a las circunstancias, a las personas, o a los sentimientos personales.

Esto representa un verdadero desafío para nosotros. Nuestra cultura posmoderna ha dado cada vez mayor importancia al cumplimiento de las obligaciones solamente cuando existen «ganas» para ello. La vida, sin embargo, nos demanda que llevemos a cabo ciertas actividades, aun cuando no deseemos hacerlas. Esta disciplina es la que le otorga a nuestra existencia estabilidad y continuidad, fundamentales para construir cualquier proyecto perdurable.

En ninguna faceta de la vida es tan importante esta constancia como en lo espiritual. No es posible avanzar hacia experiencias más profundas, si construimos sobre elementos tan fluctuantes como las circunstancias o las emociones. Con esto en mente, Pablo exhortaba en ese sentido al joven Timoteo: «disciplínate a ti mismo para la piedad» (1 Timoteo 4.7). De hecho, Dios mismo busca ayudarnos a desarrollar esta vida disciplinada y para eso nos conduce por situaciones de conflicto y adversidad. Es por medio de la necesidad que aprendemos a cultivar prácticas tales como la oración, el ayuno y la meditación en su Palabra. No necesita más que observar la vida de todos los grandes líderes de la historia del pueblo de Dios para notar que todos transitaron, durante ciertos momentos de su vida, por el desierto. Pasar por él es parte del plan de Dios.

DIOS EN SANDALIAS

DÍA 60

# Tiempo de prueba – I *(Jesús tentado)*
# Relaciones de confianza

## Mateo 4.1–11

***Inicie su tiempo hoy meditando con la guía de estas preguntas, las cuales, por cierto, no resultan fáciles de contestar. ¿Por qué nos cuesta obedecer? ¿Por qué valoramos tan poco las palabras? ¿Qué imagen se ha formado acerca de Dios la persona que continuamente desobedece?***

En nuestra reflexión sobre la primera tentación de Cristo vimos que el diablo pone en duda su identidad de Hijo de Dios. Invita a Jesús a demostrar, mediante la transformación de las rocas en pan, su verdadera condición de Hijo. En otras palabras, le está diciendo: *«Yo sé que Dios te considera hijo, pero podrías despejar cualquier duda al respecto con una demostración de esa realidad»*.

Este planteo apela a una inseguridad básica en el ser humano, que se pregunta: *«¿podrá alguien, en este mundo, amar a una persona simplemente por la relación que sostiene con ella? Nadie da amor a cambio de nada»*. Prácticamente todas las relaciones entre los hombres están construidas sobre el mérito. La aprobación y el cariño se ganan por medio de los buenos actos y el comportamiento que agrada a los demás. ¿Cómo creer que unas pocas palabras resultan suficientes para asegurar una relación, especialmente en un mundo saturado de palabras vacías?

Esta duda acerca de la legitimidad del amor de los demás es la raíz de todos los conflictos en las relaciones. El pecado nos ha llevado a vivir en el plano de la desconfianza, el temor y la duda. Esa sensación de incertidumbre nos lleva a querer «ganarnos» lo que parece demasiado bueno para recibir sin esfuerzo. Nos sentimos mucho más seguros cuando podemos «hacer» algo para merecer ese amor. Cuanto mayor es nuestro esfuerzo, más seguros nos sentimos.

Este es un problema que Dios intenta resolver, pero no lo hace con las excesivas demostraciones de afecto que nosotros pretendemos. En lugar de esto nos conduce por caminos que manifiestan nuestras inseguridades y nos dan la oportunidad de apoyarnos en su Palabra. Moisés revela claramente la intencionalidad de este proceso mientras instruye al pueblo: «Y te acordarás de todo el camino por donde el Señor tu Dios te ha traído por el desierto durante estos cuarenta años, para humillarte, probándote, a fin de saber lo que había en tu corazón, si guardarías o no sus mandamientos. Y te humilló, y te dejó tener hambre, y te alimentó con el maná que no conocías, ni tus padres habían conocido, para hacerte entender que el hombre no sólo vive de pan, sino que vive de todo lo que procede de la boca del Señor». (Deuteronomio 8.2–3).

El objetivo principal del proceso se encuentra en la frase «a fin de saber lo que había en tu corazón, si guardarías o no sus mandamientos». Cada dificultad presentaba siempre las mismas dos alternativas. La primera era dejar que las circunstancias externas, tales como la falta de pan, la persecución de los egipcios o la falta de agua gobernaran los sentimientos del pueblo. La segunda alternativa, la que Dios deseaba que escogieran, era que en situaciones de dificultad los israelitas se aferraran a la palabra depositada en sus corazones y actuaran conforme a los mandamientos recibidos, menospreciando las alternativas que las circunstancias parecían presentar.

DIOS EN SANDALIAS

DÍA 61

## Tiempo de prueba – I *(Jesús tentado)*

# La trampa de las obras

**Mateo 4.1–11**

***La primera tentación es construir nuestra identidad sobre lo que hacemos. ¿De qué manera cedemos nosotros frente a esta tentación? ¿Qué actividades realizamos que persiguen el único fin de comprobar que somos hijos de Dios? ¿Cómo conseguimos desactivar esta tendencia?***

Llega al fin nuestra reflexión sobre la primera tentación de Cristo, aunque espero que continúe meditando sobre los conceptos ya compartidos. El diablo nos tiende lazo de muchas maneras en esta área. Somos presa fácil porque tendemos a desconfiar de aquellos que quieren regalarnos algo a cambio de nada. «Alguna trampa debe tener», pensamos.

El evangelio muestra que somos escandalosamente libres de la necesidad de ganarnos el afecto del Padre. Dios ama, y ama generosamente. «Mientras estábamos muertos en nuestros delitos, él dio su vida por nosotros». Él brinda su amor sin demandarnos que trabajemos para obtenerlo. No obstante, una de las realidades más absurdas del pueblo de Dios es que nos pasamos la vida tratando de obtener lo que el Padre ya nos ha dado. Somos como el hermano mayor, en la parábola del hijo pródigo, que trabajaba sin descanso procurando, algún día, disfrutar de un cordero engordado. ¡Qué tristeza contenían las palabras del padre! «Hijo mío, todo lo que tengo es tuyo». Cuánto esfuerzo había derramado en vano buscando adquirir algo que ya era suyo. Del mismo modo, el hijo pródigo, en su regreso a casa, pensaba que necesitaba hacer «buena letra» por un tiempo, antes de que su padre lo restaurara al seno de la familia. Mas el Padre le recibió con fiesta y alegría, sin pedir nada a cambio.

La respuesta del Cristo al diablo señala la postura que todo cristiano debe tener. *«El Padre ha hablado y no queda más qué decir, ni hacer».* Nos invita al descanso que resulta de saber que la gracia actúa en nuestras vidas. Cesan nuestras maniobras, nuestras preocupaciones y nuestras inseguridades. En lugar de esto, el Espíritu da testimonio a nuestro espíritu de que «somos hijos de Dios». Esas palabras del Padre deben ser el consuelo y el sustento de nuestro diario andar. En ellas podemos sentirnos seguros, amados y especiales porque vienen de una fuente confiable.

¿Qué hará Dios para ayudar a que estas palabras se afiancen en nuestros corazones y echen raíces profundas? Nos conducirá a lugares de dificultad. Todos nosotros podemos fácilmente «confiar» en una persona que creemos «garantizada» con nuestro compromiso. Pero es justamente esta confianza la que se desmorona cuando la otra persona deja de comportarse como nosotros queremos, porque la relación descansaba sobre un fundamento inseguro. La relación que crece y perdura es aquella que ha sido forjada en medio de las luchas y los golpes de la vida, en los que confiar en el otro es una decisión. El Padre nos invita a esta decisión, cada día.

Cristo, en esta primera tentación, se plantó sobre la palabra del Padre. Eligió creer que lo que Dios había dicho era más confiable que cualquier otra cosa en el universo. ¡Esta es la base de una vida de victoria! No son más que palabras, pero tienen el respaldo del Creador del Universo.

DÍA 62

## Tiempo de prueba – II *(Jesús tentado)*

# Un cambio de estrategia

### Mateo 4.1–11

***Durante unos cuantos días hemos compartido reflexiones sobre el bautismo y la tentación del Señor Jesucristo. Como vimos, el bautismo revela el fundamento sobre el cual Jesús va a construir su ministerio público. Este fundamento descansa sobre una relación de absoluta dependencia del Padre, mediada por el Espíritu, y una convicción de que el ministerio no existe para ganar el afecto de Dios, sino que es la expresión de una profunda relación de amor sostenida con él.***

***Lea ahora el texto que describe la segunda tentación de Cristo (4.5–6). Utilizando un camino similar al recorrido en la primera tentación, intente descifrar lo que está en juego en esta prueba. Recuerde que la propuesta contiene dobleces muy sutiles, que quizás no sean aparentes a primera vista. Le animo a que ore en esta dirección:*** **«Señor, al igual que en la primera tentación, quiero discernir las verdaderas dimensiones espirituales de esta propuesta. Trae a la luz aquello que, por mi necia perspectiva humana, no podría ver. Revélame los verdaderos peligros escondidos en esta tentación. Amén.»**

Las tentaciones revelan el esfuerzo del diablo por desestabilizar el fundamento del bautismo, pretende llevar al Hijo a construir su vida pública sobre una base incorrecta. Como sabe todo buen constructor, si el fundamento de un edificio es defectuoso, el edificio también lo será. Por esto, resulta esencial que examinemos las bases sobre las cuales estamos trabajando, para asegurarnos que todo lo que apoyemos sobre ese fundamento goce de la mayor firmeza y estabilidad posible.

Por lo espectacular de la propuesta del diablo en esta segunda tentación hemos de creer que el pináculo del templo ofrecía un lugar privilegiado para impresionar a las multitudes que acudían al centro religioso. La dramática intervención de Dios le proporcionaría a Jesús la perfecta demostración del cuidado amoroso del Padre hacia su Hijo. ¡Qué sobresaliente manera de iniciar su ministerio público!

Es bueno que notemos el cambio de estrategia que utiliza Satanás. Habiendo Jesús citado la Palabra como regla de vida, el enemigo decide, ahora, utilizar la misma Palabra para su segunda propuesta. En esto vemos una apelación a la inocente convicción de que si algo puede ser apoyado con un texto bíblico indudablemente procede de Dios. Satanás, no obstante, nos muestra que la Biblia se puede usar para los propósitos más perversos. Hacia fines de la década de los setenta Jim Jones fue responsable del suicidio colectivo de casi mil personas, locura que sustentó con la Palabra de Dios. Del mismo modo, los comunistas confiscaban los bienes de las personas, citando un texto de Hechos: «La congregación de los que creyeron era de un corazón y un alma; y ninguno decía ser suyo lo que poseía, sino que todas las cosas eran de propiedad común» (4.32).

La verdad es que es tan intenso nuestro deseo de demostrar que nuestros hechos son correctos que siempre encontraremos la forma de utilizar al Señor para avalar nuestro comportamiento, aun cuando claramente contradicen la Palabra. La persona sabia, sin embargo, no forzará la Escritura, sino que se someterá a ella y permitirá que ella la reprenda, exhorte y corrija cada vez que sea necesario.

# Tiempo de prueba – II *(Jesús tentado)*
# Cuando se pierde el temor

## Mateo 4.1–11

***Al pensar en la segunda tentación responda las siguientes preguntas. ¿Cuál es el contexto del pasaje citado por el diablo? ¿Cuál es el mensaje implícito en la propuesta diabólica? ¿Qué pasaje escoge Jesús para responder? Lea el contexto de este pasaje e intente discernir lo que había ocurrido en los incidentes mencionados.***

El salmo que cita el diablo contiene una serie de promesas. Estas se han dado a aquellos que «habitan al abrigo del Altísimo», que le han dicho al Señor: «esperanza mía y castillo mío; mi Dios, en quien confiaré» (91.1–2). Es decir, han escogido unir sus vidas a la del Señor, y por eso Dios es su todo. Esta dependencia es la que, precisamente, puede impedir que se lancen a proyectos alocados sin haber recibido indicaciones del Señor al respecto.

La respuesta de Jesús revela que él percibía claramente la trampa. Al pasar, observemos que el Señor no intenta corregir el uso tergiversado que el diablo le da a las Escrituras. No entra en discusiones ni argumentos, sino que vuelve a apelar a la autoridad de la Palabra. La cita que escoge también está tomada del libro de Deuteronomio, en este caso del capítulo 6. Este capítulo contiene una serie de instrucciones para Israel. Le fueron entregadas de manera personalizada: «a fin de que temas a Jehová, tu Dios, guardando todos los estatutos y mandamientos que yo te ordeno» (2). El corazón de la propuesta diabólica, entonces, invita a una actitud de insolencia y soberbia hacia la persona de Jehová.

Este es uno de los problemas más difíciles que enfrentan aquellos que gozan de una relación con Dios. Con el pasar de los años, entre el continuo trato y la abundancia de estudios acerca de su persona, empezamos a creer que sabemos quién es Dios y cómo obra. Perdemos el sentido del misterio que lo rodea y acabamos con una imagen extraña del Señor, que lo muestra sólo un poco superior a un ser humano con poderes extraordinarios. Ya no lo vemos como nuestro amo, pues lo hemos convertido en nuestro socio, el amigo que da buenos consejos.

Esta intimidad y familiaridad con Dios no es más que una fantasía. En la Biblia, literalmente todos los hombres y las mujeres con los que Dios tuvo un encuentro cercano experimentaron un profundo temor. Considere el caso de Isaías, qué exclamó, «¡Ay de mí! Porque perdido estoy, pues soy hombre de labios inmundos y en medio de un pueblo de labios inmundos habito, porque han visto mis ojos al Rey, el SEÑOR de los ejércitos». Piense en Pedro que, en el monte de la transfiguración, «no sabía qué decir, pues estaban aterrados» (Marcos 9.6). Observe la figura de Juan, que recibió una visión del Cristo entronado. Él mismo testifica: «cuando lo vi, caí como muerto a sus pies» (Apocalipsis 1.17).

La actitud que nos lleva a mantener una reverente distancia de la persona de Dios es fundamental para el desarrollo de nuestra vida espiritual. El salmista mismo lo proclama: «El principio de la sabiduría es el temor del SEÑOR; buen entendimiento tienen todos los que practican sus mandamientos» (Salmos 111.10). Sin ella, corremos peligro de tomarnos libertades que no nos corresponden, asunto que veremos en el desarrollo de esta tentación.

# Tiempo de prueba – II *(Jesús tentado)*
# Las aguas de Meriba

## Mateo 4.1–11

***Jesús, en su respuesta, cita otro texto de Deuteronomio. Lea la descripción del evento al que se refiere este pasaje contenida en Éxodo 17.1–7. ¿Qué ocurrió en esta ocasión? ¿Dónde radica el pecado de los israelitas? ¿En qué tentaron a Dios? ¿Dónde está la falta de temor en la postura que adoptaron?***

Intentemos descubrir el significado de la segunda tentación de Jesucristo. En Éxodo 17.1–7 se relata el evento que llevó a Moisés a confrontar al pueblo por *«tentar a Jehová»*, exactamente la misma actitud que Jesús detecta en la propuesta diabólica. La clave para entender la actitud de los israelitas se encuentra en esta frase: «Entonces el pueblo contendió con Moisés, y dijeron: Danos agua para beber» (2). En el Salmo 78, el autor incluye un interesante comentario sobre este incidente: «pero aún siguieron pecando contra Él, rebelándose contra el Altísimo en el desierto. Y en sus corazones tentaron a Dios, pidiendo comida a su gusto» (18).

Piense por un momento en la frase *«pidiendo comida a su gusto»*. ¿No le resulta parecida a la escena de un grupo de amigos, sentados en un restaurante, haciendo su pedido al camarero? Ellos dan las instrucciones y el camarero las ejecuta. Es decir, el camarero es el que los sirve y satisface sus gustos; esta es, en todo caso, la función de un camarero. Transfiera, sin embargo, la imagen del camarero a la persona de Dios y se dará cuenta de que estamos frente a una grave inversión de roles. Los israelitas demandaban agua y comida a su gusto y el obligado a proveérselas era el Señor.

La esencia del pecado de asumir esta postura, entonces, es que nos formamos una imagen equivocada de Dios: él responde y nosotros damos las órdenes. Es exactamente en este desvío del rol real de Dios que el diablo procuraba provocar la caída de Jesús. Le propuso un plan que no había nacido en el corazón de Dios. Al ejecutarlo estaría obligando al Padre a responder a una situación que él no había aprobado.

Este concepto acerca de Dios es una de las razones por las cuales resultan tan atractivas las religiones. Todas ellas proponen al hombre que él sea el que controle a Dios por medio de una serie de ritos, sacrificios y disciplinas personales. La realidad en el reino de los cielos, sin embargo, es que nosotros por siempre seremos los que respondemos. No existe otro rol para nosotros. Dios será, siempre, el que inicia, el que dispone, el que propone.

En esta verdad radica el «secreto» del éxito de un ministerio. Como hemos visto en el bautismo del Cristo, su ministerio se caracterizará en que él será guiado enteramente por el Padre, por medio del Espíritu. Él no desarrollará proyectos personales, ni iniciará acciones si no le han sido indicadas por el Padre. Podrá afirmar que los discípulos a los que dio a conocer al Padre, son los que el mismo Padre le dio (Juan 17.6), las palabras que habló, son las mismas que el Padre le dio para que hablara (Juan 12.49), y las obras que hizo son las obras que vio hacer a su Padre (Juan 5.19).

# Tiempo de prueba – II *(Jesús tentado)*
# Las obras que él preparó

## Mateo 4.1–11

***La segunda tentación es exigir a Dios que actúe conforme a nuestros planes. Recuerde algunas situaciones narradas en la Biblia en las que se expone este comportamiento. ¿De qué manera somos capaces de cometer el mismo error? ¿Cuáles pueden ser algunos de los pasos que debemos tomar para no «tentar a Dios»?***

Hemos conseguido identificar la esencia de la segunda tentación, que es usurpar el lugar de Dios para tomarse uno mismo la atribución de iniciar y elaborar los proyectos del reino. En esta postura, obligamos a Dios a bendecir y a prosperar aquellos proyectos que no son de su propio origen.

En la Biblia se relata una infinidad de situaciones que revelan la falacia de esta manera de obrar. Los israelitas, arrepentidos por su falta de fe frente al informe de los espías, quisieron revertir el juicio de Dios y decidieron tomar posesión de la tierra por sí mismos. Sufrieron una imponente derrota (Números 14.44–45). En el libro de Josué, los israelitas, intoxicados por una seguidilla de victorias, pactaron con los gabaonitas «pero no consultaron a Jehová» (Josué 9.14), un error que les costó caro. Del mismo modo, los israelitas, frente a la posibilidad de una invasión por parte de Asiria, buscaron su seguridad en Egipto. El profeta Isaías levantó su voz contra ellos diciendo: «¡Ay de los hijos rebeldes —declara el SEÑOR— que ejecutan planes, pero no los míos, y hacen alianza, pero no según mi Espíritu, para añadir pecado sobre pecado! Los que descienden a Egipto sin consultarme, para refugiarse al amparo de Faraón, y buscar abrigo a la sombra de Egipto» (Isaías 30.1–2). El mismo error cometió Pedro. Arrastrado por su propio entusiasmo, quiso ofrecer su vida en sacrificio al Cristo cuando este no se la había pedido. Su aventura terminó en amargas lágrimas (Mateo 26).

No deseamos, sin embargo, detenernos en el análisis de los incidentes en la vida del pueblo de Dios. Nuestra petición es que Dios nos revele las formas en que Satanás logra que *nosotros* caigamos frente a esta tentación. La verdad es que cuando miramos a la iglesia, no es difícil entender por qué tantos de nuestros proyectos no prosperan. Una gran cantidad de ellos son, precisamente, nuestros proyectos. La participación de Dios en ellos es simplemente darnos su bendición.

Pablo claramente declara que somos hechura suya «creados en Cristo Jesús para hacer buenas obras, las cuales Dios preparó de antemano para que anduviéramos en ellas» (Efesios 2.10). Esta verdad revela cuál debe ser nuestra prioridad como discípulos: discernir cuáles son lo proyectos a los cuales él nos quiere dirigir. Un ministerio eficaz no depende de la existencia de una abundancia de proyectos para glorificar a Dios, sino de trabajar con la convicción de que *el Señor solamente prospera aquellas obras que nacen en su propio corazón.*

Qué importante resulta para nosotros, entonces, cultivar ese espíritu sensible a las directivas del Espíritu. Necesitamos tomar el tiempo necesario para entender sus directivas, con la flexibilidad necesaria para modificar nuestros planes cuando él así nos lo indique. Dios nos conceda, en su infinita bondad, ser parte de una iglesia que camina en los caminos del Señor y está enteramente ocupada en los proyectos de él.

## Tiempo de prueba – III *(Jesús tentado)*
# «Todo será tuyo»

### Mateo 4.1–11

*El Hijo de Dios pasó las primeras dos tentaciones sin que el diablo consiguiera desviarlo del fundamento puesto en el bautismo. El Cristo se ha mantenido firme en su compromiso de vivir sustentado por la relación que posee con el Padre, dirigido siempre por el Espíritu.*

*El enemigo, sin embargo, aún no se da por vencido. Una vez más se acerca, y esta vez «el diablo le llevó a un monte muy alto, y le mostró todos los reinos del mundo y la gloria de ellos, y le dijo: Todo esto te daré, si postrado me adoras» (Mateo 4.8–9).*

*Lo invito a que haga suya mi oración para esta última parte de este tema:* **«Padre, he visto cuán profundas son las implicaciones de lo que está en juego en esta prueba. En esta tercera tentación deseo, también, que tú reveles la astucia del enemigo y me muestres cómo podemos caer en esta trampa. Sé tú mi Maestro. Amén.»**

No es claro cómo logró Satanás mostrarle los reinos del mundo y la gloria de ellos; sí sabemos que estamos frente a una intensa manifestación del mundo espiritual. La alusión a la gloria de ellos indica que aquí no estamos hablando meramente de una extensión geográfica y política, sino de todo lo más apetecible que los reinos de esta tierra pueden ofrecer.

Lo primero que debemos preguntarnos es si el diablo tiene autoridad para realizar tal oferta. En la versión de Lucas, el evangelista añade esta frase: «pues a mí me ha sido entregado y a quien quiero se lo doy» (Lucas 4.6). El Cristo mismo confirmaría en su ministerio que la hora del juicio había llegado, por el cual el príncipe de este mundo será echado fuera (Juan 12.31). Es importante tomar esto en cuenta para que alcancemos a ver cuán seductora es la propuesta. No hubiera constituido prueba alguna que el enemigo le ofreciera lo que no podía otorgar.

Al igual que en las otras pruebas esta también contiene una clara trampa. El acto de adorar a otro implica el reconocimiento de su condición de superioridad sobre nosotros. En términos estrictamente espirituales, en el mismo acto de adorar, la persona estaría sujetando al dios que adora no solamente su vida, sino también sus posesiones. De este modo, en el momento de postrarse ante Satanás, Jesucristo estaría reconociendo su indignidad de adueñarse de todos los reinos de la tierra y de la gloria de ellos.

No obstante, hay algo mucho más profundo en esta propuesta y es esa realidad la que debemos descubrir. La clave la encontramos en la respuesta de Jesús, que siempre se enfoca en la dimensión espiritual de lo que está en juego. El texto también está tomado del capítulo 6 de Deuteronomio. En el día de mañana estaremos reflexionando sobre el contenido de este pasaje.

Quisiera, antes de terminar, extenderle una invitación. En las tres oportunidades en que el Cristo respondió al enemigo escogió porciones del mismo libro. Sin entrar en las particularidades de Deuteronomio, creo que la elección de Jesús constituye, en sí, suficiente razón para familiarizarse con el mensaje de ese libro. Cuando se acerque a él, en algún momento, encontrará que su mensaje es muy pertinente para su vida en este tiempo.

# Tiempo de prueba – III *(Jesús tentado)*
# El proyecto de Dios

## Mateo 4.1–11

*¿Tuvo oportunidad de leer el capítulo 6 de Deuteronomio? ¿Cuál es el contexto de la cita? ¿Por qué Moisés le dijo esto a los israelitas? ¿A qué peligros se exponían en la conquista de la tierra? ¿De qué manera seducían al pueblo de Dios?*

Habrá notado que la clave del capítulo es esta frase, referida a los mandamientos que Dios entrega por medio de Moisés: «para que los pongáis por obra en la tierra que vais a poseer» (6.1). Una vez más comprobamos que el tema de la obediencia es absolutamente central para todo lo que está en juego en las tentaciones.

En la tentación anterior, la respuesta del Cristo reveló cuán fácil nos resulta inventar proyectos para traer gloria al nombre de Dios. Como pudimos ver, estos proyectos colocan a Dios en la posición de siervo de los hombres. La negativa del Cristo de caminar en esa dirección obliga al diablo a plantear otra propuesta.

Como la elaboración de nuestros propios planes nos perjudica grandemente, la única alternativa que nos queda es seguir cuidadosamente las instrucciones de Dios para nuestra vida. El Señor dio a Israel muchas instrucciones en cuanto a la conquista de la tierra, entre las cuales había dictado no dejar con vida a hombres, mujeres, niños ni ganado en las ciudades que llegaran a poseer. Si el pueblo se detenía a pensar en lo que Dios les estaba pidiendo, tales instrucciones les parecerían exageradamente severas. No obstante, la bendición se hallaba en «obedecer cuidadosamente los mandamientos» (Deuteronomio 11.13), frase que se repite una y otra vez a lo largo del libro.

Volvamos ahora a la persona del Cristo. Ha descartado caminar en sus propios planes. Le queda la opción de caminar en el camino que Dios ha marcado para su vida. Este camino le permitirá arribar al mismo punto de la oferta del enemigo: «Porque de tal manera amó Dios al mundo que ha dado a su Hijo unigénito, para que todo el que cree en Él, no se pierda, mas tenga vida eterna» (Juan 3.16). No obstante, el camino tiene precio: la cruz.

Ahora podemos entender dónde radica esta tentación. Decidir alinear nuestras vidas con la Palabra de Dios no nos garantiza que el camino por delante será fácil. Así como actuó con el pueblo de Israel, el Señor puede exigirnos que asumamos compromisos que nos resultarán extremadamente duros. Frente a estas exigencias, el diablo se presenta y pregunta: *«¿será este, verdaderamente, el mejor camino a seguir?»* La insinuación que trae a Jesús es que no hace falta experimentar la cruz para obtener «el mundo», cuando puede obtener lo mismo simplemente arrodillándose delante de él.

Del mismo modo los israelitas creían que Dios les daba licencia para cambiar y modificar las instrucciones que él les ordenaba. En su perspectiva, lo importante era poseer la tierra, no la manera en que lo hicieran. Cometieron el gravísimo error de creer que la palabra de Dios no era más que una sugerencia acerca de la manera en que debían avanzar a la meta del Señor. El camino señalado por el Padre, sin embargo, es el único aprobado para alcanzar el objetivo.

DIOS EN SANDALIAS

DÍA 68

# Tiempo de prueba – III *(Jesús tentado)*
# El peligro de los atajos

## Mateo 4.1–11

***Vuelva a leer la respuesta de Jesús al diablo. ¿Qué implican sus palabras? Repase el pasaje de Deuteronomio y trate de identificar las razones por las cuales resulta difícil obedecer. ¿Qué instrucciones dio Dios al pueblo para superar esta resistencia? ¿De qué maneras podemos crecer en obediencia?***

La dramática forma en que el Cristo reprende a Satanás en esta última tentación revela cuán profundamente entendía las implicaciones de no ajustar su vida a la palabra de Dios. No estaba dispuesto a postrarse delante de ningún otro dios, ni tampoco a que otros «dioses» impusieran sobre él sus prioridades. Satanás se retiró de la escena de la batalla, aunque no vencido. Volvería en otras oportunidades para invitar al Cristo a reconsiderar su decisión de avanzar con paso firme hacia la cruz. El relato de Mateo 16 expone cómo utilizó a Pedro para tratar de disuadirlo. Y no dudamos que también participó en la intensa batalla que se libró en Getsemaní. En aquella ocasión, en que la cruz era inminente, Jesús confesó estar angustiado hasta el punto de la muerte. Aún en estas condiciones, sin embargo, no claudicó.

La lección de esta tentación es que no existen caminos alternativos para conseguir lo que Dios nos ha prometido. Existe un solo camino estipulado, y cualquier desviación traerá las más serias implicaciones espirituales. La vida de Saúl es la que mejor ilustra este principio. El rey se consideró con libertad para «modificar» las instrucciones que Dios le había dado con respecto a Agag (1 Samuel 15). No solamente le costó el reino, sino que también significó el principio del fin de su propia vida espiritual. Las palabras del profeta Samuel (1 Samuel 15.22–23), aún hoy, golpean como martillos:

> *¿Se complace Jehová tanto en holocaustos y sacrificios como en la obediencia a la voz del SEÑOR? He aquí, el obedecer es mejor que un sacrificio,y el prestar atención, que la grosura de los carneros. Porque la rebelión es como el pecado de adivinación, y la desobediencia, como iniquidad e idolatría. Por cuanto has desechado la palabra del SEÑOR, Él también te ha desechado para que no seas rey.*

Jesús deja en claro que no existen los atajos en la vida espiritual. No obstante, miles de cristianos quieren obtener la bendición de Dios recorriendo un camino de liviandad y poco compromiso con su Palabra. Confunden los momentos de euforia que experimentan en las reuniones con la verdadera plenitud de vida que Dios ofrece a los suyos. Pretenden que, con la imposición de manos, alguien pueda impartirles una vida de compromiso sin pagar el precio de la disciplina diaria que tal vida exige.

Evitar ser seducido por las ofertas del diablo requiere de nosotros un profundo conocimiento de la Palabra. Este conocimiento debe ir de la mano de una sensibilidad al Espíritu que permitirá que él guíe y corrija nuestras vidas. Todo esto no tendrá valor si no llegamos al punto de creer que la vida espiritual no es posible salvo en absoluta sumisión a las instrucciones del Padre.

*«Levanta, oh Dios, en estos tiempos, un pueblo obediente a tus mandatos. Transforma mi rebelión en pasión por tu persona. ¡Dame el coraje necesario para escoger la vida, y no la muerte!»*

# Tiempo de prueba – III *(Jesús tentado)*
# Ministración celestial

## Mateo 4.1–11

***Mateo concluye su relato de la tentación de Cristo con un breve comentario: «El diablo entonces le dejó; y he aquí, ángeles vinieron y le servían». ¿Qué luz nos arroja este final acerca de los períodos de prueba en nuestra vida? ¿Por qué necesitaría Cristo el servicio de los ángeles?***

El salmista afirma que «los que siembran con lágrimas, segarán con gritos de júbilo. El que con lágrimas anda, llevando la semilla de la siembra, en verdad volverá con gritos de alegría, trayendo sus gavillas» (126.5–6). El contexto de esta poesía es el incontenible júbilo de los que habían regresado del cautiverio, cuyas bocas se llenaron de risa, mientras daban gritos de alegría (2). Los tiempos de prueba son duros de sobrellevar pero, eventualmente, llegan a su fin y emprendemos otra vez el camino de la vida, fortalecidos por la experiencia que nos ha tocado atravesar.

El privilegio de aquellos que aman al Señor es que él mismo se encarga de restaurar nuestras vidas. Así lo experimentó Elías en el desierto, completamente fatigado y desanimado. Dios se ocupó de darle agua y pan, mientras dormía durante gran parte del día para recuperar sus fuerzas. También el Cristo, según el relato de Juan 21, se acercó a Pedro, el mismo que lo había negado, y compartió con él su desayuno. Luego le ministró con sus palabras para animarlo a retomar el proyecto para el cual había sido llamado. Estas escenas revelan el lado más tierno del corazón de nuestro buen Padre celestial.

Es interesante observar que el Cristo ahora disfruta de aquel privilegio que no quiso tomar cuando el diablo se lo sugirió. En la segunda tentación lo había invitado a que, echando mano de su privilegio como Hijo, exigiera a Dios que lo cuidara, «porque Él dará órdenes a sus ángeles acerca de ti, para que te guarden en todos tus caminos» (Salmos 91.11). Jesús rechazó la propuesta porque el Hijo de Dios se mueve en una actitud de sumisión y reverencia que no deja lugar para reclamos ni exigencias. Entiende que Dios siempre se ocupará de velar por sus necesidades y, en el tiempo oportuno, intervendrá para poner fin a la prueba por la que atraviesa. Y así fue. Habiendo el Cristo optado por la sumisión absoluta a su Padre en la intensa prueba, ahora disfruta del tiempo de la restauración. El Señor envía a sus ángeles para que le provean todo lo que le falta, para que recupere sus fuerzas y sea completamente restaurado.

Esta es también nuestra confianza. Junto al salmista afirmamos: «su ira es sólo por un momento, pero su favor es por toda una vida; el llanto puede durar toda la noche, pero a la mañana vendrá el grito de alegría» (30.5).

*«Señor, bendigo tu nombre porque tú siempre obras a mi favor. Aún en medio de las más intensas pruebas confío en que tu buena mano dirige mi vida y que, cuando haya pasado la tormenta, volveré a disfrutar en toda su plenitud la vida que tú me ofreces. Dame la gracia de moverme siempre con esta convicción, de manera que, en tiempos difíciles o tiempos apacibles, pueda declarar: ¡Bendito sea el nombre de mi Señor!»*

| DIOS EN SANDALIAS |
|---|
| DÍA 70 |

# Prestar atención *(Un alto en el camino – 2)*
# Una cuota de fe

## Hebreos 4.1–2, 11

***Hoy volvemos a detenernos, como lo hicimos unas semanas atrás, para pensar en lo que significan para nuestra propia vida los pasajes que hemos examinado en estos días. Lea el texto de Hebreos 4 seleccionado para hoy. Los primeros capítulos de esta carta tratan el tema de la Palabra de Dios y nuestra respuesta a ella. ¿Cuál fue el problema de los israelitas? ¿A qué se refiere el autor cuando comenta que no acompañaron con la fe lo que escucharon? ¿Por qué resulta necesario esforzarse para seguir el camino señalado?***

Tengo convicción de que el significado más profundo del bautismo y las tentaciones del Señor Jesús solamente puede ser comprendido gradualmente. Dicha comprensión ocurre a medida que el Espíritu revela la dimensión completa de los principios que están en juego en este relato. Realmente creo que la Iglesia podría ser dramáticamente transformada si nosotros lográramos incorporar estos principios a nuestra propia vida. El impacto de un solo hombre, Jesús, sujeto a la verdad de Dios, ha sacudido los cimientos del mismo universo. Si lográramos imitar siquiera una parte de su ejemplo, ¿quién podría hacerle frente a la Iglesia, que avanza, triunfante, contra el reino de las tinieblas?

El cambio que anhelamos debe comenzar en nuestra propia vida, en la suya y en la mía. De nada sirve que nos quedemos deseando que, de alguna manera, Dios produzca esa transformación en su Iglesia, si no estamos dispuestos a que primeramente trabaje en nuestro propio corazón.

El autor de Hebreos señala que los israelitas no percibieron que el Señor esperaba que ellos añadieran a la acción de escuchar su Palabra la disposición de ponerla por obra. Usted encontrará que este desafío está presente a lo largo de *Dios en sandalias*. No tenemos cómo escaparnos del hecho de que hemos sido llamados a vivir la verdad de Dios, no solamente oírla. No obstante, la inclinación natural de nuestra carne es a no permitir que nadie nos diga lo que debemos hacer ni que nos den indicaciones acerca de la forma que debemos vivir, especialmente cuando es contraria a nuestros deseos. Actuar según la Palabra resulta de una decisión consciente del discípulo, la cual lo libra de desear simplemente que las cosas cambien con el tiempo.

¿Qué le ha hablado el Señor en cuanto a su vida en estos días? ¿Puede enumerar los principios particularmente relevantes para su situación personal? ¿A la luz de estas verdades, qué decisiones y cambios espera de usted el Señor? ¿Cuáles obstáculos dificultan su camino en esa dirección?

Le animo a que no se limite a leer estas preguntas. Atrévase a detenerse y preguntar al Señor: *«¿Qué es lo que tú me estás mostrando, Señor? Con mi corazón quiero que sepas que deseo vivir conforme a tu voluntad, aun cuando mi carne proteste y argumente en contra de tus indicaciones. Forma en mí un espíritu dócil, dispuesto a ser guiado por ti. No quiero perder tiempo reprochándome lo que no he hecho sino, más bien, deseo echar mano de la vida que tú me ofreces. Vuelvo a entregar mi vida en tus manos, Señor»*.

DÍA 71

## Primeros pasos *(Jesús inicia su ministerio)*

# No soy el Cristo

### Juan 1.19–51

***En los próximos días caminaremos con Jesús a medida que su perfil público comienza a conocerse. Lea Juan 1.19–23. En su opinión, ¿por qué los judíos enviarían a preguntar a Juan acerca de su identidad? ¿Por qué resultaba importante para Juan tener en claro cuál era su propia identidad?***

¡Cuán importante resulta para nosotros tener claridad sobre nuestra verdadera identidad! Muchos de los problemas interpersonales surgen de la confusión que arrastramos sobre este asunto. Piense, por ejemplo, en el estilo de vida que había construido el hermano mayor de la parábola del hijo pródigo. Su falta de convicción de que gozaba de todos los privilegios y derechos propios de ser hijo del dueño de la hacienda lo llevaron a pasar toda una vida trabajando para algo que ya era suyo. Considere, también, al fariseo que subió al templo a orar. La falta de conciencia de pecado lo llevó a creer una fantasía acerca de su propia vida. En lugar de presentarse ante Dios con humildad y arrepentimiento, se acercó con un corazón soberbio y una oración altiva. Del mismo modo la confusión de Saúl acerca de su verdadera identidad en el Señor le llevó a creer que podía realizar las tareas reservadas solamente para Samuel.

Nuestra identidad define quiénes somos, y en la vida actuaremos según el concepto que nos hayamos formado de nosotros mismos. El que se ve como víctima vivirá reclamando de los demás mayor consideración. El que se juzga buena persona encontrará dificultades para reconocer la maldad de su corazón. El que se cree mejor que los demás experimentará complicaciones a la hora de trabajar en equipo, pues siempre considerará que nadie puede realizar las cosas tan bien como él.

Evidentemente Juan representaba para los judíos un enigma. Nadie lo conocía, pues, literalmente, venía del desierto. Su repentina aparición exigía una explicación: «¿Quién eres tú?», y su primera respuesta fue categórica: «Yo no soy el Cristo». Decir que uno no es el Cristo no es solamente una cuestión de títulos, sino también toda una declaración acerca del ministerio. Decir «no soy el Cristo» es también decir: «no busco gloria, ni pienso que soy indispensable para el ministerio, ni creo que la gente que se ha agolpado a escucharme me pertenece». Es afirmar que uno es apenas una parte del gran proyecto de Dios y sirve, junto a muchos otros, para señalar al único que merece ser señalado.

Qué saludable resultaría para muchos de los que estamos sirviendo en distintos ministerios, poder declarar, con convicción: «¡no soy el Cristo!» No anhelamos experimentar ni poseer ninguno de los privilegios que pertenecen exclusivamente al Hijo de Dios. No deseamos que otros nos adulen, nos eleven a una posición inmerecida, ni tampoco que crean que somos más especiales o importantes que el más pequeño en el reino de los cielos. Optar por esta postura implica ubicarse dentro del plano correcto en la vida, el de un siervo inútil que solamente logra bendecir a otros por la pura gracia del Señor. Tener en claro nuestra identidad es el principio de un ministerio sano.

DIOS EN SANDALIAS

DÍA 72

# Primeros pasos *(Jesús inicia su ministerio)*

# Voz que clama

## Juan 1.19–23

***Lea Juan 1.21–27. Juan claramente ha descartado que él es el Cristo, pero los que le interrogan desean una respuesta más concreta. ¿Qué pistas obtenemos acerca de su persona en las respuestas que dio? ¿Por qué insistían tanto ellos en saber quién era? ¿Cuál era su mayor dificultad para explicar su verdadera misión?***

Juan negó categóricamente ser el Cristo, pero su respuesta no satisfizo a los que lo interrogaron. Ante la insistencia de ellos también negó ser Elías o el profeta que iba a preceder la llegada del Mesías. Una vez más nos impacta que el Bautista claramente se opone a los diferentes títulos que intentan darle. Su actitud resulta más que refrescante en esta época en la que muchos líderes compiten para ver quiénes han conquistado los títulos de mayor prestigio. La Iglesia se ha visto invadida por hombres acomplejados que necesitan afirmarse exigiendo que los demás los llamen apóstoles, profetas o, incluso, patriarcas. Qué lejos se encuentra todo este afán de la sencillez con la que Juan se movía.

Ante la serie de negaciones las autoridades religiosas le piden que se defina. Para explicarles su identidad Juan utiliza dos analogías. La primera, tomada del profeta Isaías, es una voz, algo aún de menor importancia que el hecho de ser una persona. Juan se concibe a sí mismo como apenas el instrumento para transmitir un mensaje. Optar por esta identidad es particularmente interesante porque el evangelio nos presenta a Cristo como el Verbo de vida, de modo que Juan no es más que el medio por el que ese Verbo llega a tocar vidas.

La segunda analogía con la cual Juan se identifica es con la de un esclavo. En esa época los maestros no cobraban honorarios por formar a sus discípulos. No obstante, se esperaba que los seguidores, a modo de recompensa, le sirvieran en una diversidad de tareas. Sin embargo quedaban exentos de algunas que estaban reservadas para los esclavos de la casa. Entre las tareas exclusivas de un esclavo se encontraba la función de desatar las correas de las sandalias del maestro. Al mencionar que él ni siquiera era digno de realizar esa función Juan claramente les estaba diciendo que ni siquiera merecía ser esclavo en la casa de Dios.

Juan también señaló que los líderes religiosos no conocían a la persona cuya llegada él anunciaba, algo que seguramente incrementó la confusión que ya sentían. Es que las realidades del reino no las perciben los que intentan encerrar al Señor en prolijas categorías, ni sienten que todo lo que él hace puede ser explicado en términos humanos. En este sentido debemos entender que no existía respuesta alguna que consiguiera satisfacer la curiosidad de ellos, pues el mundo espiritual solamente es discernible para aquellos que se mueven en el Espíritu.

Muchas veces la respuesta que buscamos no está en la metodología («¿Por qué bautizas?»), sino en los resultados que produce el ministerio. El Cristo mismo advertiría que el árbol se conoce por sus frutos y una de las consecuencias de un ministerio nacido en el cielo son vidas profundamente transformadas. Esta señal claramente acompañaba el mensaje de Juan.

# Primeros pasos *(Jesús inicia su ministerio)*
# Cordero de Dios

## Juan 1.19–34

***Lea los versículos del texto para este día. ¿Qué otras indicaciones nos da acerca de la persona de Juan y su relación con Jesús? ¿Qué comunicaba Juan acerca del Cristo al llamarlo el «cordero» de Dios? ¿Cómo conseguiría Juan entender la verdadera identidad del Cristo?***

El testimonio de Juan es fundamental en el inicio del ministerio público de Jesús. De hecho, él ha sido enviado para preparar los corazones de las personas para la llegada del Mesías. Este proceso culmina cuando él mismo señala la presencia del Cristo en medio de las multitudes que seguían llegando al Jordán para que él las bautizara.

Cuando Jesús vuelve a aparecer Juan declara: «He ahí el Cordero de Dios que quita el pecado del mundo». Es la primera vez que alguien utiliza la frase «cordero de Dios» en referencia al Cristo, título que Juan, el evangelista, repetirá en el Apocalipsis. No obstante lo novedoso de la frase, la imagen de un cordero capta a la perfección la esencia del Hijo de Dios. Los judíos inmediatamente pensarían en el cordero de la pascua, cuyo sacrificio evitó que el ángel de la muerte visitara a las familias israelitas cuando mató a todos lo primogénitos de Egipto (Éxodo 12).

El que Juan compare al Cristo con un cordero nos ofrece una excelente perspectiva de su identidad. El cordero es, quizás, el animal más dócil sobre la faz de la tierra. Su fragilidad obliga al pastor del rebaño a cuidarlo de manera especial, pues es sumamente vulnerable. El cordero encarna las características sobresalientes de Jesús, quien ha depositado sus atributos divinos a los pies del Padre para tomar forma de hombre. Su deseo más profundo será, en todo momento, cumplir la voluntad del Padre, que lo ha enviado. En su condición humana el Cristo también incorpora todas las limitaciones y debilidades propias de los hombres. Lo paradójico, sin embargo, es que en el reino la sumisión y la quietud son las características de los más fuertes, los que adquieren una estatura espiritual que es completamente desproporcionada en comparación a la estatura que comunicamos ante nuestros pares.

El testimonio de Juan nos permite una significativa observación sobre la verdadera identidad de Jesús. Él afirma que solamente logró identificar al Mesías por medio de una revelación celestial. Aunque desconocemos cómo le llegaron las instrucciones, Dios lo orientó de la misma manera que lo había hecho con el anciano Simeón: «Aquél sobre quien veas al Espíritu descender y posarse sobre Él, éste es el que bautiza en el Espíritu Santo». Hemos de entender por esto que si Juan no hubiera recibido esta revelación no hubiera podido identificar al Hijo de Dios, aunque sin duda conocía a Jesús por ser primo de él. El incidente, sin embargo, claramente nos indica que conocer la identidad espiritual de Cristo es un don del cielo. Nosotros le conocemos porque él escogió darse a conocer.

*«Por esto, Señor, entiendo que avanzar hacia las profundidades del conocimiento de tu persona no es un bien del cual pueda echar mano por mis propios medios. Necesito que, una y otra vez, tú te reveles a mi vida de manera que pueda recibir de ti el verdadero conocimiento que me hace libre. Me abro a lo que tú quieras mostrarme de tu persona».*

DIOS EN SANDALIAS

DÍA 74

# Primeros pasos *(Jesús inicia su ministerio)*
# ¡Contacto!

## Juan 1.19–51

***El texto para hoy es Juan 1.35–39. En su opinión, ¿cuáles serían las razones por las que los discípulos decidieron seguir a Jesús? ¿Cómo respondió él a la curiosidad de ellos? ¿Qué habrán experimentado estos dos discípulos en ese primer día con Jesús?***

Juan fue clave para que Jesús efectuara la transición de una vida privada a la exposición de un ministerio público. En el texto que examinamos en estos días encontramos testimonio de varios encuentros del Bautista con Jesús, y en cada uno de ellos él señaló a Jesús como el Ungido de Dios.

En el encuentro de hoy, el Bautista dirige sus comentarios sobre Jesús a dos de sus discípulos, quienes, impulsados por sus palabras, deciden seguirlo. La respuesta de ellos revela el tremendo potencial del testimonio de alguien en quien otros reconocen autoridad espiritual. El nivel de esta influencia depende del grado de confianza que el siervo haya cultivado con aquellos que le siguen. La confianza es el fruto del grado de compromiso que haya demostrado hacia sus seguidores, pero también descansa sobre la clase de vida que sigue. Cuanto más transparente y serio es en su caminar con el Señor, mayor peso tendrá su vida delante de aquellos con quienes la comparte .

Ningún líder debe utilizar con imprudencia esta influencia sobre la vida de los demás. Santiago advierte a muchos a no desear ser maestros, porque, como tales, serán juzgados con mayor severidad, pues no solo deberán rendir cuentas por sus propias vidas, sino también por las de aquellos que le fueron confiados. El que sirve al Señor con temor deberá ser recatado a la hora de hacer comentarios delante de aquellos sobre los que ejerce influencia, para que sus palabras no los lleven a tomar decisiones desacertadas.

Cuando los dos discípulos manifestaron a Jesús que deseaban saber dónde se hospedaba, él los invitó a acompañarlo para que vieran por sí mismos. La invitación consistía en mucho más que simplemente conocer la casa donde pasaba la noche. El Maestro les estaba ofreciendo la oportunidad de pasar tiempo con él, tiempo en el que, sin duda, podrían satisfacer la curiosidad y el interés que habían despertado en ellos los comentarios de Juan. Para muchos este será también el camino que deberán recorrer con Cristo. Él ofrece la oportunidad de que nos acerquemos a él para indagar acerca de su persona, sin incluir la presión que, en nuestro apuro, tantas veces ejercemos para asegurar que los que se acercan a Jesús decidan por él. Las conversiones que más perduran, según los resultados de estudios al respecto, son aquellas que fueron la culminación de un proceso, más que el fruto de un evento aislado.

Como el día estaba ya avanzado, los discípulos de Juan se quedaron esa noche con Jesús. Los evangelistas no nos ofrecen ningún dato de lo que compartieron en ese primer día juntos, pero podemos imaginar que estos ya comenzaban a percibir el irresistible atractivo del Hijo de Dios. Seguramente su cercanía a él también inquietó sus corazones, pues estaban en la presencia de aquel cuya vida poseía tal profundidad que no encontrarían en ninguna otra persona. Para ellos, la gran aventura comenzaba.

# Primeros pasos *(Jesús inicia su ministerio)*
# Se abre el círculo

## Juan 1.19–51

***Lea los versículos 40 al 42. ¿Cuál fue la reacción de Andrés? ¿Qué nos indica esto acerca de los caminos que recorre la persona que se ha encontrado con Jesús? ¿Qué mensaje compartió con él? ¿Cómo fue el encuentro de Pedro con el Cristo?***

Juan menciona a Andrés, hermano de Simón Pedro, como uno de los discípulos que pasaron la noche con Jesús donde él se hospedaba. El impacto de Jesús sobre su vida fue tal que salió a buscar a su hermano para compartirle su descubrimiento. Esta reacción, tan natural y espontánea, es una de las razones por las que resulta tan importante no aislar al nuevo discípulo de sus parientes y amigos. Ellos constituyen los puentes naturales que el Señor utiliza para tocar la vida de otros, y esto permite que el evangelio corra por sus cauces naturales.

A la vez, vale la pena enfatizar nuevamente un punto observado ya varias veces en este primer tramo de nuestro paso por los evangelios. El obrar de Dios siempre abarca mucho más que el pequeño círculo de nuestra propia vida. Así lo entendieron los pastores, como también Simeón y Ana. Es bueno que, antes de que se afiancen malos hábitos que conducen a la pasividad dentro del cuerpo de Cristo, el nuevo discípulo disfrute la oportunidad de compartir acerca de su nuevo amigo.

Cada uno de nosotros somos beneficiarios de la generosidad de un «Andrés» que estuvo dispuesto a compartirnos lo que había descubierto en Cristo. Tome un momento para darle gracias a Dios por la persona que el Señor utilizó para acercarlo al reino de los cielos. *«Bendigo a esa persona, Señor. Gracias por el corazón generoso que la impulsó a hablarme de ti, por la paciencia y perseverancia que demostró frente a mis dudas y titubeos. ¡Cuánto bien has traído a mi vida por causa de ella! Concédeme ser también portador de buenas nuevas en la vida de otros. Que nunca se cierre el camino a tu persona».*

Andrés dijo a Simón que habían hallado al Mesías, con todo lo que esto implicaba para un judío. De todas maneras, debo señalar que Andrés no comprendía realmente quién era Jesús, ni qué significaba que él fuera el Mesías. En los próximos meses y años descubriría que el Cristo era enteramente diferente a todo lo que pudo haber imaginado. No obstante, su testimonio imperfecto fue igualmente el instrumento que utilizó el Señor para tocar a Simón, quien también llegó para conocer a Jesús. Cuando él llegó Jesús pronunció una profecía sobre su vida: «tú serás llamado Cefas». Solamente con el tiempo Simón entendería el verdadero significado de esta palabra. Pero percibimos un significado espiritual en la declaración del Señor, que Simón no necesariamente debía comprender. El Señor ya estaba proclamando el rumbo que deseaba para la vida de este pescador.

Del mismo modo en nuestras vidas el Cristo, sin perder de vista lo que somos, trabaja con paciencia para que lleguemos a la plenitud del proyecto que Dios ha trazado para nuestras vidas. ¡Qué bueno poder ser socios plenos en esa empresa!

DIOS EN SANDALIAS

DÍA 76

## Primeros pasos *(Jesús inicia su ministerio)*

# Prejuicios

### Juan 1.19–51

***El impacto de conocer a Jesús moviliza a las personas a compartir con otros esa experiencia. En el pasaje de hoy Felipe comparte la suya con Natanael. Lea los versículos 43 al 46. ¿Qué pudo haber motivado a Felipe a buscar a Natanael? ¿Qué mensaje compartió con él? ¿Cómo reaccionó Natanael? ¿Qué observamos en la respuesta de Felipe?***

Tal como señalaba en la reflexión de ayer, el primer impulso de aquellos que conocen a Jesús es el de buscar la forma de compartir su descubrimiento con otros. La Iglesia siempre pierde cuando no sabe aprovechar este movimiento.

En el pasaje que nos ocupa Jesús decidió trasladarse hacia Galilea. No encontramos detalles acerca de dónde se encontraba, pero sí podemos observar que ya había comenzado con el proceso de rodearse de personas en las que podía realizar una inversión importante. Algunos ya se habían unido a él, pero tomó la iniciativa de invitar a otros. La forma de acercarse a cada persona puede ser enteramente diferente, dependiendo de las particularidades de cada una. El método no es tan importante como la oportunidad que brinda el encuentro con él.

El pasaje tampoco nos provee información acerca de Felipe. No sabemos si era uno de los discípulos de Juan o amigo de Andrés y Pedro. El hecho es que debe haber estado vinculado con el grupo, pues aceptó unirse a ellos. Su primer impulso, sin embargo, fue salir a buscar a Natanael. Al llegar le compartió su descubrimiento. Sin duda Felipe tampoco entendía el significado más profundo de la identidad del Cristo. De todos modos no fue la información que le compartió lo que atrajo a Natanael, sino el entusiasmo y la convicción que comunicaba el mensajero. Esta es una de las claves en el proceso de compartir sobre el Señor. La gente percibe inmediatamente cuándo nuestro testimonio descansa solamente sobre palabras, y eso le restará credibilidad al mensaje.

Resulta interesante la respuesta inicial de Natanael: «¿Puede algo bueno salir de Nazaret?» No sabemos qué lo movía a pensar de esta forma, pero sus palabras claramente señalan un obstáculo interno que debía superar. Esta clase de prejuicios literalmente colocan un cerrojo en nuestra alma, que no nos permiten recibir nada del otro, aun cuando lo que nos estén ofreciendo sea bueno y apetecible. Las trabas más grandes para recibir bendición de los demás no se encuentran en la pasividad de ellos, sino en nuestra tendencia a establecer pautas internas que prohíben el acceso a algunos que consideramos inadecuados para nuestra necesidad. Lo podríamos justificar apelando a razones de género, edad o raza. No obstante, los que salimos perjudicados somos nosotros, pues no percibimos que Dios es libre para tocar nuestra vida en el lugar y por el medio que él escoja.

*«Muchas veces no percibo mis prejuicios, Señor, y por eso me pierdo de lo que tú quieres darme. Identifica estas convicciones internas que son verdaderos obstáculos en mi vida, para que así pueda renunciar a ellas y me abra a todo lo que tú quieres darme. No pongo condiciones, Padre, sino que dispongo mi corazón a recibir las deliciosas sorpresas que tú tienes reservadas para los tuyos. ¡Amén!»*

# Primeros pasos *(Jesús inicia su ministerio)*
# Ven y ve

## Juan 1.19–51

***En la reflexión de ayer meditábamos sobre cuán limitados nos dejan nuestros prejuicios a la hora de interactuar con el mundo a nuestro alrededor. Vuelva a leer el pasaje. ¿Qué respondió Felipe al comentario de Natanael? ¿Cuál es el valor de esta respuesta? ¿De qué manera lo recibió Jesús? ¿Por qué respondió Natanael de esa manera?***

Las personas con prejuicios establecidos normalmente son bastante reacias a modificarlos. Reciben con escepticismo cualquier comentario contrario a lo que creen. En este sentido, la respuesta de Felipe fue sumamente sabia. Evitó entrar en discusiones inútiles, las mismas que Pablo animó a Timoteo que evitara (1 Timoteo 6.3–5; 2 Timoteo 2.24–25). Más bien estas personas cambian de opinión cuando por su propia experiencia descubren que sus opiniones estaban erradas. Una persona con dinero puede sostener la creencia de que todos los pobres son vagos hasta que se da la oportunidad de moverse entre ellos. Entonces descubre que muchos de ellos son sumamente trabajadores. Un graduado de seminario puede creer que todo pastor sin estudios difícilmente podrá realizar la tarea ministerial que se le ha encomendado hasta que se cruza con algunos verdaderos siervos de Dios que demuestran lo contrario. Las afirmaciónes categóricas siempre son peligrosas y debemos evitarlas. Felipe invitó a Natanael a que viera por sí mismo al Cristo.

Su reacción ante las palabras de Jesús resulta un tanto cómica. El Señor apenas dio una mínima señal de su autoridad espiritual compartiendo con él una característica de su persona. No obstante, ante tan pequeña demostración Natanael cambió dramáticamente su postura y declaró: «Rabí, tú eres el Hijo de Dios, tú eres el Rey de Israel». Semejante declaración no refleja, de ninguna manera, que Natanael entendía quién era Jesús. Más bien es la efusiva expresión de quien se encuentra, repentinamente, frente a alguien que lo deslumbra. Que Jesús fuera el Hijo de Dios y el Rey de Israel no se refería a nada de lo que Natanael tenía en mente. Como hemos afirmado en este pasaje, aun con un conocimiento muy rudimentario de la persona de Jesús igualmente está abierto el acceso para llegar a él e iniciar la aventura de andar por sus caminos.

Pareciera que a Jesús también le sorprendió que tan pequeño detalle haya impactado a este varón. No dudó en afirmar: «cosas mayores que estas verás». Quedaban por delante los dramáticos milagros, las confrontaciones a los fariseos, la resucitación de Lázaro y —el más extraordinario evento de todos— la muerte del Mesías en una cruz. Es interesante, sin embargo, que Jesús no mencionó ninguno de estos sucesos. Más bien dijo que vería «el cielo abierto y a los ángeles de Dios subiendo y bajando sobre el Hijo del Hombre».

Si tuviéramos que hacer una lista de las más increíbles señales que los evangelios registran, pienso que a pocos se les ocurriría mencionar este suceso. No obstante, esa apertura del cielo y una relación fluida entre el Padre y el Hijo son los componentes del más grande milagro de todos: la posibilidad de que los hombres entren en comunión con el Creador de los cielos y la tierra. ¡Quién de nosotros puede comprender semejante privilegio!

DIOS EN SANDALIAS

DÍA 78

# Invitado de lujo *(Las bodas de Caná)*
# De vino y fiestas

## Juan 2.1–11

*Uno de los objetivos de esta serie de reflexiones sobre la persona de Jesús es llegar a conocerlo mejor a él. No estoy sugiriendo que usted no lo conoce sino que, quizás, no lo conoce tan bien como debería conocerlo. Para abrir la reflexión de esta semana, permítame hacerle una pregunta. Tome un momento para pensar en ella. Si tiene lápiz y papel a mano, anote algunas de sus respuestas. ¿Cómo es el Jesús que usted conoce? Medite en esto por un momento.*

*El título del devocional de hoy intenta llevarlo a un plano que consideramos «poco espiritual». Quiero invitarlo a pensar sobre el hecho de que una de las primeras imágenes que recibimos de Jesucristo, luego de las tentaciones, es la de un invitado en un casamiento. ¿El Jesús que usted conoce, asiste a fiestas? ¿Se ríe junto a los demás invitados? ¿Disfruta de un buen chiste? ¿Se deleita en los manjares que han sido preparados para los agasajados? ¿Degusta el vino que le sirven a todos los convidados?*

He deseado comenzar por este incidente, porque es uno de los milagros que más problemas le ha presentado a los comentaristas de la Palabra. No encontramos problemas con un Jesús que se mueve entre los afligidos obrando sanidades, echando fuera demonios y predicando las Buenas Nuevas. Pero muchos de nosotros nos sentiríamos incómodos con un Jesús que invierte esfuerzo en algo tan insignificante y efímero como proveer vino para una fiesta de casamiento. ¿Qué posible valor puede guardar esta acción? ¿Cuál es el significado eterno de su intervención en algo que tan rápidamente se olvida, como una copa de vino?

Hace poco tiempo me crucé con el libro de Phillip Yancey, *El Jesús que nunca conocí*. Yancey reflexiona sobre las múltiples imágenes que afectaron su concepto de quién es Jesús, y hace un recorrido desde los relatos que le contaron en la escuela dominical hasta los conocidos cuadros del piadoso hombre de barba que creemos fue Cristo. El hecho es que comenzó a darse cuenta de que el Mesías que encontraba en los Evangelios no se parecía en nada a la imagen que se había hecho de él. Para acercarse al Hijo de Dios tuvo que identificar y hacer a un lado los preconceptos que había asimilado, casi sin darse cuenta de que eran parte de su vida.

Quisiera invitarlo a que se una a mí en un desafío similar. A medida que recorramos los relatos de la Palabra, quizás nos encontremos con aspectos de Jesús que chocan con nuestra idea de lo que él debería ser. ¡Y qué mejor evento para empezar que este: el Mesías reunido con parientes y amigos en una gran fiesta de casamiento!

*«Señor, este es mi deseo: conocerte mejor a ti, pues quien te conoce será verdaderamente libre. En el camino será necesario que descarte algunas de las imágenes que me he fabricado sobre ti en el camino. Ayúdame a identificarlas, para que no se conviertan en un verdadero estorbo en mi vida espiritual. No deseo ser contado entre aquellos que, como narran los Evangelios, estuvieron al lado del Mesías y no lo reconocieron. ¡Me comprometo a dejar que Cristo sea el Cristo!»*

| DIOS EN SANDALIAS | |
|---|---|
| DÍA | 79 |

# Invitado de lujo *(Las bodas de Caná)*
# Crisis en la fiesta

## Juan 2.1–11

***Lea con detenimiento el pasaje. Intente, con el uso de su imaginación, mezclarse entre los invitados. Observe a la madre de Jesús cuando se acerca con su petición. Vea la manera en que responde el hijo. ¿Por qué acudió María a Jesús? ¿Por qué razón dijo Jesús que su hora no había llegado? ¿Por qué la madre procedió a dar instrucciones a los sirvientes?***

No tenemos mayores detalles acerca de las fiestas de casamiento de la época de Cristo, aunque sabemos que eran importantes acontecimientos sociales. El matrimonio no era la institución desprestigiada y golpeada con la cual convivimos hoy. Contraer matrimonio era un solemne acontecimiento en la vida de una persona. Insertos en una cultura que preciaba la hospitalidad, la familia de los contrayentes se sentía presionada a ofrecer una fiesta a la altura de las circunstancias. Es posible, sin embargo, que esta familia no gozara de grandes recursos económicos, pues a la mitad de la fiesta se quedaron sin vino, lo que significaba una gran vergüenza para la familia. Algunos comentaristas opinan que incluso podría dar lugar a algún juicio en contra de ellos.

La madre de Jesús se angustió por la situación y, movida por compasión, se acercó a Cristo. Confiaba no solamente en la serie de profecías que había recibido en cuanto a su hijo, sino también en su percepción espiritual de que Jesús podía proveer una solución al problema.

La respuesta del Cristo es interesante. Jesús claramente había experimentado una transición en la relación con su madre. Estaba ubicado ahora en el ámbito de lo público y, como hemos visto en el bautismo, su vida y ministerio estaban sujetos a la soberana dirección del Espíritu. En sus palabras vemos un claro mensaje: *«no respondo a las necesidades de los demás, sino que sigo las directivas de mi Padre»*.

Esta afirmación puede parecer dura, especialmente frente a nuestros conceptos de ministerio. ¿Acaso los que tenemos alguna responsabilidad en la casa de Dios no existimos para suplir las necesidades de la gente? Aunque esta afirmación contiene algo de verdad, cualquier persona que ha estado un tiempo en el ministerio sabe lo esclavizante que resulta construir la vida con base en las necesidades de los demás. Detrás de cada persona que ayudamos diez más esperan ser atendidas. Cristo mismo vivió el acoso de las multitudes. Simplemente no podemos satisfacer las necesidades de todos los que están a nuestro alrededor. Debemos responder a algo mayor que esto, y Jesús señala la mano guiadora de Dios como el único «motor» confiable para la vida de los que sirven.

La referencia de Cristo a una «hora» determinada para cada obra ocurre al menos quince veces en el Evangelio según Juan. Nos indica cuán profundamente entendía el Hijo la importancia de moverse en perfecta sintonía con los propósitos de Dios. Una palabra buena hablada a destiempo no tiene ningún beneficio y hasta puede ser dañina. Una buena obra realizada demasiado tarde no produce el fruto que debería producir, como la semilla sembrada en la época incorrecta. ¡Qué importante es para nosotros no solamente discernir las proyectos de Dios, sino también los tiempos propicios!

## Invitado de lujo *(Las bodas de Caná)*

# Milagros con propósito

### Juan 2.1–11

***Jesús accedió al pedido de su madre; ¿por qué? ¿De qué manera procedió? ¿Cuáles son las características del milagro? Tome nota de la última frase del pasaje. ¿Qué nos indica acerca de la «utilidad» del milagro?***

Frente al pedido de su madre, Jesús claramente indicó que no estaba dispuesto a ser dirigido por las peticiones, ni las necesidades de aquellos que lo rodeaban. Existía una hora señalada por el Padre para cada uno de sus pasos en la tierra y su intención era vivir en absoluta sumisión a este plan divino. Cristo no estaba desechando la posibilidad de intervenir, sino aprovechando la situación para establecer ciertos límites en la relación con su familia.

No cabe duda de que la familia y los amigos ejercen una fuerte presión sobre la vida de los que están en el ministerio. En Lucas 9.57 al 62 encontramos dos individuos cuyos vínculos familiares constituían verdaderos obstáculos para que siguieran al Maestro. En Marcos 3.22 y 32, vemos que la misma familia de Jesús, frente a los aparentes escándalos que lo venían acompañando en el ministerio, quiso llevarlo de vuelta a casa. Mas la mirada del Cristo ya se había puesto en la cruz. Vivir bajo el Señorío del Padre tiene un precio, el cual, con frecuencia, implica darle la espalda a las buenas intenciones de la familia.

¿Tomó nota de la manera en que Jesús realizó el milagro? ¡Cuán alejado está su estilo de los dramáticos «espectáculos» que pretenden montar tantos predicadores y ministros hoy! Con un perfil absolutamente bajo y libre del «show», Jesús dio las instrucciones necesarias. Los sirvientes, acostumbrados a recibir órdenes, obedecieron. No sabemos en qué instante transformó el agua en vino, ni tampoco es importante saberlo. Cristo no deseaba que la gente estuviera pendiente de lo que hacía, sino solo intervenir en una situación que tenía potencial para los propósitos del reino.

Esto señala una importante verdad: para Jesús, las señales eran un medio para un fin. Para muchos líderes de hoy, los milagros son un fin en sí mismos. Construyen sus ministerios alrededor de los prodigios creyendo que la popularidad y las multitudes son una clara señal del favor de Dios. El Cristo tenía otra perspectiva de las multitudes. No lo deslumbraban los números. Sabía que la atracción de los milagros rara vez produce cambios, pero sí amontona curiosos. Jesús empleaba las señales, los prodigios y los milagros para un propósito espiritual, un medio para lograr un beneficio eterno.

Juan claramente señala este principio cuando comenta que «manifestó su gloria; y sus discípulos creyeron en él». Comenzamos nuestra reflexión sobre este texto preguntándonos por qué el Cristo participó en algo de tan poco valor como proveer vino para una fiesta. En ocasiones, es necesario que un líder reciba de Dios los medios para consolidar su autoridad frente a los demás. Dios le dio a Moisés una vara que él convertía en serpiente. La vara no valía nada, pero el respeto del pueblo era indispensable para su misión. En Caná, Jesús comienza a afianzar su relación con sus discípulos, y les establece claramente que había recibido autoridad para dirigir sus vidas. Este elemento será clave para la formación que pretende darles. ¡De la autoridad que posee depende la eficacia de su ministerio!

DIOS EN SANDALIAS

DÍA 81

# Celo divino *(Jesús limpia el templo)*
# Látigo en mano

**Juan 2.13–25**

***Tome un momento para leer el texto de hoy. Acabamos de encontrarnos con el Jesús que transforma agua en vino, algo que le hubiera ganado la expulsión en muchas congregaciones de hoy. Ahora nos enfrentamos a otra imagen controvertida del Señor, la de Jesús con un látigo en la mano. ¿Qué lo motivó a semejante despliegue de violencia? ¿Qué sentimientos experimentaría su corazón en ese momento? ¿Cómo reaccionarían las personas a su alrededor? ¿Qué significa ser «consumido por celo»?***

Quisiera confesarle algo. En el proceso de seleccionar los pasajes que iban a ser parte de este estudio, pasé por alto el texto que ahora nos ocupa. Esto no fue por descuido, sino como resultado de una decisión deliberada. En estos tiempos en los que la tolerancia y la aceptación se han instalado con tanta fuerza en nuestra cultura, la imagen de un Cristo que expresa con azotes su indignación contra otros me resulta desagradable. No me ayuda el hecho de que mis propios arranques de ira siempre han dejado una secuela de angustia y tristeza en los que son víctimas de ellos. Quizás es esto lo que me lleva a tratar de esconder al Jesús que se sale completamente de los parámetros de lo que consideraríamos un comportamiento aceptable para un hijo de Dios.

Mi reacción me pone de cara al más grande desafío que presenta el caminar con Jesús. Estando cerca de él veo elementos en su vida que me perturban, aspectos que son difíciles de entender o justificar. Lucho con la tentación de moldear a este Cristo para que sea más parecido al Dios con el que me quiero asociar, un Señor que sostiene las mismas opiniones y convicciones que yo. Mi incomodidad me obliga a preguntarme si realmente conozco al Jesús que profeso seguir.

A lo largo de la vida terrenal del Maestro de Galilea muchos también se escandalizaron frente a sus posturas. No fueron pocos los que optaron por dejar de seguirle, pues estar cerca de su persona resultaba demasiado perturbador. Una y otra vez el Cristo invitará a los que están cerca de él a que consideren cuidadosamente los costos de seguirle. Caminar con él no es una invitación a un paseo por un parque, sino a experimentar una verdadera revolución personal. Quien no evalúa cuidadosamente el costo de seguirle descubrirá que le esperan desagradables sorpresas por el camino.

¿Y qué de nosotros, entonces? La misma dramática decisión se impone sobre nuestras vidas. No obstante, las estructuras religiosas que hemos levantado parecieran ofrecernos una tercera alternativa: limitar nuestros encuentros con Jesús a un mínimo aceptable para que no altere demasiado el curso de nuestras vidas. La institución religiosa en la que se ha convertido la Iglesia ofrece a un cristo amaestrado y previsible que no molesta ni desafía a nadie. Nos espera en nuestras reuniones para darnos lo que necesitamos para seguir adelante con nuestros propios proyectos. Es inofensivo, precisamente porque es demasiado parecido a nosotros. En lo más íntimo de nuestro ser, sin embargo, sospechamos que este no es el Verbo hecho carne.

¿Será que nos animamos a abrirnos a este otro Cristo, el que echa con azotes a los mercaderes del templo?

| DIOS EN SANDALIAS | |
|---|---|
| DÍA | 82 |

# Celo divino *(Jesús limpia el templo)*
# Santa indignación

## Juan 2.13–25

***Nos encontramos ante un texto complejo, pues narra cómo el Cristo volcó las mesas de los cambistas y echó con un látigo a los mercaderes del templo. Vuelva a leer el pasaje. Utilice su imaginación para tratar de introducirse en la escena. ¿Cómo se sentirían los discípulos? ¿Cómo se sentirían los mercaderes y los fieles que habían llegado a ofrecer sus sacrificios? ¿Cómo se sentiría usted frente a esta escena? ¿Qué verdades descubre acerca de la persona de Jesús?***

¿Qué podemos mencionar de este Jesús con un azote en la mano? En primer lugar, su ira está dirigida hacia los que perpetuaban las mentiras que mantenían atado a todo un pueblo que desesperadamente necesitaba acercarse a la persona de Dios. De hecho, las confrontaciones más fuertes del Mesías sucederían siempre con los que alimentaban un sistema religioso que decía representar los intereses de Dios, pero con el que no guardaba similitud alguna. Los que mantenían esclavizado al pueblo eran precisamente aquellos con más acceso a la Palabra del Señor, por lo que se reservó para ellos una condenación más severa.

En segundo lugar, queda claro que Jesús no veía el comercio en la casa de Dios como una simple torpeza, sino como una verdadera abominación. Convertir las necesidades espirituales del pueblo en una oportunidad para ganancia personal es absolutamente contrario al espíritu de sacrificio con que Dios extiende su mano para rescatar al hombre de su propia miseria. Esto no es más que un despiadado comercio con la miseria de otros, similar a la del empresario fúnebre que aprovecha la congoja de una familia para venderle servicios que no ha solicitado.

Hoy también Cristo tomaría en sus manos un látigo y echaría a los mercaderes del evangelio de los lugares donde realizan sus viles negocios. Ellos ya no comercian a las puertas del templo, sino que han entrado a los mismos lugares de nuestras reuniones y a las casas de los que creen, donde con desfachatez venden al pueblo de Dios «profecías» de prosperidad a cambio de generosas ofrendas por sus «servicios». Estos no son más que los mismos comerciantes que tanto indignaron a nuestro Señor.

Imaginamos el revuelo que el comportamiento de Jesús debe haber causado, aun entre sus propios discípulos. ¿Cómo puede una persona que dice representar al Dios de amor desplegar semejante furia ante quienes han errado el camino? Para los adeptos a una religión el comportamiento del Cristo siempre resultará inexplicable, porque la lealtad al sistema es más importante que la conciencia del pecado que ofende al Señor.

El apóstol Juan nos dice que un texto de los Salmos ayudó a los discípulos a entender el comportamiento de Jesús: «El celo por tu casa me ha consumido» (69.9). Entiendo por esto que Jesús poseía una pasión por los asuntos de Dios que veo ausente en mi propia vida. Nuestras tibias expresiones de lealtad a él jamás nos llevarían a apasionadas denuncias frente al mal. Quizás esta falta de pasión es la que nos lleva a la incomodidad cuando la vemos tan claramente expresada en la vida del Hijo de Dios. Existe en él una osadía y una entrega que jamás puede producir en nosotros la multitud de nuestras reuniones. Jesús actúa de esta manera porque está enamorado de Aquel cuyo nombre desea exaltar.

# **Celo divino** *(Jesús limpia el templo)*
# Incomprensión

## Juan 2.13–25

***Las personas que presenciaron cómo el Cristo echó fuera a los mercaderes del templo quedaron desconcertadas por su proceder. Vuelva a leer el diálogo en los versículos 19–22. ¿Qué los motivó a pedirle una señal? ¿Cómo respondió Jesús a su pedido? ¿Por qué no escogió una señal más fácil de entender? ¿Qué ocurrió con los discípulos? Después de la resurrección, ¿qué efecto tuvo en ellos la Palabra que él habló en esta oportunidad?***

Jesús armó un revuelo a la entrada del templo al echar a todos los mercaderes que comerciaban en aquel lugar. Imagino que algunos protestaron airadamente frente a él, mientras que otros huyeron despavoridos. Eventualmente llegaron las personas con mayor autoridad e inmediatamente exigieron a Jesús que explicara su comportamiento. Él accedió al pedido de ellos y les dio una señal, pero no era una señal que algunos de ellos pudiera entender. Solamente los que gozaban de discernimiento espiritual podrían entenderla, algo aparentemente contrario a la causa por la que se exigen señales. Una señal, pensaríamos, sirve precisamente para convencer a aquellos con dudas sobre la autenticidad de una persona o un hecho. Jesús sabía, sin embargo, que la convicción que lleva a la aceptación de su persona no depende de la observación de un hecho externo, sino de una conversión interna. Cuando Pedro confesó que él era el Hijo de Dios, Jesús claramente señaló que esto no era el resultado de una deducción, sino el producto de una revelación celestial.

Existe una clase de duda que no desaparece aun ante la multitud de señales. Es la clase de duda que acompañó al pueblo que anduvo cuarenta años por el desierto, a pesar de que fue testigo de eventos que jamás ningún otro pueblo vio (Deuteronomio 4.32–39). Esta clase de dudas no se resuelven con abundancia de argumentos ni con multitud de demostraciones, sino con la conversión. Por esto, Jesús no les siguió el juego, pues sabía que no eran personas hambrientas del Señor sino, más bien, comprometidas con defender a muerte la institución religiosa a la que pertenecían.

Los discípulos también escucharon la palabra del Señor, y ellos tampoco entendieron el significado de ella. Solamente «cuando [el Cristo] resucitó de los muertos, sus discípulos se acordaron de que había dicho esto; y creyeron en la Escritura y en la palabra que Jesús había hablado».

Quisiera señalar que pasaron tres largos años antes de que esta señal sucediera. Algunas palabras solamente se entienden con el tiempo, por lo que debemos estar dispuestos a esperar con paciencia el tiempo que esa palabra entregará su significado más profundo. Ya hemos visto la actitud de María, que guardaba todo lo sucedido en su corazón, meditando acerca de su verdadero significado. Es importante que no sintamos que es necesario obligar a la palabra a entregar su significado antes de tiempo. El discípulo sabio y manso sabe discernir, por el Espíritu, cuándo ha sido llamado a un tiempo de espera. Esa palabra, en ese momento, no significó nada para los discípulos, pero pocos años más tarde sería el instrumento por el que se afianzarían en la fe. La palabra atesorada en nuestros corazones cumplirá, indefectiblemente, el propósito por el que ha sido hablada.

DÍA 84

# Celo divino *(Jesús limpia el templo)*
# Sana desconfianza

## Juan 2.13–25

***El texto que hemos estado examinando termina con un pequeño apéndice en los versos 23 al 25. Lea estos versículos de nuevo. ¿Qué contraste existe entre la gente y Jesús? ¿Qué significaba que las multitudes «creían» en él? ¿A qué se refiere Juan cuando comenta que Jesús no se confiaba a ellos? ¿Qué beneficio existía en esta postura que Cristo adoptó?***

El pasaje de hoy me ha servido de mucha utilidad en el ministerio, pues me ha permitido afirmar los pies sobre la tierra en medio de situaciones que me invitaban a conclusiones apresuradas.

Juan menciona brevemente que Jesús realizó varias señales mientras estaba en Jerusalén, por lo que podemos suponer que la limpieza del templo fue solamente la más dramática de las demostraciónes de su autoridad como Hijo de Dios. El acento en el relato no recae sobre las señales, sino en la reacción que produjeron: muchos de los que las vieron creyeron en su nombre.

Esta frase siempre me lleva a pensar en una larga sucesión de reuniones a las que he asistido en las que se ha «visto» la mano de Dios moverse de manera particular entre nosotros. El resultado siempre presenta las mismas características: abundancia de lágrimas, efusivos intercambios de abrazos y renovados votos de compromiso hacia al Señor. Los que hemos participado, en alguna manera, ministrando al pueblo en cada situación, tendemos a entusiasmarnos con la «gran visitación» que hemos presenciado y a creer que grandes cambios se avecinan para el pueblo de Dios. La triste realidad, sin embargo, es que mucho de ese fervor se evapora, como el rocío de la mañana, ni bien comienza la semana.

Jesús no se dejaba llevar por el entusiasmo que la gente le expresaba. Sostenía hacia ellos una sana desconfianza, porque sabía que el corazón del hombre es más frágil de lo que nos damos cuenta. En las condiciones ideales todos poseemos un fervor sin igual, pero cuando la vida se vuelve complicada nuestra pasión desaparece rápidamente. Jesús sabía que la espiritualidad de una persona no se mide en su comportamiento en un momento puntual, sino a lo largo de toda una vida.

A pesar de esto, me encuentro una y otra vez en la iglesia con personas que expresan profunda desilusión con otros miembros del cuerpo de Cristo. Aunque nunca podemos justificar comportamientos pecaminosos por parte de otros, observamos que el Hijo de Dios nunca se vio envuelto en esta misma sensación de desilusión. Aun cuando sus propios discípulos le abandonaron no se hundió en una profunda depresión. ¿Cuál es la razón? El comportamiento de los suyos no le sorprendió porque él ya sabía cómo es el hombre. La persona que construye expectativas irreales acerca de los demás se abre a la desilusión una y otra vez. Aun las expresiones más fervorosas de lealtad deben ser tomadas con prudencia.

*«Señor, ayúdame a mirar a los demás con la visión indicada. Perdóname las veces que he esperado más de otros de lo que tú me has mandado esperar. Quiero extender hacia los demás un espíritu compasivo, no solamente por la fragilidad de su condición humana, sino porque también soy muy consciente de mi propia debilidad. Por tu gracia puedo mantenerme en pie».*

DIOS EN SANDALIAS

DÍA 85

## Las dudas de un maestro *(Jesús con Nicodemo)*

# ¡Que no me vean!

**Juan 3.1–21**

***«Había un hombre de los fariseos, llamado Nicodemo, prominente entre los judíos. Este vino a Jesús de noche…». Así comienza el relato de uno de los pocos encuentros libres de conflicto que el Cristo sostuvo con los fariseos. Lea todo el pasaje dos o tres veces. Permita que la Palabra cobre vida por la acción del Espíritu. ¿Qué convicción delata la declaración de Nicodemo en el versículo 2? ¿Por qué Jesús contestó de esa forma? ¿Cuáles son las implicaciones del principio compartido en el versículo 6?***

Desde el primer momento en la vida de Jesús los «especialistas» en los asuntos de Dios se opusieron a su ministerio. Comenzaron con simples cuestionamientos, pero eventualmente su oposición se tornó en un plan concreto para eliminarlo; ¡tal era la «pasión» que sentían por Jehová! En Nicodemo, sin embargo, vemos un intento, aunque sea titubeante, de descifrar el misterio que era Jesús.

Juan menciona que Nicodemo era prominente entre los judíos. Esto claramente señala que ocupaba un lugar en el cuerpo más poderoso de la sociedad judía, el Sanedrín. Era un hombre de trayectoria e influencia sobre el cual, seguramente, pesaban todas las exigencias de un movimiento especializado en mantener rigurosamente las minucias de la ley. Procuraban, con obsesión, no manchar su conducta con ninguna acción inapropiada. Muchos comentaristas creen que esta es la razón por la cual vino a Jesús de noche, para no ser visto por otras personas que aprovecharan el encuentro para hablar mal de su persona.

La verdad es que no sabemos si esto fue lo que lo motivó a buscarlo a esa hora, aunque no nos sorprendería que así fuera. Conocemos lo importante que es para cada uno de nosotros causar buena impresión en los demás, no dar lugar a que otros hablen mal de nosotros. Existen quienes dedican toda una vida a cultivar cuidadosamente la imagen que creen que otros desean ver en ellos. Por temor al rechazo no pueden darse el lujo de ser genuinos. Estos son los que, una vez convertidos, no levantan las manos en las reuniones para que otros no los miren. O levantan las manos, porque todos lo están haciendo. Se movilizan por el «qué dirán».

Tarde o temprano es necesario que muramos a este deseo. No es posible agradar a Dios si buscamos agradar a los hombres. Tampoco podremos andar en los caminos que él ha preparado para nosotros si vamos a estar siempre mirando a nuestros costados. Es necesario que se apodere de nuestros corazones una osadía santa por la que estemos dispuestos, si fuera necesario, a hacer el «papelón». ¡Por este espíritu David danzó delante del arca y Pedro se lanzó a caminar sobre el agua!

Cristo no hizo comentario alguno sobre la hora que había escogido Nicodemo para visitarlo. Su anhelo más profundo es el contacto con nosotros, aun cuando el encuentro se da en condiciones precarias e imperfectas. Cuando llegamos a él y comenzamos a disfrutar de la comunión, nos reímos de lo tonto que fuimos por nuestros temores. ¿Cómo pudimos dudar de lo apropiado que es acercarnos a él, si ahora nos sentimos tan a gusto? Él siempre nos da la bienvenida.

## Las dudas de un maestro *(Jesús con Nicodemo)*

# ¿Nacer de nuevo?

### Juan 3.1–21

***Lea y observe la manera en que Nicodemo se presenta ante el Cristo. ¿Qué convicciones respaldan el saludo que le extiende a Jesús? ¿Cuál es el error en su declaración? ¿De qué manera le respondió el Señor?***

«Rabí, sabemos que has venido de Dios como maestro, porque nadie puede hacer estas señales que tú haces si Dios no está con él». La frase de Nicodemo delata uno de los conceptos que con más frecuencia se arraigan en la mente del ser humano: si una persona realiza obras buenas, indudablemente la mano de Dios está sobre su vida. Cuando hemos sido testigos de la caída de algunas de las «estrellas» del mundo evangélico, se apodera del corazón de muchos un triste asombro. «*¿Si esta persona andaba en pecado* —preguntan— *cómo es que pudo realizar las obras que lo respaldaron?*» No logramos conciliar los hechos con nuestra convicción de lo que es una vida aprobada por Dios.

En el capítulo 7 de Mateo Jesús señaló que, en el juicio final, muchos se presentarán creyéndose aprobados porque «profetizaron, echaron fuera demonios e hicieron milagros en Su nombre». No obstante, el Señor les dirá: «jamás los conocí». Las señales visibles definitivamente no son el instrumento para juzgar si una vida está encaminada en los intereses de Dios o no. Jesús inmediatamente corrige este error en Nicodemo: «en verdad, en verdad te digo que el que no nace de nuevo no puede ver el reino de Dios». Es decir, los asuntos que pertenecen al mundo espiritual solamente los pueden discernir aquellos que pertenecen al mundo espiritual. La carne no puede juzgar lo que es del Espíritu, porque lo del Espíritu es invisible al mundo de la carne.

Es precisamente en el desconcierto de su respuesta que vemos confirmado que Nicodemo carecía de capacidad para entender los asuntos del mundo espiritual, pues preguntó: «¿Cómo puede un hombre nacer siendo ya viejo? ¿Acaso puede entrar por segunda vez en el vientre de su madre y nacer?» Este fariseo quería entender un fenómeno puramente espiritual en términos de un acontecimiento netamente natural, como lo es el nacimiento de una nueva criatura.

La explicación que Jesús le ofreció dejó en claro que este nuevo nacimiento es algo que está pura y exclusivamente en manos del Señor. «Te digo que el que no nace de agua y del Espíritu no puede entrar en el reino de Dios». La afirmación recalca, una vez más, que la entrada al mundo espiritual no deja lugar a la participación del ser humano. Es decir, al igual que el bebé no produce el parto, sino que es impulsado al mundo por una fuerza mayor a él mismo —el trabajo del cuerpo de la madre— del mismo modo nosotros somos introducidos a la vida espiritual por medio de la acción soberana de Dios.

Nuestros testimonios frecuentemente dejan la sensación de que fuimos los protagonistas de este momento crucial en nuestra vida. La verdad, sin embargo, es que no pudimos aportar más a ello que el deseo de nacer de nuevo. La milagrosa transferencia de las tinieblas a la luz fue posible por la acción absoluta del Espíritu en nuestras vidas. ¡No debemos perder de vista nunca que este nacimiento también fue un verdadero milagro de Dios!

DÍA 87

## Las dudas de un maestro *(Jesús con Nicodemo)*

# El misterio del viento

### Juan 3.1–21

***Como en tantas otras ocasiones, Jesús echó mano de las más sencillas analogías de la vida cotidiana para ilustrar los conceptos relacionados con el reino de Dios. En este caso, el viento provee una excelente ilustración para aquellos que desean entender algo del misterioso accionar del Espíritu Santo. Medite en esta ilustración. ¿Qué características tiene el viento? ¿Cómo sabemos de su existencia? ¿Qué similitud guarda con el accionar del Espíritu?***

El viento es invisible. Aun con la sofisticada tecnología disponible hoy no conseguimos verlo, porque consiste en partículas invisibles al ojo humano. Del mismo modo, no podemos ver al Espíritu. Su mover es «en secreto», en un plano de la vida al cual no se le ha dado acceso a los seres humanos. Lo que sí podemos sentir son los efectos de la presencia del viento. Vemos con nuestros ojos el movimiento de las plantas. Percibimos con nuestro olfato la humedad que precede a una tormenta de verano. Sentimos en nuestra piel la suave frescura que revela la existencia de una brisa. Todas estas sensaciones nos ayudan a entender que el aire está en movimiento.

Así también ocurre con el Espíritu. Vemos que una persona enferma ha sido sanada. Nos damos cuenta de que un hábito molesto y persistente en nuestra vida ha desaparecido. Reconocemos que una persona negativa, amargada y sin esperanza se ha transformado en un ser lleno de gozo, paz y bondad, por la transformadora acción de Dios. Por todo esto, sabemos que el Espíritu ha estado obrando. Pero no podemos ver las formas en que se mueve, ni los lugares recónditos de nuestro ser donde actúa. Solamente podemos dar el feliz testimonio de que «el viento de Dios ha estado soplando».

Cristo señaló a Nicodemo que el nuevo nacimiento es un acontecimiento que, en su esencia, está velado a nuestros ojos. Cuando intentamos entenderlo con parámetros del mundo terrenal, acabamos tan confusos y perplejos como Nicodemo. La mente humana no puede abarcar los asuntos espirituales, porque pertenecen a otro mundo. Solamente podemos comprenderlos por la acción del Espíritu, que nos abre una ventana para que veamos un mundo que, hasta ahora, se nos había ocultado.

Esta realidad, no obstante, no ha hecho mermar en lo más mínimo nuestra perpetua tendencia de querer analizar y explicar minuciosamente el proceso de conversión. De hecho, hemos producido millares de tratados que explican los pasos necesarios para «recibir a Cristo en el corazón». Hemos querido convertir en método lo que Jesús mismo describió como misterio, de manera que hemos desplazado al Espíritu para insertar al hombre como protagonista principal de este acontecimiento sagrado. El resultado es que invalidamos otras experiencias de conversión que no encuadran dentro de nuestro «método».

Note la extraordinaria diversidad que existe en el ministerio del Cristo. No encontramos en los Evangelios dos relatos donde Jesús haya utilizado el mismo «método» para acercarse a la gente. En cada ocasión recorrió el camino idóneo para la vida de aquél a quien deseaba bendecir. Su estilo nos invita a discernir dónde y cómo está «soplando» el Espíritu en la vida de los que están a nuestro alrededor, para que unamos nuestra vida a lo que el Señor está realizando.

DIOS EN SANDALIAS

DÍA 88

## Las dudas de un maestro *(Jesús con Nicodemo)*

# De tal manera

### Juan 3.1–21

***La conversación de Jesús con Nicodemo produjo lo que, probablemente, ha llegado a ser el versículo más citado de la Palabra: «De tal manera amó Dios al mundo, que dio a su Hijo unigénito, para que todo aquél que cree en Él no se pierda, mas tenga vida eterna». Medite en los diferentes elementos que posee esta declaración.***

No es la intención de este estudio analizar la profundidad del sentido de Juan 3.16. No obstante, podemos afirmar, al pasar, que capta la esencia del corazón del Padre. Su corazón se mueve por amor, no aquel que refiere a un sentimiento, sino a una acción: al ver nuestra condición desesperante envió a su único Hijo para ofrecer la salida. Como hemos visto en el primer capítulo de Juan esta empresa encierra un sacrificio del cual la muerte en la cruz es apenas una parte.

Quisiera afirmar hoy que este texto claramente revela que Dios es un Dios misionero. Es decir, ve una situación donde existen las tinieblas, el desorden y la muerte y se siente impelido a intervenir. No es un observador pasivo, ni tampoco se limita a lamentarse de lo terrible que es el avance del mal entre los hombres. El Padre siempre actúa, porque de no hacerlo estaría negándose a sí mismo. Y no podemos escapar al hecho de que nosotros, como pueblo suyo, hemos sido llamados a movernos de igual manera. Las abrumadoras necesidades del mundo que habitamos deben llevarnos a presentarnos ante él como Nehemías, preguntando cómo podemos ser parte de la solución.

¿Leyó el resto del pasaje? En el verso 17 Cristo claramente identifica otro aspecto del corazón misionero de Dios. El Padre, que es generoso y amplio para perdonar, tiene como objetivo la salvación de aquellos que están en tinieblas, no su condenación. No deja de sorprenderme, sin embargo, cuán implacables somos con los que andan en pecado. El otro día escuchaba a un cristiano que, leyendo de la captura de un conocido delincuente, opinaba que «con este, lo único que se puede hacer es pegarle un tiro». ¡Cuán alejados están estos sentimientos del corazón compasivo y misericordioso de nuestro buen Padre celestial! Él jamás ve como bueno el pecado, pero sí ama a los que están atrapados en el pecado. La iglesia, no obstante, ha sido a veces el instrumento de las más violentas persecuciones contra aquellos que no se ajustan a los parámetros que ella ha establecido para una vida aprobada por Dios.

Jesús nos recuerda que esta condena es ridícula. No podemos esperar de las tinieblas otra conducta que no sea la que se conforma a su naturaleza perdida, y ¡las tinieblas odian la luz! De nosotros, sin embargo, se espera que seamos «bondadosos unos con otros, misericordiosos, perdonándonos unos a otros, como Dios también nos perdonó a nosotros en Cristo» (Efesios 4.32).

*«Padre, sospecho que mi condena hacia los demás refleja mi frustración con el pecado que habita en mi propia persona. Ablanda mi corazón. Dame un espíritu tierno y bondadoso para con mis pares, para que otros perciban en mí tu invitación a pasar de las tinieblas a la luz, de la muerte a la vida. Amén».*

# El arte de la conversación *(Jesús con una samaritana)*
# Ministerio al pasar

## Juan 4.1–42

***Nuestra aventura con Jesús nos llevará, en los próximos días, a acompañarlo en un sencillo encuentro con una mujer en un pozo de agua. Aparentemente no tiene ningún otro objetivo salvo procurar un poco de agua para calmar la sed. ¿Cuántas veces nos acercamos durante el día a la heladera, al grifo, o al dispensador de agua, para beber un vaso de agua? ¡Nos costaría pensar en una actividad más ordinaria y cotidiana que esta! Cristo, sin embargo, convirtió lo ordinario en extraordinario.***

Intentemos pasar más allá de las palabras del relato bíblico, para introducirnos en el mismo escenario que presenció este encuentro hace dos mil años. Si logramos percibir la facilidad con la cual se entabla la conversación, la destreza con la cual el Cristo guía el tema, la sensibilidad con que responde a los comentarios, habremos avanzado mucho hacia una mayor comprensión de lo que significa compartir las buenas nuevas en el marco de lo cotidiano.

***Lea el texto con detenimiento. Observe los detalles del intercambio. Luego, haga suya esta oración:*** **«Señor, a medida que estudio este pasaje quiero pedirte que me lleves a ver que cada momento de la vida goza de matices espirituales. Rompe en mí la idea de la evangelización como un evento aislado y programado. Abre mis ojos a las abundantes oportunidades que existen a mi alrededor en medio de lo ordinario y cotidiano. Amén».**

El encuentro con la mujer samaritana nos ofrece algunos interesantes detalles acerca de la vida de Jesús y sus discípulos. No sabemos en qué época del año estaban viajando, pero es probable que el calor del día haya producido en ellos mayor fatiga que lo normal. Cerca del mediodía Jesús decidió hacer un alto en el camino. No había nada que comer, por lo que envió a sus discípulos a comprar alimentos en una de las aldeas de la región. Cuando no recibían comida de las personas que visitaban, debían recurrir al dinero que juntaban por el camino.

Jesús estaba cansado y tenía sed. Mientras esperaba que regresaran los discípulos, se sentó cerca de un pozo, el mismo que había dado de beber a los animales de Jacob dos mil años atrás. Sin embargo, se encontraba ante una dificultad, pues no tenía con qué sacar agua de lo profundo. Al poco tiempo aparece una mujer de una de las aldeas de la región, que viene en busca de agua. Su vestimenta claramente la identifica como samaritana, de la etnia que los judíos despreciaban abiertamente.

¿Cómo se habrá sentido esta mujer cuando, levantando la vista, vio a un hombre judío sentado en el pozo? ¿Habrá dudado de la tarea que se había propuesto? ¿Habrá sentido fastidio? ¿Habrá bajado la mirada? Esta mujer ya había tenido cinco maridos, por lo que seguramente no debe haberse sentido intimidada frente a un hombre. De todas maneras, me atrevo a pensar que experimentó un momentáneo desconcierto al ver a Jesús. No era usual encontrar a alguien en el pozo a esa hora, y mucho menos a un hombre judío. El Señor, que no ha planificado el encuentro, está por convertir lo inesperado en una oportunidad ministerial. Los ojos con que Jesús ve la escena son la clave para bendecir la vida de una persona acostumbrada a la maldición.

## El arte de la conversación *(Jesús con una samaritana)*

# Factor sorpresa

### Juan 4.1–42

***Nos encontramos en el pozo de Jacob, en la región de Samaria, testigos de un intercambio entre Cristo y una mujer samaritana. Lea los versos 7 al 12. ¿Cuál es el punto de partida de Jesús? ¿Cómo reacciona la mujer? ¿De qué forma aprovecha Cristo la reacción de ella? ¿Cómo introduce el elemento espiritual?***

En la reflexión de ayer sugería que probablemente surgieron algunas tensiones en el encuentro. Ella era samaritana, él judío (y Juan mismo comenta que «judíos y samaritanos no se tratan entre sí»). Ella era mujer y él era hombre. Ella era de la zona mientras que él, un forastero. No era usual, ni normal, que ocurrieran intercambios en condiciones que generaran tanta incomodidad. Además de esto, Jesús conocía la historia personal de esta mujer.

No sabemos cómo iba a proceder la mujer pero es evidente que Cristo la confundió con su pedido: «dame agua», pues ella inmediatamente preguntó: «¿Cómo es que tú, siendo judío, me pides de beber a mí, que soy samaritana?»

Deténgase por un instante en este primer intercambio. Cada uno de nosotros siente la profunda necesidad de saber que está en control de las circunstancias en que se encuentra. No hay nada que produzca mayor inseguridad que aquellas situaciones en las que uno desconoce por completo las reglas de juego. Cuando estamos en ámbitos conocidos, nos movemos con facilidad porque sabemos cómo pueden llegar a reaccionar los demás, y entonces acomodamos nuestras palabras y comportamiento para obtener los resultados deseados. Esta estrategia es automática en nosotros y nos permite alcanzar un grado de seguridad que, muchas veces, esconde nuestros sentimientos de vulnerabilidad.

La mujer samaritana no está esperando que Cristo le hable. Probablemente tampoco tiene interés en hablarle. El odio y desprecio entre las dos etnias llevaba cientos de años de historia. Ella entiende el idioma del desprecio, de ser ignorada. Pero Jesús no mira para otro lado cuando ella se acerca para sacar agua. Se dirige a ella y le pide agua.

En esta primera «movida» de Cristo encontramos una de las pistas para acercarnos a los demás. Dios es especialista en romper esquemas. Nos sorprende porque no respeta nuestras reglas de juego. La manera más sencilla de abrir una vida al toque de Dios es cuando nos salimos del «molde» que los demás esperan de nosotros. Cuando la otra persona está esperando que la ignoren, nos acercamos a saludar. Cuando está esperando condenación, extendemos gracia. Cuando se ha preparado para la confrontación, ponemos la otra mejilla. Este quiebre de estructuras produce una momentánea vulnerabilidad que puede ser nuestra mejor oportunidad para tocar sus corazones.

La mujer está sorprendida. Cristo, sin embargo, intensifica la sorpresa. Como observa el autor Juan Piper, lo sorprendente no es que él le pide agua, sino que ella no le ha pedido agua a él. La mujer no percibe el significado espiritual de lo que le está hablando este judío, porque se mueve en el mundo de lo físico. Cristo, sin embargo, no se desanima. Ha despertado en ella la curiosidad. Ha abierto una puerta, y no tiene intención de desaprovecharla.

# El arte de la conversación *(Jesús con una samaritana)*
# Agua eterna

## Juan 4.1–42

***Lea los versos 13 al 15 en el texto que nos ocupa. ¿Cómo conduce Jesús a la mujer hacia la esfera de lo espiritual? ¿Cuáles son las características del agua que le ofrece? ¿Por qué menciona una fuente de agua? ¿Qué función puede tener esta fuente?***

En la reflexión de ayer, veíamos la forma en que Jesús aprovechó el factor sorpresa para crear una situación de apertura. La mujer, sin embargo, no ha captado el verdadero sentido de las palabras que él le ha compartido. En mi opinión, nosotros tampoco las hubiéramos entendido. Somos muy lentos para percibir el sentido espiritual de las cosas. En cada situación nuestra mirada tiende a enfocarse exclusivamente en el plano de lo visible. El apóstol Pablo no obstante, nos recuerda que el secreto de la vida espiritual consiste en «no poner nuestra vista en las cosas que se ven, sino en las que no se ven; porque las cosas que se ven son temporales, pero las que no se ven son eternas» (2 Corintios 4.18).

A pesar de la incapacidad de la mujer para entender, Cristo no se impacienta con ella y permite que la conversación se vaya desarrollando a un paso adecuado. Ahora, vuelve a introducir el factor sorpresa, pues le advierte: «Todo el que beba de esta agua volverá a tener sed; pero el que beba del agua que yo le daré, no tendrá sed jamás, sino que el agua que yo le daré se convertirá en él una fuente de agua que brota para vida eterna» (13–14). Comenzó pidiendo agua, pero ahora él le ofrece agua a ella. Agua superior a la que ella puede obtener del pozo.

La analogía que escoge el Señor es sumamente interesante. En dos breves frases ha captado la esencia de lo que es la transformación que ofrece Dios a los hombres. En primer lugar, el agua sacia profundamente. Quien ha realizado una larga caminata bajo el sol sabe cuán deliciosamente refrescante resulta el agua que se bebe al llegar a destino. El cuerpo revive por la acción del agua. Del mismo modo, el agua que ofrece el Señor suple una necesidad y trae una plenitud de vida que ninguna cosa creada puede producir. Cada uno de nosotros debería poseer una profunda convicción de que solamente Dios provee aquello que saciará los anhelos más intensos de nuestro ser. Esto nos cuidará de perder mucho tiempo buscando por otros lados lo que solamente Cristo ofrece. A pesar de que esta es una convicción teológica para la mayoría del pueblo de Dios, no desistimos en nuestros intentos de lograr que los hombres nos den lo que deberíamos procurar de la mano de nuestro buen Padre celestial.

En segundo lugar, note que esa agua tiene vida propia, pues se convierte en una fuente de agua que salta para vida eterna. En esto se encuentra una clara alusión al hecho de que el agua no solamente continúa fluyendo, produciendo mayor transformación espiritual, sino que nosotros también nos convertirnos en portadores del agua viva, para ofrecer a otros la misma experiencia que nos ha sido otorgada. Compartir esta agua es tarea esencial de nuestro llamado, y la persona que la ignora corre peligro de que ella, como fuente de agua, se torne en estanque.

DÍA 92

## El arte de la conversación *(Jesús con una samaritana)*

# ¿Y ahora qué?

### Juan 4.1–42

***Lea los versículos 16 al 20. ¿Qué estrategia sigue Jesús ahora? ¿Cómo sabe tanto sobre la vida de la mujer? ¿De qué forma reacciona ella? ¿Por qué reacciona de esta manera?***

*«Señor, cuánta gracia veo desplegada en la conversación que tuviste con la mujer samaritana. ¡Vísteme de la misma tierna compasión! Quiebra mis prejuicios y dame un amor genuino por las personas. Quiero traer bendición a sus vidas, la misma que disfruto cada día. Gracias por el agua que me has dado. Amén».*

Jesús ha sorprendido dos veces a la mujer con revelaciones acerca de un agua que ella no conoce. Ella sigue sin entender pero, de alguna manera, sabe que necesita lo que él le ofrece. Este es el principio de un cambio en su vida. Tome nota de que ella apenas entiende lo que está pidiendo. Y si somos honestos, debemos reconocer que el día que aceptamos la invitación de Cristo de ser sus discípulos, tampoco sabíamos bien lo que hacíamos. Es más, probablemente no le hubiéramos seguido si hubiéramos entendido lo radical del llamado. Mas él nos tomó con esa comprensión imperfecta y comenzamos a caminar juntos.

Jesús ahora cambia de tema. Ella muestra interés en lo que él le está ofreciendo, pero es necesario que entienda que el pecado es un obstáculo para recibir todo lo que Dios ofrece. Sin titubear, le da instrucciones: «Ve, y llama a tu marido». ¡Qué desprevenida se habrá sentido la mujer! Repentinamente veía exhibido el fracaso de su vida.

¿Cómo sabía Jesús que ella estaba viviendo con un sexto compañero? Nuestra tendencia es a exclamar: «¡cómo no lo iba a saber, si él es Dios!» Si pensamos esto, es porque hemos descartado movernos como él se movía. ¡No acepte ese argumento erróneo! Cristo le dijo a sus discípulos que los enviaba como él había sido enviado, para realizar el ministerio del mismo modo que él (Juan 20.21). En el bautismo de Jesús vimos que el ministerio del Hijo iba a ser conducido en el poder del Espíritu. El discernimiento que muestra ahora no es más que una manifestación de la presencia del Espíritu en la vida de Jesús. Nos ilustra cuán ineficaces resultan nuestros esfuerzos en la evangelización cuando se apoyan en una serie de argumentos intelectuales, respaldados por los versículos apropiados. La conversión es un acontecimiento netamente espiritual y debe ser conducida en el plano de lo espiritual. Para esto, es indispensable que nosotros cultivemos esa sensibilidad al Espíritu que nos proveerá la perspectiva que no podríamos obtener de otra manera. Este conocimiento revelará que la conversación no es un mero intercambio entre dos personas.

Sin duda, Cristo sacudió a la mujer con su revelación. Queda claro que ella necesita beber de esta agua bendita. Nadie, sin embargo, abre su corazón a Dios sin que antes se desate en su interior una feroz lucha. En ocasiones preferimos simplemente ignorar el llamado a sincerarnos, y este es el camino que elije ella. Decide cambiar de tema e intenta distraer a Jesús con una discusión sobre el lugar correcto para adorar a Dios. Ignora que uno puede postergar la confrontación, pero no evitarla. Jesús simplemente la llevará al mismo punto por otro camino.

## El arte de la conversación *(Jesús con una samaritana)*

# ¡Atrapada sin salida!

### Juan 4.1–42

***Frente al pedido de Jesús la mujer cambió de tema. ¿Por qué respondió así? ¿Qué revela su astucia sobre las tendencias del corazón humano? ¿Cómo manejó este «cambio de tema» Jesús? ¿Qué efecto tuvo sobre la mujer?***

¡Qué cómico resulta el cambio de tema de la mujer!, ¿verdad? Resulta difícil creer que realmente le interesa el tema de la adoración cuando Cristo acaba de revelarle que conoce acerca de sus cinco maridos. Si aún está fresca en su memoria la conversación de Jesús con Nicodemo, recordará que en aquella ocasión Cristo afirmó: «todo el que hace lo malo odia la luz y no viene a la luz para que sus obras no sean expuestas» (Juan 3.20). La verdad es que a ninguno de nosotros nos gusta que nuestro pecado sea descubierto. Nuestra primera reacción es la de justificar, argumentar o cambiar de tema para evitar la incómoda experiencia de la confesión. La carne no ama la luz, ni siquiera cuando andamos en Cristo. Será útil recordar esto, pues andar en santidad exige un precio.

La mujer creyó que estaría a salvo si desviaba la conversación a un tema más neutro. Cristo no la obligó a volver al asunto de los maridos. ¿Se da cuenta de lo importante que es darle espacio al Espíritu para que actúe? La convicción de pecado ya se ha formado en ella, pero necesitamos darle paso al Espíritu para que produzca el verdadero arrepentimiento. Nuestras muchas palabras no lo podrán producir.

Podemos decir, sin temor a errar, que cuando andamos en luz todos los temas conducen a Dios. Jesús se acomoda al desvío que ha provocado la mujer y revela un nuevo aspecto del desafío que ya le ha presentado a ella. Esta mujer cree que la vida espiritual se define en los detalles de la práctica. Cristo la lleva, una vez más, al plano de su propio corazón. Le confía un secreto: Dios está abocado a una búsqueda de adoradores. ¿Podrá esta mujer convertirse en uno de los adoradores que el Padre anhela? Una vez más, la mujer ha sido confrontada con su propia situación delante de Dios. Tiene delante de ella una clara invitación a entrar en una dimensión de la vida que, hasta ahora, no ha conocido. Cristo no va a permitir que este encuentro termine sin que ella tome una decisión al respecto, pero su estrategia es la de «arrinconarla» ¡Con muchísima gracia!

Este es un elemento fundamental para los que estamos comprometidos con la formación de otros. En demasiadas ocasiones permitimos que nuestros encuentros se desvíen del plano personal, para enredarnos en interminables discusiones de lo que son meros detalles de una situación. ¿Cuántas veces personas todavía no-cristianas nos plantean preguntas que no son más que intentos de desviar el tema de la conversación a un plano menos personal? Si nos descuidamos acabaremos atrapados por estas movidas que no se relacionan con la realidad de la persona. Mas la conversación siempre debe ser conducida con gracia y sensibilidad. Cuando haya concluido nuestro encuentro, la persona debe haber entendido claramente que Dios la ha desafiado a una decisión personal. No es necesario forzar la situación. El Espíritu es, siempre, el que debe conducir el proceso.

DIOS EN SANDALIAS

DÍA 94

## El arte de la conversación *(Jesús con una samaritana)*

# Adoradores de verdad

### Juan 4.1–42

***Vuelva a leer el relato de la conversación de Jesús con la samaritana. ¿Cómo respondió la mujer a la revelación que compartió Jesús sobre la adoración? ¿Qué estaba aconteciendo en su corazón? ¿Por qué habló Cristo de adorar en espíritu y verdad? ¿Qué implicaciones tiene este principio en nuestra vida?***

En medio de una discusión acerca de las «formas» de la adoración —algo absolutamente insignificante que, no obstante, distrae a muchos— Cristo lleva a la mujer a pensar en la esencia de la adoración. Jesús utiliza la frase *«verdaderos adoradores»*, lo que nos indica que existe una clase de adorador que no es genuino. El falso adorador conoce las posturas y las frases del adorador y las imita, normalmente cuando otros lo están observando. La característica más sobresaliente de esta persona es que solamente «adora» en las reuniones, pero no posee una vida personal de adoración.

¿Se da cuenta por qué es secundario si la adoración debe ser con guitarra, con piano o con batería?, ¿si el contenido de lo que se canta deben ser canciones modernas o himnos tradicionales?, ¿si es necesario poseer o no una consola de sonido? El verdadero adorador convierte cada circunstancia de su vida en un encuentro con Dios. Ve la mano de su Señor en todo lugar y momento, y esto despierta en su corazón un cántico de gratitud y adoración.

Cuando Cristo habla del verdadero adorador no está describiendo las actividades que realiza la persona, sino a lo que esa persona es. De igual manera que nosotros podríamos describir a una persona por su origen, diciendo que es griega, polaca o española —y se entendería que esto no se refiere a una actividad, sino a su identidad— Cristo identifica a ciertas personas dentro del reino por el corazón que poseen: son verdaderos adoradores del Padre.

Para que no existan dudas al respecto, Jesús revela que el verdadero adorador es el que adora en espíritu y verdad. Es una persona que combina la gracia otorgada por la tercera persona de la trinidad (pues nadie puede relacionarse con Dios si no es por medio del Espíritu) con la purificación del ser interior que viene por medio de la Verdad eterna. Es decir, refleja en todo la relación en la que está profundamente envuelta. La adoración es, en últimas instancias, el resultado de un dramático y profundo encuentro con Dios.

Hemos estado observando cómo la Palabra confronta a la mujer samaritana, pero ahora la revelación de Cristo nos confronta a nosotros. ¿Es usted un verdadero adorador? ¿Se puede decir que la adoración es una de las marcas que lo distinguen como discípulo? ¿O es usted uno más de esa inmensa multitud de personas que «adoran» cuarenta y cinco minutos por semana? ¿Será que nuestro «estilo de adoración» revela que Cristo ocupa apenas las periferias de nuestra vida?

*«Señor, yo sé que en mi vida lucho con la tentación de ser religioso; es decir, de limitar mi relación contigo a una serie de eventos por semana. ¡Líbrame de esta tendencia! Dame un oído atento a tu invitación permanente a la intimidad contigo. Revélate en mi paso por la calle, en mi hogar, en mi trabajo, para que mi día íntegro pueda ser una contemplación de tu persona. ¡Haz de mí un verdadero adorador! Amén».*

# El arte de la conversación *(Jesús con una samaritana)*
# Preguntas y respuestas

## Juan 4.1–42

***En medio de la conversación de Jesús con la samaritana, regresan los doce. Lea el versículo 27, y luego, del 31 al 34. ¿Por qué se sorprendieron ellos? ¿Qué provecho sacó Jesús de la situación? ¿Qué detalles reveló acerca de su forma de trabajar?***

Jesús nunca deja de lado su función de formador. Al volver los discípulos quedaron desconcertados, lo que nos da un claro indicio de los esquemas que había quebrado el Mesías al entablar una conversación con una mujer samaritana. ¡Con razón él había impactado tan fuerte el corazón de ella! Los discípulos, sin embargo, no entendían el motivo por el que estaba hablando con ella, pues veían el encuentro solamente desde una óptica humana.

El asombro de ellos le dio pie para hablar de cómo se lleva adelante la obra de Dios. Si usted está en una posición de responsabilidad en el ministerio, ha sido llamado también a formar a otros. No pierda la oportunidad de invitar a los que está formando, a que lo acompañen y lo observen mientras ministra. Añada a esta experiencia momentos de diálogo y reflexión y obtendrá los ingredientes necesarios para una experiencia transformadora.

El Señor señaló, con sus palabras, la necesidad de estar atento a las oportunidades que Dios creaba. Quiero hacer especial hincapié en este principio: Cristo estaba atento a la obra que el Padre le daba para que realizara. No estaba buscando crear oportunidades para testificar. Esta es la diferencia entre andar en el Espíritu y andar en las fuerzas de uno mismo. No guardo dudas de que el encuentro en el pozo de agua fue programado y dirigido por el Espíritu de Dios, pues el llamado de los que le servimos es a realizar las obras que «Dios preparó de antemano para que anduviéramos en ellas» (Efesios 2.10).

Volvemos, de esta manera, a ese principio fundamental, establecido en la segunda tentación de Jesús. Dios no nos ha llamado a inventar buenas obras para traer la gloria a su nombre, sino a involucrarnos en las obras que él ya está realizando. El problema con el que la mayoría de nosotros debemos lidiar es nuestra incapacidad de discernir las formas y los lugares en que el Padre se está moviendo. El discernimiento, no obstante, no es algo mágico, sino el fruto de un paciente ejercicio, tal como lo afirma el autor de Hebreos. Las personas maduras, señala, «por la práctica tienen los sentidos ejercitados para discernir el bien y el mal» (5.14). El ejercicio continuo nos permite volvernos cada vez más sensibles a las indicaciones que el Espíritu nos da. Debemos estar dispuestos a transitar un tiempo con un elevado margen de error, hasta que nos volvamos más eficaces.

En este proceso de aprendizaje descubriremos que el Señor puede invitarnos a actuar en las situaciones más inesperadas o menos probables. Claramente los discípulos no concebían una conversación con una mujer samaritana como una oportunidad para extender el reino. Cuando el Señor llegó al pozo, sin embargo, percibió que el Padre ya estaba moviéndose en la vida de esta mujer. Simplemente unió su esfuerzo a lo que el Padre ya estaba haciendo.

# El arte de la conversación *(Jesús con una samaritana)*
# Levantar los ojos

## Juan 4.1–42

***Jesús intenta enseñarle a los discípulos cómo discernir una oportunidad para extender el reino. Lea el versículo 35 y medite acerca de su significado. ¿Por qué escogió esta analogía? ¿Qué quiso indicarle a los discípulos en cuanto al mundo en que vivían? ¿Qué demandaba de ellos esta realidad espiritual?***

En la reflexión de ayer meditábamos sobre el asombro de los discípulos al encontrar al Mesías envuelto en una conversación que claramente consideraban inapropiada. Cristo, sin embargo, les señaló que él estaba involucrado en las tareas que el Padre le señalaba, y esta conversación era una oportunidad nacida de Dios

Una vez más Jesús, con esa particular genialidad que posee como maestro, echa mano de una analogía muy fácil de entender: la siega. ¿Quién en Israel no había visto, en algún momento, los campos blancos con las espigas de trigo que estaban listas para ser cosechadas? Con solo mencionarlo se formó en la mente de ellos una imagen que habían visto cientos de veces a lo largo de sus vidas. Sabían también, la locura que representaba la época de cosecha para quienes se dedicaban a la agricultura. La época para levantar la cosecha no duraba para siempre, por lo que se hacía necesario que absolutamente todos prestaran servicio en el trabajo, hasta que se completara la tarea de la temporada.

Discernir que un campo estaba listo para la siega no era la especialidad de unos pocos entendidos en el tema. El color dorado de miles de espigas que bailaban por el viento, claramente indicaba a todos los que pasaban por allí que había llegado la época de la cosecha. No obstante, para verlo era necesario un pequeño detalle: alzar los ojos. Es posible que una persona no se percatara del estado del campo si pasaba al lado de él mirando hacia el piso.

El detalle parece una zoncera, pero no es insignificante. Estar siempre mirando al piso es señal de una persona enteramente absorta en sí misma, enredada en su mundo, u obsesionada con sus propios problemas. La imagen rápidamente nos da una pista acerca de por qué tantas veces, en la iglesia, no nos percatamos de que existen infinidad de oportunidades alrededor de nosotros que están listas para la siega. Es que estamos demasiado preocupados con nosotros mismos. Levantar los ojos es un acto de voluntad en el que decidimos mirar al mundo exterior con los ojos de Cristo.

*«Concédeme esa visión, Señor. Cuántas oportunidades deben haber desfilado delante de mis ojos cada día sin enterarme siquiera de que tú me invitabas a unirme a lo que tú estabas haciendo alrededor de mí. Señor, quiero que tú cuentes con mis manos a la hora de levantar la cosecha. Para eso, levanta mis ojos y permite que vea más allá del rostro de la gente con la que me cruzo, a la realidad de sus corazones. Seguramente que verlos será el primer paso para responder a las oportunidades que tú traes a mi vida, Señor. ¡Líbrame de quedarme dormido durante la cosecha!»*

# El arte de la conversación *(Jesús con una samaritana)*
## Completar la obra

### Juan 4.1–42

***Jesús continúa con la analogía de la siega, introduciendo el tema de los obreros que la levantan. Lea los versículos 36 al 38. ¿Qué dimensiones de la cosecha están reveladas en la enseñanza de Cristo? ¿Qué actitud debe producir en nosotros saber que otros habían sembrado antes de que nosotros llegáramos a cosechar?***

El Señor, utilizando la analogía de los campos listos para la siega, señala a los discípulos que en el mundo espiritual existe una gran cosecha que espera que alguien la levante. Solamente la pueden ver aquellos que han levantado los ojos de sus corazones para verla.

Al cuadro que ha mostrado le añade otro elemento: trabajar con otros que también han realizado su aporte para obtener el producto. La época de la siega en Israel no solamente representaba intensas labores, sino también el inicio de los festejos que expresaban gratitud por la cosecha levantada. Los que labraban la tierra sabían bien cuánto dependían de la bondad de Dios para, finalmente, poder levantar una buena cosecha. Aun el más esforzado de los labradores no tiene control de los procesos por los que una semilla se nutre de la tierra, ni de la lluvia que cae de los cielos para sustentarla. Los campos blancos con espigas de trigo presentaban la más clara evidencia de la bondad de Dios hacia el pueblo.

Las fiestas eran para todo el pueblo, porque todos habían participado en mayor o menor medida para que hubiera provisión suficiente para sustentar la vida. Del mismo modo, Cristo señala que su deseo es que en la cosecha, tanto el que sembró como el que cosechó puedan compartir juntos el mismo gozo. La razón es que lo que se recoge es el fruto del esfuerzo de muchos, y no de una sola persona o un solo grupo.

¡Cuán difícil nos resulta comprender este principio! Nuestra vida, como hemos señalado varias veces en este devocional, es parte de una historia mucho más larga y antigua que los años que nos toca peregrinar sobre la tierra. Cuando salimos a realizar un aporte al reino no trabajamos solos, sino que «entramos en las labores» de otros que han trabajado antes que nosotros. Ni un individuo ni un grupo en particular se puede adjudicar los derechos exclusivos a festejar por la cosecha. No obstante, la mayoría de nosotros trabajamos aislados de otros obreros. Duplicamos esfuerzos, despreciamos al que ha sembrado sin cosechar aparentemente ningún resultado y creemos que el que levanta la siega es mejor que el que sembró la semilla.

Cristo claramente intentaba desactivar en los doce esa tendencia de adjudicarse más importancia de la que realmente les correspondía. A los ojos del Señor, tanto el que echaba la semilla como el que levantaba la cosecha eran importantes, y deseaba que ambos trabajaran dando honra al esfuerzo del otro. Para esto, es necesario recordar, en todo momento, que nuestro aporte es solamente un granito de arena en un proyecto mucho más extenso y de mayor profundidad de lo que nosotros percibimos.

DÍA 98

## El arte de la conversación *(Jesús con una samaritana)*

# Ola expansiva

### Juan 4.1–42

***Mientras Jesús conversaba con los discípulos, la mujer volvió a su ciudad. Lea los versículos 28 al 30 y, luego, del 39 al 42. ¿Por qué la mujer fue y habló de Cristo? ¿Cuál fue su testimonio? En su opinión, ¿de qué manera impactó la vida de otros? ¿Cuál fue el resultado? ¿Qué nos indica acerca de la forma en que el evangelio avanza entre aquellos que no creen?***

Al llegar al final de este relato nos damos cuenta de que la conversación de Jesús con la mujer samaritana era algo mucho más profundo de lo que se percibía en un principio. Ella volvió a la ciudad para contar lo que había vivido en el pozo. El testimonio de ella impactó a otros porque ella misma había sido impactada por la persona de Jesús. En ocasiones nuestro propio testimonio no golpea con fuerza porque nuestra experiencia con Cristo ha perdido la pasión y el vigor que poseía en otros momentos. La falta de convicción con que hablamos no convence a los que nos escuchan.

Es interesante notar, también, que la mujer no había tomado «una decisión» por Cristo, como hubiéramos creído necesario nosotros. Ni siquiera entendía bien lo que había acontecido en aquel encuentro, pero sí sabía que había estado en presencia de algo extraordinario, y de eso habló. Al rato vinieron a él los samaritanos y «le rogaban que se quedara con ellos; y se quedó allí dos días». ¡Qué tremendo! Jesús no solamente logró neutralizar la desconfianza y el odio entre judíos y samaritanos, sino que consiguió abrir la puerta para ministrar a toda una aldea.

Este es el objetivo final de nuestra inversión en otros. Deseamos tocar no solamente la vida de algunos individuos, sino también su red de relaciones familiares y de amistad. Cuando un individuo sea alcanzado por la gracia del Señor, clame a Dios por el impacto que esta persona pueda causar a otros. A pesar de que nosotros hubiéramos considerado a esta mujer como un instrumento poco digno para compartir con otros las buenas nuevas, fue el instrumento por el cual toda una aldea se encontró con el Cristo.

La mujer no intentó convencerles, sino que los invitó a ir a la persona de Jesús. En el encuentro de ellos con él acabaron también impactados por su persona, de manera que podían afirmar que ya no creían por el testimonio de ella, sino por lo que habían visto con sus propios ojos. Este paso final es fundamental para una obra que permanece en el tiempo y describe admirablemente nuestra función: hemos sido llamados a anunciar lo que Jesús está obrando en nuestras vidas. Eventualmente algunos querrán también conocer a este mismo Jesús, y nosotros le podremos conducir hasta su persona. La obra de conversión, sin embargo, la efectúa el Señor.

Podemos ver, en este desenlace, que una oportunidad tan insignificante como detenerse para hablar con un extraño finalmente impactó profundamente la vida de todo un pueblo. Nosotros no gozamos de la capacidad de percibir este potencial en nuestras acciones, y es por esto que necesitamos que el Espíritu nos indique las oportunidades que él ha preparado de antemano para que nos involucremos en ellas.

# Pedro enviado a Cornelio *(Un alto en el camino – 3)*
# Nueva conversión

## Hechos 10.1–23

***Tome un momento para leer el relato del encuentro de Pedro con Cornelio, tal como lo relata el libro de los Hechos. Observe la forma en que el Espíritu prepara todos los elementos para que Cornelio pueda llegar a conocer a Cristo. ¿Cómo habló a Cornelio? ¿Cómo habló a Pedro? ¿Por qué era necesario que el apóstol le hablara? ¿Por qué el Espíritu no realizó directamente la obra en la vida de Cornelio?***

Una de las enseñanzas más importantes que nos deja la historia de la mujer samaritana es cómo participar plenamente en las obras que Dios ha preparado de antemano para que andemos en ellas. Estas nos saldrán al paso de forma completamente inesperada, muchas veces con las personas o en los lugares que consideramos menos apropiados.

La historia del encuentro entre Pedro y Cornelio es una de las que mejor ilustra la forma en que el Espíritu «mueve las diferentes piezas» de una oportunidad para que se produzca un encuentro divino entre dos personas. Por un lado existe un hombre, Cornelio, que tiene muchas preguntas y pocas respuestas. Necesita quién pueda traer luz a su vida. El Señor se le manifiesta y le indica dónde encontrar al hombre que puede ayudarlo con sus inquietudes. Mientras Cornelio envía mensajeros a buscar a Pedro, Dios también visita al apóstol.

Es en esta segunda parte de la historia que quisiera detenerme hoy. Lucas ha identificado para nosotros a un hombre deseoso de conocer a Dios. ¿Cuántos «Cornelios» habrá a nuestro alrededor, hombres y mujeres que sufren hambre y sed de Dios, que esperan la visita de alguien que les indique el camino por el cuál pueden llegar a entablar una relación con Cristo.

Pedro podría ser la persona indicada para hablar de Cristo a Cornelio, pero nos encontramos frente a dos problemas importantes. En primer lugar, Pedro no sabe que Cornelio está buscando conocer más de Dios. Es por esto que se torna fundamental trabajar de la mano del Espíritu, pues solamente él puede señalarnos a aquellos que están listos para recibir la semilla de la Palabra. Por el testimonio de Jesús, sabemos que esta es la forma en que identificó a la mujer samaritana como alguien a quien debía hablarle.

Un segundo problema en Pedro es mucho más serio: el apóstol no cree que los gentiles sean dignos de recibir las Buenas Nuevas del evangelio. Tristemente, ¡Pedro mismo es el mayor obstáculo para que Cornelio pueda gozar de la conversión! Del mismo modo, en la Iglesia muchos creemos que a ciertas categorías de personas ni siquiera vale la pena hablarles de Cristo. Pedro, y nosotros, debemos convertirnos a la obra del Señor. Por medio de una visión, el Señor indica a Pedro que sus prejuicios son un estorbo para poder avanzar por el camino que Dios le indica. Pedro debe desechar sus ideas de lo que es apropiado e inapropiado.

Si avanza en la lectura del texto verá que la conversión de Pedro ocurrió solamente de poco a poco. Eventualmente Dios logró desactivar suficientemente sus conceptos como para que pudiera llegar a la casa de Cornelio, donde participó de una maravillosa visitación celestial. ¿Estaremos perdiendo aventuras similares?

# Médico, cúrate a ti mismo *(Jesús en Nazaret)*
# Detalles de una misión

## Lucas 4.16–30

***Nuestra aventura ahora nos lleva a acompañar a Cristo en su retorno al pueblo que ha sido su hogar durante treinta años. Tome un momento para leer los primeros versículos y luego, para entender el espíritu de las palabras de Jesús, examine el texto de Isaías 61. Al leerlo intente identificar las cualidades que describe de la persona del Mesías.***

El ministerio de Jesús estaba en pleno ascenso cuando regresó a Nazaret. Seguramente habían llegado a oídos de sus parientes y vecinos los asombrosos relatos de las señales y los prodigios que acompañaban su enseñanza. Existiría una gran expectativa de comprobar qué era lo que había acontecido en su vida para catapultarlo en forma tan espectacular a la fama. Esta curiosidad, no obstante, iba acompañada de una cuota de escepticismo. Siempre nos resulta más fácil creer en la grandeza de aquellos que no conocemos. La distancia da lugar a las más alocadas fantasías acerca de sus vidas, como si no fueran personas iguales a nosotros, sujetas a las mismas pasiones y limitaciones que experimentamos. Esta es una de las razones por las que el discípulo maduro cultiva la transparencia y la cercanía con otros. No desea que otros le atribuyan cualidades que en realidad no posee.

Según su costumbre, el sábado Jesús fue a la sinagoga. Lucas indica que le entregaron las Escrituras para que las leyera. En esta ocasión, seleccionó Isaías 61: «EL ESPÍRITU DE JEHOVÁ ESTÁ SOBRE MÍ, PORQUE ME HA UNGIDO PARA…», pasaje que presenta una clara descripción de su misión. Antes de entrar en los detalles, sin embargo, vamos a detenernos en esta construcción: *El Espíritu me ha ungido para.* Resulta evidente que se le ungió con un propósito en mente. Vale la pena señalar esta verdad, porque una parte de la Iglesia está abocada a asegurar la unción del Espíritu para su propio provecho personal. El Señor, sin embargo, claramente reviste de poder a aquellos cuyo interés está más en ser de bendición que en ser bendecidos. La gracia de Dios viene sobre nuestra vida y nos restaura, pero también produce en nuestro corazón una carga por tocar la vida de aquellos que aún no disfrutan de ella. Como veremos más adelante, Cristo repitió este modelo con sus discípulos, cuando les otorgó autoridad para una misión específica (Lucas 9.1–2).

¿Leyó la descripción de las personas a las que Jesús estaba interesado en tocar? Si nos remitimos al pasaje de Isaías 61, la lista incluye a los pobres, los quebrantados de corazón, los cautivos, los prisioneros, los que están de luto, y los afligidos con el espíritu angustiado. Resulta imposible, al leer esta lista, pasar por alto lo obvio: ¡las personas a las que él deseaba acercarse eran las que experimentaban las peores condiciones! Esto también nos da una pista acerca de los que pueden llegar a estar más abiertos al evangelio: aquellos que están especialmente agobiados por la vida. No revela un favoritismo, sino el hecho de que el quebranto produce una apertura en el ser humano, que las circunstancias normales no logran. La iglesia debería estar muy atenta a las personas que viven en estas condiciones.

## Médico, cúrate a ti mismo *(Jesús en Nazaret)*

# Vidas transformadas

### Lucas 4.16–30

*Tome un momento para leer el pasaje de Isaías 61. ¿Qué obra desea realizar Dios en la vida de estas personas? ¿Cómo son ellos luego de que el Señor les ha tocado? ¿A qué se dedican después de esta transformación? ¿Qué nos indica esto acerca de los objetivos de Dios para nuestras vidas?*

Ayer reflexionábamos sobre el pasaje que Jesús escogió para leer en la sinagoga de su pueblo, Nazaret. El texto describe perfectamente la misión que le había encomendado el Padre.

¿Pudo observar la transformación que Dios desea producir en estos «quebrados»? Del mismo modo que elaboramos una lista de las personas que él desea tocar, también podemos enumerar la obra que el Señor quiere realizar en ellos: traer buenas noticias, vendar, dar libertad, liberar de la cárcel, proclamar el año de la buena voluntad de Jehová, consolar, vestir de esplendor, ungir con aceite de gozo, y cubrir con manto de alegría. Una vez más queda claro que el Señor no está en el «negocio» de enrolar gente para un movimiento, de llenar templos o de salvar «almas». El compromiso de Dios es tocar la vida de las personas, tan dramáticamente que ellas experimenten una transformación absoluta. El cambio es tan radical que las lleva a un estado opuesto al que se encontraban anteriormente. La que vivía de luto se ve desbordada por el gozo; la que vivía cautiva ahora disfruta de la más plena libertad; la que vivía abatida ahora enfrenta la vida con seguridad y confianza. Es decir, la persona que se ha encontrado con el Señor se ha vuelto, literalmente, ¡irreconocible!

Por estar unidos a Cristo, esta debe ser también nuestra vocación. Hemos sido llamados a trabajar y esforzarnos para presentar a las personas «perfectas en Cristo Jesús» (Colosenses 1.28). Atentos a las oportunidades que surgen a nuestro alrededor entre la multitud de afligidos y quebrantados que se nos cruzan a diario, debemos atrevernos a creer que Dios desea producir en ellos una transformación absoluta. ¡No se satisfaga con menos!

Debemos también notar que estas personas restauradas ahora se dedican a cooperar en la misma tarea que el Padre está realizando en la vida de otros. Isaías dice que estos, que en otro tiempo no eran más que los descartados de la sociedad, «reedificarán las ruinas antiguas, levantarán lo que antes fue asolado y restaurarán las ciudades arruinadas, los escombros de muchas generaciones» (4). Es este compromiso el que permite a Pedro caracterizar al pueblo de Dios como un reino de sacerdotes (1 Pedro 2.9).

Volvamos a la sinagoga en Nazaret. La respuesta del pueblo a las palabras de Cristo fue tremenda. «Todos hablaban bien de él y se maravillaban de las palabras de gracia que salían de su boca, y decían: ¿No es este el hijo de José?» ¡Qué fácil nos resulta entusiasmarmos con la Palabra cuando no nos desafía personalmente a nosotros! En cuántas ocasiones, como predicadores, otros se han acercado para decirnos: «qué linda palabra compartió con nosotros». Si esta es la respuesta que recibe, tiemble, mi hermano. ¡La Palabra debe incomodar! Debe confrontar al oyente con su necesidad de cambio, pues siempre está enfrentada con la carne.

DIOS EN SANDALIAS

DÍA 102

# Médico, cúrate a ti mismo *(Jesús en Nazaret)*
# Vicisitudes de profeta

## Lucas 4.16–30

***Vuelva a leer el pasaje que nos ocupa en estos días. ¿Qué quiso comunicar Jesús con las dos historias a las que se refirió? ¿Por qué reaccionaron de esa manera? ¿Qué indica la presencia de tanta ira en nuestras vidas?***

Como veíamos en la reflexión de ayer, las palabras de Cristo habían sido muy bien recibidas por todos los que estaban en la sinagoga. Hemos observado, sin embargo, que Jesús, por medio del Espíritu, discierne las intenciones del corazón. Resulta evidente, por el comentario de Jesús, que la gente de Nazaret esperaba avalar el ministerio de Jesús por las señales que realizaría en medio de ellos. El hijo de Dios entendía que esta no era más que una manifestación de incredulidad pues la verdadera fe no precisa de señales, ya que es una postura de confianza espiritual. Jesús claramente indicó, en la primera tentación, que no estaba dispuesto a transitar por el camino de las demostraciones.

La cuestión de fondo es «que ningún profeta es bien recibido en su propia tierra» (24). Al citar el refrán Cristo identifica la tendencia universal de los seres humanos a desacreditar a las personas que uno conoce bien. En parte, esto puede obedecer simplemente a la envidia, la permanente necesidad de no ser menos que el prójimo. Estamos involucrados en una permanente puja de poder que nos lleva a descartar cualquier posibilidad de darle ventaja a quienes consideramos nuestros rivales. Por esta razón una esposa o un hijo pueden recibir con agrado las palabras de un consejero o un pastor, pero descartan las mismas frases cuando son pronunciadas por su marido o padre. También no cabe duda de que la familiaridad con los que están cerca de nosotros nos produce una especie de ceguera. Los hermanos de David no sabían que vivían con un rey. Al concentrarnos en lo cotidiano de la relación, dejamos de ser sorprendidos por las manifestaciones de gracia en la vida de la otra persona.

Jesús echó mano de dos historias en la vida de los profetas Elías y Eliseo para mostrar que la dureza de Israel llevó a estos hombres a ministrar entre aquellos que estaban más abiertos al mover de Dios. Muchas veces los más religiosos son los que más cerrados están a los asuntos espirituales. ¿Será que la rutina de la vida cristiana también nos ha adormecido a nosotros, y nos ha dejado un corazón duro?

La respuesta furiosa de los habitantes de Nazaret revela cuán profundamente endurecidos estaban. ¡De la admiración pasaron al deseo de darle muerte! Quizás nada revele tan nítidamente la falta de gracia en nuestras vidas como nuestra respuesta frente a la Palabra que exhorta. La ira no es más que la manifestación de una identidad frágil e inestable, que no posee la fortaleza para reconocer los errores y los pecados propios. Solamente los maduros pueden humillarse frente a la reprensión del Señor.

Dios nos conceda esa sencillez de espíritu que abre las puertas para que aun nuestros hijos o nuestro cónyuge puedan enseñarnos verdades espirituales. Es probable que la obra más profunda que el Señor quiere realizar en nuestra vida llegue por medio de aquellos que más cerca están de nosotros. En cada uno está el darles el espacio y la autoridad para que la realicen.

DÍA 103

## Las redes del Maestro *(Jesús llama a Pedro y a otros)*

# El individuo en la multitud

### Lucas 5.1–11

***El texto del devocional narra que «la multitud se agolpaba sobre Él para oir la palabra de Dios, estando Jesús junto al lago de Genesaret» (1). La fama del maestro de Galilea estaba en boca de todos y era imposible que Cristo apareciera en algún pueblo de la zona sin que se reunieran a su alrededor, en forma espontánea, gran cantidad de personas. ¿Qué es lo que buscaban las multitudes? ¿Por qué se había tornado tan popular Jesús? ¿De qué manera las ministró?***

Jesús no contaba con equipos de sonido, como tampoco la iglesia durante 1900 años. ¡A pesar de esta realidad histórica, nosotros creemos que no es posible desarrollar algún tipo de ministerio sin un micrófono en la mano! El Señor aprovechó las excelentes propiedades acústicas del agua; entró en una de las barcas «la cual era de Simón, pidió que se separara de tierra un poco; y sentándose, enseñaba a las multitudes desde la barca» (3).

Observe la razón por la cual se reunían las personas: querían oír la palabra de Dios, a pesar de vivir en una sociedad saturada por las exigencias legalistas de los fariseos, los escribas y los saduceos. No obstante, la «palabra» de ellos dejaba insatisfechas las necesidades más profundas del pueblo. La gente padecía hambre de la palabra que trae vida, no de la letra que mata.

En más de veinticinco años de ministerio como maestro y predicador he observado el mismo fenómeno. Un gran segmento de la Iglesia está expuesta a la interminable charlatanería de personas que adornan sus opiniones con algún versículo para darle una fachada de espiritualidad a lo que comparten. Otros están saturados de enseñanzas, predicaciones y estudios que no salen del ámbito de lo intelectual. No obstante, muy poco de esto toca la vida de las personas. ¡Con cuánto entusiasmo responden, sin embargo, cuando se les presenta la leche pura de la palabra, enseñada y proclamada con el corazón!

Quisiera que tomara nota de una segunda observación. Jesús no evaluaba la presencia de multitudes del mismo modo que nosotros lo hacemos. En nuestros días tendemos a creer que el número de seguidores es proporcional al éxito del ministerio. Al Señor no lo seducían los números. Estaba comprometido con la eternidad y esto no se puede lograr tocando a multitudes, sino invirtiendo en individuos. En la observación cuidadosa del ministerio de Jesús veremos que, aún rodeado de una muchedumbre, siempre estaba atento al individuo que podía ser impactado personalmente. Así fue con la viuda de Naín, con la mujer que padecía del flujo de sangre y con la persona de Zaqueo. Lo mismo observaremos en el texto de este devocional. Cristo ya había puesto sus ojos sobre la vida de Pedro y sus compañeros de pesca.

Es importante que, como ministros, estemos siempre atentos al individuo. Aun rodeados de muchos, debemos estar pendientes de las personas que Dios ha apartado para un ministerio más intenso. Solamente estos recibirán una inversión más duradera. Las multitudes desaparecerán del mismo modo que aparecieron, pero la oportunidad de dejar una huella en la vida de unos pocos es parte de nuestro desafío cotidiano.

# Las redes del Maestro *(Jesús llama a Pedro y a otros)*
## «Si tú lo dices...»

### Lucas 5.1–11

***Vuelva a leer el relato del encuentro de Cristo con Pedro. En su opinión, ¿cómo se sentiría Pedro frente a las instrucciones de Jesús? ¿Por qué obedeció las instrucciones del Maestro? ¿Por qué les impactó tan profundamente a él y a sus compañeros la pesca milagrosa?***

Mientras Jesús enseñaba a las multitudes, Pedro, en cuya barca estaba el Maestro, observaba y escuchaba. No resulta claro en qué momento el pescador tuvo su primer contacto con Jesús, pero no cabe duda de que este es el más dramático de esos encuentros. En este proceso de descubrir la verdadera identidad de Jesús, algo que realmente se extiende toda la vida, Simón estaba por dar un gran salto. Así también, en nuestra vida, en ciertos momentos repentinamente percibimos lo que no vimos en otro tiempo de nuestro peregrinaje.

El texto relata que «cuando [Jesús] terminó de hablar, dijo a Simón: Sal a la parte más profunda y echad vuestras redes para pescar». Fijemos nuestra atención, por un momento, en estas instrucciones. Me atrevo a creer que el interés de Jesús no era recompensar a estos hombres por una noche de frustraciones, en lo que a pesca se refiere. Era necesario que la autoridad del Mesías fuera claramente evidente en el ámbito donde Pedro desarrollaba su vida cotidiana. Dios con frecuencia obra de esta manera, interviene perceptiblemente en aquellos contextos donde pensamos que él es irrelevante o innecesario.

La respuesta de Pedro revela precisamente esta convicción: «Maestro, hemos estado trabajando toda la noche y no hemos pescado nada». En esta reacción vemos más claramente reflejado el conflicto que a diario vivimos con las instrucciones que Dios nos da. Pedro seguramente entendía que en materia de la Ley no conocía nada que pudiera enseñarle a Cristo. Se consideraría completamente inadecuado para realizar Sus obras o para enfrentar a los fariseos con la misma sabiduría del Señor. Pero en el tema de la pesca, estaba en terreno seguro; en esto sí podría enseñarle algunos secretos a Jesús, pues había dedicado toda la vida a este oficio.

Con esa incurable tendencia que padecemos los seres humanos, informa a Jesús que ya habían estado pescando toda la noche sin resultados. Es decir, siempre buscamos dar alguna aclaración al Señor, como si él no estuviera al tanto de la realidad que vivimos. Por supuesto, Pedro, no tenía claro quién era Jesús, pero aún en la noche que lo traicionó, luego de caminar tres años con el Mesías, no había podido desligarse del hábito de refutar las palabras del Señor. En esto es un digno representante de nuestra humanidad, cuya reacción inicial, cuando Dios habla, es siempre a objetar. ¡Cuánto más sencilla sería nuestra existencia si nos limitáramos a obedecerlo!

Aun en medio de sus objeciones, sin embargo, Pedro escoge el camino correcto: «pero porque tú lo pides echaré las redes». La forma en que procedió nos recuerda que la fe no es siempre tan ordenada y clara como nosotros desearíamos. En ocasiones se gesta en medio de muchos titubeos y argumentos necios. ¡No importa! Aun cuando avancemos a tropezones, lo importante es que, finalmente, tomemos esta misma decisión: actuar según la palabra que Dios nos ha hablado. Una vez tomado ese paso, la bendición no tardará en aparecer.

# Las redes del Maestro *(Jesús llama a Pedro y a otros)*
## ¡Apártate de mí!

### Lucas 5.1–11

***Observe la reacción de Pedro ante la gran redada. ¿Qué pudo haber pasado en su corazón para que reaccionara de esta forma? ¿Por qué le suplicó al Señor: «apártate de mí»? ¿Qué principio de la vida espiritual revela esta reacción?***

Veíamos ayer que Pedro luchó con las instrucciones que Cristo le dio. No estamos hablando aquí de la batalla intensa que experimentaría Jesús en el Getsemaní. Más bien es el conflicto que cada uno de nosotros vivimos cuando Dios nos habla. Nos cuesta encontrar en sus palabras una propuesta lógica, un camino acertado. Nuestra primera reacción es argumentar, ¡como si estuviéramos tratando con una persona que no ha alcanzado aún la madurez de pensamiento que nosotros poseemos! Claro, después nos damos cuenta de que el Señor tenía razón en lo que decía, pero en el momento no lo entendemos. Es aquí, entonces, donde se requiere de nosotros el ejercicio de la fe, pues ella no precisa de explicaciones: descansa sobre la convicción de que Dios es bueno y sabe bien lo que está haciendo.

*«Señor, te pido perdón por las innumerables veces que he cuestionado tus instrucciones para mi vida. Deseo que corrijas esa tendencia en mí para que, con el pasar del tiempo, cada vez sea más rápida mi obediencia. Te doy tantas gracias, oh Dios, por la infinita paciencia que me tienes. Amén».*

Creo que son estas mismas dudas las que eventualmente producen una reacción tan dramática y profunda frente al milagro. ¡Cuán intensa es nuestra sorpresa cuando los resultados son exactamente lo opuesto a lo esperado! «Simón Pedro cayó a los pies de Jesús, diciendo: ¡Apártate de mí, Señor, porque soy hombre pecador! Porque el asombro se había apoderado de él y de todos sus compañeros, por la redada de peces que habían hecho».

Seguramente, parte de la reacción de Pedro estaba vinculada a la vergüenza que le produjo haber dudado de la palabra del Maestro. Creo, sin embargo, que sus raíces están en algo mucho más profundo. Hasta este momento Jesús era, para Pedro, un excelente maestro a quien las multitudes seguían, pero cuyo ministerio se relacionaba muy poco con el manejo del mar y los vientos, el mantenimiento de las redes o el comercio de pescados. Ahora, no obstante, el Señor había irrumpido dramáticamente en el mundo de Pedro. El pescador repentinamente se da cuenta que Jesús trasciende dramáticamente el reducido ámbito de su experiencia personal.

En este contraste encontramos las características de un verdadero encuentro con Dios. Un encuentro profundamente íntimo con el Señor trasciende el mundo de las sensaciones agradables que tantas veces atribuimos al Señor en nuestras reuniones. Cuando él se manifiesta, se apodera de nosotros una sensación de insignificancia y pequeñez que abruma nuestra humanidad. El espanto y el temor se instalan en nuestro ser porque entendemos que la distancia que nos separa de él es mucho más grande de lo que jamás podríamos haber imaginado.

Esta visión celestial es indispensable para que una verdadera obra espiritual eche raíces en nosotros. Cuando comenzamos a vernos tal cual somos podemos entender por qué resulta indispensable que Dios nos rescate. El Señor deja de ser una propuesta religiosa para convertirse en la única esperanza de alcanzar una vida completa de significado.

## Las redes del Maestro *(Jesús llama a Pedro y a otros)*

# Dejándolo todo, le siguieron

### Lucas 5.1–11

***¿Cuál fue el desenlace final del encuentro de Pedro con el Cristo? ¿Qué factores fueron cruciales en la decisión que tomaron los pescadores? ¿Por qué Jesús le reveló a Pedro el nuevo rumbo que tomaría su vida a partir de ese momento?***

¡Gracias a Dios que muchas de sus respuestas a nuestras peticiones no son positivas! Pedro, tirado a los pies de Jesús, le pidió que se apartara de él, pues no se sentía digno de estar en su presencia. Mas Cristo le exhortó: «No temas». Esta es una de las palabras que necesitamos escuchar. El miedo es el gran enemigo de los que desean caminar confiados en la vida; nos paraliza de tal manera que nos impide tomar decisiones acertadas. Por temor a errar el camino o a las consecuencias que imaginamos traerá nuestra decisión, permanecemos inmóviles; pero quien deja de moverse comienza a morir.

La ternura y compasión de Dios le hablan primero a nuestro espíritu para que tengamos certeza de que sus intenciones para con nosotros no son malas. De hecho, la frase «no temas» es una de las constantes que marca prácticamente todas las visitaciones divinas en las Escrituras. Como parte del proceso de calmar las ansiedades que sentimos frente a lo desconocido Cristo revela, también, el proyecto de Dios para la vida de Pedro: «desde ahora serás pescador de hombres». Observamos la genialidad de Jesús como comunicador al escoger para esta revelación la figura que mejor entendía Pedro, un pescador. El toque personalizado confirma que el Señor se acerca a cada uno de nosotros con plena conciencia de las particularidades que conforman nuestra individualidad. En el reino ¡nadie es «uno más en el montón!»

El evangelista resume la dramática respuesta de ellos con una sencilla frase: dejándolo todo, le siguieron.

¿Qué significa este «todo»? ¿Se referirá, acaso, a «todo»? Tendemos a resistirnos a creer que lo dejaron todo porque nos hemos acostumbrado a un estilo de compromiso que toca, apenas, las periferias de nuestra vida, una devoción que es más de labios que de hechos. No obstante, no vemos en el relato algo que nos indique que estos pescadores no hayan dejado, precisamente, TODO. No hicieron arreglos para que otros se ocuparan de sus asuntos. Simplemente se levantaron y se pusieron en marcha con Jesús. Al dejar las redes y las barcas le dieron la espalda a un estilo de vida, a una seguridad económica, a la comodidad que viene de conocer a la gente y las costumbres del lugar donde vivían.

La dificultad que experimentamos para entender tan radical decisión revela cuán ausente está, en nuestra vida religiosa, esta experiencia profunda de «conversión», similar a la que vivieron estos hombres. La visión mansa y predecible de Dios que fundamenta muchas de nuestras vidas no se presta para decisiones alocadas como la que tomaron estos pescadores. No obstante, el reino precisa mujeres y hombres dispuestos a dejarlo todo por Cristo. De tal manera que se atrevan a permitir que Jesús irrumpa dramáticamente en su vida cotidiana e imprima algo de «locura» en sus existencias ordenadas. Atrévase a creer que Jesús lo llamó a un compromiso mayor al que ha asumido hasta este momento.

| DIOS EN SANDALIAS | |
|---|---|
| DÍA | 107 |

# Galilea conmocionada *(Jesús en Galilea)*
# No como los escribas

## Marcos 1.21–45

*Me gustaría invitarle a que, durante los próximos siete días, me acompañe en una gira por Galilea. El ministerio de Cristo sigue extendiéndose y cada día son más las personas que acuden a él. Llegó a Capernaúm, el sábado, y entrando* **«en la sinagoga comenzó a enseñar. Y se admiraban de su enseñanza, porque les enseñaba como quien tiene autoridad, y no como los escribas».** *Esta última frase es de sumo interés para nosotros, especialmente para todos los que hemos recibido el llamado a la enseñanza y proclamación de la Palabra. Marca la diferencia entre un ministerio eficaz y uno infructuoso. En su opinión, ¿qué elementos otorgan a un ministro una autoridad reconocible por el pueblo que es servido?*

Los escribas, que originalmente no habían tenido otro rol que el de copiar textos, habían llegado a ser miembros poderosos y prominentes de la sociedad. Durante muchos siglos actuaron como consejeros para reyes y gobernantes. Se especializaban en la enseñanza e interpretación de la *Torah*, algo que demandaba de ellos la más rigurosa dedicación al estudio minucioso de la Ley. La mayoría de ellos pertenecía al grupo de los fariseos, por lo que ocupaban los cargos más importantes en el Sanedrín.

Es evidente, entonces, que la autoridad que tanto impactaba a los que oían a Jesús no se relacionaba con el conocimiento de la Palabra. El apóstol Juan, en su Evangelio, nos da testimonio de que los discípulos vieron la gloria de Jesús, quien habitó entre los hombres «lleno de gracia y de verdad». En esta descripción el evangelista marca la diferencia más notable entre los escribas y el Hijo de Dios.

Cuando se describe al Cristo como *lleno de gracia* se le distingue del maestro que lleva a cabo sus enseñanzas al mejor estilo de los hombres. Gracia se refiere a esa cualidad que no puede ser fabricada, ni manipulada por hombre alguno, pues es, esencialmente, divina. Es la presencia de Dios visiblemente expuesta en las acciones de la persona. Un maestro, entonces, enseña con autoridad cuando se percibe el respaldo de Dios en todo lo que habla.

Note usted que he usado el término «percibe.» No fue Jesús el que recalcó su autoridad. La gente que lo escuchaba declaraba que veían autoridad en él. Esto solo se percibe en el espíritu. No requiere de argumentos, ni de análisis. Cuando una persona ministra con autoridad, los que están a su alrededor la pueden distinguir.

¿Cómo podemos nosotros ministrar con autoridad? Creo que la respuesta es más sencilla de lo que esperamos: la presencia de Dios acompaña a aquellos que cultivan una relación sostenida con el autor de la Palabra, y no simplemente con la Palabra. Para gozar de esta relación no solamente necesitamos vivir lo que pretendemos enseñar a otros, sino también entender que la Palabra es la puerta por la cual podemos acercarnos más al Padre. La persona que claramente está enamorada del Dios de la Palabra, cuyo interés principal es que el Señor transforme su propia vida, va a reflejar una autoridad que no poseen aquellos cuyas enseñanzas son «meras palabras».

| DIOS EN SANDALIAS | |
|---|---|
| DÍA | 108 |

## Galilea conmocionada *(Jesús en Galilea)*

# Huir de la luz

### Marcos 1.21–45

***Lea los versículos 23 al 28. En su opinión, ¿por qué se manifestaría así este hombre? ¿Cuál es el significado de las preguntas que le planteó al Cristo? ¿Qué hizo Jesús? ¿Por qué obró de esta manera?***

La enseñanza de Jesús, que asombraba a los oyentes, iba acompañada de una autoridad claramente visible. Como observamos en el bautismo del Mesías, el Padre presentó las «credenciales» de Jesús («este es mi Hijo amado») y dio su aprobación a la misión que pronto emprendería. Es decir, Dios indicó que acompañaría personalmente al Hijo en su ministerio. Resulta comprensible, por lo tanto, que ante la presencia de Jesús las tinieblas se manifiesten. De hecho, aun mientras enseñaba, un hombre con un espíritu impuro comenzó a dar grandes gritos.

Usted se dará cuenta de que esta, definitivamente, no es como una de nuestras reuniones ordenadas y cuidadosamente planificadas, donde vemos con fastidio cualquier interrupción al «programa». ¡Los demonios no piden permiso para interrumpir, ni respetan el orden del culto! Note que el espíritu inmundo no se manifestó en el momento reservado para ministrar a estas personas. Permítame, entonces, una sencilla observación de este suceso: El ministerio no acontece en segmentos cuidadosamente ordenados de nuestra vida. Cuando una persona está caminando en santidad con Dios, las oportunidades para servir se manifiestan en su andar. A medida que vamos avanzando en nuestra aventura de caminar con Cristo podremos ver, una y otra vez, que él no salía a buscar a los oprimidos, los ciegos y los quebrantados. Se le presentaban mientras hablaba con los discípulos o proclamaba a las multitudes la llegada del reino de los cielos.

Tampoco vemos en Jesús una acción por convocar a las personas a una reunión. Se congregaban alrededor de él espontáneamente mientras desempeñaba su ministerio en las calles, las plazas y los lugares públicos. En este ámbito, «aparecían» constantemente personas que necesitaban ser ministradas por él, incluyendo aquellos que vivían bajo la opresión de un espíritu inmundo. Es este estilo de ministerio el que me ha llevado a una firme convicción. Si usted y yo le decimos al Señor: *«Abre mis ojos para ver a los necesitados y úsame, cada día, para tocar la vida de una o dos personas»*, pronto nos veremos desbordados por las oportunidades para ministrar a otros.

Es interesante notar, también, que la gente no cuestionó la presencia de espíritus inmundos en el hombre. No entraron en los interminables debates que tanto nos han distraído a nosotros mientras las personas gimen por liberación. Creían que un ser humano puede estar poseído y atormentado por un espíritu inmundo. La ciencia de la psicología aún no había aparecido para ofrecer la explicación de que, en realidad, este era un trastorno de la psiquis. Más bien se maravillaron de que los espíritus inmundos obedecieran a Cristo. Lo que debe maravillarnos hoy es que, aun cuando el hombre sigue tan atribulado como en los tiempos de Jesús, existan tan pocas manifestaciones demoníacas en nuestro medio.

DIOS EN SANDALIAS

DÍA 109

# Galilea conmocionada *(Jesús en Galilea)*
# Amontonados a la puerta

## Marcos 1. 21–45

***La Palabra dice que: «Muy pronto se difundió su fama por toda la provincia alrededor de Galilea» ¿Qué oportunidades le trajo esto? ¿Qué complicaciones? ¿Cómo manejó las presiones ministeriales? Lea el próximo segmento en este relato (29–39), para descubrir algunas de las respuestas.***

Es imposible tocar las vidas de las personas por medio de las más dramáticas manifestaciones del Espíritu sin que se difundan los hechos. Como vimos ayer, la fama de Jesús rápidamente se extendió por toda Galilea. El reconocimiento del pueblo, sin embargo, no era producto de una imagen «producida» desde una plataforma. La gente simplemente comentaba lo que veía y oía, la forma más sencilla y pura en que se propaga el evangelio.

El día comenzó con una enseñanza en la sinagoga, seguida por la liberación de un endemoniado. A la tarde, Cristo intervino en la fiebre que tenía postrada a la suegra de Simón. Por la noche, según el relato del evangelista, le trajeron todos los enfermos y los endemoniados de la ciudad.

Quisiera seguir compartiendo con usted algunas observaciones. En primer lugar, si es usado por Dios para traer verdadero alivio a las personas, tenga certeza de que ¡el beneficiado de su ministerio le traerá a otras personas! Usted no necesita implementar planes y proyectos para que su congregación crezca. Le basta con comenzar a tocar, en forma dramática, la vida de algunas personas necesitadas a su alrededor. Si lo hace, pondrá en marcha un movimiento de gente que no podrá detener.

En segundo lugar, observe cuán libre de programación es el relato de la vida de Jesús. Nadie repartió volantes, ni sacó a la calle un cartel anunciando una «gran cruzada de milagros.» ¿Se da cuenta qué diferente que era su estilo? Nosotros queremos producir las oportunidades de ministerio, mientras que Cristo ministraba en todo momento al transitar por el camino que el Padre lo llevaba. ¿No será que necesitamos volver a un estilo de ministerio más sencillo y genuino?

En tercer lugar, note que Jesús no se «especializaba» en un ministerio. Su don no era la sanidad interior, la liberación de endemoniados o la resurrección de muertos. Ministraba donde Dios le abría una puerta. No se confunda; yo no estoy negando que existan dones particulares, repartidos según la soberana voluntad del Padre. No obstante, una cosa es tener un don para un ministerio y otra cosa es presentarse como especialista. Muchas veces la especialización es nuestra forma de echar mano de los elementos que nos diferencien de los demás, una forma de resaltar nuestra individualidad. Esto es de hombres y no del reino.

Por último, usted habrá notado el ritmo vertiginoso que llevaba el ministerio de Jesús. No se puede mantener este ritmo sin que comiencen a debilitarse las estructuras espirituales que mantienen sana la vida del que sirve. De allí se hace imprescindible tomar todos los recaudos necesarios para evitar un desgaste mayor al necesario. Jesús no tenía una casa en la cual encerrarse. No tenía un auto con el cual escaparse del acoso de la gente. No tenía secretarias que manejaran su agenda o lo protegieran de las incesantes demandas a su tiempo. Evidentemente estas «ventajas» no son las que produce el espíritu aquietado que es indispensable para un ministerio equilibrado.

# Galilea conmocionada *(Jesús en Galilea)*
# Muy de mañana

## Marcos 1.21–45

***Observe dónde se encontraba Jesús a la mañana siguiente, después de una noche de intenso trabajo de ministración al pueblo. ¿Cuáles eran las características del lugar donde se encontraba? ¿Qué importancia tenía esta disciplina en la vida de Jesús? ¿Qué buscaba él durante estos momentos de soledad con el Padre? ¿Qué contraste observa en la actitud de los discípulos?***

Es posible que hoy, en la aventura que hemos estado compartiendo con él, Jesús nos haya dejado solos. No me refiero a que nos haya abandonado, sino a que nosotros no hemos podido seguirle a él. Fatigados y agobiados por la jornada de intenso ministerio, nosotros, al igual que los discípulos, también nos hubiéramos quedado un ratito más en la cama. Nuestro cuerpo, nuestra mente y nuestro espíritu nos piden descanso. Seguramente Jesús sentía el mismo agotamiento, pero optó por buscar descanso en otro lugar y no en la cama.

Observamos algunos elementos sumamente interesantes en esta brevísima descripción de la vida privada de Cristo. Lo encontramos en un lugar solitario porque el verdadero descanso viene de estar en la presencia del Padre. Cuando renovamos nuestro espíritu en Dios, aun el cuerpo se recrea. Es necesario, no obstante, que tengamos certeza de que el descanso que precisamos viene de lo alto, no de la siesta, el feriado o las vacaciones. Estos recesos pueden aportar algo, pero el descanso profundo que alivia las tensiones y las cargas solamente se adquiere cuando el espíritu se conecta al Creador.

El texto registra que Jesús se levantó muy de mañana, mientras aún estaba oscuro. En «La obligación de descansar», devocional del 22 de febrero de *Alza tus ojos*, señalé que el descanso está incluido en los Diez Mandamientos. Dios no pregunta si necesitamos descansar, o si creemos que es necesario practicarlo. Nos manda que descansemos. Aunque parece una contradicción de términos, el descanso es una disciplina que le imponemos a una vida que siempre tiende al activismo desenfrenado.

En la búsqueda de renovación Jesús fue a un lugar solitario, mientras aún no había amanecido. Este es un aspecto fundamental de la vida espiritual. Debemos alejarnos del ruido y del movimiento si queremos entrar en la plenitud de la comunión con el Padre. No es que él no nos habla cuando estamos en medio del bullicio, sino que nuestro espíritu fácilmente se desorienta en ese ambiente. La madrugada provee el marco de silencio y quietud que es indispensable para producir en nosotros un estado de confiado reposo. Note que algunas de las más grandes figuras espirituales fueron formadas en lugares de soledad y quietud.

¿Qué hacía Jesús en ese momento? Oraba. ¿Qué más hacía? Oraba. No tenía una Biblia para leer, ni un libro de devocionales. No había nada más para hacer que orar. ¡Y qué sano resulta esto! ¿Necesita usted cerrar su Biblia y pasar más tiempo en comunión con el Dios de la Biblia? En mi propia vida el estudio de la Palabra muchas veces me ha distraído del llamado a orar. Como disciplina, intento primeramente estar con el Padre y luego, si me queda tiempo, meditar en la Palabra. Estamos saturados de la Palabra, ¡pero difícilmente podemos afirmar lo mismo sobre la oración!

DIOS EN SANDALIAS

DÍA 111

# Galilea conmocionada *(Jesús en Galilea)*

# «Para esto he venido»

## Marcos 1.21–45

*La conmoción que se había producido en el pueblo por causa del ministerio de Jesús, menguó apenas durante las horas que restaban de la noche. Ni bien nació el día, las multitudes comenzaron una vez más a juntarse buscándolo. Imagine la confusión que se produjo cuando, presentándose en el lugar donde supuestamente él descansaba, encontraron que ya no estaba. Pedro, la persona que invariablemente tomaba la delantera, despertó a sus compañeros, y decidieron salir a buscar a Jesús. Cuando lo encontraron Pedro le anunció:* «**todos te buscan**».

*Medite por un instante en el significado de esta frase. ¿Qué respuesta se esperaría de Jesús? ¿Por qué prefirió ir a otras ciudades? ¿Qué indica esta decisión acerca de la forma en que ministraba?*

No sabemos si Pedro le habló con un tono de reproche. Los evangelistas relatan que en varias ocasiones a lo largo del ministerio de Cristo diferentes personas cuestionaron actitudes o acciones que juzgaban inapropiadas en él. De todos modos, las palabras de Pedro comunican un claro mensaje, y en este nos ocuparemos en la reflexión de hoy.

Pedro, y el grupo de los que estaban con él, esperaba que Jesús respondiera a las demandas de las personas y volviera a la ciudad para continuar con el ministerio que había iniciado la noche anterior. Este es uno de los peligros más sutiles que enfrentan todos los que han adquirido alguna responsabilidad en la iglesia. Es la tentación de permitir que las demandas de las personas sean las que decidan la manera en que un líder utiliza su tiempo y determinen en qué debe invertir su energía. Gordon MacDonald, en su libro *Ponga orden en su mundo interior*, declara, con un toque de humor, que en muchas congregaciones se puede comentar sobre el pastor que «Dios lo ama y ¡todo el mundo tiene un plan maravilloso para su vida!» El hecho es que las personas que rodean a un ministro expresan de diversas maneras las necesidades que tienen, y muchas veces presionan para que él se ocupe de ellas.

Resulta muy fácil ceder frente a esa presión, y por ende se construye el ministerio alrededor de las necesidades de las personas. Sin darse cuenta de lo que está ocurriendo, el líder ya no será dueño de la dirección de su propia vida; esta habrá pasado a manos del pueblo. No podrá ocuparse de los objetivos y las prioridades que Dios le marcó, porque las incesantes demandas lo mantendrán atrapado.

Sin duda, debemos siempre estar atentos a las necesidades de los que están a nuestro alrededor. Pero también es necesario permanecer absolutamente comprometidos con la misión que se nos ha confiado, si no queremos acabar distraídos de nuestro camino. Podríamos pasar toda una vida atendiendo a las personas sin alcanzar otro objetivo que sencillamente suplir sus necesidades. Cristo claramente le señaló a Pedro que la gente no podía decidir el rumbo de su ministerio. Tal como lo declaró en la segunda tentación, los detalles de su ministerio los establece el Padre y debe, en forma permanente, consultarle a él para asegurarse de que está trabajando en las obras que Dios ha preparado para él.

DIOS EN SANDALIAS

DÍA 112

# Galilea conmocionada *(Jesús en Galilea)*
# «Si quieres, puedes limpiarme»

## Marcos 1.21–45

***Esa decisión lo llevó a tener contacto con un leproso. Si tiene tiempo, investigue acerca de las condiciones en que vivían los leprosos en la época de Jesús. ¿Qué motivó a Cristo a tocarlo? ¿Qué instrucciones le dio? ¿Cuál era la razón de esta exhortación?***

De todas las enfermedades que podían atribular al hombre en la antigua Palestina, ninguna llevaba a una persona a una vida de tan profunda miseria como la lepra. Debido al altísimo riesgo de contagio los leprosos vivían, literalmente, aislados del resto de la población. Levítico 13.45 provee una descripción de su patética existencia. Vestían ropa rasgada, llevaban el pelo largo, se cubrían el rostro y anunciaban, a viva voz, que eran inmundos. Solamente los sacerdotes tenían autoridad para declararlos limpios.

La desesperación del hombre es evidente, pues se acercó a Cristo y «arrodillándose le dijo: Si quieres, puedes limpiarme». Quizás había escuchado de los prodigios que Jesús venía realizando, o posiblemente él mismo había sido testigo de ellos. De todas maneras reconoció que, en última instancia, la intervención de Jesús dependía de su buena voluntad hacia él.

En el gesto de Cristo notamos que, primeramente, lo mueve el mismo impulso que mueve el corazón de Dios, la compasión. La compasión rehúsa detenerse a evaluar si la persona es realmente merecedora o no de la condición en que vive. En lugar de juzgar, intenta ubicarse en el lugar del otro para percibir, en carne propia, la profunda miseria y agonía que produce en la vida la acción del pecado, que desfigura. La compasión es, en esencia, una reacción que se genera principalmente en el ámbito espiritual.

También hemos de notar que Jesús estiró la mano y tocó a esta persona «inmunda». El gesto rompía con todos los tabúes y temores que habían llevado a la población a una postura de dureza contra los leprosos. Imagínese cómo debe de haber recibido este leproso ese contacto, que durante mucho tiempo no había sentido el calor físico de otro ser humano. El gesto señala, una vez más, que Dios tiene particular interés en tocar la vida de aquellos que han sufrido, de manera especial, el rechazo de la sociedad. Así también debe ser el compromiso de su pueblo. Nuestra meta es tocar a los que nadie quiere tocar, amar a los que son difíciles de amar y honrar a los que viven humillados.

Según el relato de Marcos, inmediatamente quedó limpio. Marcos no registra la reacción del leproso, aunque suponemos que su alegría no conocía límites. En medio de sus festejos, sin embargo, el Hijo del hombre tiene algo que decirle, y es a esta Palabra que él debe prestar atención. Aunque no cesemos de maravillarnos con las manifestaciones milagrosas de Dios, no debemos perder jamás de vista que su Palabra es la que produce en nosotros vida, y vida en abundancia. Una vez que haya pasado la euforia por la sanidad, será necesario encaminarse en la verdad de Dios, que trae sanidad al alma herida. La persona que no tiene claridad sobre este principio fácilmente puede distraerse con los milagros, cuyo impacto sobre el rumbo eterno de nuestra vida resulta muy limitado.

DIOS EN SANDALIAS

DÍA **113**

# Galilea conmocionada *(Jesús en Galilea)*
# Pero...

## Marcos 1.21–45

***Al milagro que obró a favor del leproso, Jesús le añadió claras instrucciones. En su opinión, ¿qué motivó estas palabras del Señor? ¿Qué papel jugaban los sacerdotes en todo este asunto de la sanidad? ¿Cómo procedió el leproso? ¿Por qué obró de esta manera? ¿Cuáles fueron las consecuencias de su desobediencia?***

Cuando leo la Palabra y encuentro un versículo que comienza con la palabra «pero», ¡tiemblo! «Pero los hijos de Israel volvieron a hacer lo malo ante los ojos del SEÑOR, sirvieron a los baales... abandonaron, pues, al SEÑOR y no le sirvieron.» (Jueces 10.6). «Pero Saúl y el pueblo perdonaron a Agag, y a lo mejor de las ovejas, de los bueyes, de los animales engordados, de los corderos y de todo lo bueno, y no lo quisieron destruir por completo» (1 Samuel 15.9) «Pero Jonás se levantó para huir a Tarsis, lejos de la presencia del SEÑOR» (Jonás 1.3) «Pero él, en cuanto salió comenzó a proclamarlo abiertamente y a divulgar el hecho, a tal punto que Jesús ya no podía entrar públicamente en ciudad alguna» (Marcos 1.45). Usted ya advirtió qué indica tan pequeña expresión: nuestros «peros» siempre señalan una acción que contradice algún mandato que Dios nos da.

¿Recuerda algunos «peros» en su propio peregrinaje? ¡Cuántas complicaciones nos llegan por esta obstinada rebeldía! El «pero» denuncia nuestra creencia de que existe una forma mejor de alcanzar las metas, nuestro desacuerdo con las instrucciones que recibimos o, simplemente, nuestra apreciación de que la propuesta de Dios no es práctica. Sea cual sea la razón por la cual expresamos nuestros «peros», siempre nos llevan por un camino que es adverso a la voluntad del Señor. Sujetarnos a él significa, también, que estamos dispuestos a colocar nuestros «peros» a sus pies, «destruyendo especulaciones y todo razonamiento altivo que se levanta contra el conocimiento de Dios, y poniendo todo pensamiento en cautiverio a la obediencia de Cristo» (2 Corintios 10.5).

El Señor lo había mandado que se presentara ante los sacerdotes y que cumpliera con los requisitos estipulados por la Ley. En esto posiblemente Jesús aspiraba que el leproso sirviera de testimonio ante la dureza de los sacerdotes. Además, vemos en sus palabras una actitud de sumisión a la ley que también servía como ejemplo a los que estaban con él. Además de cumplir con la ley, Jesús le dio instrucciones específicas acerca de su propia persona: «Mira, no digas nada a nadie». ¡Cómo chocan estas palabras cuando las leemos por el lente de nuestra cultura de «estrellas» evangélicas! Estamos tan acostumbrados a exaltar la persona del que obra milagros, prodigios y señales, que nos parece prácticamente una necedad no divulgar el hecho. ¿No es este, acaso, el medio más apropiado para alcanzar a otros? Sin duda, el leproso pensó de esta manera. «No hay por qué ser tan humilde» —se diría a sí mismo.

El hecho es que Jesús no estaba interesado en estar rodeado de multitudes. Para el que quiere que el fruto de su inversión sea permanente, las multitudes son un estorbo. De hecho, la desobediencia del leproso tuvo claras consecuencias. Cristo ya no podía entrar en las ciudades. La lección resulta evidente: no importa si entendemos lo que se nos está pidiendo, o si estamos o no de acuerdo. Ni siquiera importa cómo nos sentimos. Solamente importa que realicemos lo que se nos ha mandado hacer.

# Los cuatro amigos *(Traen ante Jesús a un paralítico)*
# Ministerio espontáneo

## Marcos 2.1–12

***En nuestra aventura con Cristo, durante los próximos días, vamos a ser testigos de un insólito hecho, un paralítico introducido en una casa por una abertura preparada en el techo. Para ir adecuando nuestra mente y nuestro corazón al ambiente, leamos el texto de la reflexión de hoy: «Habiendo entrado de nuevo en Capernaúm varios días después, se oyó que estaba en casa. Y se reunieron muchos, tanto que ya no había lugar ni aun a la puerta; y Él les exponía la palabra» (2.1–2).***

***Intente percibir la diversidad de individuos que conforman esta multitud. ¿Por qué han llegado hasta este lugar? ¿Qué necesidades padecen? ¿Qué puede ofrecerles Cristo? ¿Cómo vivirán la interrupción que significa la irrupción del paralítico en la casa?***

Sería muy bueno para nosotros si pudiéramos captar el fluir del extraordinario ministerio de Jesucristo. Para lograrlo es necesario desprendernos de todo lo que acompaña nuestra propia experiencia ministerial. Veamos si podemos destacar algunas diferencias.

El texto relata que la gente se empezó a juntar cuando se oyó que él estaba en casa. Medite en esta frase. Nadie salió a convocar a la gente. No se anunció la llegada de Cristo. No se realizó una campaña para que la población supiera que estaban por realizar una reunión que podía ser de beneficio para ellos. Simplemente se corrió la voz de que Jesús estaba en la ciudad. ¡Qué tremendo sería si la gente tomara nota, en forma espontánea, de la presencia del pueblo de Dios, la Iglesia, en medio de ellos! No se necesitaría tanta «publicidad» si tuviéramos ministerios de alto impacto. Al contrario, resultaría imposible que la gente no notara la existencia de la Iglesia.

Note también cómo Jesús aprovechaba las situaciones que eran producto de lo espontáneo. A veces dejamos pasar excelentes oportunidades para ministrar porque creemos que no están dadas las condiciones para ello. Cristo, sin embargo, vivía reaccionando a lo que veía y observaba a su alrededor. Necesitamos cultivar ojos que vean las oportunidades que surgen en los momentos más insólitos de la vida.

Cuando la gente se amontonó, Jesús comenzó a proclamarles la Palabra, lo que ellos más necesitaban. No hubo introducción, ni palabras de bienvenida, ni algunos «coritos» para ir preparando el ambiente. El ambiente ya estaba preparado. Ellos estaban con hambre, y él comenzó a ministrarles. Así de sencillo.

Quisiera añadir una observación adicional. ¿Por qué el leproso no pudo llegar a Jesús por la puerta? Si la gente lo hubiera visto, seguramente le hubieran abierto paso, pero no lo vieron porque estaban de espaldas a él, absortos con la persona de Jesús. El autor Skye Jethani señala que esta es una ilustración apta de la Iglesia. Estamos tan enfocados en lo que acontece en nuestras reuniones, que le hemos dado la espalda al mundo y sus necesitados, y no vemos ni abrimos espacio a aquellos que necesitan aún más del Señor que nosotros.

La sanidad del paralítico no fue resultado del corazón compasivo de la multitud, sino de la insistencia de los cuatro amigos. ¡Qué maravilloso tener amigos así! No obstante, el Señor nos permita cultivar la clase de sensibilidad hacia los necesitados que no los obligue a entrar por el techo.

## Los cuatro amigos *(Traen ante Jesús a un paralítico)*
# ¡Qué amigos!

### Marcos 2.1–12

***Lea el relato de los cuatro amigos del paralítico. ¿Qué características poseían estas cuatro personas? ¿Qué los motivó a buscar a Jesús? ¿Qué elementos necesitamos para demostrar esta clase de amistad hacia nuestros propios amigos?***

En ocasiones nos encontramos frente a personas que, por diversas circunstancias, están tan debilitadas que en sí mismas carecen de las fuerzas para encontrar una salida a sus problemas. Puede tratarse, como en el caso de esta historia, de alguien que padece algún tipo de impedimento físico severo. También podría ser aquella persona que se siente abrumada por las circunstancias en que se encuentra, como aconteció con Elías, cuya pesadumbre le llevó a huir al desierto. Sea cual sea la causa de su discapacidad, a nosotros se nos ha concedido el privilegio de realizar por ellos lo que no pueden hacer por sí mismos.

La historia de estos cuatro hombres ofrece una excelente ilustración de este principio. El paralítico no podía llegar a la persona de Jesús. Ni siquiera sabemos si estaba interesado en acercarse a él. Con frecuencia esta clase de persona ha perdido la esperanza y ya no cree que su situación cambie favorablemente. El hecho es que los cuatro amigos decidieron llevarlo hasta el Cristo. Observe que no se dedicaron a animarlo con palabras, aunque seguramente platicaron acerca de sus intenciones. No obstante, la persona que está afligida necesita ser ministrada por medio de actos concretos. De poco le sirve que le recordemos que «todas las cosas ayudan a bien en la vida de aquellos que aman al Señor». Existe un tiempo en el que es apropiado citar la Palabra y un tiempo en que resulta más sabio guardar silencio.

El tenaz compromiso de los cuatro amigos me recuerda la experiencia que viví frente a la posibilidad de perder a mi hija cuando estaba recién nacida. Me encontraba completamente desgastado por la lucha que ella sostenía por la vida. Carecía de fuerzas aun para orar. Cierto día, una profesora muy querida, mientras le compartía mi carga, me propuso: «No ores. Yo voy a orar en tu lugar, hasta que Dios te devuelva las fuerzas para que ores». ¡Cuánto alivio trajeron estas palabras a mi corazón! Estaba sufriendo más por mis intentos de ser un «cristiano fuerte» que por la lucha de mi hija. Estas palabras me sirvieron para saber que, en tiempos de crisis, podemos —y debemos— contar con la cobertura de aquellos que nos aman.

Tristemente, muchas veces los que somos parte de la Iglesia somos los primeros en abandonar a los que más ayuda requieren. Nuestra actitud afianza la convicción de que nuestro compromiso no va más allá de participar en reuniones. Los cuatro amigos, sin embargo, nos invitan a recorrer un camino más sublime, el mismo que recorre Cristo a nuestro favor.

*«Padre, si tú no produces verdadera transformación en mi vida, ¿quién podrá librarme del egoísmo encarnado que produce el pecado en mí? Abre mis ojos para ver a los «paralíticos» que están a mi alrededor. Dame un corazón compasivo y una voluntad firme de ubicarme en la brecha a favor de ellos, para que pueda también disfrutar plenamente de la alegría de verlos alcanzados por tu buena mano de gracia. Amén».*

## Los cuatro amigos *(Traen ante Jesús a un paralítico)*

# ¡A vencer obstáculos!

### Marcos 2.1–12

***Acompañe a los cuatro amigos en sus esfuerzos de acceder a Jesús. ¿Qué habrán sentido cuando llegaron a la casa? ¿Qué decidieron hacer? ¿Qué características poseían para echar mano de tan novedoso plan?***

Quizás, ante la noticia de la llegada de Jesús al pueblo, los cuatro hablaron entusiastamente de lo bueno que sería que su amigo se encontrara con esta persona que, según afirmaba todo el mundo, obraba increíbles milagros. Claro, las probabilidades de que el Maestro de Galilea pasara cerca de donde estaba él eran remotas. Además, siempre iba acompañado de inmensas muchedumbres. Entonces, uno de ellos sugirió que lo podrían llevar, entre los cuatro, hasta donde estaba Jesús. Entusiasmados por la idea fueron a buscarlo y salieron juntos hacia donde el Señor se encontraba.

¿Se imagina la desilusión que sintieron al ver el mar de personas que rodeaban la casa donde se alojaba el Nazareno? Habían esperado que él estuviera al aire libre, para facilitar un poco el acceso, pero ¡estaba dentro de la casa! Siempre que emprendemos un nuevo proyecto, nos encontraremos con obstáculos. Este es un hecho de lo más común en la vida y, a decir verdad, veríamos con sospechas que todo se nos presentara demasiado fácil. El desafío no es encontrar un camino sin obstáculos, sino ejercer habilidad y destreza a la hora de sortear estas dificultades.

¡Quién sabe a cuál de los amigos se le ocurrió entrar por el techo! La insólita propuesta revela una actitud digna de imitación. Estos cuatro creían, «a muerte», que Jesús tenía lo que el paralítico necesitaba y esa convicción había sembrado en sus corazones una santa desesperación por encontrar la forma de llegar a él.

Poseer esta certeza es un elemento fundamental de la manera que nos acercamos a Cristo. Si no se apodera de nosotros una alocada convicción de que no debemos ni podemos desistir a la hora de buscar una solución, aun para los problemas más complejos, todos nuestros esfuerzos se verán menguados por la tibieza. En tantas ocasiones he escuchado a personas declarar: «lo único que me queda es orar», pero no lo afirman con esa confianza a prueba de fuego de que ese es, verdaderamente, el único camino a seguir. Más bien lo expresan con la resignación de aquellos que les quedan pocas esperanzas de ver algún cambio. A ellos Santiago exhorta «que pidan con fe, no dudando nada, porque los que dudan son semejantes a la onda del mar, que es arrastrada por el viento y echada de una parte a otra» (1.6). Esta cualidad, tan visible en los cuatro, es la que Jesús llama perseverancia. En varias oportunidades Jesús habló a los doce del valor de la insistencia, aun cuando inicialmente no recibieran alguna señal de que conseguirían lo que buscaban. El hecho es que las conquistas más significativas en la vida espiritual se les concede a aquellos que más insistentemente las buscan. Ellos son los que creen «contra viento y marea» que el Padre es fiel y justo para responder al clamor de sus hijos, que le buscan con insistencia de día y de noche. El desánimo simplemente no encuentra, en el corazón de estos, dónde echar raíces.

# Los cuatro amigos *(Traen ante Jesús a un paralítico)*
# Fe prestada

## Marcos 2.1–12

***Lea de nuevo los versículos que describen la escena en que el paralítico llega a la presencia de Jesús. ¿Cómo reaccionó el Señor? ¿Cómo era la fe que observó en ellos? ¿Por qué dudaron los que estaban presentes?***

¡No me diga que la escena que describe este pasaje no presenta ciertos matices cómicos! Jesús estaba en una de las habitaciones de la casa donde se alojaba. Por donde quiera que se mirara, había gente, apretujada y expectante. Él les hablaba la Palabra de Dios, quizás explicando, como era su costumbre, algún aspecto del reino de los cielos. ¿Habrá escuchado ruidos en el techo? Lo cierto es que repentinamente comenzaron a caer, sobre su cabeza, partes del techo. Mientras intentaba seguir con lo que estaba enseñando, se abrió un pequeño agujero encima de él. Una mano se introdujo y comenzó a agrandar la abertura mientras seguía cayendo, como lluvia, el material que se usaba para construir los techos.

Me causa gracia la escena porque conozco lo sagrado que es para nosotros mantener el orden en nuestras reuniones. Para muchas congregaciones que he visitado el programa del culto es inalterable. No se tolera ningún tipo de variación. Si alguna persona ora, cuando no estaba estipulada su intervención, nos ponemos nerviosos e incómodos. ¡Es que no nos gustan las interrupciones, ni los hechos improvisados! Ni hablar de nuestra reacción si alguien hiciera un agujero en el techo durante una reunión. ¡De inmediato enviaríamos a los diáconos a resolver la situación! Sospecho que si el Señor quisiera interrumpir alguna de nuestras reuniones, ¡necesitaría pedir permiso con varios días de antelación, para que le abramos un espacio en el programa!

¿Cómo se puede llevar adelante un ministerio dirigido por el Espíritu cuando nosotros construimos una estructura tan rígida? ¿Se da cuenta del estilo de ministerio que desarrollaba Cristo? Él era un oportunista, en el mejor sentido de la palabra. Simplemente aprovechaba las oportunidades que se le iban presentando momento a momento. Era flexible y, sobre todo, se mostraba sensible a lo que sucedía a su alrededor. No estaba atado a un «programa». Al recorrer los Evangelios encontramos, una y otra vez, que las personas irrumpían en el lugar donde se encontraba, y él, muchas veces, los ministraba aunque hubieran interrumpido lo que él estaba haciendo.

¡Qué importante es que, como líderes, poseamos estas mismas cualidades! Usted no le va a cambiar la vida a nadie si está atado a un programa. Las personas no son un programa. Requieren de una trato vivo, dinámico y personal.

Jesús vio la fe de los cuatro amigos. No sabemos si el paralítico también gozaba de fe, pero la fe de ellos resultó crucial. ¿Hasta dónde está usted dispuesto a ir por las personas que ama? ¿Se atrevería por ellas a «abrir una abertura en un techo» para llevarlos hasta Jesús? Estos hombres estaban dispuestos a ir hasta lo último de la tierra si fuera necesario. Es la misma actitud que vemos en Epafras. Pablo en el testimonio que da a los colosenses sobre este varón les afirma que siempre se esfuerza «intensamente a favor vuestro en sus oraciones, para que estéis firmes, perfectos y completamente seguros en toda la voluntad de Dios» (Colosenses 4.12).

DIOS EN SANDALIAS

DÍA 118

# Los cuatro amigos *(Traen ante Jesús a un paralítico)*
# ¡Blasfemias dice!

## Marcos 2.1–12

***«Viendo Jesús la fe de ellos, dijo al paralítico: Hijo, tus pecados te son perdonados». Piense por un instante en las palabras que Jesús le dirigió. ¿Si la necesidad del paralítico era tan obvia, por qué Jesús le perdonó los pecados? ¿Cómo hubiera reaccionado usted al escuchar estas palabras? ¿Cómo reaccionaron los escribas? ¿Por qué reaccionaron de esta manera?***

Jesús nos sorprende cada día, pues siempre obra de manera inesperada. La necesidad más urgente del paralítico, la más obvia, era la sanidad de su cuerpo. Por lo menos así lo entendían sus amigos y así también lo hubiéramos visto nosotros. En futuros encuentros, Cristo intervendría directamente para que se produjera esa restauración física. En esta ocasión, sin embargo, no ocurrió de esta manera.

La declaración de Jesús ilustra cuán importante es esa sensibilidad al Espíritu, la cual, como hemos visto en su bautismo, es factor indispensable para un ministerio eficaz. De otro modo, podemos distraernos con lo que son, en realidad, necesidades secundarias. La Palabra claramente enseña que existe una relación entre el pecado y la enfermedad. Al menos en dos ocasiones Cristo vinculó una dolencia con un estado pecaminoso (vea Juan 5.14). En Deuteronomio Moisés advirtió a los israelitas que si no guardaban la Palabra de Dios, el Señor los heriría «con los forúnculos de Egipto, con tumores, sarna y comezón, de los que no podrás ser sanado» (28.27). Por otro lado cuando los discípulos quisieron indagar acerca del pecado del ciego, en Juan 9, Jesús los animó a hacer simplemente la obra para la cual habían sido llamados.

Esto ilustra lo peligroso que representa para nosotros construir el ministerio sobre leyes inamovibles. Aquellos grupos que han querido encontrar siempre un pecado en toda enfermedad han confinado a los enfermos a vivir bajo una insoportable carga de culpa. Por otro lado, los que han desvinculado la enfermedad de lo espiritual a veces han buscado durante años sanidad para algo que claramente es una dolencia espiritual. El único que puede revelar el vínculo entre lo uno y lo otro es el Espíritu, y es a él quien debemos acudir. No caiga en la tentación de creer que usted sabe lo que le está pasando a la otra persona, aunque el diagnóstico le parezca obvio.

El paralítico necesitaba, primeramente, ser perdonado por sus pecados y esto es lo que hizo Jesucristo. Los que estaban presentes reaccionaron inmediatamente. ¿Acaso no tenía límites el atrevimiento de este hombre? ¿Cómo podía pronunciar, con tanta desfachatez, semejante declaración? Solo podemos señalar que aquellos cuyo corazón ha decidido que una persona no es apta para el ministerio siempre van a objetar lo que ella hace o dice.

La cuestión de fondo, sin embargo, es una reiteración de la tentación que presentó el enemigo a Cristo en el desierto: ¿qué autoridad tenía para realizar las obras que hacía? Vemos, una vez más, cuánto pesaban aquellas palabras que el Padre pronunció en su bautismo. Todo el ministerio del Hijo, que sería cuestionado una y otra vez a lo largo de su vida, estaba anclado en aquella aprobación divina. De allí resulta esencial que estemos absolutamente seguros de la autoridad que hemos recibido de él, si no queremos que tambalee nuestro ministerio.

| DIOS EN SANDALIAS | |
|---|---|
| DÍA | 119 |

# Los cuatro amigos *(Traen ante Jesús a un paralítico)*
# Una demostración gratuita

## Marcos 2.1–12

***Los escribas objetaron enérgicamente en sus corazones cuando Jesús declaró que los pecados del paralítico habían sido perdonados. ¿Cómo resolvió esta dificultad el Señor? ¿Cuál es la importancia de esta demostración?***

Claramente los caminos de Dios son escandalosos para aquellos que andan en la carne. La vida en el Espíritu siempre está en conflicto con las estructuras y la sabiduría de nuestra mentalidad humana. En infinidad de ocasiones he visto a diferentes personas en la iglesia presentando indignadas denuncias contra enseñanzas o prácticas que «no son de Dios», como si los caminos de nuestro Señor coincidieran plenamente con nuestra forma de realizar la obra. La verdad es que la mayoría de las veces él actúa en forma inesperada. Hacemos bien en guardar silencio, buscando que el Espíritu traiga luz sobre aquello que no entendemos. Nuestro peor error es el de apresurarnos a la hora de compartir nuestra opinión, cayendo en el pecado de los doctores de la ley, de quienes Pablo afirma que «no entienden lo que dicen ni las cosas acerca de las cuales hacen declaraciones categóricas» (1 Timoteo 1.7).

Por otro lado, observamos de nuevo la tendencia, en todos aquellos que son religiosos, a guardar las formas, cuidando excesivamente de no dar «de qué hablar». Los escribas claramente condenaban las prácticas de Jesús, pero aun así no se animaban a reprobarlo públicamente. De todos modos, es bueno que recordemos que los pensamientos secretos de nuestro corazón no están ocultos a los ojos de Dios. A él le resulta igual que los tengamos en secreto o que los digamos en voz alta, pues todo lo ve y todo lo conoce. En nuestra búsqueda de la santidad debemos, eventualmente, trasladar nuestra mirada a lo que está pasando dentro del secreto de nuestro corazón. Los pensamientos de crítica, condena y rencor afectan nuestra vida y nuestro testimonio, y se tornarán visibles aunque nuestro comportamiento externo sea impecable. Cristo «escuchó» el juicio de los escribas tan claro como si lo hubieran pronunciado con palabras. ¡Tal es la ventaja del ministro que camina de la mano del Espíritu!

Jesús en muy pocas ocasiones proveyó una demostración de su autoridad, pues prefería descansar enteramente en el respaldo del Padre. Es señal de debilidad e inseguridad sentirnos obligados a proveer «evidencias» de nuestro llamado. Pablo lo hizo en su segunda carta a la iglesia en Corinto, pero calificó su acción como un «poco de insensatez» (2 Corintios 11.1; 12.11). No obstante, existen momentos en los cuales tal demostración resulta necesaria. Así aconteció con la Iglesia naciente, para la cual Dios proveyó, con el caso de Ananías y Safira, una dramática demostración de la autoridad que descansaba sobre los apóstoles (Hechos 5). Cristo percibió las dudas de muchos de los presentes y creyó necesaria una demostración adicional de su investidura como Hijo de Dios. Entendemos, de todos modos, que la palabra final en su decisión, como en todas las cuestiones relacionadas al ministerio, se la señaló el Padre.

DIOS EN SANDALIAS

DÍA 120

## Los cuatro amigos *(Traen ante Jesús a un paralítico)*

# «Yo te glorifiqué en la tierra»

### Marcos 2.1–12

***Lea, una vez más, el dramático final de esta historia. ¿Cuál fue el resultado del encuentro? ¿Qué efectos secundarios dejó este incidente? ¿Qué lecciones aprendemos nosotros del relato?***

Nuestra pequeñez como seres humanos se manifiesta claramente en el final de esta historia. Él le había preguntado a los escribas: «¿Qué es más fácil, decir al paralítico: "tus pecados te son perdonados", o decirle: "levántate, toma tu camilla y anda"?». La tendencia a creer que la sanidad es más compleja revela cuán poco entendemos la problemática del pecado y lo mucho que ha desfigurado la esencia de nuestra humanidad. Para el Señor, la sanidad del cuerpo no es más que un trámite. No así con la realidad del pecado, que demandó la muerte de su Hijo para su solución. No obstante, lo espectacular de la sanidad nos lleva a creer que en ella se ven las manifestaciones más extremas del poder de Dios.

Esta tensión se manifiesta en forma permanente en el ministerio. Elevamos lo secundario a un lugar que no lo merece, y convertimos las sanidades y liberaciones en el centro de la actividad de la iglesia, como si estas fueran la razón de su existencia. Olvidamos que el cuerpo va hacia la muerte, pero el espíritu permanece para siempre. Como siervos del Altísimo no debemos perder nunca de vista que nuestro llamado es a redimir a las personas para la eternidad. En su bondad, Dios añade sanidades y otras manifestaciones de su misericordia.

Ni bien pronunció las palabras Jesús, el hombre «se levantó, y tomando al instante su camilla, salió a vista de todos». Así de sencilla y dramática fue la intervención de Cristo. No creó suspenso, ni trató de prolongar el momento, ni buscó la manera de crear un espectáculo entretenido para la gente. La vida de un hombre estaba en juego y lo trató con la dignidad y el respeto que merece cada uno de los que han sido creados a la imagen del Dios eterno.

Observe el resultado de su ministerio: «todos estaban asombrados, y glorificaron a Dios, diciendo: Jamás hemos visto cosa semejante». Este debe ser el objetivo de todo ministerio conducido en santidad y temor de Dios: que el Padre reciba toda la honra y la gloria por lo que se logra usando los dones y la gracia que él nos ha cedido. ¡Cuánta tristeza produce que sus ministros, repetidas veces, le roben la gloria que solo a él pertenece, pues se atribuyen los resultados que son el producto exclusivo de la intervención divina!

Hace unos años, en mi país, surgió uno de estos pastores «estrella», de esos que las multitudes siguen por un tiempo. En el boletín de la iglesia vi la foto de este pastor, conduciendo una campaña en un estadio de fútbol. En la foto el pastor aparecía parado delante de uno de los arcos y la leyenda al pie de la imagen rezaba: «Otro golazo del pastor xxx». ¡Qué lamentable comentario, no solamente acerca del pastor, sino de la gente que lo rodeaba!

El Señor nos conceda servirle con la misma actitud de Juan el Bautista: «Es necesario que Él crezca, y que yo disminuya» (Juan 3.30).

## Romper esquemas *(Jesús llama a Leví)*

# Lo necio del mundo

### Mateo 9.9–13

***El pasaje que ocupará nuestra atención durante los siguientes días relata el llamamiento de Mateo. Tome un momento para leer el texto. Observe los detalles de las escenas.***
**«Señor, quiero seguir descubriendo a este Cristo que, según me doy cuenta, me resulta tan diferente al Cristo que había conocido. Sé que siempre existirá en mí la tendencia a verlo a través de la imagen que ya me había formado de él. Estoy dispuesto a que rompas mis esquemas y preconceptos, a fin de acercarme a una revelación más genuina de su persona. No deseo seguir a una figura inexistente. Deseo relacionarme con este Jesús, controvertido, imprevisible, radical y apasionado. Amén».**

El texto relata: «cuando Jesús se fue de allí, vio a un hombre llamado Mateo, sentado en la oficina de los tributos, y le dijo: ¡Sígueme! Y levantándose, le siguió». Ya hemos notado, en el llamamiento de Pedro y los otros pescadores, lo radical que es el Maestro en esta invitación. Nos resta añadir que muchos de nuestros problemas posteriores en la vida, como discípulos de Cristo, quizás no existirían si nuestra primera respuesta a él hubiera tenido matices más drásticos. Es difícil que una persona lo deje todo sin darse cuenta que la invitación de Jesús es un llamado a la identificación absoluta con su persona. La frase «sígueme» claramente implica que hay Uno que estará llevando la delantera. El lugar que ocuparemos en esta nueva relación también resulta admirablemente expuesto: debemos depositar en manos de Otro el derecho a tomar la iniciativa. De ahora en adelante el desafío no consistirá en conocer el camino, sino en conocer a Aquel que nos conduce por el camino.

No hace falta señalar cuán profundamente contradice esta propuesta la filosofía predominante de esta época, que afirma el derecho del individuo por encima de la consideración y la responsabilidad hacia el prójimo. El «yo primero» se ha convertido en el lema que guía nuestra existencia. En esta perspectiva, la auto-realización es la meta, y el obstáculo son las personas que pretenden negarnos nuestros derechos. Impregnados de esta visión, resulta difícil comprometerse: *«todo lo mío lo abandono, y coloco mi vida y mis ambiciones en las manos de otro»*. No obstante, Cristo no admite discípulos, salvo bajo estas condiciones.

Hemos de notar algo más. Como bien sabemos, los publicanos eran las personas más despreciadas en Israel, por encima aun de las prostitutas y los samaritanos. Eran figuras que se habían enriquecido vendiendo «su alma» al opresor del pueblo. Jesús muestra, de nuevo, su absoluta indiferencia a los parámetros sociales que consideramos sagrados, escogiendo a uno de entre los más despreciados para que sea su discípulo. A nuestro criterio, no posee aptitud alguna para servir al Hijo de Dios. No obstante, la Palabra nos recuerda: «que Dios ha escogido lo necio del mundo, para avergonzar a los sabios; y Dios ha escogido a lo débil del mundo, para avergonzar a lo que es fuerte; y lo vil y despreciado del mundo ha escogido Dios; lo que no es, para anular lo que es» (1 Corintios 1.27–28). ¡Bendito sea su nombre!

DIOS EN SANDALIAS

DÍA 122

# Romper esquemas *(Jesús llama a Leví)*

# Comer con pecadores

## Mateo 9.9–13

***Lea el relato sobre el llamamiento de Leví. ¿Qué hizo Jesús después de llamarlo? ¿Por qué lo invitó Mateo a su casa? ¿Por qué aceptó la invitación Jesús? ¿Qué principio ministerial ilustra su comportamiento?***

Hace algunas semanas atrás intenté sorprenderlo con una pregunta: «¿El Jesús que usted conoce, asiste a fiestas? ¿Se ríe junto a los demás invitados? ¿Disfruta de un buen chiste? ¿Se deleita con los manjares que han sido preparados para los agasajados? ¿Degusta el vino que sirven a los invitados?» En aquella ocasión estas preguntas surgieron porque estábamos con Cristo en una boda. Hoy, una vez más, lo vemos participando de un banquete. El relato nos cuenta que «estando Él sentado a la mesa en la casa, he aquí, muchos recaudadores de impuestos y pecadores llegaron y se sentaron a la mesa con Jesús y sus discípulos».

Hemos observado cómo Jesús sistemáticamente rompe los esquemas de los religiosos. No encontramos mayores problemas con esto, siempre y cuando esos esquemas sean de los fariseos. Mas, ¡no nos deja escapatoria! Él comienza también a romper nuestros propios esquemas. Quizás esto indique que cada de uno de nosotros poseamos, también, algo de fariseo. Es decir, como personas nos gusta que la vida siga un orden y una estructura determinada, preferentemente la que nosotros mismos le imponemos. El Señor, sin embargo, se muestra poco considerado a la hora de irrumpir en nuestro mundo. Una y otra vez nos lleva por caminos en los que nuestras preciadas estructuras tambalean y se desmoronan. La experiencia no es grata, pero es el medio más eficaz para que busquemos refugiarnos en su persona.

En esta ocasión vemos a Jesús en una cena rodeado de pecadores y publicanos. Usted conoce el ambiente; los excesos no solamente se dan en la comida, sino también en la bebida, las anécdotas groseras y los comportamientos inapropiados. En medio de este entorno, indudablemente decadente, está Jesús, el Hijo de Dios. A decir verdad nos sentiríamos más cómodos si estuviera sentado en la primer fila de una sinagoga, estudiando algún manuscrito. No obstante, él está ahí, en medio de ese ruidoso encuentro de pecadores.

No podemos evitar preguntarnos por qué está allí, la misma pregunta que se formularon los fariseos. Existe, sin embargo, otra pregunta de mayor peso que esta: ¿por qué es que los publicanos y los pecadores querían estar con él? ¿Qué veían en Jesús que no encontraban en los fariseos? Evidentemente ellos se sentían amados por él y no condenados. Y usted, ¿tiene muchos amigos no cristianos? ¿Lo invitan a sus reuniones y encuentros? ¿Desean estar con usted, o perciben que usted los considera «condenados»? Resulta demasiado fácil quedar atrapado en un estilo de vida que nos aísla de aquellos que más necesitan nuestra compañía.

La vida de Mateo había sido trastornada. Acostumbrado al desprecio y el odio, Jesús le propuso una relación. Le había dicho, en efecto, «a mí me interesa tu compañía». El impacto fue tan dramático que invitó a todos sus amigos a conocer al hombre que se había fijado en él. Jesús, que amaba profundamente a las personas, aceptó gustoso la invitación. ¿De qué otra manera iba a conocer a los amigos de Mateo? ¡Qué tremenda oportunidad… para amar!

DIOS EN SANDALIAS

DÍA 123

# Romper esquemas *(Jesús llama a Leví)*
# Misericordia quiero

## Mateo 9.9–13

***Observe la reacción de los fariseos. ¿Qué convicciones vemos detrás de su pregunta? ¿Cómo contestó Jesús? ¿Por qué citó el versículo que compartió? ¿Qué nos advierte acerca de sus prioridades?***

La indignación de los fariseos claramente indica que ellos creían que Jesús podía estar aprovechando su tiempo de mejor manera. Podía estar abocado, por ejemplo, a cualquiera de las múltiples disciplinas que ellos practicaban para cultivar una vida de mayor devoción a Dios. Podía estar reunido con otros religiosos, discutiendo diferentes aspectos de la interpretación de la ley. Podía estar… No quiero seguir pensando en otras ocupaciones alternativas, porque se me ocurren todas aquellas actividades que tanto nos ocupan como pueblo evangélico, siempre destinadas a asegurar el bien para los que ya pertenecemos al pueblo de Dios. Preferimos que ellos vengan a nuestras reuniones, que asistir nosotros a las de ellos.

Al percibir Jesús este estilo de vida tan poco comprometido con los demás, señaló: «Los que están sanos no tienen necesidad de médico, sino los que están enfermos. Mas id, y aprended lo que significa: "MISERICORDIA QUIERO Y NO SACRIFICIOS"; porque no he venido a llamar a justos, sino a pecadores».

Al afirmar que los enfermos necesitaban médico volvía a subrayar sus prioridades como siervo del Altísimo. Eran las mismas que compartió en Nazaret. En aquella oportunidad declaró que su unción lo capacitaba para una misión específica: ministrar a los oprimidos, los enfermos, los quebrantados, los ciegos y los presos. Por esta razón se encontraba, precisamente, en el lugar que le facilitaba un contacto más natural y cercano con esta clase de personas.

Debemos notar algo más. Cristo exhortó a los fariseos a que intentaran descifrar el significado de una frase del profeta Oseas: «misericordia quiero y no sacrificios». Es claro que no padecían simplemente un problema de prioridades, sino algo más serio y profundo: una actitud de desprecio hacia los que estaban en pecado. Es por este punto que más tiemblo, pues veo cuán fácil me resulta formar en mi interior la convicción de que a los pecadores en realidad no se les debe favorecer en nada. Veo cuán rápido soy en expresar indignación por su comportamiento, ¡como si no fuera posible que un pecador hiciera alguna otra cosa más que pecar!

La misericordia es esa postura que me mueve a darle a otro no lo que merece, sino lo que necesita. Esta actitud es la que asegura la eficacia de nuestros esfuerzos por llegar a los que están alrededor de nosotros. Si las personas no perciben que son amadas y valiosas, no escucharán lo que queremos compartir con ellos. Muchas veces, sin embargo, comunicamos el mensaje de que nuestro interés por ellos es que se «enganchen» en nuestros programas.

Cristo quería llamar a los pecadores al arrepentimiento. Para hacerlo estaba dispuesto a acercarse a ellos y meterse en su mundo, interesándose en sus actividades y participando de sus encuentros. La gente se sentía amada, y por esta razón estaban dispuestos a escucharle. ¡Que Dios, en su bondad, nos revista a nosotros también de su misericordia, para sentirnos libres de asistir a las fiestas de los que están perdidos, simplemente porque los amamos!

## Compañeros de ruta *(Jesús aparta a los doce)*

# Llamó a los que él quiso

### Marcos 3.13–15

***Lea el texto de hoy. Identifique los elementos que, a su criterio, formaron parte del llamamiento de los doce.***

¡Qué interesante es esta frase del texto de hoy! «Y subió al monte y llamó a los que El quiso, y ellos vinieron a Él». Señala una clara diferencia entre las prácticas más comunes de la época y el estilo ministerial de Cristo. Aquellas personas que deseaban asociarse a un maestro, en calidad de aprendices, buscaban a la figura que mejor servía a sus intereses. Jesús, sin embargo, nunca trabajó con voluntarios. El reino está conformado solamente por aquellos que han sido llamados, a pesar de que nos cuesta desprendernos de la costumbre de dar testimonio acerca de cómo nosotros «encontramos a Jesús». ¡Qué sano nos resulta recordar que él nos halló primero!

¿Nos provee algún valor reconocer este orden? En mi opinión, es una verdad importante. Revela la correcta dimensión de la vida espiritual, en la que entendemos que toda iniciativa en nosotros siempre ha nacido primero en el corazón del Padre. Pero también nos da una clave acerca de la forma más eficaz de encarar la tarea de formar nuevos obreros. Esta labor requiere de un líder que primeramente identifique las personas idóneas para el proyecto en el que está involucrado. Tengo convicción de que estas personas están presentes en cada congregación, pues Dios, en su bondad, provee los recursos humanos que necesitan sus pastores. No obstante, una gran cantidad de líderes se pasan el tiempo lamentándose por la falta de colabo-radores a su alrededor. No debemos orar por colaboradores, sino por ojos con los cuales se los pueda ver.

Este elemento es tan fundamental que, según el Evangelio de Lucas, Jesús pasó toda una noche en oración antes de llamar a los doce. Este período de intensa comunión con el Padre perseguía un claro propósito, recibir instrucciones de los pasos a seguir. En este sentido, es incorrecto afirmar que Jesús escogió a los doce. Más bien fue la persona encargada de comunicarles la decisión del Padre, pues el Padre ya había elegido a los que iban a ser apóstoles. Cristo claramente proveyó confirmación de la soberanía de Dios en este proceso cuando oró: «He manifestado tu nombre a los hombres que del mundo me diste; eran tuyos y me los diste» (Juan 17.6).

Poseer convicción de que estamos trabajando con las personas que Dios ha elegido es clave para perseverar en la obra formadora que se nos ha encomendado. En muchas situaciones estos discípulos nos fallarán. Descubriremos en sus vidas flaquezas y actitudes inmaduras que nos invitarán a desistir de la tarea de formarlos. En ocasiones nos invadirán las dudas acerca de sus aptitudes para el ministerio. Nuestro único soporte en esos momentos será la convicción de que Dios los apartó para ser formados. Si él los ha escogido, podremos descansar en la certeza de que son las personas idóneas para el camino por delante.

DIOS EN SANDALIAS

DÍA 125

## Compañeros de ruta *(Jesús aparta a los doce)*

# Relaciones que transforman

### Marcos 3.13–15

***Este texto de Marcos provee una de las pocas descripciones de la misión de Cristo. Léalo con detenimiento. ¿Cuáles son los elementos que componen esta misión? ¿Qué principios revela?***

Aunque el pasaje que nos ocupa es breve, encontramos en él una maravillosa descripción de la estrategia a seguir, un plan de trabajo para la transformación de estos discípulos en apóstoles. Hacemos bien en examinar sus pautas, pues nos darán claras pistas acerca de cómo llevar adelante la tarea de formar obreros, una de las responsabilidades primordiales de todo líder.

La primer regla de esta estrategia de formación apunta a «estar» con Jesús. Es decir, caminar con, reír con, ministrar con, y participar de las múltiples actividades cotidianas del ser humano. Creo que aún no hemos comprendido el increíble potencial de compartir la vida con otra persona. Las lecciones más sólidas de la vida se aprenden de este modo.

Es por esto que un principio fundamental de la estrategia de Cristo fue «habitar entre los hombres». Mientras caminaba con ellos y compartía sus experiencias, les abrió la oportunidad de ver su gloria. Fue tan profundo el impacto, que el apóstol Juan, cuando escribe su primera carta, declara que su deseo era enseñar «lo que hemos oído, lo que hemos visto con nuestros ojos, lo que hemos contemplado y lo que han palpado nuestras manos, acerca del Verbo de vida ... lo que hemos visto y oído, os proclamamos» (1.1–3).

Los ministerios deslumbrantes conducidos desde las plataformas de templos, salones y estadios jamás podrán lograr sobre la vida de otros el mismo impacto, tan profundo, que puede dejar la oportunidad de caminar con una persona santa. Pueden servir para inspirar al pueblo, pero tan pronto como las personas han regresado a la rutina de su existencia cotidiana, quedarán olvidadas las frases impactantes y el «buen momento» vivido. Para formar discípulos se requiere algo mucho más intenso y duradero, tal como ofrece una relación a largo plazo con unos pocos.

Es escaso el número de líderes dispuestos a asumir un compromiso más personal con su gente. Quizás la razón es que esta estrategia presupone sostener la clase de vida que es digna de imitar. Con frecuencia mantenemos nuestra vida escondida del ojo público porque no soportaríamos el escrutinio de aquellos que estamos formando. Existen demasiadas incongruencias y contradicciones como para permitir a los demás el libre acceso a ella. No obstante, este sigue siendo el medio más eficaz y dramático por el cual podemos impactar una vida a largo plazo.

En mi opinión, este acceso es la razón por la cual los Evangelios contienen relatos tan breves. La intensa formación de vida que ocurrió dentro del marco de esta relación no puede ser contenida en ningún relato. Resulta notable la ausencia de enseñanzas del Maestro sobre una diversidad de temas, de los que hubiéramos deseado poseer una doctrina más claramente definida. La razón es que gran parte del proceso de formación ocurrió fuera del ámbito de las palabras, donde la vida se contagiaba en el contexto de innumerables y variados momentos cotidianos. La existencia de la Iglesia se debe, precisamente, a la eficacia del método que escogió Cristo.

DIOS EN SANDALIAS

DÍA 126

## Compañeros de ruta *(Jesús aparta los doce)*

# Enviados a predicar

### Marcos 3.13–15

***Ayer reflexionábamos sobre la importancia de compartir nuestra vida, en forma íntima, con algunas personas que deseamos formar. Si usted no sostiene esa clase de relación con otros, ¿por qué no se toma un momento para pedir a Dios que se la conceda?*** **«Señor, quiero dejar huellas en la vida de algunas personas. Abre mis ojos para ver a aquellos que están necesitando esta experiencia. Condúceme a una relación que permita un verdadero intercambio de vida. Quiero ser imitador de Jesucristo. Amén».**

Quisiera volver a un asunto al que aludí parcialmente en el devocional de ayer. Un ministerio eficaz descansa sobre una realidad inamovible: si va a continuar la obra de formación en nuestra propia vida es necesario que respetemos el orden de estas tres pautas. Es decir, no podemos permitir que el ministerio de proclamación, sanidad y liberación desplace la imperiosa necesidad de «estar con él». En mi experiencia he observado que este es el punto en que más flaqueamos aquellos con alguna responsabilidad dentro de la iglesia. La vorágine de actividades y la sucesión de interminables reuniones se va comiendo el tiempo y acabamos en la más triste de las ironías: servimos a un Dios para el cual no dejamos tiempo para pasar con él. Sin advertirlo, nos hemos convertido en profesionales del evangelio.

Para Jesús, pasar tiempo con su Padre claramente constituía una prioridad. Con frecuencia se apartaba a lugares solitarios para orar. Aun en medio de las circunstancias más agotadoras mantenía el ritmo de una relación profunda e íntima con Dios. De su ejemplo podemos enunciar este principio: si no separa tiempo en su calendario para estar con el Padre, nadie lo va a hacer por usted. Estos encuentros cotidianos deben ser planificados y defendidos con tenacidad. Constituyen una cita sagrada de la cual pende nuestra salud y nuestra eficacia como ministros.

Como en todos los asuntos relacionados con el reino, esta verdad se mantiene en tensión con la segunda pauta de esta estrategia divina: enviar a los apóstoles a predicar. Existe un enorme número de gente de la iglesia cuya única intención es disfrutar de su relación con Dios. Nunca se cansan de pedir bendiciones para su propia vida, y procuran cada día esas sensaciones gratificantes que, según la corriente del momento, aseguran que «están cerca de Dios». No obstante, debemos reconocer que es imposible estar cerca del Señor por mucho tiempo sin que él dirija nuestra mirada hacia aquellos que están viviendo en angustia, tinieblas y desesperanza. Aun cuando nuestra formación sea precaria, nos envía a compartir con ellos las Buenas Nuevas de Cristo. Así sucedió con el hombre de Gadara. Quería unirse a Cristo, mas Jesús le ordenó: «Vete a tu casa, a los tuyos, y cuéntales cuán grandes cosas el Señor ha hecho por ti, y cómo tuvo misericordia de ti» (Marcos 5.19). Estas deben ser las primeras instrucciones que demos a los que se convierten para que, desde «niños», se acostumbren a compartir con otros aquello que tanto gozo les produce. Para esto, no hace falta ser una persona madura y formada. Quien ha gustado, en carne propia, de la misericordia de Cristo, ya posee un mensaje que puede compartir con otros.

DIOS EN SANDALIAS

DÍA 127

# Compañeros de ruta *(Jesús aparta los doce)*

# No prevalecerán

## Marcos 3.13–15

***Vuelva a leer el texto de Marcos 3. ¿Cuál es la tercera pauta que incluye la estrategia de Cristo para con los doce? ¿Por qué la misión incluye ministerios de liberación y sanidad? ¿Por qué necesitamos autoridad para ejercitar este ministerio?***

Sigo maravillado de que estas breves líneas puedan encerrar principios tan profundos y fundamentales para el ministerio. Espero, de todo corazón, que mis modestos intentos de compartir con usted algunos pensamientos sobre este texto hayan estimulado su deseo de estudiar minuciosamente el pasaje. El Espíritu puede darnos algunas pistas para nuestro propio trabajo de formar obreros.

La tercera pauta en la estrategia de Jesús era darle a los apóstoles autoridad para sanar enfermedades y expulsar demonios. Claramente esto señala que la tarea de predicar las buenas nuevas es incompleta por sí sola. El mensaje debe ir de la mano de las más dramáticas demostraciones de que el reino irrumpe en las tinieblas, y arrebata al enemigo el poder de producir enfermedades y ataduras de origen espiritual. El llamado del discípulo es a participar, junto a Cristo, en la expansión del reino, avanzando contra las tinieblas hasta las mismas puertas del infierno.

De hecho, en el Nuevo Testamento las señales, los milagros y los prodigios eran vistos como la confirmación de la predicación de la Palabra. Cuando Juan el Bautista dudó de la identidad de Cristo, esta fue la respuesta contundente que Jesús le envió: «id y contad a Juan lo que habéis visto y oído: los ciegos reciben la vista, los cojos andan, los leprosos quedan limpios, y los sordos oyen, los muertos son resucitados y a los pobres se les anuncia el evangelio» (Lucas 7.22). Considere, también, la oración de los apóstoles en el libro de Hechos: «permite que tus siervos hablen tu palabra con toda confianza, mientras extiendes tu mano para que se hagan curaciones, señales y prodigios mediante el nombre de tu santo siervo Jesús» (4.29–30). Del mismo modo el apóstol Pablo declara a la iglesia en Roma, que «no me atreveré a hablar de nada sino de lo que Cristo ha hecho por medio de mí para la obediencia de los gentiles en palabra y en obra, con el poder de señales y prodigios, en el poder del Espíritu de Dios; de manera que desde Jerusalén y por los alrededores hasta Ilírico he predicado en toda su plenitud el evangelio de Cristo» (15.18–19).

En su carta a la iglesia en Corinto el apóstol señala que «el reino de Dios no consiste en palabras, sino en poder» (1 Corintios 4.20), y esta verdad debe ser la conclusión ineludible de la reflexión de hoy. En todo lugar donde el evangelio se limita solamente a palabras, se está perpetrando un daño al reino.

En conclusión, quisiera señalar que esta autoridad sobre las tinieblas es delegada. No la podemos obtener salvo que Cristo la otorgue, y él la otorga porque le ha sido entregada para que su iglesia participe plenamente de sus obras. Hemos sido llamados a una guerra santa, la cual necesariamente debe involucrar algo más que cantar «cánticos de guerra» en nuestras reuniones. ¡Avancemos con osadía en todos los lugares donde el Espíritu nos concede entrada!

DIOS EN SANDALIAS

DÍA 128

## ¡No es lícito! *(Jesús y el día de reposo)*

# Betesda

### Juan 5.1–20

***Una de las limitantes a la hora de acercarnos a las Escrituras es la gran distancia que nos separa del momento en que ocurrieron los hechos que ella relata. Y no hablo solamente de la distancia que impone el tiempo, sino también lo cultural. Por esa separación, en ocasiones, resultará muy provechoso intentar imaginarse una escena tal como la describen los versos 1 al 5 en el texto de hoy. ¿Qué percibe entre esa multitud de enfermos en Betesda? ¿Cómo experimentan la vida estas personas? ¿Cuál es su mayor frustración?***

En uno de los viajes que el Señor realizó a Jerusalén, pasó junto a este estanque, que en hebreo se llamaba Betesda. La escena que describe Juan de aquel lugar era realmente horrenda, pues cerca del estanque una multitud de personas con una gran diversidad de enfermedades y dolencias físicas aguardaban la oportunidad de recibir la sanidad. Seguramente la imagen de desesperanza que daba aquel penoso lugar era intensa, pues los enfermos presentes no recibían ninguna clase de atención médica. Más bien, podemos creer que aquí se congregaban los que ya habían perdido la esperanza de encontrar una solución por algún otro camino. La falta de higiene en esta masa de personas debe haber sido absoluta, por lo que seguramente no muchos sanos se acercarían al estanque a menos que fuera absolutamente necesario.

Según el relato de Juan, un ángel descendía periódicamente y revolvía las aguas, y sólo el afortunado que lograba descender primero a ellas quedaba sano. No intentaremos entender exactamente lo que ocurría en esos instantes de la visitación celestial, pero sí impacta lo increíblemente impredecible que eran las oportunidades que brindaba esta manifestación en el lugar donde se habían congregado tantos necesitados. La sanidad era, en última instancia, un asunto completamente librado al azar. De hecho, los que más enfermos estaban corrían con absoluta desventaja, pues no contaban con las condiciones necesarias para moverse rápidamente en el momento que se producía el fenómeno.

Entre aquellos que nunca habían podido llegar se encontraba un hombre que hacía treinta y ocho años yacía cerca del estanque. El corazón se nos quiebra al meditar en esta trágica descripción. Se trata de mil novecientas setenta y seis semanas, o casi ¡catorce mil días! Cuánta vida desperdiciada; cuántas oportunidades que nunca pudo disfrutar este hombre, porque su existencia entera había transcurrido esperando el milagro que nunca venía.

El hombre que yacía en el estanque de Betesda representa a millares de millares de seres humanos, cuya vida transcurre sin el más mínimo vestigio de esperanza, personas que nacen y mueren en la más paupérrima pobreza, o bajo la más cruel opresión y no reciben ninguna de las muchas bendiciones y abundantes beneficios que disfrutamos a diario nosotros. Qué triste, entonces, que aquellos que más poseemos no abundemos en acciones de gratitud hacia el Dios que ha sido tan generoso para con nosotros. Nada de lo que gozamos lo hemos recibido por mérito propio, sino pura y exclusivamente porque él ha sido bueno con nosotros. Asumamos el compromiso de practicar, a diario, la disciplina de la gratitud, sin nunca olvidar ni uno de sus beneficios.

# ¡No es lícito! *(Jesús y el día de reposo)*
# ¿Quieres ser sano?

## Juan 5.1–20

***Lea los versos 6 al 9. Piense, por un instante, en la pregunta que le hace Jesús al enfermo. ¿Qué intención lo movía a formularle esta pregunta? Recuerde que Jesús no plantea preguntas simplemente por hacerlas. ¿Cómo interpretó la pregunta el enfermo? ¿Cómo le respondió Jesús?***

Ayer meditábamos sobre las deplorables condiciones que seguramente presentaba este punto de encuentro para los enfermos. Allí se instalaban, esperando día tras día el momento en que se agitaran las aguas, para luego lanzarse alocadamente esperando llegar primeros a ellas y recibir la ansiada sanidad. Unos pocos afortunados lo habían logrado, pero quedaba una multitud para quienes la vida inevitablemente se escurría.

Hemos de creer que, tal como lo ha hecho en otras situaciones, Jesús fue impulsado por el Espíritu para llegar a ese terrible lugar. Seguramente sintió profunda compasión por el hombre que llevaba allí treinta y ocho años, acaso el residente más antiguo de esta extraña comunidad. Al ver su situación se acercó a él y le preguntó: «¿Quieres ser sano?»

La verdad es que la pregunta nos confunde. ¿No ha pasado el hombre todo este tiempo aquí precisamente porque conserva la esperanza de ser sano? Pareciera, entonces, que la pregunta está de más. No obstante, si reflexionamos por un instante en la condición de este hombre seguramente hacía mucho tiempo que había perdido la esperanza de ser realmente sano. De hecho, lo revela en su respuesta, pues la aflicción que sufría nunca le iba a permitir llegar al agua antes que sus competidores. De alguna manera, entonces, creo que había caído en una profunda resignación, conviviendo con su enfermedad, intentando sacarle alguna ventaja a esta condición.

Su situación nos recuerda la actitud del pueblo de Israel que vivía en esclavitud en Egipto. Había perdido la esperanza de un cambio y, con profunda resignación, se había entregado a la situación en que se encontraba. Estoy convencido de que Dios envió las plagas no solamente para que los egipcios los soltaran, sino para que el pueblo también adquiriera la disposición de ponerse en marcha. A veces, con esa perversa característica que trae el pecado a nuestras vidas, nos entregamos al mal que vivimos y descartamos que la vida pueda ser de otra manera. Es decir, nos reconciliamos, con actitud de resignación, con nuestra condición, e intentamos adaptar la vida a ella.

La pregunta de Cristo es radical: «¿te animas a enfrentar la vida sin tu enfermedad?» Por mi experiencia con muchos enfermos y afligidos, una vida sana constituye una mayor amenaza que convivir con la enfermedad. Han construido todas sus relaciones alrededor de la enfermedad y la usan para generar lástima o ganarse alguna limosna. Sin ella, se verán obligados a enfrentar los desafíos de la vida por sí mismos, sin contar más con la «ayuda» que les brindan otros por su discapacidad.

El hombre no entendía lo que Jesús le ofrecía, pero el Señor igualmente lo sanó. Una vez más vemos que el reino no es de los entendidos, sino de los que por pura gracia, reciben un regalo enteramente inmerecido desde los cielos. En un instante, los treinta y ocho años de espera habían llegado a su fin, y el hombre comenzó a andar.

# ¡No es lícito! *(Jesús y el día de reposo)* ¡Maldito legalismo!

## Juan 5.1–20

*¿Qué hizo Jesús luego de sanarlo? ¿Por qué lo dejó solo? ¿Cuál fue su primera experiencia con el* **mundo sano***? ¿Qué pretendían los judíos?*

Juan nos relata que el hombre tomó su camilla y se echó a andar. Solo podemos imaginar el estupor y la alegría que se apoderó del enfermo, pues durante casi cuatro décadas no había podido moverse. En medio de esta escena de asombro nos topamos con algo realmente insólito. Un grupo de judíos legalistas lo detienen para anunciarle que no se le permite ¡cargar su camilla en el día de reposo! ¿Qué esperaban de él? ¿Qué regresara al estanque de Betesda para ocupar de nuevo el lugar que durante tantos años había ocupado? El comentario de los judíos nos deja estupefactos porque no podemos creer que existan personas que, por estar tan aferradas a la ley, hayan perdido todo vestigio de bondad hacia los demás.

El legalismo es el refugio de los miedosos. No los mueve el afán de caminar con Dios, sino el miedo a actuar de manera reprochable, porque, al ser reprobados por él, vendrá sobre sus vidas castigo. Al no confiar en una relación construida sobre un amor amplio y perdonador, se ven en la necesidad de tomar cada instrucción que reciben y convertirla en un riguroso mandamiento que no contempla la fragilidad del ser humano ni su inclinación al pecado.

Las directivas del Señor proveen un camino que debemos transitar, pero la obediencia ciega opaca las mismas características espirituales que hemos heredado de nuestro Creador, convirtiéndonos en máquinas que solamente cumplen con la tarea asignada. Estos judíos pedantes son la mejor ilustración de lo que produce en nosotros el legalismo: personas duras, incapaces de celebrar la liberación dada a un enfermo, de una vida sin sentido.

Al igual que ocurrió en otras ocasiones, Jesús desapareció de la escena, de tal manera que el que había estado enfermo se vio obligado a enfrentar solo las acusaciones de los judíos. Para colmo, ni siquiera sabía quién era el que lo había sanado. En esto confesamos sentirnos perplejos, pues siempre que organizamos algún evento para bendecir a otros, esperamos que las personas se conviertan a nuestro grupo y comiencen a asistir a nuestras reuniones. Si no hacen esto, por lo menos pretendemos que «tomen una decisión» por Cristo. No encontramos este espíritu mercenario en Cristo: «yo te doy algo, pero tú debes darme algo a cambio». Su amor es generoso y libre de condiciones, aunque esto nos escandaliza sobremanera.

No erramos, tampoco, al señalar que un gran milagro en la vida de una persona no le resuelve todos sus problemas. En ocasiones es tal nuestra obsesión por conseguir algo que nos convencemos de que la vida sería enteramente diferente si Dios nos concediera lo que estamos buscando. Esta convicción es una de las tantas mentiras que nos vende nuestro propio corazón engañoso. Muchas de las personas que fueron dramáticamente visitadas por Dios experimentaron mayores problemas luego de que él las transformó. Recorra la Palabra y lo comprobará una y otra vez. Una gran bendición también trae, como consecuencia, la oposición y la prueba.

# ¡No es lícito! *(Jesús y el día de reposo)*
# No peques más

## Juan 5.1–20

***Vuelva a leer los versos 10 al 14. Jesús eventualmente se encontró con el hombre en el templo y compartió con él una dura exhortación. ¿Qué quiso señalarle al hombre? ¿Cuál es la relación entre el pecado y la enfermedad?***

No sabemos cuánto tiempo había transcurrido cuando el hombre volvió a encontrarse con Jesús. El hecho es que ese período en el que tuvo que defenderse de los ataques de los judíos sirvió para que se afianzara en la nueva vida que había iniciado. Nos parece una crueldad dejar que una persona se defienda sola ante tan implacables perseguidores. Muchas veces, sin embargo, es mayor el daño que le propinamos cuando la sobreprotegemos, pues no le dejamos oportunidad para desarrollar esos mecanismos de defensa que son clave para su futuro crecimiento.

El aparente desinterés de Jesús de forzar una decisión espiritual en la vida del hombre, como hemos señalado ayer, nos llama la atención. Nuestra impaciencia muchas veces nos lleva a atropellar a las personas, buscando la forma de obligarlas a una decisión, aun cuando no es el tiempo indicado. El obrero sabio, sin embargo, entiende que los tiempos los determina el Señor de la vida. Cuando él pone sus ojos sobre una persona, está dispuesto a utilizar todos los medios para, eventualmente, llevarla a una confrontación con la Verdad. Las decisiones que más perduran en el tiempo, sin embargo, son aquellas que han permitido a la persona la posibilidad de meditar sobre las implicaciones del paso que va a tomar. Para eso, es necesario respetar los espacios y los tiempos que cada individuo precisa.

Jesús eventualmente volvió a encontrarse con la persona. Aun en este segundo encuentro, no hallamos un claro llamado a seguirlo. No obstante, el Señor decide exhortarlo: «Mira, has sido sanado; no peques más, para que no te suceda algo peor». Sus palabras claramente parecieran indicar que en este caso particular la enfermedad que había padecido era el resultado directo de una situación de pecado. De hecho, en la Biblia existen muchas evidencias de que, en ocasiones, el pecado trae como resultado una enfermedad. Basta con recordar el caso de Miriam que, como resultado de su rebeldía contra Moisés, quedó cubierta de lepra (Números 12.10), o el caso de Herodes que, queriendo adjudicarse la gloria que le pertenece a Dios, murió comido por gusanos (Hechos 12.23).

A pesar de recibir estas advertencias, debemos también entender que este no es un principio inviolable que se cumple a rajatabla en todos los casos. Dios reprendió precisamente a los amigos de Job, porque se empecinaban en encontrar en la vida del patriarca un pecado que explicara su repentina desgracia. Del mismo modo, la aflicción que Pablo describe en 2 Corintios 12 no era como resultado de algún pecado, sino ¡para evitar que pecara!

Saber que la relación entre el pecado y la enfermedad no puede ser encapsulada en una ley, nos salva de la grosera actitud que vemos en estos judíos hacia el hombre que había sido sanado. Cuando alguien está enfermo, el pecado puede ser una de las posibles causas de su aflicción. Avanzamos con cautela y misericordia, sin embargo, porque existen una gran cantidad de situaciones que no guardan relación con esta realidad.

DIOS EN SANDALIAS

DÍA 132

## ¡No es lícito! *(Jesús y el día de reposo)*

# El Dios de la ley

### Juan 5.1–20

***En el capítulo 9 de Juan examinamos la historia de un ciego que fue tenazmente interrogado por los fariseos luego de haber sido sanado por Jesús. La fuerza de la oposición a las obras de Cristo nos lleva a creer que, así como procedieron con el hombre ciego de nacimiento, tampoco dejaron tranquilo al hombre de Betesda. El hecho es que eventualmente descubrió la identidad de Cristo y la compartió con los judíos. En su opinión, ¿por qué lo hizo? ¿Cómo reaccionaron los judíos? ¿Qué quería indicarles Jesús en la respuesta que les dio en el verso 17? ¿Cómo respondieron a esta nueva revelación?***

En la primera arremetida contra el hombre, él defendió lo que estaba haciendo aduciendo que era una orden de la persona que lo había sanado. Es posible que los judíos hayan manifestado su indignación por medio de agresiones adicionales contra él. Lo cierto es que el hombre pudo haberse sentido atrapado en una situación que lo superaba. De todas formas, cuando averiguó que Jesús era el que lo había sanado, no dudó en comunicárselo a los judíos. Nos abstendremos de juzgar si esta decisión fue sabia o no.

La supuesta violación del día de reposo se había convertido en uno de los ejes centrales de la resistencia que ofrecían los judíos al ministerio de Jesús. Nos da un claro indicio de cuánto se habían aferrado a las elaboradas instrucciones que se habían desprendido de tan sencilla palabra como esta: «Seis días trabajarás y harás toda tu obra, mas el séptimo día es día de reposo para el SEÑOR tu Dios» (Éxodo 20.9–10). Como señalé en un devocional anterior, el miedo impulsa a las personas a añadirle a esta exhortación una infinidad de reglas que las salvarán de no provocar la ira del Señor. De hecho, los fariseos guardaban más de 600 reglas referidas a la clase de vida que agradaba a Dios. En el camino, perdieron de vista el corazón amoroso del Padre que vela por el bienestar de sus hijos, y convirtieron una tierna directiva en una carga insoportable de llevar.

Jesús explicó a los judíos, con mucha sencillez, por qué sanaba en el día de reposo: «hasta ahora mi Padre trabaja, y yo también trabajo». El argumento que ofrece, para aquellos que están dispuestos a considerarlo, es inapelable. El milagro que realizó en el estanque de Betesda fue porque vio que «allí estaba trabajando su Padre». Como hemos señalado anteriormente, la maravillosa sujeción de Cristo a Dios significa que él sigue de cerca a su Padre en todos sus hechos. La fuerza de su argumento, sin embargo, es que si Dios, que es el autor del mandamiento sobre el día de reposo, sanó ese día, entonces no se encuentra nada que objetar, pues él está por encima de sus propios mandamientos.

Los judíos no pudieron considerar el argumento que él les presentaba porque su perspectiva no contemplaba la posibilidad de que estuvieran equivocados. La certeza con que emitían juicio se había convertido en un muro infranqueable a la hora de recibir nueva revelación de Dios. ¿Será que nosotros también nos hemos aferrado de tal manera a ciertos conceptos que ahora nos resulta imposible considerar otra forma de ver la vida?

# ¡No es lícito! *(Jesús y el día de reposo)*
# Sólo a uno sanó

**Juan 5.1–20**

***Del incidente en el estanque de Betesda queda una pregunta flotando en el aire: Si existía una multitud de enfermos en aquel lugar ¿por qué Jesús sanó solamente a este hombre? Lea los versículos 17 y 20. En ellos el Maestro presenta una pista que confirma algunas de las observaciones realizadas en reflexiones anteriores. Utilice estos elementos para elaborar una posible respuesta.***

No sabremos nunca, con certeza, por qué Jesús sanó solamente a una persona en el estanque de Betesda. No obstante, ante las acusaciones de los que se escandalizaban por la sanidad que había realizado en el día de reposo, ofreció una respuesta, pues él seguía manteniendo abierta la puerta al diálogo con las figuras religiosas de la época. Quizás Jesús conservaba aún la esperanza de que los judíos pudieran percibir la realidad del reino de los cielos, aunque no podemos dejar de ver que su oposición a Jesús contiene cada vez mayor condenación. La presencia de tanta ira en ellos debería alertarnos al hecho de que el camino hacia la vida definitivamente no pasaba por la vía que ellos habían escogido.

Jesús señaló que él no podía hacer absolutamente nada por su propia cuenta. Esta es una reiteración del principio sobre el que reflexionamos en las tentaciones del Señor. No deja de ser, sin embargo, muy difícil de entender, precisamente porque estamos habituados a emprender proyectos y tomar decisiones por cuenta propia. Según nuestra costumbre, invertimos el proceso y le pedimos al Señor que él bendiga lo que nosotros solos hemos decidido hacer.

Esta imposibilidad de emprender proyectos por cuenta propia no radica en una prohibición impuesta de afuera, sino en una limitación que Jesús ha asumido para su propia vida, pues, «aunque existía en forma de Dios, no consideró el ser igual a Dios como algo a qué aferrarse, sino que se despojó a sí mismo tomando forma de siervo» (Filipenses 2.5–6). La característica sobresaliente de un siervo es su sumisión absoluta a quien sirve. Por esto, el ministerio de Cristo consiste en hacer de igual manera «todo lo que hace el Padre».

Esta asombrosa declaración significa que Jesús no se mueve conforme a las demandas del pueblo, ni tampoco por las necesidades que existen a su alrededor. Su vida es enteramente dirigida por el Espíritu y solamente donde el Padre lo conduce realiza la obra. Por alguna razón que desconocemos, el Padre le indicó que debía solamente sanar la vida de una de las personas de entre la multitud reunida en el estanque de Betesda.

Nos cuesta enormemente concebir el ministerio en estos términos, en parte porque es muy difícil comprender exactamente qué está haciendo el Padre. De hecho, resulta tan trabajoso el proceso que es más fácil adivinar sus intenciones y esperar a que uno acierte en los proyectos en que está involucrado. Jesús, sin embargo, nos revela un secreto adicional: «el Padre ama al Hijo, y le muestra todo lo que Él mismo hace». Cuando estamos inmersos en una relación de profundo amor, el Padre mismo se gozará en darnos a conocer sus obras. No podemos dejar, sin embargo, que el amor a la obra nos robe la oportunidad de intimar con el Dios de la obra.

DIOS EN SANDALIAS

DÍA 134

## La vida en el reino – I *(El Sermón del monte)*

# Otra clase de ciudadano

### Mateo 5.1–12

***Mi objetivo, en los próximos días, es que se apodere de usted y de mí una visión celestial de la vida en el reino. Comience leyendo varias veces las bienaventuranzas y medite en su contenido.***

Hace unos meses tuve la oportunidad de asistir a un encuentro de pastores y líderes provenientes de toda América Latina. En cierto momento se le preguntó a estas personas qué desafío observaban ellos que la Iglesia debía asumir en la actualidad. La opinión de los presentes fue unánime: la Iglesia necesitaba ocupar su lugar como sal y luz en el continente. La observación de este grupo era que a pesar del dramático crecimiento de la Iglesia en las últimas décadas, no se observan cambios significativos en la sociedad de nuestros países.

Creo que esta preocupación refleja el sentir de muchas otras personas. Hemos limitado la vida cristiana a participar en los programas de la congregación, pero no hemos formado a nuestra gente para que vivan la fe en su propio entorno cotidiano. En muchas ocasiones nos hemos lamentado por la falta de ética entre los que son de Cristo. Si muchos de ellos no manifestaran con palabras que son creyentes, nos resultaría difícil identificarlos como tales utilizando como única evidencia su comportamiento.

El Señor no nos ha llamado a unirnos a una religión. La religión no produce cambios, pues impone sobre sus practicantes una serie de ritos en los cuales raras veces participa el corazón. Nuestro llamado es a una relación; al participar de ella somos transformados, pues la esencia de esta experiencia es el intercambio de vida. Mas una relación es una realidad que se vive todos los días, en todo lugar y en todo momento.

Nuestra aventura con Cristo nos llevará, en las próximas semanas, a examinar qué clase de personas son los ciudadanos del reino. En el Sermón del monte, Jesús expone esos aspectos de la vida, que los de afuera no ven pero cuya trascendencia es eterna: la realidad interior, lo secreto del espíritu, aquello que solamente el Señor conoce con intimidad. Nos invita a mirar más allá de las acciones, al estado de nuestros corazones.

Es importante entender que Jesús no nos está entregando una nueva fórmula para llegar a Dios, como la larga lista de requisitos que presentaban los religiosos del momento. Más bien describe las cualidades presentes en aquellos que han sido encaminados en la vida espiritual por el mismo Señor. No es el resultado de un esfuerzo humano, sino el fruto de una visitación sobrenatural, el origen de todo lo que verdaderamente perdura por la eternidad.

Si el Sermón del monte fuera nuestra única porción de las Escrituras, igualmente nos serviría como regla de conducta. En él, Cristo no dejó afuera ninguno de los aspectos fundamentales de la vida espiritual. John Stott, en su excelente libro sobre el Sermón del monte, *Contracultura cristiana*, identifica estas áreas como 1) el carácter del discípulo, 2) la influencia del discípulo, 3) la justicia del discípulo, 4) la piedad del discípulo, 5) las ambiciones del discípulo, 6) las relaciones del discípulo y 7) el compromiso del discípulo. Con solamente leer esta lista percibimos la magnitud y profundidad de la enseñanza que Jesús entregó a las multitudes que le acompañaban.

# La vida en el reino – I *(El Sermón del monte)*
# Pobreza que sirve

## Mateo 5.1–12

*Lea la primera bienaventuranza. ¿Qué significa ser pobre en espíritu? ¿Cómo se produce esta pobreza?*

El Sermón del monte comienza con las bienaventuranzas. La palabra «bienaventurado» no es una referencia a un estado emocional, pues describe mucho más que la felicidad. Se refiere al estado de plenitud que experimenta la persona que ha sido tocada por Dios. El Señor trae consigo vida, y vida en abundancia. Poseerla es ser bienaventurado. Cuando Cristo abrió su boca y comenzó a proclamar esto, deseaba que la gente entendiera que valía la pena entregarse a una vida con Dios. Describía para ellos algo enteramente diferente al mundo mezquino, amargo y depresivo que ellos conocían a diario.

La primera bienaventuranza identifica el punto donde comienza toda obra divina en la vida del hombre: un reconocimiento de la pobreza de nuestra propia condición espiritual. Es el resultado de un momento de iluminación producido por el Señor en el que pierden absoluta importancia los elementos que antes le daban valor a nuestra vida. Nos vemos tal cual él nos ve: en un estado de bancarota moral.

El mejor ejemplo de este reconocimiento nos lo ofrece la parábola del hijo pródigo. Los días de gloria en los que su vida consistía en una sucesión de fiestas, facilitada por una abultada billetera y un interminable desfile de admiradores, no eran más que un recuerdo. Sentado entre los puercos, con la ropa rasgada y sucia, luchando con el implacable acoso del hambre, el muchacho «volvió en sí». Es decir, llegó un momento en el cual vio su verdadera condición y entendió que estaba absolutamente perdido y solo en el mundo. La visión de su miseria fue clave en su decisión de emprender el camino de regreso a casa.

Pobreza de espíritu, debo aclarar, no se refiere exclusivamente a la experiencia que eventualmente nos conduce a la conversión. Más bien es una condición a la cual periódicamente nos volverá a llevar el Señor. A medida que transitamos por la vida, caeremos una y otra vez en posturas de soberbia y altivez que son contrarias al espíritu del reino. La única esperanza para nosotros, en esas ocasiones, será la de volver a percibir nuestra real condición espiritual. Tal fue la experiencia de Pedro que, llevado por su propio entusiasmo, quiso dar testimonio de su fidelidad a Jesús entregando su vida por él. El quebranto que sufrió le ayudó a entender cuán limitada era su «pasión» espiritual.

Cristo proclamó que la bendición que acompaña esta condición es poseer el reino de los cielos. En esto, no podemos dejar de notar el marcado contraste con los conceptos del mundo, donde las ambiciones agresivas de aquellos que han llegado a las más altas posiciones parecen confirmar la observación de que el sistema no recompensa a los débiles ni a los humildes. No obstante, tales figuras no encuentran cabida en el reino, donde «en el arrepentimiento y en el reposo seréis salvos; en quietud y confianza está vuestro poder» (Isaías 30.15). Esta postura solamente la logramos cuando el Señor quiebra en nosotros los malos hábitos aprendidos en el mundo. ¡Definitivamente los caminos de él no son compatibles con los del hombre!

La vida en el reino – I *(El Sermón del monte)*

# Tristeza santa

## Mateo 5.1–12

*Medite en la segunda bienaventuranza. ¿Qué relación guarda con la primera? ¿Qué beneficios nos provee ser personas que lloran?*

El principio de una experiencia espiritual significativa, según lo que notamos en la primera bienaventuranza, radica en reconocer la pobreza de nuestra propia condición espiritual. Quizás poseamos grandes riquezas en otras esferas de la vida, pero descubrimos, consternados, que hemos ignorado lo más importante, lo único que perdura más allá de la muerte.

Este descubrimiento podría significar el principio de algo nuevo pero no siempre lo es. Muchos son los que reconocen estar mal, pero este reconocimiento no produce en ellos más que amargura o resignación. Incluso, en algunos, se presta para una extraña especie de orgullo. Cuando esta revelación es obra del Espíritu de Dios, sin embargo, nos conduce a este segundo paso, el del llanto. Percibir nuestra verdadera condición va de la mano de una profunda tristeza, porque entendemos cuán grande ha sido nuestra ofensa contra él. En su misericordia, él permite que lloremos por nuestra pobreza, porque las lágrimas son el principio de la sanidad. Es por esto que Jesús puede declarar, confiado: «Bienaventurados los que lloran, pues ellos serán consolados».

Esta verdad es contraria a muchas de las enseñanzas que nos transmite nuestra cultura, especialmente si somos hombres. *«Los hombres no lloran»,* nos decían nuestros mayores, aun cuando no teníamos suficiente edad siquiera para entender lo que significaba ser hombre. La ausencia de lágrimas, sin embargo, denota una extraña dureza de corazón, producto de una falta de contacto con nuestra vida emocional. Quien no llora aprendió, en algún momento de su vida, que las lágrimas solamente le traían problemas. En su deseo de evitar estas dificultades, reprimió un aspecto de su personalidad que es tan natural y necesario como comer.

David, uno de los hombres más genuinos en la Biblia, frecuentemente derramó lágrimas. Confesó que había regado su cama con lágrimas (Salmos 6.6) y que, en ocasiones, habían sido su pan de día y de noche (Salmos 42.3). Cristo lloró en más de una oportunidad, por situaciones que nosotros ni siquiera entendemos. Pedro lloró desconsoladamente luego de negar a su Señor. Los hermanos de Éfeso lloraron intensamente cuando Pablo les anunció que ya no los volvería a ver. Todo esto indica una manera natural de expresar tristeza y una apertura al obrar de Dios.

Es precisamente a esto que Cristo apunta cuando declara que los que lloran son bienaventurados. Sus lágrimas no los dejarán vacíos y solos. El llanto de origen espiritual no produce desconsuelo (2 Corintios 7.10). Junto al llanto vendrá la mano tierna de Dios, que consuela a los afligidos y seca sus lágrimas, pues él es un Dios que «sana a los quebrantados de corazón, y venda sus heridas» (Salmos 147.3). Quien ha experimentado este consuelo sabe que luego del llanto uno se siente purificado y refrescado, como la tierra sobre la cual ha caído la lluvia.

Cuando entendamos todo esto comprobaremos por qué son innecesarios nuestros esfuerzos por esconder nuestras lágrimas o las disculpas que automáticamente ofrecemos cuando el llanto se apodera de nosotros.

## La vida en el reino – I *(El Sermón del monte)*

# Hacia la mansedumbre

### Mateo 5.1–12

*Lea la tercera bienaventuranza. ¿Cómo explicaría a otro lo que significa ser manso? ¿Por qué nos cuesta ser mansos?*

Las primeras dos bienaventuranzas se relacionan con el resultado de la intervención de Dios en nuestras vidas. Por la acción del Espíritu quedan al desnudo todas las posturas y actitudes que en algún momento nos llevaron a pensar que éramos algo. Nuestra penuria espiritual es dolorosamente evidente, y nos quebrantamos internamente por esta realidad tan radicalmente opuesta a la que creíamos poseer.

La bienaventuranza de hoy está apoyada sobre la condición espiritual que describe la primera y segunda bienaventuranza. Al igual que los eslabones en una cadena, esta condición no puede existir aislada de la pobreza y el quebranto espiritual. La mansedumbre, no obstante, nos introduce en el plano de las relaciones humanas. Es importante que entendamos que las relaciones sanas no dependen de la calidad de las personas que la componen, sino de la existencia de un fundamento espiritual que permite que nos veamos tal cual somos.

La mansedumbre es la actitud que confirma que gozar de conciencia de pobreza espiritual es verdaderamente producto de un accionar de Dios, y no de nosotros mismos. Cuando estamos vestidos de mansedumbre podemos aceptar, con una actitud de quietud y sosiego interior, aquellas situaciones que nos resultan dolorosas, humillantes o difíciles. Otros señalan con libertad nuestros defectos y errores, pues no reaccionamos con airada indignación, buscando justificar lo injustificable. Es el Espíritu el que ha traído a la luz estas mismas condiciones y por eso podemos tomar las palabras de los demás como una confirmación de lo que ya nos ha sido revelado.

Ante la injusticia hacia nuestra persona somos lentos para reaccionar. No nos preocupan los insultos o las acciones que dañan nuestra reputación. Estamos confiados que Dios defiende a los suyos y que no requiere de nuestra ayuda para lograrlo. Tal fue la actitud de Moisés cuando se levantaron en su contra María y Aarón (Números 12) y los hijos de Coré (Números 16). La Palabra lo reconce como «el hombre más manso de la tierra» (12.3).

Más adelante, Jesús invitaría a todos los cargados y angustiados a que se acercaran a él, porque él era «manso y humilde de corazón» (Mateo 11.29). En el momento más duro de su trayectoria terrenal demostró mansedumbre absoluta, pues cuando «le ultrajaban, no respondía ultrajando; cuando padecía, no amenazaba» (1 Pedro 2. 23). No podemos evitar la sospecha de que gran parte de nuestra propia fatiga se debe, precisamente, a nuestros interminables esfuerzos por defender y justificar nuestras acciones y convicciones.

Una vez más, vemos que la recompensa marca un fuerte contraste con los conceptos típicos del mundo. La filosofía de estos tiempos afirma que la tierra pertenece a aquellos que no «se dejan estar». En el reino de los cielos, la tierra es precisamente de aquellos que dejan de luchar, argumentar y pelear para asegurarse del respeto que, según entienden, se merecen. Descansan en Dios y saben que él es el que levanta y derriba, el que sostiene y el que quita. Es ampliamente generoso para velar por los intereses de sus hijos.

DIOS EN SANDALIAS

DÍA 138

La vida en el reino – I *(El Sermón del monte)*

# Hambre y sed de justicia

## Mateo 5.1–12

*Lea la próxima bienaventuranza. ¿Qué relación guarda con las anteriores? ¿Cuál es estado de una persona con hambre y sed?*

Seguramente usted se dará cuenta, luego de reflexionar sobre las primeras tres bienaventuranzas, que es imposible transitar por este camino sin una obra de Dios en nuestras vidas. Sencillamente no estamos capacitados para esta experiencia, porque es contraria a nuestra herencia pecaminosa. Podemos entender mejor por qué no es posible tomar las bienaventuranzas como una serie de requisitos para llegar a Dios. Jesús está describiendo, para sus oyentes, las características de un genuino accionar del Espíritu en las personas. ¡Los ciudadanos del reino verdaderamente no comparten nada en común con los ciudadanos de este mundo!

El proceso de quebranto, en el cual repudiamos la manera en que hemos estado viviendo hasta este momento, podría bien prestarse para que nosotros decidamos producir un cambio en nuestras vidas, no importa cuál sea el costo ni el camino a recorrer. He aquí el verdadero peligro que lleva esta revelación: creer que el arrepentimiento nos da licencia para iniciar la transformación de nuestros propios corazones. Al comprender el punto en que hemos fallado, hacemos voto para que no vuelva a suceder y ponemos toda nuestra energía en producir el cambio que juzgamos necesario para no volver a deslizarnos hacia nuestro estado anterior.

Una decisión de esta naturaleza no lograría más que descarrilar la obra que el Señor está llevando adelante en nuestros corazones. Nos debe servir de advertencia la pregunta que Pablo le planteó a los Gálatas: «Habiendo comenzado por el Espíritu, ¿vais a terminar ahora por la carne?» Nuestra respuesta debe ser rotunda: «¡De ninguna manera!» Ni bien asumimos nosotros el control del proceso de transformación en nuestras vidas, se detendrá nuestro crecimiento espiritual. Al igual que el hijo pródigo, no podemos traerle al Padre nuestra idea de cómo debe tratar con nuestras vidas, porque él ya sabe lo que necesitamos y no precisa de nuestras sugerencias.

Las bienaventuranzas revelan un camino diferente, el camino de la acción soberana de Dios. La parte que nos corresponde es venir al Señor con nuestras debilidades y nuestros errores, para clamarle por esa obra que solamente el Espíritu puede realizar. Precisamente por esto la bendición está en padecer hambre y sed de justicia. No podemos convertirnos en personas justas salvo como resultado de la intervención divina. La transformación que tanto anhelamos necesitamos buscarla en sus manos. «Cristo en nosotros» es la realidad de la cual debemos echar mano.

La recompensa, según lo que señala Cristo, es que esta hambre quedará satisfecha. Dios no permanecerá quieto ante nuestro clamor, «porque no tenemos un sumo sacerdote que no pueda compadecerse de nuestras flaquezas, sino uno que ha sido tentado en todo como nosotros, pero sin pecado. Por tanto, acerquémonos con confianza al trono de la gracia, para que recibamos misericordia, y hallemos gracia para la ayuda oportuna» (Hebreos 4.15–16). ¡Él está aún más interesado que nosotros en producir esa transformación que buscamos!

DIOS EN SANDALIAS

DÍA 139

## La vida en el reino – I *(El Sermón del monte)*

# Corazón como el de Dios

### Mateo 5.1–12

***Lea la bienaventuranza para este día. ¿Cómo describiría la misericordia? ¿Qué elementos facilitan que seamos personas misericordiosas?***

En esta bienaventuranza encontramos una de las más claras evidencias de que es Dios el que está obrando transformación en la vida, y no la persona misma. La misericordia se refiere específicamente a una sensibilidad al dolor de otros que, a su vez, produce un deseo de aportar alivio al afligido. Refleja el carácter de nuestro Padre, pues la misericordia se relaciona con un corazón compasivo, bondadoso y tierno. No mide si la otra persona es merecedora de nuestro socorro, sino que se da a sí mismo por el bien del otro.

Conforme a la progresión espiritual que hemos notado, es natural que esta actitud de misericordia sea fruto del hambre y sed de justicia. Esa necesidad espiritual solamente puede ser saciada al entrar en intimidad con Dios mismo. La cercanía a su persona, sin embargo, no solamente sacia las necesidades de nuestra alma, sino que contribuye a que se apodere de nuestro corazón la misma visión que Dios tiene de las personas. Ya no juzgamos con dureza a aquellos que están en situaciones problemáticas, condenándolos porque vemos en sus vidas las claras consecuencias del pecado. Más bien, comenzamos a comprender que son personas atrapadas en un sistema maligno, enceguecidas por las tinieblas de este mundo, que necesitan con desesperación que alguien se les acerque para indicarles el camino hacia la luz y la vida.

No hace falta señalar que la expresión de la misericordia muchas veces escandaliza a aquellos que pretenden ser los auténticos defensores de todo lo que es bueno y justo. Los fariseos, por ejemplo, no mostraron una pizca de misericordia hacia la mujer sorprendida en adulterio (Juan 8). Lejos de desear que sea librada del lazo en el que había caído, la trajeron a Jesús buscando la aprobación para la condenación que ya habían forjado en sus propios corazones. Jesús no mencionó, en ningún momento, que aprobaba la práctica del adulterio. Sin embargo, demostró compasión al afirmar que no la condenaba, aunque era digna de condenación. De la misma manera, Simón el fariseo se mostró horrorizado de que el Maestro permitiera que una mujer pecadora lo tocara (Lucas 7.35–50). ¡Un fariseo jamás hubiera tenido contacto con esta clase de persona! Jesús, no obstante, le extendió la bondadosa compasión de Dios y fue, literalmente, transformada en otra persona. En esa ocasión Jesús señalaría que «al que mucho ama, mucho le ha sido perdonado» confirmando que la misericordia es, en efecto, la consecuencia de reconocer nuestra propia pobreza de espíritu. Por esto necesitamos que nos recuerde a diario lo mucho que nos ha amado.

En varios momentos durante su peregrinaje, Cristo le recordó a los discípulos que Dios sería generoso con aquellos que eran generosos. El principio es claro: todos hemos recibido la invitación a ser parte del reino. Pero una vez que hemos sido integrados a él, es inadmisible que no brindemos a los demás la misma actitud de misericordia que se nos ha concedido a nosotros. ¡Bienaventurados los misericordiosos, porque ellos recibirán aún mayores demostraciones de misericordia!

DÍA 140

## La vida en el reino – I *(El Sermón del monte)*

# «¡Muéstrame tu rostro!»

**Mateo 5.1–12**

***Hemos considerado la progresiva restauración del ser humano cuando Dios irrumpe en su vida. La bienaventuranza de hoy habla de la limpieza de corazón. ¿Qué cualidad describe esta condición? ¿De qué manera afecta la vida gozar de un corazón limpio?***

En la vida religiosa el acento siempre recae sobre los ritos y comportamientos externos del ser humano. Con una vida disciplinada podemos impresionar a quienes nos rodean y dar la imagen de ser personas sumamente piadosas, pero a Dios no podemos conmoverlo. Él no mira la parte externa, visible del ser humano, sino que pesa los corazones. Aquello que está escondido a los ojos de la mayoría de los hombres es lo que mayor valor recibe en el reino.

La limpieza de corazón se refiere a las motivaciones y los pensamientos que controlan gran parte de nuestro comportamiento. Es allí donde se debe cultivar la verdadera santidad. Cristo iba a sorprender a las multitudes hablando de la verdadera espiritualidad definida desde el plano de lo secreto. Donde existía preocupación con el acto del adulterio, Jesús señaló que el origen del mal estaba en una mirada llena de deseos (Mateo 5.29). Donde lo condenable parecía ser el violento acto de homicidio, identificó como culpable el «inocente» pensamiento que dio origen a ese crimen (Mateo 5. 22). La implicación era clara: los actos externos no pueden estar divorciados de los pensamientos secretos del hombre interior. La santidad, que es el resultado de una actitud de sinceridad y pureza, se debe cultivar en el mismo lugar donde radica el mal que afecta al hombre, el corazón.

La recompensa enunciada por Jesús es el eco de las palabras del salmista: «¿Quién subirá al monte del SEÑOR? ¿Y quién podrá estar en su lugar santo? El de manos limpias y corazón puro; el que no ha alzado su alma a la falsedad, ni jurado con engaño» (24.3–4). Del mismo modo, el autor de Hebreos exhorta: «Buscad la paz con todos y la santidad, sin la cual nadie verá al Señor» (12.14). Una vida de pureza interior permite ver lo que quienes están sin Cristo no pueden ver, pues el Señor es Santo y nadie que vive en un estado de impureza podrá contemplarlo a él.

Las palabras de Cristo nos llaman a una seria reflexión en cuanto a nuestra actitud hacia el pecado. Muchas veces mostramos una indiferencia hacia este tema que solamente puede ser calificado de alarmante. La abundancia de reuniones y oraciones no producirán una visitación celestial, a menos que nuestro corazón haya sido quebrado por el pecado que nos afecta. Necesitamos volver a escuchar las palabras del profeta Isaías: «He aquí, no se ha acortado la mano del SEÑOR para salvar, ni se ha endurecido su oído para oir. Pero vuestras iniquidades han hecho separación entre vosotros y vuestro Dios, y vuestros pecados le han hecho esconder su rostro de vosotros para no escucharos» (59.1–2).

Lo invito a un momento de silencio. Déle permiso a Dios para que, por medio de este texto, hable a su corazón. «¡Límpiame, Señor! Examina mis pensamientos y purifica mi corazón. ¡Líbrame de los pecados que me son ocultos! Que así se haga».

DIOS EN SANDALIAS

DÍA 141

## La vida en el reino – I *(El Sermón del monte)*

# Extender la paz

### Mateo 5.1–12

***Lea la bienaventuranza de hoy. Vuelva a leer todas las bienaventuranzas y observe la relación que guardan la una con la otra. ¿De qué manera afectan la existencia del ser humano? ¿Por qué se introduce, ahora, al pacificador? ¿Cuáles son los atributos de una persona que invita a la paz?***

Las relaciones entre los seres humanos necesitan desesperadamente de esta bendición, pues están plagadas de toda clase de conflictos. El simple hecho de convivir dos personas en una misma casa, donde los intereses de una compiten con los de la otra, ya ocasiona problemas. Cuando trasladamos esas tensiones a la sociedad, en la que los compromisos con el prójimo son mucho más débiles, es fácil entender por qué los desacuerdos y las contiendas abundan a nuestro alrededor. Dios nos ha creado para convivir en paz y armonía los unos con los otros, pero la presencia del pecado en nuestras vidas provoca que esto sea una imposibilidad a la hora de llevarlo a la práctica.

Es dentro de este marco que Jesús declara: «bienaventurados los que procuran la paz, pues ellos serán llamados hijos de Dios». No es posible llevar las relaciones al plano de la paz —que en la Palabra se refiere mucho más que a la ausencia de conflictos— salvo que sea por medio de una acción sobrenatural. El hombre ha intentado imponer la paz por sus propios medios, pero siempre termina siendo un acto de agresión hacia los demás. Así fue con Pedro, cuando quiso defender con su espada al Cristo arrestado, o con Moisés, cuando quiso bendecir a sus hermanos hebreos por medio del asesinato de un egipcio. «La ira del hombre no obra la justicia de Dios», advierte el apóstol Santiago (1.20).

Es precisamente por la obra del Espíritu que Cristo pudo pedirle al Padre, en su momento más humillante, que no tomara en cuenta el pecado de los que lo crucificaban. Así también Esteban oraba por los que lo estaban apedreando, aun cuando se encontraba en medio de un agónico proceso de muerte. Los pacificadores son aquellos que desean que la plenitud de la bendición de Dios alcance a los que están a su alrededor. De esta manera permiten que los hombres disfruten de las relaciones sin la permanente tendencia a la ofensa. Los que buscan la paz también asumen el compromiso de intervenir en toda situación de probable conflicto, y evitan que un pleito llegue a desencadenar en una conflagración de proporciones incontrolables. Entienden que el principio de una contienda es como el soltar de muchas aguas (Proverbios 17.14).

La consecuencia de esta actitud es que los tales serán llamados hijos de Dios. Debemos tomar especial nota de esta declaración, pues nos hemos acostumbrado a pensar que la condición de hijos es consecuencia de una realidad pasiva. No obstante, las palabras de Cristo claramente indican que son hijos de Dios aquellos que se interesan y están involucrados en los mismos proyectos que ocupan el corazón del Padre. Vemos, una vez más, que es imposible divorciar las relaciones humanas de la relación con Dios.

DIOS EN SANDALIAS

DÍA 142

## La vida en el reino – I *(El Sermón del monte)*

# Confirmación de vida nueva

**Mateo 5.1–12**

***Lea las últimas dos bienaventuranzas. ¿Por qué termina en este punto el proceso de transformación en la vida del discípulo? ¿Qué tan consciente está hoy la Iglesia de esta realidad? ¿Cuál es la razón por la que evitamos situaciones de conflicto por causa del evangelio?***

Una de las ironías de las bienaventuranzas es que la transformación que hemos estado describiendo, la cual alinea nuestras vidas con los propósitos de Dios, no es bien recibida por los que nos rodean. En realidad, es inevitable que la persona que opta por contradecir las pautas y actitudes que gobiernan este mundo, eventualmente sea resistida por los que andan en pecado, pues su conducta pone en evidencia las debilidades y enfermedades propias de una cultura pecaminosa. A nadie le gusta venir a la luz, pues quiere evitar que sus obras sean expuestas.

Hemos de notar, sin embargo, que la bendición que proclama Jesús está condicionada a una realidad: que los insultos, la injusticia y la oposición sean el resultado de seguir a Cristo. Los conflictos, los malos entendidos y las peleas son elementos frecuentes en nuestra existencia. Todos, en algún momento de la vida, pueden llegar a experimentarlos. Muchas veces, sin embargo, estos conflictos no son más que el producto de la necedad del ser humano. Por eso, el apóstol Pedro pregunta, «¿qué mérito hay, si cuando pecáis y sois tratados con severidad lo soportáis con paciencia? Pero si cuando hacéis lo bueno sufrís por ello y lo soportáis con paciencia, esto halla gracia con Dios» (1 Pedro 2.20).

La persecución, como hemos señalado en otros devocionales, ha sido la marca de todos los grandes profetas y siervos de Dios. El autor de Hebreos comenta en el capítulo 11 que muchos «experimentaron vituperios y azotes, y hasta cadenas y prisiones. Fueron apedreados, aserrados, tentados, muertos a espada; anduvieron de aquí para allá cubiertos de pieles de ovejas y de cabras; destituidos, afligidos, maltratados (de los cuales el mundo no era digno), errantes por desiertos y montañas, por cuevas y cavernas de la tierra» (36–38). De modo que no debemos sorprendernos de la oposición, sino más bien verla como la confirmación de que hemos pasado a una nueva dimensión de la vida, una en la que Cristo establece las pautas que guían nuestra existencia.

A esto, precisamente, se refiere la recompensa asociada con la persecución: «de ellos es el reino de los cielos». La persecusión pareciera colocar a las personas en una posición en la cual lo pierden todo. En casos extremos como el de Pablo, Esteban, Pedro u otros mártires de la Iglesia, la persecución terminó con la vida misma de los que servían a Cristo. No obstante, poseen algo que no les puede ser quitado, y es la participación plena y absoluta en la vida que Dios otorga a los suyos, aun estando muertos en cuerpo.

Al concluir nuestras reflexiones sobre las características de la persona redimida, queda frente a nosotros la necesidad de abrirnos completamente al obrar de Dios, para ser conducidos hacia esa transformación profunda de nuestro ser. *¡Haz tu trabajo en mí, oh Dios!*

DIOS EN SANDALIAS

DÍA 143

## La vida en el reino – II *(El Sermón del monte)*

# Una cuestión de identidad

### Mateo 5.13–20

***La impresionante descripción que hemos recibido de las características del ciudadano del reino dan lugar, ahora, a una descripción de cómo estas personas pueden impactar su entorno. Para ilustrar esta verdad, Jesús escogió uno de los elementos más comunes de la vida cotidiana, la sal. Investigue la importancia de la sal en los tiempos bíblicos. Intente enumerar las diversas características que posee la sal, y su relación con la vida del discípulo.***

La sal se usaba, en la antigua Palestina, con dos propósitos principales: darle gusto a la comida y preservar la carne de la descomposición. También estaba incluida en algunas de las ceremonias religiosas en el templo, pues se le atribuía un valor purificador.

Meditemos en algunas características de la sal. En primer lugar, es enteramente diferente a la comida y mantiene su sabor distintivo al mezclarse con los alimentos. Ella no adquiere el sabor del plato al cual se agrega, sino que el gusto de los contenidos del mismo se acentúan por la presencia de la sal. De la misma manera, un discípulo de Cristo debe poseer una vida distintiva, diferente a la de las personas que lo rodean. Cuando participa de actividades y eventos en los que tiene contacto con la gente del mundo, el discípulo debe claramente contagiarlos de sus principios y conductas. De ningún modo debe el discípulo adquirir el «sabor» del mundo.

En segundo lugar, la influencia de la sal en la comida se da simplemente por su presencia en ella. Cuando la sal se mezcla con los alimentos, no reacciona de manera particular para producir el sabor salado. Del mismo modo, un discípulo no se dedica a realizar actividades especiales para «salar» a los de su alrededor. La acción de salar no es algo que se debe programar, sino que es el resultado de un estilo de vida que se observa naturalmente en el desarrollo de las actividades cotidianas, las cuales a nuestros ojos muchas veces no poseen ningún elemento «espiritual».

En tercer lugar, debemos notar que la sal es más eficaz cuando se añade en la medida justa. Si se echa demasiada sal en la comida, esta no podrá comerse. Del mismo modo la presencia del discípulo en el mundo es más poderosa cuando las personas no son abrumadas por una avalancha de mensajes, tales como las que podrían recibir cuando son invitadas a nuestras reuniones. La Iglesia esparcida cumple mejor su función de ser testigo que la Iglesia reunida. La presencia de la Iglesia en la sociedad es, a la vez, el factor que preserva al hombre del deterioro natural que produce el pecado.

Cristo termina su comentario con una observación dramática: la sal que ha perdido su gusto ya no sirve para nada. ¿Será que aquellas personas que durante años han participado en las actividades de la iglesia sin asumir un compromiso serio con el mundo ya no poseen utilidad para el Señor? No lo sabemos con certeza. Lo que sí he observado, a través muchos años de ministerio, es que estas personas son las que más cuesta movilizar. ¡El Señor nos guarde de acomodarnos a una vida de rutinaria religiosidad!

## La vida en el reino – II *(El Sermón del monte)*

# Inevitable resplandor

### Mateo 5.13–20

*Jesús añade la analogía de la luz a la de la sal. ¿Cuáles son las características de la luz? ¿Cómo se produce la luz en la vida del hijo de Dios? ¿Cómo debe actuar para impactar al mundo?*

Partimos de una sencilla observación: la exhortación de Cristo no es a que el discípulo produzca luz para que los hombres lo vean. Él declara que somos luz. Es decir, nuestra acción podría frenar o liberar la manifestación de la luz en nuestra vida, pero no producirla. La luz claramente la genera Cristo mismo por su presencia en nosotros.

Al igual que con la sal, la luz no brilla en nosotros en momentos especialmente seleccionados para darla a conocer. Si la luz está presente en nosotros, la verán los demás aun en los detalles menos importantes, aunque nosotros no consideremos estos detalles como «espirituales». Pueden ser actividades tan rutinarias como contestar el teléfono, realizar un trámite en una oficina pública o manejar el automóvil. Quien anda en la luz verá que estas actividades son afectadas por la presencia de la luz en su vida.

Es por esto que Jesús señaló, de modo enfático, que una ciudad asentada sobre un monte no puede ser escondida. Resulta literalmente imposible que pase inadvertida por otros. Del mismo modo, no puede existir tal posición como un seguidor «secreto» de Cristo. Si bien una persona puede medirse a la hora de hablar de Jesús, resultará imposible que esconda la presencia del Señor en su vida.

Tanto la analogía de la sal como la de la luz pueden ser entendidas solamente cuando se consideran en el marco de la vida integral. El pueblo que ha cambiado una vida de devoción por el compromiso con algunas reuniones es el que se ve ante el desafío de armar actividades para que sus miembros puedan «salar» o «iluminar» al mundo que lo rodea. Las palabras de Cristo, sin embargo, señalan cuán expuesta está la vida del discípulo. Nadie es discípulo «de a ratos», para manifestar su devoción en los momentos reservados para ello. Su pasión por Jesús permea cada aspecto de su vida, y en todos ellos se observará que sigue a Uno que está sujeto a parámetros que claramente contradicen los valores de este mundo.

En la segunda parte de su enseñanza Cristo declara que «ni se enciende una lámpara y se pone debajo de un almud, sino sobre el candelero, y alumbra a todos los que están en casa». Debemos entender que en esta figura Jesús ofrece una alusión a los deseos más profundos de Dios de dar a conocer las maravillas de sus bondades para con los hombres. De hecho, el apóstol Pedro declara que la Iglesia es «linaje escogido, real sacerdocio, nación santa, pueblo adquirido para posesión de Dios, a fin de que anunciéis las virtudes de aquel que os llamó de las tinieblas a su luz admirable» (1 Pedro 2.9). El Padre nos ha llamado a luz con un propósito en mente y es que revelemos la identidad de la fuente de la luz que brilla en nosotros. Esto es una tarea esencial de lo que significa ser un discípulo, y no podemos vivir sin asumir esta responsabilidad que trae nuestra identidad como Hijos de Dios.

DIOS EN SANDALIAS

DÍA 145

# La vida en el reino – II *(El Sermón del monte)*
# Buenas obras

## Mateo 5.13–20

***Lea el versículo 16. En vista de lo que hemos compartido sobre la luz, ¿cómo podemos practicar nuestro rol de iluminar en los lugares de oscuridad? ¿Qué relación existe entre el acto de iluminar y las buenas obras? ¿Qué fruto debe dar la luz que resplandece a través de nosotros?***

Cristo concluye su enseñanza sobre la identidad del cristiano con esta exhortación: «Así brille vuestra luz delante de los hombres, para que vean vuestras buenas acciones y glorifiquen a vuestro Padre que está en los cielos».

Una responsabilidad esencial de nuestro llamado es dedicarnos a las buenas obras. El mensaje conjunto de las Escrituras con respecto a este tema es abrumador. Considere algunos de los siguientes pasajes: «Porque somos hechura suya, creados en Cristo Jesús para hacer buenas obras, las cuales Dios preparó de antemano para que anduviéramos en ellas» (Efesios 2.10). «Muéstrate en todo como ejemplo de buenas obras» (Tito 2.7) «quien se dio a sí mismo por nosotros para redimirnos de toda iniquidad y purificar para sí un pueblo para posesión suya, celoso de buenas obras» (Tito 2.14). «Palabra fiel es ésta, y en cuanto a estas cosas quiero que hables con firmeza, para que los que han creído en Dios procuren ocuparse en buenas obras» (Tito 3.8). «Y consideremos cómo estimularnos al amor y a las buenas obras» (Hebreos 10.24). «Mantened entre los gentiles una conducta irreprochable, a fin de que en aquello que os calumnian como malhechores, ellos, por razón de vuestras buenas obras, al considerarlas, glorifiquen a Dios en el día de la visitación» (1 Pedro 2.12).

Estos pasajes, y muchos otros, señalan que el discípulo debe estar ocupado en las buenas obras que Dios ha preparado para que él camine en ellas. Estas buenas obras serán tan diversas como lo fueron las del ministerio de Jesucristo en la tierra. Lo importante no es la manera específica de llevar a cabo estas acciones, sino el entendimiento de que son la manifestación de un deseo profundo de bendecir a los que están alrededor de nosotros, de bendecirlos con nuestros hechos, porque nosotros también hemos recibido el bien. No existe en esta actitud el deseo de «enganchar» a las personas para nuestro grupo, ni de convertirlos a nuestra religión. Más bien es el anhelo de revelar que seguimos a un Dios cuyo deleite es bendecir.

Indudablemente estas obras señalarán que pertenecemos a otro reino. Las buenas acciones no existen para que otros vean la luz, sino que la presencia de la luz revela el origen divino de las buenas obras que realizamos. Es decir, la luz no necesita convocar a una reunión para explicar a los demás que ella es luz. La luz encuentra en las buenas obras su resplandor más pleno. Debemos notar, además, que las más auténticas obras espirituales llevarán a las personas a glorificar al Dios que está detrás de esos hechos, del mismo modo que ocurrió en el ministerio del Cristo.

*«Señor, abre mis ojos para ver las obras que tú has preparado de antemano para que ande en ellas. Que en el día de tu regreso puedas encontrarme plenamente ocupado en hacer el bien a todos los que están alrededor de mí, para que los hombres glorifiquen solamente tu nombre. Amén».*

## La vida en el reino – II *(El Sermón del monte)*

# La Ley avalada

**Mateo 5.13–20**

***No ha de extrañarnos que, al percibir el tono radicalmente diferente en las palabras de Jesús, muchos de los presentes comenzaran a pensar que él traía una nueva enseñanza que convertía en nula la Ley. Ninguno de ellos jamás había escuchado esta clase de enseñanzas en boca de los escribas y los fariseos. Lea lo que él afirma acerca de la Ley. ¿Cuál es la relación de Cristo con la Palabra? ¿Qué significa que ha llegado para «cumplir» la Ley? ¿En qué se diferencia su enseñanza de la de los fariseos?***

Es necesario que prestemos atención a esta declaración de Jesús, especialmente en la presente época, en la que muchos líderes compiten contra otros para probar que son capaces de traer a la Iglesia la última novedad que asegura la bendición de Dios. Pareciera que la Escritura ya nos resulta aburrida, por lo que nos vemos en la necesidad de añadir siempre algún «descubrimiento» que se le ha escapado a la Iglesia que nos ha antecedido por 2000 años. Jesús no solamente tenía en gran estima la palabra de la Ley y los Profetas, sino que también declaró que era más probable que el mundo presente dejara de existir antes que la Palabra perdiera su validez.

A todos los que hemos recibido la tarea de enseñar y proclamar su Palabra esta declaración del Maestro nos deja una seria advertencia. Nuestro ministerio debe estar firmemente anclado en la Palabra eterna de Dios. No admitamos la posibilidad de reemplazarla por ninguna de las «novedades» que parecen tan atractivas en estos tiempos. Es por medio de la Palabra que el pueblo entiende la clara voluntad de Dios. Es por medio de la Palabra que se nos llama a una vida de obediencia. La Palabra es la que limpia y santifica, la que nos cuida de que «ya no seamos niños, sacudidos por las olas y llevados de aquí para allá por todo viento de doctrina, por la astucia de los hombres, por las artimañas engañosas del error» (Efesios 4.13). No obstante, ¡cuán difícil es encontrar hoy líderes que sean personas de la Palabra!

En Cristo vemos no solamente a un hombre que entendía claramente la Palabra, sino que también sabía interpretar con perfección el espíritu de ella. La libera de la vida religiosa y la lleva al plano espiritual. El poder de su enseñanza no radica solamente en esta profunda comprensión de la Verdad, sino también en que él mismo vivía lo que enseñaba. Por esta razón declaró que los grandes en el reino son aquellos que «cumplen la Palabra y la enseñan» a otros. ¿Será que el orden en esta observación nos da una pista acerca del secreto de un ministerio eficaz? Ciertamente el ministro que aspira a impactar a otros deberá ser, primero, un hacedor de la Palabra.

Es precisamente en este último punto que con más frecuencia se abre una brecha en nuestros ministerios, pues lo que vivimos resulta tan diferente a lo que intentamos enseñar a otros. El pueblo, no obstante, puede percibir cuando una persona está entregando solamente la teoría sobre la vida espiritual. Quien vive a diario lo que predica posee un peso que no puede ser reemplazado con la elocuencia, ni con el estudio.

# La vida en el reino – II *(El Sermón del monte)*
# El gran desafío

## Mateo 5.13–20

*Lea el último versículo de esta sección. ¿Cómo habrán reaccionado las multitudes ante la exhortación de Cristo? ¿Qué significa que nuestra justicia debe superar la de los fariseos? ¿Qué relación existe entre la justicia y la Palabra?*

¡Cómo deben haber sorprendido a la multitud estas palabras de Cristo! ¿Acaso estaría aludiendo a una vida de dimensiones aún más estrictas y severas que la de los más devotos representantes de la piedad en Israel? Simplemente no era posible seguir agregando requisitos a la interminable lista de reglamentos que regían cada aspecto de la vida de los fariseos y escribas.

Cristo no se estaba refiriendo a mayor devoción, sino a mayor precisión en la práctica de la vida espiritual. Es decir, él llamaba a las personas a que abandonaran una religión que se concentraba exclusivamente en lo externo, para comenzar a trabajar sobre los aspectos escondidos y secretos de su vida. A tales efectos comenzó a ilustrar el sentido de su llamamiento aludiendo a situaciones propicias para la hipocresía, tales como el adulterio, el homicidio, el juramento, o la venganza. Confiados de que el pecado consistía en el acto puntual de adulterar, matar o vengarse, Cristo obligó a las personas a reconocer el lugar donde se gestan tales acciones: en lo secreto del corazón. Combatir lo externo sin procurar un cambio de actitud resultaba tan vano como querer detener un río con las manos. Una módica cuota de dominio propio serviría para no llegar a la consumación del pecado; mas lo perverso de los pensamientos seguiría intacto, y esto resultaba tan ofensivo a Dios como el acto en sí.

No obstante, debe quedar claro, por el contenido de las palabras de Cristo, que él no estaba anunciando un cambio en la manera de ver la vida espiritual. Más bien estaba revelando la correcta interpretación de la Ley, la cual había sido parte de la vida de los israelitas durante casi 2000 años. Los hombres, siempre apegados a buscar el camino más fácil y seguro, habían escogido concentrarse exclusivamente en los aspectos externos y visibles de la Ley. En las palabras de la Ley, sin embargo, estaba revelado el corazón de Dios y era el espíritu que las inspiró el que debía iluminar el paso de los israelitas por el mundo. Por esta razón, como vimos ayer, Cristo afirmaba que no iba a ser quitada ni una tilde de la Palabra, pues la misma no se había tornado obsoleta ni innecesaria. Al contrario, seguía tan vigente como siempre, pero la perversión de los hombres había convertido su contenido en preceptos inalcanzables para la mayoría del pueblo.

Debemos terminar aquí nuestra consideración de los detalles del capítulo 5 de Mateo. No es el propósito de esta serie realizar un estudio exhaustivo del texto, sino, más bien, despertar en cada uno un interés por profundizar el conocimiento de la persona de Jesucristo mediante la lectura diligente de los Evangelios. En los próximos días estaremos examinando las enseñanzas relacionadas con la práctica de la piedad, según las enseñanzas que el Señor nos deja en Mateo 6.

DIOS EN SANDALIAS

DÍA 148

## La vida en el reino – III *(El Sermón del monte)*

# La gran lucha

### Mateo 6.1–18

***Durante los próximos días nos concentraremos en el aspecto vertical de nuestra vida. Confieso que no me gusta ese término, porque pareciera que en realidad existen dos dimensiones en la vida espiritual. Es por causa de nuestras propias limitaciones, sin embargo, que debemos echar mano de estas explicaciones, pues la verdad es que la vida en Dios es una sola y no puede ser dividida en compartimentos. De todos modos, queremos concentrarnos en la «práctica de la piedad», para usar el mismo término que Pablo utilizó; es decir, la vida de las disciplinas espirituales, tales como el ayuno, la oración y la ofrenda.***

***Lo invito a que lea con detenimiento el pasaje de esta semana. Hoy nos concentraremos en la primera frase. ¿Cuál es el peligro contra el cual debemos permanecer en guardia? ¿Qué aspectos abarca la disciplina de la vida espiritual?***

Nos encontramos aquí frente a uno de los peligros más fuertemente atrincherados en el corazón del hombre, el deseo de ganar la aprobación de los que están a nuestro alrededor. Tal peligro no existiría si viviéramos en un mundo perfecto. Mas el pecado nos ha llevado a enredarnos en relaciones que se cultivan basándose en el mérito. El amor, lejos de ser incondicional, se da a cambio del reconocimiento de ciertos logros o atributos en la persona que lo recibe. El resultado es que la vida se convierte en una incansable búsqueda del afecto de los demás, pues las reglas cambian de persona a persona y encontramos que nunca podemos alcanzar la medida necesaria para sentirnos satisfechos.

Cristo pone fin a esta triste existencia cuando se acerca con la propuesta de satisfacer el deseo más profundo de nuestra alma; ser amados. Le ofrece alivio a los que están cansados de las interminables desilusiones que nos entrega la vida. No obstante, solamente logran verdadera paz aquellos que entran en la más íntima relación con el Dios de gracia. Los que permanecen en las periferias, atemorizados y dubitativos, se sentirán aún más desdichados, pues la religión les proveerá otro medio más para tratar de ganarse aquello que nunca han logrado conseguir.

Jesús quería que entendiéramos que cualquier práctica cuyo objetivo sea agradar, impresionar o conmover a las personas que nos rodean, automáticamente nos robará el premio que Dios reserva para sus hijos. Deseo que tome nota de esto: ¡existe un premio para los que le buscan!, tal como lo afirma Hebreos 11.6: «porque es necesario que el que se acerca a Dios crea que Él existe, y que es remunerador de los que le buscan». Cristo quería desanimarnos a seguir buscando recompensas efímeras, pues Dios nos ofrece algo mucho mejor. Es decir, menciona el premio porque nos conoce. No debemos avergonzarnos de querer el premio que nos ofrece, porque él mismo nos ha animado a que lo busquemos. A medida que avancemos en el estudio notará que una y otra vez nos motiva aludiendo a este premio. ¡Animémonos, por tanto, a echar mano de lo que él nos ofrece!

# La vida en el reino – III *(El Sermón del monte)*
# Ofrenda aceptable

## Mateo 6.1–18

***La primera disciplina que escoge Jesús para ilustrar cómo se debe practicar la vida de piedad es la ofrenda. Sospecho que esta elección es deliberada, pues en ningún aspecto de la vida nos resulta tan fácil confundir la verdadera espiritualidad como en cuestiones de dinero. Tendemos a creer ciegamente que cualquier persona que da generosamente ha alcanzado loables niveles de devoción, pues nada produce en nosotros tanta mezquindad como la posesión de riquezas materiales. Lea los versículos 2 y 3. ¿Cuál es el problema más común en esta disciplina? ¿Cómo se puede resolver esta dificultad?***

Los fariseos y los escribas aprovechaban el «mensaje» implícito en el acto de dar limosnas para sacarle el máximo provecho a la ofrenda. Es decir, daban de tal manera para que una cantidad significativa de personas llegaran a formar una buena opinión de ellos. Jesús deseaba señalar a la multitud que, todas las veces que practicamos las disciplinas de la vida espiritual expectantes del «qué dirán», nuestra devoción no recibirá otra recompensa que los insignificantes aplausos de la gente que nos rodea.

Dallas Willard, reconocido escritor sobre las disciplinas de la vida espiritual, declara que el problema no está en que las personas nos vean realizando buenas obras, sino en realizar las buenas obras con el exclusivo propósito de que los hombres nos vean. Es posible que nos esforcemos de tal manera por obrar a escondidas que igualmente llamemos la atención de otros hacia nosotros.

El problema que descubre el Señor aquí radica en que permitamos que sea la opinión de los hombres la que motive nuestro corazón a dar. Es muy probable que muchos de nosotros nunca hayamos llegado al extremo de tocar trompeta cuando ofrendamos, aunque poseemos asombrosas habilidades para dar a «conocer» discretamente nuestro sacrificio. No obstante, en cuántas ocasiones hemos colocado una ofrenda en la bolsa o en el plato, simplemente por la presión de que todos los que nos rodean lo están haciendo. En tal caso no ofrendamos movidos por devoción al Señor, sino por el miedo a que otros hablen mal de nosotros si no lo hacemos.

Cristo señala un camino radicalmente diferente: «pero tú, cuando des limosna, que no sepa tu mano izquierda lo que hace tu derecha, para que tu limosna sea en secreto; y tu Padre, que ve en lo secreto, te recompensará». Resulta imposible realizar esto en el plano físico, pues la mano izquierda está controlada por la misma mente que maneja la derecha. Sin embargo el principio que debe regir nuestra forma de ofrendar es que no exista la posibilidad, ni siquiera, de que ¡uno intente impresionarse a uno mismo! Cuando ofrendamos en forma natural y sencilla, con los ojos firmemente puestos en Dios, quien es el objeto de nuestra adoración, seguramente evitaremos caer en el deseo de impresionar.

*«Señor, cuán profundamente anhelo ser aplaudido. Este deseo enturbia y empaña mis mejores ofrendas para ti. Revela a mis ojos las confusas motivaciones de mi corazón. Purifica mi alma de todo lo que me ata a este mundo. Sé tú mi deleite, mi todo, la razón de cada uno de mis actos de devoción. Amén».*

# La vida en el reino – III *(El Sermón del monte)*
# Oraciones vanas

## Mateo 6.1–18

***Lea la próxima sección e intente identificar las maneras en que el deseo de ser visto afecta nuestra vida de oración.***

¿Ora usted de la misma manera cuando está solo que cuando está con otros? Esta es una pregunta que yo me formulo con frecuencia; y esta, a su vez, me obliga a responder una segunda pregunta: ¿cuál es la razón por la cual existe esa diferencia entre mis oraciones públicas y mis oraciones privadas? Si soy absolutamente honesto conmigo mismo debo admitir que esta incongruencia delata, una vez más, mi deseo profundo de impresionar a los demás con mi aparente «espiritualidad». El hecho de que logremos disfrazarla con frases devotas y clamores apasionados no elimina nuestra intención principal de que los demás nos estimen más piadosos de lo que en realidad somos.

Jesús señala, a modo de advertencia, la práctica de los hipócritas que «les gusta ponerse en pie y orar en las sinagogas y en las esquinas de las calles, para ser vistos por los hombres». Además, usan «repeticiones sin sentido, como los gentiles, porque ellos se imaginan que serán oídos por su palabrería». El uso de la palabra hipócrita es interesante, especialmente cuando entendemos su sentido en los tiempos de Cristo. La palabra viene de la unión de dos términos en griego: hupo (encima) y krytos (cara). El término se refería a una máscara que usaban los actores, colocada sobre la cara, que escondía el verdadero rostro del artista. De esta forma un hipócrita era, literalmente, alguien que representaba un papel que no correspondía al que practicaba en la vida real. Al usar el término en referencia a la vida de oración Jesús está, precisamente, identificando la tendencia de «actuar» de cierto modo frente a otros, que no es la manera usual a como la persona se comporta en la vida cotidiana.

Queda claro, una vez más, que el motivo de esta transformación es no dar a conocer un aspecto de la vida que pueda empañar o dañar la imagen que deseamos que otros se formen acerca de nosotros. El problema no radica en orar en público, sino en orar en público para impresionar a los demás. Del mismo modo, estas personas creían que sus muchas palabras añadirían un peso adicional a sus peticiones, como si el objetivo de orar fuera convencer a Dios de los méritos de los proyectos en los cuales él no se interesa. No obstante, nuestras oraciones tienden a estar cargadas de complicadas explicaciones y razonamientos que parecieran cumplir exactamente con este propósito.

Resulta más que evidente que no contamos en nosotros mismos con los recursos para discernir las verdaderas intenciones de nuestro propio corazón. Debemos entender, como señala el salmista, que «la transgresión habla al impío dentro de su corazón… porque en sus propios ojos la transgresión le engaña en cuanto a descubrir su iniquidad y aborrecerla» (Salmos 36.1–2). Necesitamos del minucioso examen que puede realizar en nosotros el Espíritu de Dios si es que deseamos librarnos de la hipocresía. Solamente Dios puede traer a la luz aquello que está escondido a nuestros ojos.

DIOS EN SANDALIAS

DÍA 151

## La vida en el reino – III *(El Sermón del monte)*

# Momentos de intimidad

### Mateo 6.1–18

***Lea el versículo 6. ¿Qué indicaciones da Cristo para orar eficazmente? ¿Qué implica entrar a nuestro aposento? ¿Qué significa que Dios está en «secreto»?***

Como vimos en el día de ayer, Jesús descarta toda forma de oración que busca impresionar a los demás, a Dios o, inclusive, a uno mismo, tal como ocurrió con el fariseo mencionado en Lucas 18.11. En dos cortas frases describe otra clase de oración, radicalmente diferente a esta, que es más sencilla y genuina. No obstante, la sencillez de la misma no disminuye la profundidad ni la intensidad de la experiencia que identifica.

En primer lugar, notamos que Cristo animaba a buscar un lugar apartado del bullicio de la vida cotidiana. Esto no es porque resulte difícil orar en público, sino porque los que tenemos poca disciplina en la oración nos distraemos con mucha facilidad. Jesús mismo, según el testimonio de los Evangelios, por no tener acceso a un cuarto privado «con frecuencia Él se retiraba a lugares solitarios y oraba» (Lucas 5.16). La idea es que el entorno favorezca el momento de comunión con el Padre, y el cuarto privado en las casas de la época era el lugar más escondido de la construcción.

En segundo lugar, es interesante notar que Jesús no solamente indicó que debíamos entrar a nuestro aposento, sino que debíamos también cerrar la puerta. Si usted piensa en los momentos de su propia vida en que entra a una habitación y cierra la puerta, la lección que quiso enseñar quedará claramente evidente. No solemos encerrarnos en una habitación cuando tenemos la intención de salir de ella en breves instantes. Más bien cerramos la puerta cuando deseamos permanecer en ella por un tiempo prolongado y no queremos ser interrumpidos por nadie. La acción de cerrar la puerta indica para nosotros que la oración no puede ser algo realizado «a las apuradas». Sin duda podemos orar en cualquier momento, usando frases cortas de adoración, gratitud y petición, del mismo modo que un matrimonio se pronuncia mutuamente palabras de cariño y amor a lo largo del día. Estos pequeños regalos, sin embargo, no pueden suplantar los momentos de intensa y prolongada comunión que son indispensables para que la relación crezca.

Jesús también nos anima a buscar a Dios, que está en lo secreto. Esto no indica que Dios es difícil de encontrar, pues él se deleita en mostrase a los hombres. Más bien revela que crecer en intimidad con el Señor es algo que solamente es concedido a aquellos que sostienen un compromiso serio con él. «Me buscaréis y me encontraréis, cuando me busquéis de todo corazón» afirma Dios por boca del profeta Jeremías (29.13). A los que desean guardar sus mandamientos, viviendo una vida de santidad, Jesús promete «y el que me ama será amado por mi Padre, y yo lo amaré y me manifestaré a él» (Juan 14.21). De esta manera el Maestro indicaba que la experiencia de oración se refería a algo más que repetir frases delante de Dios. La esencia de la oración tiene que ver con el encuentro de dos amigos en la intimidad del hogar, para disfrutar de un intercambio nutrido e intenso.

# La vida en el reino – III *(El Sermón del monte)*
# Un modelo de oración

## Mateo 6.1–18

***Lea los versos 7 al 13. ¿Qué otras instrucciones útiles sobre la oración puede descubrir en el texto?***

Hemos notado que Jesús denuncia toda forma de oración que busca impresionar. Sin decirlo en forma directa, Cristo estaba descartando el «estilo» de oración de la mayoría de las religiones que conocemos. Las plegarias pueden venir vestidas de diferentes colores, pero siempre disfrazan un monólogo que pretende conseguir algo de Aquél a quien va dirigida. También nosotros necesitamos de este recordatorio, pues en la mente de muchos la oración existe pura y exclusivamente para asegurar alguna respuesta de parte de Dios. Por esta razón nuestras oraciones no avanzan más allá de la lista de peticiones que llevamos a todos lados.

Al percibir esta tendencia universal entre los hombres Jesús advirtió que no era necesario impresionar a Dios con las palabras o la cantidad de repeticiones «porque vuestro Padre sabe lo que necesitáis antes que vosotros le pidáis». Es decir, el objetivo de la oración ni siquiera es informar a nuestro Dios de nuestras necesidades, porque no necesita de nuestro reporte para tomar conciencia de lo que nos falta.

Jesús no estaba diciendo que no debemos pedir, sino que la petición no debe ocupar mucho de nuestro tiempo porque es un ejercicio sin mucho sentido cuando el destinatario es un Dios que ya sabe lo que requerimos. A la luz de esto, nos atrevemos a afirmar que la oración no es tan importante por lo que nosotros decimos, sino por la oportunidad que nos trae de estar con nuestro Padre celestial. Por supuesto que esto presupone que no vamos a construir nuestras oraciones alrededor de nuestro incesante parloteo, sino que vamos a disfrutar del momento de intimidad y recogimiento que ofrece estar en «secreto con nuestro Padre».

A manera de ejemplo Jesús dejó una oración «modelo». Esta oración podía ser usada por los novatos y también estudiada por los maduros, como muestra de la clase de oración que puede agradar al Padre. Mucho se ha escrito sobre el *Padre Nuestro*, por lo que me limitaré a una observación personal. Observamos una notable ausencia de las palabras «yo», «mí» y «mío» en esta oración. Está permeada de un sentido de comunidad, captada en frases que son elevadas a favor y en nombre de «nosotros». También vemos que la oración dedica un buen espacio a los temas que le interesan a Dios, tales como la extensión del reino, la obediencia a su nombre, y la confesión de pecado (¡tan ausente hoy en nuestras oraciones!). Las peticiones en sí son breves y sencillas: el pan de cada día y la liberación de experiencias que tientan. Todo esto está envuelto en un manto de adoración, en el que se reconoce la cercanía de Dios a nosotros *(Padre)*, la soberanía del Altísimo *(que estás en los cielos)*, y su poder eterno *(porque tuyo es el reino, el poder y la gloria, por siempre jamás)*. En resumen, tenemos aquí un admirable modelo que puede guiar nuestra propia experiencia de oración.

## La vida en el reino – III *(El Sermón del monte)*

# Una condición fundamental

### Mateo 6.1–18

***Jesús escogió ampliar uno de los temas del Padre Nuestro. ¿Por qué creyó necesaria esta aclaración? ¿Qué relación guarda este tema con la oración? ¿Qué implica para nosotros?***

Ayer miramos, en forma muy breve, la oración conocida como el *Padre Nuestro*. Ni bien terminó está oración Jesús añadió una aclaración: «Porque si perdonáis a los hombres sus transgresiones también vuestro Padre celestial os perdonará a vosotros. Pero si no perdonáis a los hombres, tampoco vuestro Padre perdonará vuestras transgresiones». Estas palabras contienen una solemne advertencia para todos los que deseamos caminar en la luz.

En otro momento de su ministerio Cristo contaría la historia de dos hombres endeudados. A uno de ellos se le perdonaría la suma total de su deuda, una cifra millonaria que no podría haber pagado ni siquiera con diez vidas de trabajo. Mas este hombre, saliendo de la presencia del que lo había perdonado, se encontró con un consiervo y no quiso perdonarle una deuda insignificante. En la historia, el rey, que es figura de Dios, llamó enfurecido al primer hombre y, luego de una dura reprensión, lo envió a la cárcel. Para los que no habían entendido la moraleja de la historia Jesús declaró: «Así también mi Padre celestial hará con vosotros, si no perdonáis de corazón cada uno a su hermano» (Mateo 18.35).

A este mismo principio alude Jesús en la enseñanza que estamos examinando hoy. Para los que son parte del reino y han gustado de la incomparable misericordia de Dios, tan generosa que no puede ser explicada ni entendida, es inadmisible que no extiendan aunque sea una pequeña muestra de esa compasión a los que les ofenden. La ofensa de otros hacia nosotros es tan insignificante como fue la cifra del segundo deudor en comparación con la del primero. En ningún lugar de las Escrituras se enseña que el perdón al prójimo es una condición para recibir el perdón de Dios. Mas vivir extendiendo el perdón sí es una condición absolutamente fundamental para que el hijo de Dios siga creciendo hacia la plenitud. Nada seca tan rápido el fluir de la gracia como un corazón lleno de amargura por las heridas que otros nos han dejado.

Es por esta razón que debemos apresurarnos a llevar toda ofensa al Señor, antes de que su veneno comience a actuar en nosotros. Cuando hemos sido heridos, defraudados o agredidos, se torna urgente llevar nuestro dolor a nuestro Pastor, para que él restaure la paz y el gozo de ser parte de su familia. Demorarnos en esta entrega alimenta un torbellino de ideas que se vuelcan en indignados comentarios que enredan a otros en nuestra amargura. No en vano el apóstol Pablo exhortaba «no se ponga el sol sobre vuestro enojo, ni deis oportunidad al diablo» (Efesios 4.26–27).

*«Señor, no me dejes en paz cuando no haya perdonado a otros. Líbrame de un corazón endurecido. Envía a mi vida una tristeza santa que me conduzca a tu presencia, para que traigas a luz los asuntos pendientes en mi corazón. ¡Enséñame a ser una persona generosa al perdonar! Amén».*

DIOS EN SANDALIAS

DÍA 154

## La vida en el reino – III *(El Sermón del monte)*

# ¿Y el ayuno?

### Mateo 6.1–18

***El pasaje sobre el que hemos desarrollado nuestra reflexión en estos días contiene claras instrucciones para evitar que nuestra justicia sea como la de los fariseos y escribas. Es interesante notar que, en este contexto, Cristo aludió a tres disciplinas centrales a la vida espiritual: la ofrenda, la oración y el ayuno. No obstante, he conocido muy pocas congregaciones que creen que el ayuno es una disciplina nece-saria para el discípulo. A mi entender esto delata el grado al que hemos sucumbido frente a una sociedad que considera todo tipo de sacrificio y rigor personal como reliquias del pasado. En estos tiempos, la gratificación de todos los sentidos que conectan al ser humano con su entorno es uno de los pilares que sostiene nuestra cultura. Medite en el sentido que aporta el ayuno a la vida.***

Jesús tomaba por sentado que sus seguidores iban a ayunar. Con esto en mente, dejó instrucciones para que, al igual que con las otras disciplinas, no lo practicaran en forma religiosa sino como un medio adicional para entrar en comunión con el Padre que está en secreto. Es muy fácil que el ayuno se utilice para impresionar a los demás con nuestra aparente piedad. Nos ingeniamos para visitar a nuestros hermanos justamente el día que estamos ayunando para que, al ofrecernos algo para comer, «revelemos» que en este día estamos de ayuno. El ayuno que no se practica en secreto posee poco valor para la vida espiritual.

El deseo de Jesús no era que descartáramos el ayuno, sino que corrigiéramos tendencias incorrectas en la práctica del mismo. El ayuno es muy valioso porque rápidamente nos ayuda a entender cuán importante resulta para nosotros la satisfacción de los apetitos de la carne. Podemos afirmar, confiados, que para nosotros la comida cobra poca importancia, pero es solamente el ayuno el que nos permite ver si esto realmente es así. Sorprendidos, descubrimos que la comida se ha ganado un lugar exageradamente privilegiado en nuestra vida cotidiana.

El ayuno también sirve para sensibilizar los sentidos espirituales. Del mismo modo que el ciego compensa su falta de visión con agudeza auditiva, la persona que reprime la carne desarrolla mayor percepción espiritual. No fue casualidad que Cristo se preparara para enfrentar las tentaciones con cuarenta días de ayuno y oración. Del mismo modo habla Pablo de la importancia de «golpear el cuerpo» para no quedar descalificado (1 Corintios 9.27). La idea es que aun en el plano físico todo esté sujeto a Cristo. Reconocemos cuán necesaria es esta disciplina para nosotros, pues en demasiadas ocasiones nuestro cuerpo es el que pronuncia la palabra final en cuanto a nuestras actividades espirituales. Quisiéramos adorar con manos levantadas, pero los brazos se quejan. Quisiéramos madrugar para estar con nuestro Señor, pero el cuerpo nos pide «unos minutitos más» en la cama.

El principio del ayuno puede trasladarse a cualquier aspecto de la vida en que necesitamos limitar la influencia de algo sobre nosotros. Podríamos realizar ayunos de actividades, de televisión o de palabras. El hecho es que la disciplina de negarnos algo por un tiempo fortalece nuestra voluntad de andar por el camino que Dios señala para nuestras vidas.

## La vida en el reino – IV *(El Sermón del monte)*

# Una inversión sabia

### Mateo 6.19–34

*De todos los temas que Cristo tocó durante su ministerio terrenal quizás ninguno ha sido tan incomprendido como este. Rodeados de lujos y bienes materiales, hemos preferido creer que Jesús era una especie de «santo patrono» del materialismo, redefiniendo como virtudes algunas de las más detestables actitudes en el ser humano, tales como la codicia, el egoísmo y el desenfreno. Las Escrituras, no obstante, advierten que el amor al dinero es la raíz de todos los males y «que los que quieren enriquecerse caen en tentación y lazo y en muchos deseos necios y dañosos que hunden a los hombres en la ruina y en la perdición» (1 Timoteo 6.9). Estas son palabras radicales para un tema que requiere de una postura radical. El mensaje de Jesús no puede ser diluido, ni adaptado para aliviar nuestra incomodidad ante sus palabras. Sobre todo, no podemos darnos el lujo de creer que este problema no nos afecta a nosotros. La mentira más obstinada y arraigada en la cultura moderna es que el dinero le destruye la vida a los demás, pero jamás lo hará con nosotros.*

*Lea el pasaje completo y anote los principios que le pueden ayudar para ser sabio en la administración de sus recursos materiales. ¿Cuál es el problema principal en el manejo del dinero? ¿Qué camino señala Cristo para resolver esta dificultad?*

Jesús comenzó su enseñanza con una recomendación para todos aquellos interesados en realizar una fructífera inversión: «No os hagáis tesoros en la tierra, donde la polilla y la herrumbre destruyen, y donde ladrones entran y roban; sino acumulaos tesoros en el cielo, donde ni la polilla ni la herrumbre destruyen, y donde ladrones no penetran ni roban». La razón de esta exhortación es sencilla; toda inversión terrenal estará sujeta a las mismas realidades que acompañan el diario vivir del ser humano.

En esta tierra simplemente no existe tal cosa como una inversión «segura». Incontables colapsos económicos, calamidades naturales, golpes de estado, guerras y caídas estrepitosas de los mejores planes económicos testifican que hasta los más seguros pueden perderlo todo en un abrir y cerrar de ojos.

El consejo del Señor es que acumulemos los tesoros que están más allá del alcance de un mundo caído, guardados en los lugares celestes. Esta clase de inversión no solamente deja un retorno favorable para esta vida, sino para toda la eternidad. No se trata aquí de dinero, sino de cosas más preciosas y valiosas que el oro, la plata y las joyas.

La razón principal de esta exhortación, sin embargo, no es lo seguro de la inversión, sino el efecto que los tesoros ejercen sobre nuestra vida. Cristo no admitía argumento en este punto; «donde esté vuestro tesoro, allí estará también vuestro corazón». Hemos intentado una y otra vez comprobar que en realidad es posible estar a gusto con Dios y con las riquezas de este mundo, pero la verdad es que en nuestro corazón existe lugar solamente para un tesoro. No es lo que decimos con nuestros labios lo que define nuestra devoción, sino lo que ocupa nuestros pensa-mientos día y noche. *¡Allí donde está nuestro tesoro estará nuestro corazón!*

DIOS EN SANDALIAS

DÍA **156**

## La vida en el reino – IV *(El Sermón del monte)*

# El ojo sano

### Mateo 6.19–34

***Lea los versículos 22 y 23. ¿Qué significa que el ojo es la lámpara del cuerpo? ¿A qué se refiere Cristo cuando habla del «ojo bueno»? Si posee un diccionario bíblico, investigue sobre el tema.***

En la reflexión de ayer vimos que Cristo declaró, sin rodeos, que el lugar donde estaba nuestro tesoro sería también el lugar donde se encontraría nuestro corazón. Es en este punto, donde nos sentimos tentados a creer que nosotros podemos llegar a ser la excepción a la regla. En momentos así, no obstante, debemos aceptar que su condición de Hijo de Dios lo capacita para declarar la realidad tal cual es. Necesitamos sujetar nuestros propios conceptos a lo que él afirma.

Jesús se valió de una figura del mundo físico, el ojo. El cuerpo no puede discernir el camino a seguir, salvo por medio de los ojos. En un sentido muy real los ojos cumplen la función de ventanas, por las que podemos percibir el mundo que nos rodea. Según el lugar donde estén enfocados nuestros ojos será la perspectiva que adquiramos del lugar donde nos encontramos. De modo que los ojos pueden funcionar correctamente pero estar orientados en la dirección incorrecta. Esto es lo que le pasó a uno de mis hijos cuando era niño. Caminaba conmigo por la calle y, distraído con todo lo que había a su alrededor, se llevó por delante un poste de luz. Tenía los ojos abiertos, pero no tenía la mirada fija en la dirección necesaria para caminar sin tropiezos.

Si trasladamos la analogía al mundo espiritual la lección resulta clara. Según en qué hayamos enfocado nuestros «ojos» será el rumbo que tomará nuestra vida. Jesús estaba, también, empleando un juego de palabras, porque entre los judíos poseer un «ojo maligno» era sinónimo de un espíritu avaro y egoísta. El hecho es que los ojos cumplen una función fundamental al suplir la información necesaria para que decidamos hacia dónde debemos andar y de qué modo debemos hacerlo. Cuando los ojos no funcionan, o están concentrados en lo que no sirve, nuestra capacidad de andar se verá grandemente reducida. De la misma manera, cuando nuestros ojos espirituales están puestos sobre los valores y tesoros de este mundo, toda nuestra vida está orientada hacia eso. Las tinieblas en nuestro espíritu se volverán impenetrables.

El apóstol Pablo amplía para nosotros, en 1 Timoteo 6, los efectos de errar el objetivo al enfocar nuestros ojos en las riquezas. Los que andan tras las riquezas «caen en tentación y lazo, y en muchos deseos necios y dañosos que hunden a los hombres en la ruina y en la perdición… por lo cual, codiciándolo algunos, se extraviaron de la fe y se torturaron con muchos dolores.» (9–10).

El resumen de la enseñanza de Jesús sobre este tema, al final del pasaje, es que «busquemos primero el reino de Dios y su justicia». Es decir, nuestro ojo puede estar puesto solamente en todo aquello que pertenece a los designios y propósitos del Señor. Cuando enfocamos la vista en lo que solamente interesa a Dios, nuestra vida podrá dedicarse enteramente a acumular tesoros en los lugares celestiales.

DIOS EN SANDALIAS

DÍA 157

## La vida en el reino – IV *(El Sermón del monte)*

# Entre dos amores

### Mateo 6.19–34

***Lea el versículo 24. ¿Qué clase de privilegios aporta ser el amo de alguien? ¿Cómo afectará la vida del siervo permanecer bajo un amo?***

Una de las mentiras más arraigadas en nuestra cultura es que el dinero es un elemento impersonal y que los problemas relacionados con las riquezas se vinculan exclusivamente con la persona que las maneja. Cristo, sin embargo, comparó el dinero a un amo que compite con nuestros afectos hacia la persona de Dios. De esta forma reveló que existen poderes espirituales detrás del dinero que exigen una entrega absoluta de aquellos que lo codician.

Hace muchos años uno de los hombres más ricos del planeta había concluido un negocio en el cual agregaría a su fortuna personal más de cuatrocientos millones de dólares. Unos cuantos reporteros estaban presentes en el anuncio del acuerdo. Uno de ellos, quizás con cierta impertinencia, le preguntó a esta persona cuánto dinero necesitaba poseer antes de sentirse satisfecho. La respuesta de este millonario dejó mudos a los presentes: «¡solamente un poquito más!» La anécdota ilustra a la perfección el terrible poder del dinero de atrapar y esclavizar la vida de aquellos que lo poseen. El dinero no admite rivales, e inspira en el hombre una de las más singulares manifestaciones de devoción.

Para nosotros el gran peligro es creer que este es un problema que experimentan solamente aquellos que gozan de grandes fortunas personales. El reconocido autor Richard Foster señala que el dinero *«posee un poder que procura dominar nuestras vidas, y es la existencia de este poder espiritual lo que tan esforzadamente buscamos negar»*. Esta fuerza opera en nosotros aun cuando nuestros ingresos sean magros. Nos lleva a servir al dinero, a amarlo con pasión, a convertir al dinero en la fuente de nuestra seguridad, a defenderlo ferozmente cuando otros nos lo quieren quitar. Por causa del dinero las familias más unidas y los mejores amigos han sido consumidos por el odio y la amargura.

Debemos señalar, una vez más, que no es suficiente con que creamos estar a salvo de este problema. Si Cristo afirmó que el dinero puede convertirse en el dios de nuestras vidas, nos conviene prestar mucha atención. Los que más confiados están serán los que más fácilmente caerán como presas del enemigo. Quizás la más eficiente manera de medir el lugar que ocupa el dinero en nuestras vidas es analizar la forma en que reaccionamos cuando no lo poseemos. Si nos hundimos en la depresión, la ansiedad o la preocupación es porque le hemos cedido un espacio mucho más importante de lo que nos imaginábamos. Solamente el Espíritu puede darnos una evaluación confiable de esta realidad.

Bueno sería, entonces, que la oración de Proverbios sea, también, la nuestra cada día: *«Oh, mi Señor, dos cosas te pido, no me las niegues antes que muera: Vanidad y mentira aparta de mí, y no me des pobreza ni riquezas, sino susténtame con el pan necesario, no sea que, una vez saciado, te niegue y diga: "¿Quién es Jehová?" o que, siendo pobre, robe y blasfeme contra el nombre de mi Dios. Amén»* (Proverbios 30.7–9).

# La vida en el reino – IV *(El Sermón del monte)*
# ¿Qué sentido tiene?

## Mateo 6.19–34

*Una vez revelada la verdadera naturaleza de los peligros presentes en la ambición por las riquezas, Jesús vuelve al tema central del Sermón del monte, el cual es la realidad de los ciudadanos del reino de los cielos. La frase* **«por tanto os digo»** *nos anuncia que seguidamente va a tratar las consecuencias de saber que no es posible acumular tesoros en la tierra sin desviarse de la fe. Como lo ha hecho en otras oportunidades, Jesús echa mano de las más sencillas ilustraciones de la vida cotidiana para explicar esta realidad (25–30). Lea el pasaje e intente identificar su mensaje central.*

Piense por un momento en las aves del cielo. ¿Alguna vez vio un pájaro sentado en su nido por la mañana, con el entrecejo fruncido, porque no sabía de dónde iba a sacar alimento para darle de comer a sus pichones? ¿No es verdad que la imagen resulta un poco ridícula? ¿Cuál es la primera acción de las aves en la mañana? ¡Cantan! Y luego salen a recoger la comida que necesitan para ese día, porque saben que en algún lado estará el sustento que procuran. Asimismo ningún ave ha instalado en su nido una heladera para conservar el alimento de la semana. Cada día retoman la misma rutina; amanecen con ruidosa celebración y luego salen a buscar la comida para ese día.

Al hablar de las plantas Cristo estaba escogiendo algo aún más indefenso que las aves. Ellas, al menos, poseen alas con las que se trasladan de un lado a otro; si no encuentran alimento en un lugar, pueden mudarse a otra zona. Las plantas no poseen esa libertad. Deben permanecer en el lugar donde germinaron y echaron raíces. Sin embargo, Jesús señaló que «no trabajan ni hilan; pero os digo que ni Salomón con toda su gloria se vistió como uno de éstos».

Con sus ilustraciones, Jesús quería forzar en nosotros la siguiente pregunta: ¿qué sentido se encuentra en vivir angustiado por los asuntos relacionados con el mundo material? Esta actitud sería lógica si no existiera quien se ocupara de nuestras necesidades y todo el peso de nuestra provisión recayera exclusivamente sobre nosotros mismos. Si así fuera sería comprensible que nos sintiéramos agobiados por la responsabilidad que tenemos. ¡Pero este no es nuestro caso! ¿O no valemos más nosotros que los pájaros y las plantas? ¿No se esforzará aún más por nosotros nuestro Padre celestial? La respuesta es: ¡claro que sí! Si ama y cuida con tanta diligencia a las aves y a las plantas de nuestro ambiente, mucho más se ocupará de nosotros.

La primera conclusión, entonces, es que la preocupación delata falta de fe en el amor de Dios. Así de sencillo. Dudamos de su rol como proveedor nuestro. Al sentir que él no se ocupará de nosotros, nos vemos impulsados a movernos nosotros. Nuestra ansiedad se debe al miedo que sentimos frente a la posibilidad de fracasar. Jesús nos invita a que nos detengamos por unos minutos para mirar las aves y las plantas de nuestro entorno. Ellas proclaman, a viva voz, que tienen un Padre celestial que vela por su bienestar.

DIOS EN SANDALIAS

DÍA 159

## La vida en el reino – IV *(El Sermón del monte)*

# Nada cambia

### Mateo 6.19–34

***En la reflexión que compartimos ayer vimos que la angustia es, en su esencia, un problema que se origina por la falta de fe. De hecho, en medio de su enseñanza Cristo lo menciona directamente:* «hombres de poca fe»*, para no dejar dudas al respecto. Lea de nuevo el verso 27. Encontramos una segunda razón por la cual las preocupaciones son vanas. ¿Cuál es?***

Como seres humanos nos cuesta aceptar que nuestro mayor problema es la falta de fe. Estamos tan acostumbrados a concentrarnos en las circunstancias que nos producen preocupación que hemos llegado a creer que son las culpables de nuestra ansiedad. *«Si yo me encontrara en una situación diferente a la presente»* —nos engañamos—, *«por supuesto que no estaría angustiado; la verdad es que ninguna persona normal podría sobrellevar esta circunstancia sin preocuparse»*. De modo que nos convencemos de que el problema yace fuera de nosotros. La realidad, sin embargo, es que la preocupación no revela lo complicado que es nuestra existencia, sino nuestra poca habilidad para manejar espiritualmente los obstáculos y contratiempos que la vida va dejando a nuestro paso.

En el texto de hoy Jesús añade una observación adicional a su exposición del tema. «¿Y quién de vosotros, por ansioso que esté, puede añadir una hora al curso de su vida?» (27). La preocupación no solamente delata falta de fe, sino que es una actividad infructuosa. La preocupación no cambia en nada las circunstancias que la provocaron. Por estar preocupados no llegará más rápido el bus que nos llevará al trabajo. Por estar preocupados no ingresará a nuestro hogar más dinero para pagar las cuentas. La situación de nuestros países no cambiará como resultado de la preocupación colectiva de sus habitantes. Es decir, la preocupación no aporta ninguna solución a la situación particular que enfrentamos.

La preocupación, en cambio, sí afecta a la persona que la experimenta. Provoca que contagiemos a otros de la misma angustia que nos ha atrapado. Los reproches y la impaciencia empiezan a dominar la comunicación. Considere, por ejemplo, la angustia que sentían los discípulos en medio de la intensa tormenta que enfrentaron en Marcos 4. La profunda ansiedad les llevó a despertar a Jesús y acusarle de ser poco sensible a las condiciones que ellos sufrían. Recordará que en aquella ocasión él también los reprendió por su falta de fe. Piense también en el mucho afán de Marta, cuando Cristo visitó su hogar. Su preocupación se expresó en un reproche hacia su hermana María; pero aún más importante que esto, acusó al Señor de mostrar poco interés en su situación personal.

El Señor nos invita a estar ocupados en los desafíos que enfrentamos a diario, sin preocupación. Podemos dedicarle a estas actividades nuestro tiempo y nuestra atención, pero no rendiremos nuestra paz a las circunstancias. Esta es nuestra herencia en Cristo Jesús. Sabemos quién gobierna nuestras vidas y también las situaciones que nos toca vivir. Con actitud de firmeza nos resistimos a la tentación de preocuparnos porque no conseguiremos nada con ello.

DIOS EN SANDALIAS

DÍA 160

## La vida en el reino – IV *(El Sermón del monte)*

# El reino, primero

### Mateo 6.19–34

*Lea los versículos 31 al 34. ¿Qué lecciones adicionales agrega Jesús al tema de la preocupación?*

Si ninguno de los argumentos presentados ha servido para convencernos de lo inútil que resulta estar afanado por las cosas materiales, Jesús presenta aún otro más. «No os preocupéis, diciendo: "¿Qué comeremos?" o "¿qué beberemos?" o "¿con qué nos vestiremos?", porque los gentiles buscan ansiosamente todas estas cosas; pero vuestro Padre celestial sabe que necesitáis todas estas cosas».

Una de las verdades que Cristo ha expuesto en el Sermón del monte es que los ciudadanos del reino de los cielos son distintos a los de este mundo. Si no tuviéramos otras directivas para nuestra vida, salvo que los parámetros de este mundo que son diametralmente opuestos a los del reino, poseeríamos suficiente información para vivir de otra manera. Por supuesto, estas diferencias no se refieren a lo externo, el aspecto en el que más frecuentemente nos hemos concentrado. La distinción de usar una corbata o una pollera no es la diferencia a la que nos referimos. Como hemos visto en las bienaventuranzas, la realidad del reino tiene que ver con la vida interior, los asuntos relacionadas con el espíritu. El contraste pasa por actitudes espirituales tales como la compasión, la pureza, la humildad, el compromiso con el prójimo y la experiencia cotidiana de una relación de intimidad con Dios.

En lo que respecta a la relación que sostenemos con el mundo material, Cristo señala que esto produce en los gentiles una angustia permanente, la incesante preocupación por necesidades como la comida o el vestido. Entre los hijos de Dios no debe ser así. Más bien tienen convicción de que su Padre celestial ya se ha encargado de las necesidades que cada uno padece. Debido a que su corazón es un corazón de compasión, que desea ardientemente bendecir a los hombres, él no necesita que lo convenzamos de que nos conceda estas cosas. Ya existe en él el deseo de proveerlas.

Jesús revela la alternativa correcta en la que debe ocupar su mente y su corazón el pueblo de Dios: «Buscad primero su reino y su justicia, y todas estas cosas os serán añadidas». Este debe ser el lema que guíe nuestra existencia, que nos lleve a ocupar nuestro tiempo en lo que verdaderamente es productivo. La palabra *buscar* (procurar, perseguir, ir al encuentro de) nos indica que el reino no está a la vista o se presenta naturalmente a los seres humanos. Más bien *buscar primeramente el reino* nos llama a abandonar los impulsos naturales de la carne, y a reorientar nuestras vidas según las indicaciones de Dios. No es algo espontáneo en nosotros, sino el resultado de una decisión disciplinada que debe ser reafirmada una y otra vez en el contexto cotidiano. Esa decisión, irónicamente, abre el camino para que *todas las otras cosas* que tanto nos preocupaban anteriormente *sean añadidas.* Al igual que en la ofrenda, la oración y el ayuno, la disciplina de buscar primero el reino también es recompensada.

## La vida en el reino – IV *(El Sermón del monte)*

# Un día a la vez

**Mateo 6.19–34**

***Como cierre a la enseñanza sobre el tema de la preocupación por los bienes materiales, Cristo deja un último consejo, de tono absolutamente práctico: ¿Será que en este enunciado se encuentra uno de los secretos de la vida pausada y gozosa que vivió nuestro amado Señor? Ciertamente no encontramos evidencias en el relato de los Evangelios de que haya sido una persona propensa a la preocupación. Las circunstancias más adversas y complicadas no lograban alterar su estado de ánimo y, aun cuando se veía acosado por las enormes presiones que le traían las multitudes, jamás percibimos en él un espíritu de angustia. Lea el último versículo del pasaje. ¿Qué principio de vida nos deja? ¿Cómo se puede practicar esto?***

No cabe duda de que parte de esta entereza espiritual de Jesús frente a una vida llena de dificultades y sufrimiento tiene que ver con la vitalidad de su relación con el Padre, algo que nutría día a día en tiempos de recogimiento y quietud. No obstante, la capacidad de vivir en plenitud cada día, con sus contratiempos y victorias, parece ser también el fruto de un estilo de vida en él. De hecho, una de las acciones que más frecuentemente nos roba la posibilidad de disfrutar del presente es estar pendientes del mañana. No disfrutamos de la semana porque estamos a la espera del fin de semana. No saboreamos la etapa de noviazgo por la desesperación que padecemos por casarnos. No disfrutamos de los hijos que hemos recibido porque estamos demasiado ocupados en asegurarles «un futuro digno». De esta manera transcurre nuestra vida, siempre con la vista puesta en alguna realidad futura que nos roba la posibilidad de vivir en plenitud el momento actual.

En esto, Jesús reduce su óptica a la distancia más corta posible: el día en que estamos. No interprete algo diferente; no estoy diciendo que él era una persona irresponsable, ni tampoco que no debemos anticiparnos, en forma correcta, a los eventos que se aproximan en el futuro cercano. Lo que estoy señalando es que Jesús no permitía que esto lo distrajera por un instante del deleite de vivir intensamente cada momento que el Padre le traía. La verdad es que ninguno de nosotros siquiera sabe si estará con vida mañana. Mas es enteramente posible que por nuestras muchas preocupaciones el mañana llegue acompañado de un sinfín de remordimientos porque no disfrutamos de los momentos que el tiempo se llevó para siempre.

¡Qué extraordinario desafío para nosotros! Vivamos plenamente cada día, con sus aspectos buenos y malos, de modo que no tengamos, a la noche, de qué lamentarnos. Todo lo que recibimos es regalo de Dios, otorgado por pura gracia, exclusivamente para sus hijos, a los cuales él ama.

Aquí nos despedimos del Sermón del monte. Por supuesto que queda mucho sin decir. Espero, no obstante, que estas semanas le hayan servido para convertir este texto en una de las columnas de su vida espiritual. La profundidad de la sabiduría de Cristo debe llevarnos una y otra vez a exclamar: ¡verdaderamente hablaba palabra de vida!

DÍA 162

# La carne y el espíritu *(Un alto en el camino – 4)*
# Vivir el reino

## Romanos 8.5–14

***Durante casi treinta días hemos estado meditando en algunos de los principios que Cristo expuso en el Sermón del monte. Lea el texto de Romanos sobre el cual reflexionaremos en el día de hoy. ¿En qué consiste poner la mente en las cosas de la carne? ¿Qué enseña Pablo acerca de los intentos de agradar a Dios por medio de la carne? ¿Qué función cumple el Espíritu en la vida del hijo de Dios? ¿De qué manera práctica podemos poner la mente en las cosas del Espíritu?***

Uno de los errores que se ha cometido en el estudio del Sermón del monte, y especialmente de las bienaventuranzas, es creer que provee una fórmula para llegar a Dios. Con esta convicción, una persona se lanzaría primeramente a abrazar la pobreza, luego a buscar la humildad, y así avanzar paso a paso hacia una supuesta intimidad con el Señor. En el texto de hoy Pablo claramente señala que la carne no puede sujetarse a la ley de Dios, ni siquiera dando el mejor esfuerzo para conseguirlo. Esta verdad debería servirnos de advertencia de que una persona no logrará nunca insertarse en el reino por su propia iniciativa. No obstante, he observado una y otra vez, cristianos nerviosos y ansiosos porque no consiguen que sus vidas produzcan la realidad que, según ellos, Dios les está exigiendo.

El Sermón del monte, como hemos visto en estos días, describe la clase de vida que experimenta quien ha sido alcanzado por la gracia y la misericordia de Dios. Es un inventario de la transformación que se produce en una persona cuando el Señor nos reubica en el plano de la vida para el cual él nos creó.

¿Cuál es el propósito de esta descripción? Quizás la razón principal que motivó a Cristo a compartírnosla fue ayudarnos a identificar una legítima experiencia con el Señor. Los fariseos, los escribas y los saduceos aseguraban que poseían la fórmula para una vida agradable a Dios, pero la falta de transformación en sus vidas personales negaba que esta experiencia fuera genuina. El hecho es que nuestro corazón nos engaña tan profundamente que somos capaces de convencernos, contra toda evidencia, de que estamos viviendo en el centro de la voluntad de Dios. El Sermón del monte nos ayuda a identificar las características sobresalientes del ciudadano del reino.

¿Cómo podemos avanzar en esta dirección, entonces? Pablo descarta categóricamente el intentar este camino por la carne. Esto no es más que confiar en nuestras propias capacidades y esfuerzos. En el verso 14 nos habla de la característica que distingue al hijo de Dios: es una persona guiada por el Espíritu. Es decir, es una persona que está siendo conducida por un camino que no hubiera conocido ni elegido por su propia iniciativa. Este camino, es el Camino del reino. Para poder transitarlo se requiere un espíritu sensible a las directivas celestiales, de manera que a cada paso, cada día, logremos andar de acuerdo a la indicación de ellas.

Como he señalado en otras reflexiones en este libro, esto no es algo mágico, sino un proceso que se aprende con la práctica (Hebreos 5.14). Requeriremos de perseverancia y paciencia, junto a una convicción inamovible de que solos… ¡no podemos!

DÍA 163

## Incidente en Capernaúm *(Jesús y el centurión)*

# Un hombre digno

### Lucas 7.1–10

***Nuestra próxima aventura será acompañar a Jesús cuando un centurión le pide auxilio. Lo invito a que haga suya esta oración:* «Señor, te doy tantas gracias por los hombres que decidieron preservar, en los Evangelios, el relato de tu paso por esta tierra. ¡Cuán innumerables son los tesoros que encuentro en ellos para mi vida! Gracias, también, porque me has dado la posibilidad de meditar en el texto, sentado a tus pies, abriendo mis ojos a la realidad del reino. Bendigo tu precioso nombre. Amén».**

*Tome un momento para leer el texto de Lucas 7.1–10. Al igual que lo he animando en otras reflexiones, intente captar los detalles del encuentro. Busque, por medio de la acción del Espíritu, participar en este encuentro entre Jesús y los enviados del centurión.*

De la lectura del texto se desprenden algunas observaciones interesantes. En primer lugar notamos que este centurión era un hombre poco común. A pesar de ser oficial del ejército más poderoso de la tierra, probablemente veterano de unas cuantas campañas militares, vemos que era un hombre de buen corazón, sabio para con el pueblo. Es posible que el esclavo que le pertenecía haya sido algún prisionero de guerra. Los esclavos eran personas sin derecho alguno. No gozaban del amparo de la ley o la protección de alguna institución. Sus dueños podían disponer de sus vidas como quisieran. No obstante, este centurión amaba mucho a su siervo y se encontraba angustiado por la enfermedad que amenazaba con darle fin a su vida.

En segundo lugar, este hombre no desconocía el rencor y el odio que despertaba en un pueblo vivir bajo la ocupación de un enemigo. En consecuencia, había tomado los pasos necesarios para ganarse el corazón de la gente, atendiendo sus necesidades y edificando para ellos una sinagoga. Aun no estando él presente, ellos dieron testimonio de que era una persona digna de que se le diera ayuda. Esto nos da una importante pista de que gozaba de buena reputación, ganada por medio de obras concretas. Como líderes debemos recordar que estamos bajo la mirada permanente de los que están alrededor de nosotros. El testimonio más real de nuestra vida se verá en los comentarios que hacen de nosotros cuando no estamos presentes. Recae sobre nosotros el peso de actuar de tal manera que otros hablen bien de nosotros y defiendan nuestra causa ante terceros. Esta lealtad se obtiene cuando vivimos genuinamente enamorados de las personas que Dios ha puesto bajo nuestro cuidado.

Por último, quisiera resaltar que el centurión «envió a unos ancianos de los judíos» para presentar su pedido. Esto delata verdadera sensibilidad pues, pudiendo perfectamente ordenar que se atendiera su pedido, escogió ubicarse en el papel de necesitado. Cuando creamos situaciones en las que revelamos verdadera dependencia de los demás se forjan relaciones realmente profundas. Como pastores debemos saber cuándo es hora de sacarnos el «saco de pastor» y ubicarnos en el lugar donde otros pueden ministrarnos de acuerdo a nuestras necesidades. Esto no solamente nos beneficia a nosotros, sino también a ellos, y ayuda a que en la congregación se cultiven relaciones que puedan sobreponerse a toda clase de dificultades.

# Incidente en Capernaúm *(Jesús y el centurión)*

# Un hombre indigno

## Lucas 7.1–10

***Lea con detenimiento el relato del criado del centurión. ¿Qué quiso comunicar el centurión con la ilustración que compartió? ¿Por qué Jesús se maravilló de la fe de este hombre?***

Ayer notábamos que el resultado de una vida de devoción y servicio a la gente producirá una profunda lealtad en ellos hacia su líder. Los ancianos que el centurión había enviado presentaron su pedido ante Jesús, rogando «con insistencia, diciéndole: El centurión es digno de que le concedas esto». Cuando otros hacen suyas nuestras necesidades es porque se ha forjado un amor profundo en la relación que sostenemos. ¡Y qué precioso es tener amigos como estos!

Los ancianos quisieron destacar el mérito del pedido del centurión haciendo hincapié en su dignidad. Este es un concepto instalado en lo más hondo del corazón de los seres humanos; creer que lo que podemos obtener en la vida debe descansar sobre los logros alcanzados. No habían escuchado aún —y mucho menos entendido— el mensaje de la gracia. La gracia, ese atributo de Dios que le lleva a bendecir sin tomar en cuenta si merecemos o no recibir lo que él da, es el fundamento de todo lo que ocurre en el reino. Es la ley suprema de las relaciones que comparten las personas entre sí y con Dios. Trae aparejada una maravillosa libertad que le pone fin al agotador proceso de estar siempre midiendo y calculando cada acción para ver los efectos que tendrán sobre los que están alrededor nuestro.

Jesús no se detuvo a corregir este error en ellos, quizás porque estaban defendiendo la dignidad de un tercero. El relato simplemente señala que «Jesús iba con ellos». Mas en el camino, «cuando ya no estaba lejos de la casa, el centurión envió a unos amigos, diciéndole: Señor, no te molestes más, porque no soy digno de que entres bajo mi techo; por eso ni siquiera me consideré digno de ir a ti». Estas palabras nos proveen información adicional sobre la clase de persona que era este hombre. Otros lo consideraban un hombre digno, y de hecho lo era. Pero viene un momento en la vida de cada ser humano cuando se encuentra frente al que es Justo, Santo y Verdadero. Entre los hombres puede brillar nuestra bondad, mas en su presencia todo reconocimiento se vuelve insignificante, menos que nada.

Este momento de revelación, en el que vemos nuestra real condición humana, es lo más valioso que nos puede pasar. Lo otro es ficticio, y quien construye sobre la convicción de que es alguien «digno» está destinado al fracaso en todo lo que al mundo espiritual se refiere. Cuando son abiertos nuestros ojos para vernos tal cual somos el Señor puede, finalmente, comenzar su verdadera obra de transformación en nuestra vida. Debemos resistirnos con tenacidad a toda inclinación de creer que somos algo, pues en el momento que lo hacemos cesa de obrar en nosotros la gracia divina. El mejor antídoto para esto es pasar mucho tiempo con el Señor. Su santidad mostrará que somos hombres de labios inmundos, en medio de un pueblo de labios inmundos (Isaías 6.5).

## Incidente en Capernaúm *(Jesús y el centurión)*

# Una fe singular

### Lucas 7.1–10

***El pedido del centurión dejó a Jesús maravillado. ¿Por qué lo sorprendió la fe de este hombre? ¿Cómo entendía el centurión la «mecánica» de la fe?***

Los enviados del centurión comunicaron a Jesús el mensaje que les había confiado el oficial romano, un mensaje que dejó atónito al Cristo. Dirigiéndose a la multitud, exclamó: «Os digo que ni aun en Israel he hallado una fe tan grande». Esta es, por demás, una sorprendente declaración. La perspectiva de este hombre sobre la vida espiritual merece nuestra atención.

Examinemos, por un momento, la explicación que ofreció sobre lo innecesario que resultaba la presencia física de Jesús. Sin duda existe una dimensión más profunda de la que nosotros podemos captar en las palabras de este romano, y esto sorprendió al mismo Señor. No obstante, creo que podemos resaltar al menos dos elementos fundamentales relacionados a la fe.

En primer lugar, este hombre entendía que la fe descansa sobre la palabra hablada. Para los que somos parte del pueblo de Dios, esta es una importante distinción. Demasiados cristianos creen que la fe es una especie de sentimiento de entusiasmo o pasión. Se cree que cuanto más positivo sea este sentimiento más posibilidades hay de que se cumpla lo que el corazón anhela. Por esta razón somos animados, con frecuencia, a cantar con más fe o a orar con mucha fe. La fe según esa perspectiva es una especie de fervor santo que, supuestamente, impacta el mundo espiritual.

La fe bíblica descansa sobre un fundamento realmente sólido y confiable, la Palabra eterna del Dios Todopoderoso. Pablo claramente señala esto en Romanos: «Así que la fe es por el oír, y el oír, por la palabra de Dios» (10.17). Fe, entonces, es un atributo que se nutre exclusivamente de las palabras que han sido pronunciadas por la boca de Aquél que es Soberano.

Esto nos lleva a la segunda observación sobre la fe. El centurión entendía que una actitud esencial de la fe tiene que ver con reconocer la autoridad del que pronuncia las palabras que la sustentan. Como conocedor del sistema militar, lo entendía claramente. Ningún soldado en servicio osaría dudar de la autoridad de un oficial de rango superior. Toda la estructura militar descansa sobre el hecho de que el que da las órdenes goza de una autoridad incuestionable a los ojos de quienes las reciben. Del mismo modo, la fe reconoce que cuando Dios habla, esas palabras poseen absoluta autoridad. Sus hijos pueden creer sus palabras, porque su posición de Soberano del universo las respalda. Si no existe un reconocimiento de esta autoridad total y absoluta, el ejercicio de la fe no es posible. El centurión reconocía la autoridad del Cristo y entendía, por ello, que no hacía falta su presencia física para que llevara a cabo su obra. Bastaba con que simplemente pronunciara una palabra al respecto. Y así fue. Habló, y «cuando los que habían sido enviados regresaron a la casa, encontraron sano al siervo».

*«¡Concédeme, Señor, vivir en esta dimensión de la fe!».*

# Un profeta entre nosotros *(Jesús y la viuda de Naín)*
## Más que una multitud

### Lucas 7.11–17

***Lea el texto de hoy. Lo invito, una vez más, a que intente visualizar la escena que describe. Sienta el ruido y el movimiento de la multitud, la congoja de la viuda y la compasión de Cristo. ¿Por qué se detuvo a ministrar a esta persona? ¿Cómo sabía que esta era una buena oportunidad para avanzar el reino?***

¿Se ha encontrado en medio de una gran multitud? Los que vivimos en la gran ciudad estamos expuestos a las multitudes casi a diario. Cada vez que deseamos ir a algún lado nos encontramos rodeados de otras personas que van en la misma dirección que nosotros. Si decidimos asistir a algún espectáculo o alguna feria, descubrimos que, literalmente, a miles se les ocurrió ¡exactamente la misma idea que a nosotros! Rodeado de personas, el ruido, el calor, los empujones y el incesante movi-miento tienden a crear en nosotros una sensación de ahogo, el deseo de escaparnos a algún lugar donde podamos disfrutar de la quietud y el silencio.

Jesús vivía rodeado de multitudes. No lograba escapar de ellas, porque los curiosos, los necesitados, los aburridos y una infinidad de otras clases de personas lo buscaban incesantemente. No obstante, el Hijo de Dios no veía a las multitudes del mismo modo que nosotros las miramos. No sufría de la sensación de sofocamiento y desorientación que suelen producir, pues él poseía la capacidad de mirarlos con los ojos del Padre. Y en esa mirada siempre acababa identificando a individuos a quienes podía ministrar en forma personal. Lo vimos cuando llamó a Pedro. Lo vemos ahora con la viuda de Naín. Lo observaremos con la mujer con el flujo de sangre, con Bartimeo y con Zaqueo. Rodeado de la muchedumbres, el Hijo de Dios poseía esa asombrosa capacidad de identificar a las personas en cuyas vidas el Padre estaba obrando de manera particular. Tal cual lo hizo en otras situaciones, él simplemente unió sus esfuerzos a lo que el Padre ya estaba haciendo, pues el Hijo no realizaba nada a menos que así se lo indicara el Padre.

Dios nos llama a desarrollar una sensibilidad similar. Cuando terminen sus reuniones en la iglesia, resista la tentación de buscar rápidamente a sus amigos y tome un momento para mirar al grupo en que se encuentra. Pida a Dios que le dé ojos para ver a las personas como él las ve. Seguramente comenzará a identificar a aquellos que están necesitados de una ministración particular. Esto no necesariamente requiere de algo tan dramático como una sanidad. En ocasiones, bastará con una palabra de ánimo, la disposición de demostrar interés en el otro, o simplemente la oportunidad de llegar a conocerse mejor. Es una lástima que en muchas ocasiones nuestra única preocupación sea lo que nos está pasando a nosotros.

Del mismo modo, al salir de su casa hacia el lugar de trabajo o de estudios, intente mirar a los que se cruzan por su camino, con los mismos ojos de Cristo. Cuando el llegó cerca de Jerusalén (Lucas 19.41), lloró por la ciudad. ¿Qué habrá visto en ella que nosotros no vemos? Seguramente el Señor le permitió ver lo que no es posible ver con los ojos físicos, sino con los ojos del corazón.

DIOS EN SANDALIAS

DÍA 167

## Un profeta entre nosotros *(Jesús y la viuda de Naín)*

# No llores

### Lucas 7.11–17

***Lea de vuelta el pasaje sobre la viuda de Naín. ¿Por qué era tan trágica la situación de ella? ¿Qué significaba para una mujer ser viuda en los tiempos de Cristo? En su opinión, ¿por qué la exhortaría Jesús a no llorar? ¿Qué hizo el Señor una vez que hubo resucitado a su hijo?***

Mientras meditaba en este pasaje busqué en un diccionario el significado de la palabra *compasión*. El *Diccionario de la Real Academia Española* lo define como un «sentimiento de conmiseración, pena o lástima hacia quienes sufren calamidades o desgracias». Una de las tristes características del deterioro de nuestra humanidad es que las aflicciones de los demás no perturban para nada nuestro corazón. Hemos permitido que la excesiva comercialización de las desgracias de otros, por parte de los medios de comunicación, haya creado en nosotros una insensibilidad frente al sufrimiento de las demás personas, que en ocasiones llega a tornarse alarmante.

Al observar a Cristo en esta escena con la viuda percibimos que hemos perdido uno de los atributos con los que fuimos creados, la capacidad de hacernos uno con el que está pasando un duro momento en la vida. Y no cabe duda de que la situación que afrontaba la viuda era dura. No sabemos hace cuánto tiempo había perdido a su cónyuge, pero sin duda esa pérdida había representado un duro golpe para ella. A este revés se le sumaba ahora, la muerte de su único hijo, en quien seguramente se había apoyado después de enviudar. Ahora, la mujer quedaba completamente desprotegida, pues debía buscar ella misma el sustento de su casa, algo nada fácil para una mujer sola en esos tiempos.

Cuando el Señor vio el cortejo fúnebre sintió compasión por ella. Es decir, su congoja también se convirtió en la congoja de él. Seguramente veía más allá de este momento, hacia lo que le esperaba a la mujer, una vez concluida la sepultura de su único hijo. Lo que es notorio de la compasión, sin embargo, es que no espera a que el afligido pida socorro. Más bien, tomando la iniciativa, se adelanta y busca la forma de llevar alivio a la vida del otro. Esta es una de las características más sublimes en el Señor. Aun cuando estábamos muertos en nuestros pecados él ya estaba dando los pasos necesarios para que volviéramos a la vida.

¿Por qué la exhortó a no llorar? Es lo mismo que le pidió el ángel a las mujeres en la tumba, aunque llorar parecería ser la actitud más normal del mundo en esta situación. Seguramente Cristo la animó a ello porque él sabía que había esperanza para la situación. Las lágrimas son apropiadas cuando no queda ninguna posibilidad de salir adelante, pero quienes ven lo que no se ve, saben que existe una realidad que, muchas veces, contradice todo lo que ven los ojos de nuestro cuerpo.

Observe que Su compasión lo llevó a entregar al hijo a la madre. El aporte más valioso para ese joven, en este momento, era estar al lado de su madre, y en esa dirección lo orientó. ¡El Señor se deleita grandemente en hacer bien a los demás!

DIOS EN SANDALIAS

DÍA 168

## Un profeta entre nosotros *(Jesús y la viuda de Naín)*

# El valor de un milagro

### Lucas 7.11–17

***Lea el desenlace de esta historia, según se relata en los versículos 16 y 17. ¿Cuál fue la reacción de la gente? ¿A qué conclusión arribaron? ¿De qué manera ayudó esto con el avance del reino?***

Es indudable que no se puede disfrutar de una vida espiritual vigorosa si se la alimenta exclusivamente con una dieta de milagros. Con el pasar de los años deberá nutrirse con algo mucho más sustancioso, tal como la Palabra eterna de vida. No obstante, también se puede afirmar que una vida espiritual que nunca experimenta lo milagroso carece de un elemento que constituía un importante eslabón en el ministerio de Cristo.

Las Escrituras nos orientan en cuanto a los milagros, identificándolos como la confirmación de la Palabra proclamada. En la historia de los cuatro amigos que examinamos unos meses atrás, Cristo claramente afirmó a los escribas que la sanidad del paralítico era para que vieran «que el Hijo del Hombre tiene autoridad en la tierra para perdonar pecados». En el libro de los Hechos, ante las amenazas del Sanedrín, oraron a Dios: «ahora, Señor, considera sus amenazas, y permite que tus siervos hablen tu palabra con toda confianza, mientras extiendes tu mano para que se hagan curaciones, señales y prodigios mediante el nombre de tu santo siervo Jesús» (4.29–30). De la misma manera el apóstol Pablo declara, en su carta a los Romanos: «no me atreveré a hablar de nada sino de lo que Cristo ha hecho por medio de mí para la obediencia de los gentiles, en palabra y en obra, con el poder de señales y prodigios, en el poder del Espíritu de Dios; de manera que desde Jerusalén y por los alrededores hasta el Ilírico he predicado en toda su plenitud el evangelio de Cristo» (15.18–19).

El concepto de un evangelio que se predica en toda su plenitud debe ser central para el ministerio que ejerce la iglesia en la comunidad donde Dios la ha insertado. No debemos convertir los milagros, las señales y los prodigios en la tarea medular de toda nuestra obra, como ha ocurrido en algunos grupos. Sin embargo, tampoco es correcto que los desterremos por completo de la proclamación de la Palabra. Cuando los discípulos de Juan pidieron una confirmación de la identidad del Cristo, él mismo presentó esas credenciales ante ellos: «Id y contad a Juan lo que oís y veis: los ciegos reciben la vista y los cojos andan, los leprosos quedan limpios, los sordos oyen, los muertos son resucitados y a los pobres se les anuncia el evangelio».

En la historia de la resurrección del hijo de la viuda de Naín, la gente quedó maravillada por lo que habían visto. No dudamos que algunos, luego, volvieron a la rutina de siempre. Pero también sabemos que la experiencia sirvió para que muchos comenzaran el proceso de acercarse a Dios. Por otro lado, la palabra de lo sucedido corrió como fuego por toda la región y realizó su propia labor de publicitar el hecho de que en Israel se había «levantado un gran profeta». En otras ocasiones Cristo había buscado impedir esto. Ahora, dejó que la noticia corriera libremente.

DIOS EN SANDALIAS

DÍA 169

## Una pregunta fundamental *(Juan pide confirmación)*

# La crisis del Bautista

### Lucas 7.18–35

*Mientras que aumentaba vertiginosamente la popularidad de Jesús, el ministerio de Juan el Bautista había decrecido, tal como el mismo profeta había anticipado (Juan 3.30). Eventualmente fue arrestado por el mismo Herodes a quien había denunciado públicamente. Los discípulos de Juan, no obstante, seguían teniendo acceso al profeta, aun dentro de la cárcel y* «le dieron las nuevas» *de toda las obras y enseñanzas de Jesús. Si desea repasar los detalles de la historia, tome un momento para leer el texto de Lucas 7.18–35. ¿Cuáles serían, a su entender, los elementos que precipitaron esta crisis en Juan? ¿Qué significa para la vida espiritual experimentar esta clase de «depresión»?*

Cuando Juan escuchó el testimonio que le traían sus discípulos, llamó a dos de ellos y los envió a Jesús con una pregunta que nos sorprende: «¿Eres tú el que ha de venir, o esperaremos a otro?». ¿No era Juan la persona que había proclamado a las multitudes que Jesús era el Cordero de Dios que quita los pecados del mundo? ¿No era este mismo Juan el que se había resistido firmemente a las insinuaciones de sus discípulos de que debía pensar en alguna maniobra para arrebatarle a Jesús las multitudes que en algún momento lo habían seguido a él? Poseedor de una nítida postura en cuanto al lugar que debía ocupar, Juan se había auto-definido como el amigo del novio, no el novio (Juan 3.29). ¿Cómo, entonces, ahora expresaba dudas acerca de la identidad del Mesías?

Debemos entender que todo ser humano está expuesto a este peligro. Juan ya no estaba en el centro de un ministerio pujante y vigoroso. Yacía, encadenado, en una húmeda y depresiva celda. A pesar de que él mismo había declarado que debía menguar su figura, era muy probable que no se imaginara que su ministerio iba a acabar de esta forma. Como resultado, lo que veía asegurado cuando el sol brillaba y todo marchaba bien, ahora se teñía de dudas y preguntas. Es que ante las circunstancias más adversas nuestras convicciones pueden tambalear. Así ocurrió con el profeta Elías, luego de la tremenda victoria que obtuvo frente a los falsos profetas de Baal (1 Reyes 18). Cuando Jezabel se levantó contra él, su audacia y valentía se esfumaron como la niebla matinal, y huyó al desierto.

De este cuadro se desprende una importante lección para nosotros. En primer lugar, lo que sustentará nuestras vidas en tiempos de crisis será lo que hemos sembrado durante las épocas buenas. En demasiadas situaciones nos acordamos de Dios solamente cuando el edificio de nuestra vida se ha incendiado. La fe de tal persona no la sostendrá a lo largo de la crisis porque no formó raíces. En segundo lugar es importante entender que el peor momento para resolver temas relacionados a nuestra vida espiritual es cuando nos envuelven las tinieblas. Siempre peligrará nuestro sentido de dirección en medio de la crisis. Son momentos que invitan a confiar en las decisiones que tomamos antes de la dificultad. Es que, cuando estamos mal, nuestra perspectiva de las circunstancias sencillamente no es la correcta. Es un tiempo para estar quietos y aferrarnos al Señor.

## Un pregunta fundamental *(Juan pide confirmación)*

# Conclusión inevitable

### Lucas 7.18–35

***Cristo entendía la lucha de Juan. ¿Qué respuesta le envió? ¿Por qué afirmó que era bienaventurado el que no se avergonzaba de él?***

Jesús bien podría haber optado por una serie de explicaciones para darle a los discípulos de Juan la respuesta que él buscaba. Sin embargo, escogió otro camino. En el Sermón del monte había animado a la multitud: «Así brille vuestra luz delante de los hombres, para que vean vuestras buenas acciones y glorifiquen a vuestro Padre que está en los cielos». Echando mano de este principio, apeló a los discípulos de Juan a que sacaran sus propias conclusiones.

Para nosotros es muy difícil entender el peso de la respuesta que provee el Mesías como evidencia de su identidad. Estamos tan acostumbrados a que nuestro testimonio dependa casi exclusivamente de las palabras, que apelar a las obras suena como herejía. Muchos se enteran que somos «creyentes» —un término que, de por sí, hace hincapié en una respuesta intelectual— solamente cuando se los confesamos. Es interesante observar, sin embargo, que las evidencias que señala el Señor tienen que ver con la transformación absoluta del ser humano. No está hablando de algunas personas que simplemente cambiaron sus convicciones, sino de aquellos en los que se ve con contundente claridad la mano poderosa del Altísimo, ya sea que se refiera a una obra de restauración emocional, mental o física. El hecho es que el Señor toca todos los aspectos de nuestra humanidad, y la evidencia de que su mano actúa dentro de nosotros debería ser esta clase de transformación.

Tristemente seguimos reaccionando, cuatrocientos años después de la Reforma, a la doctrina de la salvación por obras. En nuestro afán de corregir este error hemos erradicado las obras de nuestra experiencia cristiana. No obstante, tal como lo declara el apóstol Santiago, las obras son la manifestación visible de la transformación que Dios ha realizado en nuestro interior y «así como el cuerpo sin el espíritu está muerto, así también la fe sin las obras está muerta» (Santiago 2.26). Los redimidos nos involucramos en buenas obras precisamente porque hemos muerto al estilo de vida egoísta e individualista que tanto prevalece en nuestra cultura. Al relacionarnos con un Dios cuyo corazón rebosa con el deseo de bendecir, de hacer el bien, comenzamos a ser contagiados del mismo sentir.

Cristo era la manifestación visible de la pasión del Padre. Se movía entre los ciegos, los cojos, los enfermos, los oprimidos, los desanimados y los pobres, porque esta inmersión era un distintivo esencial de la llegada del reino de los cielos. En sus obras estaba toda la evidencia que necesitaba Juan para permanecer tranquilo. Del mismo modo, nosotros podemos descansar acerca de nuestro testimonio cuando está respaldado por permanentes demostraciones de amor, compasión y bondad hacia los que nos rodean. No hablamos aquí de hacer el bien para que la gente se «convierta», aunque nuestro deseo es que conozcan la bondad de Dios. Más bien se trata de hacer el bien porque conocemos a un Dios bueno, y hemos sido llamados a compartir su bondad con todos los que se cruzan en nuestro camino.

DIOS EN SANDALIAS

DÍA 171

## Un pregunta fundamental *(Juan pide confirmación)*

# Un profeta sin igual

**Lucas 7.18–35**

*Como hemos visto, una y otra vez, Jesús nuevamente aprovechaba las circunstancias para enseñar sobre algún tema determinado. ¿Cómo describió a la persona de Juan? ¿Qué parámetros utilizaría para declarar su grandeza? ¿En qué difieren con el concepto de grandeza de nuestros tiempos?*

Seguramente la figura de Juan había provocado un sinnúmero de comentarios, rumores y conjeturas. Es nuestra costumbre, cada vez que aparece alguien nuevo y distinto en nuestro medio, enredarnos en interminables debates acerca de la verdadera naturaleza de esa persona. Por esta razón Jesús inició sus comentarios, como solía hacer, con una pregunta: «¿Qué salisteis a ver en el desierto?» Entre las posibles respuestas, escogió dos o tres que, según entendemos, resumían las diversas posturas de la gente frente al ministerio del profeta.

No era la intención de Jesús, sin embargo, simplemente darle oportunidad a la gente de que compartiera su sentir al respecto. Él deseaba imprimirle su sello de aprobación al ministerio de Juan llamando a la gente a considerar con la mayor seriedad el mensaje que había proclamado. En ese momento, salió de los labios de Cristo una sorprendente afirmación: «Os digo que entre los nacidos de mujeres no hay mayor profeta que Juan el Bautista» (RVR95).

Detengamos nuestra mirada un momento en este elogio de Cristo. Escogiendo de entre los profetas nacidos de mujer, el Hijo de Dios afirmó que Juan era el más grande. ¡Esta declaración no es poca cosa! Israel tenía una rica historia de ministerios proféticos, aunque muchas veces no fueron honrados como tales. Pero la lista de notables incluía varones de la talla de Moisés, Isaías, Amós y Jeremías, hombres que ejercieron un profundo impacto en la vida y la historia de la nación.

Piense, por un momento, en los logros de Juan el Bautista. Su ministerio duró apenas seis meses. ¿Cómo, entonces, se puede afirmar que su obra superó la de otros profetas? La labor de Isaías y Jeremías se extendió a lo largo de unos cuarenta años. El periodo de Juan resulta ¡insignificante en comparación! Es más; para nosotros, preparar a un hombre treinta años para un ministerio de seis meses posee todas las señales de un tremendo desperdicio de recursos. Nos sentimos mucho más cómodos con un modelo que prepara a un obrero ¡seis meses para un ministerio de treinta años!

Nuestra reacción responde al concepto que prevalece entre nosotros. Para nuestra cultura evangélica, la grandeza de un ministerio radica en su volumen y extensión. En el reino, sin embargo, la grandeza no se mide en términos de números, sino en términos de fidelidad. Y la fidelidad consiste en realizar solamente lo que uno fue llamado a hacer. Nadie entendía esto mejor que Juan, quién le explicó a sus discípulos: «es necesario que Él crezca, y que yo disminuya» (Juan 3.30). Medido con esta vara, Juan el Bautista fue, realmente, el más grande de los profetas.

No obstante, Jesús no dejó de señalar que su grandeza no superaba la de los nuevos integrantes del reino de los cielos. Se levantaba un nuevo pueblo de Dios, gobernado por el pacto de la gracia. La grandeza de sus integrantes es la grandeza del Dios que los salva.

## Un pregunta fundamental *(Juan pide confirmación)*

# Los caprichos del incrédulo

### Lucas 7.18–35

***El asunto puntual en los comentarios de Jesús no es la persona de Juan, sino la reacción de la gente al mensaje que él proclamó de parte de Dios. ¿Qué actitud identificó en los que vieron al profeta? ¿Cuál es el problema de fondo en esta postura? ¿Qué solución ofrece?***

Jesús concluye sus observaciones señalando el espíritu de incredulidad de muchos de los que escucharon su mensaje. Con la ilustración expuso cuán infantil era la posición adoptada por los escépticos. Cuando un muchacho no quiere jugar con sus amigos, no importa qué le propongan, no lograrán que cambie de opinión. Se ha encaprichado en su propia postura y los que lo rodean le resultan molestos.

La comparación que Jesús realiza entre su persona y la del profeta revela que la postura de los incrédulos es inconsistente, y que realmente buscaban justificar su incredulidad por las particularidades del mensajero. Cuando apareció Juan con su llamado al arrepentimiento y una vida de disciplina, la gente lo desechó porque su mensaje era demasiado radical. Se creería que estas personas se sentirían a gusto con una persona más «normal». Cuando llegó Jesús, sin embargo, cuyas costumbres no había seguido el Bautista, igualmente lo descartaron porque no satisfacía los requerimientos de los puristas. El hecho es que tenemos una molesta tendencia a analizar minuciosamente la vida de las personas que proclaman la Palabra de Dios, buscando el menor detalle para poder desechar el mensaje que proclaman.

Todas estas idas y venidas no son más que nuestra manera de justificar la resistencia a ser tratados por Dios. La verdad es que cuando nos hemos propuesto no ceder, aunque el Señor mismo se aparezca para ministrarnos, encontraremos alguna razón para justificar nuestra intransigencia. La incredulidad no se origina en hechos externos, ni en la falta de «credibilidad» de quien nos exhorta, aunque esto puede favorecerla. La incredulidad es, más bien, una postura espiritual nacida de un corazón endurecido. Quien intente razonar con personas que han decidido no creer, simplemente pierde el tiempo. Ninguno estará realmente en condiciones para ministrarles.

No obstante, Jesús señaló que «la sabiduría es justificada por todos sus hijos». Es decir, para aquellas personas de corazón humilde que quieren abrirse a todo lo que Dios desea realizar en sus vidas, nada resulta un obstáculo. Puede que la persona que trae la Palabra sea enteramente incompetente e inepta en su manera de ministrar. Mas el que tiene hambre y sed de justicia ve más allá de las deficiencias de la situación, y echa mano de todo lo que puede servir para su propia edificación personal. Todo lo ven con ojos espirituales, aun las cosas que a otros le resultan desagradables o molestas.

*«Señor, te pido que me libres de mis propios argumentos y razonamientos altivos. Reconozco en mí esa resistencia endémica a tu trato. No tiene que ver con los que ministran, sino con lo que yo soy: una persona orgullosa. Me rindo a tus pies. Usa a quien quieras y donde quieras, para tratar mi vida. Quiero vestirme de mansa bondad hacia los demás. Amén».*

## La gran invitación *(Jesús llama a los afligidos)*
# Revelaciones y escondrijos

### Mateo 11.23–30

***Hace algunas semanas tuvimos la oportunidad de examinar, con cierto detalle, varios de los principios que operan en el reino de los cielos, tal como los expusiera Jesús en el Sermón del monte. Veíamos, en aquella oportunidad, que estos valores son diametralmente opuestos a los que gobiernan la cultura predominante de este mundo. En la reflexión de hoy nos encontramos frente a otra revelación sobre las verdades del reino. «Jesús, dijo: Te alabo, Padre, Señor del cielo y de la tierra, porque escondiste estas cosas a sabios e inteligentes, y las revelaste a los niños. Sí, Padre, porque así fue de tu agrado» (Mateo 11.25–26). ¿Qué implica esta declaración para nuestra vida? ¿Existe un camino que podamos recorrer para entender mejor las revelaciones de Dios? ¿Cuál será?***

No tenemos certeza si estas frases fueron pronunciadas inmediatamente después de una durísima denuncia contra tres ciudades donde Cristo había realizado muchos milagros. Lo cierto es que, aun si expresó esta alabanza en otro momento de su ministerio, ella revela un espíritu de humildad y sencillez. La carencia de este espíritu es, precisamente, lo que había llevado a estos pueblos a las más duras manifestaciones de incredulidad. Esta falta de fe radica en una actitud de soberbia que no acepta las propuestas de otros.

En el pasaje de hoy, Jesús revela que Dios se resiste ferozmente a toda manifestación de orgullo en el ser humano. Aquellos que se jactan de sabios y entendidos no pueden acceder a los secretos de Su revelación, ya sea que se presenten por medio de la Palabra escrita o en forma de señales, milagros y prodigios. La incapacidad de estas personas para ver las verdades de Dios no se debe a que carezcan de inteligencia. Al contrario, son sabias y entendidas porque han estudiado con diligencia los misterios del mundo que nos rodea. Mas para ellas el reino de los cielos es un libro cerrado, porque Dios deliberadamente ha escondido de sus ojos la verdad; por más que busquen, no podrán encontrarla.

Resulta irónico que el Padre haya escogido revelar estas verdades a los niños. Entendemos por esta expresión que no es una referencia a los pequeños en edad, sino más bien a todos los que poseen ese corazón sencillo de los chiquillos. Los niños son por naturaleza curiosos, pero no acumulan el conocimiento como un medio para aventajar a sus pares. La sabiduría, cuando no va acompañada de un espíritu tratado por Dios, produce personas con una altivez que resulta ofensiva.

¿Qué podemos decir nosotros, entonces? Solamente que el mismo principio se aplica a nuestras vidas. No por ser cristianos accedemos automáticamente a los secretos del Señor. Dios escoge compartir mayores revelaciones con aquellos que demuestran, por sus actitudes, que se les puede confiar el peso de semejantes tesoros. Por el engaño de nuestro propio pecado, entonces, corresponde que nos apropiemos de la oración del salmista: «¿Quién puede discernir sus propios errores? Absuélveme de los que me son ocultos. Guarda también a tu siervo de pecados de soberbia; que no se enseñoreen de mí. Entonces seré íntegro» (19.12–13).

## La gran invitación *(Jesús llama a los afligidos)*
# Intimidad divina

### Mateo 11.23–30

***Jesús añade, como corolario a la exclamación que examinamos en el día de ayer, una descripción de la clase de relación que sostiene con el Padre: «Todas las cosas me han sido entregadas por mi Padre; y nadie conoce al Hijo, sino el Padre, ni nadie conoce al Padre, sino el Hijo, y aquel a quien el Hijo se lo quiera revelar» (Mateo 11.27).***

***Medite, por un instante, en los diferentes componentes que contiene esta declaración. ¿Qué pistas le da acerca del proceso de conocer a Dios?***

En primer lugar es notoria la absoluta confianza que el Padre ha depositado en el Hijo. Jesús declara que el Padre ha entregado todas las cosas en sus manos. Cuando leo esto pienso en los miles de dueños de compañías importantes que siguen controlando (y humillando) a sus hijos luego de que estos han asumido el mando de la empresa. Puede ser que el hijo haya cumplido sesenta años y que sea poseedor de una vasta experiencia en el mundo de los negocios. No obstante, el padre que construyó la compañía de la nada, sigue controlando y estorbando el trabajo del hijo.

¿Cuál es el problema aquí? ¿Es que el hijo es inepto para estar al frente de la organización? ¡Claro que no! La dificultad no radica en el hijo, sino en el padre. Es una persona que no sabe confiar en los demás. No cree que existan en la tierra otras personas que puedan hacer mejor las cosas que él mismo.

Muchos pastores y líderes de ministerios manejan de la misma manera los asuntos del reino. Qué diferente es la actitud del Padre celestial. Él entregó todo en manos de su Hijo, porque confiaba absolutamente en él. Hizo pública esta confianza cuando expresó, en el bautismo, su satisfacción con Jesús. Es importante que nosotros entendamos que la confianza es, esencialmente, una decisión espiritual. Yo escojo otorgarle confianza a otro, lo merezca o no. Es una manera de bendecir a los que nos rodean.

Jesús reveló, además, que compartía con su Padre una relación de absoluta intimidad. Cuando uso la palabra «intimidad» me refiero a ese conocimiento profundo de los pensamientos y deseos más escondidos del corazón, que solamente se pueden comprender cuando una persona decide abrir su corazón a otra. Este conocimiento no es el resultado de la erudición, ni tampoco de simplemente convivir con el otro. Muchos matrimonios, por ejemplo, no poseen esta clase de intimidad; comparten una misma casa y una misma vida, pero escogen mantener en secreto los sentimientos más íntimos de cada uno.

Lo increíble es que Dios desea que accedamos a esa intimidad. Cristo aclara, sin embargo, que no están a nuestro alcance las herramientas necesarias para conocerle a él. Es decir, solo podemos conocer al Padre por ¡pura gracia! Cristo es quien puede mostrárnoslo, y él, como hemos visto ayer, se lo muestra a quienes gozan de un espíritu sencillo, como el de los niños. Si poseemos la actitud correcta, el Hijo nos revelará al Padre. Demandará de nosotros, sin embargo, que permitamos que el Espíritu reordene nuestra forma de ver la vida, pues estamos acostumbrados a creer que por medio del esfuerzo propio podemos acceder a lo que queramos. Aquí, sin embargo, la actitud apropiada es una relajada confianza.

# La gran invitación *(Jesús llama a los afligidos)*
# «Venid a mí»

## Mateo 11.23–30

***Lea el resto del pasaje. ¿Por qué extendió Jesús esta invitación? ¿En qué se relaciona con lo expuesto anteriormente? ¿Qué actitud necesitamos adoptar para ir a él?***

El texto de nuestro devocional contiene una de las porciones más conocidas de la Palabra de Dios. El contexto en el que fue entregada esta invitación deja claro que contiene la clave para acceder a una profunda intimidad con el Padre. Estos versículos parecen indicar que el conocimiento del Señor nunca es el resultado de un esfuerzo consciente por conocer a Dios. ¿Por qué? Precisamente porque el conocimiento del Señor no es producto del esfuerzo humano, sino el fruto de una relación. ¿Estamos, entonces, diciendo que no existe nada que podamos aportar nosotros? ¡De ninguna manera! La intimidad con Dios le es concedida a aquellas personas que caminan con él, no a los que lo desean «estudiar».

¿Qué elementos forman parte de esta vida que le agrada? En estos versículos encontramos algunas pistas importantes. Lo primero es entender que Dios es el que nos busca a nosotros. Esta verdad es una constante en la Palabra. Abraham no fue el que propuso salir de su tierra para habitar en Canaán. Fue el Señor el que se le acercó con esa invitación. Moisés no estaba buscando una oportunidad para volver a Egipto para liberar a Israel. Dios se le acercó con ese proyecto, algo que ni siquiera le interesaba a él. Del mismo modo ocurrió con Gedeón, David, María, Pedro, Leví y el apóstol Pablo. En cada caso, Dios tomó la iniciativa. Así también, el Nuevo Testamento declara que «aún cuando estábamos muertos en nuestros delitos, nos dio vida juntamente con Cristo (por gracia habéis sido salvados)» (Efesios 2.5).

Hago hincapié en esta verdad, porque con frecuencia creemos que somos nosotros los que le buscamos a él. Llenamos nuestras oraciones de súplicas y ruegos porque, de algún modo, creemos que necesitamos convencer a Dios de que se fije en nosotros. Mas el Dios de la Palabra es un Dios que desea ardientemente bendecir a su pueblo. Mucho antes de que nosotros lleguemos con nuestras peticiones y nuestros deseos, él ya está deseando hacernos bien, porque nos cuida con celo divino.

Si usted recorre la Palabra va a encontrar incontables pasajes donde se expresa esta insistente invitación. Considere, por ejemplo, el maravilloso espíritu de este texto: «Todos los sedientos, venid a las aguas; y los que no tengáis dinero, venid, comprad y comed. Venid, comprad vino y leche, sin dinero y sin costo alguno» (Isaías 55.1). La misma realidad se presenta en este otro texto: «El Espíritu y la esposa dicen: Ven. El que oye, diga: Ven. Y el que tiene sed, venga; y el que desea, que tome gratuitamente del agua de la vida» (Apocalipsis 22.17). Estos pasajes nos revelan a un Dios que anhela nuestra compañía, que desea ardientemente hacernos bien, que nos busca con amor eterno.

La primera característica que permite mayor intimidad, entonces, es descubrir que Dios se ha «anticipado» a nosotros. No necesitamos esforzarnos por llegar a él, sino, más bien, responder a la invitación que él nos ha extendido. Descubriremos que toda nuestra búsqueda es, en realidad, impulsada por su Espíritu.

## La gran invitación *(Jesús llama a los afligidos)*

# Esperanza para los agobiados

### Mateo 11.23–30

*¿A quiénes invita el Señor? ¿Qué es lo que distingue a estas personas? ¿Por qué invita a este grupo?*

Ayer considerábamos uno de los principios que sostiene la vida espiritual y es reconocer que Jesús llega a nosotros antes de que hayamos pensado siquiera en la posibilidad de buscarle. La iniciativa de cultivar una relación con nosotros es exclusivamente del Señor. Por siempre nosotros seremos los que respondemos a sus propuestas. Esto nos libra de una enorme presión, auto-impuesta, producto de la convicción que es nuestra la obligación de salir a buscar a Dios, con la esperanza de que él mire con agrado nuestra vida. Esta manera de experimentar la vida espiritual es completamente contraria a los parámetros que hemos heredado y aprendido del mundo. Desde pequeños fuimos formados con la convicción de que nuestro propio esfuerzo es el que asegura la intimidad con Dios y su bendición sobre nuestras vidas.

Seguramente por esta razón la invitación de Jesús está dirigida a «todos los que están trabajados y cargados». No se equivoque al pensar que esta es una referencia a las personas que están colmadas de tareas. Más bien está dirigida a las que sienten que la vida pesa demasiado como para sobrellevarla. Sus actividades y sus relaciones cotidianas les producen tal agobio y fatiga interior que se ha instalado en sus corazones la desesperanza.

¿Cuáles son las características distintivas de este grupo para que lo hayan convertido en destinatarios dignos de esta invitación? Sencillamente son las personas que probablemente estén más desilusionadas con los resultados de sus propios esfuerzos. Han arribado a una profunda convicción en sus vidas de que no pueden resolver sus propios problemas. Este desencanto consigo mismo crea la apertura necesaria para considerar otras alternativas de vida.

No obstante, debemos señalar que el grado de nuestra propia obstinación es profundo, mucho más de lo que podemos advertir. Nos cuesta llegar al punto donde nos rendimos, donde descartamos nuestros propios métodos y renunciamos a nuestros esfuerzos por salir de la situación en que estamos. En ocasiones pueden pasar décadas antes de darnos por vencidos. Yo he conocido matrimonios que durante más de veinte años han insistido en el mismo método para resolver sus problemas, aunque siempre terminaban exactamente en la misma condición. En ocasiones algunos prefieren la separación, o la muerte, antes de reconocer que están perdidos.

La invitación de Cristo a los agobiados siempre ha estado al alcance; ¡pero cuánto tiempo transcurre antes de que estemos dispuestos a venir a él! Cuántos problemas nos evitaríamos si lográramos entender que Dios tiene particular interés en tocar la vida de aquellas personas que están en aflicción. Él es el Dios que «sana a los quebrantados de corazón y venda sus heridas» (Salmos 147.3), que defiende «al débil y al huérfano; que hace justicia al afligido y al menesteroso» (Salmos 82.3). Con solo presentarnos delante de él, reconociendo nuestro agobio, él comenzará a obrar en nosotros, porque hace tiempo desea traer alivio a nuestras vidas. La persona madura, sin embargo, ha entendido que no se presenta ante él para sugerir un camino para resolver la situación que enfrenta, sino, sencillamente, para estar con él. Antes de que nosotros pidamos, él ya sabe lo que necesitamos.

DIOS EN SANDALIAS

DÍA 177

# La gran invitación *(Jesús llama a los afligidos)*
# Dejarse ministrar

## Mateo 11.23–30

***Vuelva a meditar sobre el mismo texto, reflexionando sobre algunas preguntas. ¿Qué promete el Señor si venimos a él? ¿Qué implica esto? ¿Qué demanda esto de nosotros?***

La mitad de nuestra batalla para solucionar nuestras dificultades se termina cuando caemos de rodillas y nos presentamos delante del trono de la gracia. Como veíamos ayer, este acercamiento resulta mucho más atractivo para aquellas personas que están agobiadas por sus cargas. El estado de fatiga interior es una de las pocas condiciones que logran quebrar ese obstinado espíritu de autosuficiencia que normalmente acompaña nuestro andar.

Cuando nos presentamos delante de él, sin embargo, no muere nuestra tendencia de querer echar mano de lo que estamos buscando. Al igual que el hijo pródigo, podemos presentarnos delante del Padre con nuestras propuestas de cómo debe él intervenir en nuestra vida. Sin percibirlo, pretendemos seguir siendo los protagonistas de esta aventura espiritual. Mas el desafío no es a que nosotros sigamos dirigiendo los asuntos de nuestra vida, sino a que cese nuestra actividad, para asumir una postura sosegada. Se trata de incorporar la exhortación del salmista: «Estad quietos y sabed que yo soy Dios; exaltado seré entre las naciones, exaltado seré en la tierra» (Salmos 46.10).

En el texto que estamos analizando Jesucristo ofrece un resultado similar: «yo os haré descansar» (Mateo 11.28). Tome nota de la construcción gramatical de esa frase. No necesita ser un erudito para advertir que la acción que promete la realiza sobre el agobiado. La persona que se presenta delante del trono de la gracia no echa mano del descanso, porque el descanso está en manos del Hijo de Dios. La propuesta del Señor es que nos quedemos quietos para que él pueda ministrar a nuestro espíritu.

Veo en la invitación de Jesús una reiteración del mensaje del Salmo 23. Note cómo la construcción de los verbos es similar a la de nuestro texto. Nada me faltará; en lugares de delicados pastos me hace descansar; junto a aguas de reposo me conduce; él me restaura el alma; me guía por senderos de justicia; su vara y callado me infunden aliento; me prepara mesa delante de mis enemigos; me unge la cabeza. En cada una de estas situaciones, la oveja es la beneficiada, no la que genera la acción. Recibe la acción bondadosa del pastor: provisión, descanso, dirección, restauración, guía, aliento, servicio, unción. Describe una relación de dimensiones absolutamente sencillas: ella recibe, él da. La responsabilidad de la oveja es una sola: dejarse pastorear. El pastor se ocupa de lo demás.

Esto presupone que al presentarnos delante del trono de la gracia no estemos tan apurados como para que él no pueda siquiera estirar su mano para acariciarnos. Debemos estar dispuestos a permanecer allí, en quietud, hasta que hayamos alcanzado el descanso.

¿Observó lo que él propone para los agobiados? No ofrece una solución para sus problemas, aunque solemos creer que esto necesitamos. Más bien ofrece intervenir en el lugar donde se cultiva la vida plena, en nuestro interior. La tormenta puede seguir con la misma intensidad, pero ofrece esa condición interna que nos permite enfrentarla sin ansiedad —causa principal de nuestro problema más profundo.

DÍA 178

## La gran invitación *(Jesús llama a los afligidos)*

# Un yugo deseable

### Mateo 11.23–30

***En esta reflexión quisiera invitarlo a que continúe acompañándome mientras miramos la siguiente parte del texto: «Llevad mi yugo sobre vosotros y aprended de mí, que soy manso y humilde de corazón, y hallaréis descanso para vuestras almas» (Mateo 11.29).***

***¿Qué otra invitación extiende Jesús aquí? ¿Cómo se desarrolla el aprendizaje en esta relación?***

No deja de asombrarme la increíble capacidad de Jesús de presentar los conceptos espirituales más complejos en imágenes sencillas y fáciles de comprender. En este caso escogió un elemento común en la vida de los que trabajaban la tierra, el yugo. Se trata de un instrumento de madera que mantiene unidos por el cuello a dos bueyes o mulas, y en el que se sujeta el pértigo del carro o el timón del arado. Muchos de los profetas habían utilizado también la misma metáfora, de modo que era un término familiar para el pueblo.

El uso que Jesús tiene en mente para el yugo, sin embargo, trasciende la necesidad de repartir equitativamente el peso del trabajo entre dos animales. La acción de tomar el yugo de Cristo no es solamente para que él alivie la carga, sino para que nosotros podamos aprender de él. Seguramente esto es una alusión a una práctica común en el campo, la de unir un animal dócil y maduro con uno joven y salvaje. Esto proporciona un método sumamente eficaz para amansar al animal más joven. En un primer momento tironea y lucha para distanciarse del buey maduro, pues posee una fuerza impetuosa que no ha sido aún canalizada hacia el trabajo productivo. Con el paso del tiempo, sin embargo, se da cuenta de que toda lucha es inútil. Lentamente se va contagiando del ritmo pausado y medido del animal maduro.

Del mismo modo, nuestros arrebatos impulsivos y alocados deben ser dominados si deseamos vivir bajo el señorío de Cristo. Para esto, es necesario que nos unamos a él —que formemos una yunta con él, atados al mismo yugo— para que lentamente nos vayamos contagiando del espíritu que gobierna todos sus hechos. Él mismo se describe como una persona mansa y de corazón humilde. No hace falta más que buscar los antónimos de estos términos para arribar a una acertada descripción de nuestra propia condición espiritual: rebeldes, de corazones altivos. Es evidente que esta condición será un impedimento si queremos permitir, con docilidad, que Jesús nos conduzca.

Note que la mansedumbre y la humildad no son atributos que se adquieren en un curso; ni siquiera se consiguen en un encuentro con el mismo Señor. Más bien son actitudes que, por permanecer cerca de él, nos vamos contagiando de ellas a lo largo de un período de tiempo. El buey joven no se amansa en un día, ni en una semana. Así también nosotros, debemos acostumbrarnos a estar atados a él.

La analogía revela una de las herramientas más poderosas que un líder pueda tener a su alcance, su propia vida. Las personas que están cerca del él se irán contagiando de la vida que posee. ¡Cuánto pesa sobre nosotros, entonces, vivir vidas santas y consagradas!

## La gran invitación *(Jesús llama a los afligidos)*
# Un yugo fácil

### Mateo 11.23–30

***En el texto de ayer reflexionábamos sobre la analogía que utilizó Jesús para describir el proceso por el cual logramos la mansedumbre y la humildad. Por ella nos invita a tomar sobre nosotros su yugo, el pesado madero que unía a dos bueyes para realizar juntos una tarea.***

***Algunos de los que le escuchaban podrían haber pensado que esta propuesta, después de todo, no era nada atractiva. No consistía más que en reemplazar una carga insoportable por otra, salir de una situación de opresión para someterse a otra similar. El Señor, no obstante, nos sorprende, con la siguiente declaración: «...porque mi yugo es fácil y mi carga ligera» (Mateo 11.30). ¿Qué le permite describir de esta manera el yugo que lleva?***

Nuestra sorpresa se debe a que la vida de Jesús no posee, a nuestros ojos, un aspecto de fácil ni ligera. Lo vemos incesantemente acosado por las multitudes. El desfile de personas necesitadas es permanente. Donde quiera que él se presenta, ellos rápidamente aparecen. Vive haciendo el bien y, no obstante, los cuestionamientos de los religiosos contra él no cesan. Les dedica lo mejor de su tiempo y esfuerzo a los doce y, sin embargo, lo decepcionan una y otra vez. El ritmo del ministerio le resulta agotador —Marcos comenta que en ciertos momentos Jesús no tenía ni siquiera tiempo para comer (Marcos 3.20); tampoco en dónde recostar su cabeza. ¿Cómo pudo, entonces, afirmar que su *yugo era fácil y su carga ligera?*

La declaración de Cristo nos lleva, una vez más, a un plano diferente del que ocupa nuestro tiempo y esfuerzo. Nosotros consideramos que una condición «liviana» la definen las circunstancias en las que nos encontramos. Cuando estamos «metidos en muchas cosas», resulta imposible que nos sintamos livianos. Al contrario, el exceso de actividades y responsabilidades es el factor que más contribuye al elevado grado de estrés con el que combatimos día en día. Resulta obvio que la comodidad del yugo y la escasa carga en la vida del Mesías no se relaciona para nada con su entorno.

¿Dónde radica su secreto? Lo hemos afirmado en varias oportunidades a lo largo de esta aventura con Jesús. El secreto radica en la fuerza de su hombre interior. Jesús posee un espíritu enteramente centrado en los asuntos de Dios. El estado que produce esta cercanía a su Padre le otorga tal entereza y sosiego que le permiten lidiar con las situaciones más adversas. De hecho, por medio de esta invitación Cristo nos está proponiendo que entremos en la misma dimensión de vida que él disfruta con el Padre. Para lograr esto, debemos estar dispuestos a tomar sobre nuestros «cuellos y cabezas» el yugo que él lleva. Caminando con él alcanzaremos el mismo estado de fortaleza que él posee, una fuerza que descansa, insólitamente, sobre una actitud de mansedumbre y humildad.

La invitación ha sido extendida. A usted y a mí nos incluyeron en la lista de invitados. No tenemos por qué seguir viviendo en el mismo estado de fatiga y cansancio de los que nos rodean. Cristo ofrece la opción de una vida liviana y apacible. ¡No la dejemos pasar!

DIOS EN SANDALIAS

DÍA **180**

## ¿Ves a esta mujer? *(Una prostituta unge a Jesús)*

# Bajo sospecha

### Lucas 7.36–50

***Nuestra aventura con Jesús nos llevará, en estos días, a acompañarle a cenar. Nos sorprende un poco que esta invitación venga de uno de los fariseos. No es porque pensemos que ellos no deberían gozar también del privilegio de sostener encuentros con el Maestro de Galilea. Lo que ocurre es que nos hemos acostumbrado a que los encuentros con ellos se produzcan siempre en un ambiente hostil, de cuestionamientos y escepticismo.***

***Antes de avanzar en el pasaje lo invito a que me acompañe en una oración.* «Señor, me resulta tan fácil ver el error de los fariseos. Confío que esta claridad de visión me librará de errores semejantes. Mas la vida me ha enseñado que muchas veces condeno en los demás aquello que más me molesta de mi propia vida. Te pido que me guardes de creerme libre del pecado que tan fácilmente me envuelve. Dame un espíritu humilde y manso, dispuesto a ser tratado por el Pastor de mi vida. Amén».**

Nos gustaría creer que este encuentro puede presentar matices diferentes a los demás contactos con los fariseos. Ni bien avanzamos, sin embargo, nos desilusionamos. Quizás este hombre sentía cierta curiosidad hacia la persona de Jesucristo. Es posible que se haya propuesto espiarlo de cerca. Lo cierto es que el pasaje expone que no extendió hacia Jesús ni los más básicos gestos de cortesía usuales en la cultura, y que, rápidamente, lo desestimó como profeta.

A pesar de lo adverso del ambiente para él, Cristo aceptó la invitación a cenar en casa del fariseo. Seguramente percibía las motivaciones secretas del corazón de este hombre. No obstante, se acercó para compartir este momento con él. Creo que esto revela el corazón inmensamente bondadoso del Señor, dispuesto a acercarse aun a las personas más endurecidas. Verdaderamente es difícil que el Señor se dé por vencido con alguien. Su amor insistente sigue buscando que nos unamos a él mucho después de que nosotros nos hemos dado por vencidos. Es por esto que Pedro podía señalarle a los cristianos a quienes les escribía que «el Señor no se retarda en cumplir su promesa, según algunos entienden la tardanza, sino que es paciente para con nosotros, no queriendo que nadie perezca, sino que todos vengan al arrepentimiento» (2 Pedro 3.9).

A la vez, la historia revela la tremenda influencia que una cultura ejerce sobre nosotros. Simón era del grupo de los fariseos y aun cuando sus intereses fueran distintos a los del resto del grupo, no podía deshacerse de su herencia. Rápidamente se manifestó en él lo que era un hábito cotidiano entre ellos: el juicio y la condena.

Esto nos habla de cuán importante es la influencia de la comunidad de fe para nuestro desarrollo como discípulos. Reflejamos en nuestras vidas lo que se vive en nuestra cultura eclesiástica. Cuando el ambiente es sano y lleno de gracia, las personas absorben esa cultura y se tornan tiernas y bondadosas. Cuando es legalista y duro, así son también los individuos que lo conforman. Como pastores debemos esforzarnos por crear un ambiente de restauración y vida en la congregación, para que también los individuos que la integran sean personas llenas de compasión hacia los que andan en tinieblas.

DIOS EN SANDALIAS

DÍA 181

# ¿Ves a esta mujer? *(Una prostituta unge a Jesús)*

# Hacer el «papelón»

### Lucas 7.36–50

***Intente imaginar el revuelo que debe haber producido la presencia de una prostituta en la casa de un fariseo. ¿Qué sentiría Simón? Lea con cuidado la conclusión a la que llegó. ¿Qué delata este forma de pensar?***

¡Qué impresionante escena nos describe este pasaje! ¿No es verdad que la vida es mucho más rica e interesante de lo que puede producir la fantasía? Los matices presentes en este encuentro son extraordinarios, pero resulta necesario que usemos un poco de nuestra imaginación para apreciar la riqueza de este cuadro. El fariseo era la imagen de la pulcritud y la corrección. Una serie de complejos rituales aseguraban su «pureza» espiritual. Sus palabras, su vestimenta y su comportamiento, especialmente en lugares públicos, servían para consolidar una imagen correcta delante de los demás.

En esto, no se diferencia tanto de nosotros. Son incontables las ocasiones en que oramos procurando impresionar a los demás. Nos paramos cuando los demás lo hacen porque no queremos que nadie dude de nuestra espiritualidad. Traemos nuestras biblias a las reuniones para que vean nuestro apego a la Palabra, aunque en casa nunca la abrimos. Todo en busca de que no hablen mal de nosotros.

Repentinamente, en medio de este ambiente correcto e higienizado, entra una mujer que la Biblia, discretamente, llama «pecadora.». Se trataba de una prostituta, probablemente conocida en toda la ciudad. Ella no se mostró interesada en ser una espectadora de la reunión. ¡Con una desfachatez absoluta, se tiró a los pies de Jesús y comenzó a besarlos!

Si Jesús se apareciera entre nosotros ¿usted se tiraría a sus pies para besarlos? Sea honesto consigo mismo. ¿Cuánto le importa el «qué dirán»? ¿Estaría realmente dispuesto a exponerse al ridículo? Creo que nuestro ambiente evangélico no nos permite semejantes expresiones de amor hacia la persona de Jesús, aunque él está presente en cada una de nuestras reuniones. No obstante, no nos animamos a soltarnos y a decirle de todo corazón cuánto le amamos. Nuestras expresiones son muy medidas. ¿Ha de extrañarnos, entonces, que nuestra vida espiritual también sea «muy medida»? ¿Será que necesitamos que el Espíritu nos inyecte una buena dosis de pasión?

Simón era demasiado educado como para mostrar públicamente su desacuerdo. ¡Debía mantener siempre la imagen de persona correcta y educada! Mas pensó, para sí mismo: «Si este fuera un profeta, sabría quién y qué clase de mujer es la que le está tocando, que es una pecadora».

Note que el juicio está dirigido hacia la persona de Jesús. En tantas ocasiones, en los evangelios, él es el destinatario final de la indignación del hombre. Pedro reprochó su falta de cuidado en la tormenta. Marta reclamó su falta de interés en aliviar sus tareas domésticas. Del mismo modo, nuestra insatisfacción por diferentes situaciones de la vida también terminan en reproches hacia él. Mas su compromiso hacia nosotros no disminuye. Él se ha propuesto construir una relación con nosotros, y la buscará con una insistencia que nos confunde, porque desconocemos esta clase de compromiso en el plano de nuestras relaciones interpersonales.

¡Cuán grande es su amor por nosotros!

DÍA 182

## ¿Ves a esta mujer? *(Una prostituta unge a Jesús)*

# Un error fundamental

### Lucas 7.36–50

***Las palabras de Simón son una clave para entender este pasaje, pues ellas delatan las convicciones que sostenían la vida religiosa del fariseo. Intente enunciar el sistema en la cual había construido su esperanza este hombre.***

Ayer meditábamos en la reacción del fariseo ante la irrupción de la prostituta en su casa. La conclusión a la que llegó el fariseo revela que existía en él alguna duda acerca de la identidad de Jesús. Las multitudes lo consideraban un profeta, título que solamente se le concedía a las más elevadas figuras espirituales en Israel. Al reconocerlo profeta se le comparaba con figuras de la talla de Elías, Isaías, Amós y Oseas. El fariseo, sin embargo, sabía que las masas del pueblo no tenían la formación necesaria para juzgar quién era verdaderamente este Galileo. Con alivio, quizás, se dio cuenta de que no podía ser un profeta, pues había dejado que una prostituta le tocara y le besara los pies.

La conclusión a la que arribó Simón el fariseo estaba respaldada por todo un sistema religioso, y es en este respaldo que debemos concentrarnos. El error de Jesús, según la filosofía de los fariseos, era que él permanentemente estaba abierto al contacto con personas impuras y pecaminosas. Los fariseos creían que un aspecto fundamental de la pureza era el mantenerse aislado de aquellas personas y lugares que podían contaminar sus vidas. De allí la inevitable conclusión: ningún profeta permitiría este contacto impuro con su persona.

¿Detecta el problema de esta postura? El pecado no se vence por medio de una estrategia de aislamiento. Tal filosofía cree que el pecado está fuera de la persona; si logra mantenerse al margen de los que andan en pecado, entonces podrá mantener intacta la santidad que el Señor demanda de los suyos.

En cierta ocasión en la que los fariseos censuraron la supuesta impureza de los discípulos, Cristo declaró: «¿No entendéis que todo lo que entra en la boca va al estómago y luego se elimina? Pero lo que sale de la boca proviene del corazón, y eso es lo que contamina al hombre. Porque del corazón provienen los malos pensamientos, homicidios, adulterios, fornicaciones, robos, falsos testimonios y calumnias» (Mateo 15.17–19). El problema del pecado no se resuelve con ritos, porque la raíz del pecado está escondida para el ser humano. Solamente el Espíritu de Dios puede librarnos de su poder contaminador.

Tristemente, en muchas iglesias prevalece el concepto de los fariseos. Ni bien se convierte una persona se la aísla del mundo, aduciendo que esta medida la ayudará a no «contaminarse». No solamente pierde valiosos contactos para extender el reino, sino que la metodología es completamente ineficaz. Aún viviendo solos en una isla, igualmente persistirían sus problemas con el pecado.

¡Qué importante es que nos convenzamos de que todas nuestras acciones no poseen valor alguno para solucionar el problema del pecado. No escaparemos de él si Dios no actúa en nuestras vidas! «¿Quién puede decir: Yo he limpiado mi corazón, limpio estoy de mi pecado?» (Proverbios 20.9) ¡Nadie! No necesitamos mayor sofisticación religiosa, sino mayor humildad.

# ¿Ves a esta mujer? *(Una prostituta unge a Jesús)*
## Saber, sin entender

### Lucas 7.36–50

***Cristo quiere enseñarle algo a Simón. Lea la historia que le contó. ¿Qué quiso señalar con esto? Observe cómo contestó el fariseo. Medite en las implicaciones de la respuesta.***

Hemos de notar, una vez más, que Jesús no habla a la superficie, sino al corazón. No se distrae con los síntomas y los detalles de un problema, sino que va directamente a la raíz. Esta cualidad es fundamental para los que estamos abocados a la tarea de formar personas. Permanentemente entramos en contacto con los problemas de ellos. Si nos concentramos en los asuntos secundarios, nuestro aporte tendrá escasa relevancia para la situación, pues el asunto de fondo continuará intacto. La sensibilidad que demostró Jesús solamente es posible si mantenemos el oído interno atento a las directivas del Espíritu mientras ministramos.

Con la maravillosa sencillez típica de los mejores maestros, Jesús procede a contarle una historia como introducción de lo que quiere señalar. Observe la hipocresía, tan encarnada, en la vida de este hombre. Aunque acababa de descartar a Jesús como profeta, mantiene la fachada de hombre respetuoso y culto, pues se dirige a Cristo como «maestro». ¡Así de fuerte actúa en nosotros el deseo de mantener las apariencias!

La historia es sencilla y de fácil comprensión. No le costó al fariseo entender su significado y Cristo mismo afirmó lo acertado de su respuesta, afirmando: «Rectamente has juzgado». Quisiera que tome nota de esto; nuestras dificultades en la vida espiritual no se deben a lo complejo de las directivas de Dios. Cualquiera puede entender su significado. Mas no es lo mismo entender una verdad que llevarla al plano de la práctica. Todos los que llevamos ya un tiempo considerable dentro de la Iglesia hemos adquirido cierta destreza en la interpretación de la Palabra. Mas son pocos los que pueden testificar de destreza y rapidez en el plano de la práctica. Allí se apodera de nosotros una lentitud y una pesadez que realmente dificulta nuestro andar.

El primer requisito para que la Palabra de Dios trabaje en nosotros es convencernos de que la persona más necesitada de su acción transformadora es uno mismo. Cuando nuestra interpretación de la Palabra se enfoca primordialmente en la utilidad que le podemos dar para arreglar, juzgar o señalar los defectos observados en la vida de los demás, disipamos la eficacia de la verdad. Por esta razón, los que hemos recibido un llamado a proclamar y enseñar las Escrituras debemos siempre llevar primero nuestro ministerio al plano de la auto confrontación. Esta nos prepara para que confrontemos a otros sin un espíritu agresivo, ni condenatorio.

Simón entendía perfectamente la historia que Jesús le había contado, pero carecía de ese discernimiento que nos permite ver que aquello que condenamos en los demás es también, muchas veces, lo mismo que nosotros practicamos. ¡El Señor nos dé esa gracia particular que permite que veamos nuestras propias contradicciones! Estas deberían preocuparnos mucho más de lo que nos preocupan los pecados y desaciertos de aquellos que están a nuestro alrededor. La persona que ha alcanzado la madurez está demasiado ocupada en la transformación de su propia vida como para distraerse para evaluar si los demás están bien o mal.

# ¿Ves a esta mujer? *(Una prostituta unge a Jesús)*
# ¡Qué pregunta!

## Lucas 7.36–50

***No se deje engañar por la aparente sencillez de la pregunta que Cristo le hizo al fariseo. Medite en ella por un instante. En su opinión, ¿por qué Jesús le planteó esta pregunta? ¿Qué genera en nosotros una pregunta bien formulada? ¿Cuál es, a su entender, la respuesta que Jesús buscaba?***

Un dato interesante de los evangelios es que contienen más de cien preguntas dirigidas por Jesús a diferentes personas en una gran diversidad de situaciones. En más de una ocasión el interés del Maestro de Galilea pareciera estar más centrado en estimular a las personas a pensar, que en compartir con ellas su sentir acerca de la respuesta. En ocasiones él deja una pregunta flotando en el aire sin proveer ninguna solución para ella. En otras, él amplía o corrige una respuesta. Lo que es claro es que consideraba las preguntas como una de las herramientas clave de un buen maestro.

Las preguntas son funcionales porque estimulan los procesos mentales y nos salvan de la holgazanería intelectual. Por demasiado tiempo el pueblo de Dios se ha aferrado a una pasividad que sofoca los procesos creativos, los cuales son indispensables para una vida apasionada y sedienta de la Palabra. De hecho, este libro le provee a usted ciertas preguntas al inicio de cada día, para estimular sus propios procesos de reflexión y facilitarle un encuentro diario con el Señor. La verdad, sin embargo, es que nuestra cultura religiosa nos impulsa a saltear las preguntas para ir, directamente, a la respuesta. Esta perspectiva utilitaria nos roba de esos momentos de meditación reposada en los que el Señor suele revelarse con mayor claridad a nuestros corazones.

La pregunta de Jesús a Simón es engañosa por lo obvia que parece su respuesta. Es tan sencilla que hasta se nos cruza la idea de que no hacía falta siquiera expresarla. ¿Acaso todo lo que pensó Simón no fue, precisamente, porque vio a esta mujer entrar en su casa? Debemos entender, sin embargo, que Jesús nunca hace preguntas innecesarias. La verdad es que Simón no había visto a una mujer. El había visto a una pecadora. La diferencia entre ambas perspectivas revela la enorme brecha que lo separaba del corazón del Dios que pretendía servir.

¿Cuál es esta diferencia? Cuando yo veo a un pecador, ya he juzgado y condenado a esa persona. El pecado, que es la parte más negativa de su humanidad, ha pasado a ser lo que la define. Jesús, en cambio, no veía a una pecadora, sino a una mujer hundida en el pecado. Al mirarla como una mujer, rescataba su dignidad y revelaba la convicción de que ella aún conservaba algo de la belleza con que fue originalmente creada. Su perspectiva compasiva abría la puerta para que Dios la redimiera del pecado en que estaba atrapada. Simón jamás se le habría acercado, porque no veía esperanza para ella.

¿Cómo ve usted a las personas? ¿Son pecadores, dignos de condenación, o son seres humanos atrapados en el pecado, dignos de misericordia? Esto no es un mero juego de palabras. Es, literalmente, un asunto de vida o muerte.

DIOS EN SANDALIAS

DÍA 185

# ¿Ves a esta mujer? *(Una prostituta unge a Jesús)*

# Los hechos hablan solos

**Lucas 7.36–50**

*En el devocional de ayer identificamos una diferencia vital entre la perspectiva de Jesús y la de Simón. Siento que un enorme segmento de la Iglesia está más identificada con la condenación que con la misericordia. Sé que en mi propia vida he sido rápido para expresar mi condenación hacia otros, especialmente cuando andan en pecados groseros. No obstante, lentamente el Señor ha ido mostrando que esta es la manifestación de un corazón enfermo, que no ha sido transformado por la compasión y la misericordia de Dios. Este espíritu condenatorio, aun cuando se mantenga perfectamente disimulado, constituye uno de los grandes obstáculos para cultivar relaciones interpersonales en las que el amor sea el vínculo. Intuyo que las personas que buscaban con insistencia acercarse a Jesús lo hacían porque percibían en él un hombre que no los condenaría.*

*No hablamos aquí de que él era permisivo con el pecado, sino de que sabía separar el pecado de la persona. Necesitamos desesperadamente convertirnos en un pueblo cuya característica distintiva sea el amor.* «Y es esto lo que quiero pedirte, Señor. Que no me engañe a mí mismo en cuanto a mi compromiso con los demás. Confieso que muchas veces he sido indiferente o, lo que es peor aún, agresivo para con aquellos que más necesitaban gustar la bondadosa compasión tuya. Reconozco, Señor, que en mí yace un «Simón», siempre presto a emitir juicios, orgulloso de su propio compromiso, que se mantiene a distancia de las multitudes que andan errantes, sin pastor. ¡Líbrame de sus artimañas, Señor! Enséñame el camino por el que debo andar para que tu amor eche raíces en mí y se convierta en una realidad vigorosa e irresistible en mi vida. Moldea mi vida a tu imagen, por amor a tu nombre. Amén».

Jesús utilizó la herramienta del contraste para destacar las diferencias entre el comportamiento de Simón y la mujer que había entrado en su casa. De esta manera, colocaba al fariseo en el mismo plano de la mujer. Esto es importante porque el religioso precisamente emitía su juicio desde una supuesta posición de superioridad, basada, según su propio criterio, en las claras diferencias que lo separaban de la prostituta.

Este es uno de los asuntos ante los cuales nuestra ceguera se agrava. A la hora de juzgar a los demás exhibimos gran confianza de que nosotros no caemos en los mismos comportamientos de los que abiertamente violan la ley. Este error lo come-temos porque nos concentramos en los detalles de una situación sin considerar los principios que están en juego. La comparación, sin embargo, claramente favorece a la mujer. Quizás esto nos deja también a nosotros una importante lección. El apóstol Pablo señala, en 2 Corintios 10.18, que «no es aprobado el que se alaba a sí mismo, sino aquél a quien Dios alaba». La aprobación o no de nuestras propias vidas y el defender nuestro comportamiento delante de los demás normalmente se basa en los parámetros que nosotros establecemos para tales propósitos. La verdadera aprobación, sin embargo, solamente se puede lograr cuando toda la vida de una persona revela siempre el mismo fruto.

DÍA 186

# ¿Ves a esta mujer? *(Una prostituta unge a Jesús)*

## Conciencia de pecado

**Lucas 7.36–50**

***Sabemos claramente que amar a los demás no es una condición para ser perdonado. La Biblia revela que la confesión de pecados es el único requerimiento para recibir el lavamiento que Dios ofrece. Medite, entonces, en el significado de esta frase de Cristo. ¿A qué se refería cuando declaró que «sus pecados, que son muchos, han sido perdonados, porque amó mucho»? ¿Qué señales elegiría usted para definir si una persona está caminando en intimidad con Dios?***

Cuando yo era joven, creía que los años de caminar con el Señor producirían en mí un estado en que el pecado sería cada vez menos problemático para mí. En mi versión de la vida, las intensas luchas con el pecado solamente las experimentaban aquellos que aún no habían crecido a la plenitud de la imagen del Hijo de Dios. La verdad, sin embargo, es que la vida se ha presentado enteramente diferente. ¿Acaso se debe a que ahora soy más pecador que antes? Podría ser. Creo, sin embargo, que la verdadera respuesta está en que antes no gozaba de la sensibilidad espiritual al pecado que hoy poseo.

Una sencilla ilustración nos servirá de explicación. Si nos encontráramos en una habitación con muy poca luz nos sería difícil constatar el estado de sus paredes. En las penumbras, probablemente se vean muy bonitas. Al iluminar la habitación, sin embargo, se verá su verdadera condición. Es más, muchos pintores acercan una lámpara a escasos centímetros de la pared para ver hasta los más pequeños detalles de su obra. Así es también nuestra relación con Dios. Cuando no gozamos de mucha intimidad con él, solamente nos molestan nuestros defectos mayores. Estamos contentos si no robamos, mentimos o peleamos. ¡Y esto está bien! Pero cuando comenzamos a dejar que la luz se nos acerque, empezamos a ver un montón de detalles que antes no advertíamos. Percibimos que hasta los pensamientos más secretos están contaminados por el pecado.

Esta profunda conciencia de pecado es la que permite que seamos generosos con los demás. ¿Cómo podremos tirarle piedras a otros, siendo nosotros tan indignos? La mujer que le besó los pies a Jesucristo se reconocía profundamente pecadora. El amor que había percibido que Cristo le ofrecía había despertado en ella gran pasión precisamente porque era consciente de cuán grande era la distancia que la separaba del Señor. Simón, con una pobre conciencia de pecado, amaba poco porque creía que, en realidad, era merecedor del amor de Dios.

¿Qué significa todo esto? Que cuanto más cerca de la luz nos encontremos, más tiernos y bondadosos seremos con los demás. Cuanto más clara veamos nuestra propia indignidad, más misericordiosos seremos hacia otros que viven en semejante indignidad. Un corazón duro se derrite cuando comienza a comprender que Dios ha sido profundamente generoso con nosotros, y esta es la evidencia irrefutable de la verdadera espiritualidad.

A la mujer, Jesús le anunció: «Tus pecados han sido perdonados». Sus palabras confirman el cambio que ya era una realidad en su vida. En efecto, la transformación espiritual, para la cual tanto esfuerzo religioso se exigía a sí mismo Simón, el fariseo, le había sido concedida a la mujer por el mero hecho de haberse humillado en la presencia del Altísimo.

DIOS EN SANDALIAS

DÍA 187

# La pasión de Pablo *(Un alto en el camino – 5)*
# Conocerlo a él

## Filipenses 3.7–14

*Lea el texto de Filipenses 3. ¿En qué circunstancias se encontraba Pablo cuando escribió estas palabras (1.12–13)? ¿Cuál es la razón por la que declara que todo lo que valoraba lo consideraba pérdida? ¿Qué meta persigue para su propia vida? ¿Cómo describe la experiencia de estar en Cristo? ¿Qué pasos consideraba necesarios para alcanzar esa meta?*

Hemos llegado a la mitad de camino en esta primera fase de nuestra aventura de caminar con Jesús por los Evangelios. Seguramente en el proceso usted ha descubierto algunos elementos nuevos en la persona de Cristo. Este es un buen momento para detenerse con la intención de descifrar en qué dirección está procurando el Señor llevarlo.

El pasaje de Filipenses siempre me ha inspirado porque Pablo lo escribió en la cárcel, casi al final de su vida. Detrás quedaban los largos viajes que había realizado para dar a conocer a Cristo entre los gentiles. En muchas de las ciudades más importantes del imperio había dejado congregaciones establecidas y obreros capacitados. No obstante todo lo logrado, deja ver que poseía un espíritu inquieto. Todos los avances que había logrado a favor del reino, las aventuras que había vivido y la diversidad de experiencias espirituales que se le habían concedido no lograban calmar el deseo de conocer más profundamente a Cristo.

Las palabras del apóstol delatan que entendía que aún podía profundizar más en su experiencia de caminar con Cristo. Este conocimiento contemplaba, entre otras vivencias, la posibilidad de participar en los padecimientos de Cristo. Es en este punto donde más difiere la perspectiva del apóstol de la nuestra. Deseamos ser como Cristo, sin vivir las experiencias de profunda angustia que él experimentó, aunque la Palabra claramente indica que por medio de lo que padeció aprendió a ser obediente al Padre (Hebreos 5.8).

Este es, en esencia, el proceso por el que estaban pasando los doce. Descubrían, a cada paso, que nada de lo que funciona en este mundo sirve para vivir en el reino. Caminar con el Señor constituía una invitación a moverse de confrontación en confrontación, pues a cada paso la carne choca con lo que el Espíritu está deseando producir en nosotros.

¿Qué ocurre hoy en su propia vida? ¿Cuáles son las características distintivas de la persona de Cristo que ha descubierto en estos últimos meses? ¿Qué cambios pueden aportar estas revelaciones a su relación con él? Según su percepción ¿a qué le está desafiando el Señor? ¿Cuáles son los obstáculos que más dificultan su relación con el Hijo de Dios?

Le animo a que lea simplemente esta lista de preguntas. Tome un momento para reflexionar en los asuntos que ellas mencionan, e intente discernir cómo se está moviendo Dios en su vida en este tiempo. Recuerde que si usted no puede percibir en qué dirección se está moviendo el Señor, le resultará difícil caminar con él. Se verá obligado, entonces, a relacionarse con un Jesús estático y manso, como el que tantas veces proclama el pueblo evangélico. El Jesús de los Evangelios, sin embargo, nunca está quieto. Seguirle, significa abrirse a una vida de sorpresas, de imprevistos y de confrontaciones. ¿Se anima a asumir este reto?

## Por el fruto se conoce *(Jesús ante una acusación)*

# Una cuestión de perspectiva

### Mateo 12.22–37

***Estuvimos presentes cuando Jesús salió de las aguas del bautismo; vivimos la intensidad de las tentaciones en el desierto; fuimos sorprendidos y confrontados por la profundidad de sus enseñanzas en el Sermón del monte y nos hemos maravillado por la multitud de personas que han sido alcanzadas por su gracia. Durante los próximos días seremos testigos de una acusación contra su ministerio, por parte de los fariseos, cuya oposición crece día a día.***

***Lea el texto que nos ocupa hoy. ¿Cuál es la diferencia entre la respuesta de la multitud y la de los fariseos? ¿Por qué sentían la necesidad de desacreditar al Cristo? ¿Qué es lo que impedía que ellos reconocieran a Jesús como el enviado de Dios?***

No se nos provee ningún detalle acerca de esta extraordinaria sanidad, pero vale la pena detenerse a meditar en ella por un momento. Imagine la terrible imagen que presentaba la persona que trajeron a Jesús. No hablaba ni veía, mas daba evidencias de las más extraordinarias manifestaciones diabólicas. ¡Qué cuadro tan patético!

El Evangelio solamente relata que Jesús produjo en la persona una dramática transformación. La gente no salía del asombro, aunque habían sido testigos de un sinfín de señales, milagros y prodigios realizados previamente por el Señor. Atónitos, algunos comenzaron a preguntar si no era este el Mesías que tanto tiempo había esperado Israel. Las obras que veían hablaban de una extraordinaria investidura de poder sobre su vida. Los fariseos vieron la misma manifestación de poder. No obstante, su perspectiva no les permitía aceptar, bajo ningún concepto, que esta obra fuera fruto del mover de Dios. Para ellos, Jesús definitivamente no se ajustaba a los parámetros de una genuina espiritualidad.

La escena nos muestra que la diferencia no está en las circunstancias, sino en los ojos que las contemplan. Ambos grupos vieron el mismo suceso, pero arribaron a conclusiones diametralmente opuestas. Esto debe ser, para nosotros, una seria advertencia. Nuestra actitud resulta decisiva a la hora de analizar el mundo que nos rodea. Para quienes ya decidieron en sus corazones que nada bueno puede darse en determinada situación, simplemente queda proveer la explicación necesaria para justificar dicha postura. Sus afirmaciones, sin embargo, no necesariamente son un fiel reflejo de la realidad. Por esta razón, dos personas pueden darle una interpretación absolutamente diferente a un mismo hecho, como quedó dramáticamente demostrado en el reporte de los doce espías. Todos habían visto lo mismo, pero diez hablaron mal de la tierra visitada, mientras que dos vieron allí la oportunidad de ver la gloria de Dios. La perspectiva torcida de los diez significó la caída de toda una generación.

Cuánto más sencilla nos resulta la vida cuando actuamos en conocimiento de que nuestra perspectiva está seriamente condicionada por nuestro entorno. No vemos las circunstancias como son, sino como queremos verlas. Resulta beneficioso que nos revistamos de una desconfianza «santa» de toda conclusión categórica a la que podamos arribar. Rara vez conseguimos interpretar las situaciones como son, y la Palabra está repleta de ilustraciones al respecto.

# Por el fruto se conoce *(Jesús ante una acusación)*
# Un asunto de lógica

## Mateo 12.22–37

***Cristo utiliza la acusación de los fariseos como trampolín para enseñar un asunto importante. Lea los versículos 25 al 27. ¿Qué sustenta su argumento? ¿Cuál es la herramienta que utiliza? ¿Hacia dónde se dirige?***

Ya lo hemos mencionado en varios devocionales anteriores, pero vale la pena reiterarlo una vez más: absolutamente nada queda escondido a los ojos de Dios, aunque a veces actuamos como si él no viera nuestros hechos o pensamientos. Del mismo modo ocurrió con la conclusión a la que habían arribado los fariseos. Sus acusaciones le resultaron a Jesús tan audibles como si las hubieran gritado desde los tejados.

El Señor podría haber escogido defender su propia persona utilizando las mismas acaloradas negaciones de las cuales solemos echar mano nosotros cuando otros nos acusan. Conocemos bien este camino, no solamente porque lo hemos frecuentado, sino porque hemos comprobado que su eficacia es muy pobre a la hora de convencer a nuestros oponentes. Cristo optó por otro camino, el de tomar el argumento de ellos y partir de la postura que sostenían. Desde este punto realizó un impecable análisis que echaba por tierra los argumentos de ellos por el propio peso de la lógica.

Es un hecho, avalado no solamente por la experiencia personal sino también por la historia misma de los pueblos, que ninguna institución puede mantenerse en pie si está fragmentada internamente. Este principio es tan aplicable a la familia o a un grupo de amigos, como lo es a gobiernos y naciones. Cuando en la institución existe división entre aquellos que la sostienen, se cae sola, sin necesidad de intervención por parte de terceros, pues deja de existir la misma fuerza que anteriormente la sustentaba.

Este derrumbe no se refiere necesariamente a la desaparición de la institución. También puede indicar que la institución, como tal, ha dejado de cumplir el propósito para el cual existe, aunque siga en pie. Sencillamente se ha tornado obsoleta. Un matrimonio dividido puede seguir conviviendo bajo el mismo techo, pero no pueden llevar adelante el proyecto de ser familia. La vida íntegra está afectada por el espíritu de división que reina. Aun el reino de las tinieblas, señala el Señor, opera bajo este principio, de modo que Satanás no puede estar peleando contra él mismo. Lo ridículo de su argumento quedó, ahora, a la vista.

Quizás esta sea una de las razones por las que Jesús oró para que su Iglesia pudiera estar unida (Juan 17.21). La división no es meramente un asunto de diferencias de opinión, sino un verdadero obstáculo para que Dios se mueva soberanamente, tanto en mi vida como en la vida de la persona con la que sostengo el altercado. Sencillamente no es posible permanecer en pie si no existe unidad de criterio y de propósito. Toda bendición espiritual queda detenida, porque Dios bendice a un pueblo, no a individuos. Aun cuando su mano descansa de manera particular sobre la vida de un individuo, finalmente es para el bien de todos. Hasta los fariseos entendían esto, pues a la hora de arrestar a Cristo no dudaron en establecer alianza con quien fuera necesario para lograr sus propósitos. El poder de la unidad es reconocido aun por los impíos.

DIOS EN SANDALIAS

DÍA 190

## Por el fruto se conoce *(Jesús ante una acusación)*

# Evidencias del reino

### Mateo 12.22–37

***Continúe con su lectura del pasaje. Nuestra reflexión hoy se concentrará en los versículos 28 y 29. ¿Por qué afirmó Jesús que el reino había llegado? ¿Qué relación existe entre la obra del Espíritu y la extensión del reino? ¿Qué quiso indicar Jesús con la ilustración de la casa saqueada?***

Cristo ha echado por tierra la acusación de los fariseos, simplemente demostrando que la acusación que presentaron carecía de lógica. A esta primera respuesta le añade una segunda observación. Sus palabras claramente revelan que llevaba adelante su ministerio en el poder del Espíritu. Las sanidades, liberaciones y transformaciones no eran el resultado de alguna metodología ministerial desarrollada por él mismo. Juan, en su Evangelio, revela que Jesús testificó una y otra vez de esta realidad. Habla de «las obras que el Padre me ha dado para llevar a cabo» (Juan 5.36), declarando que las «obras que yo hago en nombre de mi Padre, éstas dan testimonio de mí» (Juan 10.25). Desafía, también, a todos los que estaban con él: «Si no hago las obras de mi Padre, no me creáis; pero si las hago, aunque a mí no me creáis, creed las obras; para que sepáis y entendáis que el Padre está en mí y yo en el Padre» (Juan 10.37–38).

Es muy sano para todos los que estamos en el ministerio recordar que cualquier avance que podamos lograr es pura y exclusivamente por el accionar de la gracia de Dios. No existe nada en nosotros mismos que nos permita producir una profunda transformación en los que nos rodean. Al igual que el salmista, debemos siempre reconocer que «si el Señor no edifica la casa, en vano trabajan los que la edifican; si el Señor no guarda la ciudad, en vano vela la guardia» (Salmos 127.1).

Jesús asoció el mover de Dios con la llegada del reino, apelando a un argumento similar al que utilizó para responder a la duda que Juan el Bautista tuvo sobre su identidad, cuando este se encontraba preso. Cristo había proclamado, al iniciar su ministerio, que había sido ungido precisamente para realizar la clase de obra que ellos acababan de ver: la sanidad de un ciego que también era mudo.

Este mismo principio es el que enuncia Pablo en su primera carta a la iglesia en Corinto: «el reino de Dios no consiste en palabras, sino en poder» (4.20). Por esta razón el apóstol construyó su ministerio sobre parámetros muy diferentes a los que predominan en la Iglesia de hoy. Declara: «ni mi mensaje ni mi predicación fueron con palabras persuasivas de humana sabiduría, sino con demostración del Espíritu y de poder» (1 Corintios 2.4). Nuestra misión, como Iglesia, consiste en mucho más que hablar de los asuntos de Dios. La evidencia irrefutable de la presencia del reino es que las vidas de las personas ofrecen dramáticos testimonios de haber sido afectadas por una intervención divina.

Esta transformación solamente es posible cuando «se ate al hombre fuerte», lo que nos da una clara indicación de que debemos combatir al verdadero enemigo si pretendemos avanzar en los proyectos de Dios. Los sabios sabrán que el proceso de atar al hombre fuerte exige un costo. No existen, en el reino, las victorias baratas.

DIOS EN SANDALIAS

DÍA 191

## Por el fruto se conoce *(Jesús ante una acusación)*

# Dos posiciones

### Mateo 12.22–37

***En la respuesta que el Señor dio a los fariseos se concentró primeramente en lo ilógico del argumento que presentaron. Apeló, además, a la abrumadora evidencia del obrar de Dios de la cual habían sido testigos. En todos los lugares donde había estado, las personas habían sido tocadas por el Espíritu de Dios y habían experimentado sanidad, liberación y vida nueva. Las discusiones filosóficas acerca del verdadero origen de esta obra no iban a borrar las evidencias de la presencia de Dios entre ellos.***

***En el verso 30 Jesús identifica dos bandos. ¿Quiénes los integran? ¿Cómo se identifica a los integrantes de cada bando? ¿Qué acciones concretas «desparraman»?***

La afirmación del Mesías, aunque breve, revela varios principios importantes con respecto al reino. En primer lugar, notamos que el hombre solamente se puede ubicar en una de dos posiciones: está con el Señor, o está contra él. Cristo no deja abierta la puerta a una tercera, que sería una postura de neutralidad. Es necesario señalar esto porque muchas personas creen, justamente, que es posible optar por una posición neutra. Es decir, creen que no hacer nada abiertamente, ni en contra, ni a favor del evangelio es optar por una actitud de tolerancia que no perjudica ni beneficia a nadie. Jesús claramente está indicando que dentro del mundo espiritual no existe tal opción como la neutralidad. Nuestro estilo de vida favorece al reino o lo perjudica.

Nos resulta difícil entender este principio porque estamos acostumbrados a pensar que el daño es el resultado de una acción deliberada en contra de otra persona o cosa. Nuestra perspectiva no considera la posibilidad de que la inactividad pueda ser perjudicial para nadie. Es más, en nuestros tiempos ha surgido una nueva religión, que es la de la tolerancia hacia todo y todos. La tolerancia promulga que la convivencia es posible cuando asumimos una postura «de vivir y dejar vivir». Cristo desenmascara la aparente «inocencia» de esta posición cuando expone que en el reino no existe esta opción.

En segundo lugar, otro principio interesante y digno de observar es que la medida de nuestro aporte al reino es la persona de Cristo. El Señor alude tres veces en el versículo a su propia persona, y deja en claro que el protagonista principal de todo lo que acontece en el reino es él. Todo lo que nosotros hacemos —o dejamos de hacer— se mide en relación a lo que él está haciendo. De este modo, queda claro que cada una de nuestras acciones repercuten directamente en la persona de Jesús. Cuando despreciamos a un hermano, estamos despreciando a Cristo. Cuando ignoramos a una visita, estamos ignorando al Señor. Cuando nos rehusamos a acercarnos al necesitado, estamos rehusando participar de las obras de Jesús. Cuando damos un vaso de agua al sediento, estamos sirviendo a Cristo. Cuando visitamos al enfermo o al preso, es a Él a quien estamos visitando. Él es el principio y el fin de todo lo que existe en el mundo espiritual y no podemos evitar que nuestras acciones afecten su persona. Los que son de la familia del Señor nunca más podrán justificar sus acciones aduciendo: «es asunto mío, y de nadie más».

## Por el fruto se conoce *(Jesús ante una acusación)*

# De tal palo...

### Mateo 12.22–37

***Jesús incluye en su argumento la analogía del árbol y su fruto. Lea el texto y medite sobre el significado de esta ilustración. Es sumamente sencilla y, a la vez, profunda.***

En la reflexión de ayer veíamos cómo Jesús declaraba que solamente existen dos clases de personas en el reino de los cielos: los que han optado por identificarse con él, y los que han optado por permanecer contra de él. No dejó abierta la posibilidad para una tercera opción, la neutralidad, elegida por aquellas personas que no apoyan ni tampoco se oponen a Cristo. Para ayudarnos a entender estas dos alternativas decide echar mano de la ilustración del árbol

Un árbol se conoce por su fruto. Aunque la observación es sencilla, su importancia es fundamental. La evidencia irrefutable de la clase de planta que tenemos delante nuestro se encuentra en el fruto que produce. Podemos perdernos en interminables debates acerca de la especie de árbol que estamos observando. Puede, incluso, ofrecer el aspecto de cualquier variedad entre las de su especie. Las dudas, no obstante, se disiparán en el momento mismo en que aparezca el fruto. Del mismo modo ocurre en la vida de las personas. Podemos realizar interminables análisis sobre elementos intangibles que son difíciles de definir. Lo más probable es que no lleguemos a ningún tipo de acuerdo. Los frutos, sin embargo, hablarán claramente acerca de la clase de persona que es.

Este mismo argumento es el que utiliza Santiago en su carta. Con su característico estilo pregunta: «¿Quién es sabio y entendido entre vosotros? Que muestre por la buena conducta sus obras en mansedumbre de sabiduría. Pero si tenéis celos amargos y ambición personal en vuestro corazón, no seáis arrogantes y así mintáis contra la verdad. Esta sabiduría no es la que viene de lo alto, sino que es terrenal, animal, diabólica» (Santiago 3.13–15).

Debemos tomar nota, por otro lado, que la absoluta certeza que trae ver la fruta es por un principio inviolable de la naturaleza: un árbol no puede producir otro fruto que el que corresponde a su especie. Una planta de mandarinas no puede producir manzanas. Una planta de bananas no puede producir zanahorias. Es decir, la planta no puede contradecir la composición genética con la que ha sido creada. Mucho antes de que su fruto sea visible, ya está destinada a producir ese fruto porque su esencia así lo ha determinado. Del mismo modo, la persona que produce malos frutos no lo hace porque algo falló en el «mecanismo de producción». Sus frutos no son más que la manifestación visible de una realidad interna. No producirá otra clase de fruto a menos que su corazón sea transformado.

En este sentido, nuestros propios actos nos dan valiosas pistas acerca de la clase de personas que somos. Muchas veces excusamos nuestro comportamiento explicando: «en realidad yo no soy así». Frente a la afirmación de Cristo nos damos cuenta de lo absurda que es tal explicación, pues no es posible que «por accidente» un árbol haya producido un fruto diferente al que debe producir. Nuestras obras nos presentan pruebas incontrovertibles de aquellos aspectos de nuestro ser interior que aún no han sido transformados por la gracia de Dios.

DIOS EN SANDALIAS

DÍA 193

## Por el fruto se conoce *(Jesús ante una acusación)*

# La abundancia del corazón

### Mateo 12.22–37

***Luego de incluir la analogía del fruto que identifica la especie del árbol, el Señor avanza un paso más, aplicando el mismo principio a las palabras que salen de nuestra boca. Lea los versículos 34 y 35. ¿Qué principio espiritual puede enunciar en base a esta declaración?***

En cierta oportunidad un anciano pastor me dio este consejo: «*¿Quieres conocer a una persona? Presta atención a lo que dice cuando ora. Sus palabras te dirán qué clase de corazón posee*». Al igual que las obras nos proveen de valiosa información acerca de la clase de persona que somos, así también las palabras revelan el estado de la fuente de la cual provienen. Donde abunda la queja, la crítica, la ingratitud y la amargura, podemos estar seguros de que existe un corazón que no ha sido transformado por la gracia de Dios.

Para los que hemos sido llamados a la tarea de formar a otros es bueno que aprendamos a prestar atención al contenido de lo que otros dicen. No debemos concentrarnos tanto en los temas que hablan, sino intentar percibir la actitud que delatan sus palabras. Es posible que lo que compartan sea acertado y verdadero, pero si la manera en que lo exponen lastima, revelará la presencia de un corazón contaminado por el espíritu viciado de la carne. El Señor nos llama, como líderes, a estar atentos a esta realidad porque nuestra tarea, al igual que la del apóstol Pablo, es «presentar a todo hombre perfecto en Cristo Jesús» (Colosenses 1.28). Él mismo exhorta a la iglesia en Éfeso a que tenga cuidado de que «ninguna palabra corrompida salga de [nuestra] boca, sino la que sea buena para la necesaria edificación, a fin de dar gracia a los oyentes» (4.29). La clave de esta exhortación es que nuestras palabras deben impartir gracia a los que nos escuchan. Esto no se refiere al contenido en sí de nuestras palabras, sino al espíritu que ellas transmiten. Las personas que nos oyen deben sentirse bendecidas por lo que hemos hablado.

En el pasaje de ayer, observábamos cómo Cristo señalaba que ningún árbol malo puede producir fruto bueno, sino que cada árbol produce el fruto que determina su esencia genética. Asimismo, en el texto de hoy, Jesús afirma que una persona con un corazón malo no puede pronunciar palabras buenas, ni puede la persona con un corazón bueno pronunciar palabras malas. Una vez más, queda claramente revelado que la vida fluye de nuestro ser interior. Es allí donde debemos concentrar nuestra atención, donde debemos permitir la acción transformadora de Dios. No obstante, en demasiadas oportunidades apoyamos nuestra atención en las circunstancias externas de la vida. Buscamos que Dios intervenga en los lugares y asuntos de poca relevancia para la vida espiritual. Nuestro mayor problema, sin embargo, no está en el mundo donde moramos, sino en lo secreto de nuestros corazones. Es ahí donde necesitamos la obra más intensa del Señor. No en vano el autor de Proverbios exhorta a que «sobre toda cosa guardada, guarda tu corazón; porque de él mana la vida» (4.23, RVR60).

DÍA 194

## Por el fruto se conoce *(Jesús ante una acusación)*

# Un asunto serio

**Mateo 12.22–37**

***El pasaje termina con una muy seria revelación que nos ayuda a entender que nuestras palabras no son «simplemente» palabras. ¿A qué se refería Jesús cuando advirtió que seríamos juzgados por cada una de ellas? ¿Qué quiso indicar al decir que nuestras mismas palabras nos juzgarían? ¿Qué modificación necesitaría sufrir nuestra vida para no recibir un juicio severo?***

Si usted es como yo, su primera reacción a esta declaración es incredulidad. No es que le restemos autoridad a las palabras de Jesús. Simplemente nos cuesta entender que seremos juzgados por *cada* palabra ociosa que salga de nuestra boca. Seguramente esta dificultad se debe, en parte, a que no percibimos cuánto impactan nuestras palabras a los que nos rodean.

Las palabras son mucho más que un medio de comunicación. Por medio de las palabras las personas logran organizar y controlar el mundo en el que viven. Cuando Dios le dio a Adán la tarea de ponerle nombre a cada animal, le estaba dando la posibilidad de empezar a organizar el lugar donde vivía, para poder ejercer sobre la tierra su vocación de dominarla y sojuzgarla. Con las palabras creó definiciones y cate-gorías, de manera que logró el orden necesario para poder moverse con confianza. Es el mismo proceso por el cual atraviesa un misionero en un país nuevo para él. En un primer momento se mueve con inseguridad y temor, porque no conoce siquiera los términos más básicos para comunicarse con la gente de su entorno. Con el pasar del tiempo, sin embargo, comienza a sentirse más seguro, porque va aprendiendo el lenguaje del lugar, que es indispensable para que sobreviva.

El problema es que, como resultado del pecado, el uso original de las palabras se ha desvirtuado. Ahora las usamos también para influenciar, controlar y manipular a las personas que nos rodean. Los diez espías no utilizaron otro recurso que palabras para inducir a todo un pueblo a rebelarse contra Dios. Por medio de sus palabras persuasivas Absalón consiguió robar el corazón de los israelitas, y los volvió en contra de su padre, David. Con sus palabras de pasión Pedro prometió a Cristo lo que no podía dar.

Es precisamente por esta razón que el Señor declaró que seríamos juzgados. Nuestras palabras no solamente delatan que existen aspectos de nuestra vida que deben ser tratados, sino que también impactan a aquellos que nos rodean. Con nuestras palabras arrastramos a otros hacia comportamientos y actitudes que son incorrectas, o lastimamos y herimos a las personas con las que nos relacionamos, a veces en forma permanente.

En el libro de Eclesiastés, Salomón aconseja: «No te des prisa en hablar, ni se apresure tu corazón a proferir palabra delante de Dios. Porque Dios está en el cielo y tú sobre la tierra; por tanto, sean pocas tus palabras» (Eclesiastés 5.2). La inferencia es clara: ¡cultivar el silencio es más prudente que hablar de más! Las muchas palabras invariablemente dan lugar al pecado. La persona sabia, por tanto, aprende a sujetar su lengua a la más estricta disciplina.

¡Que Dios, en su misericordia, conceda que nuestras palabras sean siempre para sanidad, restauración y bendición!

DIOS EN SANDALIAS

DÍA 195

# Misterios del reino *(Jesús enseña por parábolas)*
# Cambio de estrategia

## Mateo 13.1–52

***Hemos recorrido juntos los primeros capítulos de los Evangelios. En el camino hemos visto, semana tras semana, cómo el ministerio de Cristo ha crecido a un ritmo sostenido. Lo vemos, en esta etapa, constantemente rodeado de enormes multitudes. En medio de las aclamaciones que revelan el nivel de popularidad alcanzado, no podemos obviar la creciente oposición por parte de las instituciones religiosas que tanto dominaban la vida de Israel. La observación debe servir de advertencia a cada uno de los que deseamos caminar en mayor intimidad con Jesús. Lejos de ser aplaudidos por los que nos rodean, se levantarán personas que buscarán la forma de estorbar, desacreditar y cuestionar todo lo que estamos viviendo. Pida a Dios que su impulso sobre su vida sea más fuerte que el deseo de quedar bien con los demás.***

Sorprende que en circunstancias aparentemente tan propicias para el ministerio Jesús cambie dramáticamente su forma de proclamar la Palabra. Repentinamente comienza a enseñar con parábolas, lo que también confundió a sus discípulos. No perdieron tiempo en acercarse para preguntar: «¿Por qué les hablas en parábolas?» (10). La respuesta de Cristo provee algunas claras indicaciones acerca del reino de los cielos. «A vosotros se os ha concedido conocer los misterios del reino de los cielos, pero a ellos no se les ha concedido». La declaración revela un claro principio relacionado con la proclamación de la Palabra. El acceso a los misterios del reino le ha sido concedido solamente a algunos, no a todos. Dios provee suficiente revelación para que todas las personas puedan entender que él las invita a una relación transformadora. No obstante, alcanzar mayor profundidad en el conocimiento del Altísimo es un privilegio para los que han asumido un compromiso serio con él, aquellos que desean vivir la clase de vida que él propone, cuya pasión va más allá de un entusiasmo momentáneo. A estos, Dios escoge para participarles los misterios más profundos del reino. El Señor claramente aludía a este privilegio cuando les declaró a sus discípulos, poco antes de morir: «Vosotros sois mis amigos, si hacéis lo que yo os mando. Ya nos os llamo siervos, porque el siervo no sabe lo que hace su señor; pero os he llamado amigos, porque os he dado a conocer todo lo que he oído de mi Padre» (Juan 15.14–15).

Cristo utilizó una cita del profeta Isaías para justificar por qué usaba las parábolas: «Al oír oiréis, y no entenderéis; y viendo veréis, y no percibiréis; porque el corazón de este pueblo se ha vuelto insensible, y con dificultad oyen con sus oídos; y sus ojos han cerrado; no sea que vean con los ojos, y oigan con los oídos, y entiendan con el corazón, y se conviertan, y yo los sane» (14, 15). En el cuadro que describe el profeta vemos claramente revelada la actitud humana que le cierra a las mismas personas el acceso a una mayor intimidad con Dios. Todos querían escuchar la verdad, pero no todos estaban dispuestos a ordenar sus vidas frente a ella. Aun cuando continuaban con sus prácticas religiosas, por dentro se habían endurecido.

DIOS EN SANDALIAS

DÍA 196

## Misterios del reino *(Jesús enseña por parábolas)*

# El trabajo de sembrar

### Mateo 13.1–52

***Lea la parábola del sembrador. Piense en los principios que revela con respecto a la tarea de compartir con otros la Palabra de Dios. Intente enumerarlos. ¿Cuánto de este proceso depende de nosotros?***

Como era su costumbre, Cristo aprovechó en esta ocasión la presencia de grandes multitudes para enseñarles la Palabra (2). La primera de estas enseñanzas gira en torno a la parábola del sembrador, la única para la cual Cristo mismo proveyó una explicación.

Más allá de las razones por las cuales el Señor las usó debemos reconocer la tremenda capacidad del género de las parábolas para comunicar la verdad. Logran presentar, mediante una anécdota de la vida cotidiana, las más profundas verdades acerca del reino de los cielos. Aunque cada parábola encierra una verdad central, también encontramos en sus detalles valiosas perspectivas del mundo espiritual. No obstante, debemos cuidarnos de no forzar el significado más allá de la intención original de Jesús.

En primer lugar notamos un hecho obvio, que el sembrador da por sentado que en su trabajo siempre se «desperdiciará» cierta cantidad de semilla. Es decir, si quisiéramos expresarlo en términos de números, de cada cuatro semillas esparcidas, tres no germinarán. No creo que esta sea una representación fiel del trabajo de un campesino, pues esto implicaría una enorme pérdida en el trabajo de sembrar la tierra. No obstante, la parábola señala la realidad de los que siembran en el mundo espiritual. Pone de manifiesto que la mayoría de las personas que escuchan la Palabra no van a responder en forma positiva. Esta es una realidad del proceso y no debe, de ninguna manera, motivar al sembrador a desistir de su tarea. Más bien trabajará con perseverancia, sabiendo que no se trata de un proceso aritmético.

En segundo lugar, se observa que las semillas que caen sobre buena tierra producen un fruto que supera la inversión inicial «uno a ciento, otro a sesenta y otro a treinta por uno». De este modo, aunque los resultados iniciales pueden ser escasos, la semilla que cae en buena tierra acaba produciendo una cosecha que supera lo perdido en la siembra. Los resultados en este proceso no se miden de inmediato, sino a largo plazo. De la misma manera, los resultados en el reino de los cielos se tornan cada vez más visibles con el paso del tiempo. En demasiadas ocasiones, luego de una campaña, nos entusiasmamos en gran manera porque dejó una gran cantidad de «decisiones» para Cristo. El verdadero fruto de ese esfuerzo, sin embargo, no se podrá ver hasta que hayan pasado algunas semanas, meses, y aun años. Muchos de los que se mostraron decididos quedarán en el camino, así como lo señala la parábola.

No obstante, aun así el sembrador sigue siendo responsable de sembrar la semilla, porque su compromiso no es con los resultados, sino con el proceso de compartir lo que ha recibido de Dios. La tarea de sembrar la semilla es fruto de su identidad como ciudadano del reino de los cielos y la desarrolla con fidelidad porque es una parte esencial de su vocación. Aun conociendo las dinámicas por las que una semilla cae a tierra y crece, no se afana por lo que no compete a su tarea.

DIOS EN SANDALIAS

DÍA 197

# Misterios del reino *(Jesús enseña por parábolas)*
# El Maestro explica

## Mateo 13.1–52

***Lea los detalles de la explicación que proveyó Cristo para sus discípulos (18–23). ¿Cuáles son los elementos que «compiten» con la Palabra? ¿Qué responsabilidad tenemos en los resultados? ¿Podemos ser más eficientes en nuestro trabajo?***

Los discípulos no entendieron el significado de la parábola y seguramente para nosotros tampoco hubiera sido fácil captarlo. Se acercaron a Jesús, pidiendo una explicación y él se las dio. En esto vemos otra de sus cualidades como Maestro. No daba por sentado que entendían lo que él enseñaba, sino que creaba condiciones para que profundizaran el tema por medio del diálogo. Un buen maestro debe estar a disposición de sus estudiantes.

Cristo identificó cuatro clases diferentes de personas en el proceso de sembrar la semilla. El que sembró la semilla junto al camino, es el que escuchó la Palabra pero no la entendió. La semilla sembrada es arrebatada por el enemigo, porque no encuentra tierra fértil en la cual echar raíces. De este modo, la Palabra no logra trabajar en el corazón de esta persona, sino que se pierde inmediatamente.

La segunda y tercera clase de personas, sin embargo, reciben la Palabra. La primera de ellas, señala el Señor, «la recibe con gozo» (20). Su aceptación, no obstante, parece que mayormente se fundamenta en las emociones del momento. Muestra gran alegría al escuchar las buenas nuevas, pero no ha entendido el costo de seguir a Cristo. Cuando «por causa de la palabra viene la aflicción o la persecución, en seguida tropieza y cae» (21). Esta es la persona que no se detuvo a meditar en las consecuencias de su decisión. Por esta razón no es bueno que llevemos a las personas a decidirse por Cristo mediante la manipulación de sus emociones. Podremos asegurar una respuesta en el momento, pero rara vez su decisión permanecerá.

La tercera persona también escuchó la Palabra, la cual echó raíz en ella y comenzó a crecer. Mas «las preocupaciones del mundo y el engaño de las riquezas ahogan la palabra, y se queda sin fruto» (22). La descripción deja en claro que el llamado a seguir a Cristo demanda una respuesta absoluta por parte de los que reciben la Palabra. No es posible seguir al Señor a «medias», aunque la iglesia incluye gran cantidad de personas que creen que es posible mantener esta postura. Semana tras semana viven atormentados por las presiones económicas y laborales, mientras intentan mantener viva su vida espiritual con una fiel asistencia a las reuniones de la iglesia. La parábola nos da un panorama de lo que está pasando en el interior de sus vidas: algunos factores están ahogando la Palabra y, eventualmente, morirá.

La cuarta persona es la que no solamente oye la Palabra, sino que la entiende (23). Este entendimiento no se refiere a una comprensión intelectual, sino que se da en la esfera espiritual. A esto se refería el apóstol Santiago cuando afirmó que la bienaventuranza consiste en escuchar la Palabra y hacerla (1.25), no siendo oidores olvidadizos. Claramente el Señor habla esperando de nosotros una respuesta mucho más profunda que simplemente exclamar: «que buena palabra». Si no alineamos nuestras vidas con la Palabra, esta se perderá.

DIOS EN SANDALIAS

DÍA 198

## Misterios del reino *(Jesús enseña por parábolas)*

# El trigo y la cizaña

### Mateo 13.1–52

***En una segunda parábola sobre la siembra el enemigo vino y sembró cizaña mientras dormían los hombres que habían plantado el trigo. Lea los detalles de esta historia (24–30). ¿Qué medidas podríamos tomar para evitar que la mala semilla sea plantada en el mismo terreno? ¿Por qué resulta difícil detectar la cizaña? ¿Qué remedio propuso el dueño del campo?***

La cizaña, en toda su apariencia, es igual que el trigo. De hecho, son plantas muy difíciles de distinguir entre sí. Solamente en la época de la cosecha se puede saber, por el fruto, cuál es trigo y cuál es cizaña. Del mismo modo existen, dentro del seno de la iglesia, personas que presentan toda la apariencia de ser cristianos comprometidos. A la hora de evaluar su compromiso no debemos guiarnos por sus palabras, ni tampoco por sus votos. Al igual que al pueblo de la generación de Isaías, nos puede resultar muy fácil honrar de labios al Señor, mientras nuestro corazón puede ir alejándose más y más de él (29.13). Debemos, más bien, prestar atención a las actitudes y comportamientos que hablan de la naturaleza del corazón.

El enemigo vino y plantó la cizaña durante la noche, mientras los obreros descansaban. Si hubieran montado guardia toda la noche podrían haber evitado la labor del intruso, pero ningún campesino puede pasarse la vida vigilando sus tierras. El hecho es que en todo grupo cristiano siempre aparecerán personas que el enemigo ha plantado en la oscuridad. El apóstol Juan advirtió a la Iglesia que «no todos son de nosotros» (1 Juan 2.19), para que entendieran que tales manifestaciones eran normales. Parte de la formación de todo discípulo incluirá el aprendizaje de sobrellevar no solamente la oposición y las dificultades que vienen de afuera, sino también las que surgen internamente, de la misma familia de la fe. Cristo convivió con Judas, y Pablo aprendió a sobrellevar las traiciones de diferentes personas que fueron cercanas en el ministerio.

Cuando los obreros del campo constataron que había cizaña entre el trigo fueron al dueño con una pregunta concreta: «¿Quieres, pues, que vayamos y la recojamos?» (28). Esta es una pregunta importante, pues debemos saber si es parte de nuestra labor denunciar todo aquello que, a nuestro entender, es impuro e indigno dentro del Cuerpo de Cristo. En la parábola, el dueño del campo les prohibió tal acción, «no sea que al recoger la cizaña arranquéis el trigo junto con ella» (29). El hecho es que las raíces de la cizaña se entreveran con las del trigo y es imposible arrancar una planta sin dañar la otra. Del mismo modo, nuestro afán por mantener pura y santa a la iglesia puede acabar dañando la vida de las mismas personas que estamos intentando proteger. Existe un tiempo designado para esta tarea y ha sido reservada para los segadores. Nosotros, mientras tanto, hemos sido llamados a vivir en santidad, «de tal manera que el diablo no tenga nada malo que decir de nosotros». Nuestro testimonio debe, de esta manera, avergonzar a la cizaña. Que nuestra mejor contribución sea siempre mostrar un camino más excelente (1 Corintios 12.31).

DIOS EN SANDALIAS

DÍA 199

## Misterios del reino *(Jesús enseña por parábolas)*

# El grano de mostaza

### Mateo 13.1–52

***Lea la parábola sobre el grano de mostaza. ¿Qué principios ilustra sobre el reino? ¿Por qué contrastó el Señor el tamaño inicial con el final? ¿A quiénes representan las aves del cielo?***

Todas las parábolas comienzan con la misma frase: «el reino de los cielos es semejante a…» Por medio de cada una de ellas Cristo ilustró una verdad diferente, referida al reino que se inauguró cuando él descendió a morar entre los hombres. La parábola del grano de mostaza ilustra el crecimiento de la obra de Dios la cual, en sus inicios, es tan pequeña e insignificante, que resulta invisible. Una vez sembrada, esta semilla comienza a crecer lentamente y, de ese diminuto origen, se desarrolla un árbol que llega a ser un gigante entre las plantas de la hortaliza. Al igual que en la parábola del sembrador, existe un lapso de tiempo que no puede ser ignorado. Debemos desconfiar de todo lo que crece rápidamente, pues lo que perdura en el tiempo se establece con lentitud a lo largo de los años.

De hecho, la parábola describe el crecimiento de la Iglesia. La obra comenzó con un insignificante grupo de hombres en un pequeño país perdido en la inmensidad del Imperio romano. El nacimiento de su precursor ocurrió en un sucio y humilde establo, totalmente inadvertido por las grandes figuras de aquella época. Formó a doce hombres que mostraban pocas aptitudes para la tarea que les estaba encomendando. Mas antes de partir les mandó que fueran a «todas las naciones», y llegaran «hasta lo último de la tierra». De esta manera señaló que eventualmente llegaría a existir aquel enorme árbol que le daría refugio a las aves del cielo.

Notamos en esta parábola, que guarda el mismo principio que todos los proyectos de Dios. Cada uno comienza de manera poco prometedora, con una persona a quien se le ha encomendado una visión. A un anciano en Ur le dijo que lo convertiría en una gran nación. A un pastor de ovejas en Madián llamó para que condujera a un inmenso pueblo a la tierra prometida. Llamó a un labrador para que liberara a su pueblo del yugo de los madianitas. A un ignorado pastor de ovejas lo ungió como el nuevo rey de Israel. Cada uno de estos inicios fue menos que auspicioso. El cumplimiento de la visión, en cada caso, tardó mucho. En algunas de esas vidas pasaron décadas antes de verse la plenitud del «árbol crecido».

La clave está en creer la propuesta de Dios, no en evaluar su factibilidad. Muchos de estos hombres respondieron con temor al escuchar lo que el Señor se proponía realizar. Mas él siempre les exhortó: «No temas, yo estoy contigo». De esta manera les indicaba que lo imposible se tornaría posible, gracias a Su intervención en el proyecto. Una persona frágil, titubeante y con poca «aptitud» puede llegar a ser el origen de algo extraordinario en el reino de Dios, si se atreve a creer las alocadas propuestas del Altísimo. ¡Qué privilegio es que él nos incluya en los proyectos que podría lograr perfectamente sin nuestra participación!

# Misterios del reino *(Jesús enseña por parábolas)*
# Levadura en acción

## Mateo 13.1–52

***Lea la parábola de la levadura. Tome nota de las similitudes y diferencias que guarda con la parábola del grano de mostaza.***

Jesús contó una segunda parábola sobre el tema del crecimiento del reino, similar a la de la parábola del grano de mostaza. Aunque pueden existir algunas diferencias sutiles con la parábola anterior, es posible que Jesús también demostrara sensibilidad a la variedad de personas presentes en la multitud. La parábola de la semilla de mostaza tendría mayor significado para aquellas personas que trabajaban la tierra, en su mayoría hombres. La parábola de la levadura resultaría fácilmente comprensible para las personas cuya vida cotidiana transcurría dentro de la casa, en su mayoría mujeres.

El uso de dos historias similares para ilustrar una misma verdad deja una valiosa lección para todos los que están involucrados en el ministerio de la enseñanza. La búsqueda de formas sencillas de enseñanza, para presentar las verdades eternas de la Palabra, debe realizarse con sensibilidad a la realidad de los que estamos formando. De nada sirve utilizar un ejemplo de la vida de un paisano en Siberia, si la mayoría de los oyentes no tienen idea de los rigores de la vida en esas regiones. Nuestras ilustraciones deben ser tomadas del mundo que conocen nuestros oyentes, el cual puede ofrecernos varios ejemplos similares para considerar la variedad de ocupaciones de los que nos escuchan.

La parábola de la levadura también ilustra el proceso de crecimiento del reino. En la parábola del grano de mostaza Jesús enfatizó el tamaño final del árbol, y que este llega a ser mayor que todos los demás. En esta historia, el tamaño está representado en las tres medidas de harina que tomó la mujer. Esto sería el equivalente a 40 kilos, lo que produciría pan para al menos ¡cien personas! Queda claro, por las proporciones que utilizó Cristo, que quería dejar de manifiesto el asombroso tamaño del proyecto inicial, lo cual parecería imposible de alcanzar.

Al igual que en la parábola anterior, existe un elemento escondido en el crecimiento, junto a un comienzo poco auspicioso. Al esconder la levadura en la masa, lo cual involucra un buen trabajo de amasado, la cocinera no ve inicialmente ningún resultado de sus esfuerzos. Debe dejar que la levadura comience a trabajar, para que eventualmente la masa completa resulte afectada por el proceso.

Este principio de crecimiento es aplicable a todos los ámbitos de la vida espiritual. Nuestras oraciones rara vez reciben respuesta inmediata. La Palabra que compartimos con amigos parece no surtir efecto. Nuestros esfuerzos por formar la vida de nuevos discípulos parece en vano. Mas con el pasar del tiempo comenzamos a ver que nuestro esfuerzo no quedó sin fruto. El Espíritu ha trabajado en forma secreta, y ha logrado que nuestros esfuerzos produzcan un fruto eterno. Vemos, de este modo, cuán valioso resulta para el obrero asumir una actitud de paciente perseverancia. Los grandes cambios no se logran en un momento. ¡Qué difícil nos resulta esperar cuando nuestra cultura ha convertido el apuro y la impaciencia en un estilo de vida!

# Misterios del reino *(Jesús enseña por parábolas)*
# Dejarlo todo

## Mateo 13.1–52

***Medite en el significado de la próxima parábola que está contenida en el verso 44. ¿Qué hizo el hombre para encontrar el tesoro? ¿Cómo reaccionó cuando lo encontró? ¿Por qué toma una decisión tan drástica? ¿Qué nos indica esto sobre nuestra propia experiencia espiritual?***

Una costumbre común en los tiempos de Cristo era guardar pertenencias de gran valor dentro de un jarrón para luego enterrarlo en alguna parte del terreno. Muchas de las historias populares de la época giraban en torno a la fortuna de uno que otro campesino que encontraba uno de estos jarrones en sus tierras. En la parábola, el hombre encuentra un tesoro de gran valor, probablemente mientras preparaba la tierra para la siembra. El hecho es que sería muy improbable que hubiera estado específicamente buscando el tesoro, por lo que queda extremadamente sorprendido. Así también ocurre cuando descubrimos a Jesús. No ocurre porque lo habíamos estado buscando, como tantas veces afirmamos, sino porque él sorpresivamente se nos manifestó.

Por la manera que actuó, queda claro que el campo no le pertenecía. Las leyes establecían que los tesoros hallados en un campo pertenecían al dueño de esa parcela de tierra, por lo que este hombre debía haber entregado el tesoro a su empleador. El tesoro, sin embargo, era tan extraordinariamente valioso, que decidió retornar a su casa y vender todas sus posesiones para comprar el campo donde estaba enterrado el objeto de su deseo.

La parábola no intenta reflexionar sobre la moral del labrador, sino ilustrar la clase de decisión que se requiere para ingresar al reino de los cielos. Observe bien que no paga el precio para encontrar el tesoro, sino para conservarlo, pues ya lo había encontrado. Las personas que desean responder al llamado de Cristo deben estar dispuestas a dejarlo todo por él. Lucas nos relata en el capítulo 9 de su Evangelio el caso de tres personas a las que Cristo se les cruzó en el camino. Ellas estaban atadas a diferentes aspectos de la vida. Sus compromisos con asuntos de este mundo no les permitieron responder positivamente a la invitación de convertirse en sus discípulos (57–62). Del mismo modo aconteció con el joven rico, cuyo amor a las riquezas que poseía era mayor a su deseo de obtener la vida eterna (Mateo 19.22).

Hemos perdido hoy este sentido de sacrificio en la Iglesia. Cuando invitamos a las personas a que se conviertan en discípulos de Cristo no les enfatizamos que esta decisión requiere que estén dispuestos a abandonarlo todo por él. Más bien resaltamos los beneficios que traerá a sus vidas conocer a Jesús y disfrutar de una relación con él. Esto no deja de ser verdad, pues la parábola relata que el hombre vendió todo precisamente porque entendía que el tesoro que había encontrado superaba en mucho el valor de sus posesiones actuales. No obstante, cuando no resaltamos que la vida nueva requiere que le demos la espalda a todo lo que valoramos, las personas tienden a creer que Cristo pasa a ser algo más que se añade a la vida para mejorar la calidad de nuestra existencia. Eventualmente entrarán en crisis, porque la propuesta de Dios es una vida nueva, no a una vida con un barniz religioso (Filipenses 3.8).

# Misterios del reino *(Jesús enseña por parábolas)*
# La perla de gran valor

## Mateo 13.1–52

***Como ya hemos visto en las parábolas anteriores, Cristo ilustró la misma verdad con historias similares. Lea la parábola contenida en el verso 46. ¿Cuáles son las similitudes con la parábola del tesoro escondido? ¿Encuentra alguna diferencia que la distinga de la otra parábola? ¿Qué principio puede enunciar como resultado de esta segunda enseñanza?***

En la parábola anterior, el labrador encontró el tesoro escondido puramente por accidente. No obstante, entendió inmediatamente que había encontrado algo de muchísimo valor, por lo que decidió vender todo lo que poseía. En la historia del comerciante de perlas, Cristo apela, una vez más, a una figura que sería bien conocida por la mayoría de sus oyentes. Las perlas eran consideradas de gran valor en el Medio Oriente y existía un gran número de comerciantes que se dedicaban a la compra y venta de estas piezas. El comerciante de perlas al que se refiere la parábola seguramente era una persona que se dedicaba a la compra al por mayor. Hemos de entender, entonces, que este era un hombre acostumbrado a efectuar negocios en forma cautelosa, calculando cuidadosamente los riesgos y beneficios de cada transacción. No obstante, cuando encontró la perla preciosa, echó por la borda su habitual cautela y vendió todo lo que tenía para comprarla. A pesar de que era una persona conocedora de perlas, no salía del asombro por su reciente descubrimiento.

De este modo se perfilan dos clases de personas que ingresan al reino. El campesino representa a aquellas personas que encuentran el reino sin estar buscándolo. Probablemente ni siquiera conocen de su existencia. No obstante, cuando se les presenta la oportunidad de acceder a él, lo toman gozosamente. El comerciante de perlas podría representar a las personas que se han abocado a cultivar una sensibilidad especial para los asuntos espirituales. Están interesadas en cultivar una relación con Dios, mas su propia ceguera no les permite encaminar su vida por el camino correcto.

Hemos de notar que en ambos casos las dos personas encuentran un tesoro de gran valor sin estar buscándolo. El campesino, por supuesto, ni siquiera sospechaba de la existencia de un tesoro enterrado en esa parcela. El comerciante de perlas había dedicado su vida a buscar perlas, pero no sabía de la existencia de esta perla de gran valor. La encontró sin estar buscándola. Estas dos situaciones exponen que el reino no es un bien que podamos encontrar por nuestros propios medios, a pesar de que nuestros testimonios frecuentemente le otorgan al ser humano un rol protagónico en la conversión. Es más acertado confesar que el reino se nos presentó en forma sorpresiva, porque detrás del reino se mueve un Dios que está buscando la forma de invitar al hombre a una relación de comunión e intimidad con él. El único mérito del campesino y del comerciante de perlas es que supieron aprovechar muy bien la oportunidad inesperada que se les presentó. Somos, y siempre seremos, personas que reaccionamos a las iniciativas de Dios, lo que indica que toda nuestra vida está envuelta en un manto de gracia. Literalmente, «mientras estábamos muertos en nuestros delitos, él dio su vida por nosotros» (Efesios 2.5).

| DIOS EN SANDALIAS |
|---|
| DÍA 203 |

# Misterios del reino *(Jesús enseña por parábolas)*
# La red

## Mateo 13.1–52

***Ya hemos examinado la parábola del trigo y la cizaña. Jesús ahora presenta otra parábola, con un sentido muy similar al de la cizaña. Lea con cuidado el texto contenido en los versos 47–50. Observe cómo amplía el sentido de las enseñanzas que ha entregado a los suyos. ¿Qué diferencias observa al comparar esta parábola con la del trigo y la cizaña? ¿Por qué advirtió sobre el final que les esperaba a quienes no recibían el reino? ¿Por qué se le permite a los peces malos permanecer, por un tiempo, junto a los buenos?***

En la primera parábola, el enemigo vino y sembró cizaña durante la noche, indicando un acto deliberado de sabotaje. En la presente parábola, sin embargo, la variedad de peces que caen en la red es el resultado del esfuerzo de los pescadores. Ellos no pueden controlar el resultado final de sus labores, pues es imposible limitar la pesca a una sola especie. No existe maldad de parte de los pescadores. Vemos, no obstante, que aun existiendo las mejores intenciones de nuestra parte, es imposible que nuestros esfuerzos arrojen resultados perfectos. Al compartir las Buenas Nuevas con la gente que nos rodea siempre obtendremos un fruto «mixto». Entre aquellos que responden, asumiendo un genuino compromiso con Dios, también estarán los que «profesan conocer a Dios, pero con sus hechos lo niegan» (Tito 1.16).

Así como anunció sobre el fin de la cizaña, en esta parábola claramente señala que se ha determinado un tiempo para separar los peces buenos de los malos. Esta labor no nos corresponde a los que hemos sido llamados a velar por el bienestar del pueblo de Dios. Los pescadores que se sientan a la orilla para separar los pescados, representan a los ángeles que, en el fin del mundo, separarán a los justos de los malos. Mientras tanto, la Iglesia es llamada a vivir en fidelidad y santidad, aunque siempre existirá un porcentaje de sus miembros que no muestran interés en los asuntos de Dios más allá de una experiencia religiosa superficial. No obstante, hasta el momento de la pesca, los hombres gozan de la libertad de decidir el rumbo que darán a sus vidas. Aunque nos parecería que sería bueno separar los peces cuanto antes, el Señor «es paciente para con vosotros, no queriendo que nadie perezca, sino que todos vengan al arrepentimiento» (2 Pedro 3.9).

Los pescadores tampoco desesperan ante los resultados de la pesca. Las personas que se dedican a este oficio saben que este riesgo es parte de su trabajo. No es posible aislar antes de la pesca la clase de peces que deseamos atrapar. Aun los medios más sofisticados de pesca siempre producirán redadas con una diversidad de especies. No obstante, los pescadores persisten en su tarea, porque resulta esencial para su oficio. Del mismo modo, nosotros hemos sido llamados a perseverar en la tarea de proclamar las buenas nuevas en un mundo en tinieblas. Los de mayor discernimiento entre nosotros podrán indicarnos los lugares más propicios para pescar, mas en última instancia será solamente por la gracia de Dios que lograremos atrapar los peces. Esto es parte de la maravillosa aventura de trabajar siguiendo al Espíritu Santo.

# Misterios del reino *(Jesús enseña por parábolas)*
# ¿Qué hacer?

## Mateo 13.1–52

***La serie de parábolas que hemos estado examinando en estos días termina con este intercambio entre los discípulos y el Maestro: «Jesús les preguntó: ¿Habéis entendido todas estas cosas? Ellos le dijeron: Sí. Y él les dijo: Por eso todo escriba que se ha convertido en un discípulo del reino de los cielos es semejante al dueño de casa que saca de su tesoro cosas nuevas y cosas viejas» (51–52). ¿Qué buscaba indicar a los discípulos con esta declaración? ¿Qué responsabilidad deja en manos de ellos?***

Como ya hemos afirmado anteriormente, asegurarse que los discípulos hayan entendido las enseñanzas es un aspecto fundamental en la tarea de enseñar a otros. Muchas veces, como maestros, nos parecerá que el desarrollo que hemos utilizado para un tema es fácil y lógico. No obstante, la palabra final en cuanto a nuestra eficacia como maestros la deben dar nuestros alumnos. Para esto resulta de suma importancia proveer siempre oportunidades para que expresen lo que entendieron o no de nuestra exposición.

La pregunta de Cristo no solamente busca averiguar si realmente habían comprendido, sino también impartirles una comisión. En el reino de los cielos la instrucción nunca persigue como objetivo final la simple transmisión de información. Más bien, la instrucción persigue un doble propósito. Primeramente, llama a todos los que la oyen a que ajusten sus vidas a las verdades reveladas. Precisamente por esto el apóstol Santiago denunciaba con tanta dureza a las personas que eran «oidoras olvidadizas». Tales personas se engañan a sí mismas, pues comprenden que una verdad es buena y saludable para sus propias vidas, pero no deciden nada al respecto.

En segundo lugar, la bendición de recibir la verdad de Dios y comprender su verdadero significado para la vida espiritual, siempre conlleva la responsabilidad de impartir esta verdad a otros. El Señor nos bendice, pero desea que imitemos su ejemplo haciendo bien a otros que aún no han sido alcanzados por esa misma bendición. En esto, Jesús trazó una clara diferencia entre el escriba del medio religioso de Israel y el escriba en el reino de los cielos. El discípulo formado asume una responsabilidad paternal hacia otros, la misma que tuvieron para con él los que lo formaron. En esa actitud de cuidado amoroso y tierno hacia los que están bajo su cuidado, sacará del tesoro depositado en su corazón cosas buenas para compartir con ellos.

Este depósito incluye elementos viejos y nuevos. Es decir, el discípulo siempre está en crecimiento, adquiriendo nuevas experiencias y nuevos conocimientos que le permitirán ser de mayor impacto en la vida de las personas que está formando. Queda claramente ilustrado, de esta manera, que el conocimiento del reino no es algo estático, sino que vamos profundizando en él a medida que caminamos con Cristo. Con el pasar de los años descubriremos cada vez mayor riqueza en su persona.

Por último, la inquietud de Cristo nos ayuda a entender que la mejor manera de apropiarse de una verdad es compartiéndola con otros. Cuando buscamos transmitir lo que estamos aprendiendo, las verdades adquieren aún mayor nitidez, pues nos vemos obligados a reflexionar detenidamente en las implicaciones de aquello que hemos oído.

DIOS EN SANDALIAS

DÍA **205**

# ¡Aun el viento le obedece! *(Jesús calma una tempestad)*

# Pruebas para entendidos

## Marcos 4.35–41

***Cristo había estado enseñando a las multitudes todo el día, exponiéndoles, como hemos visto, las verdades del reino por medio de parábolas. Cuando terminó, dio instrucciones a los discípulos de que pasaran al otro lado del lago. Lea el pasaje y observe los detalles de lo que ocurrió en el viaje. En su opinión, ¿por qué decidió cruzar al otro lado?***

A pesar de la intensa actividad ministerial, Jesús no perdía de vista en ningún momento su sentido de dirección. Esto no se debía a una estrategia elaborada previamente por el Hijo de Dios sino a una actitud de atención hacia las directivas que el Padre le daba por medio del Espíritu. Tal como hemos observado en una diversidad de incidentes, en este también podemos afirmar, sin temor a equivocarnos, que dio a sus discípulos instrucciones de cruzar porque así se lo estaba indicando el Padre. Con este estilo venía trabajando y no se necesitaba que en cada evento indicara que él estaba respondiendo a la iniciativa divina. El principio ya lo había expresado él: El hijo del hombre solamente hace lo que el Padre le indica que debe hacer. Esta declaración posee una fundamental importancia en este pasaje en particular, como veremos en la reflexión de mañana.

Los discípulos, relata el evangelista, tomaron a Jesús «como estaba». Aunque no registra los detalles puntuales de lo que esto significaba, hemos de entender que no tuvo tiempo para lavarse, comer o tomarse un merecido descanso. Así de intenso era el ritmo de su ministerio, de manera que, en ocasiones, no podía atender sus propias necesidades. Este detalle es importante porque a veces creemos que el ritmo pausado del ministerio de Jesús se debe a que le favorecía vivir en «otros tiempos» que los nuestros. El Señor, sin embargo, conoció de primera mano el ritmo desgastante y agotador de estar sirviendo a la gente todo el día. Es por esto que, como líderes, nos resulta muy provechoso estudiar cuidadosamente los relatos de los Evangelios, pues nos ofrecen valiosas pistas para descubrir los secretos que le permitieron ministrar exitosamente, aun en medio de tanta presión.

Durante el transcurso del viaje se desató una violenta tormenta, que amenazaba con hundir la embarcación. Los discípulos sintieron gran miedo. Nos llama la atención este pánico porque al menos cuatro de ellos eran hombres conocedores del mar, que se habían ganado la vida por medio de la pesca. La tormenta, por lo tanto, debe haber sido muy intensa ya que logró intimidarles. No ignoramos un propósito divino detrás de este fenómeno de la naturaleza: parte del trato de Dios para nuestra formación es quebrarnos aun en aquellas facetas de la vida donde nos sentimos competentes. Es precisamente en nuestras seguridades donde necesitamos que él toque las estructuras que nos brindan confianza, pues nuestra confianza debe solamente descansar en el Dios que seguimos. Por esto, el Señor debe mostrarnos, en ocasiones, que aun lo bueno que sabemos hacer no nos resulta útil.

## ¡Aun el viento le obedece! *(Jesús calma una tempestad)*

# El descanso del justo

### Marcos 4.35–41

***Con frecuencia los autores de la Biblia echan mano de dramáticos contrastes para resaltar las diferencias que existen entre dos realidades. Recuerde, por ejemplo, el contraste en la historia que le contó el profeta Natán al rey David. Uno de los personajes poseía gran cantidad de bienes. El otro, poseía una sola ovejita. La diferencia abismal entre uno y otro contribuyó a que el rey David sintiera tan airada indignación. Observe a Cristo en medio de la tormenta. ¿Por qué dormía? ¿Qué nos indica esto de él? ¿Por qué se molestaron los discípulos?***

El contraste que observamos entre los pasajeros del barco, en medio de tan feroz tormenta, es fascinante. Los discípulos estaban al borde del pánico. Jesús, en cambio «estaba en la popa, durmiendo sobre un cabezal». El cuadro ilustra la dramática diferencia que existe entre aquellos que son llevados por el Espíritu y aquellos que viven su experiencia espiritual en las fuerzas de la carne. Así de marcada es la disparidad entre unos y otros.

Nos interesa, entonces, descubrir el porqué de la postura de quietud y paz que vemos en la persona del Cristo, que duerme en medio de una violenta tempestad. No ignoramos que Jesús había estado enseñando a las multitudes durante todo el día. Seguramente una de las razones por las cuales dormía es que sentía esa profunda fatiga, que resulta de una intensa actividad ministerial. No obstante, me atrevo a creer que el sueño profundo de Jesús trasciende el plano del cansancio físico. El salmista afirmaba: «En paz me acostaré y así también dormiré, porque sólo tú, Señor, me haces habitar seguro» (4.8). El contexto de este salmo es de angustia. El salmista se ve rodeado de dificultades; habita en medio de un pueblo hundido en una actitud de profundo escepticismo hacia la persona de Dios. No obstante, el autor afirma que esta angustia no le quita el sueño porque el conocimiento de la soberanía de Dios le infunde una paz interior que le permite gozar de un descanso libre de preocupaciones.

Jesús ha recibido instrucciones de su Padre celestial indicándole que debe cruzar al otro lado del lago para continuar allí su ministerio. Está convencido de que ninguna tormenta puede desviarlo del camino que el Padre ha trazado delante de él. No necesita estar alerta, preocupado, ni ansioso, porque sabe que otro vela por su bienestar. Su «preocupación» es, literalmente, innecesaria. Esta absoluta ausencia de ansiedad es, en última instancia, la que le permite dormir como un niño en medio de la peor de las tormentas. Así pasa también en la vida de los que han depositado su confianza en manos del Padre. Ya no necesitan estar alertas porque hay otro que ha asumido la responsabilidad de dirigir sus vidas.

Por esto es que resulta fundamental tener absoluta certeza de que estamos en el lugar que Dios quiere, ocupados en los proyectos que él ha preparado de antemano para que andemos en ellos. Cuando esto es así, pueden enfrentarnos con dureza, pero no pueden descarrilar el proyecto del Señor al menos que él así lo permita. Tranquilos, podremos enfrentar a las más terribles tormentas.

DIOS EN SANDALIAS

DÍA 207

# ¡Aun el viento le obedece! *(Jesús calma una tempestad)*

## Reproches

### Marcos 4.35–41

***Vuelva a leer los versículos que describen la reacción de los discípulos ante la tormenta. ¿Por qué despertaron a Jesús? ¿Qué era lo que los «molestaba»? ¿De qué acusaron a Jesús?***

Ver en otros actitudes o comportamientos que ponen en relieve nuestra propia flaqueza espiritual en ocasiones genera en nosotros reacciones de protesta. Permítame ilustrar este aspecto de nuestra naturaleza con algunos ejemplos. Cuando Josué y Caleb quisieron animar al pueblo a tomar posesión de la tierra, contradiciendo el consejo de los otros diez espías, los israelitas quisieron apedrearlos (Números 14.10). Cuando David descendió y comenzó a indagar sobre la recompensa que se ofrecía por la derrota de Goliat, el hermano se encendió en ira contra él, acusándolo de poseer un corazón soberbio y malvado (1 Samuel 1.28). Cuando María optó por sentarse a los pies de Jesucristo, su hermana, Marta, la acusó de ser poco sensible a sus necesidades (Lucas 10.40). En cada uno de estos casos los que reaccionaron estaban condenando, precisamente, a las personas que querían actuar como ellos mismos deberían haber actuado.

Sospecho que estas reacciones surgen de nuestra frustración con nuestros propios desaciertos. Los supuestos males que señalamos en la vida de otros se relacionan más con nuestras propias debilidades que con lo que no funciona en los que censuramos. Los discípulos no escapaban de esta tendencia. Los angustiados tienden a ver todo a través de su propio nerviosismo; la imagen de Cristo descansando les ofrecía, desde su propia debilidad, el aspecto de una actitud de suma irresponsabilidad. Quizás nosotros también lo hubiéramos despertado con la misma indignada pregunta.

La acusación que encierra esta pregunta es que el Señor es poco sensible a nuestra realidad. Sabemos que podría fácilmente producir cambios, por lo que nos resulta incomprensible que no lo haga. En ocasiones sentimos que se muestra indiferente o, peor aún, ignorante de la situación por la que estamos atravesando. De seguro que usted también a veces se ha sentido frustrado por la falta de actividad divina en su vida. Quizás usted mismo también haya regañado al Señor, diciéndole: «Si tú estás al tanto de la situación en la que me encuentro, ¿por qué no haces algo al respecto?»

Este planteo presupone que el Señor debería actuar como actuamos nosotros en situaciones de crisis, intervenir cuando nosotros lo creemos conveniente y proveernos de lo que nosotros consideramos necesario. Pero esta es precisamente la razón por la cual él es Dios, y no hombre. Sus caminos no son nuestros caminos. No actúa como nosotros, ni piensa de la manera que nosotros pensamos. Caminar con él significa renunciar a nuestra manera de ver y actuar. Es estar dispuestos a ser sorprendidos a cada instante por un comportamiento totalmente diferente al nuestro. Significa descubrir que nuestra angustia, nuestra preocupación y nuestros reproches nunca aportan nada a la solución que estamos necesitando. Nuestro buen Padre celestial nos invita a relajarnos y a caminar por otro camino, el de la confianza en su bondadoso compromiso para con nuestro bienestar. Él no nos fallará. Aunque a nuestros ojos parezca dormido, ¡estamos en buenas manos!

# ¡Aun el viento le obedece! *(Jesús calma una tempestad)* ¿Lección desaprovechada?

## Marcos 4.35–41

***¡Cuán diferente es el Señor a nosotros! Frente a las acusaciones de otros, no podemos resistir la tentación de defendernos, de buscar la manera de comprobar que sus conjeturas no son correctas. Los discípulos le habían reprochado a Jesús su aparente falta de interés en sus vidas, que ellos atribuían a un comportamiento incomprensible en medio de aquella feroz tormenta: ¡el hombre dormía! ¿De qué manera respondió? ¿Por qué le habló al viento?***

Cristo no perdió tiempo en argumentos inútiles. El que obra la justicia y revela la verdad para nuestra defensa es el Padre, y sus hijos —todos— han sido llamados a descansar en la protección que él ofrece a los que le aman. Jesús intervino para quitar del medio la aparente causa de la angustia de los doce. Ante su reprensión la confabulación de los elementos cesó. ¿Acaso existían fuerzas demoníacas detrás de esta tormenta, para que Cristo le haya hablado como a un ser vivo? Fuera cual fuera la realidad, no queda duda de que esta es una extraordinaria demostración de autoridad. También nosotros hubiéramos quedado atónitos. Simplemente no entra dentro de la experiencia normal de la vida cruzarse con personas que puedan aquietar, con una palabra, las más violentas manifestaciones del viento y el mar.

De todos modos, Jesús inmediatamente se dirigió a los discípulos, y les exhortó: «¿Por qué estáis así amedrentados? ¿Cómo no tenéis fe?» Lo verdaderamente increíble de la situación no era que el hijo del hombre había calmado la tempestad, sino que ellos no habían demostrado una actitud de confianza en medio de ella. Aquella postura de calmado reposo que ellos habían visto en Cristo es la misma que él esperaba que también asumieran ellos. Testigos de tantas evidencias del obrar de Dios en medio de ellos, ¿cómo es que perdían con tanta facilidad la orientación espiritual en la vida, para caer cautivos de las más paralizantes manifestaciones de miedo? Los hijos de Dios deberían poseer la capacidad de ver más allá de las circunstancias en las que se encuentran, «no mirando las cosas que se ven, sino las que no se ven, pues las cosas que se ven son temporales, pero las que no se ven son eternas» (2 Corintios 4.18, RVR95).

Los discípulos, sin embargo, se habían quedado con la demostración de poder: «se decían el uno al otro: ¿Quién, pues, es éste que aun el viento y el mar le obedecen?» El asombro con lo que Jesús había hecho no les permitió concentrarse en la actitud de sus corazones, los cuales requerían una transformación aún mayor que la observada en el mar.

Esta respuesta es típica del ser humano, que fácilmente queda cautivado por manifestaciones extraordinarias y asombrosas, las cuales normalmente no tienen mucho peso en el ámbito de lo espiritual. Deslumbrados por los fuegos artificiales, que duran apenas un instante, no apreciamos la inmensidad, ni la belleza de la noche estrellada que proclama la existencia de Dios, cuyas dimensiones son eternas. Las experiencias más significativas en nuestro peregrinaje espiritual rara vez van acompañadas de manifestaciones dramáticas, aunque son las que procuramos con más fervor. Más bien, la obra de Dios es lenta y, habitualmente, secreta.

DIOS EN SANDALIAS

DÍA 209

# Operación rescate *(Jesús en Gadara)*

# Desembarco

## Marcos 5.1–20

*En una serie de reflexiones sobre diferentes pasajes hemos estado acompañando la trayectoria de la vida y el ministerio de Jesús. Nuestra aventura sigue, ahora, con el relato de un dramático encuentro entre Cristo y un hombre poseído por una legión de demonios. Lea la totalidad del texto para que se familiarice con los detalles de este incidente. Anote las observaciones y preguntas que surgen de esta lectura.*

*Antes de avanzar, sin embargo, es bueno que recordemos el propósito de este espacio de reflexión. Nuestro deseo es acercarnos más a la persona del Cristo, con el objetivo de que esa proximidad produzca en nosotros una transformación cada vez mayor. Es importante, entonces, que continúe identificando las formas en que el Señor ha estado trabajando en su vida en este tiempo. De esta manera usted podrá estar seguro de que colabora con el proyecto de Dios para su vida. Lo invito a que haga suya esta oración:* **«Señor, deseo que continúes cada día trabajando en mí. Sé que mi relación contigo es fundamental para que se produzca esa transformación. Te pido que me libres de la rutina y el acostumbramiento que tan fácilmente duermen los sentidos espirituales. Gracias por perseverar en la búsqueda de una relación significativa conmigo. Amén».**

El evangelista relata que Jesús y los discípulos «vinieron al otro lado del mar, a la región de los gadarenos. Cuando salió él de la barca, en seguida vino a su encuentro, de los sepulcros, un hombre con un espíritu impuro».

Un dato interesante de observar es que el hombre con el espíritu inmundo vino hacia el Señor ni bien habían apoyado los pies sobre la playa. Aún de lejos es probable que esta persona profundamente atormentada haya percibido en el Hijo de Dios una actitud espiritual que no había encontrado entre los pobladores de la zona. El hecho es que Jesús no necesitaba salir a buscar oportunidades para ministrar, sino que le llegaban solas. Aquellos que están caminando en intimidad con Dios y le dan a él la libertad de actuar en sus vidas, podrán comprobar cómo las oportunidades de ministerio comienzan a aparecer por doquier, pues la gente percibirá en ellos una disposición de atender sus necesidades. El ministerio de socorrer a los necesitados no es parte de un programa sino el resultado de un estilo de vida, de modo que el encuentro de Jesús con el endemoniado de Gadara no es más que el cumplimiento de la verdad que proclamó en una sinagoga de Nazaret cuando inició su ministerio. El Padre lo ungió, precisamente, para atender a los pobres, los huérfanos, los ciegos y los oprimidos. Así que habiendo dispuesto Cristo su vida para hacer la obra que fue puesta delante de él, las oportunidades aparecían solas.

Este punto es importante para nosotros. La movilización del pueblo de Dios hacia buenas obras no requiere de sofisticadas estrategias para alcanzar a los inconversos. Más bien necesita de hombres y mujeres que estén atentos a las oportunidades que el Espíritu les revela en su diario andar. Cuando se perciben estas situaciones no hace falta más que avanzar confiados en la dirección que el Señor está señalando. Él abre para nosotros caminos donde menos esperamos.

# Operación rescate *(Jesús en Gadara)*
# «Soluciones» humanas

## Marcos 5.1–20

***¿Leyó la descripción del endemoniado que nos ofrece el Evangelio de Marcos? No lea estos versículos como si estuviera leyendo el periódico. Detrás de estas palabras se esconde un ser humano atormentado, que vive en las más deplorables condiciones. ¿Dónde vivía el endemoniado? ¿Por qué moraba en ese lugar? ¿Qué medidas habían tomado los pobladores de la zona para protegerse de él?***

Lucas añade un detalle al patético cuadro que presenta la descripción de Marcos. Comenta que el endemoniado «por mucho tiempo no se había puesto ropa» (Lucas 8.27). ¿Se imagina usted lo que debe haber sentido la gente al encontrarse con este hombre? ¿Se ha cruzado alguna vez con personas con estas características? ¿Cuál es su primera reacción al ver a personajes como este?

Tome nota del trato que había recibido esta persona por parte de los pobladores de la zona. Vivía entre los muertos, un elocuente símbolo de su propia condición espiritual. No cabe duda, sin embargo, que vivía en este lugar porque no encontraba entre los pobladores afecto y compasión, esenciales en una vida saludable. Por el contrario, lo habían atado con grillos y cadenas; pero él, dotado de fuerzas demoníacas, las rompía en pedazos y escapaba. Día y noche lo veían y escuchaban corriendo por las colinas y pegando gritos terribles. Intentaba librarse del tormento cortándose con piedras. Su comportamiento confirma que el enemigo ha venido para robar, matar y destruir (Juan 10.10). La meta final de un obra diabólica es siempre la misma: destruir todo vestigio del origen divino que yace en el ser humano.

Medite por un momento en las medidas que tomaron los pobladores. La frase «nadie eran tan fuerte como para dominarlo» resume el objetivo de la estrategia utilizada. Pretendían resolver las dificultades del endemoniado por la fuerza, mediante la agresión. Este es el camino normal que toma el hombre frente a los necesitados. Los podemos «agredir» con una cultivada actitud de indiferencia, prohibiéndoles el ingreso a nuestro mundo para que no desacomoden nuestra propia existencia. Cuando la indiferencia no resulta, existen medidas más radicales, como recluir a estas personas en instituciones especializadas donde serán «correctamente atendidas». El hecho es que el hombre no puede proveer solución para los problemas más profundos del ser humano, y aun en el caso de los tratamientos avanzados no logra ofrecer a los necesitados más que parches para la vida.

Entre nosotros, sin embargo, debe existir otro compromiso. Estos son los necesitados que tanto angustian el corazón de nuestro Padre celestial. Ellos nos presentan la mejor oportunidad de ejercer un amor profundo y genuino, la clase de amor que impacta y transforma. Podemos ser instrumentos para su restauración, las manos visibles de un Dios profundamente compasivo. No obstante, debemos ser conscientes de que necesitamos permitir que crezca en nosotros la disposición de sobreponernos a lo desagradable que es llegar a estas personas. Desagradable, en primer lugar, porque su aspecto no nos invita a la proximidad con ellos. Pero desagradable, también, porque seremos cuestionados por la mayoría de los que están alrededor de nosotros que no desean que su indiferencia quede expuesta.

# Operación rescate *(Jesús en Gadara)*
# Enemigo poco temible

## Marcos 5.1–20

***Lea los detalles del encuentro de Jesús con el endemoniado (5–13). ¿Qué observa en la actitud del demonio? ¿De qué manera libró Jesús al hombre?***

El relato arroja varios detalles interesantes acerca del ministerio de Cristo. En primer lugar, observamos que un período extendido de sufrimiento y tormento terminó en unos pocos instantes. Las personas de la zona «muchas veces» habían intentado sujetar al hombre, pero sin éxito. Mas en el encuentro con Cristo fue libertado en apenas unos minutos. Esta diferencia de tiempos manifiesta la incapacidad de los tratamientos que el hombre propone para resolver los problemas más profundos del ser humano.

En este conjunto de metodologías poco eficaces debemos también incluir una gran cantidad de tratamientos que proponen algunas de las ciencias dedicadas a los problemas emocionales y/o mentales. No cabe duda de que han aportado importantes herramientas para el trabajo con personas, pero en muchos casos su propuesta ha consistido en sumergir al paciente en una terapia que no tiene fin. El tratamiento consiste más en ayudar a la persona a convivir con su «enfermedad» que en aportar una solución definitiva. En algunos casos estos tratamientos se han sostenido durante años y, a veces, décadas. Esta debilidad no se limita a la ciencia, sino que se extiende a los mejores esfuerzos que puedan realizar amigos o parientes a favor de la persona afectada. La verdad es que no contamos con herramientas para producir la profunda y dramática transformación que necesita el ser humano.

En segundo lugar, en una leída rápida del pasaje saltan palabras y frases que exponen cuán limitado resulta el poder del enemigo. El evangelista relata que el endemoniado se «arrollidó ante él»; que le imploraba «no me atormentes»; que «rogaba con mucha insistencia» no ser enviado fuera de la región y qué Jesús, atendiendo su pedido, «les dio permiso» para que entraran en la piara de cerdos. Es decir, vemos a un enemigo sumiso y humillado, inclinándose delante del Hijo de Dios y solicitando permiso para hacer lo único que le resta por hacer.

Este cuadro dista mucho de la imagen que frecuentemente nos formamos del enemigo. Lo imaginamos temible y feroz, esperando agazapado para sacar ventaja de cualquier situación que se preste para sus oscuras maquinaciones. Mas el pasaje nos lo presenta como lo que realmente es: un siervo involuntario del Altísimo. Literalmente no puede obrar nada sin la debida autorización de Dios. El que reina soberano sobre toda la creación es el Alto y Sublime, Jehová de los Ejércitos, y ¡nosotros somos su pueblo! Estamos del lado del vencedor. Esto debería llevarnos a caminar confiados, con la frente en alto.

Desconocemos las razones por las cuales los demonios entraron a los cerdos, ni por qué no querían salir de la región. La verdad es que nuestra comprensión del mundo espiritual y todo lo que sucede en él es muy limitada. Nos basta con saber que se nos ha abierto el acceso a Dios, quien sí entiende todo lo que ocurre en ese oscuro ámbito. A la sombra de sus alas, podremos habitar seguros.

DÍA 212

# Operación rescate *(Jesús en Gadara)*
# ¡Transformado!

## Marcos 5.1–20

***Cuando Jesús autorizó a la legión a entrar en los cerdos, estos se precipitaron al mar y se ahogaron. ¿Cómo reaccionaron los que cuidaban los cerdos ante la liberación del endemoniado? En su opinión, ¿por qué reaccionaron de esta forma? ¿Cómo encontraron al hombre cuando volvieron? ¿Qué cambios observaron en el hombre que había estado endemoniado?***

Jesús logró, en unos instantes, resolver el dilema de un hombre que había vivido atormentado durante años. Con unas pocas palabras obró una transformación que ellos no habían podido lograr con grillos ni cadenas. No obstante, no se puede incursionar en el campo del enemigo sin ser observado. El primer resultado de la intervención de Cristo en la vida de este hombre, entonces, es que todos los pobladores se enteraron del acontecimiento. Esta es una respuesta normal y natural a la transformación de una vida. No somos seres aislados, sino que vivimos en medio de comunidades, donde nuestras vidas son observadas y conocidas por otros. Cuando se produce un hecho dramático en nosotros, otros toman nota de lo acontecido.

Esta realidad le presenta a la Iglesia su mejor oportunidad para alcanzar una comunidad. No obstante, la Iglesia muchas veces ha insistido en aislar rápidamente a la persona para afianzarla en el camino que ha comenzado a transitar. Esta maniobra desperdicia las oportunidades que, en la conversión, se crean para tocar a otros, las cuales desaparecerán luego de un tiempo. Una vez perdidas necesitaremos echar mano de medios artificiales tales como campañas o reuniones especiales para lograr un nuevo acercamiento a la comunidad. Al igual que en la historia de la mujer samaritana, sin embargo, en el comienzo se dan las mejores oportunidades para que cada recién convertido impacte profundamente a su propia gente.

¿Cómo encontraron al hombre cuando volvieron? ¿Observó cómo su condición actual contrasta asombrosamente con la anterior? Antes, estaba desnudo; ahora, está vestido. Antes, corría de un lado para el otro, cortándose con piedras; ahora está sentado, en paz. Antes, daba grandes gritos; ahora, está en su sano juicio. ¡Qué tremendo! El hombre había sido dramáticamente transformado. Me gustaría que tomara nota de este cambio, porque él habla también de nuestra responsabilidad frente a los que andan en tinieblas. No hemos sido llamados a «salvar almas» como tan frecuentemente se escucha en el pueblo de Dios. Hemos sido llamados a proveer, en Cristo, la transformación completa y total del ser humano, tanto en lo espiritual, psíquico y emocional como en lo físico.

Espero que no se le haya escapado este interesante detalle: el hombre ahora se encontraba vestido. ¿Y de dónde sacó su ropa? Seguramente algunos de los discípulos, o Cristo mismo, le dieron de sus pertenencias. Aquí también vemos que nuestro ministerio no necesariamente se concentra exclusivamente en temas «espirituales», sino que en donde encontremos necesidad de ropa o alimento allí también podemos bendecir. La puerta por la que accedemos a la vida de otra persona es el punto donde ellos experimentan mayor necesidad. En ocasiones es necesario atender primero estas situaciones, antes de avanzar sobre otros asuntos que juzgamos más importantes.

| DIOS EN SANDALIAS | |
|---|---|
| DÍA | 213 |

# Operación rescate *(Jesús en Gadara)*
## Arrastrados por el miedo

### Marcos 5.1–20

***Cuando los pobladores regresaron, hubiéramos esperado de ellos algún intento de acercamiento a la persona de Jesús. Observe su comportamiento. ¿Cómo reaccionaron? ¿Qué los motivó a reaccionar de esta manera?***

¡No hay vuelta que darle! Cuanto más alejadas están las personas de Dios más se pierden los vestigios espirituales que alguna vez fueron parte de su naturaleza original. ¡Qué poco les importaba a los pobladores que el endemoniado hubiera sido restaurado! El evangelista relata que cuando regresaron, comenzaron a rogarle a Jesús que se fuera del lugar.

La existencia previa de este gadareno había transcurrido en un mundo secreto de agonía y tormento, desprovisto aun de las más insignificantes manifestaciones de vida. Ahora, los pobladores veían al mismo hombre dramáticamente transformado. Había recuperado la cordura, la paz y la posibilidad de volver a relacionarse con sus pares. No obstante, la sanidad de él no produjo en ellos ninguna expresión de alegría, ni alguna manifestación de celebración porque este desdichado ser finalmente se encontraba libre. Lo único que veían era lo extraño que resultaba lo acontecido, pues ellos, con sus variados métodos para imponer orden a la vida del hombre no habían podido conseguir nada. Es posible, incluso, que hayan arribado a la conclusión de que nadie podía hacer nada por él. El endemoniado estaba más allá del alcance de los hombres. Mas ahora le veían restaurado. ¿Cómo se podía explicar semejante suceso?

Es precisamente este deseo de explicarlo todo el que nos juega una mala pasada. La persona que pretende descubrir la razón de todos los acontecimientos divinos incursiona en un terreno cuyo acceso está cerrado al ser humano. El hecho es que una gran parte de la creación está cubierta por un manto de misterio. Esto no significa que no podemos observar y analizar cuidadosamente los diferentes aspectos de la vida. El problema no radica en el estudio, sino en la convicción de que podemos llegar a entenderlo todo. Cuando asumimos esta postura, no podemos aceptar aquello que no se puede explicar.

Los pobladores de la zona se encontraban frente al misterioso obrar de la gracia de Dios, pero se salía dramáticamente de todos los parámetros que ellos conocían. En ese momento, se podrían haber abierto a lo nuevo, a una realidad que, hasta el momento, desconocían. La verdad, sin embargo, es que no nos sentimos a gusto frente a lo desconocido. Nos produce inseguridad y miedo, y estos sentimientos fueron los que, en última instancia, decidieron el curso a seguir. Le pidieron a Jesús que se alejara de la zona.

Así también obramos nosotros cuando pretendemos que él se mueva según los parámetros que nosotros consideramos adecuados. Al igual que los residentes de Nazaret, nuestros prejuicios imponen serias limitaciones a su obrar, pero Dios no puede restringirse al pequeñísimo mundo que representa nuestra propia inteligencia. Existe un momento en la vida espiritual en que necesitaremos reconciliarnos con el misterio de Dios, aceptando que sus caminos no son, siquiera, remotamente parecidos a los nuestros. Podemos simplemente disfrutar de lo inexplicable, sin la necesidad de reducirlo a explicaciones bien razonadas. En última instancia, no somos más que seres creados, que adoramos a Dios, quien es infinito y eterno.

# Operación rescate *(Jesús en Gadara)*
# Nace un evangelista

## Marcos 5.1–20

***El hombre transformado atendió las instrucciones de Jesús. Volvió a su tierra y comenzó a compartir lo que había vivido. Observe los resultados. ¿Qué nos indica acerca de la meta final de toda intervención divina?***

Existen dos claras evidencias de que un ministro ha tocado la vida de los que han entrado en contacto con él. La primera es que despierta oposición. Esta la vemos en la reacción de los cuidadores de los cerdos al rogarle a Jesús que se fuera de la zona. El reino de los cielos se había manifestado en forma dramática entre ellos, y les asustó lo que vieron. Le dieron la espalda a la confrontación que habían experimentado.

La segunda reacción nos la provee el hombre que había sido liberado. «Al entrar [Jesús] en la barca, el que había estado endemoniado le rogaba que le dejara acompañarle». El hombre había encontrado en el Hijo de Dios el amor, la compasión y la sanidad que tanto le faltaban. Los pobladores de la zona no le habían ofrecido más que sus intentos de dominarlo. Naturalmente deseaba unirse al grupo de personas que acompañaban al Maestro de Galilea, pues con ellos podía construir una nueva vida.

Es importante que tomemos nota de estas dos reacciones. Observe que el ministerio de Jesús no provocó la indiferencia. Nadie le dijo: «Bueno, cada uno tiene derecho a creer lo que quiere.» Por donde quiera que iba estaba acompañado por la oposición y la conversión, reacciones que confirmaban que su prédica y ministerio estaban «dando en el blanco». Las personas nunca se mantienen impávidas cuando son confrontadas con la luz de Dios. Jesús, no obstante, no accedió al pedido del hombre, «sino que le dijo: Vete a tu casa, a los tuyos, y cuéntales cuán grandes cosas el Señor ha hecho por ti, y cómo tuvo misericordia de ti».

Podemos ver en esta respuesta una decisión sumamente sabia, pues el hombre se encontraba ahora en óptimas condiciones para compartir con otros lo que había recibido de parte de Dios. Así, desde el primer momento de su experiencia con Cristo, entendió que el Señor le bendecía para bendecir a otros. No llevaba más de unas horas en el reino. No había tomado ningún curso acerca de «cómo compartir su fe con otros». Conocía muy poco de la vida espiritual y menos aún de la doctrina de la Iglesia. Mas poseía algo fundamental para poder hablar con otros: la experiencia transformadora de lo que Dios había obrado en su propia vida. ¡En este «tema» era un verdadero experto!

¡Cuántas dificultades nos ahorraríamos siguiendo este camino! El método permite aprovechar al máximo todos los contactos naturales de la persona, antes de que el evangelio los haya aislado del creyente. También aprovecha bien la inercia producida por la dramática experiencia de conversión. No hace falta entrar en complejos argumentos acerca de la existencia de Dios, ni del por qué de tantos males en la tierra. La persona posee un testimonio personal, fresco y real para compartir con los demás. Sin duda es de las mejores evangelistas.

# Operación rescate *(Jesús en Gadara)*
# Objetivo alcanzado

## Marcos 5.1–20

*¿De qué modo terminó la historia con el hombre de Gadara? ¿Cuál fue el alcance de la transformación de una sola vida?*

De este modo debería cerrar el relato de cada una de las aventuras iniciadas por Dios. Ciertamente el relato del recorrido de nuestra propia historia deberían también llegar a este mismo cierre. Es el desenlace que probablemente tenía en mente el Señor cuando inició su intervención en la vida de este hombre, y en la vida de cada uno de nosotros.

En primer lugar, no quiero dejar de destacar el significado de la frase que inicia la conclusión: «Y él se fue». Indica que él hizo exactamente lo que Jesús le había mandado. A diferencia de tantos otros relatos en las Escrituras, notamos en esta oración la maravillosa ausencia de la conjunción adversativa «pero», usada tantas veces para expresar la abierta decisión del pueblo de Dios de actuar en contra de sus instrucciones. Este hombre seguramente no estaba de acuerdo con las instrucciones que había recibido, pues a su parecer no podía estar en mejor lugar que al lado dc Aquél que le había restaurado la vida. No obstante, fue y actuó tal cual se le había mandado.

¡Qué precioso es cuando optamos por dejar de lado nuestras propias preferencias y simplemente nos entregamos a aquello que se nos ha mandado! Sabiendo que sus caminos no son nuestros caminos, no necesitamos concordar con las instrucciones del Señor. Ni siquiera es importante si nos sentimos a gusto con lo que nos ha pedido. En última instancia lo que realmente pesa es nuestro deseo de hacer lo que nos pide, y esto será lo que, con toda certeza, traerá abundante bendición espiritual a nuestra vida.

Lo otro que observamos en la conclusión es que el hombre se dedicó a hablar de la obra de Dios en su vida. No se dedicó a tratar de explicar los hechos, ni tampoco a elaborar una teología de la liberación de demonios. Habló de la enorme misericordia con la que el Señor le había tratado directamente. Sin lugar a duda este es el mensaje que más impacta a los demás, porque es genuino y está basado en hechos concretos en la vida de una persona conocida por todos. Tampoco puede alguien refutar la evidencia del cambio, pues está a la vista. Seguramente nuestro propio testimonio sería más eficaz si habláramos más de la maravillosa misericordia de Dios que experimentamos a diario, en lugar de realidades abstractas que son de difícil comprensión para los demás.

Por último, observe que todos se maravillaban con su testimonio. Esta es la meta final de Dios para cada obra que realiza: que a los que andan en tinieblas se les dé oportunidad de ver desplegada su luz admirable. Nunca termina su intervención en la vida de un solo individuo. También tiene en mente llegar a tocar la vida de otros a través de esa persona, hasta que «toda la tierra» quede llena del conocimiento del Altísimo.

Usted y yo somos eslabones en algo que es mucho más grande que nosotros, un proyecto que contiene los deseos más secretos del Padre. ¡No permita que su obra se detenga en usted!

DIOS EN SANDALIAS

DÍA 216

# ¡Asediado! *(Jesús, Jairo y una mujer)*
## Masa de personas

**Lucas 8.40–56**

***Nuestra aventura con Cristo no nos da tregua, pues ni bien había cesado el encuentro con el endemoniado de Gadara lo encontramos envuelto en otro de similar dramatismo. Claro, nuestro rol es apenas el de observadores distantes; no obstante, no podemos evitar percibir la enorme presión de las multitudes. Lea los primeros versículos del texto que nos ocupará durante los próximos días. ¿Cómo lo recibió la multitud? ¿Por qué lo recibieron de esta manera? ¿De qué manera se presentó la oportunidad de ministrar a la hija de Jairo?***

La verdad es que el ser humano no fue creado para soportar este tipo de presiones. No necesitamos más que echar un vistazo a algunas de las figuras más populares de nuestra época —cantantes, actores, políticos o deportistas— para darnos cuenta del tremendo desgaste físico, emocional y mental que trae el constante acoso de las multitudes. Muchos de ellos acaban llevando vidas verdaderamente alteradas; y esto sin hablar de los efectos espirituales que deja recibir continuamente adulaciones, las cuales realmente se deberían reservar solo para Aquél que nos creó. Por todo esto, la fatiga que sufría Jesús debe haber sido intensa. Además, tampoco contaba con los privilegios, que disponemos nosotros, que nos permiten refugiarnos del bullicio de la vida. Cuando la vida se torna insoportable podemos huir a nuestras casas, visitar a amigos o tomarnos unos días para descansar. Ninguna de estas ventajas estaban a disposición del Hijo de Dios.

La multitud buscaba a Jesús porque padecía necesidades. Detrás de la enorme masa de personas que lo apretujaban había individuos, con nombre y apellido, cada uno de ellos con su historia personal de desilusiones, sufrimientos y angustias. En este sentido eran fieles representantes del mundo en que vivimos. Acudían a Jesús, sin embargo, porque veían en él lo que buscaban, una respuesta para sus dilemas. Y este es también nuestro llamado: vivir inmersos en la marea de dolor y tristeza que representa la existencia de la humanidad, procurando señalar a las personas el camino abierto por Jesús al Padre. Cuando otros perciban en nosotros una respuesta concreta a sus necesidades, vendrán solos. Muchas veces la gente no responde a nuestra invitación, porque no les ofrecemos soluciones, sino una religión.

De entre esta multitud se presentó un hombre, Jairo, profundamente angustiado porque su única hija yacía al borde de la muerte. La misma impotencia de no poder salvarla lo llevó a una postura que quizás, en otro momento de su vida, hubiera censurado. El hombre era un dignatario de la sinagoga, pero en este momento se postró a los pies de Jesús implorando su intervención. Así de radicales nos tornamos cuando nuestra necesidad nos abruma. Los relatos de personas desesperadas en los Evangelios abundan, las cuales no estuvieron dispuestas a medirse a la hora de buscar socorro en el hijo de Dios. Nuestro acercamiento al Señor a veces es tibio y rutinario, porque ha desaparecido de nuestras vidas esa desesperante convicción de que sin él no podemos conseguir absolutamente nada. En ocasiones, solamente por medio de las pruebas logra conducirnos a ese punto.

# ¡Asediado! *(Jesús, Jairo y una mujer)*
# Ministerio sobre ministerio

**Lucas 8.40–56**

***Marcos relata que Jairó pidió la ayuda de Cristo porque «mi hija está agonizando; ven y pon las manos sobre ella para que sea salva, y viva». Seguramente, motivado por los abundantes testimonios de las extraordinarias manifestaciones que acompañaban a la persona del Cristo, este oficial de la sinagoga no dudaba de que también podía salvarle la vida a su hija. ¿De qué manera respondió Jesús? ¿Cuál era la dificultad que experimentaba para llegar a la casa de Jairo? ¿Qué ocurrió por el camino?***

La Palabra no cuenta de qué modo respondió Jesús, pero vemos que comenzó a dirigirse hacia la casa de este hombre. «Y mientras iba, la multitud lo oprimía».

Quisiera que se detenga por un momento en esta frase. Describe lo que era una experiencia cotidiana en la vida del Mesías. Imagine usted cómo debe haber sido el avance de esta ola humana: bullicio, empujones, gritos, polvareda, calor... Todas estas maniobras deben haber sido parte de la experiencia de estar rodeado de una multitud de curiosos y necesitados. Si alguna vez ha estado apretado por una multitud sabrá qué fácil resulta caer preso del pánico. A medida que aumenta la sensación de ahogo y encierro comenzamos a sentir desesperación. Resulta casi imposible, en estas condiciones, prestar atención a lo que está pasando en nuestro entorno. No obstante, esta es una de las maravillosas características de Jesús. Él no perdía la capacidad de estar atento al individuo.

En medio de esta masa de personas, una mujer que había agotado sus recursos a lo largo de doce años en un intento por encontrar una solución para su aflicción física, se acercó por detrás y tocó el borde de su manto. Al instante se detuvo el flujo de sangre que padecía. En este incidente observamos la más asombrosa revelación de lo que encierra el ministerio. Solemos creer, llevados por nuestra propia vanidad, que nosotros somos quienes dirigimos el ministerio y que, indudablemente, requiere de nuestra participación. Tendemos a atribuirle una exagerada importancia a nuestra persona en el acto ministerial. Mas en este incidente vemos que la mujer se acercó por detrás, sin que Jesús se diera cuenta de sus intenciones. Tocó el borde de su manto, y fue sanada. Hasta este instante el Hijo de Dios no tuvo participación alguna en el incidente, salvo que el poder sanador salió de él.

Me atrevo a afirmar, entonces, que, en su expresión más pura, el ministerio no es realizado por nosotros, sino que Dios es quien lo realiza a través de nosotros. No lo controlamaos nosotros, sino que está en manos del Altísimo. En ocasiones, él lo realiza sin que seamos conscientes de su obrar. Al igual que ocurrió con el rostro de Moisés, que brillaba sin que él lo supiera, a veces impactamos sobre la vida de otros sin saberlo. El Padre no tiene por qué informarnos de los momentos en que él escoge utilizar nuestras vidas. Solamente requiere un vaso limpio y comprometido a través del cual fluir. En su bondad permite que, en ocasiones, seamos partícipes de su obra en otros, pero él es siempre el protagonista principal.

# ¡Asediado! *(Jesús, Jairo y una mujer)*
# Percepción espiritual

## Lucas 8.40–56

***Lea los versículos que describen el incidente donde la mujer tocó el manto de Jesús. Cristo percibió, al instante, lo que había ocurrido. ¿Cómo reaccionaron los discípulos? ¿Qué nos indica su reacción?***

En el instante en que la mujer tocó el borde del manto de Cristo, él percibió lo que había acontecido. Una vez más nos encontramos con otras de las insólitas preguntas de Jesús: «¿Quién es el que me ha tocado?» Tal como hemos observado en otras situaciones similares, sin embargo, sabemos que las preguntas de Jesús nunca están de más. Varias observaciones saltan a la vista de este breve intercambio.

En primer lugar, notamos que los discípulos no sabían distinguir entre los que tocaban por curiosidad y los que tocaban por necesidad. No queremos ser duros con ellos, porque Jesús estaba rodeado de una enorme multitud que lo apretaba y oprimía. No obstante, la respuesta de los discípulos indica una falta de conciencia de que en tales situaciones se pudieran dar dramáticas experiencias espirituales. Del mismo modo, nosotros a menudo podemos perder de vista que en la multitud se encuentran individuos que han llegado para algo que le será negado a la mayoría. Para un líder es fundamental estar atento a estos individuos. Usted no puede cambiar vidas ministrando a una multitud, sino interviniendo, en el momento oportuno, en la vida de los individuos que la componen. No existe otro camino para el ministerio. Siempre que somos invitados a diferentes lugares para ministrar, debemos pedir al Señor que nos permita ver esas pocas personas en las que, por su gracia, podemos producir un impacto eterno. Los demás quedarán entusiasmados con la enseñanza y la ministración, pero solamente en algunos se sembrarán las semillas de una verdadera transformación.

En segundo lugar, cuando la mujer tocó el borde del manto, salió poder de Jesús. No es posible ministrar sin que estemos dispuestos a sacrificar algo por la otra persona. El ministerio involucra una transferencia espiritual de un individuo a otro. Es decir, una de ellas da, y la otra recibe. Creo que es importante resaltar este principio, porque muchos líderes no consideran el costo de invertir en otros. Si la inversión es genuinamente espiritual, siempre habrá una pérdida de recursos por parte del que ministra. El líder que está atento a este proceso sabrá que una fase fundamental del mismo es tomarse el tiempo para las disciplinas de la vida que ayudan a reponer estos recursos. No en vano Jesús se apartaba con frecuencia a lugares solitarios para orar. Esto constituía un hábito fundamental para reponerse del desgaste que el ministerio le ocasionaba a diario. El líder sabio sabrá que no durará mucho tiempo si no mantiene este equilibrio.

Por último, es importante entender que necesitamos reconciliarnos con el precio que debemos pagar por el privilegio de invertir en otros. Nuestra salvación no fue gratuita para Cristo. Creo que muchas personas dentro de la Iglesia no están dispuestas a invertir en otros porque, en el fondo, no están dispuestas a pagar el precio. No obstante, no existe otro camino que este. Debe animarnos, sin embargo, saber que Dios recompensará la pérdida de todo lo que nosotros ofrecemos en sacrificio por amor a otros.

# ¡Asediado! *(Jesús, Jairo y una mujer)*
# ¡Descubierta!

## Lucas 8.40–56

***¿Por qué preguntó Jesús quién le había tocado, si la mujer ya había sido sanada? ¿Cómo reaccionó la mujer «al ser descubierta»?***

Hemos estado reflexionando en la historia de la mujer que padecía de flujo de sangre. La pregunta de Cristo fue el foco de nuestra atención en la reflexión de ayer. El relato del evangelista continúa, diciendo: «Al ver la mujer que ella no había pasado inadvertida, se acercó temblando y, cayendo delante de él, declaró delante de todo el pueblo la razón por la cual le había tocado y cómo al instante había sido sanada. Y él le dijo: Hija, tu fe te ha sanado; ve en paz».

Preguntábamos, ayer, por qué Jesús insistió en identificar a la persona que le había tocado cuando la obra de sanidad ya estaba completa. Queda claro que Cristo no pretendía agregarle nada a este aspecto de la obra que el Padre había realizado en la vida de la mujer. Ella, naturalmente, estaba enteramente enfocada solamente en el aspecto físico de su vida. La entendemos, porque su enfermedad había consumido sus energías y recursos económicos durante doce años.

No obstante, creo que Jesús deseaba ministrarla también en lo emocional y espiritual. Por la forma en que se presentó delante de Jesús al ser descubierta, no nos cabe duda de que en ambas áreas también padecía necesidades. Vino «temblando» y se «postró a sus pies». Este comportamiento, sumado al hecho de que se había acercado a Jesús en forma solapada, parecería indicar un corazón temeroso y, quizás, derrotado. Probablemente muchos en la multitud la conocían. De todos modos, es evidente que creía que no podía «molestar» al Mesías por algo que ningún otro había podido solucionar. ¿No es acaso, también, esta convicción la que frecuentemente nos lleva a dudar de que nuestro buen Padre celestial está dispuesto a ayudarnos? Sin darnos cuenta, nos sorprendemos a nosotros mismos haciendo «buena letra», para que nuestra petición sea recibida con mayor agrado. Es como si sintiéramos que nos estamos tomando una atribución que no nos corresponde.

Todo esto revela cuán poco conocemos el corazón del Padre cuyo deleite es hacerle bien a los suyos. Note la total ausencia de reproches en las palabras de Cristo hacia la mujer. Su declaración confirma que el Padre le daba, libremente, lo que ella había procurado. Es como si él la estuviera animando: «no hacía falta que vinieras a escondidas; mi corazón está lleno de compasión, y todos son bienvenidos en mi presencia».

Es posible, también, que Cristo deseara que ella diera testimonio público de lo que había experimentado. Como hemos visto en otros relatos, la bendición de Dios nunca es para ser disfrutada a escondidas. Él bendice para que otros también sean bendecidos con la bendición que hemos recibido, lo que incluye la posibilidad de que se gocen con nosotros en nuestra restauración. Para los que andamos en luz nuestra vida completa debe ser vivida a plena vista de los demás, renunciando a todo lo que nos lleva a obrar en forma encubierta. En las palabras de Jesús la mujer encontró liberación de la vergüenza y la opresión que su aflicción le habían traído.

# ¡Asediado! *(Jesús, Jairo y una mujer)*

## No temas

### Lucas 8.40–56

***El pasaje que estamos estudiando realmente lleva un ritmo atropellado. Lea los versículos 49 y 50. Imagine la absoluta congoja que debe haber experimentado Jairo ante la noticia del fallecimiento de su hija. ¿Qué le dijo Jesús? ¿Qué similitudes observa con el pasaje sobre la viuda de Naín? ¿Qué pretendía Jesús de Jairo en ese momento?***

Creo que es muy difícil para nosotros captar el dramatismo de este momento. El oficial de la sinagoga se había acercado a la persona del Mesías apenas unos minutos atrás. Traía consigo un desesperado pedido: que salvara a su hija que estaba al borde de la muerte. Si usted tiene hijos, entiende muy bien la impotencia de ver sufrir a uno de los nuestros sin poder contribuir en nada para aliviar su situación. Es, quizás, una de las cargas más difíciles de sobrellevar para un padre.

Jesús había percibido la desesperación del oficial y se dirigía hacia la casa de él. En el camino, sin embargo, fue tocado por la mujer con el flujo de sangre. ¿Cuánto tiempo puede haber durado el intercambio que sostuvo con ella? ¿Cinco minutos? ¿Diez? El hecho es que no había terminado de hablar con ella cuando llegaron con la noticia de que ya nada se podía hacer por la hija del oficial. Imagine usted el dramatismo del momento. Quizás el hombre, extenuado por largas noches de desvelo a causa de la enfermedad de su hija, no tuvo tiempo de reaccionar. Posiblemente todavía estaba intentando asimilar lo que había acontecido con la mujer.

Fuera cual fuera su situación, seguramente usted percibe el dramático momento que él enfrentaba. En este contexto, las palabras de Cristo rozan en lo absurdo: «No temas; cree solamente y será salva».

Nos encontramos, una vez más, frente a una verdad que se ha mencionado muchas veces en este libro: el reino de los cielos no se mueve por principios similares a los de este mundo. La realidad del reino es enteramente diferente a la nuestra. He aquí nuestra dificultad. Con nuestra mente humana, seriamente limitada por la cultura en que vivimos, queremos entender cómo se le puede aconsejar a una padre que acaba de perder a una hija que ¡no tema! El hecho es que necesitamos volver una y otra vez a las alocadas aventuras por las cuales ha transitado el pueblo de Dios, para recordar que el Señor se mueve en una esfera que no reconocen nuestros ojos. Proclama el nacimiento de un hijo a un matrimonio anciano y estéril. Anuncia la derrota de un innumerable ejército enemigo a trescientos hombres armados con jarrones y antorchas. Avergüenza a una multitud de guerreros enviando a la batalla a un pastor de ovejas armado con cinco piedras y una honda. ¡Nuestro Dios simplemente opera en otra dimensión de la vida!

Saber esto puede ayudarnos a entender que jamás será posible recibir su Palabra si intentamos ajustarla y encasillarla en nuestros parámetros, Esto es lo que significa vivir por fe. Es apropiarse de las más disparatadas declaraciones, no porque nos suenen lógicas, sino porque el que las pronuncia es confiable. Sus palabras no son para el análisis; son para ser vividas.

DIOS EN SANDALIAS

DÍA 221

# ¡Asediado! *(Jesús, Jairo y una mujer)*
# La última palabra

## Lucas 8.40–56

***Eventualmente Jesús arribó a la casa de Jairo. Observe cómo reaccionó la gente cuando llegó Cristo. ¿Por qué no dejó entrar a nadie en la casa? ¿Por qué llevó con él a los tres discípulos con quienes sostenía una relación más íntima?***

La escena revela mucho acerca de los principios que gobernaban el ministerio de Jesucristo. No podemos escapar, por ejemplo, a la convicción de que el entorno espiritual afecta las posibilidades del ministerio. Así aconteció cuando Jesús llegó a su propia tierra; «no hizo allí muchos milagros debido a la incredulidad de ellos» (Mateo 13.58). Es decir, su falta de receptividad a todo lo relacionado con el mundo espiritual se constituyó en un verdadero obstáculo para avanzar en los proyectos del Padre. Del mismo modo aquí, la gente no solamente no creyó en su exhortación, sino que abiertamente se burlaban de sus declaraciones.

No obstante, observamos que Cristo no dejó de ministrar, sino que tomó los recaudos necesarios para ministrar eficazmente: prohibió la entrada de todos los curiosos y burlones, y solo se la permitió al grupo más íntimo, junto con los padres. De este modo se aseguró que fueran testigos de la operación del Espíritu solamente aquellos que deberían acceder a las intimidades del reino. Aunque no siempre podemos controlar de esta forma el ambiente donde ministramos, debemos estar atentos a los elementos que impiden que el Espíritu fluya como debiera. En ocasiones, incluso será sabio esperar momentos más propicios para avanzar en lo que Dios está poniendo delante de nosotros.

A la vez observamos que Jesús nunca perdía de vista que era también formador de personas. Esta es una responsabilidad que el líder debe mantener siempre presente, pues cada oportunidad para ministrar es también una oportunidad para instruir a otros. Note con cuánta facilidad se logran los dos objetivos, pues, para enseñar, no hace falta una clase elaborada acerca del ministerio. Basta con que el Maestro le ofrezca a sus discípulos la oportunidad de observar cómo entra en acción en diferentes situaciones. Como hemos señalado en otras ocasiones, la herramienta más poderosa que está a disposición de un formador de vidas es su propio ejemplo. Por esta razón resulta beneficioso que siempre que vayamos a cualquier lugar a ministrar invitemos a nuestros discípulos a que nos acompañen en la experiencia. En el pasaje que examinamos, Jesús llevó con él a los tres en los que su inversión era mayor, a los que esperaba que se convirtieran en las piezas clave de la Iglesia que surgiera luego de su partida.

Luego de observar al maestro en pleno ministerio, se debe, por supuesto, propiciar un diálogo para examinar la experiencia. Ya hemos advertido en el ministerio de Jesús que esta es una de las constantes en su relación con los discípulos. Les proveía de amplias oportunidades para que ellos le preguntaran acerca de lo que habían observado o escuchado en cada caso particular de su ministerio. De este modo, la «clase» podía continuar aún después de que el líder había terminado de ministrar. De esta manera, solía Cristo aprovechar al máximo las oportunidades que su Padre ponía delante de él cada día.

# ¡Asediado! *(Jesús, Jairo y una mujer)*
# ¡Levántate!

## Lucas 8.40–56

***Hoy llegamos al fin del relato en el que nos hemos ocupado durante los últimos días. Lea de nuevo el desenlace de la visita de Jesús a la casa de Jairo. ¿De qué forma ministró a la niña? ¿Qué instrucciones dio a los padres?***

La expresión «pero él...» indica claramente que Cristo optó por actuar a pesar de las burlas de la gente, las cuales surgieron luego de haber Él asegurado que en realidad la muchacha dormía. Jesús decidió proseguir con la obra que el Padre había dispuesto para él. Esta es, también, una de las características que diferencian al líder de impacto de la persona que simplemente ocupa un puesto. El líder no admite el desánimo, aun cuando está rodeado de personas que expresan oposición o ridiculizan sus propósitos. Sus decisiones no están basadas en el nivel de aprobación que le otorgan los demás, el cual constituye la base sobre la que se edifica la popularidad. Más bien goza de una fuerte convicción de que sus hechos obedecen a las órdenes que recibe de su Padre celestial, y esto le otorga una firmeza inusual frente a la falta de apoyo.

El relato nos indica que Cristo la tomó de la mano, un gesto que marca el corazón tierno y pastoral del que ministra. En estos días ha pasado a ser popular en muchos círculos el ministerio masificado, desde el cual se ministra a la «distancia», pues es lo que impone estar arriba de la plataforma. No debemos olvidar, sin embargo, que estamos tratando con seres humanos que requieren, sobre todo, demostraciones de cariño y respeto. Con absoluta sencillez Jesús ordenó a la muchacha que se levantara. Impacta la falta de sofisticación en su lenguaje, las largas frases y discursos previos al momento de la ministración. Este es, verdaderamente, el camino de los niños, sencillo y sin rodeos.

Como resultado, el espíritu volvió a ella, lo que, en términos médicos, indica que verdaderamente estaba muerta. Mas Jesús la describió como dormida. Una y otra vez chocamos con la absoluta diferencia que existe entre las perspectivas de los que ven a través de ojos humanos y los que ven por medio del Espíritu. Lo que se ve del mundo espiritual no puede ser comprendido ni aprendido por los sentidos del cuerpo, a pesar del hecho de que frecuentemente intentamos transitar por ese camino. Es un ejercicio que no puede alcanzar otro resultado que la frustración.

Al incorporarse la niña, el Señor dio instrucciones de que la alimentaran, una actividad netamente física, relacionada a este mundo en el que vivimos. La vida continúa y no podemos escapar de nuestro entorno. Por otro lado, también es parte de nuestro llamado atender las necesidades corporales de las personas que ayudamos. No todo requiere que lo resolvamos con oración y ayuno. Necesidades como un plato de comida, un abrazo o un abrigo, forman parte de la vida que sustenta al ser humano, aunque tengan apariencia de ser menos espirituales que otras.

## Profeta sin honra *(Jesús regresa a Nazaret)*

# Apenas un carpintero

### Mateo 13.53–58

***Lea el texto de Mateo que relata la segunda ocasión en que Jesús sufrió el rechazo del pueblo donde había transcurrido la mayor parte de su vida. ¿Qué motivó el asombro de ellos? ¿Por qué argumentan que era apenas un carpintero? ¿Cómo afectó su actitud al ministerio de Cristo?***

En la primera visita a la sinagoga de Nazaret, cuando Jesús revela la naturaleza de su misión, apenas comenzaba su ministerio público. En aquella ocasión fuimos testigos de una violenta transformación en los que le escucharon leer y explicar la Palabra. En un primer momento quedaron encantados con la gracia con que habló. Mas cuando comenzó a exhortarlos específicamente por la dureza de su corazón se llenaron de ira y quisieron apedrearlo.

En esta segunda visita, el marco de su extendido ministerio en todo Israel le provee de una autoridad adicional que algunos, en aquel momento, quizás no alcanzaron a percibir. Los reportes de las asombrosas obras que realizaba por todas partes y la increíble sabiduría con que enseñaba también habían llegado a la pequeña Nazaret. Nos atrevemos a guardar esperanzas de que en esta ocasión la historia podrá ser diferente a la primera, pero seremos desilusionados.

No realizó ninguna actividad extraordinaria en Nazaret, sino que se dirigió, una vez más, hacia la sinagoga, donde se concentró en proclamar con exquisita gracia la Palabra de Dios. No obstante, la reacción de los que estaban presentes fue igualmente negativa. La clave de su actitud la encontramos en las preguntas que se hacían entre ellos.

El grueso de sus comentarios daban a entender que ellos sabían muy bien quién era Jesús. Conocían a su madre y a sus hermanos personalmente, como también qué oficio había practicado Jesús junto con el padre. De alguna manera argumentaban que toda la adulación y el reconocimiento que otros le habían dado sencillamente se basaba en el hecho de que no le conocían. Pero existe un obstáculo más profundo en esta actitud, y es la convicción de que una persona que consideramos ordinaria, no pueda ser usada en un ministerio extraordinario. Creemos que la grandeza de un ministerio demanda que quien lo realiza sea una persona con asombrosas cualidades y extraordinarios talentos, los cuales deben ser claramente visibles. Cuando nos hemos formado una imagen de una persona, nos resistimos a modificarla. Por esto, el padre que considera holgazán a un hijo, lo seguirá viendo como holgazán toda la vida, aun cuando hayan evidencias notables de que es muy esforzado.

Jesús era, sin duda, un hombre de extraordinarias cualidades, pero no eran las que admiran los hombres, sino las que agradan el corazón del Padre. Más allá de los atributos que poseía, el incidente en Nazaret nos muestra cuán profundamente pueden afectar nuestra visión los prejuicios que formamos contra otros. Si hemos descartado la posibilidad de que Dios utilice a alguna persona para sus propósitos, todas las señales, los milagros y los prodigios que realice no servirán para convencernos de lo contrario. Realmente el problema no está en la figura que analizamos, sino en nosotros, que poseemos un corazón de incredulidad. El potencial en otra persona solamente se ve por la fe.

DIOS EN SANDALIAS

DÍA 224

# Enviados – I *(Jesús envía a los doce)*
# Corazones compasivos

**Mateo 9.35–11.1**

***Nos acercamos al momento en que Jesús decidió enviar a los doce para anunciar, en cada aldea, las Buenas Nuevas del reino. Es un momento crucial en su desarrollo, y por eso nos deja muchas pistas acerca de la forma en que debemos llevar adelante la tarea de capacitar a otros para la obra del ministerio. Por ahora, lea los versos 35 y 36 de Mateo 9. ¿Qué beneficios le otorgaba a Cristo el proceso de recorrer las aldeas? ¿Qué componentes incluía el ministerio que realizaba? ¿Cuál era el «motor» que impulsaba su obra?***

Quisiera que nos concentráramos, por un instante, en la palabra «recorría». El término describe una de las actividades indispensables para cultivar un corazón pastoral. No existe tal función como el pastor de escritorio o de oficina. La vocación pastoral se cultiva conociendo de primera mano la realidad del pueblo al cual se pretende ministrar. Podemos incorporar a nuestra perspectiva ministerial las observaciones de otros que conforman el cuerpo de Cristo, pero nada podrá liberarnos de la responsabilidad de recorrer las calles y los barrios de nuestro lugar de ministerio. Solamente al caminar entre las multitudes podremos conocer sus luchas, sus anhelos y sus tristezas.

Quizás usted me señale que todos los días millones de personas se mueven por las calles sin percibir la necesidad de los que los rodean. Sin duda su observación es acertada. Este es solamente el primer requisito para cultivar esa vocación pastoral, pero no es, de ninguna manera, la única. En nuestro andar por los lugares públicos de la ciudad necesitaremos que Dios abra nuestros ojos y conmueva nuestros corazones para ver la verdadera condición de los que están en nuestro entorno. No obstante, cabe señalar que el Señor pretendía que todos aquellos que ejercían un oficio de autoridad en el pueblo gozaran de esa sensibilidad. Aunque suena extraño a nuestros oídos modernos, en el Antiguo Testamento se usa el término «pastores» para referirse a los gobernantes, porque se esperaba que ellos atendieran al pueblo en sus necesidades. Precisamente por esta razón encontramos, en el capítulo 34 de Ezequiel, una durísima reprensión contra los gobernantes porque no habían cumplido con su labor pastoral para con el pueblo.

Cuando Cristo miraba a las multitudes, las veía con esta perspectiva: no como un conjunto de individuos que debían cuidarse cada uno a sí mismo, sino como un grupo de personas que habían sido abandonadas por aquellos que debían velar por sus necesidades. Note usted que esto no le llevó a denunciar a los «políticos», como tanto se acostumbra en nuestro entorno. Jesús, más bien, fue movido a compasión por ellos. El hecho es que las denuncias rara vez producen cambios en la vida de la gente. En la mayoría de los casos simplemente añaden amargura a los corazones. Lo que sí deberíamos hacer es comenzar a preguntarnos en qué podemos contribuir para alivianar la carga de la gente. Precisamente el compromiso de buscar resultados concretos llevó a Cristo a proveer soluciones reales, «enseñando en las sinagogas de ellos, predicando el evangelio del reino y sanando toda enfermedad y toda dolencia en el pueblo» (Mateo 4.23, RVR95).

DIOS EN SANDALIAS

DÍA 225

## Enviados – I *(Jesús envía a los doce)*

# Levantar obreros

### Mateo 9.35–11.1

***La realidad que percibimos al movernos en medio del pueblo nos obliga a tomar otro paso adicional. Lea los versículos 37 y 38. ¿Qué pasos tomó Cristo? ¿Cómo se logra levantar nuevos obreros para la mies?***

Una de las tentaciones contra las cuales debe luchar el líder, al ver las necesidades abrumadoras de su entorno, es la de creer que él solo resolverá las dificultades de todo el mundo. Aunque parezca innecesario mencionar esto, la gran cantidad de siervos que he visto intentando llevar solos toda la carga revela cuán fácil es caer en esta trampa.

Observe, por un instante, a Jesús, conmovido por la condición de abandono en que han quedado las multitudes que lo rodeaban: «dijo a sus discípulos: la mies es mucha, pero los obreros pocos. Por tanto rogad al Señor de la mies, que envíe obreros a su mies». Sus palabras, en estas circunstancias, revelan el camino a recorrer en el proceso de movilizar a otros para la gran tarea de servir a los necesitados.

En primer lugar, notamos que Jesús dirigió a sus discípulos para que miraran hacia la misma realidad que él estaba viendo a su alrededor. No los manipuló, ni quiso que se sintieran culpables. Más bien buscó la forma por la que ellos también pudieran ver la necesidad del pueblo, para conmover su corazón por la acción del Espíritu Santo. Esta es la única motivación sana para servir a los demás, que Dios conmueva nuestro corazón frente a la necesidad apremiante que los demás padecen. No obstante, frecuentemente me he encontrado con personas sirviendo en la iglesia movidos por la culpa. Invariablemente acaban frustrados o amargados, porque lo que los mueve a servir a otros es un conflicto personal que no han logrado resolver.

En segundo lugar, observamos que Cristo señaló a sus discípulos una realidad del ministerio: los obreros son pocos. Siempre he considerado que nuestros esfuerzos por movilizar a toda la iglesia son un tanto ingenuos. Decidimos bien al no desperdiciar energías intentando reunir una multitud de obreros para la cosecha. No he conocido, hasta el momento, pastor que haya alcanzado éxito en esta consigna. La verdad es que el número de obreros siempre se quedará corto en relación a la tarea que está por delante.

El principio más importante del pasaje, sin embargo, es la solución que Cristo dio para esta situación: «Por tanto rogad al Señor de la mies, que envíe obreros a su mies». Es en esta definición de tareas que muchos de nosotros fallamos como líderes. Creemos que es nuestra labor movilizar a las personas y recurrimos a todo tipo de «artimañas» para reclutar voluntarios. Si bien se nos ha dado cierta participación en la movilización de nuevos líderes, nuestro aporte sigue siendo secundario. Nuestra tarea cardinal es la de apelar al Señor de la mies para que él levante los obreros. No podemos enfatizar suficiente esta verdad: el que mueve los corazones y transforma las vidas es Dios. Sin duda alguna lograríamos resultados mucho más eficaces si pasáramos menos tiempo hablándole a la congregación de su responsabilidad, y más tiempo rogando al Señor que movilice a su pueblo. Esta es nuestra primera y más importante tarea y no podemos darnos el lujo de descuidarla.

DIOS EN SANDALIAS

DÍA 226

## Enviados – I *(Jesús envía a los doce)*

# Transferencia de autoridad

**Mateo 9.35–11.1**

***Hemos reflexionado sobre la tarea de movilizar obreros para el ministerio. Es una de las labores fundamentales que tiene por delante un líder. Debemos resistirnos, a toda costa, a la tendencia de que nosotros acaparemos el trabajo, pues de esta manera no permitiremos que emerjan los nuevos líderes que, el día de mañana, podrán relevarnos. Lea los primeros cuatro versículos del capítulo 10 de Mateo. ¿Cómo procedió Jesús para realizar su tarea de enviar a sus discípulos?***

Jesús entendía que no podía, sencillamente, transferir responsabilidades a los doce el mismo día que iba a ascender al cielo. Más bien, trabajó durante los años que compartieron juntos para formarlos como obreros. En el pasaje sobre el que estamos reflexionando observamos que dio pasos muy prácticos para alcanzar esta meta.

Lo que más llama la atención es que les transfiere autoridad a sus discípulos. Este hecho es de vital importancia, y además emula el modelo que el mismo Cristo había vivido con el Padre. Como hemos visto, en la experiencia del bautismo, una voz del cielo dio a conocer que el Hijo de Dios comenzaba su ministerio con la plena aprobación del Padre. Del mismo modo, ahora, Jesús transfiere autoridad a sus discípulos para la tarea que les va a encomendar.

Cabe señalar que esta transferencia es una de las claves para asegurar que el discípulo será eficaz en la tarea que realizará. En muchas ocasiones he visto obreros frustrados porque se les encomendó una tarea, pero sin la autoridad que necesitaban para realizarla. Aunque es verdad que están trabajando en la obra, queda claro, por la forma en que el líder o pastor los supervisa y controla, que no han recibido la autoridad que debe acompañar el desempeño de una responsabilidad. Cuando no poseen esta autoridad les resulta casi imposible crecer en el ejercicio de sus dones, y quedarán limitados por el temor y la inseguridad que se produce en alguien que sabe que no confían en él o ella para la tarea que realizan. Cuando se le otorga autoridad a un obrero apostamos a que alcanzará su pleno potencial en Cristo.

La autoridad otorgada es espiritual. Sin ese respaldo divino el trabajo del ministerio no gozará de ninguna cualidad que lo distinga de una simple obra de beneficencia. Debemos tener absoluta convicción de que nuestra labor más importante se realiza en esa esfera, en que la dimensión visible de nuestras obras se convierte en algo secundario. Los verdaderos logros y avances se producen dentro de los ámbitos espirituales, y quien no ha recibido autoridad para moverse en esta dimensión resultará tan poco eficaz como la persona que intenta movilizar un barco utilizando una cuchara por remo.

Un detalle adicional es recordar que la autoridad solamente puede ser transferida a aquellos cuya vida se desarrolla dentro de los parámetros divinos. Una vida de santidad y entrega absoluta se verá respaldada por mayor autoridad que una vida definida por la mediocridad. Quizás esta es una de las razones por las que Pablo advirtió a Timoteo: «No impongas las manos sobre nadie con ligereza» (1 Timoteo 5.22).

DÍA 227

# Enviados – I *(Jesús envía a los doce)*
# Instrucciones precisas

## Mateo 9.35–11.1

***Aunque le lleve algo de tiempo, procure leer el capítulo completo de Mateo 10 para adquirir una visión integral de las instrucciones que Jesús dio a los doce. Intente agrupar estas directivas por categorías e identificar los temas que él consideraba importantes para la tarea que quería confiarles.***

Debemos primeramente resaltar lo importante que es dar instrucciones a las personas que estamos formando. En ocasiones las personas en la congregación han recibido una responsabilidad para cierta área del ministerio sin poseer claridad sobre lo que se espera de ellas. Se toma por sentado que van a saber exactamente cómo deben proceder en el cargo que asumen. La mayoría de las veces, sin embargo, la gente no posee claridad en cuanto a cómo proceder. Es responsabilidad del líder dedicarles un tiempo necesario para detallar cuidadosamente lo que se espera de cada obrero. Definir sus funciones ayudará a que no se produzcan situaciones de confusión y frustración personal. Asimismo, el que tome tiempo para hablar con ellos sobre sus responsabilidades proveerá los elementos necesarios para evaluar, en el momento indicado, su desempeño.

Si se tomó el tiempo para leer el capítulo 10 de Mateo, habrá podido constatar que Jesús no dejó nada librado al azar. La primera consigna se relacionaba con los límites geográficos del ministerio que iban a emprender. Les indicó: «no vayáis por el camino de los gentiles, y no entréis en ninguna ciudad de samaritanos. Sino id más bien a las ovejas perdidas de la casa de Israel». Esto nos da una clara indicación de la manera en que se llevan a cabo las responsabilidades dentro del reino. La estrategia a seguir no es fruto de la planificación cuidadosa por parte del obrero. No cabe duda de que debemos elaborar estrategias generales, pero a la hora de emprender una obra las instrucciones más vitales son las que provienen del Padre. Jesús acababa de afirmar que la mies era del Señor. A la luz de esto, lo más sabio es preguntar al Señor de la mies cuál es el mejor camino a seguir.

Las directivas de Jesús revelan que es fundamental moverse en los lugares que Dios ha indicado. Él no estaba afirmando que los samaritanos y los gentiles no eran importantes. Más bien estaba indicando que el momento histórico requería que se diera prioridad a la casa de Israel. Del mismo modo le impidió a Pablo pasar a Asia (Hechos 16). El Espíritu no estaba despreciando a los pueblos asiáticos, sino orientando al apóstol en cuanto al lugar donde él, en ese momento, ya estaba actuando con mayor intensidad. La capacidad de discernir dónde se está moviendo Dios en el momento en que actuamos resulta fundamental para que nuestra tarea realmente complemente la obra que él está realizando

*«Señor, vuelvo a pedirte esa sensibilidad al mover de tu Espíritu para que mi ministerio sea siempre un andar en las obras que tú has preparado de antemano para que ande en ellas. Son las únicas obras en las que deseo estar involucrado».*

DIOS EN SANDALIAS

DÍA 228

# Enviados – I *(Jesús envía a los doce)*
# La vida de un ministerio

## Mateo 9.35–11.1

***Lea los versículos 7 y 8 en Mateo 10. ¿Cuál era la tarea que estaba delante de ellos? ¿Cuáles son los principios que guían el ministerio? ¿Cuál debería ser nuestra principal motivación al invertir en la vida de otros?***

Una vez que Cristo estableció el área geográfica en la que iban a desempeñar su labor los doce, procedió a darles instrucciones acerca de la tarea que estaba por delante de ellos: «Y cuando vayáis, predicad, diciendo: "El reino de los cielos se ha acercado." Sanad enfermos, resucitad muertos, limpiad leprosos, expulsad demonios; de gracia recibisteis, dad de gracia».

Esta descripción del ministerio que van a desarrollar expone varios principios sobre los cuales se fundan los ministerios eficaces. En primer lugar, tome nota de un verbo que denota una acción continua, «yendo». Parece un detalle menor, pero esta forma señala que el ministerio debe constituir un elemento natural de la vida, no debería ser una actividad programada. En nuestro medio, es común establecer momentos con horarios específicos destinados a la labor del ministerio. Al área de la vida que no comprende este trabajo ministerial lo denominamos «secular». Esto muestra la fuerte convicción de muchos, de que la vida puede ser dividida en situaciones espirituales y situaciones mundanas. Cristo no contemplaba tales divisiones, sino que pretendía que el ministerio fuera una extensión del andar cotidiano. Así lo desarrollaba él, viviendo con un corazón atento a las oportunidades divinas que se le presentaban en medio de las actividades normales del día. Orientó a los discípulos para que desarrollaran su ministerio con la misma dinámica. Mientras iban, debían dedicarse a predicar, sanar, limpiar, resucitar y liberar.

En segundo lugar notamos, una vez más, algo que ya se ha mencionado en esta serie de reflexiones. Jesús pretendía que el compromiso de los discípulos fuera el mismo que él había asumido, el deseo de intervenir en los aspectos de la vida donde más resultara necesaria la acción de Dios. Donde encontraran oídos atentos, ahí debían predicar las buenas nuevas. Donde encontraran enfermos, ahí debían sanar. Donde se presentaban leprosos, ahí debían ministrar limpieza. Donde encontraran personas oprimidas, ahí debían llevar liberación. Donde la muerte hubiera golpeado, ahí debían ministrar vida. Es decir, los discípulos debían estar comprometidos por manifestar el favor de Dios en todos los aspectos de la vida del ser humano. Así lo habían visto modelado en el ministerio del Maestro, y así debía ser en el servicio de ellos.

Por último, tome nota de ese enunciado vital: «de gracia recibisteis, dad de gracia». Este elemento es el que transforma una acción humana en una intervención divina. Si pretendemos incursionar en el mundo espiritual, primero necesitamos haber recibido lo que deseamos compartir. No es posible dar lo que no se posee. Demasiados líderes están tratando de producir vida en su gente sin que ellos mismos gocen de la manifestación plena de vida. Solamente aquellos que Dios ha tocado en su gracia podrán aportar significativamente a la vida de los demás. El texto nos recuerda, además, que somos bendecidos para bendecir.

DÍA 229

## Enviados – I *(Jesús envía a los doce)*

# La dignidad del obrero

**Mateo 9.35–11.1**

***Continúe con la lectura del texto que nos ocupa en estos días. ¿Cómo pretendía Jesús que sus discípulos viajaran? ¿Qué implicaba saber que el obrero era digno de su salario?***

Cuando salimos de viaje lo normal es aprovisionarnos de cuanto creamos necesario para el tiempo que estaremos lejos de casa. Son pocas las personas que consiguen viajar con un mínimo de equipaje. Nuestras pertenencias nos dan cierto grado de seguridad en medio de situaciones en las que nos encontraremos aislados de nuestro entorno habitual. Cristo conocía esta tendencia en el ser humano y, en las instrucciones a sus discípulos, se refirió a ella animándolos a que viajaran lo más liviano posible.

Existen dos razones importantes por las que el obrero no debe llevar gran cantidad de provisiones para el camino. En primer lugar, siempre es bueno viajar con pocas pertenencias. Hubiera resultado muy difícil atender las necesidades de las personas y ministrar en una diversidad de situaciones si la mayor preocupación del grupo se hubiera centrado en cuidar y transportar las pertenencias personales. Quien ha viajado con muchas maletas sabe lo restringido que llega a ser el movimiento mientras se arrastran los bultos de un lado al otro. Del mismo modo, los discípulos debían viajar livianos, simplemente por una cuestión práctica de movilidad.

A la vez, Cristo señaló un principio fundamental para los que asumen el desafío de servir al Señor: «el obrero es digno de su alimento». Es decir, el Padre cuidará de las necesidades de aquellos que están realizando las obras que él les preparó de antemano. Seguramente los discípulos habían recibido amplias evidencias de este principio en la vida de Cristo mismo. No sabemos de qué manera recibían ofrendas y provisiones, aunque el texto menciona grupos de mujeres que viajaban con ellos y que ofrendaban de sus propias pertenencias (Lucas 8.1–3). Lo que sí queda claro en el relato de los Evangelios es que no les faltaba lo que necesitaban para vivir, y les quedaba aún una reserva monetaria, de la cual se encargaba Judas (Juan 12.6). El principio fundamental que debemos considerar en estas instrucciones es que Jesús deseaba cultivar en ellos un espíritu de confianza y dependencia absoluta en el Padre. Lograr esto, en lo que al mundo material se refería, repercutiría en la vida espiritual, pues la dependencia en el Señor debe afectar todo lo que realizamos en el ministerio.

Cabe señalar que Cristo no estaba dando licencia a los discípulos para que obligaran al pueblo a sustentarlos. Esta salvedad es importante, porque en ciertos grupos evangélicos este texto es usado para fustigar en forma permanente a la congregación, manipulando a las personas para que den en forma generosa. Esta manera de obrar delata, en quienes la practican, que la confianza descansa en sus propias habilidades de manipular al pueblo. Mas el camino que indicaba Jesús a sus discípulos requería de una mínima intervención humana. Debían avanzar con la misma confianza de los niños en la provisión y el cuidado amoroso que reciben de sus padres. Los niños no cuestionan ni hacen sugerencias al respecto. Toman por sentado que sus padres se encargarán de todo lo que se refiere a sus necesidades.

DIOS EN SANDALIAS

DÍA 230

# Enviados – I *(Jesús envía a los doce)*
# Un asunto serio

## Mateo 9.35–11.1

***Tome un momento para volver a leer la próxima porción del pasaje (11–15) que ocupará nuestra atención en los próximos días. Preste especial atención a las instrucciones sobre cómo debían responder a las diferentes maneras en que la gente los recibiría en cada ciudad. En su opinión, ¿por qué Jesús sería tan específico en este tema? ¿Qué revela esta instrucción acerca del poder que posee un discípulo de Cristo?***

Jesús indicó a los doce que dejaran o no una bendición en cada lugar según como los recibieran. No obstante, no los envió a agredir a nadie, sino a entender que sus acciones alcanzarían consecuencias que ni siquiera se imaginaban. El hecho es que cada vez que un hijo de Dios se mueve, se producen acciones en el reino de los cielos, y reacciones en el reino de las tinieblas. No es necesario que nosotros percibamos o no esas consecuencias, sino, más bien, que entendamos que se nos ha otorgado mucha más autoridad de lo que creemos.

En verdad, pensar que un trivial saludo pueda desatar este juicio suena extraño a nuestros oídos. En medio de una cultura saturada de palabras hemos perdido la capacidad de entender el peso de ellas. Nuestra costumbre es hablar lo primero que se nos viene a la cabeza y rara vez nos detenemos a meditar en el efecto del mensaje que dejamos. No obstante, entre los temas que Jesús abordó en estas instrucciones hacía clara referencia al poder que ellos poseían para bendecir o maldecir solamente con sus palabras.

Cabe señalar que el idioma, de por sí, es un medio para ejercer control sobre nuestro entorno y las personas que en él habitan. Por esta razón Dios dejó en manos de Adán la tarea de asignarle nombre a las especies que eran parte del mundo creado. Hasta el momento que comenzó la tarea de separar e identificar cada uno de los animales, no existía la posibilidad de ejercer dominio sobre ellos. No podemos movernos con autoridad en un lugar donde desconocemos la identidad de las cosas que nos rodean. Precisamente por la autoridad y el control que el idioma confiere, Dios descendió y confundió las lenguas de los pueblos que se habían reunido para construir Babel. Sin la posibilidad de comunicarse unos con otros, el fundamento mismo de su proyecto se desmoronó.

Conocemos, también, los devastadores efectos que algunos padres dejan en sus niños por causa de sus palabras agresivas durante los años de su formación. En muchos casos estas palabras, con mensajes de desprecio y condenación, continúan atormentando a esos niños cuando ya son adultos, mucho tiempo después de la desaparición de quienes las pronunciaron.

Cuánto más, entonces, pesarán las palabras de aquellos que han recibido autoridad para moverse en los ámbitos espirituales. Los que andan en luz pueden pronunciar palabras que verdaderamente impacten para bien la vida de los que las escuchan, como claramente señala la referencia al saludo de paz en el pasaje de hoy. Resulta evidente que la llegada de los discípulos a un hogar era mucho más que una simple visita social.

DIOS EN SANDALIAS

DÍA 231

# Enviados – II *(Jesús envía a los doce)*
# Ovejas en medio de lobos

## Mateo 9.35–11.1

***Luego de instruirlos, Cristo procedió a advertir a sus discípulos, indicándoles que él los enviaba como ovejas en medio de lobos. Intente identificar los peligros específicos que enfrentarían. ¿Qué actitud debían asumir frente a ellos? ¿Cómo podían prepararse para estas situaciones?***

Es importante que tomemos nota de los temas que él consideró relevantes para ellos. Entre otros asuntos encontramos, debido a los peligros del camino, una exhortación a que fueran «astutos como las serpientes e inocentes como las palomas».

Resulta llamativo que Jesús les advirtiera de esto, pues estos temas no se tratan en los cursos de discipulado habituales, ni tampoco en los seminarios. Al contrario, tanto hemos enfatizado los beneficios del evangelio que no hemos creado en las personas conciencia de los resultados adversos que nos deja seguir a Cristo, algo a lo que se refieren en reiteradas ocasiones los evangelistas.

Para esta advertencia, Jesús echó mano de una analogía que claramente les ilustraba los peligros de la misión que les esperaba: ovejas en medio de lobos. Ninguno de los presentes necesitaba de una gran cuota de imaginación para entender que el Señor les señalaba cuán vulnerable era su posición en el mundo. De todas formas, los discípulos habían sido testigos de esta realidad en la vida de Cristo mismo. En su andar cotidiano sufría cuestionamientos, oposición, agresiones y aun violencia física. Este mismo destino les esperaba a ellos, porque un discípulo no está por encima de su maestro.

Tomar conciencia de este riesgo servía, en primer lugar, para que no les agarrara por sorpresa. De hecho esta es una de las luchas más duras que enfrenta al cristiano cuando lo ataca la oposición; no consigue entender la razón de lo que le pasa. Cuando estamos advertidos, ya no nos asombra que ocurra, y reaccionamos de otra forma. Por esto, Pedro le escribe a la Iglesia: «Amados, no os sorprendáis del fuego de prueba que en medio de vosotros ha venido para probaros, como si alguna cosa extraña os estuviera aconteciendo» (1 Pedro 4.12).

A la vez, Jesús los animó a ser inocentes como las palomas, pero astutos como las serpientes. El concepto detrás de esta exhortación es que los discípulos no debían convertirse en agresores, sino que debían asumir una postura de ternura y bondad hacia todos. Esta actitud no era una invitación a ser necios y confiar ciegamente en las personas. Al contrario, debían estar conscientes en todo momento de que es «maldito el hombre que en el hombre confía» (Jeremías 17.5). Sin cultivar una actitud de desconfianza, debían ser cautelosos en la relaciones que entablaban, cuidando de no crear ataduras de dependencia con nadie.

De todas maneras, Cristo no invitaba a sus discípulos a elaborar una estrategia frente a esta realidad. Fiel al mensaje que les comunicó siempre, invitó al grupo a que dependieran absolutamente del Espíritu. En situaciones de agresión y persecución, el Padre mismo les daría la palabra que debían hablar. El libro de Hechos ofrece un elocuente testimonio de cuán poderoso resultaba este procedimiento, pues una y otra vez los apóstoles dejaron atónitos a sus opositores.

| DIOS EN SANDALIAS | |
|---|---|
| DÍA | 232 |

## Enviados – II *(Jesús envía a los doce)*

# Ser como el Maestro

### Mateo 9.35–11.1

***La oposición sobre la que Jesús les advertía también la podían experimentar en su propia familia. ¿Por qué resultaba importante que lo mencionara? ¿De qué manera animó sus corazones frente a esta posibilidad?***

Cuando escribí el título para el devocional de hoy, inmediatamente pensé en las contradicciones que encierra esta frase. No creo que haya un solo discípulo que no desee ser como Jesús. Sé, con toda seguridad, que este es el deseo de mi propio corazón. Sin embargo, cuando me detengo a pensar en lo que realmente estoy deseando, me doy cuenta de que quisiera poseer las cualidades que tanto me atraen de la persona de Cristo. Su mansedumbre, su disciplina, su intimidad con el Padre, su capacidad de percibir el mover del Espíritu en su entorno, su sentido de misión. Tengo certeza de que todos estos atributos me hacen falta, ¡y mucho!

El Hijo de Dios, sin embargo, en esta exhortación, no se refería a esos aspectos de su carácter cuando aseveró que «le basta al discípulo llegar a ser como su maestro, y al siervo como su señor» (24). El Nuevo Testamento da claras indicaciones de que el objetivo de la obra transformadora de Dios es que lleguemos a ser como el Hijo, pero con frecuencia olvidamos que esto incluye «la participación de sus padecimientos; llegando a ser como Él en su muerte» (Filipenses 3.10). De modo que, una vez más, Jesús estaba advirtiendo a los discípulos que el costo de seguirle era alto, tan alto como el precio que él mismo pagaba a diario.

Entre las situaciones duras que le tocará sufrir al discípulo se incluye la traición de la familia. Esta experiencia es una de las más duras de sobrellevar, porque siempre esperamos mayor compasión y ternura por parte de aquellos que son de nuestro círculo íntimo. La naturaleza de nuestro llamado es tal, sin embargo, que «seremos odiados por todos por causa de mi nombre» (22). Cristo será causa de enemistad aun con aquellos con quienes hemos compartido toda una vida.

Frente a este panorama angustiante, el Señor destacó la recompensa que se reserva para los que no claudican en medio de la persecución: «el que persevere hasta el fin, ése será salvo». Esta frase nos toma un poco de sorpresa, porque estamos acostumbrados a pensar que la salvación es algo que se garantiza en un momento de decisión que, en muchos casos, tiene matices fuertemente emocionales. En Juan 8.31–32, sin embargo, Cristo claramente indicó que el verdadero discípulo sería aquel que permaneciera en Su Palabra. En ese mismo sentido se dirige el apóstol Pablo a la iglesia en Filipos, cuando los anima a que trabajen en su salvación «con temor y temblor» (2.12). Es decir, la salvación es un estilo de vida, más que un estado.

En la promesa de salvación se encuentra el gran premio de los que siguen a Jesucristo. Esto no solamente se refiere a salir airosos en el día del gran juicio. También contempla la salvación de la perversidad que lleva al mundo a perseguir a aquellos que quieren vivir satisfaciendo la justicia de Dios. Les ofrece la posibilidad de que anden, precisamente, en la misma mansedumbre y bondad que caracterizó la vida del Hijo del Hombre.

DIOS EN SANDALIAS

DÍA 233

# Enviados – II *(Jesús envía a los doce)*
# El temor que cuenta

## Mateo 9.35–11.1

***Sin duda el cuadro que Cristo describió, de familias divididas contra sí mismas por causa del reino, debe haber inquietado a los discípulos. Él les estaba informando que en esta tierra no habría ámbito donde las relaciones con otros estuvieran a salvo de los conflictos; aún de los más íntimos podían esperar ataques feroces. ¿Cuál fue la orientación que les proveyó frente a esta expectativa? ¿Qué esperanza les ofrecían las palabras que compartió con ellos?***

El temor a los conflictos trae consigo un estado de inseguridad que pondría en riesgo la eficacia de la misión a la cual les estaba enviando. No obstante, Cristo les aseguró que vendría un día en que los planes perversos de los hombres, aun los llevados a cabo en secreto, serían expuestos a la luz de Dios y, seguramente, él hará justicia en favor de los que más han sufrido a manos de otros. Así les señalaba claramente que servían a uno que escribirá el último capítulo de la historia de la humanidad. Este es también el mensaje implícito en la misteriosa y compleja revelación del Apocalipsis. El libro no invita al análisis minucioso del texto; más bien ofrece un vistazo del último tramo en la trayectoria de la humanidad; en él, la palabra final claramente es del Creador de los cielos y la tierra.

A la vez, Jesús les señalaba que, finalmente, todo lo que aprendieran en secreto con él lo debían publicar: «Lo que os digo en la oscuridad, habladlo en la luz; y lo que oís al oído, proclamadlo desde las azoteas». Puede existir un tiempo en el cual sea necesario una preparación secreta, como en el caso de los tres amigos íntimos de Jesús: Pedro, Jacobo y Juan. De igual manera ocurrió con José, Moisés, David, y Juan el Bautista, cuyos años formativos transcurrieron en lugares solitarios y olvidados. No obstante, el llamado ineludible de todo discípulo del Señor es, eventualmente, a salir a proclamar las misericordias de Dios en los lugares donde transcurre la vida del pueblo. Aun si estuvieran atemorizados, los discípulos no podían escapar de este compromiso sagrado de ser testigos del Altísimo. Constituye un acto de sabotaje a los proyectos de Dios creer que la vida espiritual consiste en, simplemente, asegurar el bienestar y la salvación propia.

Las palabras de Cristo invitan a no perder de vista la verdadera dimensión de la vida. Por más reales que puedan ser las persecuciones por parte de los seres queridos, los destinos eternos de las personas no los deciden los seres humanos, sino el mismo Señor. Por esto, los animó a temer al que «puede hacer padecer tanto el alma, como el cuerpo en el infierno». Podremos sufrir daños y perjuicios temporales en el camino con Cristo, pero nada, ni nadie en esta tierra podrá ejercer autoridad espiritual sobre nuestra vida, aun cuando seamos muertos por causa de Cristo. El poder sobre la vida está en manos de Dios y solamente a él debemos temer. Lo demás ¡es solamente el rugido de un león sin dientes!

DIOS EN SANDALIAS

DÍA 234

## Enviados – II *(Jesús envía a los doce)*

# Padre, como ninguno

### Mateo 9.35–11.1

***Lea la próxima parte del argumento de Jesús, en los versos 28 al 33. ¿A qué otro elemento apela para disipar el temor? ¿Cómo es la imagen que revela del Padre?***

Algunas de las instrucciones que Jesús dio a los discípulos, antes de enviarlos a ministrar de dos en dos, contemplan el tema de la persecución. Como he mencionado en los devocionales anteriores, resulta muy llamativo que él considerara relevante incluir este tema en una circunstancia donde hubiéramos creído vital animar a los discípulos. Nuestra idea de animar, sin embargo, consiste en tratar de esconder las verdades que consideramos ofensivas o duras. Cristo deseaba que los discípulos estuvieran bien enterados de lo que les esperaba en el ejercicio de su misión.

No obstante, les animó a que no se sintieran atemorizados por esta realidad. Su argumento se concentra, ahora, en describir qué tan extensa es la autoridad del Padre. Para ilustrarla, se vale de una insignificante realidad: «¿No se venden dos pajarillos por un cuarto?» Los pajarillos a los que se refiere Jesús eran tan comunes y ordinarios que se vendían dos por un precio irrisorio. Lo bajo del costo convertía a estos pajarillos en la comida común de los pobres. ¿Quién podía estar interesado en el destino de algo de tan poco valor? Jesús, no obstante, señala: «ni uno de ellos caerá a tierra sin permitirlo vuestro Padre».

¡Qué tremendo! Muchas veces creemos que nuestro Padre está demasiado ocupado para fijarse en los pequeños detalles de la vida. Sin embargo, Cristo continúa, «hasta los cabellos de vuestra cabeza están todos contados». Es decir, Dios no está abrumado por las múltiples obras que debe realizar, ni la cantidad de personas que debe atender. Su conocimiento y cuidado es tan extraordinario que él sabe la cantidad exacta de los cabellos de la cabeza de cada uno de nosotros. Aun si consiguiéramos quitarlos todos y colocarlos sobre una mesa para contarlos, sería prácticamente imposible saber cuántos cabellos teníamos. ¡Y eso que son nuestros! Mas el Señor sabe con exactitud el número de los cabellos de cada habitante del planeta.

¿Cuál era el asunto central de la exhortación de Jesús? «Así que no temáis; vosotros valéis más que muchos pajarillos». Cristo intentaba enfatizar que no ocurre nada en el universo sin que la mano del Padre intervenga. No existen situaciones que se le escapen del control, ni que superen sus capacidades de intervenir. Su soberanía es enteramente diferente a la de los reyes y gobernantes de la tierra, para quienes nosotros no somos siquiera una cifra en su mente. El Padre conoce íntimamente a cada individuo que camina sobre la faz de la tierra, y su compromiso con cada uno es cuidarlo, atendiendo sus necesidades.

Todo esto nos invita a una postura de tranquilidad y confianza. Nadie puede hacernos nada si Dios no lo ha autorizado. De modo que podemos hablar tranquilamente de las cosas del reino a quien se nos cruce en el camino, porque su oposición no afectará ni un ápice el compromiso que el Padre tiene con nosotros. ¡Estamos en buenas manos!

## Enviados – II *(Jesús envía a los doce)*

# Portador de espada

**Mateo 9.35–11.1**

***¿Cómo concluye Cristo sus argumentos sobre la persecución? ¿Qué significa que él nos confesará delante del Padre? ¿Qué ocurre en las esferas celestiales cuando le somos fieles?***

El temor a la persecución podría llevar a los discípulos a callar ante los hombres. De hecho, cuando Cristo fue arrestado Pedro no solamente calló, sino que negó haberlo alguna vez conocido. El Señor intentó ayudar a los discípulos a comprender el tema de la persecución desde una perspectiva espiritual. Vuelve, ahora, a declarar las consecuencias espirituales de negarlo a él: «todo el que me confiese delante de los hombres, yo también le confesaré delante de mi Padre que está en los cielos. Pero cualquiera que me niegue delante de los hombres, yo también lo negaré delante de mi Padre que está en los cielos».

Las palabras del apóstol Pablo arrojan aún mayor luz sobre lo que Cristo pretendía con estas declaraciones: «¿Quién es el que condena? Cristo Jesús es el que murió; sí, más aún, el que también resucitó, el que además está a la diestra de Dios, el que también intercede por nosotros» (Romanos 8.34). Del mismo modo afirma el apóstol Juan: «Hijitos míos, os escribo estas cosas para que no pequéis. Y si alguno peca, Abogado tenemos para con el Padre, a Jesucristo el justo» (1 Juan 2.1). El Hijo está junto al Padre con el propósito explícito de defender nuestra causa. Mas, a diferencia de los abogados de esta tierra, que a menudo defienden lo indefendible, Jesús es un abogado justo que defiende a los que requieren de Su defensa. Su confesión, delante del Padre, de nuestra fidelidad, asegura la bendición de Dios sobre nuestras vidas y ministerios. Sin esta bendición, no tendríamos posibilidad alguna de prosperar en la vida.

Jesús vuelve, ahora, a reiterar su misión. «No penséis que vine a traer paz a la tierra; no vine a traer paz, sino espada. Porque vine a poner al hombre contra su padre, a la hija contra su madre, y a la nuera contra su suegra. Así que los enemigos del hombre serán los de su casa» (34–36). Si contáramos solamente con el mensaje de los versículos anteriores podríamos pensar que la resistencia y oposición de los demás se debe exclusivamente a su antipatía por el evangelio. Cristo, sin embargo, introduce ahora una nueva dimensión al tema de la persecución. Su misión, tan frecuentemente incomprendida, no es traer paz sino esgrimir la espada de la enemistad y la división.

Sin duda nos cuesta entender que él, deliberadamente, provoca este tipo de situaciones. No debemos perder de vista, sin embargo, que muchas veces las personas no se movilizan salvo por medios violentos. Los israelitas no estuvieron dispuestos a salir de Egipto hasta que sus amos se volvieron intolerablemente crueles contra ellos. Del mismo modo, la Iglesia del primer siglo, según Hechos, no se movilizó hacia el cumplimiento de su misión hasta que se desató una violenta persecución contra ella. Esta realidad vuelve a afirmar la absoluta soberanía de nuestro Dios. Él logra sus propósitos en nosotros, utilizando aún la maldad del hombre para la extensión de su reino.

DIOS EN SANDALIAS

DÍA 236

# Enviados – II *(Jesús envía a los doce)*

# El costo de ser discípulos

**Mateo 9.35 –11.1**

*Las advertencias que Cristo dio a sus discípulos, antes de enviarlos en misión, se resumen en el pasaje de hoy. Expone claramente que el costo de seguirle será soportar cuestionamientos y oposición de parte de aquellos que integran su círculo más íntimo. ¿A qué se refería Jesús cuando afirmó que el amor a la familia no podía ser mayor que el amor a él? ¿Qué significaba el llamado de tomar la cruz? ¿A qué se refiere Jesús cuando afirma que alguien no es «digno de él»?*

La frase «el que no toma su cruz y sigue en pos de mí» es, quizás, una de las expresiones más conocidas del Maestro de Galilea. En ella Jesús colocaba «sobre la mesa», en palabras que todos claramente entendían, el precio de ser un discípulo en el reino de los cielos.

Debemos señalar que la cruz no fue inventada en la época de Cristo. Se cree que su implementación, uno de los más crueles métodos de ejecutar a un reo, llevaba al menos 100 años de historia. Probablemente todos los que escuchaban a Jesús en esta ocasión habían visto, al menos una vez en la vida, a personas colgadas de los maderos que los romanos ubicaban afuera de las ciudades. La extrema crudeza de la imagen no podría olvidarse con facilidad.

Cuando Jesús escogió utilizar esta analogía, entonces, todos tenían en claro a qué se estaba refiriendo. El concepto describía el doloroso proceso de cargar el travesaño del crucifijo y caminar la distancia desde la cárcel hasta las afueras de la ciudad. Normalmente este macabro desfile era custodiado por soldados que hacían las veces de verdugos, acompañando con latigazos e insultos al condenado. No debemos dudar que los discípulos deben haberse sentido profundamente afectados por la terrible implicación de las palabras que el Mesías les dirigía. Ya no quedaba duda a lo que aludía Jesús: seguirle a él era estar dispuesto a morir de la forma más horrible imaginable.

¡Cuán lejos está esta idea de nuestro concepto moderno de «morir en Cristo»! Muchas veces la frase es poco más que la letra de una canción, la cual repetimos sin conciencia de la verdadera dimensión de la muerte. En la vida real, morir en Cristo es sumamente desagradable. Habla de un camino que jamás escogeríamos por nuestra propia voluntad. La verdad es que no deseamos transitarlo porque la carne no acompaña al espíritu. No obstante, no existe otro camino que no sea este, para poder andar en intimidad con él. De modo que necesitamos, con desesperación, que su Espíritu nos conduzca por la vía que no queremos transitar. Esto es, en esencia, el misterio de la vida espiritual, que el apóstol Pablo tan claramente capta en Romanos 7. No perdemos esperanzas, sin embargo, de que el compromiso del Señor es terminar la obra que comenzó en nosotros.

No es necesaria la muerte física para lograr la identificación con el Señor. Cada vez que somos tratados injustamente o que experimentamos la ingratitud y la traición, Cristo nos invita a morir. No prestar atención a los indignados reclamos de nuestra carne es escoger la muerte. Resistirse al impulso de pagar mal por mal es elegir la muerte. Optar por el silencio cuando resulta mucho más atractivo ubicarse en el papel de víctima es transitar por el camino de la muerte. Morir no es más que dejar que el reino se manifieste con mayor intensidad en nuestras vidas. Este es el camino que también escogió, una y otra vez, nuestro Señor.

DIOS EN SANDALIAS

DÍA 237

# Enviados – II *(Jesús envía a los doce)*

# Recompensas

## Mateo 9.35–11.1

***Al final del pasaje Cristo habla de recompensas. ¿Cuáles son? ¿Quiénes las obtendrán? ¿Por qué creyó que era importante abordar este tema?***

Hasta este momento Jesús se ha concentrado en animar el corazón de los discípulos frente a la segura persecución que experimentarían. Mas al terminar sus instrucciones, menciona brevemente las recompensas que esperan a aquellos que resisten en la persecución: «El que os recibe a vosotros, a mí me recibe; y el que me recibe a mí, recibe al que me envió. El que recibe a un profeta como profeta, recibirá recompensa de profeta; y el que recibe a un justo como es justo, recibirá recompensa de justo. Y cualquiera que como discípulo dé de beber aunque sea un vaso de agua fría a uno de estos pequeños, en verdad os digo que no perderá su recompensa».

Quizás la mejor ilustración de este principio la podemos encontrar en la figura de Rahab. Nos cuesta entender por qué esta mujer fue incluida en la lista de «héroes de la fe» mencionados en Hebreos 11. ¿Cómo es posible que una prostituta sea considerada como ejemplo para los creyentes? El error de este planteamiento está, precisamente, en que ella no fue aprobada por su estilo de vida, sino por practicar el principio que Jesucristo enuncia a los discípulos. Rahab había entendido que los espías venían de parte de un pueblo poderoso, cuya invasión a Jericó era inminente. Había escuchado de las asombrosas proezas que Jehová había estado obrando en medio de ellos y decidió atar su suerte al destino de los espías. Cuando los israelitas finalmente entraron en la ciudad, salvaron la vida de ella y la de sus parientes; no por su propia justicia, sino porque había protegido a los dos espías.

Podemos ver que en las palabras de Cristo existen elementos en el reino de los cielos que nosotros no percibimos, ni entendemos. Cuando un enviado de Dios visita a una persona, aun sin ser esta de la casa de fe, el Señor bendice la vida de esa persona. El hecho de haber mostrado bondad hacia los hijos de Dios lleva su propia recompensa, más allá de que la persona se convierta o no. El principio claramente ilustra que ninguna persona vive su experiencia espiritual en forma aislada. Cada uno de nosotros tocamos la vida de aquellos de nuestro entorno, muchas veces sin siquiera saberlo. El compromiso de Dios, sin embargo, es siempre hacer el bien a muchos y utilizará nuestras vidas con ese propósito.

Al concluir esta serie de reflexiones sobre las instrucciones que Cristo entregó a sus discípulos, no podemos dejar de señalar, una vez más, que de los treinta y siete versículos que registran sus palabras, treinta y dos hablan de la persecución. ¡Qué tremendo contraste con nuestra perspectiva! Nuestra versión amansada de la vida espiritual rara vez despierta oposición. Hemos perdido los elementos que la sociedad considera una amenaza. Jesús nos invita a volver a asumir la postura radical de aquellos que han tomado su cruz y están completamente identificados con él. Las burlas, los cuestionamientos y la oposición que recibimos, hablan con mayor elocuencia de nuestra fe, que cualquier palabra que podamos proferir a favor de ella.

## Enviados – II *(Jesús envía a los doce)*
# El cuidado del obrero

### Marcos 6.30–32

***Lea los versículos del texto de hoy. ¿Cómo concluye la misión de los doce? ¿Por qué es importante el proceso de relatar lo vivido? ¿Qué instrucciones les dio Jesús? ¿Qué intentaba lograr con esto? ¿Qué nos indica acerca del compromiso que él había contraído con ellos?***

El pasaje de hoy deja tres reflexiones importantes con respecto al cuidado que debemos brindarle, como pastores, a nuestros obreros. En primer lugar, podemos observar que Jesús creó la oportunidad para que los discípulos compartieran todo lo que habían hecho y enseñado. Esta es una función importante del líder, pues con el solo hecho de escuchar a sus obreros les demostrará que se interesa en sus vidas y en lo que están haciendo. En demasiadas congregaciones los obreros trabajan en medio de mucha frustración porque el pastor rara vez se acerca para mostrar interés por el ministerio de sus colaboradores. En muchos casos las personas sienten que al pastor lo único que le importa es que ellos cumplan con sus responsabilidades. Apartar el espacio y el tiempo necesarios para conocerlos es una demostración concreta de que el pastor se siente comprometido con ellos.

A la vez, esta oportunidad de escuchar a los obreros proveerá al líder de valiosa información para discernir qué tan eficaces han resultado sus discípulos. En el relato de sus aventuras quedarán expuestos sus aciertos y sus errores. Podrán, también, compartir las dudas y preguntas que les surgieron en medio de la experiencia. Todo esto servirá como una valiosa plataforma para seguir invirtiendo en sus vidas, pues las lecciones más significativas sobre el ministerio frecuentemente se aprenden en la escuela de la vida. El líder puede también animarles, en este momento, a que sigan creciendo y sirviendo con fidelidad al Dios que los ha llamado.

En segundo lugar, observamos que Cristo les animó a «descansar un poco». Tome nota de que no les preguntó si querían descansar, sino que tomó la decisión por ellos. Muchos obreros viven con infundados sentimientos de culpa cuando no están haciendo nada. Han sido formados con la convicción de que la única señal verdadera de su compromiso es estar trabajando. Vemos, no obstante, que Cristo incorporó a su ministerio ritmos de trabajo y descanso. ¿Por qué? Por la sencilla razón de que la salud del obrero determina su impacto en la vida de los demás. Es nuestra responsabilidad, como pastores, velar por el bienestar de nuestros obreros.

Por último, observe que para lograr este descanso Cristo apartó a sus discípulos a un lugar solitario. Esto obedece a una sencilla razón: es imposible descansar cuando uno está rodeado de las multitudes necesitadas. Para lograr un verdadero descanso, deberemos ayudar a los obreros a que salgan del entorno ministerial. No hace falta trasladarlos a un lugar alejado. Quizás no sea necesario más que un día en el parque, o pasear en la ciudad. El hecho es que estén alejados del lugar donde habitualmente desempeñan su ministerio. De esta manera, podrán recuperar sus fuerzas y servir mejor.

El buen líder no solamente se enfrenta al desafío de delegar, sino de velar por el bienestar de aquellos en quienes ha confiado las responsabilidades del ministerio.

## Compasión por la multitud *(Jesús alimenta a cinco mil)*
# Ovejas sin pastor

### Marcos 6.33–44

***A pesar de las intenciones de Jesús de proveer algo de descanso para los discípulos, la multitud los alcanzó. Lea los versículos 33 y 34. ¿Cómo reaccionó Jesús ante este aparente revés? ¿Por qué los miró con compasión? ¿Cómo resolvió esta situación? ¿Qué problemas debe enfrentar la oveja que carece de un pastor?***

Qué sorprendente resulta la reacción de Jesús. Vio la enorme muchedumbre y percibió, en su espíritu, el verdadero estado de estas personas: ovejas sin pastor. En esta sencilla analogía se resume la realidad espiritual del pueblo. No tenían quien las guiara a lugares donde pudieran nutrirse del alimento necesario para una vida sana. No tenían quien las protegiera de los depredadores que se alimentan de las ovejas indefensas. No tenían a quien acudir para ser atendidas ni escuchadas en sus luchas y dificultades cotidianas. Frente a esto, Jesús fue movido a compasión. No las juzgó, ni se molestó con ellas porque no le permitían un poco de sosiego. Más bien las miró con misericordia porque el mero hecho de que lo siguieran revelaba cuán vasta era su necesidad.

¡Qué diferente es esta forma de mirar a las multitudes! Entre los que pastoreamos hoy, las multitudes solamente sirven para medir nuestra propia grandeza. Convertimos las muchedumbres en la señal inequívoca de un ministerio ungido de lo alto, un elocuente testimonio de que el ministro ha arribado a un nivel de «compromiso» con Dios que pocos alcanzan. ¿No son, acaso, todas estas personas la clara evidencia de que el Señor está bendiciendo de manera especial la obra de nuestras manos?

Cristo no veía a las multitudes como un reflejo de lo que él era, ni tampoco estaba pendiente del nivel de popularidad que había alcanzado. Las multitudes representaban para él uno de los grandes desafíos en su ministerio, el mismo que también enfrentará toda persona comprometida con cambiar vidas. La multitud, sin rostro ni identidad propia, ofrece el medio más ineficaz de realizar el ministerio, porque el impacto que logramos es momentáneo. Los cambios que perduran son producto de una inversión intensa, consistente y personal, por lo que se requiere de especial sabiduría para saber de qué manera debemos ministrar a las multitudes. Por esto, Jesús se dedicó a impartirles palabra de vida.

Una de las características extraordinarias del Cristo, sin embargo, es que no le intoxicaba el grado de aclamación popular que había alcanzado. No necesitamos echar un vistazo a la velocidad con que se deterioran las vidas de las estrellas mediáticas para saber que resistirse a esta seducción representa un enorme desafío. Seguramente parte del secreto radicaba en que Jesús no permitía que las multitudes se impusieran sobre la marcha de su propio ministerio. Estar con ellos le proveía de una valiosa oportunidad para percibir la realidad del pueblo, de entender sus luchas y necesidades, pero seguía consciente de que la multitud representaba un conjunto de individuos, cada uno precioso ante los ojos de su Padre. Cuando veamos con estos ojos a las muchedumbres podremos comenzar a movernos en medio de ellas con la misma compasión que movió a nuestro Señor.

# Compasión por la multitud *(Jesús alimenta a cinco mil)*
# Sugerencias

## Marcos 6.30–44

***Lea los versículos 35 y 36. ¿Cuál fue la sugerencia de los discípulos? ¿Cómo se la comunicaron a Jesús? En su opinión, ¿cuál sería su motivación?***

Resulta muy difícil para nosotros «meternos» en la piel de los discípulos. Desde la comodidad de nuestra propia existencia, separados por dos mil años de historia, podemos fácilmente cometer una injusticia con ellos, porque conocemos el final de este evento. La verdad es que pocos de nosotros hubiéramos imaginado que Cristo pretendía echar mano de tan novedosa solución para el dilema de cómo alimentar a la multitud.

El evangelista claramente indica que el tiempo que Jesús dedicó a ministrar a la multitud fue muy extenso, a tal punto que la noche se acercaba y la multitud aún no había comido. La preocupación de los discípulos por la necesidad de la gente es muy meritoria. Me anima ver que eran suficientemente sensibles como para percibir que la mayoría estaría cansada y hambrienta. Aunque parece un detalle de poco peso, a muchos líderes les aportaría muchos beneficios ser más sensibles a la realidad de su gente. Muchas veces planificamos encuentros maratónicos donde el único «alimento» de la congregación es una interminable sucesión de predicaciones, sin que los organizadores muestren la menor sensibilidad por la fatiga de la audiencia que permanece sentada, escuchando. También constituye parte de la vocación pastoral que estemos atentos a las necesidades físicas de las personas que ministramos.

Cuando los discípulos se acercaron a Jesús, ya habían visto la necesidad. Hasta allí iban por un buen camino, pero ya habían decidido cuál sería el mejor camino a seguir: despedir a la gente para que regresaran a sus casas. Esta solución parece ser la que más rápido se nos ocurre. Si bien existe un interés por las personas, el compromiso con buscar una salida es mínimo. Enviamos a la gente a casa para que cada uno se ocupe de sus propias necesidades. Es muy parecida a la respuesta que tantas veces damos a los que comparten sus aflicciones con nosotros: «estaré orando por ti». No es que exista algo de malo en orar por ellos, pero en ocasiones es un camino para evitar un compromiso mayor, es una la salida fácil, pues exige muy poco de mi propia persona.

Noto en la sugerencia de los discípulos, sin embargo, algo que me resulta más preocupante. No preguntaron a Jesús cuál era el mejor camino a seguir; más bien le indicaron cómo debía proceder él. También en esto observo un comportamiento similar al nuestro. Demasiadas veces nuestra «solución» consiste en indicarle a Dios lo que debe hacer en determinada situación. No hace falta añadir que esto es automático en nosotros, pues somos, por naturaleza, controladores. Ni siquiera el Señor se salva de ser objeto de esta tendencia nuestra. ¡Cuánto erramos en esta conducta! ¡Somos nosotros los que necesitamos instrucciones, no él! Nos conviene más una actitud de atenta disposición, que pedirle que bendiga los planes que ya hemos elaborado por nuestra propia cuenta.

DIOS EN SANDALIAS

DÍA 241

## Compasión por la multitud *(Jesús alimenta a cinco mil)*

# Denles ustedes de comer

### Marcos 6.30–44

***Los discípulos, preocupados porque ya era una hora avanzada, habían sugerido a Cristo que despidiera a la multitud para que pudieran buscar comida. ¿Cómo respondió Jesús a la instrucción de los discípulos? ¿Cómo hubiera procedido usted frente a este desafío?***

Para nosotros, es fácil leer la frase y sencillamente seguir con la lectura del pasaje. Intente, no obstante, detenerse por un instante en esta escena. ¿Cómo se la imagina? ¿Cómo cree que se sintieron los discípulos? ¿Se habrá producido un incómodo silencio en el grupo? Quizás se miraron entre ellos, buscando en los otros una confirmación de lo que Jesús les acababa de ordenar. «¿Tú escuchaste lo mismo que yo? ¿De veras nos pidió que les diéramos de comer nosotros?» ¿Cómo iban ellos a darles de comer a tantas personas? ¡La decisión de Jesús parecía imposible de cumplir!

¿Por qué habrá ordenado esto Jesús, si él sabía bien que ellos carecían de los recursos para alimentar a tantas personas? ¿O sí los tenían? La persona que goza del acceso a Dios también puede acceder a los recursos ilimitados del Padre. No obstante, ellos no lo sentían de este modo. Confundidos, los discípulos buscaron que clarificara la consigna: «¿Quieres que vayamos y compremos doscientos denarios de pan y les demos de comer?» Era la única alternativa que se les ocurría en ese momento.

Creo que Jesús deseaba, en primer lugar, corregir una tendencia en ellos, como también en nosotros, que es la de buscar a otros para que se encarguen de resolver los problemas que nosotros hemos identificado. Piense, por un instante, en la realidad de algunas congregaciones. Si la luz del baño no funciona, ¿qué hacen los hermanos? Acuden al pastor y le señalan: «pastor, la luz del baño no funciona». Si un vecino está interesado en el evangelio, ¿cómo procede la gente? Buscan al pastor y le piden: «pastor, uno de mis vecinos está interesado en el evangelio; ¿podría usted visitarlo?» Y nosotros, los pastores, que hemos mal acostumbrado a la congregación, nos encargamos de sus reclamos.

¿Qué pasaría si nosotros les dijéramos a las personas: «cambie usted la lámpara del baño, hermano»? Comenzaríamos a ver congregaciones en las que los cristianos dejarían de ser observadores, para convertirse en protagonistas de lo que está sucediendo en el reino. Nuestra tarea, como formadores de personas, no es enseñar a las personas a que nos traigan todos los reclamos a nosotros, sino ayudarlas a asumir la responsabilidad por aquello que pueden ellas mismas realizar.

Por otro lado, creo que Jesús genuinamente quería ver cómo resolverían esta situación. Los desafíos de Dios presentan siempre las mismas características: ¡a nuestros oídos suenan tan ridículos como la orden de Cristo en esta oportunidad! Son proyectos que no pueden ser logrados con medios humanos, sino por medio del Espíritu. Frente a ellos él pretende, siempre, que busquemos de su mano los recursos que nosotros no poseemos. La próxima vez que nos enfrentemos a una tarea imposible, entonces, será mejor que volvamos inmediatamente a él para confesarle: *«¡Señor, sin tu intervención, esto es imposible!»* Todo lo que cultive en nosotros mayor dependencia de él, será bienvenido.

DIOS EN SANDALIAS

DÍA 242

## Compasión por la multitud *(Jesús alimenta a cinco mil)*
# Cinco panes y dos peces

### Marcos 6.30–44

***Los discípulos no habían entendido cómo asumir el desafío que Cristo les había presentado, de alimentar a la multitud. Su mejor idea había sido la de bajar a las aldeas y comprar pan por el valor de doscientos denarios. Esto, sin embargo, no era lo que Cristo tenía en mente. «Él les dijo: ¿Cuántos panes tenéis? Id y ver. Y cuando se cercioraron dijeron: Cinco, y dos peces» (Marcos 6.38). ¿De qué manera se comportó Cristo ante el desconcierto de los discípulos? ¿Qué actitud adoptó hacia ellos?***

Seguramente usted ha escuchado muchas predicaciones y enseñanzas acerca de este pasaje. Quizás usted mismo, en alguna ocasión, haya disertado sobre el tema. El valor del principio que presenta el pasaje invita a que volvamos a él una y otra vez, pues define cómo Dios trabaja en los proyectos del reino. Podría enunciarse de la siguiente manera: cuando se colocan escasos recursos en las manos de Dios, todopoderoso, estos se transforman en abundancia. La alimentación de los cinco mil nos proveen la mejor ilustración de cómo funciona esto en la práctica.

No obstante la sencillez del principio, siempre resulta difícil traducirlo a otras esferas del ministerio. Vemos claramente cómo funcionó en el caso de los cinco panes y dos peces, pero no percibimos cómo podría funcionar en nuestro propio entorno. Permítame darle un ejemplo. En América Latina nos falta aún un largo camino por recorrer antes de que asumamos, como iglesia, un serio compromiso con la obra misionera. No es que no deseemos estar involucrados. Muchos pastores y líderes han entendido que esta es una responsabilidad que la iglesia no puede desatender. No obstante, a la hora de enviar misioneros y asumir el compromiso de proveer para sus necesidades, la iglesia aduce falta de recursos. «Quisiéramos aportar dinero para el sustento de un misionero» me aseguran muchos pastores, «pero la verdad es que ni siquiera tenemos para nuestras propias necesidades». ¿No es esta una réplica exacta de la realidad que enfrentaban los discípulos? Querían proveer para la alimentación de los cinco mil, pero la verdad es que ni siquiera tenían para sus propias necesidades.

Quisiera recordarle con qué criterio se utilizan los recursos en el reino de los cielos. Un árbol gigante comienza con algo tan pequeño que casi no es posible verlo: una semilla de mostaza. En uno de los pasajes clave para aprender a usar las finanzas, 2 Corintios 8 y 9, Pablo claramente expone los principios que gobiernan el uso de los recursos monetarios de la iglesia. Los que dan para los proyectos del reino aportan al estilo de la iglesia de Macedonia, que en medio de «una gran prueba de aflicción, abundó su gozo, y su profunda pobreza sobreabundó en la riqueza de su liberalidad». Observe los recursos que poseían para compartir: ¡una situación de profunda pobreza! Podríamos afirmar, entonces, que no es acertado afirmar que la iglesia no da porque no tiene. En realidad, la iglesia no tiene porque no da. Lo poco se convierte en abundancia solamente cuando es regalado con un espíritu de gozosa generosidad.

## Compasión por la multitud *(Jesús alimenta a cinco mil)*
# La gran repartición

### Marcos 6.30–44

***Imagine, por un instante, que usted no sabe cómo va a terminar esta historia. Está un poco confundido, porque Jesús le ordenó que usted le diera de comer a la multitud. No entendió bien a qué se refería. Cuando él le preguntó por las provisiones que tenía, usted le informó que contaba con dos peces y cinco panes. Ahora, Cristo le manda «que todos se recostaran por grupos sobre la hierba verde». Usted sabe que esto es para que la gente pueda comer, ¡pero sigue sin saber de dónde van a sacar la comida para ellos! ¿Cuál es la mayor dificultad que usted experimenta en este momento? ¿De qué manera el desconcierto de los discípulos afecta la manera en que Cristo obra?***

Quizás usted logra captar, en todo esto, algo de lo que significa vivir por obediencia. No es un asunto fácil para los que nos gusta analizar y entender lo que está ocurriendo alrededor de nosotros. Tampoco resulta sencillo para los que aman pasar desapercibidos. A los discípulos solo les quedaba seguir confundidos con las instrucciones de Jesús. El pasaje no indica que él haya explicado su intención. ¡Con cinco panes y dos peces en la mano, dio instrucciones para que la gente fuera acomodada para un banquete! No podemos robarle a los discípulos el mérito de haber llevado a cabo las directivas del Mesías, pero qué duro debe haber sido para ellos.

Así es la vida del que decide obedecer. En la mayoría de las situaciones no tendrá una idea clara de por qué Dios le está pidiendo que haga lo que le está ordenando. Si se detiene a pensar, por un instante, en las instrucciones recibidas, de seguro que no las obedecerá. Es que sus directivas simplemente nos resultan irracionales. Al Señor no le importa que entendamos o no lo que nos está pidiendo. Pero sí es un asunto de vida o muerte que decidamos realizar lo que nos ha ordenado.

Por esta razón, entonces, «se recostaron por grupos de cien y de cincuenta. Entonces él tomó los cinco panes y los dos peces y, levantando los ojos al cielo, los bendijo, y partió los panes y los iba dando a los discípulos para que los sirvieran; también repartió los dos peces entre todos. Todos comieron y se saciaron».

Nos faltan los detalles de cómo aconteció el milagro, quizás porque a los evangelistas no les interesaba que nos quedáramos con el milagro. Esta es una tendencia que persiste entre nosotros, la de concentrarnos en el milagro y perder de vista a Dios, que ha obrado por medio de ese suceso. El milagro muchas veces puede distraernos. De todos modos, no se nos explica cómo multiplicó Jesús el alimento. Solamente sabemos que los discípulos salieron a repartirlo y la comida no se terminaba.

Quisiera que nos quede claro que Dios puede realizar una tremenda obra por medio de nosotros, aun cuando ¡ni siquiera sabemos que está obrando! No necesita de nuestros talentos, ni de nuestros recursos. Solamente requiere de un pueblo dispuesto a cumplir su voluntad. Lo demás —literalmente todo lo demás— lo provee él. No obstante, por el misterio de su voluntad, decide incluirnos en sus proyectos. ¡Qué privilegio el nuestro!

DIOS EN SANDALIAS

DÍA 244

# Compasión por la multitud *(Jesús alimenta a cinco mil)*

# Sobras

## Marcos 6.30–44

***Vuelva a leer, una vez más, la maravillosa porción sobre la que hemos reflexionado en estos días. ¿Cómo concluyó esta fiesta? ¿Qué lecciones le deja a usted, para su propia vida y ministerio?***

El relato de la multiplicación de los panes y peces termina de una manera muy interesante. Relata el evangelista: «Y recogieron, de los pedazos y de lo que sobró de los peces, doce cestas llenas. Los que comieron eran cinco mil hombres».

Los israelitas creían que el pan era un alimento que debía ser atesorado por cualquiera que lo comiera, pues lo consideraban un regalo de Dios. De manera que siempre que se partía el pan, se recogían en una cesta los pedacitos que pudieran haber caído al piso, a fin de no incidir en una actitud de desprecio. Siguiendo con esta costumbre, los discípulos recogieron doce cestas llenas con lo que había sobrado.

La abundancia de las sobras revela que la multitud comió, y comió hasta saciarse. Jesús había provisto para sus necesidades amplia y abundantemente. A la vez, el alimento que proveyó a la multitud fue simple, de acuerdo a su propio estilo ministerial.

Es importante que tomemos nota de la manera sencilla en que se realizó todo, porque ha entrado en la iglesia una especie de pasión por el espectáculo. No observamos ningún indicio de que las personas se hayan enterado siquiera de la multiplicación del alimento. Pareciera que solamente los discípulos estaban al tanto de lo que había acontecido con los cinco panes y los dos peces. Por esto, podemos ubicar al milagro dentro de su justa función, que es alcanzar los propósitos del reino y servir al pueblo.

La verdad es que Jesús siempre se mostró reticente a utilizar los milagros para atraer o impresionar a las multitudes. Más bien los milagros constituían una forma de demostrar la autoridad de la Palabra que proclamaba, y por esta razón siempre ocupaban un segundo plano. Así lo entendía también la Iglesia de los primeros tiempos. Frente a las amenazas de los religiosos, oraron: «Y ahora, Señor, considera sus amenazas, y permite que tus siervos hablen tu palabra con toda confianza, mientras extiendes tu mano para que se hagan curaciones, señales y prodigios mediante el nombre de tu santo siervo Jesús» (Hechos 4.29–30). De igual manera expresa el apóstol Pablo, cuando declara: «porque no me atreveré a hablar de nada sino de lo que Cristo ha hecho por medio de mí para la obediencia de los gentiles, en palabra y en obra, con el poder de señales y prodigios, en el poder del Espíritu de Dios; de manera que desde Jerusalén y por los alrededores hasta el Ilírico he predicado en toda su plenitud el evangelio de Cristo» (Romanos 15.18–19).

Debemos, entonces, evitar el deslumbramiento con cuestiones secundarias que no aportan al logro de los verdaderos propósitos del reino. Los milagros ocupan un lugar temporal en el accionar de Dios. Los acontecimientos de verdadero peso rara vez presentan el despliegue espectacular del milagro, pero continúan perdurando mucho después de que los efectos del milagro hayan caducado.

*«Señor, permite que posea esa capacidad de mantener los ojos enfocados siempre en aquello que es prioritario para tus propósitos en mi vida. Quiero que seas tú siempre mi pasión, mi deseo y mi destino. Amén».*

# ¡Un fantasma! *(Jesús anda sobre el mar)*
# Impartir instrucciones

## Mateo 14.22–34

***En nuestra aventura de caminar con Jesús acompañaremos a los discípulos en otra dramática experiencia de aprendizaje. Lea todo el pasaje, para familiarizarse con la situación que describe y, luego, dirija su atención a las instrucciones que dio a los discípulos. ¿Por qué indicó que debían cruzar el mar? ¿Qué lo motivó a quedarse solo?***

Con frecuencia se ha señalado que la palabra «liderazgo» no aparece en el contexto del Nuevo Testamento. El rol de Cristo, según este argumento, siempre fue el de un siervo, pues él mismo afirmó que «el Hijo del hombre no vino para ser servido, sino para servir y para dar su vida en rescate por muchos» (Mateo 20.28). De este modo se desea indicar que el trabajo de un líder consiste, realmente, en servir al pueblo; de hecho, no dudamos de que esta haya sido una de las principales funciones de Jesús.

No obstante, el argumento que respalda esta observación pretende afirmar que dirigir y servir son términos mutuamente excluyentes. Debemos aclarar, en primer lugar, que cuando se utiliza la palabra liderazgo no es en referencia a un rol jerárquico, sino a una función directiva. Es decir, liderazgo se refiere a la tarea de guiar a otros hacia un destino concreto. El término servicio describe la forma en que se lleva adelante esa función. Cuando el servicio carece de la función directiva, se convierte en servidumbre. Si bien Jesús fue siervo, nunca se le puede describir como un sirviente.

Según esta función de líder, entonces, Cristo impartió instrucciones claras a los discípulos: debían adelantarse al otro lado del mar, mientras él se quedaba para despedir a la multitud. Es importante que lo recalquemos, porque muchos de los problemas que experimentamos en la vida obedecen, precisamente, a una confusión sobre este asunto. Es decir, creemos que el Señor no nos está dando una orden sino, más bien, una sugerencia. No obstante, el éxito de nuestra empresa depende de la convicción profunda de que estamos obrando conforme a sus instrucciones. Si entendemos que estas instrucciones se originan en la función de liderazgo que cumple en nuestras vidas, entonces no perderemos tiempo analizando si verdaderamente es el camino más sabio a seguir. Al saber Jesús cuál es la perfecta voluntad del Padre, podemos confiar en que sabe por qué nos pide ciertas tareas.

Mientras los discípulos se echaban a la mar, Jesús subió a un monte para orar a solas. Esta es una disciplina que siempre fue fundamental en su ministerio. El desgaste espiritual de estar ministrando a tantas personas solamente podía ser revertido en los momentos de íntima comunión con el Padre. Allí Jesús volvía a recuperar la correcta perspectiva de todo y recobraba las fuerzas espirituales para avanzar con los proyectos que Dios le había confiado.

Observamos que él ejercitó esta disciplina a pesar del fuerte cansancio que su-fría. La razón parece ser obvia. El descanso físico permite que se renueven las fuerzas del cuerpo. Pero una buena noche de descanso no siempre nos otorga ese estado de bienestar interior que permite que disfrutemos de la vida, en lugar de soportarla. El descanso que renueva cuerpo, alma y mente, procede de estar en la presencia de Aquél que es Quietud, Reposo y Refugio.

# ¡Un fantasma! *(Jesús anda por el mar)*
## Ni tarde, ni temprano

### Mateo 14.22–34

***Los discípulos, que habían recibido instrucciones del Señor de pasar a la otra ribera del mar, probablemente emprendieron su viaje al atardecer. El pasaje claramente nos relata que Jesús estaba solo cuando llegó la noche. Él llegó hasta ellos en algún momento durante la cuarta vigilia, el período que se extendía entre las tres y las seis de mañana. Podemos, entonces, estimar que habían pasado al menos nueve horas en el agua, intentando realizar un viaje que normalmente duraría apenas una hora.***

***Imagine usted cual pudo haber sido el estado de los discípulos en ese momento. Físicamente estarían sumamente cansados. A la fatiga de estar batallando contra el feroz viento, que no les permitía avanzar, se le sumaría el extremo cansancio de toda un noche de desvelo. Y esto ocurría después de un día de intenso ministerio con emociones fuertes y encontradas. ¿Qué pensamientos se cruzarían por la mente de ellos? ¿Cómo se hubiera sentido usted en semejante situación?***

Los doce estaban acostumbrados a que Cristo siempre proveyera las directivas y la palabra necesaria para orientar sus vidas en tiempos de dificultad. ¡Pero Cristo no estaba con ellos! Seguramente, algunos de ellos se preguntaban por qué se le habría ocurrido al Maestro enviarlos solos. ¿Acaso no se dio cuenta de que se avecinaba un fuerte viento? ¿Es que no le importaba lo que les podía pasar a ellos? ¿Por qué había permitido que esta situación sucediera? Además ¿cómo lograría alcanzarles más tarde?

Mientras tanto, Mateo relata que Jesús había subido al monte a orar. En esa zona se eleva el monte más alto de Israel, y desde su cima se aprecia todo el mar de Galilea. Lo más probable es que durante gran parte de la noche la barca de los discípulos se haya podido ver sobre la superficie de las aguas. Podemos suponer, además, que en su espíritu Cristo conocía la situación por la que atravesaban los discípulos. No obstante, permitió que avanzara la noche sin intervenir, ni moverse del lugar donde estaba. Para cualquier observador, la actitud de Jesús ofrecería toda la apariencia de una indiferencia muy poco comprometida con las personas que afirmaba amar.

¡Definitivamente los caminos de Dios no son nuestros caminos! El Señor, sin duda, quería enseñarles algo y por esta razón se abstuvo de intervenir. Nuestra intervención para socorrer a los que están en tiempos de angustia, aunque bien intencionada, no siempre es la más aconsejable. A veces, es necesario que la persona se fortalezca en medio de la crisis. En otras circunstancias, es bueno que la persona se dé cuenta de cuán limitados son sus recursos. Sea cual sea la situación, Dios viene a nosotros en el momento justo, es el tiempo perfecto para que le saquemos el máximo provecho a la situación que estamos viviendo. Quizás usted esté atravesando alguna circunstancia que ofrece todas las señales de que Dios se ha olvidado de su persona. Al igual que los discípulos, lucha con el desánimo y la frustración. Mas el Padre lo está mirando. Tenga certeza de que su llegada no se retrasará ni un solo instante del tiempo que él ha determinado para actuar.

# ¡Un fantasma! *(Jesús anda sobre el mar)*
# Muros en la mente

**Mateo 14.22–34**

***Cerca del amanecer Jesús vino a los discípulos caminando sobre el agua. ¿Cómo reaccionaron los discípulos cuando vieron llegar a Jesús? ¿Por qué reaccionaron de esta manera?***

Podemos convencernos de que creemos en la posibilidad de cualquier manifestación divina porque, teológicamente, sabemos que está dentro de lo posible. No tememos afirmar que si el Señor decide mostrarse puede hacerlo de la manera que quiera, en el lugar que quiera y usando los medios que más le convengan. Confesamos con entusiasmo que nosotros no tenemos problema alguno con alguna de estas afirmaciones, pues creemos que el poder de Dios es ilimitado. No deja esto, sin embargo, de ser un mero ejercicio en probabilidades, las cuales consideramos más que remotas. Que Dios puede hacer cualquier cosa, ninguno de nosotros lo duda. Pero a la hora de su manifestación, quedamos apabullados por los medios que escoge y entramos en profundo conflicto con nosotros mismos.

Los discípulos llevaban al menos dos años con el Mesías. Conocían bien su rostro. Habían caminado, trabajado y ministrado a la par de Jesús. En ese lapso de tiempo habían sobrado las oportunidades para estudiar sus rasgos físicos. Sin embargo, cuando apareció caminando sobre el agua, se llenaron de temor y declararon que lo que estaba frente a ellos era un «fantasma».

No pudieron reconocer a Jesús. No estamos aquí hablando del Jesús físico, de carne y hueso. Era la misma persona con la cual habían compartido tantos momentos íntimos. No era su persona la que no reconocían, sino el marco en el cual se estaba manifestando. Trascendía lo aceptable. Ni siquiera era imaginable esta posibilidad. Ya que su aparición se dio en forma completamente antinatural, no podían reconciliar la imagen de Cristo con lo que veían. Sus estructuras mentales no les permitían ver a Cristo metido en esta escena tan extraordinariamente asombrosa. Descartaron la evidencia de los ojos y ajustaron lo que veían a los límites de lo que consideraban razonable.

Esta reacción nos da una idea de lo fuertemente condicionados que estamos, por los procesos mentales que elaboramos, para entender el mundo en el cual nos movemos. La gente del pueblo de Jesús no podía aceptar que Cristo fuera algo más que un humilde carpintero (Mateo 13.55). ¿Se debía al hecho de que no era más que un carpintero? ¡De ninguna manera! Era el Mesías, pero los fuertes condicionamientos personales de los nazarenos no les permitía ver a Jesús salvo como un mero carpintero. De la misma manera nosotros, cuando nos hemos formado una idea de cómo son las cosas, difícilmente las modificaremos, aunque la evidencia para demostrar lo contrario sea abundante.

Este, quizás, sea el mayor impedimento para abrirnos a todo lo que Dios ha preparado para nosotros. No es que él esté limitado, sino que nosotros no podemos reconocerlo salvo dentro de algunos pocos contextos predecibles. Para crecer en nuestra relación con él, sin embargo, debemos estar dispuestos a que, una y otra vez, él derribe las estructuras de lo posible y nos lleve a nuevos horizontes. La disposición a dejarnos sorprender por él debe ser una de las columnas que sustente nuestra experiencia espiritual.

# ¡Un fantasma! *(Jesús anda sobre el mar)*
# Osadía santa

## Mateo 14.22–34

***De este modo continúa el relato de estos días: «Respondiéndole Pedro, dijo: Señor, si eres tú, mándame que vaya a ti sobre las aguas. Y Él dijo: Ven. Y descendiendo Pedro de la barca, caminó sobre las aguas, y fue hacia Jesús» ¿Qué observa en la reacción de Pedro? ¿Qué lección nos deja sobre la aventura de caminar con Jesús?***

He escuchado decenas de enseñanzas sobre este pasaje y yo mismo lo he usado en más de una predicación. En la mayoría de ellas el foco de los comentarios ha sido el error que cometió Pedro. Usamos la desventura del apóstol para ilustrar lo importante que es mantener los ojos sobre Cristo para evitar naufragar en nuestros proyectos. No debemos mirar las olas del modo que él lo hizo. No deja de ser verdad lo que afirmamos, pero en el camino nos hemos extraviado y no hemos apreciado en toda su dimensión la experiencia de este discípulo.

Una enseñanza de un amigo mío, un excelente maestro de la Palabra, me llevó a contemplar este pasaje desde otra perspectiva. En primer lugar, debemos notar que Pedro nos presenta un excelente modelo de cómo debemos encarar nuestras decisiones. Cuando nos desborda el entusiasmo tendemos a lanzarnos al proyecto sin previa meditación. En el camino elevamos una oración a Dios pidiendo que nos bendiga, aunque ya hemos tomado la decisión de realizarlo pase lo que pase. Pedro mismo, cuando negó a Cristo, pagó el precio de moverse de esta forma.

En este incidente, no obstante, Pedro sintió en su corazón el deseo de probar la misma experiencia de su amigo Jesús. Tome nota de que, a pesar de esto, no se lanzó al agua. «Señor, si eres tú, mándame que vaya a ti sobre las aguas». Este es el proceder correcto para iniciar cualquier empresa que pretendamos realizar. Debemos detenernos para preguntarle al Señor si él nos da la autorización para movernos, aun cuando todas las circunstancias parezcan indicar que estamos frente a una oportunidad sin igual.

Esta lección es especialmente importante para los que estamos al frente de diversos ministerios. Es sumamente fácil caer en la tentación de elaborar proyectos para Dios, creyendo que todo lo que realizamos en su nombre automáticamente goza de su bendición. Nuestros caminos no son sus caminos, sin embargo. La disciplina de detenerse y buscar autorización de lo alto es crucial para un ministerio eficaz.

En segundo lugar, quisiera destacar la osadía del pedido de Pedro. Él no estaba dispuesto a perderse esta oportunidad. Cuando escuchó la invitación, se largó a caminar sobre las olas. ¡Qué experiencia tan extraordinaria!

Es verdad que terminó hundiéndose, pero se dio el gusto de experimentar algo fuera de serie. Los otros once discípulos permanecieron en la seguridad del bote. De alguna manera, esta escena capta lo que ocurre en la Iglesia. La mayoría de nosotros preferimos la protección del bote, desde donde criticamos a los que intentan algo diferente. Nos consideramos expertos en lo que a caminar *sobre el agua* respecta. Unos pocos osados, sin embargo, prefieren correr el riesgo ¡de mojarse la ropa!

# ¡Un fantasma! *(Jesús anda sobre el mar)*
# Momento de pánico

## Mateo 14.22–34

***Por un momento Pedro se atrevió a experimentar lo que ningún hombre jamás había probado: desafiar las leyes naturales de nuestro planeta para mantenerse en pie sobre una superficie líquida. Mas este momento sobrenatural acabó tan rápidamente como había comenzado. ¿Qué sería lo que quebró su concentración? ¿Cómo manejó la crisis? ¿De qué manera respondió Cristo?***

Quisiera enfatizar el hecho de que Pedro no sintió miedo *antes* de iniciar su caminata. Impulsado por su propio entusiasmo, no dudó en pedirle al Señor permiso para caminar sobre el agua. Mas estando sobre las aguas repentinamente tomó conciencia de dónde se encontraba y el pánico se apoderó de él. Comparto esta observación porque creo que es importante entender que no estamos libres del temor en ningún momento de nuestro peregrinaje. Podemos estar inmersos en un momento profundamente espiritual e igualmente sufrir un ataque de pánico que echa todo por tierra. De modo que debemos entender que nunca arribamos a ese estado donde resulta posible bajar la guardia.

El estado de vigilancia es tan necesario para el que aún no ha salido, como para aquel que ya ha recorrido un largo trecho en su caminar con el Señor. No obstante, nuestra tendencia es a sentirnos más seguros cuando se nos han concedido una serie de victorias en Cristo. Esto es especialmente importante para líderes cuyo ministerio ha crecido significativamente. Las estadísticas revelan que la mayoría de los líderes que fallaron, lo hicieron durante la segunda mitad de su vida. Estoy convencido de que estas caídas se deben, en parte, a un falso sentido de seguridad.

También quisiera señalar que Pedro no sintió miedo por su propia situación, sino por su entorno. Él estaba seguro donde se encontraba, pero repentinamente se percató de cuál era el estado del mar. El mar estaba en las mismas condiciones que cuando se había lanzado, pero su perspectiva de éste había cambiado. Esto nos alerta al hecho de que el cristiano puede tomar como punto de referencia en la vida dos realidades completamente diferentes. La primera involucra definir nuestras posibilidades por los elementos que existen en el mundo exterior a nuestra persona. Como este es un mundo en constante movimiento, afectado por el pecado, nuestra seguridad sufrirá permanentes fluctuaciones. La otra alternativa es tomar como punto de referencia una realidad que solamente puede ser asegurada por una revelación espiritual que es percibida por el *hombre interior.* Esta manifestación es completamente independiente del entorno en el que nos encontramos, e incluso lo contradice. La persona con una fuerte convicción espiritual en su corazón, no podrá ser arrastrada por el miedo. Esta condición solamente la podrá asegurar por medio de su intimidad con Dios.

La reacción de Pedro nos muestra que dos personas pueden reaccionar de forma absolutamente diferente en la misma circunstancia. En ocasiones, esas dos personas conviven en un mismo individuo. Cuando la perspectiva del que está evaluando las circunstancias se modifica, aunque la situación continúe siendo la misma de siempre, se convertirá en una amenaza y producirá temor. La clave radica en los ojos con que decidimos mirarlas.

DIOS EN SANDALIAS

DÍA 250

# ¡Un fantasma! *(Jesús anda sobre el mar)*
# Lo adoraron

## Mateo 14.22–34

***La dramática historia de la breve caminata de Pedro sobre el agua termina cuando Cristo entró en la barca con ellos. ¿Cómo reaccionaron los discípulos cuando estuvo con ellos? ¿Qué lecciones aprendieron de lo que habían vivido?***

El reproche de Jesús a Pedro revela cuán profundamente afecta nuestra vida la falta de fe. Con frecuencia confundimos la fe con las convicciones intelectuales que nos formamos con respecto al Señor y el evangelio. Mas la fe solamente se despliega cuando estamos en movimiento. No podemos vivir por fe mientras estamos detenidos, pues la misma fe es la que nos impulsa y ordena nuestros pasos. El momento en que Pedro se hunde en el agua ilustra claramente los efectos de la ausencia de fe en nuestras vidas. Así como las olas lo arrastraban hacia las profundidades del mar, así también nos sucederá a nosotros, si las circunstancias nos sorprenden sin fe; perderemos nuestro rumbo y empezaremos a quedar atrapados bajo el peso de ellas.

A pesar de su temor, Pedro actuó correctamente: clamó al Señor para que lo salvara, y Jesús estiró la mano para sacarlo del apuro. Esta es la esperanza que guardamos los que caminamos con Cristo: que aun cuando erramos el camino, siempre podemos clamar a él para que se muestre misericordioso con nosotros.

Después de que lo hubo rescatado del agua, Jesús entró en la barca. Imagine usted cuán atónitos deben haber estado los discípulos frente a la sucesión de hechos que se habían producido. Se apoderó de ellos un espanto que los llevó a postrarse en la presencia del Cristo. Aunque la postura es la indicada, creo que debemos notar que fueron movidos por lo extraordinario de los sucesos que habían visto. Este es un nivel de adoración que es apropiado para el pueblo de Dios, mas se origina el deslumbramiento por alguna manifestación sobrenatural del Señor. No obstante, eventualmente debemos arribar al punto donde adoramos a Dios porque se nos revela la esencia misma de su ser. Lo más extraordinario de nuestro Dios no es, de ninguna manera, que puede caminar sobre el agua, ni calmar las tempestades. Estas son manifestaciones sin trascendencia cuando las comparamos con la clase de ser que él es. Comprender esto es la base de la verdadera adoración.

Tal fue la experiencia de Isaías, cuando vio al Señor sentado sobre un trono y escuchó el testimonio de los seres que proclamaban su santidad (Isaías 6). La adoración que resulta de esto es profunda porque se nos permite comprender cuán diferente es Dios de nosotros, cuán grande es la distancia que nos separa de él.

Así, entonces, se terminó una de las más extrañas experiencias que le haya tocado vivir a Pedro. No obstante, su vida no fue marcada tanto por esto como por su contacto con Cristo, lo cual lo llevó a exclamar: «Bendito sea el Dios y Padre de nuestro Señor Jesucristo, quien según su gran misericordia, nos ha hecho nacer de nuevo a una esperanza viva, mediante la resurrección de Jesucristo de los muertos, para obtener una herencia incorruptible, inmaculada y que no se marchitará, reservada en los cielos para vosotros» (1 Pedro 1.3–4).

DIOS EN SANDALIAS

DÍA 251

# ¡Un fantasma! *(Jesús anda sobre el mar)*
# Vuelta a la vida

## Mateo 14.22–36

***El versículo 36 nos ofrece la conclusión sobre la experiencia que los discípulos vivieron en el lago. ¿Qué hizo Jesús cuando llegó a tierra? ¿Qué nos indica este evento acerca de los momentos extraordinarios que pueden ocurrirnos en la vida?***

Una de las peculiaridades asombrosas de los Evangelios es el ritmo vertiginoso con el que se desarrollan. No nos permiten un respiro para que nos recuperemos de los acontecimientos relatados en los versículos anteriores. Mi propia tendencia, si hubiera presenciado la caminata de Cristo y Pedro sobre el agua, hubiera sido escoger un lugar solitario y tranquilo para meditar sobre este evento. De este modo, quizás, podría reforzar las enseñanzas que no pude captar en la emoción del momento. Los discípulos, sin embargo, no gozaron de tiempo para recuperarse. Ni bien habían tocado tierra los pobladores de la zona corrieron la noticia de que había llegado Jesús. En poco tiempo el Hijo de Dios y sus seguidores se vieron envueltos por una multitud de enfermos y necesitados.

Vale la pena señalar que la vida transcurre de esta forma; no nos espera, sino que avanza a su propio ritmo. En ocasiones nos sentimos atropellados por ella, y luchamos con la sensación de que nos dejó atrás y siguió sin nuestra participación. Sea cual sea nuestra sensación, algo resulta claro: son muy pocas las veces en que la podemos acomodar a nuestro antojo. No obstante, esto no logra que se debilite en nosotros el afán por moldear las circunstancias para que resulten más favorables a nuestras necesidades.

Aquel que ha transitado un trecho por el camino de la vida sabrá que tales esfuerzos rara vez logran asegurar los resultados que estamos buscando. Es más, en la mayoría de los casos la vida pareciera ofrecernos una respuesta caprichosa, propinándonos experiencias contrarias a las que hubiéramos escogido. Debemos afirmar, no obstante, que no es victoriosa la persona que logró las mejores condiciones para su vida personal, sino aquella que ha sabido maximizar las adversidades y los contratiempos que le ha tocado vivir. Los mejores ejemplos de este principio son José y David. Ninguno de los dos escogieron las experiencias de sufrimiento y persecución que vivieron durante la primera parte de su peregrinaje terrenal. A pesar de esto, los dos lograron convertir la adversidad en el entorno propicio para crecer y alcanzar un grado de intimidad con Dios que pocos hombres han logrado.

Cada uno de nosotros está enfrente del mismo desafío. Podemos pasar por las más profundas experiencias espirituales, pero por causa de ellas no se detiene lo cotidiano. Ni bien han ocurrido estos intensos momentos debemos volver al lugar donde se desarrolla nuestro quehacer diario. Allí tendremos que convertir la experiencia vivida en algo que enriquezca nuestro aporte a aquellos que se cruzan por nuestro camino. En última instancia el principio se mantiene firme: con la bendición que hemos recibido, debemos bendecir a aquellos que no han sido tan afortunados como nosotros. La vida cotidiana representa nuestra mejor oportunidad de llevar la espiritualidad al plano de la práctica.

# El pan de vida *(Jesús pierde seguidores)*
# Intereses cruzados

## Juan 6.22–71

***En los siguientes días vamos a introducirnos en un extenso capítulo de Juan, en el que el evangelista nos presenta a Cristo sosteniendo un inquietante diálogo con las personas de la multitud. Sería bueno que se tomara un tiempo para leer el pasaje completo para que pueda percibir el espíritu del intercambio. Cuando lo haya leído, lo invito a que haga suya esta oración:*** **«Padre, me resulta tan fácil distraerme con los aspectos visibles y materiales de este mundo, creyendo que en este plano se define la vida. Te pido que agudices mi vista para que pueda percibir las dimensiones eternas de mi existencia. Desearía arribar al lugar donde lo espiritual resulte tan real como la presencia de los elementos que conforman mi vida cotidiana. Amén».**

La multitud de cinco mil hombres (más mujeres y niños) que habían sido alimentados, naturalmente salió, al otro día, a buscar a Cristo. Para su sorpresa, descubrieron que la única barca en la zona había partido, y que en ella iban solamente los discípulos, pues Jesús no había entrado a ella. Como no pudieron hallarlo en la zona, se dieron cuenta de que algo extraño había pasado. Cuando finalmente lo ubicaron en Capernáum, «le preguntaron: Rabí, ¿cuándo llegaste acá? Jesús les respondió y dijo: En verdad, en verdad os digo: que me buscáis, no porque habéis visto las señales, sino porque habéis comido de los panes y os habéis saciado» (25, 26).

Cuando compartimos la reflexión sobre la multiplicación de los panes y los peces señalé que el milagro fue de bajo perfil. Es decir, Jesús no montó un espectáculo alrededor del acontecimiento, sino que lo realizó casi sin que la gente se diera cuenta de ello. El mismo principio que lo llevó a realizar el milagro a «escondidas» lo motivó ahora a no responder a la pregunta que le hicieron. La manera espectacular en la que llegó al otro lado del lago no era información que consideraba importante impartirles.

Saber cuán fácilmente las personas pueden distraerse por lo milagroso debe convertirse también en una seria y constante consideración en nuestros ministerios. Como pastores debemos tomar todos los recaudos para asegurarnos que no estamos cayendo en la trampa de «entretener» a las personas de la congregación. Nuestro llamado es a formarlos a la imagen del Hijo y esto rara vez se consigue simplemente con reuniones.

En lugar de responder a su pregunta, los condujo hacia la consideración de temas de verdadero peso. «Trabajad, no por el alimento que perece, sino por el alimento que permanece para vida eterna, el cual el Hijo del hombre os dará, porque a éste es a quien el Padre, Dios, ha marcado con su sello» (27). De esta manera los exhortaba a que consideraran un asunto de mucho mayor peso, el llamado a un compromiso real con el Señor. Jesús dejó claras las dimensiones de este llamado: «que creáis en Aquél que el Padre ha enviado». He aquí el corazón del asunto: desarrollar una vida cuyo centro es la persona de Cristo. Jesús deseaba, definitivamente, instalarse como el único protagonista de todo lo que acontecía en la vida de los que le seguían.

DIOS EN SANDALIAS

DÍA 253

## El pan de vida *(Jesús pierde seguidores)*

# La trampa de las señales

### Juan 6.22–71

***Lea los versos 30 al 34. ¿Cómo interpretaron el desafío que Cristo les había compartido? ¿Por qué pidieron una señal? ¿De qué forma respondió Jesús?***

El Señor había indicado claramente que la obra que el Padre deseaba para la vida de las personas que estaban con él era que creyeran en el Hijo. Sus oyentes interpretaron correctamente el desafío, mas volvieron otra vez al error que ya hemos señalado: creían que el Hijo de Dios debía proveer las evidencias necesarias para que pudieran confiar en él. Es decir, atribuyeron su incredulidad a una falta de evidencias y no a corazones endurecidos. Lo errado del argumento de ellos encuentra su mejor expresión en la generación que salió de Egipto. Si alguna vez existió un grupo de personas que haya recibido abundantes señales de los cielos, los israelitas en el desierto constituyeron ese grupo. No obstante, nos sería difícil encontrar en las Escrituras un pueblo más obstinado y rebelde que la muchedumbre que acompañó a Moisés en el desierto. ¡Verdaderamente era un pueblo duro de cerviz!

Sin embargo, las personas que hablaban con Jesús echaron mano del ejemplo del maná que cayó del cielo, como si este acontecimiento hubiera producido una tremenda manifestación de compromiso en los que vieron aquel prodigio. El deseo de la gente era que Jesús proveyera una señal similar, para poder ellos también creer que él había sido enviado por el Padre. Él se sirvió de la frase de ellos para ayudarlos a entender que no estaba hablando de una realidad del mundo material, sino del mundo espiritual. Era verdad que la comida que proveyó Moisés descendió del cielo, pero este no se refería a otra dimensión que al mismo espacio físico por encima de la tierra que llamamos «cielo». No es —en este sentido— el cielo al cual Jesús se va a referir.

El pan que el pueblo necesitaba no era pan elaborado con harina y levadura, sino un pan cuya sustancia era netamente espiritual, es decir, el Hijo de Dios. El único que puede proveer este pan es Dios, pues ninguna persona posee en sí misma la capacidad de suplir la necesidad espiritual del ser humano. El pan que desciende del cielo no llena el estómago, sino que sacia los apetitos más profundos del corazón. Es el único pan sin el cual no se puede vivir.

Es posible que los israelitas, al igual que la mujer samaritana con el agua, siguieron pensando en el pan que comían cada día. La posibilidad de gozar de una provisión ilimitada de este pan, tal cual recibieron los padres en el desierto, les entusiasmó sobremanera y exclamaron: «Señor, danos siempre este pan». No obstante, no estaban pensando en los mismos términos que él y necesitó aclararles exactamente lo que tenía en mente.

No deja de asombrarme el nivel de incomprensión con el que nos chocamos, una y otra vez, en los evangelios. No es una condición que sufren exclusivamente los de más duro corazón. También los discípulos se encontraban continuamente confundidos con lo que Jesús decía o hacía. Aun hablándoles con absoluta claridad, igualmente no entendían. Nosotros padecemos de la misma limitación, por lo que debemos saber que toda una vida no alcanzará para llegar a las profundidades de nuestro Dios.

DIOS EN SANDALIAS

DÍA **254**

## El pan de vida *(Jesús pierde seguidores)*

# En buenas manos

### Juan 6.22–71

***Cuando los judíos entendieron la oferta de Cristo, le pidieron el pan de vida. Seguramente seguían pensando en un pan material, similar al que habían recibido los israelitas en el desierto, pues Jesús debió aclarar aún más el concepto. ¿Qué reveló acerca de sí mismo? ¿Cuál es la parte del Padre en el proceso de conversión? ¿Qué responsabilidad tiene el Hijo?***

Debemos notar, en esta declaración tan conocida para nosotros, el énfasis del primer verbo, «viene». Como ya se ha señalado en esta serie, existe un mundo de diferencia entre que Cristo venga a nosotros y que nosotros vayamos a él. En la primera postura nosotros somos el centro del acontecimiento; el que está en movimiento es Dios. No deja de ser acertada la afirmación de que Dios está en movimiento, solamente que nosotros no somos el destino final de su movimiento. Más bien, nosotros nos unimos a él, para seguirle hacia un destino que es mucho más grande que nuestra propia vida. La primera postura fomenta en nosotros una vida de pasividad. La segunda nos invita a una vida de aventura que solamente se logra mientras permanecemos en movimiento.

Jesús aclaró a los que le oían: «Pero ya os he dicho que, aunque me habéis visto, no creéis». Ellos habían pedido señales y no veían que la señal más grande estaba delante de sus ojos: el mismo Hijo de Dios. La evidencia que demandaban para creer no radicaba en un hecho, sino en una persona. Para todos los que poseían ojos para verlo, el milagro se encontraba en el Verbo hecho carne, la gloria de Dios manifestada entre los hombres (Juan 1.14).

Es en este momento que Jesús señala la verdadera dimensión de la conversión. Vuelve a testificar de la perfecta unidad que existe entre el Padre y el Hijo, de modo que las personas que vienen a Jesús son aquellas sobre las cuales el Padre ya ha puesto su mano. Declara que el Padre le pide que no pierda ni uno solo de ellos. La imagen pastoral de este cuadro es muy intensa. Así como un buen pastor jamás abandonaría ni descuidaría las ovejas que le ha confiado el dueño de ellas, así también Jesús se compromete profundamente a velar por nuestro bienestar y a trabajar para que crezcamos a la plenitud de lo que Dios desea para nuestra vida. El hecho de que ocasionalmente nos «sintamos solos» no indica, de ninguna manera, que el Hijo ha descuidado su compromiso pastoral. Cabe señalar que él asumió este compromiso para con el Padre, y por eso el Padre le confía sus pequeños.

Entendemos ahora por qué Cristo no ofrecía señales a quienes se las pedían. Las mismas no aportaban nada al proceso de convencimiento que las personas reclamaban. El proceso que conduce a la conversión, que es un regalo gratuito del Padre, se produce al obrar él un cambio en nuestros corazones. El milagro de la conversión es una poderosa evidencia del espíritu misionero de Dios, que no descansa mientras aún queden personas que no han entrado en el gozo de su Creador.

DIOS EN SANDALIAS

DÍA 255

# El pan de vida *(Jesús pierde seguidores)*
# Estatura espiritual

## Juan 6.22–71

***Con cuánta claridad ilustra este pasaje las dificultades para entender los asuntos del Espíritu que sufren los que andan conforme a la carne. Ante la declaración de Cristo de que él es el pan de la vida, la reacción de la multitud fue inmediata: «Por eso los judíos murmuraban de Él, porque había dicho: Yo soy el pan que descendió del cielo». ¿Qué argumento utilizaron los judíos para refutar esta declaración? ¿Por qué se ofendieron? ¿Qué aclaración adicional proveyó el Señor para ellos?***

El argumento implícito en la respuesta de los judíos frecuentemente nos enreda también a nosotros. Ellos creían que el origen humilde de Jesús no era compatible con la grandeza que él se estaba atribuyendo. Se percibe en el argumento de ellos la discriminación que tan fácilmente se manifiesta entre nosotros, como si solamente aquellos que gozan de nuestra aprobación pudieran aspirar a ser algo más que el grueso de la gente que vemos a diario.

En más de una ocasión he escuchado esta clase de comentarios acerca de quienes han logrado cierta notoriedad dentro del ministerio. Aquellos que los conocen de años atrás afirman: «A este, yo lo conozco. ¡A mí no me engaña! Es el mismo de siempre». De alguna manera el comentario apunta a que la grandeza debería poder verse en todas las etapas de la vida, y siempre muestra las cualidades que nosotros le atribuimos. Este sentir es el que llevó a algunos en el primer siglo a escribir los evangelios apócrifos, en los que atribuyen a Jesús las más fantásticas aventuras durante su niñez. El tono exagerado y ridículo de sus relatos es suficiente para demostrar el origen ficticio de los mismos.

El argumento también pasa por alto que la mayoría de las personas que han alcanzado algún lugar de reconocimiento en el pueblo de Dios comenzaron en el anonimato. José era un desconocido esclavo hebreo cuando lo nombraron primer ministro. Moisés era un pastor de ovejas que había quedado en el olvido. David era tan insignificante que sus hermanos ni siquiera lo llamaron ante la visita de Samuel. Pedro era un humilde pescador por quien nadie hubiera dado un céntimo. ¿Y qué diremos de algunas de las grandes figuras de la historia, personas como Francisco de Asís, Juan Wesley, Hudson Taylor o Billy Graham? Ni uno solo de ellos nació en un marco de fama. Más bien comenzaron en un entorno humilde e insignificante, al igual que el Maestro de Galilea.

Más allá de esta observación, existe un error fundamental en la respuesta de los judíos, que es creer que la grandeza espiritual es similar a la grandeza en el mundo. A los ojos de muchos Juan el Bautista fue un fracaso, mas el Hijo de Dios no compartía este sentir. Volvemos una y otra vez al hecho de que las características que marcan como diferente a una persona en el reino, rara vez son percibidas por los que están en el mundo. Es por esto que, como líderes, no nos debe preocupar andar tras los aplausos, los títulos y la popularidad. Estas distinciones son las que la gente busca con afán, pero no pesan en los asuntos de nuestro Padre celestial. La grandeza del espíritu, sin embargo, está construida sobre comportamientos y actitudes que son ridiculizadas y despreciadas por el mundo.

DIOS EN SANDALIAS

DÍA **256**

## El pan de vida *(Jesús pierde seguidores)*

# Comer su carne

### Juan 6.22–71

***Uno de los atributos que más se destacan de Jesús en este extenso intercambio que sostiene con los israelitas es la increíble capacidad que desplegaba como maestro. Los que ejercemos un ministerio de enseñanza no debemos olvidar que el aprendizaje, más que un momento, es un proceso en la vida de cada persona. Esto requiere del maestro que entienda cómo presentar, desde diferentes ángulos y en diferentes formatos, la misma verdad. Al examinar el texto de estos días observamos que Jesús volvió una y otra vez a la misma verdad; no obstante, en cada ocasión la ampliaba o le agregaba algún detalle adicional. Jesús completa la imagen del pan señalando que era necesario que comieran de su carne y bebieran de su sangre. Lea los versículos 48 al 58. ¿Qué implica esto, en términos prácticos? ¿A qué se refería cuando habló sobre permanecer en él?***

Cristo despejó toda duda en cuanto a la diferencia que existía entre el pan vivo y el llamado «pan del cielo» al que había aludido el pueblo. Aunque el maná en el desierto había sustentado, por un tiempo, al pueblo de Dios, eventualmente los que comieron de él murieron. El pan que Jesús ofrece es un pan que produce vida eterna, y es este pan del que ellos deben echar mano.

Vale la pena señalar que el pan solamente produce vida si es ingerido. No trae bendición guardarlo dentro de una canasta sobre la mesa, ni tampoco regalarla a amigos. Las propiedades de vida que posee este pan se activan cuando una persona decide comerlo. En ese momento, quien lo come «vivirá por causa de Cristo».

La imagen de comer el pan y beber la sangre resulta instructiva cuando pensamos sobre lo que significa caminar con él. Cuando colocamos un pedazo de pan en la boca, los dientes comienzan el proceso de desmenuzar y triturar la harina cocida hasta que llegue a la condición de ser tragada. Una vez ingerida, el proceso de descomposición continúa del estómago al intestino, hasta que se hayan extraído las propiedades del pan que pueden ser asimiladas y que, eventualmente, son las que sustentarán al cuerpo. En un momento, entonces, el pan y el cuerpo pasaran a estar íntegramente unidos y asimilados. De este proceso digestivo, solamente somos conscientes de la primera parte, al saborear el pan en la boca. El resto del proceso ocurre mayormente desapercibido para nosotros, aunque somos beneficiarios del resultado final de él.

Al pensar en la imagen de comer y beber, nos acercamos a la propuesta de Dios para nuestras vidas. Él no desea un encuentro esporádico con el Cristo, en el que se produzca un respetuoso intercambio de formalidades. Más bien apunta a una relación con Jesús que facilite intensos e íntimos intercambios para que él llegue a ser tan parte nuestra como el pan que ingerimos para alimentarnos. Comer de él debe ser una acción tan regular y deliberada que se convierta en esencial para poder vivir. A cada paso, y en cada momento, debemos buscar la forma de nutrirnos de él, porque sin este intercambio es imposible que se produzca la vida intensa para la que fuimos creados.

DIOS EN SANDALIAS

DÍA 257

## El pan de vida *(Jesús pierde seguidores)*

# Dura es esta palabra

### Juan 6.22–71

***El apóstol Pablo advierte, en su segunda carta a Timoteo, que en los últimos tiempos aparecerán personas que «no soportarán la sana doctrina, sino que teniendo comezón de oídos, acumularán para sí maestros conforme a sus propios deseos, y apartarán sus oídos de la verdad, y se volverán a los mitos» (4.3–4). Sus palabras proveen una acertada descripción del camino de la religiosidad, el intento de andar con Dios mientras se retiene el control sobre la vida. La práctica es tan antigua como la existencia misma del hombre, aunque ahora vivimos en tiempos en los que esta filosofía ha alcanzado niveles de aceptación popular jamás vistos hasta el momento. Lea los versículos 60 al 66. ¿Qué pasó con algunos de sus discípulos que andaban con él luego de esto? ¿Por qué tomaron esta decisión? ¿Cómo reaccionó Jesús ante esta situación?***

El hombre siempre ha luchado contra el concepto de sujetar su espíritu al Señor. En el fondo cada uno de nosotros desea que Dios apruebe nuestra manera de realizar las cosas. No deseamos ser confrontados, ni corregidos y nuestra resistencia es claramente evidente por la manera que reaccionamos cuando otro contradice nuestra forma de ver la vida. Al exclamar algunos de los discípulos «dura es esta declaración; ¿quién puede escucharla?», estaban dando a entender que el problema no radicaba en ellos sino en las enseñanzas utópicas de Cristo. Y es precisamente esta forma de pensar que nos lleva a creer que algunas de las demandas de la Palabra deben ser modificadas, porque en realidad nadie puede cumplirlas. De esta manera, entonces, acabamos diluyendo los requisitos para ser discípulos, para arribar a una versión de la vida espiritual que apenas nos exige unas cuantas horas por semana.

El problema no radica en las enseñanzas, sino en el afán nuestro de no dejar que alguien imponga sobre nosotros otro estilo de vida que el que hemos escogido. El primer encuentro con la Palabra, entonces, siempre será en medio de una lucha. Lejos de cambiar su mensaje, Cristo afirmó que experimentarían aún mayores conflictos que este (61–62). Si comprendemos el verdadero sentido de sus palabras, entenderemos que la percepción de haber sido agraviados puede ser una de las claras confirmaciones de que Dios es el que nos ha hablado. La Palabra claramente señala que la carne se opone al Espíritu, por lo que nos veremos enredados en la lucha que Pablo describe con tanto acierto en Romanos 7. Este conflicto nos acompañará todos los días de nuestra vida.

Qué importante resulta, entonces, que aprendamos a aquietar nuestros corazones, para recibir con mansedumbre la Palabra que es poderosa para limpiar nuestras vidas. Si nos detenemos a examinar nuestras motivaciones, seguramente podremos también identificar las áreas de nuestra vida que Dios desea transformar. La tijera del Señor, que nos poda para que demos más fruto, puede causar demasiado dolor, pero es eficaz.

Es importante que entendamos, también, que la función de un profeta es confrontar al pueblo con la Palabra. No debemos nunca ofender deliberadamente a las personas. No obstante, si hemos sido llamados a proclamar la verdad eterna, esta, frecuentemente, sonará ofensiva a los oídos de aquellos que nos escuchan.

## El pan de vida *(Jesús pierde seguidores)*

# Momento de definiciones

### Juan 6.22–71

***La confrontación entre el Señor y algunos de sus discípulos no terminó bien para ellos (66). ¿Cómo actuó Jesús, luego, con los doce? ¿Por qué procedió de esta manera? ¿Cuál fue la respuesta de ellos?***

Uno de los desenlaces de este encuentro posee connotaciones particularmente tristes: «Desde entonces muchos de sus discípulos volvieron atrás y ya no andaban con él» (RVR95). La frase «volvieron atrás» pareciera indicar un deseo, por parte de algunos de los discípulos, de desandar el camino transitado. Delata la misma ausencia de convicciones que llevó a los israelitas a querer retornar a Egipto. El significado de esta decisión no se enfoca simplemente en un cambio de dirección, sino en la vuelta a aquellas condiciones que habían significado la derrota, el desánimo y la esclavitud en la vida. Volverse atrás es regresar a las tinieblas y la ignorancia.

Es posible «volverse atrás» sin necesariamente abandonar físicamente al Señor. Es decir, cualquiera de los discípulos podría muy bien haber continuado con el grupo, pero al mismo tiempo, en su ser interior, haber abandonado su compromiso con Cristo. Sabemos que las verdaderas definiciones de la vida no se toman en lo externo, sino en lo secreto del corazón. Por esta razón la Iglesia sobrelleva una abundancia de devotos cuyo compromiso no va más allá de su asistencia a los encuentros periódicos del cuerpo. En el corazón, no obstante, decidieron tiempo atrás no «jugarse enteramente» por la persona de Jesús, y sus vidas dan triste testimonio de esta decisión secreta.

Por esta razón, lejos de buscar la forma de disuadir a los que habían optado por dejarle, Cristo confrontó al grupo de los doce: «¿Acaso queréis vosotros iros también?». Nos sorprende lo directo de la pregunta, porque seguramente nosotros hubiéramos hecho todo lo posible para no «perder» a las pocas personas que nos quedaban. Jesús, no obstante, sabía que conducirles hacia una definición era un asunto crucial para el futuro del grupo. Si no asumimos este compromiso quedaremos perpetuamente atrapados en la duda. Del mismo modo confrontó Josué al pueblo que había entrado en la tierra prometida, llamándolos a escoger si iban a servir a Jehová o a otros dioses (Josué 24.15). El apóstol Pablo también instó a la iglesia en Roma a una definición similar: «hermanos, os ruego por las misericordias de Dios que presentéis vuestros cuerpos como sacrificio vivo y santo, aceptable a Dios, que es vuestro culto racional» (12.1–2).

Esta entrega es diferente a la que realizamos cuando nos convertimos. En aquella ocasión no existía una clara noción del compromiso que estábamos asumiendo. Después de un tiempo de andar con Cristo, sin embargo, la nueva vida se torna más clara. Ahora sabemos cuál es el precio de seguirle. Conocemos bien las dimensiones del llamado que hemos recibido, conforme a los propósitos eternos del Padre. Armados con este conocimiento, entonces, llega el momento en nuestro peregrinaje en que debemos decidir si es que lo vamos a seguir de todo corazón o nos vamos a volver atrás.

Una vez más, Pedro, el más audaz del grupo, captó la esencia de lo que estaba en juego. «Señor, ¿a quién iremos? Tú tienes palabras de vida eterna». Perder a Cristo era perderlo todo.

# «De labios me honran» *(Una disputa con los fariseos)*
# ¡«Bendita» tradición!

## Mateo 15.1–20

***Si desea entender bien el próximo tema que nos va a ocupar le recomiendo que se tome un momento para leer la totalidad del texto seleccionado de Mateo. No se apresure en la lectura del mismo, pues se perdería la oportunidad de observar los detalles y matices de la escena.***

Examinemos el reclamo de los representantes del más sofisticado grupo religioso de la época: «Entonces se acercaron a Jesús algunos escribas y fariseos de Jerusalén, diciendo: ¿Por qué tus discípulos quebrantan la tradición de los ancianos? Pues no se lavan las manos cuando comen pan». Cabe señalar aquí que la ley de Moisés no exigía el lavamiento de las manos excepto en ciertos casos excepcionales (Éxodo 30.18–21 o Deuteronomio 21.6). No obstante el *mishnah,* que se consideraba tan importante como la ley misma, sí estipulaba esta práctica. Esta compleja obra, que contenía infinidad de variantes sobre un mismo mandamiento, era producto de la sofisticada interpretación de la ley que tanto amaban los fariseos y escribas. Todas estas directivas habían sido elaboradas para asegurar el cumplimiento de la Palabra pero, por esas ironías de la vida, ellas mismas se habían convertido en ley.

Observe que el reclamo iba dirigido a Cristo, aunque los que habían «quebrantado» el mandamiento eran los discípulos. Un buen maestro, según la práctica de la época, era responsable no solamente por su propio comportamiento, sino también por el de sus seguidores. Este principio acompaña también el ejercicio del liderazgo. Hemos sido llamados a asumir la responsabilidad por aquellos que estamos formando, aun cuando incurran en comportamientos inapropiados. El líder sabio, sin embargo, cubrirá a sus discípulos delante de los demás y los corregirá cuando se encuentre a solas con ellos. Los fariseos entendían que los discípulos podían equivocarse, pero poseían expectativas más altas de su maestro, Jesús.

El reclamo puntual vino por lo que consideraban como el quebrantamiento de una tradición. Percibimos en la frase el tono ofendido de quienes aman tanto la rutina, el orden y la disciplina que han perdido de vista el servicio que estas deben prestar al ejercicio de la piedad. En algún momento no fueron tradiciones sino innovaciones. Alguien, con espíritu creativo, pensó en una forma diferente o mejorada de observar la ley. Los seguidores, desprovistos de este mismo espíritu, convirtieron la novedad en rutina, y la rutina se volvió ley. Lo que comenzó trayendo libertad acabó por imponer una severa esclavitud a quienes intentaban seguir la Palabra.

Como líderes es sabio que periódicamente introduzcamos modificaciones en la manera en que realizamos las actividades, para asegurarnos que lo nuevo no se torne estéril e insignificante. Las ceremonias tales como el casamiento, el bautismo y la cena del Señor son momentos de celebración que contribuyen significativamente a la identidad que poseemos como pueblo de Dios. Debemos tener presente, sin embargo, que toda innovación eventualmente perderá el encanto que trae lo novedoso. La solución no pasa por vivir en un estado de perpetua innovación, sino en recordar, cada día, que lo sagrado no está en las formas, sino en la intensidad de la relación que vivimos con él.

# «De labios me honran» *(Una disputa con los fariseos)*
# Espiritualidad de conveniencia

## Mateo 15.1–20

***Los fariseos preguntaron a Jesús por qué sus discípulos no se lavaban las manos, una tradición que consideraban sagrada. ¿Cómo respondió Jesús a ellos? ¿En qué se diferencia esta respuesta a las que dio en otras ocasiones similares? ¿A qué atribuye usted esta manera de responder?***

Siempre debería preocuparnos que nuestra principal actividad sea censurar a quienes no se comportan conforme a los criterios que consideramos apropiados para la vida. Aunque la Palabra claramente condena a quienes llaman bueno, a lo malo y malo, a lo bueno, evidentemente algo no funciona en la persona cuya preocupación principal es actuar de «policía» espiritual, mirando siempre con aire de sospecha a los demás. Esta actitud revela la existencia de un corazón legalista y amargo, donde el gozo de ser parte del pueblo no logra aplacar ese permanente aire de indignación hacia otros.

Seguramente algo de esto preocupaba a Cristo. No perdió tiempo en discutir sobre el comportamiento de sus discípulos, sino que fue directamente a la vida de quienes hacían las acusaciones. Uno de los problemas comunes en quienes están acostumbrados a condenar a los demás es que dejan de mirar sus propias vidas, de manera que pierden conciencia de su condición de fragilidad e imperfección. En este caso, los fariseos se mostraban indignados por algo que ellos jamás hubieran hecho: comer sin la previa purificación de las manos. No obstante, perdieron de vista el contexto más amplio de la Palabra que es producir en nosotros un corazón como el de nuestro Padre. En unas pocas frases Jesús identificó la manera en que ellos cometían el mismo pecado que condenaban en otros.

La práctica a la que se refiere Cristo era la de consagrar las pertenencias o el dinero por medio de un juramento. Este juramento significaba que aquello que había sido apartado estaba reservado exclusivamente para los asuntos de Dios. De esta manera muchos aseguraban la exclusión de la familia de acceder a sus bienes. Esta práctica era muy común con respecto a los padres, pues libraba a los hijos de la responsabilidad de cuidarlos en su vejez. Cristo señala la contradicción que encerraba este voto, pues la aparente devoción de dedicar todo a Dios, les llevaba a violar otro mandamiento, que era el de honrar a los padres. Un ejemplo de nuestros tiempos podría ser el de una mujer que, al convertirse, expresa su devoción asistiendo todos los días a reuniones que le roban tiempo para atender las necesidades de su familia. El hecho es que nuestro compromiso con Dios debe repercutir en beneficio de los que están cerca de nosotros y no en perjuicio de ellos.

Siempre es fácil para nosotros condenar algunos pecados que son, convenientemente, prácticas que nosotros no observamos. Condenamos con vehemencia a quienes fuman, por ejemplo, porque la mayoría de nosotros no fuma. Pero el principio detrás de nuestra condenación —el cuerpo es el templo del Espíritu Santo— no es el que rige nuestra vida, pues comemos mucho más de la cuenta, no seguimos una rutina de ejercicios y dormimos mucho menos de lo indicado. De este modo nuestra aparente «espiritualidad» se convierte en una burla, pues resulta claro que nuestro compromiso es completamente arbitrario.

# «De labios me honran» *(Una disputa con los fariseos)*
# Una distancia abismal

## Mateo 15.1–20

***Observe el texto de Isaías que Jesús escogió para describir el corazón de los fariseos (Isaías 29.13–16). ¿Qué significa «honrar de labios» a Dios? ¿Por qué los acusó de enseñar como doctrina mandamientos de hombres? ¿Cómo podemos diferenciar entre lo que es doctrina y lo que es mandamiento de hombres?***

Una vez más el Maestro de Galilea lleva a sus oyentes al plano del corazón, el único plano que realmente tiene peso en el reino de los cielos. Citando al profeta Isaías identifica la raíz del problema que neutraliza las acciones del hombre religioso. «¡Hipócritas! Bien profetizó Isaías de vosotros cuando dijo: Este pueblo con los labios me honra, pero su corazón está muy lejos de mí. Mas en vano me rinden culto, enseñando como doctrinas preceptos de hombres» (7–9).

La distancia física que separa los labios del corazón es apenas de unos treinta centímetros. En asuntos relacionados al ejercicio de la vida espiritual, sin embargo, la distancia entre un órgano y otro puede ser abismal. Lo triste de la religiosidad es que contribuye a que esta brecha se pronuncie cada vez más, pues el ejercicio religioso se concentra siempre en las formas externas y visibles de la vida espiritual. La tendencia a reducir la vida a una serie de reglas revela cuán fuerte es en nosotros el deseo de controlar nuestro entorno. Creemos que con el cumplimiento puntilloso y mecánico de algunas normas podemos garantizar un desenlace favorable para nosotros, como si se tratara sencillamente de causas y efectos.

El problema es ignorar que el ingrediente principal en la vida espiritual son las relaciones, las cuales no pueden plantearse en base a una serie de reglas. Si bien es verdad que todas las relaciones están regidas por principios universales, su implementación requiere de un corazón sensible y la flexibilidad necesaria para adaptarse a las particularidades de cada situación. La participación del espíritu en la experiencia de relacionarse con otros es la que garantiza que haya un intercambio de vida, pues, como afirma el autor de Proverbios, «de él [corazón] brotan los manantiales de la vida» (4.23).

Saber esto debe impulsarnos a una postura de vigilancia permanente. Si prestamos atención a los diferentes momentos de nuestra vida espiritual, rápidamente podremos identificar situaciones donde la actividad está divorciada de la devoción interior. Pronunciamos oraciones que utilizan siempre las mismas frases o cantamos coros mientras la mente se concentra en alguna preocupación laboral o familiar. Es demasiado sencillo desconectar el corazón como para que nos confiemos de que nuestras acciones son verdaderamente ejercicios espirituales. Es precisamente por el poco esfuerzo que demandan las formas externas que tan fácilmente apartamos el corazón de la práctica de la devoción.

El apóstol Pablo señala un «atractivo» adicional a la religiosidad: tales cosas tienen a la verdad, la apariencia de sabiduría» (Colosenses 2.23). La humillación de uno mismo y el trato severo del cuerpo nos ofrecen el medio perfecto para impresionar a los que están alrededor de nosotros, y este logro nunca deja de ser apetecible para quienes procuran alcanzar la aprobación o la admiración de los demás.

## «De labios me honran» *(Una disputa con los fariseos)*

# ¿Riesgos de contaminación?

**Mateo 15.1–20**

***Cristo sabía cuán fuerte es el atractivo de la religiosidad; por eso, llamó a los discípulos y les ofreció una explicación. Lea los versículos 10 y 11. Creer que lo que entra por la boca es lo que contamina delata una forma de ver la vida. ¿Cuál es la creencia que sostiene esta perspectiva?***

Resulta claro que la mayoría de las personas no disciernen los errados fundamentos sobre los cuales se apoya una religión, especialmente cuando es considerada como el culto «oficial» de un pueblo. «Si goza de tal prestigio», diría el hombre de la calle, «por algo debe ser». Es por esta razón que Cristo decide convocar a la multitud.

Lo primero que señaló debe haber causado consternación a muchos de los presentes: «No es lo que entra en la boca lo que contamina al hombre; sino lo que sale de la boca, eso es lo que contamina al hombre» (11). La mayoría de ellos eran conocedores de los elaborados rituales que observaban los fariseos para mantener su pureza en un mundo impuro. Los fariseos restringían seriamente el contacto con diferentes clases de personas que consideraban poco comprometidas o contaminadas. La entrada de un judío a sus casas, por ejemplo, solamente era posible si estaba dispuesto a someterse a una serie de rituales para quitar todas las «impurezas» que podía traer consigo. No existía la posibilidad de que un fariseo entrara en la casa de un gentil, ni tampoco que le diera acceso a su propia casa, pues consideraban que los gentiles estaban más allá del alcance de los más estrictos rituales de purificación.

Entre las observaciones que acompañaban la vida de los fariseos se encuentra la que generó la enseñanza de Cristo en este pasaje, el hábito de lavarse cuidadosamente las manos antes de comer. Esta práctica no buscaba como principal objetivo la higiene sino que era un principio esencialmente religioso. Los fariseos creían que en el acto de lavarse las manos removían de sus personas todas las impurezas que pudieran haber acumulado en el transcurso del día por haber estado en contacto con personas pecaminosas. Su indignación con los discípulos de Jesús fue porque esperaban que un grupo de personas que seguían a un maestro religioso observaran las mismas reglas que ellos.

Como es usual en las enseñanzas de Jesús, fue directamente a la raíz del problema, que se vincula con la manera en que este grupo de personas veían el mundo. La perspectiva de estos religiosos era que la contaminación es algo que rodea a la persona, pues, según ellos, se encuentra en el mundo exterior a uno. La conclusión lógica de esta postura, entonces, es que la pureza solamente se logra cuando se reduce al mínimo el contacto con todo aquello que puede producir corrupción. Como vimos en el incidente en la casa de Simón el fariseo, sin embargo, no podemos deshacernos del pecado por medio de ritos externos, porque está alojado en lo más íntimo de nuestro ser. Solamente la acción purificadora del Señor puede producir en nosotros la santidad que tanto anhelamos. Cuando el peso de nuestra propia inmundicia nos ofenda más que la de los demás, él vendrá a socorrernos.

DÍA 263

## «De labios me honran» *(Una disputa con los fariseos)*

# Ofensas que no lo son

**Mateo 15.1–20**

***El problema principal en la espiritualidad que practicaban los fariseos es que la lucha contra el mal la estaban llevando a cabo en el plano equivocado. ¿Cuál es, según Cristo, la principal fuente de maldad en el hombre? ¿Por qué se ofendieron los fariseos ante la declaración de Jesús?***

¿Cómo se atrevía este neófito a cuestionar una de las doctrinas fundamentales de la religión de los fariseos? ¿Acaso no había sido avalada y practicada por generaciones de maestros sabios y entendidos en los asuntos de la ley? Era comprensible que Jesús, por su falta de adecuada preparación, cometiera ciertos errores naturales en sus enseñanzas, ¡pero esto rozaba lo ridículo!

Esta clase de reacción es común en nosotros cuando alguien cuestiona una creencia o una práctica que consideramos sagrada. La reacción en sí no debe distraernos de la necesidad de examinar los méritos de lo que la persona ha declarado. Toda idea o enseñanza novedosa es resistida en un primer momento, pero la resistencia frecuentemente se relaciona con nuestro apego a las tradiciones que sostienen nuestra vida. Cuando un visionario inglés propuso abrir una escuela los domingos, para educar a los niños que trabajaban de lunes a sábado, la iglesia fue la primera en manifestar su indignación. ¿Cómo podía realizarse un proyecto como este en el día de reposo? Hoy, a más de 200 años de aquella osada propuesta, no existe congregación que no goce de escuela dominical. Del mismo modo, cuando Hudson Taylor propuso que los misioneros vistieran como los pueblos que pretendían alcanzar, los veteranos misioneros lo descartaron como una excentricidad. En nuestros tiempos, sin embargo, la identificación con las naciones a las cuales enviamos obreros se considera una de las claves para el éxito de la misión.

Los discípulos se alarmaron por la reacción de los fariseos y no tardaron en comunicar a Cristo lo que había pasado. La respuesta de los fariseos, sin embargo, no lo perturbó. Con una frase, que seguramente les resultó enigmática —«toda planta que mi Padre celestial no haya plantado, será desarraigada» (13)—, indicó que no siempre debemos preocuparnos por las reacciones de las personas. La declaración es particularmente apta para la época en que vivimos. En algunas culturas el afán de no ofender los sentimientos de nadie ha llevado a que la tolerancia se convierta en la nueva religión del pueblo. Esta es la cultura que ha dado su bendición a los «matrimonios» de un mismo sexo, el divorcio como estilo de vida, o los cultos a las fuerzas de la naturaleza.

Debemos entender que resulta imposible identificarse con el reino sin que aquellos que no pertenecen a él se sientan ofendidos. En algunos casos, inclusive, la ofensa es una confirmación de que la Palabra ha dado en el blanco. Por supuesto que esto no nos da licencia para ser groseros ni agresivos. La Verdad, no obstante, siempre escandalizará a quienes viven en tinieblas. Lo que sí debe preocuparnos es que nuestras vidas pasen desapercibidas por aquellos que se encuentran más cerca de nosotros. Cuando esto ocurre, seguramente está faltando el compromiso con Cristo que, de la manera más natural, nos deja a contramano con la cultura en que estamos inmersos.

# «De labios me honran» *(Una disputa con los fariseos)*
# Guías ciegos

**Mateo 15.1–20**

***El hecho de que la multitud tampoco entendiera lo que Cristo estaba explicando revela cuánto habían penetrado en la mente del pueblo los conceptos de los fariseos. La gente, sin que fuera practicante, daba por sentado que las enseñanzas de los fariseos, aunque estrictas, se fundamentaban en alguna verdad incuestio-nable. Vuelva a leer los versículos 10 al 15. ¿Qué le recomendó Jesús a los discípulos? ¿Qué propicia que un ciego asuma el papel de guía?***

Jesús describió a los fariseos como ciegos, guías de ciegos. Resulta evidente, sin embargo, que esta ceguera no se originaba en un desconocimiento de la Palabra. La espiritualidad que propone el Señor, sin embargo, es la única donde el conocimiento no se adquiere por el mucho estudio, sino por caminar en la verdad revelada. Cuando nos hemos comprometido con cumplir las formas externas de la religión, pero nuestro corazón se mantiene indiferente al Señor, hasta las verdades más simples se convierten en misterios ocultos.

Ante la pregunta de Pedro, Cristo se sorprendió porque también ellos seguían sin comprender. Años más tarde, el autor de Hebreos expresaría la misma frustración ante una situación similar: «Acerca de esto tenemos mucho que decir, pero es difícil de explicar, puesto que os habéis hecho tardos para oír. Pues aunque ya debierais ser maestros, otra vez tenéis necesidad de que alguien os enseñe los principios elementales de los oráculos de Dios; y habéis llegado a tener necesidad de leche y no de alimento sólido» (5.11–12). El hecho es que la religiosidad nos permite acceder a la Palabra, pero solo con el intelecto. No es capaz de acercarnos con el corazón, y sin este no logramos discernir el espíritu que ha inspirado la revelación de Dios. Cuando compartimos con otros enseñanzas que carecen de este espíritu, no deja de ser un ministerio que está restringido al intelecto. No podemos guiar a otros en la práctica de esas verdades porque carecemos del elemento indispensable que debe poseer todo buen maestro de la Palabra: ser una persona que primeramente prueba la eficacia de estas verdades por medio del ejercicio en su propia vida. Por esta razón muchas personas que llevan años en el Camino aún permanecen en el mismo estado que cuando se convirtieron. ¡Las ideas no transforman el corazón!

No hace falta una inteligencia privilegiada para entender lo que Jesús señalaba a las multitudes: la comida pertenece al mundo de la materia inanimada, con las mismas características que poseen la arena, la roca o el agua. Al no poseer espíritu no participa del conflicto precipitado por la rebeldía de Satanás y sus huestes de maldad. La comida no es ni buena ni mala, por lo que ninguna persona puede afirmar que es posible contaminarse espiritualmente por el contacto con algo inanimado. La afirmación es absurda y revela un profundo grado de ignorancia en cuanto a la realidad del mundo espiritual. Es por esto que Pablo cuestionaba el trato severo del cuerpo en Colosenses 2 «carecen de valor alguno contra los apetitos de la carne» (23). La verdadera espiritualidad se cultiva en una esfera enteramente diferente.

## «De labios me honran» *(Una disputa con los fariseos)*

# La raíz del problema

### Mateo 15.1–20

***Jesús amplió su enseñanza hablando del corazón. ¿Qué características le atribuyó? ¿Cuál es el camino para lograr que nuestro corazón sea transformado?***

Jesús revela, en las frases finales de esta enseñanza, la razón por la cual no resulta eficaz para nuestra espiritualidad adherirnos a rituales de purificación que se relacionan con el mundo exterior. Lavarse las manos antes de comer es un asunto de higiene, pero no afecta aquello que más requiere un proceso purificador: el corazón. Del corazón, señala Jesús, brota todo lo malo en nosotros y esta es la verdadera fuente de lo que nos contamina.

El corazón, en el idioma de Jesús. no se refiere a un punto físico en el cuerpo del ser humano, pues si así fuera se podría efectuar una limpieza con algún método más sofisticado que el de lavarse las manos. Hablar del corazón es referirse al centro de la vida espiritual, aquella parte del ser humano con capacidad para relacionarse con su Creador. Es la zona donde experimentamos gozo, tristeza, alegría, angustia y euforia, que nos distingue de otros seres creados. En efecto, el corazón (en ocasiones llamado el espíritu o el alma) se refiere a aquel centro en el cual converge, en toda su intensidad, la vida misma.

El corazón es la parte del hombre que más dramáticamente se afectó por la caída. El profeta Jeremías declara que «más engañoso que todo, es el corazón, y sin remedio» (17.9). El pecado le ha robado de su sensibilidad a los asuntos espirituales para que se vuelva duro y rebelde. Por ser el centro de la vida contamina todo nuestro ser, manchando de maldad y egoísmo muchas de nuestras acciones. De hecho, Jesús no duda en declarar, según el pasaje que hemos considerado en estos días, que todos los actos perversos que vemos en nuestro entorno se originan en nuestros corazones enfermos.

Ante esta realidad es fácil entender por qué aún los más elaborados ritos de purificación dejarán intacta la maldad del corazón. En esencia está señalando que nuestro mayor problema no se encuentra en el mundo que nos rodea, el lugar que los fariseos habían identificado como el blanco principal de sus luchas. La verdad es que los fariseos podrían vivir solos en una isla, lejos de todo contacto con el mundo «contaminado» que tanto temían, e igualmente seguirían sucios, porque dondequiera que se encontraran no podían librarse de sus corazones perversos. La respuesta al problema de nuestro corazón es una operación celestial. No poseemos los medios para producir en él una transformación genuina. Solamente la intervención de un Dios santo puede librarnos de la esclavitud del pecado. Este es el mensaje esencial de Pablo en su carta a la iglesia en Roma.

La enseñanza de Cristo nos deja un valioso principio que debe sostener nuestra vida espiritual. Podemos ser diligentes en cultivar la relación con el Señor, pero cada vez que confiamos es nuestras acciones para producir cambios en nosotros hemos retomado el antiguo camino de los fariseos. La superabundante gracia de Cristo es la respuesta, el único medio para nuestra transformación.

| DIOS EN SANDALIAS | |
|---|---|
| DÍA | 266 |

## Por unas migajas *(Jesús y una cananea)*
# Interrupciones necesarias

### Mateo 15.21–28

***En muy pocas ocasiones durante su ministerio terrenal Jesús salio del territorio de Israel para ministrar entre los gentiles. No obstante, luego de la controversia con los fariseos sobre los ritos de purificación, se retiró a la región de Tiro y de Sidón (21). Lea el texto de este día. En su opinión, ¿por qué Jesús no quería que nadie supiera de su llegada? ¿Qué revela la respuesta de los discípulos ante la insistencia de la mujer cananea?***

El hecho de que Jesús se internara en una casa pareciera indicar que deseaba procurar un tiempo de quietud y restauración en la presencia del Padre. Tales momentos habían sido un componente integral de su ministerio, pues las actividades de cada día producían un inevitable desgaste en las reservas espirituales que sostenían su vocación pastoral. Quien ignora la necesidad de velar por sus reservas inevitablemente descubrirá, en algún momento, que se siente desgastado y desganado frente a las incesantes demandas de la gente.

No obstante las intenciones de Jesús, no pasó desapercibido, pues «una mujer cananea que había salido de aquella comarca, comenzó a gritar, diciendo: Señor, Hijo de David, ten misericordia de mí; mi hija está terriblemente endemoniada» (22). Hemos de notar que el trabajo con personas presenta estas características. A pesar de que hemos intentado limitar a ciertos horarios los períodos en que atendemos las necesidades de otros, la vida no resulta tan ordenada como quisiéramos. En ocasiones las demandas de los demás irrumpen en nuestra existencia y no podemos ignorarlos.

Henri Nouwen, autor de una larga lista de reconocidos libros sobre la espiritualidad, comentaba que por muchos años le produjeron fuertes resentimientos las interrupciones en su trabajo diario. Estos aparentes estorbos no le permitían avanzar con las metas que se había propuesto. Un día, sin embargo, percibió que los momentos más espirituales se daban siempre en las interrupciones, no en el ordenado plan de trabajo que había elaborado para cada día. Comenzó a valorar las interrupciones, porque veía en ellas la oportunidad de ser sorprendido por el mover de Dios.

Cuando una persona transita por este mundo con un corazón lleno de la misericordia y compasión del Padre, inevitablemente atraerá a otros hacia lo mismo. La ternura de Cristo, en medio de tanta maldad, brillaba como una luz en una noche oscura y cerrada, especialmente en un entorno de condenación diaria como la de los fariseos y escribas.

A pesar de este corazón compasivo, Jesús «no le respondió palabra. Los discípulos, le rogaban, diciendo: Atiéndela, pues viene gritando tras nosotros» (23). Observe qué interesante es la reacción de los discípulos. Se sintieron incomodados por el comportamiento «inapropiado» de la mujer. Debo señalar, sin embargo, que muchas de las personas que se acercaron a Jesús lo hicieron de esta manera. Sus encuentros con el Mesías no se produjeron en el marco de las reuniones ordenadas y predecibles que nosotros atendemos. Más bien la gente se presentó ante él dando gritos, abriéndose camino entre los curiosos. Las expresiones más profundas de la vida espiritual no son siempre «apropiadas» a nuestra cultura, pero son las más genuinas.

Por unas migajas *(Jesús y una cananea)*

# El grito de los desesperados

**Mateo 15.21–28**

***Ayer notábamos la incomodidad de los discípulos por la insistencia de la mujer en perseguir a Jesús, pidiendo socorro a gritos para su hija. Jesús aparentemente la ignoró. En su opinión, ¿por qué se habrá comportado de esa manera el Señor? ¿Qué respuesta despertó esta actitud en ella?***

El comportamiento de esta mujer resultaba inapropiado para un lugar público, lo cual seguramente molestaba al puñado de hombres que acompañaban al Maestro de Galilea. Creo, sin embargo, que también podemos identificar en los discípulos la misma incomodidad que nos produce la presencia de otros que manifiestan más pasión que la nuestra, incluso cuando, a nuestros ojos, esté mal expresada.

En esta pasión quisiera que nos concentráramos en la reflexión de hoy. Sin duda, la desesperación de esta mujer se relaciona con esa especial dedicación que muestran las madres por sus hijos. Recuerdo haber leído en un diario una nota sobre un hecho asombroso en que una mujer, por rescatar a su bebé atrapado debajo de un auto, levantó el vehículo sin la ayuda de nadie. La desesperación le proveyó una fuerza que no hubiera podido desplegar en ninguna otra circunstancia.

No obstante su vocación, la madre también manifiesta la desesperación de quien ha «quemado sus últimos cartuchos». No sabemos a qué otros tratamientos había recurrido hasta el momento. Lo que sí resulta claro es que la mujer vio en Cristo la salvación para su hija. Seguramente había recibido reportes de los asombrosos acontecimientos que acompañaban el ministerio del hombre de Galilea. Se acercó a Jesús dando rienda suelta a la desesperación que golpeaba contra su corazón, sin considerar por un instante la necesidad de ser discreta o educada.

En ese momento encontramos una de las escenas más extrañas de los Evangelios. Jesús, que en otras ocasiones hubiera atendido su necesidad, siguió caminando serenamente en silencio. La mujer, lejos de desistir, siguió gritando de manera que provocó en los discípulos la incomodidad que hemos mencionado. Frente a la demanda de ser atendida Jesús persistía en negarse: «No está bien tomar el pan de los hijos y echárselo a los perrillos» (26). La frase claramente alude a una limitación que el Padre le había impuesto al Hijo: su misión era ministrar a la casa de Israel. Sin necesidad de escudriñar las razones por las cuales se dieron estas directivas podemos ver, una vez más, la absoluta sumisión de Cristo a esta limitación. Claramente revela que no toda oportunidad que aparece frente a nosotros para ministrar, necesariamente forma parte del proyecto de Dios para nuestras vidas.

Observamos que la mujer no se dio por vencida. Lejos de volver a su casa, insistió aún más para que Jesús atendiera a su hija. ¡Es esta insistencia la que hace la diferencia en el reino! La Palabra afirma que encontraremos al Señor cuando lo busquemos «de todo corazón y con toda el alma» (Deuteronomio 4.29). La razón por la que está semi-apagada la llama de la vida espiritual en nuestros corazones no es la intensidad de la maldad que nos rodea, sino la debilidad de nuestra propia pasión. Para aquel que busca a Dios a medias, ¡su experiencia con al Señor resultará a medias!

DIOS EN SANDALIAS

DÍA 268

## Por unas migajas *(Jesús y una cananea)*

# «¡Grande es tu fe!»

### Mateo 15.21–28

***No podemos encubrir lo difícil que resulta entender la respuesta de Cristo al pedido de la mujer. A primera vista hasta acusa cierto aire de descortesía. ¿Qué tenía en mente Jesús cuando se refirió a la comida para los hijos? ¿Por qué se asombró ante la respuesta de la mujer?***

No necesitamos practicar «malabarismos» exegéticos para obtener el significado de las palabras de Jesús. En primer lugar debemos aferrarnos a la imagen de Cristo que los Evangelios nos han presentado para saber que, aun cuando sus palabras parezcan chocantes, no son la manifestación de un corazón pervertido e insensible. Podemos descansar, también, en el hecho de que nunca alcanzaremos a entender en toda su profundidad a la persona de Cristo. Nos basta con saber que camina y ministra en sujeción absoluta al Padre; cada una de las palabras que pronuncia no son de él, sino del Padre que lo envió (Juan 14.27).

La frase: «No está bien tomar el pan de los hijos y echárselo a los perrillos» representa la típica respuesta que una mujer gentil podía esperar de un judío, pues ellos se referían despectivamente a los paganos como «perros». Si leemos literalmente las palabras de Cristo posiblemente veremos en su respuesta un insulto. Nos faltan otros detalles, como el tono de voz y la mirada, para lograr un acercamiento al objetivo de Jesús. Cuando consideramos otros encuentros similares en los Evangelios, presumimos que es muy probable que el Señor buscara probar la fe de esta mujer para sacar a luz cuán intenso era su deseo de garantizar la intervención de Dios en la vida de su hija. De todas maneras, Cristo le indica que él tiene otras prioridades que convierten en inoportuna su petición. Lo que Jesús ha recibido está reservado para el pueblo judío.

La persistencia de ella, sin embargo, impactó al Hijo de Dios, pues la mujer inmediatamente respondió: «Sí, Señor; pero también los perrillos comen de las migajas que caen de la mesa de sus amos» (27). Bien podría haberse mostrado ofendida o haber entrado en una discusión acerca de la injusticia de un ministerio que beneficiaba solamente a los judíos. La desesperación de ella, sin embargo, la ubicó en el punto en el que no existía humillación suficientemente grande que pudiera llevarla a desistir de su cometido. En lugar de reaccionar ofendida, demostró verdadera comprensión de las extraordinarias riquezas disponibles en el reino. Creía que con apenas unas «migajas» de lo que estaba reservado para los israelitas le alcanzaba y sobraba.

Su profunda comprensión y entrega impresionó a Cristo, y por eso exclamó: «Oh mujer, grande es tu fe; que te suceda como deseas. Y su hija quedó sana desde aquel momento» (28). La fe de la mujer no estaba errada. Jesús no se movió, ni la tocó, ni fue a visitar a la hija atormentada. Apenas pronunció una palabra a favor de la mujer y la hija de esta fue liberada. Así se hizo real el pedido de la mujer, pues, el Hijo de Dios no tuvo mayor desafío que dispensar apenas unas «migajas» de todo lo que poseía para darle.

# No a la mediocridad *(Un alto en el camino – 6)*
# Aviva el fuego

## 2 Timoteo 1.5–7

***Hoy hacemos otro alto en el camino, para evaluar el recorrido que hemos realizado hasta aquí. Lea el texto señalado de 2 Timoteo. ¿Qué convicción poseía Pablo con respecto a la vida de su discípulo? ¿Qué exhortación le dejó? ¿Qué implicaciones prácticas guarda esto? ¿Por qué menciona la cobardía en este contexto?***

Las cartas de Pablo a Timoteo revelan cuán profundo era el compromiso del apóstol con el joven obrero. La intensa inversión que había realizado en su vida no era solamente por el potencial que había visto en él, sino porque Timoteo también poseía una rica herencia espiritual, la cual primeramente se había manifestado en su abuela Loida, y luego en su madre Eunice. Como hemos visto en los Evangelios, nuestra vida está íntimamente ligada a la de otras personas de nuestro entorno, mucho más de lo que nosotros percibimos. El depósito que había recibido no solamente representaba un privilegio, sino también una responsabilidad, y es a esta obligación que Pablo se refiere.

La exhortación es que avive el fuego del don de Dios que hay en él. La frase, como tantas otras en las cartas del apóstol, inmediatamente se traduce en la imagen de uno de los miles de fuegos que se encendían cada día para cocinar o calentar el ambiente. Con el transcurso de las horas las llamas perdían su vigor y, eventualmente, quedarían solamente unas pocas brasas. Las personas más diligentes no permitirían morir el fuego, pues siempre representaba un desafío mayor comenzarlo de nuevo que volver a vivificar la llama existente.

Pablo claramente deseaba que Timoteo entendiera que la pasión, por sí sola, no permanece. Tarde o temprano, si no es estimulada, se irá apagando. Este proceso es inevitable, pero no tiene por qué conducir a la desesperanza. El discípulo maduro reconocerá las señales de una pasión que se apaga y tomará los pasos necesarios para reavivarla. En el caso puntual de Timoteo, su aparente timidez ponía en riesgo la permanencia del fuego de Dios en él.

¿Por qué nos detenemos en este detalle? Porque en las escenas que hemos examinado comenzamos a notar que todos los que se acercaban a Jesús estaban poseídos de una extraordinaria convicción de que él poseía lo que ellos necesitaban. La pregunta que debemos plantearnos es esta: «¿Hasta dónde llega mi desesperación de echar mano de lo que Jesús ofrece para mí?» La respuesta que demos a este interrogante puede proveernos una de las claves para evaluar el estado de nuestra vida espiritual en este tiempo. Lo que resulta obvio es que no lograremos grandes conquistas con las tibias expresiones de fe que caracterizan la vida de muchos cristianos de nuestro tiempo. ¡La tibieza sencillamente no se combate con más tibieza!

Nuestra aventura también nos ha indicado, contundentemente, que nosotros no poseemos los medios para cambiar nuestra propia vida. ¿Por dónde avanzaremos, entonces? Preséntese delante del Señor y comparta con él su preocupación por la falta de pasión que hay en su vida. Vuelva una y otra vez a su presencia, hasta que él comience a conducirlo por otro camino.

# Junto al mar de Galilea *(Jesús entre los enfermos)*
# Los pusieron a sus pies

## Mateo 15.29–31

***Luego del encuentro con la mujer siro-fenicia Jesús volvió hacia la región donde había ministrado con mayor intensidad, junto al mar de Galilea. Su renombre crecía día a día e invariablemente lo seguían inmensas muchedumbres, entre ellas muchos necesitados. Lea el texto de hoy. ¿Qué nos revela acerca del ministerio de Jesús? ¿De qué manera llegaban a él los enfermos? ¿Qué resultados producía su ministerio?***

La lista de personas en este pasaje descubre, una vez más, el corazón que movía el ministerio de Cristo. Tal como lo anunció el profeta Isaías, más de 500 años antes de Su llegada, el Espíritu de Jehová reposaba sobre el Mesías para «traer buenas nuevas a los afligidos, a vendar a los quebrantados de corazón, para proclamar libertad a los cautivos y liberación a los prisioneros, para proclamar el año favorable del SEÑOR... para consolar a todos los que lloran, para conceder que a los que lloran en Sion se les dé diadema en vez de ceniza, aceite de alegría en vez de luto, manto de alabanza en vez de espíritu abatido» (Isaías 61.1–3).

Resulta evidente, por las características de todas las personas que menciona Mateo, que se está hablando de los que menos privilegios y oportunidades poseen en la vida. Son los olvidados o excluidos por aquellos que disfrutan de mayor prosperidad, muchas veces a costa del sufrimiento de los primeros. La respuesta de estos privilegiados es la que podemos esperar de quienes andan en tinieblas, comprometidos con asegurar solamente su propio bienestar. Entre los de la casa de Dios, sin embargo, no debe ser así. Si los quebrantados fueron especial objeto de la compasión de nuestro Señor, la Iglesia no puede demostrar menor interés por ellos. El desafío es que la mayoría de las personas excluidas, precisamente por las condiciones de su vida, no se acercarán a nuestras reuniones para buscar el socorro que tanto necesitan. Más bien, agobiados por la indiferencia, vivirán cada día en un espíritu de resignación, a menos que se les presente la oportunidad de conocer a personas que demuestren verdadero interés en su situación particular. Es interesante notar que muchos de los enfermos eran llevados a los pies de Cristo por la acción de otros que, suponemos, eran amigos, parientes o vecinos. Así debe funcionar una comunidad comprometida con el prójimo.

Sin duda, esto es lo que ocurrió en el ministerio de Cristo. No hizo falta que él estableciera un programa para publicitar que estaba interesado en ministrar a los más desafortunados de la tierra. Las multitudes, movidas por el testimonio de tantos que había tocado, acudían a él masivamente. Sin duda, la persona de Jesús también los atraía profundamente, pues claramente percibían en él un corazón distinto. Más allá de las palabras, Jesús era una persona profundamente comprometida con los afligidos de la tierra.

Este compromiso lo llevó, precisamente, a transitar por las mismas calles que caminaban los que no guardaban esperanza. En su andar diario, decenas de oportunidades para ministrar irrumpían a su paso. En otras situaciones, como esta, las personas llevaban hasta él a los necesitados. Esta tarea también es nuestra.

# ¡Escupida sanadora! *(Jesús sana a un tartamudo)* Ministerio personalizado

## Marcos 7.31–37

***Entre los muchos necesitados que vinieron o fueron traídos al Señor, «le trajeron a uno que era sordo y que hablaba con dificultad, y le rogaron que pusiera la mano sobre él» ¿Por qué Marcos, de entre toda la multitud, escoge resaltar lo ocurrido con esta persona en particular? ¿Qué observaciones puede hacer sobre el «método» qué utilizó Jesús para ministrar a este necesitado?***

Conservando el estilo de los evangelistas, Marcos relata la experiencia de uno, entre los muchos necesitados presentes. Es posible que su elección de esta persona esté relacionada con la inusitada forma en que Jesús escogió ministrarla. A pesar de que los necesitados eran multitudes, no debemos perder de vista que cada individuo representa un mundo de intenso sufrimiento personal.

Resulta crucial que nos enfoquemos en esta verdad, ya que muchos líderes, en las últimas décadas, han abandonado el compromiso con el individuo para dirigir todos sus esfuerzos hacia las multitudes. Sin duda este cambio refleja la obsesión de nuestra cultura con el tamaño y la cantidad. Quedan pocos espacios entre nosotros para el reconocimiento de quienes invierten su esfuerzo en proyectos pequeños, como los artesanos de antaño. Las pequeñas empresas han desaparecido del mercado ante el embate de gigantescas multinacionales que diversifican sus esfuerzos para abarcar cada vez más.

Como he señalado en otras reflexiones, Jesús no ignoró el incesante clamor de las multitudes, pero reservó sus mejores esfuerzos para invertir intensamente en unos pocos. Las personas solamente pueden ser transformadas una por una, porque el discipulado descansa sobre la intensidad de una relación, lo que es imposible con una multitud. El encuentro con el tartamudo nos recuerda que cada persona con la que nos cruzamos, en el día a día, representa un mundo de dolores, alegrías, tristezas y victorias. La hermosura de la propuesta de nuestro Padre celestial es que nos ofrece una relación construida según la realidad de cada uno.

Marcos relata que Jesús «apartándolo de la gente, le metió los dedos en los oídos, escupió y tocó su lengua». No faltarán entre nosotros algunos que quieran convertir esta escena en una demostración del «método» apropiado para sanar sordomudos, aunque la forma en que Cristo lo hizo no deja de ser extraña, e incluso grosera. En el bautismo de Jesús, sin embargo, hemos visto que el «método» del Hijo de Dios era el del Espíritu Santo. Es decir, él no tenía una lista de opciones que debía aplicar en diferentes situaciones de necesidad. Más bien, toda la evidencia apunta a que simplemente seguía las instrucciones del Padre.

Resta señalar que para ministrar a esta persona Jesús lo apartó de la gente. Quien ha ejercido un ministerio con estas características sabe que muchas veces los curiosos son un estorbo para realizar la obra. Debemos creer, además, que el espíritu compasivo de Cristo deseaba proteger al tartamudo de las miradas de quienes seguramente, en muchas ocasiones, lo habían convertido en objeto de burla. Lo que resulta claro es que a veces es más sabio ministrar a solas que en público, y el ministro sensible debe saber qué ocasiones exigen este tipo de tratamiento.

DIOS EN SANDALIAS

DÍA 272

## ¡Escupida sanadora! *(Jesús sana a un tartamudo)*

# Compasión en acción

### Marcos 7.31–37

***En el devocional de ayer reflexionábamos sobre el «método» que utilizó Jesús para comenzar en el sordo y el tartamudo el proceso de sanidad. Metió los dedos en los oídos del hombre, escupió y tocó su lengua. ¿Cuál fue el siguiente paso de Jesús? ¿Qué acciones acompañaron su oración? ¿Qué le ocurrió al tartamudo?***

Pareciera ser evidente que Jesús estaba ministrando específicamente a los órganos físicos comprometidos en la condición que padecía. Marcos continúa su relato: «Luego, levantando los ojos al cielo, gimió y le dijo: —¡Efata! (que quiere decir: "Sé abierto"). Al momento fueron abiertos sus oídos, se desató la ligadura de su lengua y hablaba bien», (RVR95).

El proceso claramente revela que el Mesías esperaba del cielo la intervención necesaria para sanarlo. Es decir, confirma que la sanidad se efectuó por voluntad del Padre y no por ocurrencia del Hijo. La unanimidad entre el sentir de Jesús y su Padre es la que el Señor mismo atestigua, cuando declara: «las obras que el Padre me ha dado para llevar a cabo, las mismas obras que yo hago, dan testimonio de mí, de que el Padre me ha enviado» (Juan 5.36) y, en otra ocasión, afirmó: «las palabras que yo os digo, no las hablo por mi propia cuenta, sino que el Padre, que vive en mí es el que hace las obras» (Juan 14.10).

Una vez más, entonces, observamos que la clave para un ministerio eficaz entre los oprimidos y necesitados no consiste en descubrir el método indicado para este fin, sino en discernir qué obra está realizando el Padre alrededor de nosotros para unir nuestros esfuerzos a los suyos. Como vimos en la segunda tentación de Cristo, el diablo pretendió neutralizar ese modelo de trabajo instando al Hijo de Dios a tomar la iniciativa en todas las áreas de su vida. La diferencia, aunque parece pequeña, es la que separa un ministerio aprobado de un conjunto de actividades concebidas por el hombre mismo para glorificar el nombre de Dios.

Es interesante notar que antes de orar Cristo gimió. No podemos declarar con certeza el origen de esa expresión de pena y dolor, pero es posible que sintiera en su espíritu, el agobio por tanto sufrimiento en la gente que veía alrededor de él. La actitud de compasión hacia los que están en situaciones difíciles es uno de los «motores» que impulsa el ministerio de los que sirven al Señor. Procuremos cuidar siempre que esta sensibilidad espiritual no desaparezca en nosotros, de lo contrario se producirá un vacío que generará una actitud de frío profesionalismo en el ministerio. Ese amor que la persona necesitada logra percibir en el ministro que la atiende es una de las condiciones que facilita su apertura al poder de Dios.

Jesús habló directamente a los órganos afectados. En otras ocasiones reprendió a los espíritus que producían tales padecimientos, pero en este caso pareciera que el impedimento no trascendía la condición física. Mediante el uso de la autoridad que había recibido del Padre ordenó al oído que se abriera. La palabra de poder por la cual existe la creación es la misma que puede liberar y restaurar lo que el pecado ha dañado. Sin duda, la palabra que pronuncia el Señor es el instrumento más poderoso del universo.

DIOS EN SANDALIAS

DÍA 273

## ¡Escupida sanadora! *(Jesús sana a un tartamudo)*

# Restauración completa

### Marcos 7.31–37

***El resultado inmediato de la intervención de Jesús en la vida del sordo y tartamudo fue que ¡comenzó a hablar! La observación parece tan obvia y lógica que resulta innecesario mencionarla. No obstante, es importante resaltar que el objetivo de una visitación divina en nuestra vida es la restauración de nuestras funciones originales. Es decir, la lengua fue creada como instrumento de comunicación oral y es esa la función que debe cumplir. Del mismo modo, cuando Dios produce en nuestra vida una transformación, su anhelo es que volvamos a funcionar conforme al propósito para el cual nos creó. Esto significa que ya no podemos seguir obsesionados por nuestro propio bienestar, sino vivir para la «alabanza de su gloria». El desenlace natural de una visitación celestial debería ser nuestro retorno a una vida enteramente entregada a los asuntos del Señor. Antes de despedirnos de la escena, medite en esta pregunta ¿Por qué Jesús les ordenó que no le dijeran nada a nadie?***

No dudamos que los presentes deben haber quedado atónitos por lo que vieron que ocurrió con el sordo y tartamudo. Aunque Cristo llevaba tiempo ministrando a los necesitados, las maneras en que obraba no dejaban de causar asombro entre sus observadores. No obstante, «ordenó que a nadie se lo dijeran».

Esta no era la primera vez que Cristo daba esta clase de instrucciones. En varias ocasiones, a lo largo de los tres años que ministró, ordenó a los que había sanado que no se lo contaran a nadie. Para nosotros esta actitud resulta difícil de entender, porque creeríamos que lo lógico y legítimo sería dar testimonio a los «cuatro vientos» de lo que Dios había obrado en la vida del sordo y tartamudo. «¿Acaso —argumentaríamos—, no es esta la mejor manera de traer gloria a su nombre, que las personas se enteren que él es real?» En nuestra pregunta advertimos el elemento que más frecuentemente impide nuestra obediencia: creer que nuestra lógica y la de Dios son similares. No sabemos la razón exacta por la cual Cristo quería impedir que este varón divulgara lo que le había pasado y, en cierto sentido, conocerla tampoco es importante. Nos basta con saber que la persona que dio la orden posee autoridad absoluta y nuestro llamado es a obedecerla, aun cuando no estemos de acuerdo con sus directivas.

Con tristeza vemos que el Evangelio da testimonio, otra vez, de cuán difícil nos resulta obedecer, aun en las comisiones más sencillas: «mientras más se lo ordenaba, tanto más ellos lo proclamaban». Marcos no registra ninguna consecuencia negativa de esta desobediencia, aunque no dudamos que la hubiera. En otra oportunidad una acción similar por parte de un leproso resultó en que «Jesús no podia entrar abiertamente en la ciudad, sino que se quedaba fuera, en los lugares desiertos; y venían a él de todas partes» (Marcos 1.45).

Sin justificar la desobediencia, hemos de notar que aun cuando obramos mal el Señor saca provecho de la situación. Como el objetivo de Jesús no era crecer en popularidad, el reconocimiento de las multitudes no era necesario. No obstante, algunos comenzaron a acercarse al Señor para vivir más plenamente la vida espiritual para la cual Dios nos creó.

DIOS EN SANDALIAS

DÍA 274

# Banquete en el desierto *(Jesús alimenta a cuatro mil)*

## Fe con obras

### Mateo 15.32–38

*El apóstol Santiago, quien probablemente escribió la primera epístola del Nuevo Testamento, confrontó a la Iglesia naciente con algunos asuntos netamente prácticos relacionados con el ejercicio de la vida espiritual. Con el estilo directo que lo caracteriza, pregunta a sus lectores: «¿Si un hermano o una hermana no tienen ropa y carecen del sustento diario, y uno de vosotros les dice: Id en paz, calentaos y saciaos, pero no les dais lo necesario para su cuerpo, ¿de qué sirve? Así también la fe por sí misma, si no tiene obras, está muerta» (Santiago 2.15–17). La fe de tal persona no tiene vida, afirma Santiago, porque las obras son la evidencia más tangible de un corazón trabajado por Dios. Estaba preocupado de que la Iglesia se inclinara hacia una espiritualidad egoísta, que excluía del ejercicio de su fe las acciones concretas de amor hacia los demás. Esta misma actitud había caracterizado al pueblo de Israel durante siglos.*

*En el pasaje que consideramos ahora podemos encontrar el origen de la convicción que movía el corazón del apóstol, el ejemplo mismo de Jesús. El incidente que relata el Evangelio de Mateo seguramente es representativo de decenas de situaciones similares en las que los discípulos tuvieron oportunidad de ver cómo el espíritu tierno de Cristo se traducía en acciones concretas hacia aquellos que estaban alrededor de él. Lea el versículo 32. ¿Qué motivos tocaron el corazón de Jesús? ¿Qué nos indican los detalles acerca de la disposición del pueblo a pasar tiempo con él?*

Debemos notar, al pasar, el asombroso compromiso de la multitud con la persona de Cristo, pues habían estado con él en el lapso de tres días. Es evidente que durante ese tiempo las personas no habían tenido oportunidad de volver a su casa ni de procurar algún alimento. Esta clase de comportamiento siempre ha sido la evidencia más clara del obrar soberano de Dios, pues la intensidad del momento espiritual lleva a que los participantes pierdan la noción del tiempo y desatiendan aun sus necesidades más básicas. La situación, sin embargo, no escapó de los ojos solícitos de Jesús y fue movido a compasión.

La compasión es una de las características que distingue a la persona cuyo corazón ha sido tocado por el amor de Dios. A diferencia de la lástima, la compasión traduce un sentimiento de angustia por la necesidad del prójimo, en una acción concreta que busca de alivio para dicha situación. En este caso, Cristo reunió a sus discípulos con un doble propósito, además de señalar la premura de la gente, también pretendía movilizarlos a la acción.

El proceder de Jesús está plenamente alineado con el corazón bondadoso del Padre. Encontramos una expresión típica de su ternura en Deuteronomio 15.7 y 8: «Cuando haya algún pobre entre tus hermanos en alguna de tus ciudades, en la tierra que Jehová, tu Dios, te da, no endurecerás tu corazón ni le cerrarás tu mano a tu hermano pobre, sino que le abrirás tu mano liberalmente y le prestarás lo que en efecto necesite» (RVR95). Observe que la Palabra indica que el paso más importante en el proceso de ayudar a otros es no endurecer el corazón frente a sus necesidades, una decisión que es responsabilidad de cada uno.

DIOS EN SANDALIAS

DÍA 275

## Banquete en el desierto *(Jesús alimenta a cuatro mil)*

# Perspectivas limitadas

### Mateo 15.32–38

***Resulta interesante que Jesús haya creído sabio compartir su carga con sus discípulos, aunque bien sabía que nada podían hacer al respecto. ¿Por qué, entonces, compartió con ellos la necesidad de la multitud? ¿Cuál fue la reacción de los doce? ¿Qué revela esto acerca de la perspectiva de los discípulos?***

Los más pragmáticos entre nosotros dirían que el ejercicio de compartir con ellos fue una pérdida de tiempo, pues de todos modos la intención de Cristo era obrar sin la ayuda de sus discípulos. Debo confesar que durante años también me aferré a ideas similares y que, por esta razón, llevaba adelante muchas de las tareas ministeriales solo. Vemos, no obstante, que Jesús siempre estaba consciente del reto de formar a los doce para la obra del ministerio, aun cuando estuviera rodeado de momentos de intenso trabajo con las multitudes que siempre lo seguían. En este sentido, entonces, nunca consideró como pérdida de tiempo involucrar a otros en las obras que llevaba a cabo, pues cada situación contenía valiosas oportunidades para enseñar.

Para entender el valor de este proceso es importante recordar que gran parte de la enseñanza de Jesús con los doce no se relacionaba con una cátedra, sino con situaciones espontáneas que proveían excelentes oportunidades de crecer en la fe y pensar más profundamente sobre el reino. Jesús no acudía a ellos con la intención de que resolvieran la situación, sino para comprobar cuál sería su respuesta ante el desafío. La falta de respuesta constituía, en sí, una buena herramienta para trabajar en su formación. Para un líder, entonces, es de mucha utilidad involucrar siempre a algunos de sus colaboradores más cercanos en las actividades que conforman el ministerio.

En el texto de hoy la pregunta de Cristo confronta a los discípulos con un problema para el que no encuentran una solución, una realidad muy común en el ministerio. La respuesta de los discípulos no debe sorprendernos, porque en muchas ocasiones hemos reaccionado de la misma manera: «¿Dónde conseguiríamos nosotros en el desierto tantos panes para saciar a una multitud tan grande?» En esto se ajustaron a nuestro hábito de mirar cada desafío desde una óptica netamente humana. Su conclusión, además, es acertada porque no había en el desierto recursos para saciar la necesidad de tanta cantidad de personas. Mas Dios no espera de aquellos que están ocupados en los asuntos del reino que contabilicen los recursos que están al alcance de las manos, porque saldrán decepcionados todas las veces. ¿Acaso no frenó a Abraham la esterilidad de Sara, a Moisés su condición de tartamudo o a Jeremías su juventud? Todas eran condiciones que consideraban una limitación para la obra que se les estaba confiando. ¡Los recursos para emprender un proyecto espiritual siempre son más que escasos!

Dirigir la mirada hacia nuestras limitaciones humanas siempre impacta contra la fe que necesitamos para movernos en los proyectos de Dios. Es más productivo recordar la multitud de veces que Dios se ha movido en medio de la escasez, para animar a nuestro corazón a creer que, también en situaciones similares, el Señor puede obrar maravillas.

DIOS EN SANDALIAS

DÍA 276

## Banquete en el desierto *(Jesús alimenta a cuatro mil)*

# Limitaciones inexistentes

### Mateo 15.32–38

*La primera reacción de los discípulos frente a la preocupación de Cristo fue la de señalar la imposibilidad de aportar una solución al respecto. Era como si ellos le estuvieran diciendo: «Señor, entendemos tu carga y nosotros también la compartimos. Pero debes aceptar que nada de lo que nosotros podamos hacer aportará algo a la situación de ellos. Es mejor que simplemente sigamos nuestro camino». De este modo, la oportunidad de proveer una solución fue descartada aun antes de siquiera haber dado un solo paso en esa dirección. Sin lugar a duda el obstáculo más grande para nuestra participación en los proyectos de Dios está vinculado a las barreras que ya existen en nuestra propia mente.* **«Señor, ¡En cuántas situaciones similares de aflicción y necesidad he optado por la resignación o por considerar como insignificante mi aporte! No obstante, la disposición de involucrarme es, quizás, la decisión más importante a tomar en una situación que requiere de la intervención solidaria de otros. Enséñame a detenerme, antes de que haya decidido que nada se puede hacer, para que tú puedas compartirme tu perspectiva de la situación».**

La respuesta de los doce es comprensible cuando comparamos la enormidad de la necesidad y lo diminuto de lo que tenían a mano: siete panes y algunos pececillos. El principio que determina el desenlace exitoso de los proyectos del Señor, sin embargo, no se encuentra en la cantidad de recursos con que cuentan los que participan en ellos, sino en la grandeza de Dios, en cuyas manos depositan los escasos recursos que poseen. Cada vez que creemos que nuestro haber es demasiado pequeño, escaso o insignificante estamos afirmando que nuestra fe no está puesta en el Señor, sino en los recursos.

Imagino que el proceder de Jesús dejó aún más perplejos a los discípulos que veían que, a pesar de sus protestas, él seguía sin entender la inutilidad de intervenir en la situación. Cristo, sin embargo, «mandó a la multitud que se recostara en el suelo; y tomó los siete panes y los peces; y después de dar gracias, los partió y empezó a darlos a los discípulos, y los discípulos a las multitudes». Su proceder nos muestra que el plan de Dios avanza, a pesar de nuestras objeciones. Nuestra timidez no lo desanima ni lleva a que naufraguen sus propósitos, pero sí logra que nos perdamos de la aventura de caminar con él, pues nuestra actitud nos ha relegado a un rol de espectadores. Aun cuando estemos cerca de la acción, nunca resulta tan apasionante ver a otro avanzando con paso firme, como lo es hacerlo uno mismo.

El evangelista no especifica en qué momento realizó el milagro. Lo más probable es que los discípulos no se dieran cuenta de lo que estaba ocurriendo hasta que vieron que no terminaban de repartir los siete panes y los pececillos. De todos modos, en algún momento debe haberse apoderado de ellos el asombro. ¡Tan inmensa multitud no había resultado ser un obstáculo después de todo!

## Banquete en el desierto *(Jesús alimenta a cuatro mil)*

# El valor de lo pequeño

### Mateo 15.32–38

***Mateo agrega un detalle adicional al relato que hemos compartido en estos días. ¿Qué tarea realizaron los discípulos luego de que todos comieron? ¿Por qué incluye este detalle?***

Es en estas últimas dos frases que llegamos a comprender la magnitud del milagro que había acontecido, aunque un milagro siempre es un hecho extraordinario, sin importar la extensión ni la profundidad que posea. No obstante, al evangelista le pareció importante señalar que todos comieron y se saciaron. Si estimamos que al menos tres mil de los hombres presentes estaban con sus esposas, con un promedio de dos hijos por matrimonio, estaríamos hablando por lo menos de 13 mil personas. La cifra exacta no es importante, aunque los números claramente indican que no se trataba de una reunión de unos pocos amigos. Quien ha estado en grandes eventos organizados por la iglesia local sabe la pesadilla que significa alimentar a varios miles de personas. De la multitud que acompañó a Cristo, sin embargo, todos comieron y se saciaron. Es decir, comieron suficiente cantidad como para sentirse satisfechos y negarse al ofrecimiento de comida adicional.

La abundancia de este banquete arrancó con apenas siete pececillos y algunos panes. Al recordar nuevamente la insignificante cantidad de recursos que habían conseguido reunir los discípulos, podemos apreciar la dimensión completa de una obra realizada por el Señor. Nuestro aporte puede ser muy pequeño, pero no sabemos a dónde va a terminar la bendición que Dios desata cuando confiamos en sus manos esa pequeña ofrenda.

La historia del pueblo de Dios está repleta de ejemplos de esta verdad. Considere, por ejemplo, la historia de Naamán. La dramática conversión y sanidad que experimentó fue impulsada por el inocente comentario de una niña que trabajaba en su casa. Del mismo modo la decisión de José, tomada en medio de un tiempo de profunda angustia personal, al vivir con integridad su experiencia de esclavo en la casa de Potifar sembró el fundamento para que llegara a gobernar a Egipto y salvara a todo un pueblo en tiempos de hambre. Pedro y Juan, en el relato de Hechos, ni siquiera poseían una moneda para ayudar a un mendigo cojo, pero le dieron de lo que habían recibido: le ordenaron, en la autoridad de Cristo, que se pusiera de pie y caminara. El asombro que despertó semejante acontecimiento resultó en la conversión de 5000 personas. Nunca debemos considerar nuestro aporte como insignificante cuando ha sido depositado a los pies de Aquél que reina sobre los recursos del universo.

Debemos notar, además, que el milagro no solamente abasteció a los que estaban con hambre, sino que dejó un excedente —siete canastas— que podía servir para alimentar a otros que no habían estado presentes. Así de generosas son las intervenciones de Dios, que aun aquellos que no están enterados de su paso por un lugar pueden beneficiarse de su obra. Así también debe ocurrir en la casa del Señor, que nuestro deseo sea hacerle bien a todos los que podamos, sin importar si son o no de nuestro grupo o si van a comprometerse con nosotros. Su bondad no la detiene ninguna barrera, y ¡por eso es tan preciosa!

## Las exigencias del incrédulo *(Los fariseos piden señal)*

# Vuelta a la carga

### Mateo 16.1–4

*En el relato de las tres tentaciones que ofrece Lucas nos dice que «cuando el diablo hubo acabado toda tentación, se alejó de Él esperando un tiempo oportuno» (4.13). La confrontación en el desierto concluyó con la huida de Satanás y la ministración de ángeles al extenuado Hijo de Dios. No obstante, la frase del evangelista no deja duda de que el enemigo simplemente se retiró con la idea de retomar la ofensiva en el momento que lo considerara más propicio para sus propósitos. Uno de los más claros incidentes en la continuación de los ataques contra Jesús es aquel en que el diablo utiliza los errados sentimientos de Pedro para volver a incitar al Cristo a que desista del camino que indefectiblemente terminaba en la cruz (Mateo 16.23). En aquella ocasión Jesús reprendió duramente al discípulo, quien se había prestado para ser instrumento del enemigo.*

*No todos los ataques que el enemigo realizó contra el Hijo de Dios son tan fáciles de distinguir. No obstante, el pasaje de hoy nos ofrece otra muestra de una propuesta muy similar a la que el diablo presentó en la primera tentación en el desierto. Lea el texto e intente identificar la prueba particular que representaba lo que los fariseos pedían.*

Al menos tres observaciones pueden mencionarse en el pedido de los fariseos. En primer lugar, llama la atención la frase: «se acercaron a Jesús». Presuponemos que todo acercamiento a la persona de Jesús es con motivaciones dignas. El incidente revela, no obstante, que no toda aproximación a su persona es producto de un corazón con hambre y sed de Dios. Nuestro corazón engañoso puede llevarnos a disfrazar de espiritual lo que no es más que un deseo egoísta, que el Señor no bendecirá. Solamente el Espíritu puede ayudarnos a separar lo puro de lo impuro. En ocasiones nos mostrará que intentamos echar mano de Jesús para que avale una disputa, una actitud de ira o la falta de perdón hacia otro. El Señor no participa de nuestro pecado.

En segundo lugar, observamos que la intención en esta instancia era abiertamente malvada, pues deseaban ponerlo a prueba, lo que revela que el mismo Satanás impulsaba esta confrontación. Jesús inmediatamente percibió los motivos que sustentaban el inocente pedido de una señal y no accedió. Su respuesta no deja dudas de que el Señor siempre responde a lo que comunica nuestro corazón, no a lo que pronuncian nuestros labios. Es precisamente por esto que la oración no depende de la abundancia de palabras, sino de la intensidad de nuestro deseo por él.

En tercer lugar, el deseo de una señal ha seducido siempre al pueblo de Dios. Creemos que nuestra fe sería más robusta si recibiéramos más manifestaciones del Señor. Con este argumento, señala el autor Phillip Yancey, el pueblo que pasó por el desierto debería haber sido el más ejemplar en lo que respecta a asuntos de fe. No es la abundancia de señales la que sustenta una vida espiritual sólida, sino una vida de entrega y compromiso con el Señor, aun cuando carezcamos completamente de señales de su intervención alrededor de nosotros (Juan 20.29).

DIOS EN SANDALIAS

DÍA 279

## Las exigencias del incrédulo *(Los fariseos piden señal)*

# Sentidos atrofiados

### Mateo 16.1–4

***Los fariseos, buscando hacer tropezar a Jesús, se le acercaron pidiéndole una señal que sirviera como aval para el ministerio que realizaba. Jesús escogió dirigir sus miradas hacia otra realidad. ¿Qué quiso ilustrar con su alusión a los cambios meteorológicos en el cielo? ¿Qué características se necesitan para conocer las señales del tiempo? ¿Por qué no resultaba útil proveerles una señal?***

La respuesta de Jesús, como la que dio a Satanás en el desierto, dejaba en claro que el Hijo de Dios sabía que no le era lícito responder a peticiones que no se originaban en la voluntad expresa de su Padre. Al negarse a proveer una señal estaba afirmando su sujeción absoluta a Dios, en todas las cosas, aun cuando las oportunidades que se le presentaran pudieran parecer sumamente provechosas para avanzar en los asuntos del reino. El principio inviolable de una vida agradable a Dios es que sus hijos no anden en ninguna otra obra más que en aquellas que el Padre ha preparado de antemano para que anden en ellas (Efesios 2.10).

Existe una segunda razón por la que Cristo no respondió a la petición de los fariseos y saduceos, una con aún mayor peso que la primera. Como en muchas otras ocasiones, el Maestro de Galilea apela a una analogía de la vida cotidiana para explicar una verdad espiritual. Algunas personas, señala, poseen la capacidad de anticiparse al comportamiento del clima durante el día. Los datos que utilizan para obtener un pronóstico acertado están presentes en el cielo de cada amanecer. Los que han vivido y trabajado por años en el entorno de la naturaleza, normalmente poseen la sensibilidad necesaria para darle a estas señales una lectura acertada. El hecho de que algunos no puedan ver estas señales no confirma la ausencia de ellas, sino, más bien, la falta de sensibilidad por parte de los que observan el cielo. La conclusión a la que apunta la analogía es inevitable: El problema de los fariseos no está en la falta de señales, sino en la falta de percepción que limita sus corazones duros y legalistas.

Esta falta de percepción es un mal que también aqueja nuestros propios corazones. Es el resultado inevitable del pecado, que siempre se manifiesta en desmedro del espíritu. De esta realidad testifica el salmista cuando declara: «Mientras callé mi pecado, mi cuerpo se consumió con mi gemir durante todo el día. Porque de día y de noche tu mano pesaba sobre mí; mi vitalidad se desvanecía con el calor del verano» (32.3–4). Este estado de sopor espiritual es el que más impide que podamos discernir el obrar de Dios en nosotros y en nuestro entorno. Para aquellos que no ven la mano del Señor, entonces, la respuesta no está en que provea evidencias adicionales de su presencia, sino en pedir «ojos para ver y oídos para escuchar» lo que no percibimos en este momento.

Como nota adicional, se puede señalar que leer las señales de cambios en el clima no es algo que se aprende en un instante; es el resultado de observar el cielo durante un tiempo prudencial de aprendizaje. El ánimo de ejercitar nuestros sentidos hacia lo espiritual será un paso muy provechoso para avanzar en esta dirección.

# Las exigencias del incrédulo *(Los fariseos piden señal)*
# La señal de Jonás

## Mateo 16.1–4

***El intercambio entre Jesús y el grupo religioso que le había solicitado una señal termina con una dura declaración del Mesías. Observe la forma en que Cristo describió a la generación que pedía una señal. ¿A qué se refería cuando dijo que solamente se le daría la señal de Jonás?***

Las expresiones «perversa y adúltera» no dejan lugar a duda de que los aparentes deseos de ver mayores manifestaciones espirituales escondían intenciones torcidas y malvadas. De hecho, la gran ofensa que ocultaba el pedido de los fariseos era que deseaban enrolar a Dios en un plan cuyo único objetivo era humillar al Cristo. Siempre pueden catalogarse de malignas aquellas actitudes y comportamientos en nosotros que pretenden utilizar al Señor para nuestro propio beneficio. El Creador de los cielos y la tierra jamás puede asumir para nosotros un rol secundario donde lo manejamos según nuestros propios caprichos. La respuesta de Jesús es categórica: ninguna señal se les dará, sino la señal de Jonás.

La enigmática expresión se explica en otro texto de Mateo. Ante una pregunta similar Jesús explicó: «porque como estuvo Jonás en el vientre del monstruo marino tres días y tres noches, así estará el Hijo del Hombre tres días y tres noches en el corazón de la tierra. Los hombres de Nínive se levantarán con esta generación en el juicio y la condenarán, porque ellos se arrepintieron con la predicación de Jonás; y mirad, algo más grande que Jonás está aquí» (12.40–41). La alusión a su propia muerte como señal de sus credenciales divinas solamente podía ser entendida por aquellos que poseían verdadero discernimiento espiritual. Es por esto que Jesús exclamó, con tanta seguridad: «Te alabo, Padre, Señor del cielo y de la tierra, porque ocultaste estas cosas a sabios y a inteligentes, y las revelaste a niños» (Lucas 10.21).

Los fariseos definitivamente no poseían esa sencillez que permite percibir los misterios más profundos del reino. Su elaborado sistema teológico testificaba de cuán complicado y enredado habían tornado la práctica de una vida de devoción. En contraste, Jesús menciona a los hombres de Nínive que, contradiciendo las expectativas aun del propio profeta Jonás, «desechando toda inmundicia y todo resto de malicia, recibieron con mansedumbre la palabra implantada, que es poderosa para salvar [sus] almas» (Santiago 1.21). La capacidad de asombrarse inocentemente es lo que mejor nos favorece para detectar las señales del mover de Dios alrededor de nosotros. Cuando no existe esta actitud, aun la manifestación de Dios en persona será recibida con escepticismo.

El cruce de palabras con los religiosos termina abruptamente. «Dejándolos» —afirma Mateo— «se fue». Esta decisión pareciera indicar que Cristo comenzaba a descartar el proceso de diálogo porque entendía que ya no tenía sentido. Igual como le ocurrió al autor de la carta a los Hebreos, le resultaba difícil la enseñanza porque se habían vuelto «tardos para oír» (Hebreos 5.11). La escena deja, para nosotros, una clara advertencia: nuestro afán de entender todo lo que ocurre puede tornarse en el mayor obstáculo para avanzar hacia las profundidades en los asuntos del Señor. El camino por delante no requiere de sofisticación, sino de sencillez.

# La levadura de los fariseos *(Jesús advierte a los discípulos)*

# Oídos que no oyen

## Mateo 16.5–12

*En las próximas reflexiones volveremos a otro incidente en un barco, mientras Jesús y los discípulos cruzaban el lago. Como hemos visto varias veces, Cristo aprovechó esta situación informal para compartir con ellos una enseñanza. El hábito de utilizar una diversidad de oportunidades para la formación de los discípulos nos resulta extraño desde la perspectiva de una cultura que ha limitado el aprendizaje a una experiencia programada dentro de un aula. No obstante, la metodología del Maestro de Galilea proclama con insistencia que el proceso de enseñanza es mucho más amplio y flexible de lo que nosotros entendemos. El líder dispuesto a «experimentar» con formas creativas de enseñar no dudará en ampliar su estilo para que abarque una diversidad de situaciones en la vida cotidiana.*

*Lea el texto que nos ocupa ahora. ¿A qué elementos apela la analogía de la levadura? ¿Qué ocurrió con los discípulos? ¿De qué manera reaccionó Jesús a las discusiones de ellos?*

Nos resultaría cómica la respuesta de los discípulos si no fuera por el hecho de que posee demasiadas similitudes con nuestra propia lentitud para entender los asuntos del reino. Jesús acababa de sostener un fuerte altercado con un grupo de religiosos. Esto, de por sí, debería haber provisto a los doce el marco necesario para entender la advertencia de cuidarse de la levadura de los fariseos y los saduceos. No obstante, ellos tenían la mirada fija en las cosas materiales de este mundo e inmediatamente pensaron en el pan que habían olvidado llevar con ellos.

Su reacción muestra que, aun cuando estamos frente a enseñanzas claras y sencillas, nuestras conclusiones pueden ser completamente desacertadas. Esto no solamente se debe al pecado, sino a la falta de ejercicio que muchas veces resulta en una capacidad espiritual atrofiada. A esta realidad se le suma nuestro apuro de interpretar lo que hemos oído o visto, que no deja espacio para que el Espíritu revele la verdad que desea impartirnos. Esta es una de las razones por las que un buen maestro de la Palabra no debe nunca dar por sentado que los que le escuchan han comprendido claramente el mensaje entregado. La misma tendencia de los discípulos es la que también opera en aquellos a quienes ministramos la Palabra. De allí se desprende la fundamental importancia de proveer espacios adicionales en los que se pueda dialogar acerca de la predicación o la enseñanza. Solamente en este diálogo existirá la posibilidad de conducir a otros con una claridad mayor hacia la verdad.

Jesús no desperdició la oportunidad de señalar que si su comentario hubiera estado relacionado con el pan tampoco hubiera sido motivo de preocupación. Las dos situaciones en las que alimentó a las multitudes proveían amplia evidencia de que la escasez de recursos no representaba ninguna limitación para el Mesías. Así, los momentos donde hemos visto claramente la mano de Dios deberían alimentar en nosotros una actitud de mayor confianza y quietud frente a los desafíos de la vida. Recordar las victorias obtenidas y las bondades recibidas ofrece la mejor garantía a la esperanza de futuras intervenciones divinas en nuestra vida.

## La levadura de los fariseos *(Jesús advierte a los discípulos)*

# Influencia peligrosa

### Mateo 16.5–12

*Los discípulos no comprendieron la advertencia que Jesús les dio acerca de la levadura de los fariseos y los saduceos hasta que él los corrigió. Intente identificar el proceso puntual por el que los fariseos lograban «leudar» la masa que representaba la vida de la gente del pueblo.*

Resulta instructivo meditar sobre el hecho de que Jesús escogió comparar la influencia de los grupos religiosos más prominentes de la época con levadura, una sustancia cuya mención casi siempre recibe connotaciones negativas en las Escrituras. En el Antiguo Testamento simbolizaba la vida que el pueblo de Israel había dejado en Egipto. Llevaron con ellos panes sin levadura porque su salida fue apresurada y no les dio tiempo para acarrear ninguna de las pertenencias que hubieran podido llevar en una partida cuidadosamente planificada.

Existen dos elementos en la levadura sobre los cuales vale la pena meditar. El primero de ellos lo señaló Pablo a las iglesias de Corinto y Galacia: «¿no sabéis que un poco de levadura fermenta toda la masa?» (1 Corintios 5.6). En ambas congregaciones el contexto de este comentario surgía de una actitud ligera y poco seria hacia aquellos que andaban en pecado. Es precisamente la poca cantidad de levadura necesaria para leudar una masa la que preocupaba al apóstol, pues algo pequeño y aparentemente «insignificante» puede traer consecuencias serias para todo un grupo. No obstante, en muchas situaciones de ministerio no intervenimos en situaciones potencialmente peligrosas porque juzgamos que no son como para preocupar a nadie. Tristemente, lo que es un pequeño problema hoy puede convertirse en una congregación dividida el día de mañana. El líder sabio entiende que algunos problemas de origen insignificante pueden degenerar en verdaderos dolores de cabeza si no se manejan a tiempo. Tal fue el caso de Absalón, que lentamente robó el corazón de los hombres de Israel con comentarios aparentemente inocentes. La falta de intervención oportuna en esa situación eventualmente llevó a que destronara a su padre David.

Un segundo elemento a notar en la levadura es que su influencia es prácticamente imperceptible. Si uno mezcla un poco con una medida de harina, no observará ningún cambio inmediato. La harina aparentemente ha hecho desaparecer la levadura. Si vuelve en una hora, sin embargo, encontrará que la masa ha crecido asombrosamente. Sin poder identificar el proceso puntual, la levadura ha efectuado su trabajo y ha contaminado toda la masa. Del mismo modo, los efectos nocivos de ciertos hábitos y pensamientos no siempre resultan aparentes en un primer momento, pero lentamente irán socavando los fundamentos espirituales de la vida y, eventualmente, producirán su derrumbamiento. Por esto, es acertado afirmar que el pecado no es producto de un momento aislado sino, más bien, el resultado final de un proceso de debilitamiento interno que acaba en un acto puntual que lo saca a la luz.

El llamado a estar alertas demanda de nosotros una actitud de discernimiento. Algunas actividades, que no parecen «tener nada de malo» pueden llegar a ser, con el tiempo, letales. Esta puede ser la razón por la que Pablo afirmó: «Todas las cosas me son lícitas, pero no todas son de provecho» (1 Corintios 6.12).

DIOS EN SANDALIAS

DÍA 283

## Dramática revelación *(Jesús confirma que él es el Mesías)*

# «¿Quién soy yo?»

### Mateo 16.13–23

***El pasaje sobre el cual meditaremos en estos días comienza con una curiosa pregunta para los discípulos: «¿Quién dicen los hombres que es el Hijo del hombre?» Lea el texto de hoy y luego concentre su atención en los versículos 13 y 14. ¿Por qué piensa que Jesús inició un diálogo por medio de una pregunta? ¿Cómo respondieron los discípulos? ¿Qué nos indica la variedad de respuestas que ofrecieron ellos?***

No deja de asombrar el estilo didáctico que empleaba Jesús con los discípulos, algo que se ha resaltado en varias ocasiones en este libro. Señalo que la pregunta es curiosa porque se presenta en contraste con los métodos de enseñanza que predominan en nuestro medio. ¿Acaso no hubiera sido más fácil simplemente llamar a los discípulos y anunciarles: «Necesito revelarles una verdad muy importante: yo soy el Cristo, el Hijo del Altísimo»? Jesús, sin embargo, optó por despertar en ellos los procesos de reflexión personal, los cuales son elementos claves para toda experiencia de aprendizaje. Siempre es mejor que un alumno descubra por sí mismo una verdad, con la sabia dirección del maestro, que sencillamente enunciar esa verdad a oyentes pasivos. Lo que descubrimos por nosotros mismos usualmente queda grabado en nuestra memoria, pero lo que otros nos dicen rápidamente lo olvidamos.

Usando este principio, entonces, Jesús los lleva a meditar sobre la identidad de su maestro. El proceso comienza con una oportunidad de resumir las opiniones de las multitudes con las que se han encontrado a diario. La respuesta de los discípulos —unos, Juan el Bautista; otros, Elías; pero otros, Jeremías o uno de los profetas— revela al menos dos realidades. En primer lugar, no cabe duda de que la gente que había observado de cerca el ministerio de Cristo lo tenía en muy alta estima. Es notable que ninguna de las respuestas sugería que era un lunático o un fanático religioso. Las personas lo asociaban con algunas de las figuras que ejercieron gran influencia sobre Israel en diferentes momentos de la historia de este pueblo, lo que revela claramente la autoridad y el impacto con que ministraba Jesús. En segundo lugar, no podemos dejar de observar que existía una gran confusión acerca de la identidad de Cristo. Aunque todos coincidían en que, indudablemente, era un gran hombre de Dios, no podían arribar a un consenso acerca de su verdadera identidad.

Esta confusión revela lo difícil que resulta descifrar la identidad de una persona cuando la vemos rodeada de polémica y cuestionamientos. Para nosotros, muñidos de los relatos de los Evangelios y a la distancia de dos mil años de historia eclesiástica, la identidad de Cristo parece tan obvia y fácil de discernir que resulta difícil entender por qué no lo captaron estas personas. No obstante, a menudo experimentamos la misma confusión cuando aparece alguna figura distinta en nuestro medio evangélico. Los debates acerca de la legitimidad de su ministerio arrecian por todos lados. «¿Será de Dios este ministerio?» nos preguntamos una y otra vez. El pasaje de hoy revela no solamente cuán dispares resultan las conclusiones a las que arribamos, sino también lo poco acertadas que pueden ser.

## Dramática revelación *(Jesús confirma que él es el Mesías)*

# ¡Qué pregunta!

### Mateo 16.13–23

***Jesús preguntó a sus discípulos sobre el concepto que el pueblo se había formado de su identidad. Luego de que hubieron compartido sus respuestas, llevó la pregunta a un plano más personal: «¿Y vosotros, ¿quién decís que soy yo?» Si él le planteara la misma pregunta a usted, ¿de qué manera respondería? No presente el concepto intelectual que posee acerca de su persona; intente describir cómo es el Jesús con quien usted vive a diario.***

Es bueno que nos detengamos por un instante en esta pregunta para darnos cuenta de su peso. Es una pregunta que posee un elemento de intimidad que desanima a la respuesta teológica, la clase de declaración despersonalizada que podríamos dar si estuviéramos describiendo a un tercero. La pregunta invita a los discípulos a que miren a Cristo a los ojos y le confiesen quién es él para ellos. La respuesta que den revelará mucho acerca de la clase de relación que sostienen con el Mesías y el lugar que él ocupa en sus vidas. Es una respuesta que no se puede dar con ligereza.

¿Si usted hubiera estado presente, qué clase de respuesta le hubiera dado al Señor? Imagine por un instante que usted está parado frente a él y lo mira a los ojos, para confesarle quién considera usted que es él. ¿Usaría las mismas frases que tantas veces repetimos acerca de Cristo en nuestras reuniones? ¿Se sentiría un poco avergonzado porque su respuesta habla de un Jesús a quien usted no conoce con la intimidad que desearía? El hecho es que nuestra respuesta desnuda nuestro corazón y el lugar que Él ocupa en nuestra vida. Es muy posible que existan contradicciones entre la respuesta automática a la que estamos acostumbrados y esta otra declaración, íntima, honesta y comprometida, que habla de algunas de las incongruencias en nuestra vida espiritual.

Pedro se tomó la atribución de responder por el grupo: «Tú eres el Cristo, el Hijo del Dios viviente». Es difícil para nosotros percibir el peso que tenía para un judío del primer siglo confesarle a alguien que creía que él era el Mesías, el enviado de Dios. Significaba que la persona era la encarnación de todas las profecías y los sueños que señalaban la llegada de tan mítica figura. Un israelita no pronunciaría tal declaración con frivolidad ni ligereza. Señalaba la existencia de una relación innegable entre el Jesús presente y el Dios histórico y eterno del pueblo escogido. Era una declaración que poseía implicaciones dramáticas, no solamente para la vida de los doce sino también para Israel y las naciones de la tierra.

Podemos creer que la respuesta de Pedro es representativa de lo que hubieran dicho todos los discípulos. Sin lugar a duda habían dialogado muchas veces entre ellos acerca del significado de lo que veían y escuchaban. En medio de la confusión, las preguntas, y la incertidumbre, buscaban arribar a una conclusión que trajera paz a sus corazones. Para facilitar este proceso, Jesús les presentaba innumerables oportunidades cada día para que examinaran cuidadosamente su vida. Lejos de mantenerse a distancia de ellos, les ofreció la oportunidad de que observaran, escucharan, analizaran e, incluso, tocaran al Verbo de vida. Esta actitud revela claramente el compromiso del Señor de mostrarnos su rostro.

DIOS EN SANDALIAS

DÍA 285

## **Dramática revelación** *(Jesús confirma que él es el Mesías)*

# El Dios que se deja ver

### Mateo 16.13–23

***Frente a la pregunta de Jesús con respecto al concepto que sus discípulos se habían formado acerca de su identidad, Pedro no dudó en declarar que él era el Cristo, el Hijo del Dios viviente. Al escuchar su declaración Jesús exclamó: «Bienaventurado eres, Simón, hijo de Jonás, porque no te lo reveló carne ni sangre, sino mi Padre que está en los cielos». Medite en esta frase por un instante. ¿En qué consistía la bendición a la que Pedro había accedido por esta revelación? En su opinión, ¿por qué era necesario que Jesús hiciera esta aclaración?***

No cabe duda de que este momento posee un profundo significado espiritual, aunque seguramente Pedro no percibía la completa dimensión de sus palabras. No obstante, la respuesta de Cristo revela que el Señor consideraba que la revelación a la que había accedido el humilde pescador constituía la base sobre la cual se construye una sólida experiencia espiritual. Por esto, Jesús no dudó en señalar que era un hombre bienaventurado.

La palabra «bienaventurado», como se señaló en las reflexiones sobre el Sermón del monte, indica un estado mucho más pleno que la felicidad. Es la condición resultante del favor especial de Dios sobre la vida, la consecuencia de un acto de gracia que le ha dado a un persona acceso a tesoros que no podría conseguir por iniciativa propia. Decir que alguien es bienaventurado no solamente implica que la bondad de lo alto ha sido derramada sobe su vida, sino que también le anticipa las consecuencias futuras de esa bendición. Este aspecto es el que resalta especialmente el Mesías, pues en la declaración que sigue a esta confesión describe los efectos de esta revelación sobre la vida de Pedro.

El segundo elemento que destaca Jesús de la confesión de Pedro es la naturaleza de su origen. Cristo inmediatamente aclara que él no ha arribado a esta conclusión como consecuencia de una cuidadosa deducción de los hechos, ni por un elaborado proceso de lógica. Esta clase de información, señala el Hijo de Dios, solamente puede ser obtenida mediante un acto de revelación del Padre. Si el Señor no escoge dar a conocer su identidad las personas no pueden acceder a ella, aun cuando sean poseedoras de las condiciones más privilegiadas para lograrlo.

Reparar en esta verdad es fundamental para nosotros, porque muchas veces vivimos bajo la convicción de que si ponemos suficiente empeño y disciplina en el estudio de la Palabra podremos acceder a los conceptos más misteriosos de la persona de Dios. No cabe duda de que hemos sido llamados a estudiar con diligencia las Escrituras, a escudriñar con cuidado sus verdades. No obstante, cuando el conocimiento de Dios es el resultado exclusivo del ejercicio de nuestras facultades intelectuales, producirá en nosotros una acumulación de datos que no afectan ni enriquecen nuestra relación personal con él. El estudio es importante, pero debe siempre ir acompañado de una comunión íntima con el Señor. La revelación que recibió Pedro está relacionada primordialmente con la esfera espiritual de nuestra vida, y por eso le trajo consecuencias sumamente dramáticas para su relación con Dios. Cada revelación debe ser atesorada como otro milagro de Dios, que escoge mostrarse a seres tan insignificantes como nosotros.

# Dramática revelación *(Jesús confirma que él es el Mesías)*

# Una roca segura

## Mateo 16.13–23

***La afirmación de Pedro acerca de la identidad de Cristo lleva al Señor a revelar también la identidad del pescador de Galilea. ¿Qué significan las palabras que Cristo dirigió a Pedro? ¿A qué se refería cuando habló de que construiría su Iglesia sobre* esta roca?**

La declaración de Mateo 16 ha constituido uno de los puntos de mayor conflicto para los eruditos de la Palabra. Con el afán de comprobar que el texto no provee ninguna base teológica para afirmar la existencia de una línea de Papas en Roma, han buscado la forma de explicar que no se refería a la persona de Pedro, sino a la «roca» que constituye la confesión que él pronunció. Como todo análisis de la Escritura fundamentada en el temor, no hace justicia a la declaración de Jesús, que claramente apela a un juego de palabras que gira específicamente en torno del nombre del apóstol.

La reacción de algunos estudiosos es comprensible. Las posturas extremas normalmente resultan del afán de corregir un mal existente, lo que siempre lleva a una exagerada acción opuesta por parte de los que la implementan. La reacción de Lutero a la venta de indulgencias dio nacimiento a un movimiento que prácticamente descartó las obras como responsabilidad del pueblo de Dios. La reacción de la iglesia tradicional al movimiento Pentecostal extremo llevó a muchas congregaciones a prohibir las enseñanzas sobre la persona del Espíritu Santo, como si fuera posible excluir a tan vital figura de la experiencia cristiana. El espíritu miserable de muchas denominaciones evangélicas proveyó el ambiente ideal para el surgimiento del evangelio de la prosperidad. Es decir, en cada uno de estos casos los intentos de corregir un mal existente engendraron posturas extremistas igualmente nocivas para la Iglesia.

El tema que ha dado lugar a este intercambio entre los discípulos y Cristo es el de la identidad. Dentro de este marco Jesús revela a Pedro, cuyo nombre original era Simón, que él también posee una identidad espiritual diferente a la que la mayoría de la gente conoce. La visión que Dios ha formado de su vida es que se convertirá en «Petros», un nombre que se basa en un juego de palabras con «petra», que significa roca. Por si quedara alguna duda sobre el sentido de su revelación, Cristo aclara que sobre esta «roca» edificará su Iglesia, es decir sobre el Simón transformado, por la gracia de Dios, en Pedro.

Seguramente parte de nuestra reticencia a aceptar que Pedro pudiera ser una figura clave en la Iglesia naciente se debe a que creemos que a ningún hombre se le puede asignar tan significativo rol. No obstante, debemos recordar que no es de Simón, el hombre, que se está hablando, sino de Pedro, la persona transformada por el Espíritu. Si consideramos que nuestras vidas ya no nos pertenecen y que el Señor es libre de realizar con ellas lo que le plazca, rápidamente desaparecerá nuestra incomodidad de considerar a Pedro como una de las rocas de la primera Iglesia. Esta posición no es algo que se atribuyó el apóstol, sino una indicación de la forma en que el proyecto de Dios afectaría la vida de aquel que había sido un humilde pescador en Galilea.

## Dramática revelación *(Jesús confirma que él es el Mesías)*

# Asombrosa autoridad

### Mateo 16.13–23

*Al examinar la evidencia de los primeros capítulos del libro de los Hechos resulta difícil ignorar el peso de Pedro en los eventos que precedieron a la ascensión de Cristo y la autoridad que ejerció en las decisiones que se tomaron en los primeros años de la Iglesia. No cabe duda de que fue una de las figuras clave en la Iglesia de los primeros tiempos. Así como Pedro fue uno de los protagonistas más visibles en el grupo de los doce, también ocupó un lugar de mayor influencia entre los que asumieron la responsabilidad para la dirección de la Iglesia. Fue Pedro el que propuso que se nombrara a alguien que reemplazara a Judas (Hechos 1.15), el que explicó lo que significaba la visitación del Espíritu (Hechos 2.14), el que confrontó a Ananías y Safira y el que predicó el sermón a la multitud que se reunió luego de la sanidad del hombre cojo (Hechos 3). Los del Sanedrín consideraban que era de tal peso la influencia que poseía, junto a Juan, que decidieron arrestarlo (Hechos 4.1). El Espíritu actuó primeramente en Pedro para derribar las barreras que impedían que la Iglesia trabajara entre los gentiles (Hechos 10). El testimonio del apóstol también fue uno de los aportes clave para resolver el conflicto entre la Iglesia y Pablo, en el primer concilio de Jerusalén (Hechos 15).*

*A este Pedro Jesús le declara una revelación adicional, que confirma el hecho de que sus palabras se referían al apóstol. ¿Cuál es esta declaración? ¿Qué significa para el ministerio la autoridad que Jesús le otorga?*

La frase «yo te daré las llaves del reino de los cielos; y lo que ates en la tierra, será atado en los cielos; y lo que desates en la tierra, será desatado en los cielos», habla de una autoridad que no asociamos muy a menudo con la Iglesia. No obstante, la fuerza de estas palabras no puede ser negada ni ignorada. Jesús claramente poseía una visión de la Iglesia que dista mucho de la institución ineficaz e insignificante que representan muchas congregaciones hoy en día. Sin duda la ausencia de hombres de peso entre nosotros dificulta también que aceptemos que Pedro fuera constituido como un pilar en la propagación del evangelio luego de la partida de Cristo.

La autoridad que la Iglesia ha recibido solamente se ejercita cuando la misma representa un pueblo en movimiento, comprometido con la tarea de extender el reino hasta lo último de la tierra. Es por esto que Jesús señala, confiado, que ni las puertas del Hades podrán prevalecer contra ella. No es esta una referencia a una postura defensiva, en la que la Iglesia logra resistir los embates del mundo. Más bien describe un ejército que avanza, victorioso, hasta las puertas mismas del Hades y que ¡ni aun en este lugar puede ser detenido! Así es la autoridad que hemos recibido, una extensión de la misma autoridad que posee el Hijo de Dios. La condición para su ejercicio es que estemos plenamente identificados con la misión de él, conforme a su propia declaración, según Lucas 4.18.

DÍA 288

## Dramática revelación *(Jesús confirma que él es el Mesías)*

# Extraña petición

### Mateo 16.13–23

***La confirmación, por parte de Jesús, de que él era el Hijo de Dios, el enviado que tanto tiempo había esperado el pueblo de Israel, parecería ofrecer el momento más oportuno para que se anunciara esta verdad a las multitudes que incesantemente lo acompañaban. ¿Qué justificativo se podía dar para mantener en secreto esta información que, sin duda, podía abrirle los ojos a muchos? El paso lógico para la expansión del ministerio de Cristo pareciera ser compartir con la mayor cantidad de personas posibles la revelación que inicialmente se le había revelado a Pedro. No obstante, Cristo inmediatamente le «ordenó a los discípulos que a nadie dijeran que Él era el Cristo». En su opinión, ¿qué lo motivó a ordenarles esto? ¿Qué habrán pensado los discípulos frente a esta directiva?***

Queda claro, por las palabras del Señor, que él no consideraba ventajosa la revelación de su identidad. Por esto, directamente prohibió a sus discípulos que hablaran sobre el asunto. Su proceder confirma el hecho de que las decisiones que consideramos sabias y lógicas no siempre coinciden con la voluntad de Dios. Podemos, incluso, afirmar que en ocasiones nuestras buenas intenciones, más que un aporte, constituyen un verdadero obstáculo para el ministerio. La obra que avanza por el poder del Espíritu no puede descansar en la inteligencia del hombre, pues los caminos del hombre y los caminos del Señor son tan diferentes como el agua lo es de la tierra. Jesús, por fidelidad a los principios sobre los cuales operaba en su ministerio, sujetó la decisión de revelar su identidad a la voluntad de su Padre.

Aunque muchas de las decisiones que el Señor tomó no ofrecen aparentemente ninguna explicación que satisfaga nuestra lógica, podemos aventurarnos a alguna explicación que intente entender el porqué de esta determinación. El concepto popular sobre la clase de persona que debía ser el Mesías y cuál era su misión era tan diferente de lo que en realidad era Jesús, que muchos no lograban conciliar la dramática diferencia entre los dos perfiles. Si Pedro, que era parte del grupo íntimo de los doce, no pudo entender el destino del Cristo, mucho menos iba a comprenderlo el grueso del pueblo. Existía un verdadero peligro de que la gente, una vez enterada de la verdadera identidad de Jesús, lo obligara a recorrer un camino que no era el que debía transitar. De hecho, en una oportunidad, la multitud quiso forzarlo a que asumiera su posición de rey (Juan 6.15). La popularidad no siempre constituye una bendición de lo alto y las acciones de Jesús buscaban limitar su interacción con las multitudes que hoy resultan tan atractivas para muchos líderes.

*«Señor, quisiera que tú me conduzcas por el camino que permite que actúe más pausadamente a la hora de involucrarme en los asuntos del reino. Entiendo que mis buenas intenciones pueden, en ocasiones, entorpecer lo que tú estás intentando realizar. Necesito que tú dirijas mis esfuerzos. Sé que en algunas situaciones no lograré percibir lo que tú quieres que haga, pero también estoy convencido de que le hace bien a mi espíritu esperar pacientemente en ti. De ti, y solamente de ti, quiero depender, mi Dios».*

## Dramática revelación *(Jesús confirma que él es el Mesías)*

# Destino inconcebible

### Mateo 16.13–23

***A la exhortación de no compartir con nadie la confesión de Pedro, Cristo añade una nueva revelación que seguramente consternó a los discípulos. «Desde entonces Jesucristo comenzó a declarar a sus discípulos que debía ir a Jerusalén y sufrir muchas cosas de parte de los ancianos, de los principales sacerdotes y de los escribas, y ser muerto, y resucitar al tercer día» (21). En su opinión, ¿cómo recibirían los discípulos esta nueva revelación? ¿Qué lecciones nos deja la reacción de Pedro?***

Resulta relevante el hecho de que Jesús considerara apropiado este momento —la confesión de Pedro— para revelar el final que le esperaba. Algunas revelaciones deben demorarse hasta que estemos preparados para recibirlas.

La respuesta de Pedro revela el grado de conmoción que causó en los discípulos esta revelación. Su reacción no deja dudas de que el concepto popular de la trayectoria del Mesías era totalmente diferente a la que el Padre había trazado para él. Los israelitas no conseguían divorciar el rol del Cristo de sus aspiraciones políticas más profundas. Todas las profecías relacionadas a la llegada del prometido Salvador naturalmente se interpretaban como el anticipo de la eventual liberación política de Israel. La figura central de tan heroica intervención debía ser, por supuesto, una persona que encarnaba lo mejor de la cultura hebrea, una especie de «superhéroe» del primer siglo. Las fuertes contradicciones entre esta imagen y la persona de Cristo ya habían despertado toda clase de controversias en el pueblo, en especial entre las autoridades religiosas de la época. Aun los discípulos luchaban con aceptar que Jesús no guardaba relación con ese sueño de emancipación. Hasta el último momento de su peregrinaje terrenal seguían esperando que él restaurara el reino a Israel (Hechos 1.6).

A todas estas aparentes contradicciones se le sumaba, ahora, esta insólita revelación, que anticipaba para su vida un desenlace repleto de injusticias y violencia, un final vergonzoso para Aquél que los mismos discípulos describirían como «lleno de gracia y de verdad». Sus palabras removían toda duda sobre la posibilidad de que su vida pudiera acercarse en alguna manera a la idea de Mesías que concebían los discípulos. La vida a la que hemos sido llamados en Cristo nunca puede ser similar a la que viven los que aún permanecen en tinieblas. Nuestros valores y objetivos, nuestras actitudes y conductas deben claramente distinguirse de las metas y los anhelos de la gente de este mundo.

Ver a Cristo tal cual es precipita en nosotros una crisis, porque somos reticentes a abandonar la imagen que hemos armado de él. Persiste en cada uno de nosotros la actitud de los israelitas que fabricaron el becerro de oro, la tentación de fabricarnos un dios que se acomode a nuestras propias expectativas. Si no descartamos esta imagen, sin embargo, no podremos acercarnos a él, pues el dios que hemos elaborado indefectiblemente nos arrastrará en dirección contraria a la que Jesús conduce. Esta es la crisis que enfrenta Pedro. Sus expectativas sobre la vida de Jesús son tan intensas que ni siquiera repara en la soberbia que implica reprender a quien ha confesado como Señor de su vida.

DIOS EN SANDALIAS

DÍA 290

## Dramática revelación *(Jesús confirma que él es el Mesías)*

# Buenas intenciones

### Mateo 16.13–23

***Hemos intentado acercarnos a la consternación que experimentaron los discípulos al enterarse de que un grupo de escribas, saduceos y fariseos intentaban apresar a Jesús y quitarle la vida. La mejor ilustración de esta reacción nos la ofrece Pedro. «Y tomándolo aparte, el discípulo comenzó a reprenderle, diciendo: ¡No lo permita Dios, Señor! Eso nunca te acontecerá» (22). El rumbo trazado para la vida de Cristo, según su propio testimonio, indefectiblemente terminaba en una cruz. ¿Por qué consideramos contradictorio que una vida gloriosa esté expuesta al sufrimiento? ¿Cuál es la perspectiva popular sobre el sufrimiento?***

Dos observaciones importantes saltan a la vista en la reacción de Pedro. En primer lugar, notamos cuán defectuosas pueden ser nuestras expresiones de afecto por los demás. Sin duda la posibilidad de que Cristo terminara su vida de manera tan cruel y violenta despertó en Pedro un sentimiento de indignada desesperación. Con las mejores intenciones quiso intervenir para lograr que el Señor desistiera de tan terrible final. No obstante, aun cuando fuera movido por devoción al Mesías, su aporte le presentó al diablo su mejor oportunidad de descarrillar el proyecto de Dios para su Hijo. El incidente claramente ilustra que el deseo de proveer un bien no siempre es sinónimo del bien, ni tampoco justifica nuestras acciones cuando los resultados son malos. Para realizar un aporte genuino a los proyectos de Dios se necesita de mucho más que buenas intenciones.

En segundo lugar, Pedro personifica la inmensa lucha que todos libramos frente al sufrimiento; nos cuesta aceptar que pueda existir gran angustia y aflicción en la vida de personas que llevan vidas dignas y honradas. Nuestra perspectiva simplista del bien y del mal nos lleva a creer que el sufrimiento es siempre la consecuencia de un corazón malvado. El sentido de lo que es justo y bueno sostiene un duro revés cada vez que vemos golpeados a quienes, según entendemos, «merecen algo mejor» en la vida.

Si bien es verdad que mucho del sufrimiento en el mundo tiene que ver con las consecuencias del pecado, asimismo se puede afirmar que también todos los que han buscado una relación más intima con Dios han experimentado profundas aflicciones. A esta verdad se refirió Pablo, luego de ser apedreado en Listra, cuando afirmó: «Es necesario que a través de muchas tribulaciones entremos en el reino de Dios» (Hechos 14.22). No solamente es una realidad ineludible en la vida de los santos, sino que también confirma que le hemos dado la espalda a una cultura que está en tinieblas. El mismo Pedro diría, hacia el final de su vida: «no os sorprendáis del fuego de prueba que en medio de vosotros ha venido para probaros, como si alguna cosa extraña os estuviera aconteciendo; antes bien, en la medida en que compartís los padecimientos de Cristo, regocijaos, para que también en la revelación de su gloria os regocijéis con gran alegría. Si sois ultrajados por el nombre de Cristo, dichosos sois, pues el Espíritu de gloria y de Dios reposa sobre vosotros» (1 Pedro 4.11–13). En Cristo descubrimos que los padecimientos pueden ser las puertas por las cuales accedemos a algunos de los tesoros más preciosos del reino.

**Dramática revelación** *(Jesús confirma que él es el Mesías)*

# Dura reprensión

## Mateo 16.13–23

***Pedro, llevado por el amor y compromiso que sentía por la persona de Cristo, intentó convencerlo de que no se encaminara hacia Jerusalén, donde le esperaban sufrimientos y, eventualmente, la cruz. Sus buenas intenciones, sin embargo, no fueron bien recibidas por el Señor. Lea el verso 23. ¿Cómo reaccionó Jesús a las buenas intenciones de Pedro? ¿Por qué le reprendió tan duramente?***

Seguramente que a usted, al igual que a mí, le choca la dura reprensión de Jesús. No es que creamos que fue innecesaria pero sí que podría haber adoptado, quizás, un tono más tierno con un hombre que no deseaba hacerle ningún mal con sus exhortaciones. Es precisamente esta reacción la que revela cuán alejados están nuestros conceptos de los principios que rigen en el reino de los cielos. Nos cuesta concebir que una acción que procede de un corazón bueno pueda ser utilizada tan eficazmente por el enemigo para poner piedra de tropiezo en la vida de los hijos de Dios. De alguna manera creemos que las buenas intenciones son una garantía de que Dios encontrará agradable cualquier obra que sea fruto de ellas. Jesús, sin embargo, claramente identificó el mal en la acción de Pedro, pues no puso la mira en las cosas de Dios, sino en las de los hombres. Es decir, la manera en que deciden actuar los hombres en una situación no siempre es compatible con la forma en que se llevan a cabo los proyectos en el reino de los cielos.

No obstante, la idea de que lo bueno entre los hombres puede agradar a Dios no es un mito al que decidamos renunciar con facilidad. Abraham y Sara, por ejemplo, consideraron una «buena» idea engendrar un hijo por medio de Agar. Los israelitas, arrepentidos por su falta de fe para conquistar la tierra, creyeron que Dios vería como buenos sus intentos de subir por sus propios medios. Los hombres de David consideraron que Dios mismo había entregado en sus manos al rey Saúl, para darle muerte. Podemos pensar en decenas de otros ejemplos donde los hombres confundieron la voluntad de Dios con las aparentes buenas oportunidades que la vida les ofrecía. La escena que examinamos hoy nos deja en claro que no hace falta estar aliado con Satanás para ser usado por él. El hecho es que en la vida existen solamente dos opciones: o se siembra para el reino de los cielos, o se siembra para las tinieblas. No existe una tercera opción, que nos mantiene en una postura de neutralidad. Si las obras que realizamos no aportan a la extensión del reino, entonces se sumarán a la oscuridad. Lo que marcará la diferencia entre ambas opciones es la capacidad de «poner la mira en las cosas de Dios».

Enfocar la mirada en la perspectiva divina no es una capacidad natural, sino un don del cielo que se recibe por pura gracia. Un buen punto de partida para este proceso es ejercer una sana desconfianza de las propuestas que son demasiado parecidas a las que cualquier persona en la calle podría elaborar. Un momento de quietud en su presencia permitirá que el Espíritu revele si nuestras intenciones son conforme a su voluntad o no.

DÍA 292

## Ir en pos de él *(Jesús define a su discípulo)*

# Extraordinaria invitación

**Mateo 16.24–28**

***Los intentos de Pedro por disuadir al Señor de encaminarse hacia Jerusalén, donde le esperaban tribulaciones y una violenta ejecución, proveyeron para Cristo el marco ideal para describir lo que implicaba la decisión de seguirlo. Dirigiéndose a todo el grupo, les advirtió: «Si alguien quiere venir en pos de mí, niéguese a sí mismo, tome su cruz y sígame. Porque todo el que quiera salvar su vida, la perderá; pero el que pierda su vida por causa de mí, la hallará». Sus palabras describen, en términos absolutamente claros, el costo de alinearse con la causa de Cristo. En los veinte siglos transcurridos desde esta escena nadie ha podido presentar a la Iglesia una definición más precisa de lo que significa ser un seguidor del Hijo de Dios. Medite, por un instante, en los diferentes ingredientes que la componen.***

La descripción del Señor está dirigida a un grupo en particular: *los que quieren ir en pos de él.* Para entender el significado de sus palabras debemos recordar que grandes multitudes seguían a Cristo donde quiera que fuera. Sin duda existiría una gran diversidad de motivos por los que se acercaban a él los individuos que conformaban esas muchedumbre. Una gran mayoría, sin duda, no eran más que los curiosos que siempre están presentes en cualquier ocasión que presenta matices diferentes a los de la vida cotidiana. Otros, quizás, eran personas que, por esas vueltas de la vida, estaban presentes en el mismo lugar y momento que Cristo pasaba por la región. Algunos más habrían llegado porque sus amigos, vecinos o conocidos les habían convencido de acercarse para ver al hombre que, en ese tiempo, estaba en boca de todos.

En medio de la gran popularidad de Jesús era natural que los discípulos sintieran cierto orgullo por pertenecer al grupo más íntimo de sus seguidores. En un sentido, era el hombre del momento y les otorgaba prestigio el que él los haya escogido como sus discípulos. No obstante, ser contado entre la multitud de personas que constantemente giraban en torno al Mesías no convertía a nadie en discípulo y era necesario que definiera con toda claridad lo que significaba ser un seguidor de él. Del mismo modo hoy, nadie se convierte en discípulo por estar merodeando alrededor de la persona de Jesucristo sin asumir un verdadero compromiso con él.

El deseo de ir en pos de él, sin embargo, solamente se puede expresar porque él ha escogido darse a conocer. En la revelación que hemos recibido fuimos seducidos con una propuesta de vida que es más genuina y profunda que la que habíamos podido elaborar por nuestros propios medios. El concepto popular de que nosotros buscamos al Señor queda, una vez más, descartado. Si deseamos pasar más tiempo con él no es por otra razón que la irresistible atracción que hemos sentido al pasar Él cerca de donde nos encontramos. No obstante, Jesús desea que entendamos que no somos nosotros los que establecemos cuáles son las pautas que definirán si somos o no sus discípulos. Más bien, él comunica las condiciones y nos invita a que tomemos la decisión inteligente de salir en pos suyo.

DIOS EN SANDALIAS

DÍA 293

# Ir en pos de él *(Jesús define a su discípulo)*
# Negarse

## Mateo 16.24–28

***Nuestro estudio de la vida de Jesús nos ha traído hasta una de las frases más conocidas de Cristo. Posee una claridad y una contundencia que no deja lugar a dudas acerca de su significado. Mediante ella Jesús aclaró que ser discípulo implicaba mucho más que responder a la atracción momentánea que podía ejercer una figura que gozaba de gran popularidad entre los israelitas. Ser discípulo implicaba abrazarse a un estilo de vida que poseía matices radicales. Vuelva a leer los versos 24 y 25. El Señor identificó tres elementos cruciales para ser discípulo. Observe el orden en que los menciona. ¿En qué contradicen los primeros dos los conceptos populares sobre lo que significa ser un discípulo? ¿Qué implica el cumplimiento de esta condición en nuestra vida?***

El fundamento sobre el cual descansa la experiencia de ser discípulo es el sacrificio personal. El negarse a uno mismo, sin embargo, solamente resulta comprensible cuando forma parte de la respuesta a una visión mayor a uno mismo. La esperanza de una vida llena de significado está encerrada en la persona de Jesús y la promesa de aventura que promete la sencilla y contundente invitación: «sígueme». De este modo, nuestro sacrificio es en respuesta al sacrificio que él primeramente ha realizado a nuestro favor al presentarse ante nosotros con esta propuesta.

Negarse a uno mismo suena extraño en nuestra presente cultura, que muchas veces pareciera estar exclusivamente concentrada en asegurar, por todos los medios posibles, el bienestar personal. Aun las incomodidades más insignificantes, como estar de pie en el tren o esperar para que nos atiendan por teléfono, con frecuencia afectan adversamente nuestro humor, como si estuviéramos pasando por una intolerable tribulación. Arrastrados por la tendencia de considerarnos siempre víctimas, más bien creemos que es nuestro deber luchar para asegurar que se respeten y garanticen nuestros derechos.

No hace falta señalar que esta actitud es esencialmente contraria al llamado de Cristo, que invita a que le demos la espalda a todo lo que, hasta el momento, ha sido prioritario en nuestras vidas. Al adoptar esta postura no conseguimos más que imitar el ejemplo del Hijo de Dios, «no estimó el ser igual a Dios como cosa a que aferrarse, sino que se despojó a sí mismo... y se humilló a sí mismo, haciéndose obediente hasta la muerte» (Filipenses 2.6, 8, RVR95).

El fundamento necesario para ser un discípulo es también el obstáculo más grande para una vida comprometida con Cristo. Los Evangelios proveen muchos ejemplos de personas que presentaron una diversidad de excusas para justificar que no podían seguir a Jesús incondicionalmente. Su respuesta, que refleja nuestros propios condicionamientos, nos ayuda a ver cuán fuerte es en nosotros el querer asegurarnos un beneficio sin estar dispuestos a ceder ninguna de las aparentes ventajas de nuestro presente estado. Para muchos la vida cristiana constituye un medio para agregarle algún bien adicional a la vida que ya llevan. No obstante, la aventura de caminar con él nunca será plena si no estamos dispuestos a darle la espalda a aquello que, en otro tiempo, considerábamos bueno e importante.

# Ir en pos de él *(Jesús define a su discípulo)*
# Tomar la cruz

## Mateo 16.24–28

*En el devocional de hoy examinaremos el segundo elemento mencionado por Cristo como condición para ser discípulo de él. El primero, indicaba que la dirección a seguir necesariamente requiere que le demos la espalda al camino que veníamos recorriendo hasta el momento de encontrarnos con el Hijo de Dios. Este cambio incluye todos los elementos que formaban parte de ese camino, las prioridades, los objetivos, las preferencias y los valores con que vivimos tanto tiempo. La nueva vida que Cristo propone no puede ser construida sobre la antigua, sino que esta última debe ser destruida para dar lugar a algo enteramente diferente a lo que hasta el momento erróneamente se llamó «vida».*

*La segunda condición que menciona Cristo en su «definición» del verdadero significado de discípulo es la disposición de tomar la cruz. Una vez más nos encontramos frente a la frustración de no encontrar parámetros en nuestro mundo moderno para entender las implicaciones de esta dramática frase. En nuestro entorno la cruz es un inofensivo símbolo decorativo en algunos edificios, un colgante o un par de aretes. ¿Qué significado comunicaba a los discípulos la cruz? ¿Por qué Cristo consideró importante mencionar este segundo paso?*

Los doce, sin duda, habrán sentido una profunda congoja al escuchar que el llamado a ser discípulo constituía una invitación a cargar una cruz. Ninguno de los presentes albergaría duda alguna acerca del significado de estas palabras, pues los romanos llevaban más de cien años utilizando la crucifixión como cruel instrumento para la ejecución de prisioneros y criminales. Aquellos que habían transitado por las polvorientas rutas de Israel seguramente se habrían cruzado, en algún momento, con la grotesca escena de hombres agonizando sobre las rústicas cruces levantadas a la salida de las ciudades. Sabían que los únicos que cargaban una cruz eran los reos sentenciados a muerte, mientras se dirigían al lugar determinado para su cruel ejecución. En el camino se amontonaban las multitudes que, entre insultos y burlas, sumaban humillaciones al condenado.

¿Cómo se podía entender, entonces, que en medio de tanta aclamación popular se hablara de un tema tan claramente asociado con el desprecio y la condenación? Es precisamente la contradicción entre una condición y la otra la que llevó a Pedro a intentar disuadir al Señor de transitar un camino de profundo sufrimiento. Jesús, sin embargo, estaba señalando a los discípulos que este destino no estaba solamente reservado para él, sino para todos aquellos que escogieran unir su vida a la del Hijo de Dios.

El sufrimiento, aunque difícil de experimentar, es una de las marcas que distingue y confirma la condición de discípulo. Es el resultado inevitable de haber unido la vida a uno que confronta, en todas las áreas, al sistema instalado que acepta el mundo en que vivimos. No es posible convivir en armonía con ambas realidades, pues la una está contra la otra. Jesús advertía a los que estaban cerca de él que debía existir la disposición en sus seguidores de soportar humillaciones, vituperios, incomprensiones, abandonos y aun muerte, por causa del Cristo. Al igual que lo haría con Saulo, les estaba mostrando cuánto debían «padecer por mi nombre» (Hechos 9.16).

# Ir en pos de él *(Jesús define a su discípulo)*
# Seguirle

## Mateo 16.24–28

*La descripción más clara que ofrece Cristo acerca de las condiciones para ser su verdadero discípulo, no deja dudas de que implica una disposición al sacrificio. Este sacrificio proviene del compromiso de darle la espalda a todo lo que uno considera importante, como también la voluntad de sufrir toda clase de oprobios por haber escogido identificarse con el estilo de vida que propone el Hijo de Dios.*

*El Señor deseaba que las multitudes tuvieran claridad sobre la propuesta que les planteaba. En un texto similar, en Lucas, Jesús los animó a meditar primero: «¿quién de vosotros, deseando edificar una torre, no se sienta primero y calcula los costos, para ver si tiene lo suficiente para terminarla? No sea que, cuando haya echado los cimientos y no pueda terminar, todos los que lo vean comiencen a burlarse de él» (Lucas 14.28–29). La ilustración revela que el proceso de evaluar la decisión antes de tomarla es importante, algo que muchas veces está ausente cuando presentamos el evangelio a otros.*

*Si las palabras de Jesús solamente se hubieran referido al elemento de negación y persecución bien podríamos exclamar: «¡Y qué beneficio trae esto para nosotros?» Una primera lectura pareciera enfatizar que ¡somos los claros perdedores en esta invitación! Al sacrificio, sin embargo, Jesús añadió esta simple exhortación: «síganme». Intente elaborar una lista de los elementos que están implícitos en esta invitación.*

El llamado a seguirlo cambia radicalmente la naturaleza de la propuesta. Nada de lo que experimentemos en el camino deberemos enfrentarlo solos, pues Jesús estará con nosotros. Lo que nos toque vivir a nosotros también lo vivirá intensamente él, pues nuestras vidas, la de él y la nuestra, estarán íntimamente ligadas. Tampoco experimentaremos la confusión y el desconcierto de no saber cuál es el camino a seguir, pues Cristo habrá asumido esta responsabilidad por nosotros. Nuestra parte consistirá simplemente en mantenernos cerca de su persona. La cercanía nos ofrecerá nuestra mejor oportunidad de observarlo a él, imitando el ejemplo que nos ofrece, asimilando las actitudes que demuestra mientras avanza por los lugares que el Padre le indica.

Es necesario resaltar, también, que la clase de relación que implica esta invitación no es momentánea ni esporádica, aunque muchos de nosotros concebimos la vida espiritual en esos términos. Si meditamos por un instante en la palabra «seguir» podremos entender que nuestra perspectiva está errada. No seguimos a Jesús una hora por día durante el devocional para que él luego nos indique: «ahora, dedícate a tu vida secular. Cuando vuelvas a la noche, puedes una vez más venir a seguirme». La invitación es a ir en pos de él todo el día, todos los días, dondequiera que vayamos y cualquiera sea la tarea que estamos realizando. Él no deja de guiarnos porque estemos en una empresa que no es cristiana, pues somos discípulos a toda hora y en todo lugar.

La esencia de la vida espiritual, entonces, no la definen las actividades que realizamos sino la calidad de la relación que sostenemos con la persona que nos está guiando. A mayor fidelidad en la experiencia de caminar con él, mayor será la evidencia de su presencia en nuestra vida.

| DIOS EN SANDALIAS | |
|---|---|
| DÍA | 296 |

# Ir en pos de él *(Jesús define a su discípulo)*
# Cosechar

## Mateo 16.24–28

*Hemos considerado, en estos días, una descripción de los requisitos para ser discípulo de Cristo. Mediante el uso de expresiones que no daban lugar a la duda en cuanto a su significado, dejó en claro que quienes elegían seguirle debían estar dispuestos a pagar un precio, tanto en el sacrificio personal como el social. Como mencioné en el devocional de ayer, más de uno podría pensar que el precio era demasiado excesivo en comparación al beneficio obtenido.*

*Para remover toda duda al respecto, Jesús escogió ampliar el sentido de sus palabras, y ofreció una explicación adicional sobre los frutos, a largo plazo, de un sa-crificio momentáneo en la vida de quienes le seguían. ¿Qué beneficios describe en los versículos 25 y 26? ¿Qué contraste presenta entre un estilo de vida y el otro?*

Las palabras del Señor revelan que en ocasiones nuestras decisiones se basan en los beneficios inmediatos que vamos a obtener, sin considerar las consecuencias que solamente se verán con el pasar del tiempo. Podríamos, por ejemplo, callarnos la boca frente a algo inmoral en el trabajo, para no perder el afecto de nuestros compañeros, desatender a nuestros hijos por asegurar el bienestar económico de la familia o improvisar nuestra clase bíblica para no perdernos algún capítulo de nuestra telenovela favorita. En cada una de estas decisiones habremos asegurado un bien momentáneo a costas de un perjuicio a largo plazo. En el trabajo, por ejemplo, sostendremos una amistad, pero no respeto. En la casa obtendremos bienestar económico, pero nuestros hijos serán como extraños para nosotros. En el ministerio de enseñanza habremos entretenido a la gente, pero no impactado sus vidas.

Jesús deseaba ayudar a los discípulos a entender que la decisión de darle la espalda al mundo y los valores que sostienen el sistema perverso que lo conforman tiene consecuencias eternas. Podremos perder prestigio, convertirnos en objetos de burla, rechazo o persecución, pero la decisión tomada alimentará y fortalecerá nuestras almas, que es la única parte de nuestra humanidad que perdura para siempre. La gran tragedia que acompaña el aparente «progreso» del hombre es que cada vez descuida más el aspecto espiritual de su existencia, el cual es indispensable para experimentar una vida plena y abundante.

La invitación a convertirse en discípulo de Cristo demanda acciones mucho más profundas que la decisión de descartar algunos elementos que no aportan nada a nuestra existencia. Es una invitación a vivir la vida en serio, asumiendo el rol de participantes en la aventura que nos ha sido preparada. Es un llamado a proclamar que Dios nos llamó a ser, antes que a hacer. El Hijo de Dios nos invita a ser copartícipes en la vida, no espectadores pasivos que esperamos con resignación algún golpe de «suerte» que nos permita mejorar la calidad de nuestra existencia. «Síganme a mí», nos dice Jesús, «y la vida jamás resultará aburrida o insulsa». No tenemos más que mirar sus tres años de ministerio entre los judíos para darnos cuenta de que esta es una invitación que vale la pena aceptar.

## Gloria y pavor *(La transfiguración de Jesús)*

# Pedro, Jacobo y Juan

### Marcos 9.2–8

*Los discípulos estaban viviendo momentos de emociones intensamente encontradas. Jesús les había confirmado que él era el Mesías, el Hijo de Dios. A esta extraordinaria revelación, sin embargo, le había sumado un anuncio inquietante: el destino final de su peregrinaje era Jerusalén, donde le esperaban sufrimientos y la muerte, a manos de los grupos religiosos de mayor influencia de la época. Había explicado que este desenlace no constituía una derrota para él, sino el cumplimiento de las profecías más antiguas de la Palabra acerca de su persona. Añadió que cualquiera que aspiraba a ser su discípulo debía estar dispuesto a transitar el mismo camino que el Maestro.*

*Una nueva experiencia espera a tres de los discípulos. Lea el verso 2. ¿Por qué piensa que llevó solamente a tres de ellos? ¿Cuál era el propósito de permitir que fueran espectadores de esta experiencia?*

Este es un buen momento, en nuestras reflexiones, para detenernos a examinar la costumbre de exponer a estos tres hombres a experiencias a las que no se les convidaba a los otros nueve. Según el relato de los Evangelios los tres varones acompañaron solos a Jesús en al menos tres ocasiones, aunque podemos suponer que existieron más oportunidades que las registradas en los cuatro Evangelios. Lo que es importante establecer aquí es que Jesús reservó una relación de mayor intimidad y revelación para un grupo reducido dentro de los doce. La estrategia nos inquieta un poco pues podría interpretarse como la manifestación de favoritismo hacia algunos. No nos ayuda el hecho de que somos consumidores de una cultura orientada hacia la democracia, en la que creemos que todos deben gozar de las mismas oportunidades, porque todos tienen el mismo valor (o por lo menos así lo afirma la teoría del sistema).

No encontraremos la forma de darle una lectura apropiada a esta práctica hasta que logremos ver que no es esta una demostración de privilegios, sino una estrategia de capacitación según la variedad de perfiles de líderes que estaba Cristo formando entre los doce. El hecho de que algunos iban a tener mayor responsabilidad que otros no los convertía en mejores o peores, sino en diferentes. El rol que se había asignado a estos tres requería de una inversión más profunda e íntima que la de los otros nueve, pero no constituía una declaración de la jerarquía que poseían. Una capacitación inteligente de obreros va a resistirse a la tentación de darle a todos exactamente las mismas herramientas, porque no todos cumplirán las mismas funciones. A cada uno se le debe dar lo necesario para la función a la que ha sido llamado, pues lo adicional solamente servirá para estorbar la eficacia de sus funciones.

El ejemplo de Jesús deja, además, un importante principio para la formación de obreros. Un líder siempre debe llevar consigo algunos de los que está formando. Es en la intimidad de la relación y la intensidad de las experiencias ministeriales que se presentan las mejores oportunidades para enseñar. El buen maestro aprovecha cada una de ellas para profundizar la inversión que está haciendo en la vida de los que se convertirán, en algún momento, en socios ministeriales.

DIOS EN SANDALIAS

DÍA 298

## Gloria y pavor *(La transfiguración de Jesús)*

# Soberana manifestación

### Marcos 9.2–8

*Jesús subió al monte para orar, tal como era su costumbre. En esta oportunidad escogió también llevar con él a Pedro, a Juan y a Jacobo. Mientras se encontraba orando se transfiguró delante de ellos. ¿Qué reacción motivó esto en ellos? ¿Por qué reaccionaron de esta manera? ¿Qué significado tenía lo que estaban viendo?*

Es importante observar un detalle, que es presentado con mayor claridad por Lucas. El texto de ese Evangelio describe así la escena: «Mientras oraba, la apariencia de su rostro cambió» (Lucas 9.29, RVR95). Aunque es apenas un dato menor en el evento, contiene una importante observación para nosotros: Jesús no los llevó al monte para deslumbrarlos con la transfiguración, como lo podría hacer un mago que ha preparado un número especial para impresionar a su público. Es muy posible que él no supiera lo que iba a ocurrir, excepto que el Espíritu lo impulsaba al monte a orar.

La secuencia de eventos revela un patrón bíblico. En todas las situaciones donde hubo una manifestación sobrenatural del Señor esta no fue solicitada ni buscada por quienes la experimentaron. Más bien esta experiencia se produjo mientras estaban ocupados en las actividades que conformaban el quehacer normal de la vida. Así lo hemos visto con Zacarías, María y los pastores. Vale la pena señalar esto porque existe la tendencia, dentro de la Iglesia, a pasarse gran parte del tiempo en las reuniones pidiendo al Señor que se manifieste, que «mande fuego» o que «visite con poder» a su pueblo. El patrón en las Escrituras, sin embargo, pareciera indicar que estas manifestaciones rara vez llegaron como respuesta al pedido del pueblo. Más bien se dieron en forma soberana, recalcando el hecho de que no poseemos los medios ni la autoridad para manipular las manifestaciones de lo alto.

Marcos, que normalmente provee referencias precisas de tiempo, nos indica que este incidente ocurrió seis días después del momento en que Jesús confirmó su condición de Hijo de Dios. Como hemos visto, la revelación fue acompañada del anuncio del fin que le esperaba, momentos de intenso sufrimiento y la muerte, lo cual contradecía claramente las proyecciones populares que se manejaban en aquel momento. Hemos de creer que este evento buscaba, entre otros objetivos, que la presencia de dos de las grandes figuras históricas del pueblo de Israel, Elías y Moisés, confirmara que Jesús era protagonista de una historia que se remontaba a algo mucho más grande y trascendental de lo que los tres discípulos conseguían entender.

Percibimos, en las palabras del evangelista, la misma frustración que sentiría Juan en Apocalipsis. Lo que vieron en el monte se salía completamente de los parámetros conocidos por ellos. No encontraron otra comparación que la blancura de ropa recién lavada para describir la radiante imagen del Mesías en ese momento. La descripción nos recuerda que las realidades más profundas del mundo espiritual trascienden completamente las experiencias más elevadas que puedan vivir las personas. Quien intenta captar el misterio de lo eterno en el idioma de los hombres experimentará la misma frustración. Eventualmente, la única respuesta apropiada al misterio de Dios es la adoración.

DÍA 299

## Gloria y pavor *(La transfiguración de Jesús)*

# No saber qué decir

### Marcos 9.2–8

***La reacción de los discípulos frente a la revelación de la gloria de Cristo dista mucho del entusiasmo que nosotros manifestamos ante la aparente «presencia» de Dios en nuestras reuniones. De hecho, un recorrido por escenas similares en la Palabra mostrará que ni una sola persona se sintió a gusto con una visitación por parte del Señor. Moisés sintió miedo. A Isaías lo abrumó su pecado. Zacarías, Elizabet y María experimentaron gran temor. El apóstol Juan, cayó como muerto a los pies del Señor. Vemos la misma realidad en el texto de esta semana. Cuando los tres discípulos lo vieron se sintieron, según el testimonio del evangelista, ¡profundamente aterrados! Nos confirma nuestra increíble fragilidad ante el intolerable peso de la gloria de Dios.***

***¿Cómo reaccionó Pedro? ¿Por qué hizo esta sugerencia?***

En algún momento he llamado a esta sugerencia del apóstol el «síndrome de Pedro». Me refiero a nuestra tendencia, frente a situaciones de extraordinaria intensidad espiritual, a buscar la forma de detener el reloj y permanecer ahí todo el tiempo posible. ¡En cuántas reuniones, donde hemos presenciado una singular operación del Señor, nos cuesta ponerle fin al encuentro! Muchas veces la persona que preside continúa con interminables intentos por entusiasmar a los presentes para que el «mover» no se detenga, pero rara vez logran este cometido. El Espíritu del Señor, como bien le señaló Cristo a Nicodemo, sopla cuando quiere y donde quiere. Los hombres no poseen la capacidad de manipular ni manejarlo a su antojo. El hecho es que estas experiencias son atípicas en la vida de los santos y ocurren muy esporádicamente, en parte por nuestra incapacidad de manejarlas correctamente o de soportar la abrumadora presencia de Dios. ¡No por nada el Señor advirtió a Moisés que la posibilidad de contemplar el rostro de Dios significaría la muerte segura!

Marcos agrega un detalle interesante sobre la sugerencia de Pedro: él no sabía qué decir, pues estaba aterrado. La idea del discípulo no era el resultado de un proceso de reflexión, sino lo primero que salió de su boca. En Proverbios se nos advierte que «el que retiene sus palabras tiene conocimiento, y el de espíritu sereno es hombre entendido. Aun el necio, cuando calla, es tenido por sabio, cuando cierra los labios, por prudente» (17.27–28). Es precisamente ese ímpetu el que tantas veces metió a Pedro en problemas y que, seguramente, más de una complicación nos ha generado también a nosotros. Su desatinada sugerencia, aunque bien intencionada, señala cuán alejados estamos de comprender el mover del Señor. Seguramente nuestro apuro por decidir el camino a seguir ha frustrado, en más de una ocasión, lo que Dios intentaba realizar en determinada situación. ¡Qué sano, entonces, resulta el hábito de esperar instrucciones de lo alto!

*«Señor, lentamente estoy entendiendo lo vulnerable y frágil que soy. ¡Cuánta necesidad tengo de estar cerca de ti, de aprender a aquietar mi espíritu y dejar que tú me lleves de la mano por los caminos que tú quieres. ¡Gracias por tu infinita paciencia con uno que tan frecuentemente yerra el sendero!».*

DIOS EN SANDALIAS

DÍA 300

## Gloria y pavor *(La transfiguración de Jesús)*

# Oídos atentos

### Marcos 9.2–8

*El asombro y el pavor que se apoderó de los discípulos frente a la transfiguración de Cristo llevó a Pedro a decirle a Jesús lo primero que se le vino a la mente: «bueno es estarnos aquí; hagamos tres enramadas, una para ti, otra para Moisés y otra para Elías». Marcos aclara, sin embargo, que Pedro realmente no sabía qué decir. Su reacción nos muestra cuán propensos somos a hacer algo, no importa lo que sea, en situaciones que escapan de nuestro control. Estas acciones, sin embargo, rara vez coinciden con lo que es apropiado o indicado*

*La bondad del Señor siempre provee una oportuna corrección para nuestros desatinos. Marcos relata que «entonces se formó una nube, cubriéndolos, y una voz salió de la nube: Este es mi Hijo amado, a Él oíd. Y enseguida miraron en derredor, pero ya no vieron a nadie con ellos, sino a Jesús solo». ¿Por qué se le dio este mensaje a los discípulos en ese mismo instante? En su opinión, ¿cuál sería la razón por la que el Padre pronunció estas palabras?*

No podemos dejar de notar el contraste entre esta acción, por parte de Dios, y las precipitadas palabras de Pedro. La misma presencia de la nube pareciera tener la intención de aquietar el agitado espíritu de los discípulos, a la vez que las instrucciones proveen de una clara orientación en medio de una situación tan confusa.

El contexto de todo lo que los discípulos habían vivido desde que Jesús había confirmado que él era el Mesías, el Hijo de Dios, le da un peso adicional a las palabras que pronuncia el Padre. La posterior revelación, por parte de Cristo, de que debía subir a Jerusalén para sufrir muchas injusticias a manos de los principales sacerdotes y fariseos, los había desorientado. ¿Cómo podían ellos reconciliar esta noticia con su condición de Hijo de Dios? En el monte, Pedro, Juan y Jacobo no solamente recibieron evidencias visibles de la naturaleza divina de Jesús, sino que fueron testigos del respaldo que el Padre mismo le estaba dando. Sus palabras, lejos de avalar la imagen severa y lejana que muchos israelitas se habrían formado de Dios, revelan a un Padre amoroso y tierno que siente orgullo por el Hijo que tiene.

Junto a este respaldo viene una suave exhortación: «escuchen a mi Hijo». La agitación que sentían los discípulos por no saber cómo proceder, tenía un perfecto y sencillo remedio: acercarse al Hijo para recibir de sus labios las palabras de orientación para la situación en que se encontraban. El Padre les estaba indicando que, aun cuando no entendieran todo lo que el Hijo decía, sus palabras eran lo único que necesitaban para avanzar por la vida.

La exhortación del Padre deja también un importante principio para nosotros. En tiempos de desorientación, temor o desesperanza, el camino a recorrer es el de procurar del Señor las palabras que reaviven el espíritu y nos orienten a la persona en la dirección correcta. Podemos afirmar, adicionalmente, que si el Padre nos anima a escuchar al Hijo es porque Jesús tiene la intención de hablarnos, ¡un regalo tan valioso como la vida misma!

## Gloria y pavor *(La transfiguración de Jesús)*

# Vuelta a la vida

### Marcos 9.2–8

***La dramática experiencia de la transfiguración de Cristo terminó tan abruptamente como comenzó. Luego de escuchar una voz del cielo que los exhortaba a prestar atención al Hijo «enseguida miraron en derredor, pero ya no vieron a nadie con ellos, sino a Jesús solo». La desaparición repentina de la visión celestial remarca el hecho de que no poseemos los medios para controlar ni retener el mover de Dios. Nuestra responsabilidad es la de ocuparnos en lo que él nos ha confiado, permitiendo que el Espíritu se mueva con libertad en nosotros y a través de nosotros. Lea los versos 8 y 9 de este capítulo. ¿Por qué bajaron del monte Jesús y los discípulos? ¿Qué instrucciones les dio Jesús por el camino? ¿Cuál era su intención al ordenarles callar? ¿Qué plazo les puso para guardar silencio?***

Los discípulos ahora deben regresar al lugar donde se lleva a cabo la vida cotidiana. La vida espiritual se vive y desarrolla en el marco del bullicio y el quehacer de cada día, y es allí donde se presentan nuestras mejores oportunidades para poner por obra lo que hemos recibido en tiempos de soledad y quietud. Los encuentros de renovación y celebración solamente hallan sentido cuando nos proveen de las herramientas y actitudes para movernos eficazmente en el mundo donde vivimos. Luchamos, sin embargo, contra la convicción de que los momentos más espirituales se dan en medio de situaciones de recogimiento y retiro, por lo que descartamos que en la vida diaria el Señor pueda estar realizando en nosotros su labor más intensa.

En el monte, la voz del Padre había invitado a los discípulos a prestar atención a las instrucciones del Hijo. Unos pocos instantes más tarde Jesús les proveyó de instrucciones sobre la forma en que debían actuar al volver a mezclarse con la muchedumbre que, seguramente, los esperaba. Les ordenó que no contaran a nadie lo que habían visto, hasta que el Hijo del Hombre resucitara de entre los muertos. Una vez más percibimos la frustración que debe haber producido esta directiva en Juan, Jacobo y Pedro. El deseo natural en cualquiera que haya vivido una dramática experiencia espiritual es el de rápidamente buscar con quien compartirla. Esta situación, sin embargo, presenta a los discípulos una excelente oportunidad de negarse a sí mismos. Si Cristo hubiera deseado que otros participaran de esta experiencia los hubiera incluido. No necesita explicarnos por qué considera que no era apropiado compartirlo en ese momento. Nos basta con escucharlo y obedecer.

No obstante, las instrucciones de Jesús eran que ellos no hablaran con nadie de lo vivido, hasta después de su resurrección. Los discípulos no lograron aquietar la incesante necesidad de entenderlo todo y comenzaron a discutir entre ellos acerca del significado de la resurrección. A pesar de esto, vale la pena señalar que actuaron conforme a la palabra recibida, y esto tiene un inmenso valor. Aun si vamos discutiendo por el camino, qué maravilloso resulta que intentemos actuar sobre lo que se nos ha indicado. En el momento que obedecemos, se desata sobre nuestras vidas la bendición que el Señor ha reservado para los hijos que le aman.

DIOS EN SANDALIAS

DÍA **302**

## Sólo con oración *(Jesús libera a un endemoniado)*

# Bendición y conflicto

### Marcos 9.14–29

***Jesús y los tres discípulos que lo habían acompañado regresaban del monte donde habían vivido una intensa experiencia espiritual. En el camino el Señor les había advertido de que no compartieran con nadie lo que habían visto, ni siquiera con los otros nueve que no habían subido. De todos modos, no se presentó oportunidad de hablar sobre la experiencia porque en pocos instantes quedó atrás la gloria de la transfiguración en el monte y se vieron envueltos, una vez más, en una situación de conflicto. Lea el resto del pasaje e intente visualizar la escena con que se encontró Jesús. ¿Qué elementos distingue en medio de la disputa que se desarrollaba? ¿Por qué se había juntado esa gran multitud?***

La escena guarda similitudes con otros relatos de la Biblia. En cada uno de ellos encontramos que una experiencia intensamente espiritual es sucedida —a veces en forma abrupta— por una situación de conflicto o pecado. Moisés, por ejemplo, tuvo que bajar repentinamente del monte donde había recibido las tablas con los Diez Mandamientos, porque el pueblo se había corrompido con el becerro de oro (Éxodo 33). La euforia que acompañó a los israelitas en la conquista de Jericó fue reemplazada por el desconsuelo ante una vergonzosa derrota en Hai (Josué 7). Jesús, luego de ser bautizado, fue inmediatamente llevado al desierto para ser tentado (Mateo 4). Los apóstoles, cuya predicación había logrado la conversión de multitudes en Jerusalén, no habían terminado de hablar cuando cayeron sobre ellos los oficiales del templo para arrestarlos (Hechos 4).

La reiteración de escenas similares se presta para que enunciemos un principio: después de una experiencia espiritual extraordinaria podemos esperar una situación de conflicto de la misma intensidad que la primera. Existe una razón muy clara para este patrón. El enemigo desea arrebatar de las manos de los hijos de Dios la bendición que puedan haber recibido en la asombrosa vivencia espiritual de la que fueron partícipes. Sus estrategias, sin embargo, no escapan al trabajo del Señor en nuestras vidas, como claramente lo indica la experiencia de Cristo en el desierto. Si bien fue tentado por el diablo, la cita la concertó el Espíritu Santo. Por esto, los momentos de fuerte lucha espiritual que siguen a una gran bendición son poderosos instrumentos en las manos de Dios para que se afiance en sus hijos la bendición recibida. Como bien sabemos por nuestra propia experiencia de vida, los momentos de conflicto son los que ofrecen el mejor marco para comprobar la eficacia de aquello que, hasta ese momento, solo conocíamos en el plano de lo teórico.

Conocer este principio no servirá para que podamos evitar las situaciones de conflicto, sino para que permanezcamos en guardia contra sus manifestaciones. Cada vez que experimentemos alguna bendición particular, o veamos que el Señor se ha movido de manera particularmente intensa en nuestro medio, podemos esperar que venga alguna clase de dificultad. Saberlo evitará que esa experiencia nos tome por sorpresa y permitirá que rechacemos firmemente toda disposición al desánimo o a la desesperación.

## **Sólo con oración** *(Jesús libera a un endemoniado)*

# Discusiones inútiles

### Marcos 9.14–29

***La escena con que se encontró Jesús cuando bajó del monte era diametralmente opuesta a la que habían vivido recientemente. Lea con detenimiento los versículos 14 al 18. ¿En qué estaban ocupados los discípulos cuando Cristo llegó a ellos? ¿Cuál puede haber sido el motivo de este comportamiento? ¿Cómo reaccionó el Señor ante la situación?***

Lo primero que nos llama la atención en esta escena de conflicto y confusión es que la multitud, cuando vio a Jesús, corrió hacia él. La reacción de ellos nos da una muy clara imagen de la autoridad y el peso que tenía la figura de Cristo entre las personas que lo habían seguido en diferentes momentos de su vida pública. Es evidente, por la reacción de ellos, que creían que él podía ayudarlos a desenredar el desconcierto y la confusión que se había instalado en esta situación de crisis.

La respuesta de la gente, sin que ellos lo supieran, también indica la dirección a seguir para salir del enredo en que se habían metido los discípulos. Nuestra respuesta, en situaciones donde no tenemos claridad acerca de cómo proceder debería ser detenernos para buscar una palabra de orientación de parte del Señor. Solamente él sabe con certeza lo que la situación requiere. Lastimosamente, sin embargo, en muchas situaciones tendemos a aislarnos y a tratar nosotros, por nuestros propios medios, de descifrar exactamente cuál es el camino a seguir. Esa forma de actuar habla de lo mucho que nos cuesta rendirnos a sus pies, sin antes haber agotado todas las instancias de resolver nosotros mismos la encrucijada.

Los discípulos se habían involucrado en una discusión con algunos de los presentes, entre los que estaban los infaltables expertos en asuntos espirituales, los escribas. Hemos de creer que, frente a la falta de resultados ante la situación del muchacho, los discípulos se habían convertido en objeto de algunas burlas por parte de los presentes, lo que seguramente despertó en ellos el deseo de defender o explicar su proceder. Con seguridad tampoco faltaron aquellos que siempre saben mejor que uno la manera de actuar en una situación de crisis.

La discusión acerca de la forma de proceder en esta clase de situaciones es normal, pero no aporta ninguna solución. Pareciera ser, sin embargo, que esta es una debilidad particular en el ministerio, porque Pablo exhortó a Timoteo, no menos de seis veces en las dos cartas que le escribió, a que no se enredara en vanas discusiones. Ordenó al joven líder a que «instruyera a algunos que no enseñaran doctrinas extrañas, ni prestaran atención a mitos y genealogías interminables, lo que da lugar a discusiones inútiles en vez de hacer avanzar el plan de Dios que es por fe» (1 Timoteo 1.3–4). A Tito le señala que las contiendas de palabras son «sin provecho y sin valor» (Tito 3.9). Las discusiones simplemente distraen las energías de los presentes y añaden confusión a la situación.

Aun cuando tengamos razón, el reino avanza por otros medios. Conviene a los hijos de Dios un espíritu sereno y apacible, porque no es nuestro esfuerzo el que logra resultados, sino la intervención del Señor, como descubrió Moisés cuando asesinó al guardia egipcio.

# Sólo con oración *(Jesús libera a un endemoniado)*
# Generación incrédula

## Marcos 9.14–29

***Cuando Jesús bajó del monte encontró a los discípulos enredados en una disputa con algunos escribas como resultado de su incapacidad de ministrar a un muchacho endemoniado. ¿Cómo reaccionó Jesús ante la disputa? ¿Qué pregunta hizo en esta situación? ¿Por qué se refirió a ellos como una «generación incrédula»?***

No encontramos ningún detalle sobre la razón de esta discusión. No obstante, si usamos como referencia situaciones similares en nuestra propia experiencia ministerial, es muy probable que girara en torno al método indicado para resolver la situación que se les había presentado. Es posible que los escribas hayan cuestionado la autoridad de los discípulos o efectuado algún comentario despectivo sobre su falta de eficacia como seguidores de Cristo. Si le sumamos a esta situación el nerviosismo y la impotencia, no se requeriría de mucho para que se produjera una acalorada discusión en la que estaba en juego el honor y el orgullo de los discípulos.

Cuando Cristo llegó hasta donde ellos estaban les preguntó: «¿Qué discutís con ellos?» (16). No poseemos los elementos para identificar el tono con que efectuó la pregunta, ni a quién fue dirigida. La pregunta, no obstante, implica un cuestionamiento del medio que habían escogido para resolver la situación. Es posible que cuestionara no tanto el hecho de que se habían enredado en una discusión, sino que esta fuera con personas con ninguna autoridad para opinar sobre cuestiones espirituales como la que habían procurado solucionar. De todos modos, fuera cual fuera el énfasis, la pregunta invitaba a los discípulos a reflexionar sobre el camino que habían escogido para resolver la situación. En ocasiones nosotros también podemos beneficiarnos del acto de detenernos y preguntarnos por qué estamos haciendo lo que hacemos. Descubriremos que muchas obras las llevamos a cabo simplemente por costumbre, sin responder a un claro motivo que justifique nuestro proceder.

La respuesta de Jesús, frente a la explicación del padre de este muchacho, fue muy fuerte: «¡Oh generación incrédula! ¿Hasta cuándo estaré con vosotros? ¿Hasta cuándo os tendré que soportar? ¡Traédmelo!» (19). Esta no es la única situación en la que Cristo expresó exasperación por la falta de fe en los discípulos (vea Marcos 4.40; 6.50, 52; 8.17–21). El hecho es que habían estado con él en una diversidad de situaciones similares y, aparentemente, esperaba que se afianzara en ellos una convicción acerca de los principios espirituales que operaban en el reino de los cielos. Vemos en Jesús la angustia de quien no logra avanzar todo lo que quisiera en la formación de los suyos, por causa de la dureza de sus corazones. Creo que esa misma frustración la hemos experimentado en muchas situaciones en las que observamos a personas empecinadas en tomar un rumbo que sabemos, con certeza, los conducirá al dolor y la angustia. Sin duda esta es parte de la carga de quien ministra, y debe ser asumida como parte del precio que debemos pagar para que Cristo sea formado en otros. Pablo comparaba estas aflicciones con los dolores de parto de una mujer (Gálatas 4.19).

DIOS EN SANDALIAS

DÍA 305

# Sólo con oración *(Jesús libera a un endemoniado)*
# Incredulidad

## Marcos 9.14–29

***Jesús cuestionó a los discípulos sobre la razón por la que estaban discutiendo con los escribas, personas que seguramente no podían aportar nada positivo a la situación que se les había presentado. Continúe meditando sobre la escena que nos ocupa en estos días. ¿En que consistía la incredulidad de los discípulos? ¿Por qué el muchacho se manifestó con tanta violencia cuando lo llevaron a Jesús?***

El ambiente que encontró Jesús era similar al que había percibido en Nazaret, donde «no hizo muchos milagros allí a causa de la incredulidad de ellos» (Mateo 13.58). No queda claro si el Señor dirigió sus palabras al padre del muchacho, a la multitud o a los nueve que habían quedado atrás mientras subía al monte. No dudamos, sin embargo, que la liberación del endemoniado no dependía de que utilizaran el método indicado para estas situaciones. No era asunto de conocer las técnicas apropiadas, sino de moverse utilizando los principios que rigen el mundo espiritual. Para que se desarrolle una acción en esta esfera es necesario que quienes sean partícipes de ella gocen de una profunda convicción de que el mundo invisible es aún más real que el visible. Es por esto que el autor de Hebreos declara que «la fe es la certeza de lo que se espera, la convicción de lo que no se ve» (11.1). Jesús estaba indicando que las convicciones espirituales de los presentes afectan grandemente los resultados de las cuestiones que se emprenden en el plano de lo invisible.

Los términos «certeza» y «convicción», que utiliza el autor de Hebreos, hacen referencia a una actitud de seguridad que es absolutamente esencial para moverse con libertad en el plano espiritual. Si tuviéramos que atravesar solos una selva con densa vegetación, donde fuera sumamente difícil mantener el sentido de orientación, seguramente nuestros pasos delatarían falta de convicción acerca de cómo llegar a nuestro destino. Con cuánta confianza avanzaríamos, sin embargo, si estuviéramos con un guía que ha realizado muchas veces esta misma travesía. Su experiencia nos contagiaría de tranquilidad, pues nuestro destino está en manos de uno que conoce el camino. Del mismo modo, quienes perciben con nitidez el mundo espiritual y conocen fehacientemente las realidades que lo componen, pueden moverse con una autoridad y certeza que no poseen aquellos que son novatos.

Esta es la razón por la que el espíritu se manifestó violentamente cuando trajeron el muchacho a Cristo. El demonio sabía que estaba en presencia de uno que poseía autoridad absoluta en el mundo espiritual. No podía resistirse, ni echar mano de sus astucias para permanecer escondido, pues estaba ante uno más grande y fuerte que él. La mera presencia de Jesús, en marcado contraste con la falta de eficacia de los nueve, produjo una instantánea manifestación. Ellos aún no habían adquirido el peso y la autoridad necesarios para una postura de firmeza en presencia del enemigo. Probablemente Jesús se sintió exasperado porque la postura que esperaba de ellos no requería gran madurez ni mucha experiencia ministerial. Más bien, se trataba de la clase de confianza absoluta que tan fácilmente expresan los niños.

DÍA 306

# Sólo con oración *(Jesús libera a un endemoniado)*
# «Ayúdame en mi incredulidad»

## Marcos 9.14–29

***Cuando Jesús intervino en la confusa situación en que se habían metido los discípulos, le trajeron al muchacho endemoniado. ¿Por qué fue tan violenta la reacción de este muchacho ante la presencia del Cristo? En su opinión, ¿cuál sería la razón por la que Jesús interrogó al padre del muchacho? ¿Qué nos revela el comportamiento del demonio acerca de las obras del diablo? ¿Cuál era la actitud del padre hacia Jesús? ¿De qué manera reaccionó al pedido del padre?***

Esta es la única situación registrada en que Jesús solicitó un historial más detallado de la persona a quien iba a ministrar. Su proceder afirma, una vez más, que no existe un método predeterminado para estos casos, sino que en cada situación se debe proceder según las indicaciones que el Espíritu da. Es posible, también, que fuera necesario involucrar al padre en el proceso. La situación claramente había afectado a toda la familia y era necesario que la sanidad operara en todo el grupo, pues el hombre no solamente pidió misericordia para el hijo sino para ellos también. Su petición confirma que no existe nadie que pueda mantenerse aislado de los problemas de los demás. Aun cuando no participamos directamente en sus vidas, la situaciones de crisis en las que se encuentran afectan a los que entramos en contacto con ellos.

Ante la respuesta del padre, Jesús exclamó: «"¿Cómo si tú puedes?" Todas las cosas son posibles para el que cree». La frase, que constituye una de las declaraciones más conocidas del Señor, alude a la misma verdad que expone Pablo en la carta a los Filipenses: «Todo lo puedo en Cristo que me fortalece» (4.12). Es decir, no existen obstáculos en la vida de aquellas personas que poseen una convicción inamovible de que están en manos de Dios, cuyo reino soberano se extiende hasta los más recónditos lugares del universo. No es una convicción de que nosotros podemos lograr avances significativos en la vida si asignamos suficiente esfuerzo a la situación, sino la confianza que procede de conocer a Aquél que puede obrar a nuestro favor. La Palabra está repleta de ejemplos de quienes, frente a situaciones increíblemente adversas, creyeron contra toda esperanza que Dios podía intervenir, y no fueron defraudados.

La respuesta de Jesús produjo una reacción inmediata: «al instante el padre del muchacho gritó y dijo: Creo; ayúdame en mi incredulidad». Su respuesta pareciera indicar una contradicción, pues pensaríamos que la fe y la incredulidad no pueden convivir en una misma persona. El padre, no obstante, expresaba uno de los misterios de nuestra condición humana, el hecho de que estamos en un proceso de transformación. Nuestra vida, entonces, siempre reflejará la existencia de realidades que coexisten en un estado de tensión, tal como lo describe Pablo en Romanos 7.15–25. El reino asoma en nuestras vidas, pero aún no ha llegado en toda su plenitud. Somos santos, pero aún nos afectan las manifestaciones del pecado. El padre del muchacho poseía fe pero, a la vez, se daba cuenta de que era una convicción débil e imperfecta. Por esto, solicitaba a Cristo que fortaleciera aquello que existía en estado tan precario dentro de su propio corazón.

DIOS EN SANDALIAS

DÍA 307

## Sólo con oración *(Jesús libera a un endemoniado)*

# Intervención decisiva

### Marcos 9.14–29

***El padre del muchacho endemoniado compartió su desesperación con Cristo, pues su hijo llevaba muchos años sufriendo los tormentos que le producía un espíritu inmundo que se apoderaba de él. ¿Cuál fue uno de los factores que motivó a Cristo a actuar? ¿De qué manera procedió para resolver la situación? ¿Qué instrucciones impartió al demonio?***

Marcos inserta un interesante detalle en el relato. La multitud de curiosos que acompañaban a Cristo a todos lados comenzó a agolparse alrededor de él. Este factor lo decidió a no demorar más su intervención en la vida del endemoniado. Su decisión muestra lo reticente que era a montar espectáculos frente a las multitudes. Algunos hasta utilizan esta clase de situaciones ministeriales para convocar a la gente: «Gran campaña de milagros» anuncian los carteles en diversos puntos de la ciudad, como si se estuviera invitando a las personas a una especie de función. Cristo no solamente desanimaba a las multitudes, sino que veía que ellas eran un estorbo para desarrollar eficazmente el ministerio. Seguramente, también, deseaba proteger al hombre y a su hijo de la inevitable incomodidad que sentimos cuando todos posan su mirada sobre la desgracia que nos toca vivir.

Asimismo, su intervención en la vida del muchacho fue decisiva y contundente: «reprendió al espíritu inmundo, diciéndole: Espíritu mudo y sordo, yo te ordeno: Sal de él y no vuelvas a entrar en él». No dio vueltas sobre el asunto, sino que ejerció la autoridad que poseía para expulsar al demonio. Este punto es clave para comprender la eficacia en un ministerio de liberación. Se le puede ordenar a los espíritus que hagan tal o cual cosa porque no poseen libertad absoluta para actuar como quieren. Ellos también son seres creados y están bajo la autoridad del Señor, aunque no viven en sujeción a él. No obstante, cuando alguien que posee mayor autoridad que ellos los enfrenta, no les queda más opción que obedecer, y así aconteció en esta situación en particular. Es interesante notar, también, que le prohibió volver a entrar en el muchacho. En más de una situación la salida de un demonio ha sido solamente «por un tiempo».

La reacción del espíritu da testimonio de cuán fuertes eran las ataduras que habían forjado en la vida del muchacho. En muchas ocasiones, al igual que el endemoniado de Gadara, el espíritu inmundo había intentando quitarle la vida buscando, de esta manera, cumplir con el objetivo principal del enemigo que es robar, matar y destruir. La violencia de su salida nos permite afirmar que el avance de la luz sobre las tinieblas siempre estará acompañado de una intensa lucha espiritual, la cual, en ocasiones podremos observar, así como en las terribles convulsiones que experimentó este muchacho. Cuando finalmente quedó libre, la diferencia de su estado posterior con el anterior era tan dramática que parecía que la vida misma se le había escurrido, y así lo creyó la multitud. La conclusión a la que tan rápidamente arribaron muestra lo fácil que resulta equivocarse en cuestiones que exigen una aguda percepción espiritual. Jesús, en cambio, levantó con ternura al muchacho y lo puso de pie.

DIOS EN SANDALIAS

DÍA 308

## Sólo con oración *(Jesús libera a un endemoniado)*

# Más allá de los métodos

### Marcos 9.14–29

*Cuando el espíritu inmundo salió del muchacho que sufría violentas convulsiones, quedó tan quieto que las personas que lo rodeaban pensaron que había muerto. El resultado de la intervención de Cristo se veía con aún mayor dramatismo por el contraste que presentaba con los infructuosos esfuerzos de los discípulos. Quizás ellos habían llegado a la conclusión de que el caso era muy complejo y por eso no habían podido lograr nada. La contundencia de Jesús, sin embargo, los dejó perplejos, pues él no había experimentado ninguna de las dificultades que ellos habían enfrentado. ¿Qué hicieron los discípulos cuando él entró en la casa? ¿Qué nos indica esto acerca del proceso de formación? ¿Qué lección quiso enseñarles el Señor?*

La posibilidad de continuar dialogando sobre enseñanzas o situaciones que han quedado confusas es una de las marcas que distinguen al buen maestro. Son muy raras las ocasiones en que un discípulo logra, en un solo instante, la comprensión acabada de un principio espiritual. El aprendizaje, más bien, es un proceso que incluye una diversidad de factores en una variedad de entornos. Por esto, Jesús con frecuencia complementaba una prédica o experiencia con un período de preguntas y el diálogo que inevitablemente producían. Del mismo modo nosotros, con las personas que estamos formando, debemos crear esos espacios y momentos para que el proceso alcance su máximo potencial. La pregunta de los discípulos surgió naturalmente como resultado de la diferencia que observaron entre su fracaso y el éxito del Señor. En ocasiones nuestro ejemplo, que debería señalar un camino mejor en la vida, servirá para despertar en otros esta clase de inquietudes.

La respuesta del Señor fue breve y enigmática: «Esta clase con nada puede salir, sino con oración» (29). El enigma que contiene su respuesta radica precisamente en el hecho de que él no utilizó oración para expulsar al demonio. Nos sentimos tentados, entonces, a creer que Jesús exigía de ellos un procedimiento que él mismo no respetaba. Seguramente parte de nuestra dificultad descansa en la convicción de que la oración es una actividad puntual para un momento, y no un estilo de vida. El momento para orar, sin embargo, no es en el fragor de la batalla sino antes de llegar a ella. Cristo no oró en ese instante, porque acababa de regresar de una profunda experiencia de comunión con el Padre. Cuando una persona ha dedicado el tiempo necesario a preparar su espíritu, en oración, para los desafíos que lo esperan por delante, puede avanzar confiado porque ha establecido el fundamento necesario para moverse con autoridad en situaciones de conflicto. Este mismo principio llevó a Jesús a preparar su espíritu para la confrontación con Satanás mediante cuarenta días de oración y ayuno. Una vez que se produjo el enfrentamiento, el tiempo para orar había pasado: había llegado la hora de la acción.

Un ministerio eficaz siempre se sustenta por una intensa vida de oración. De nada sirve orar en el momento de la ministración si no ha existido este tiempo previo de preparación espiritual. En un sentido, el momento de ministración revelará lo que se ha sembrado a solas, delante del Padre.

DIOS EN SANDALIAS

DÍA 309

# Ser como niños *(Jesús enseña sobre la humildad)*

# Una disputa

## Mateo 18.1–14

***Poco tiempo después de que Cristo intentara explicarle a los discípulos que le esperaban tiempos de sufrimiento y persecución, encontramos una escena que nos ayuda a entender por qué el mensaje de él resultó tan incomprensible para los doce. Lea el texto asignado para estos días. El relato de Marcos provee un detalle adicional al de los otros dos Evangelios: «Y llegaron a Capernaúm; y estando ya en la casa, les preguntaba: ¿Qué discutíais por el camino? Pero ellos guardaron silencio, porque en el camino habían discutido entre sí quién de ellos era el mayor» (9.33–34). ¿Qué es lo que motiva en nosotros esta clase de discusiones? ¿Por qué resultaba tan importante para los doce establecer quién sería el mayor en el grupo? ¿De qué manera se manifiestan nuestras propias pujas por ser más que nuestros hermanos?***

Es interesante observar la respuesta de los discípulos frente a la pregunta de Jesús. Guardaron silencio porque, seguramente, sus propios corazones daban testimonio de la poca importancia que poseía, en el reino de los cielos, establecer quién iba a ser el mayor entre ellos. No obstante, como esos niños que se juntan para discutir cuál de ellos tiene el papá más fuerte o con más dinero, ellos no lograban escapar de las manifestaciones más bajas de nuestra humanidad. Influenciados por una cultura que no tenía a Dios como punto de referencia, se habían entregado a las comparaciones y pujas de poder que inevitablemente se producen entre hombres que luchan por convertirse en dioses. A pesar de esto, el silencio de ellos testifica que la obra transformadora de Cristo comenzaba a reorientar los valores en sus corazones.

El afán de establecer quién es el más grande no es simplemente una ocupación de niños, aunque delata la existencia de una mentalidad infantil. La caída, en el jardín del Edén, quiebra el espíritu de colaboración con que había sido creada la primera pareja y la traslada al plano de la competencia. Adán y Eva se esconden el uno del otro y comienzan a actuar como si fueran rivales. Él ya no la protege ni la cuida, sino que la utiliza para justificar su propio pecado. Ella, según el relato de Génesis 3, comienza a buscar la forma de ocupar el lugar que le ha sido otorgado al hombre. Frente a esto, él responde con dureza, buscando la forma de dominarla. Es decir, la característica sobresaliente de su relación ahora es una lucha por establecer quién controla el destino del otro.

Esta disputa se ha extendido al plano de todas las relaciones que sostenemos con otros. Gran parte de la vida se nos escurre en maniobras y maquinaciones inútiles para lograr un lugar de supremacía sobre nuestros semejantes. Nos cuesta una enormidad admitir nuestros errores y desaciertos por el temor a que la otra persona saque ventaja de esta situación. Sin percibir claramente lo que está ocurriendo quedamos atrapados en un estilo de vida en el que nunca podemos bajar la guardia, ni relajarnos. Jesús deseaba liberar a los discípulos de esta esclavitud, señalando un camino diferente. Lo habían visto personificado en la vida del Mesías, pero ahora iba a proveerles instrucciones muy sencillas acerca de cómo lograr esta misma postura en sus propias vidas.

DIOS EN SANDALIAS

DÍA 310

## Ser como niños *(Jesús enseña sobre la humildad)*

# Sencillez e inocencia

### Mateo 18.1–14

***Como resultado de una vana discusión entre los discípulos, acerca de quién era el más grande, Jesús decidió hablar sobre la grandeza desde la óptica del reino. Para facilitar la comprensión de los discípulos se valió de los brillantes métodos de enseñanza que utilizaba con tanta frecuencia. Lea los versículos 2 y 3. ¿Por qué resulta tan eficaz esta ilustración? Intente identificar las características de los niños que deben imitar los adultos. ¿Qué proceso debían recorrer los discípulos para ser como niños?***

Una vez más podemos percibir la confusión que las palabras de Cristo pueden haber producido en el grupo de los doce. Señalar a un niño como el ejemplo de grandeza al que debían aspirar contradecía todo lo que habían visto y recibido de la cultura que los rodeaba. Bastaba con echarle una mirada a este pequeño para entender que no poseía ni una pizca de grandeza. Hasta su misma estatura se prestaba para que pasara desapercibido cuando caminaba por los lugares públicos de la ciudad. Cristo, no obstante, no se refería al rol de este pequeño en la sociedad, sino a la realidad espiritual que es parte de la niñez. Es allí donde debemos dirigir la mirada si es que deseamos comprender lo que el Señor intentaba señalar a los discípulos.

Lo distintivo en los niños es que no han incorporado aún las complejas conjeturas ni las enredadas expresiones de astucia propias de los adultos. La perspectiva de ellos posee una inocencia y una libertad que provee el entorno ideal para el desarrollo de la fe. Considere solamente algunas características en los niños que revelan la sencillez de sus espíritus.

La primera acción que realizan los niños cuando despiertan por la mañana, por ejemplo, es buscar a sus padres. No los observamos preocupados o cansados porque no consiguieron dormir durante la noche. Ni bien abren los ojos comienzan a disfrutar del día. Los niños tampoco se preocupan acerca de las necesidades del día. No pasan horas pensando de dónde vendrá la comida para el almuerzo, o quién podrá prepararlo. Juegan tranquilos porque saben que existen otras personas que velan por su bienestar. En el momento que necesitan algo, se acercan a algún adulto para pedirlo. No andan con rodeos, ni con vueltas. Piden porque confían en que los grandes pueden suplir sus necesidades. Cuando se lastiman, inmediatamente buscan a su madre o padre para recibir de ellos el consuelo que necesitan. A veces, con un solo beso o una caricia, desaparecen las lágrimas y vuelve la alegría. Tampoco poseen capacidad para recordar los hechos malos que han vivido. No guardan rencores ni buscan vengarse como es el caso de los adultos. Aun cuando sus padres los disciplinan, rápidamente recobran el buen ánimo y el deseo de jugar. Los niños también poseen una admirable imaginación. ¿Se encontró alguna vez con un niño cuestionador o dado a las dudas? Usted les habla de Papa Noel y ellos creen, a ciegas, en su existencia. Solamente de grandes incorporan el escepticismo que tanto caracteriza a los adultos. Todos estos principios, y muchos otros, estaban a la vista para cualquier persona que se dispusiera a observar a un niño. Permanecer con ellos proveería toda la enseñanza necesaria para avanzar en la vida espiritual.

DIOS EN SANDALIAS

DÍA 311

## Ser como niños *(Jesús enseña sobre la humildad)*

# Segunda conversión

### Mateo 18.1–14

***Un niño sirvió para que Cristo diera una admirable enseñanza sobre la grandeza en el reino de los cielos. Les indicó que la meta era llegar a poseer la misma humildad que ellos, y les señaló que era imposible entrar en el reino a menos que volvieran a convertirse. ¿Qué concepto encierra la conversión? ¿Cuál era la conversión que pretendía para sus discípulos? ¿En la práctica, cómo podían recorrer este camino?***

Es interesante que Jesús llamara a sus seguidores a una conversión. El término griego que traducimos «conversión» significa, literalmente: retroceder, volverse para atrás, girar en la dirección opuesta. Queda claro, entonces, que el camino que señalaba corría en contraposición a la dirección en que se estaban moviendo sus discípulos. De hecho, es imposible recuperar la inocencia de los niños si no estamos dispuestos a darle la espalda a la mayoría de los presupuestos sobre los cuales construyen sus vidas los adultos.

Lo triste de esto es que todos poseíamos, en algún momento, las características que Jesús señalaba como necesarias para entrar al reino, pues cada uno de nosotros ha sido niño. En esta etapa de la vida era natural el comportamiento que ahora debemos recuperar con gran esfuerzo. Tristemente, sin embargo, la llegada de la «madurez» se vio acompañada por la incorporación de los vicios y las complejidades que tantos dolores de cabeza le producen a los adultos. Muchos de estos comportamientos son el resultado de haber vivido diferentes grados de angustia en las relaciones con otros. Las heridas, en un mundo ideal, no deberían ser permanentes cuando el niño se encuentra inserto en un hogar sano. La realidad, sin embargo, es que algunos de los dolores más profundos son producto de las desilusiones e injusticias por parte de la propia familia. Ante el temor de volver a ser lastimados desarrollamos elaborados procesos de protección, lo que simplemente perpetúa el ciclo de relaciones enfermizas. Definitivamente es difícil construir una vida plena sobre una actitud de sospecha y desconfianza hacia los demás.

¿Qué implicaba este llamado a la conversión, entonces? Primeramente que los discípulos, al igual que nosotros, debían renunciar a una vida montada sobre los valores y principios comunes de los adultos. Esto no era cuestión de simplemente descartarlos como inapropiados, sino de reconocer que pertenecen a un sistema esencialmente diabólico que es incompatible con el reino. Existen demasiados líderes que creen que alcanza con «santificar» los sistemas del mundo para que sean útiles dentro de la Iglesia. Cristo llamó a los doce a que le dieran la espalda a este sistema.

El segundo paso implicaba volver a incorporar los elementos que poseíamos tan naturalmente de niños. Es decir, recuperar esa perspectiva ingenua y confiada que torna innecesaria la preocupación, la duda y la amargura que convierten la vida de los adultos en una pesada carga. El Señor nos invita a volver a un estilo de vida donde las características principales son la alegría, la dependencia y la capacidad de asombro. Para experimentarlo será necesario imponer cierta disciplina a la mente y las emociones, pues sin este ejercicio indefectiblemente nos llevarán por el camino que recorren todos los adultos.

DIOS EN SANDALIAS

DÍA 312

# Ser como niños *(Jesús enseña sobre la humildad)*

# Todos por igual

## Mateo 18.1–14

***Frente a una disputa que se dio entre los discípulos sobre quién era el más grande entre ellos, Jesús tomó a un niño y los llamó a convertirse otra vez a un estilo de vida similar a la de los más pequeños. En la reflexión de ayer identificamos al menos dos elementos necesarios para experimentar una segunda conversión. Jesús añadió un elemento más al camino que debían recorrer. ¿Cuál era este elemento? ¿Qué implicaba, para los discípulos, la exhortación a «recibir a los niños en mi nombre»?¿Qué implicaba recibir a un niño en la sociedad de la época? ¿Cuál era el concepto de grandeza al que apuntaba Jesús? ¿De qué manera ejemplificó esa grandeza en su propia vida?***

El llamado a *humillarse* como un niño resulta más claro cuando se entiende el proceso de conversión que ayudará a los discípulos a llegar a ser como niños. Al no poseer los niños conceptos de grandeza es difícil que se les tome como ejemplo de humildad. Más bien, para descartar los valores atesorados y defendidos por la mayoría de los adultos se requiere de una gran cuota de humildad, pues es una elección que ubicará, a quien la escoja, en una postura antagónica con la cultura predominante de este mundo.

Jesús añadió que no solamente era necesario volver a cultivar el mismo espíritu sencillo de los niños, sino que las relaciones con los demás debían exhibir ese mismo aprecio por la humildad. Los niños no son, en su temprana edad, selectivos en cuanto a elegir con quién se relacionan. No entienden los prejuicios ni las segregaciones de los adultos, por lo que se acercan por igual a entablar conversaciones con ricos, pobres, blancos, negros, cristianos o musulmanes. El evangelio que anunciaba Cristo a las multitudes contenía Buenas Nuevas porque extendía una invitación a todos los integrantes de la sociedad, sin importar sus condiciones, trasfondo o historia. Al igual que el reino no admite la existencia de diferentes escalafones entre sus integrantes, tampoco permite que se impongan ciertas restricciones en cuanto a las personas que se benefician de la gracia de Dios.

Esta era una de las características en el ministerio de Jesús, una que le ganó la condena por parte de las autoridades religiosas de la época, pues consideraba aceptable que una persona espiritual se asociara con todos por igual. El reino de los cielos se construye sobre un escandaloso desprecio por las categorías y limitaciones que los seres humanos establecen entre ellos. En las parábolas que Cristo compartió con las muchedumbres reveló, una y otra vez, que el Padre ama a aquellos que el mundo ha descartado o ignorado. Los niños, indefensos e insignificantes a los ojos de muchos adultos, representaban a todos aquellos que el Padre ha amado con un amor insistente a lo largo de la historia de la humanidad. Como representantes de este reino, los discípulos debían moverse con esta misma maravillosa libertad, extendiendo la bienvenida a todos sin excepción. Su actitud constituía la mejor forma de revelar el corazón generoso del Padre que los enviaba a la obra.

DIOS EN SANDALIAS

DÍA 313

## Ser como niños *(Jesús enseña sobre la humildad)*

# Que no se pierda ni uno solo

### Mateo 18.1–14

*Jesús tomó a un niño para hablar a sus discípulos acerca de la verdadera grandeza en el reino de los cielos. Habían estado contendiendo, por el camino, acerca de quién de ellos sería el más importante, un debate que, sin duda, no aportaba nada a su crecimiento espiritual. Más bien afianzaba en ellos valores contrarios a los del reino. Los niños, les señalaba Cristo, ejemplificaban el corazón sencillo y humilde que Dios desea ver en sus hijos. No solamente los llamó a convertirse a este estilo de vida, sino a que estuvieran dispuestos a recibir con cariño a todos los que, como los más pequeños, eran pasados por alto por la mayoría de las personas. ¿Por qué incluyó en esta enseñanza el peligro de hacer tropezar a los más pequeños? ¿De qué manera podríamos ser causa de tropiezo en la vida de ellos?*

La advertencia de Jesús es muy fuerte, pues la imagen de una persona atada a una piedra de molino no representa solamente la muerte segura, sino que también garantiza que nunca más volvería a ser vista por quien alguna vez la haya conocido. El peso de la piedra la mantendría anclada al lecho del océano donde, aún hoy, es casi imposible para los hombres llegar. No cabe duda, entonces, que Jesús quería que los discípulos entendieran que el castigo que caería sobre quienes hacían tropezar a los más inocentes sería más que terrible.

Las palabras del Señor hacen eco de otros textos que advierten sobre la seriedad de afectar negativamente el desarrollo espiritual de las personas. Moisés, por ejemplo, perdió la posibilidad de entrar en la tierra prometida porque decidió, en un momento en que el Señor le había dado instrucciones precisas acerca de una situación, presentar al pueblo una imagen de un Dios airado y molesto con ellos. El Señor le dijo a él y Aarón que les imponía la disciplina «porque vosotros no me creísteis a fin de tratarme como santo *ante los ojos de los hijos de Israel*» (Números 20.12). Del mismo modo, en el Nuevo Testamento, Santiago advierte que aquellos que aspiran a ser maestros incurrirán en mayor juicio, porque de su testimonio y desempeño dependerá el desarrollo de los que Dios les confíe. Al profeta Ezequiel el Señor le advirtió que demandaría la sangre de los impíos de su mano si él no les anunciaba la palabra que le había dado para que les hablara (Ezequiel 3.20).

El hecho es que el Señor le da un gran peso al destino eterno de las personas, algo que rara vez nos quita el sueño a nosotros. Para Dios la salvación de los que están destinados a la perdición es tan importante que envió a su Hijo para pagar el precio necesario para redimir a los hombres. La advertencia de Cristo nos recuerda que nuestras vidas están ligadas a las de quienes nos rodean. Es nuestra responsabilidad vivir de tal manera que otros vean claramente reflejada en nosotros la gloria del Padre.

DIOS EN SANDALIAS

DÍA 314

## Ser como niños *(Jesús enseña sobre la humildad)*

# ¡Ay de las piedras de tropiezo!

### Mateo 18.1–14

*El Señor, en una enseñanza sobre la importancia de ser como niños, ha aprovechado la situación para hablar del valor que el Padre les da a los más pequeños. Se entiende, en esta referencia, que esto no incluye solamente a los de escasos años de vida, sino a todos aquellos que, al igual que los niños, son los más indefensos y menos considerados en la sociedad. Multitud de personas transcurren la totalidad de su vida ante la indiferencia de la gran mayoría de la población del mundo. Lea los versos 7, 10 y 11. ¿Qué es lo que convierte a una persona en piedra de tropiezo? ¿Por qué es tan serio el efecto de hacer tropezar a otros? ¿Qué quiso indicar Jesús con la referencia a los ángeles? ¿Qué definición presenta acerca de su propia misión?*

La palabra griega que se utiliza para «piedra de tropiezo» es la misma de la cual se deriva la palabra «escándalo». El diccionario de la Real Academia Española la define como una «acción o palabra que es causa de que alguien obre mal o piense mal de otra persona. Un dicho o hecho reprensible que es ocasión de daño y ruina espiritual del prójimo». Con solamente leer esta definición nos damos cuenta de que, al hablar de piedras de tropiezo, Jesús tenía en mente un comportamiento con gravísimas consecuencias, precisamente porque estas podían llegar a ser eternas.

Convertirse en piedra de tropiezo, en el sentido que lo utiliza Jesús, es influenciar adversamente a otros en cuanto a su concepto de Dios, de tal manera que se produce una visión torcida de su persona, o un alejamiento definitivo de él. Las formas más comunes en que podemos ser piedras de tropiezo es cuando comunicamos a otros una imagen de Dios que es contraria a lo que él realmente es. Esto puede ser como resultado de juicios inapropiados, un legalismo sofocante o un espíritu de absoluta permisividad. Un claro ejemplo de esto es el que encontramos en la persona de Moisés, que se tomó la atribución de comunicarle al pueblo un airado mensaje de parte de Dios, que el Señor no le había hablado. Su osadía le costó la entrada a la tierra prometida. Para muchas personas el escándalo no radica en un mensaje puntual, sino en el testimonio de personas que, llamándose discípulos de Cristo, viven de tal manera que contradicen hasta los principios más esenciales del evangelio. En muchos casos estas personas constituyen el obstáculo más grande para que otros lleguen al conocimiento de la verdad.

Jesús claramente creía que nunca iba a llegar el día en que las piedras de tropiezo ya no existirían, pero no por lo común de su manifestación dejó de pronunciar una severa advertencia contra todos aquellos que actúan como tales. La razón es sencilla: el trabajo que realizan va en la dirección opuesta del deseo más profundo de Dios, que es que no se pierda siquiera «el más pequeño de estos». Los más indefensos, además, tienen quienes los representen ante el trono de Dios, y actuar en contra de ellos es despertar también la ira del rey.

## Ser como niños *(Jesús enseña sobre la humildad)*

# Mejor manco o cojo

### Mateo 18.1–14

*La gravedad de ser una piedra de tropiezo para los más indefensos llevó al Señor a compartir con los discípulos una recomendación que muchos consideran demasiado radical. Lea los versos 8 y 9. ¿A qué se refiere, en este contexto, la frase «te es ocasión de pecar»? ¿Cuál es la recomendación de Cristo para estas situaciones? ¿Cómo se puede lograr esto en la práctica? ¿Qué espera a aquellos que no logran sobreponerse a las tentaciones que acechan al pecador?*

La actitud del cristiano frente al pecado es una de las claves para alcanzar la santidad. No obstante, una de las características más inquietantes que posee el pecado es la capacidad de convencernos de que no es un asunto tan grave como pensamos. Observe, por ejemplo, de qué manera la serpiente suavizó la propuesta de pecado que presentó a la mujer. El Señor había advertido a Adán y Eva que ciertamente morirían si tomaban el fruto que él les había prohibido, una consecuencia que no solamente era radical sino también imposible de revertir. No obstante, cuando la serpiente entabló diálogo con la mujer afirmó que las consecuencias de su desobediencia no serían tan graves como el Señor había anunciado. En primer lugar, no morirían; además, alcanzarían varios beneficios que Dios, en este momento les estaba negando. La propuesta, seductora y convincente, bastó para que la mujer tomara la fatal decisión.

Nuestra lucha contra el pecado resulta poco eficaz porque, muchas veces, nos convencemos de que el hecho no es tan grave como aparenta. Esta falsa percepción nos lleva a creer que, cuando así lo decidamos, podremos fácilmente desechar el comportamiento o la actitud que ofende a Dios. No obstante, al momento de intentar un avance en esta dirección, nos damos cuenta de que el pecado echa raíces mucho más profundas de lo que pensábamos. Al igual que el alcohólico que, luego de cada borrachera, jura jamás volver a tocar una gota de alcohol, nuestros intentos de resolver la situación son completamente ineficaces.

Para esos pecados habituales que no logramos quebrar Cristo propone una solución mucho más dramática: cortar con la fuente que la alimenta. Es decir, si somos adictos a la televisión, por ejemplo, la solución no es intentar disciplinarnos, sino deshacernos del televisor. Si no logramos controlar nuestro comportamiento durante un deporte que nos apasiona, la solución es dejar de practicarlo. Si no logramos controlar la forma en que gastamos el dinero, la solución es que no lo manejemos nosotros. Podemos confiarle la administración de nuestros recursos a quien lo pueda hacer mejor que nosotros. Si no podemos acceder a la Internet sin mirar pornografía, la solución es quitar el acceso a ella.

La solución es violenta, porque el problema es grave. En las palabras de Cristo, el precio a pagar es la pérdida del ojo, la mano o la pierna, algo que afectará el futuro de nuestras vidas. No obstante, el Señor indicaba que es mejor llegar al cielo con discapacidad, que al infierno con salud. Es decir, es preferible vivir sin los elementos que deberemos sacrificar para vivir en santidad, que gozar de una vida de abundancias para perder, por el camino, el alma.

DIOS EN SANDALIAS

DÍA 316

# Ser como niños *(Jesús enseña sobre la humildad)*

# Noventa y nueve por una

## Mateo 18.1–14

***La seriedad de hacer pecar a un pequeñito, que Jesús ha mencionado a los doce, le provee el contexto apropiado para enseñar sobre la perspectiva celestial hacia el pecador. En seguida el Señor refirió a los discípulos una parábola con la que fácilmente se podían identificar. La conclusión de este texto es la que nos provee la mejor explicación para entender la pequeña parábola que les contó: «No es la voluntad de vuestro Padre que está en los cielos que se pierda uno de estos pequeñitos». Lea los detalles en los versos 12 al 14. ¿Qué indicaciones nos da esta historia sobre el amor del Padre? ¿Cuál es el riesgo que asumió para recuperar a la oveja perdida? ¿Por qué es tan intensa la alegría por encontrar la oveja perdida?***

Desbordados por las constantes cifras que nos presentan los medios de comunicación, hemos perdido la noción del valor del individuo. «200 mil mueren en un tsunami. 150 mil fallecen en un terremoto. 400 mil varados en los aeropuertos, debido a una amenaza terrorista». Los números no poseen ningún significado, porque su magnitud no es representativa de la agonía individual de cada vida afectada. Referirse al grupo, en lugar del individuo, se presta para que olvidemos que detrás de estas cifras se esconde la existencia de personas con nombre y apellido, cuyos destinos personales son de absoluta importancia para el Señor. Por eso, Jesús señalaba a los discípulos que un solo niño, el cual era considerado insignificante en la sociedad judía, es objeto del amor particular del Padre.

Solamente cuando percibimos la profundidad de este amor divino podemos entender lo que motiva al pastor, que posee noventa y nueve ovejas, a salir en busca de la que se le ha descarriado. No nos hubiera parecido mal que el pastor considerara mejor no arriesgar la integridad de las noventa y nueve por una sola que se le ha perdido. De hecho, la despreocupación de la Iglesia por los que han caído por el camino es notoria. Nos encogemos los hombros, meneamos la cabeza y lamentamos lo que le puede haber pasado a la que se perdió, pero no estamos dispuestos a salir a buscarla. En muchas ocasiones nuestra indiferencia le imprime el sello definitivo a su alejamiento de la familia de Dios.

El hombre de la parábola no solamente estuvo dispuesto a salir a buscar a la que se había perdido, sino que no arriesgó la seguridad de los noventa y nueve que dejó atrás. Su alegría, al encontrar a la oveja perdida, es comparable al alocado festejo del padre cuando regresó el hijo pródigo a casa. El mal que había cometido no podía apagar el profundo gozo que sentía por recuperar, una vez más, la comunión con aquel que había estado lejos durante tanto tiempo.

Saber cómo actuar ante los descarriados es todo un desafío para nosotros. Solamente el continuo contacto con nuestro Padre celestial comenzará a imprimir sobre nuestros corazones los mismos anhelos y la misma carga por los perdidos que él lleva. El tema del descarriado será el que examinaremos en los próximos días de nuestra aventura con Jesús.

# Somos muchos más *(Jesús corrige a Juan)*
## Celo mal dirigido

### Marcos 9.38–42

***Lea los versos 39 y 40. ¿Cuántos años encierran estos dos versículos? En su opinión, ¿cómo cree que transcurrió la vida de Jesús durante ese tiempo? ¿Qué factores contribuyeron a su crecimiento?***

¡Qué difícil nos resulta comprender el sentido de las palabras de Jesús! Estamos tan acostumbrados a etiquetar a las personas según las categorías bien definidas que elaboramos, que la aparente flexibilidad del Señor nos incomoda. Estas definiciones nos sirven para intentar descifrar el mundo que nos rodea. Una persona es de izquierda o derecha, carismática o conservadora, espiritual o carnal, evangélica o perdida, etcétera. Nos cuesta aceptar que el mundo pueda ser mucho más complejo y misterioso de lo que nuestras categorías contemplan.

Ese mismo afán de tener todo bien definido llevó a los discípulos a impedirle a uno, que no pertenecía al círculo más íntimo de los seguidores de Cristo, que realizara un ministerio en el nombre de Jesús, a pesar de que esta persona también aportaba a la extensión del reino. La actitud de los doce es idéntica a las posturas que llevó a la formación de bandos en la iglesia en Corinto, algo que el apóstol Pablo condenó con dureza por ser completamente contrario al espíritu de Cristo. Tristemente, el mal persiste en muchos grupos evangélicos de nuestro tiempo, que descartan categóricamente que otros, fuera de su denominación, puedan ser también parte del pueblo de Dios.

Muchas veces intentamos justificar esta postura con un aparente celo por la obra de Dios. La actitud de fondo, sin embargo, no es de amor por la obra, sino de soberbia. Se basa en una convicción de que solamente nuestra forma de ver la vida y llevar adelante el ministerio es la correcta. Todos los demás deben ser censurados, porque sus caminos claramente son errados.

Qué refrescante resulta la actitud generosa de Cristo. Señala a los discípulos que los que trabajan a favor del reino, sin embargo, no siempre lo harán del mismo modo que nosotros, ni van a moverse con nuestro grupo. Que no estén con nosotros, sin embargo, no significa que no pertenezcan al pueblo de Dios. El problema no radica en no pertenecer a nuestro grupo, sino en que nosotros no entendamos que la manifestación de una vida de devoción admite mucha más amplitud y diversidad de lo que creemos. Necesitamos recibir esa misma visión que recibió Elías en el desierto. Estaba convencido de que él era la única persona fiel en Israel. El hecho de que él desconocía la existencia de otros siete mil que no habían doblado sus rodillas ante Baal, no negaba la realidad de un pueblo fiel mucho más grande de lo que él creía. Del mismo modo hoy, Dios tiene mucho más pueblo de lo que nosotros sabemos o percibimos. Abramos nuestros corazones para bendecir a otros que también trabajan para el reino, aunque no «sean de los nuestros».

# Cuando un hermano peca *(Jesús enseña sobre la restauración)*

## Acercamiento inicial

### Mateo 18.15–35

*Existe gran confusión sobre la forma apropiada de reaccionar cuando los que son parte de la familia caen. Por un lado hemos sido testigos de las expresiones más legalistas y duras por parte del cuerpo de Cristo contra aquellos que están en pecado. Por otro lado, en estos tiempos se ha instalado entre muchos la idea de que debemos ser exageradamente tolerantes con las caídas de nuestros hermanos evitando, a cualquier precio, no caer en «juicio» contra los demás. En el afán de no cometer esta falta, restamos importancia a ciertas conductas y actitudes, aun cuando se trata de comportamientos claramente condenados por la Palabra. Una carta que recibí de un colega ejemplifica esta segunda postura. En ella el autor describía un grosero incidente de adulterio como un «error».*

*Las instrucciones que Cristo presenta sobre situaciones de pecado son sencillas y siguen un claro orden. Examine el primer paso que propone en el verso 15. ¿Qué desafíos nos presenta este paso? ¿Cuáles pueden ser los posibles desenlaces de esta acción? ¿Qué fruto deja una reprensión bien recibida?*

El primer punto a considerar en una situación de pecado es que estamos obligados a tomar una decisión al respecto. Vale la pena señalar esta responsabilidad porque en algunos casos, cuando la persona que ha caído es un líder o posee una personalidad fuerte que intimida a los demás, nuestra tendencia es a demorar indefinidamente una intervención. Más bien oramos para que sea alguna otra persona la que le indique su pecado. En ocasiones, he escuchado a personas refugiarse en esta frase: «Déjalo; ya el Señor le va a mostrar que su conducta está mal». Sospecho que la razón principal por nuestra reticencia a confrontar a alguien es el temor a la reacción que pueda producir en el otro. No son pocos los incidentes en la Biblia donde un mensajero de Dios sufrió violencia por una denuncia que el Señor le envió a efectuar. De todas maneras, esto no nos exime de la tarea de acercarnos a quien ha caído en pecado.

El segundo punto a considerar es que este acercamiento debe ser «a solas». En muchas ocasiones la respuesta inapropiada de la persona confrontada se debe a que se ha violado este primer principio, añadiendo a la exhortación una innecesaria situación de humillación. Aun cuando el pecado se comete en un lugar público, el líder sabio sabrá esperar hasta que pueda hablar con la persona indicada «a solas». El respeto que muestra, al tomar esta decisión, contribuirá grandemente a que la persona reciba de otra manera la palabra que se le comparta.

Esto nos lleva al tercer paso a seguir en este proceso: la reprensión. La razón por la que se produce este acercamiento es la de realizar una amonestación, un llamado a un cambio de comportamiento o actitud. El hecho de que hayamos optado por cumplir con esta responsabilidad en privado debería ser suficiente garantía para asegurar que no nos acercamos para condenar ni acusar, sino con la intención de volver a encaminar a la persona en la verdad de Dios. Cristo señala, con su propio ejemplo, el espíritu de compasión que debemos seguir.

DIOS EN SANDALIAS

DÍA 319

## Cuando un hermano peca *(Jesús enseña sobre la restauración)*

# Mírate a ti mismo

### Mateo 18.15–35

***El pecado es parte de la realidad de la vida cristiana y constantemente produce estragos en la familia de Dios. La forma en que se confronta a la persona caída será clave en el proceso de restauración. Pablo nos provee una orientación adicional en Gálatas 6.1–5. Tome un momento para leer este pasaje e identifique los elementos principales que debemos tener en cuenta al buscar la corrección de alguien.***

Es importante recordar que la tarea del líder siempre apunta a la restauración. El término significa reparar algo para devolverle su estado original, su funcionalidad. Tristemente la «restauración» de una persona en la iglesia muchas veces ha sido muy pobre. En lugar de asegurar el saneamiento de la persona, muchas veces se le ha hundido en un pozo de condenación de la cual difícilmente se recupera. El Señor, sin embargo, llama siempre a la reconstrucción de vidas. Aun en el caso extremo de entregar a alguien a Satanás, Pablo menciona que su objetivo fue que esta persona salvara el alma en el día del juicio (1 Corintios 5.5).

El texto de Gálatas anima a que la confrontación sea realizada con un espíritu de mansedumbre. Quiere decir que toda forma de agresión, violencia e ira deben estar ausentes en la persona que realiza la restauración. Esto es precisamente porque estas actitudes son las que más entorpecen el proceso. Por el mismo engaño del pecado, el que debe ser confrontado va a ofrecer cierta resistencia. Si queremos evitar, sin embargo, que este se convierta en rebeldía, nuestra actitud debe ser de ternura y mansedumbre. Esto se puede lograr sin dejar de lado la firmeza necesaria para la confrontación.

Lo que más aporta a una actitud de mansedumbre y compasión es la conciencia de que en nuestra vida existe la misma condición de fragilidad y tendencia al pecado que vemos en la persona caída. Nada nos vuelve tan implacables y duros como la soberbia que nace de creer que nosotros nunca hubiéramos caído en lo que cayó nuestro hermano. Recordar que nosotros estamos sujetos exactamente a las mismas debilidades nos ayudará a proceder con mucha misericordia, y crearemos el espacio para que la gracia de Dios actúe profundamente en la vida del caído. El desenlace ideal para esta acción, según lo que indica el Señor, es recuperar al hermano. De esta manera resalta que el beneficio de la acción no es solamente para el que fue librado del pecado, sino también para el que lo libró. El aspecto comunitario de nuestras vidas es una realidad permanente en el reino.

Resulta beneficioso recordar que la disposición de escuchar no es siempre la primera reacción, por lo que no debemos desanimarnos si inicialmente la persona argumenta o se enoja. Muchas veces una persona tiene la convicción de haber pecado luego de que ha tenido la oportunidad de meditar sobre lo que le hemos dicho. El líder sabio sabrá crear los espacios necesarios para que se produzca este proceso, resistiéndose a la tentación de «exigir» una definición en el mismo instante de la confrontación.

| DIOS EN SANDALIAS | |
|---|---|
| DÍA | 320 |

## Cuando un hermano peca *(Jesús enseña sobre la restauración)*

# Dos o tres testigos

### Mateo 18.15–35

*La primera responsabilidad entre los hijos de Dios, cuando una persona en la comunidad de fe peca, es acercarnos a ella con la intención de exhortarla a volver al camino señalado por el Señor para los suyos. Jesús no identifica una persona dentro de la iglesia a quien le corresponda esta responsabilidad, por lo que ninguno de nosotros podemos quedarnos de brazos cruzados esperando que otro tome la iniciativa en este proceso.*

*El desenlace ideal de esta exhortación es que la persona escuche la reprensión y se arrepienta del pecado que ha cometido. El Señor, sin embargo, conocía bien la dureza de nuestros corazones y nuestra propensión a escudarnos detrás de una muralla de excusas y argumentaciones que justifican nuestro proceder. La Biblia está repleta de ejemplos de esta clase de reacciones, siendo particularmente notoria la extraordinaria incapacidad de arrepentimiento que mostró Saúl, por la que perdió el trono y su herencia en la casa de Dios. En anticipación a esta dureza de corazón, Cristo añade una segunda instrucción. Lea el verso 16 para conocer sus detalles. ¿Cuál es el siguiente paso? ¿Cuáles son los beneficios de ir con testigos adicionales?*

Nuestra tendencia, cuando una persona no nos escucha, es a enojarnos y, figurativamente, sacudirnos el polvo de los pies. Quizás el conocimiento profundo de la terquedad que es tan parte de nuestras propias vidas nos lleva a abandonar rápidamente la tarea de rescatar al otro. Damos rienda suelta a nuestra frustración hablando mal del otro a sus espaldas, lo cual no ayuda en nada a resolver la situación.

Cristo claramente indica que aún existen unos cuantos pasos a recorrer antes de que podamos darnos por vencidos en esta situación. Debemos ahora involucrar a dos o tres más en el proceso. Existen al menos dos razones para esto: La primera es que es muy posible que la forma en que hemos hablado al otro no haya sido apropiada para que nos escuchara. Nuestro tono puede haber sido agresivo o nuestra actitud de condena. La presencia de testigos adicionales nos dará, primeramente, una perspectiva adicional sobre la forma en que hemos llevado adelante la tarea de exhortar al otro. Una segunda razón, es porque nos ayuda a evitar las obvias subjetividades que posee la perspectiva de una sola persona. El deseo del Señor es que nunca formemos una opinión injusta de otro, por lo que incorpora al proceso de diálogo a dos o tres más que permitan arribar a una conclusión más certera.

El líder sabio escogerá personas de trayectoria y buen testimonio para acompañarle en esta segunda etapa. De nada sirve que sean personas que ya coinciden con nuestra opinión, pues estaríamos afianzando los prejuicios que Cristo quiere evitar. Es muy posible que, con dos o tres testigos adicionales, logremos una perspectiva más equilibrada y justa de la situación. Sobre todo, podremos evitar las decisiones aceleradas que tanto dañan las relaciones entre dos personas. Es fundamentalmente importante que la persona a quien visitamos no perciba que vienen tres contra uno, sino que se reúnen cuatro personas con un solo deseo: buscar lo que es justo y bueno para el reino.

DIOS EN SANDALIAS

DÍA **321**

# Cuando un hermano peca *(Jesús enseña sobre la restauración)*

# Y si rehúsa...

### Mateo 18.15–35

***Hemos examinando los pasos a seguir para la restauración de una persona que ha caído en pecado. Este es un procedimiento que muchas veces se ha prestado para el abuso, colocando sobre la espalda del pecador una pesada carga de condenación que dificulta su recuperación. Jesús proveyó para sus discípulos instrucciones detalladas de los pasos que debían seguir para evitar esta clase de desenlace.***

***El hecho de que cada paso requiere de una nueva estrategia, claramente indica que la Iglesia debe agotar todos los caminos posibles para salvar a una persona de los lazos del enemigo. Si la confrontación a solas y con testigos no ha dado resultado, Cristo provee de un paso adicional, mencionado en la primera parte del verso 17. Lea el texto. ¿Cuál es la forma más conveniente de llevar adelante este tercer paso? ¿Cómo debemos proceder si aún persiste en su pecado?***

El contexto en el que el Señor utiliza la palabra *iglesia* se refiere al grupo de hermanos con los que esta persona está en comunión. No existía aún la institución de la Iglesia como la conocemos hoy en día, con su complejo historial religioso y su pesada herencia teológica que muchas veces entorpecen un proceso que debería ser sencillo. El paso de involucrar a la comunidad de fe no buscaba otro objetivo que agregarle peso a la apelación a un cambio en el pecador. No era para que se debatiera la situación, ni tampoco para que se juzgara al hermano. Más bien se seguía esperando que, ante el reclamo colectivo de un cambio, la persona entendiera que estaba errada en su camino. Siempre es posible que uno o dos tengan una perspectiva equivocada de la conducta de un tercero, pero cuando todo un grupo expresa su desacuerdo con un comportamiento o una actitud, es difícil seguir sosteniendo que uno está en la postura correcta.

No obstante el peso del pedido del grupo, la dureza del corazón puede ser tal que la persona continúe en su postura de pecado. Sabemos bien que la rebeldía del ser humano no conoce límites, por lo que no ha de sorprendernos la falta de arrepentimiento. En algunos casos el pecador puede atrincherarse en su postura y desafiar la sabiduría colectiva de toda la iglesia. Ante tal extremo, Jesús indica a los discípulos: «sea para ti como el gentil y el recaudador de impuesto» (17b). La frase apela a la actitud de rechazo generalizado que asumían los judíos hacia esas dos categorías de personas. No estamos hablando aquí de una postura de desprecio, sino de evitar el contacto con quienes continúan en pecado sabiendo que están en desobediencia a la Palabra. La posición parece muy dura, pero la historia del pueblo de Dios claramente indica el daño que hace la permanencia de un rebelde en medio de los fieles, pues contamina a los demás de su misma necedad. Pablo hace eco de estas instrucciones exhortando a la iglesia a apartarse de los que causan divisiones (Romanos 16.17) y de los inmorales (1 Corintios 5.11). En todo, no debemos perder la esperanza de que el proceso produzca un cambio, pues la Iglesia ha sido llamada a la redención y no a la condenación.

DIOS EN SANDALIAS

DÍA 322

## Cuando un hermano peca *(Jesús enseña sobre la restauración)*

# Lo que aten en la tierra

### Mateo 18.15–35

***El cuarto paso, en las directivas que da Cristo sobre la forma de restaurar a una persona que ha caído, pareciera ser un tanto extrema. Si no estuvo dispuesta a escuchar la exhortación a solas, ni con dos o tres testigos, ni tampoco ante la congregación, debemos tenerla por pagana y gentil. La indicación anima a la iglesia a evitar el contacto con esta persona por un tiempo. Lea los próximos tres versículos del texto (18–20). ¿Por qué habló Jesús de este tema en el contexto de restauración? ¿Qué nos indica acerca de la autoridad que ha recibido el pueblo de Dios?***

Seguramente algunos de los discípulos sentían cierto temor al tomar una decisión tan tajante, especialmente cuando se trataba de una persona de peso o con una personalidad que se impone sobre los demás. No obstante, Jesús quería animar a sus discípulos a que supieran que, cuando actuaban en conformidad con el espíritu del Padre, contaban con el respaldo absoluto del cielo para la acción que tomaban.

La frase «si dos de vosotros se ponen de acuerdo» frecuentemente se cita en nuestras reuniones, como para recordar al pueblo que el Señor está presente cuando dos o tres se reúnen en su nombre. La imagen que revela la frase sin embargo, no es la misma de aquella circunstancia en la que dos o tres creyentes, por coincidencia, están en el mismo lugar porque asistieron a la misma reunión, acepción que generalmente se le da a esta frase. Quitado de su contexto, el versículo pareciera indicar que solamente se necesita que algunos compartan algún motivo de oración y los demás lo sellen con un «amén». El contexto del pasaje, sin embargo, revela a la iglesia funcionando con un grado de unidad y armonía que es poco frecuente en la mayoría de las congregaciones. Los dos o tres del que habla Cristo son aquellos que han llegado a un acuerdo por un intenso proceso de diálogo y mutuo respeto. Ninguno ha impuesto su voluntad sobre el resto, porque los tres están abocados a honrar la voluntad del Señor. Decir que están «reunidos en su nombre» es recalcar que son personas rendidas a Jesús, convocadas por él para vivir conforme a las directivas que traza para su pueblo.

El acuerdo profundo que logra este proceso es el que permite que ejerzan la autoridad de atar o desatar diferentes situaciones que afectan la marcha de la iglesia. Seguramente, como suele ocurrir, algunos en la iglesia podrían sentir que la decisión es dura o inapropiada. Esto podría llevar a que expresen su oposición o desatiendan las instrucciones de los que han recibido mayor responsabilidad entre ellos. No obstante, el Señor les recordó a los discípulos que no actuaban solos en esa situación. No quedaban expuestos a que el más fuerte, o el más blando, impusiera sobre los demás su voluntad. El Padre respaldaba, desde el mismo cielo, una decisión que fuera producto de un proceso amoroso y paciente para restaurar a una persona caída. Por ello, entonces, podían descansar en que la decisión tomada tendría un peso espiritual que no se lograría si se tratara de un sencillo desacuerdo entre dos seres humanos.

DIOS EN SANDALIAS

DÍA 323

# Cuando un hermano peca *(Jesús enseña sobre la restauración)*

# ¿Cuántas veces?

## Mateo 18.15–35

*Resulta claro que el sentido principal de las palabras de Cristo, al dar a sus discípulos instrucciones sobre cómo tratar al hermano que había caído en pecado, era hacia la compasión. Aunque dejó pautas para que supieran cómo proceder con quienes no estaban dispuestos a arrepentirse; no debían alejarse de la persona hasta haber agotado todos los medios para lograr una restauración. Este llamado despertó en ellos un deseo de saber si, en algunos casos, la paciencia bondadosa conocía un límite. Lea la pregunta que Pedro le hizo al Señor (21–22). ¿Qué intención esconde esta pregunta? ¿Qué quiso indicar Jesús con la respuesta que le ofreció?*

**«Señor, al acercarme al tema del perdón sé que estoy frente a uno de los temas que más desafía mi relación contigo. Perdonar, como tú perdonas, es un acto de gracia que me resulta incomprensible. Por esto, deseo que tú me ayudes a entender la forma misteriosa en que actúa tu amor frente a los agravios, las injusticias y el desprecio. Deseo que tú me conduzcas por este camino. Amén».**

No cabe duda de que siempre nos sentimos más seguros en la vida si podemos descubrir la regla indicada para una situación que debemos afrontar. Este es el gran atractivo de las religiones del mundo. Cada una ofrece su conjunto de directivas, algunas más estrictas que otras, que digitan el comportamiento de los fieles. Y es en ese preciso detalle que debemos fijar nuestra atención: las reglas orientan el comportamiento, pero carecen de eficacia a la hora de producir un cambio en el corazón. No obstante, por la facilidad que implica simplemente seguir las reglas, siempre nos resulta más atractivo intentar reducir lo espiritual a algunos mandamientos que debemos observar. ¿Acaso no fue esta la intención del joven rico que se acercó a Cristo? Su gran pregunta era identificar lo que debía «hacer» para alcanzar la vida eterna (Lucas 18.21–23).

Del mismo modo Pedro deseaba que Jesús le diera la cifra exacta que correspondía al ejercicio del perdón. ¡Qué sería de nosotros si el perdón que el Señor nos extiende estuviera limitado a un número predeterminado! El discípulo, sin embargo, buscó definición sobre la cantidad de veces que correspondía perdonar. La enseñanza de los fariseos establecía como tres el número de veces que uno podía perdonar a otro. Esto, porque en algunos pasajes en el Antiguo Testamento los profetas enumeran tres, y un cuarto, pecado por el cual Dios no puede perdonar a ciertas naciones (Amós 1.9, 13, 19). Desde la perspectiva popular, entonces, Pedro estaba siendo más que generoso, pues ¡nadie podía perdonar siete veces a otra persona!

La respuesta de Jesús ampliamente superó la cifra generosa de Pedro: setenta veces siete, lo que equivale a cuatrocientos noventa. Claro, no faltará nunca entre nosotros quien se dedique meticulosamente a mantener un registro de las ofensas para llegar a la cifra indicada. La respuesta del Maestro, sin embargo, era deliberadamente exagerada para que entendieran que el perdón jamás puede ser un asunto de matemáticas. Para ayudarles a entender esta realidad les relató una parábola en la que, al concluir, aseguró que el perdón es un asunto del corazón (35).

## Cuando un hermano peca *(Jesús enseña sobre la restauración)*

# ¡Diez mil talentos!

### Mateo 18.15–35

***Para ayudar a los discípulos a comprender mejor el tema del perdón, desde la perspectiva divina, Cristo echó mano de un recurso que usó con mucha frecuencia: les contó una historia. La riqueza del método está en que ubica una verdad dentro del contexto de un acontecimiento de la vida cotidiana, facilitando para los oyentes la comprensión del tema por la familiaridad con los elementos de la historia. En este caso, la parábola tenía que ver con la deuda. Lea la totalidad de la parábola y luego centre su atención en los primeros dos versículos. ¿Qué nos indica la imagen del rey que comenzó a ajustar sus cuentas? ¿Cuánto representa diez mil talentos? ¿Cómo acumuló el siervo semejante deuda con el rey?***

Nos interesan, en el inicio de esta historia, dos detalles que ayudarán a comprender el sentido de la parábola. En primer lugar, los siervos con los que decidió ajustar cuentas el rey no eran esclavos. Ningún esclavo podría haber amasado la cantidad de dinero que menciona Jesús en el relato. La palabra que utiliza indica que eran funcionarios del rey, personas que ocupaban lugares de responsabilidad dentro de su casa. No podemos saber cuál era el cargo de este hombre, pero el dato nos ayuda a entender cómo consiguió acumular una deuda tan significativa con el rey.

Esto nos lleva al segundo detalle, que es la cantidad de dinero que representa diez mil talentos. Si no logramos comprender la cifra que representa, la parábola perderá fuerza para nosotros. La dificultad radica en el hecho de que se desconoce el talento como moneda comercial en nuestra cultura. Afortunadamente, podemos acudir a algunos recursos que nos ayudarán en el proceso. Uno de ellos es la comparación. La construcción del tabernáculo, por ejemplo, costó 29 talentos de oro (Éxodo 38.24). David ofrendó 3.000 talentos de su fortuna personal para la construcción del templo (1 Crónicas 29. 4). La reina de Saba le ofreció a Salomón un regalo de 120 talentos (1 Reyes 10.10). El malvado Amán, en el libro de Ester, consideró que la recaudación resultante por la confiscación de todos los bienes de los judíos exiliados ascendería a 10.000 talentos de oro (Ester 3.9).

Estos datos inmediatamente revelan que estamos hablando de una cifra descomunal. Si pudiéramos traducir esto a la unidad básica del Imperio romano, estaríamos hablando de 54.000.000 de denarios, lo que equivaldría al salario por el trabajo realizado en esa cantidad de días. Si tomáramos como un salario básico en nuestro continente la cifra de diez dólares diarios, estaríamos hablando de una deuda de 540.000.000 de dólares.

¿Por qué es importante lograr una aproximación a la cifra en juego? Porque esto nos permitirá apreciar la dimensión del perdón que se le otorgó a este siervo. No dudamos de que amasó esta fortuna por medios deshonestos, pues no sería normal que un funcionario del rey haya acumulado esta cantidad de dinero como fruto del trabajo de sus manos. De todos modos, la parábola deja en claro que esta cantidad constituía lo que le debía al rey, lo que implica que el dinero no era del siervo.

## Cuando un hermano peca *(Jesús enseña sobre la restauración)*

# ¡Todo te lo pagaré!

### Mateo 18.15–35

***Para ayudar a los discípulos a entender el concepto del perdón en el reino de los cielos Jesús contó una parábola sobre dos hombres que debían dinero a un rey. El primero, que consideramos en el devocional de ayer, debía una cifra descomunal, diez mil talentos de oro. No cabe duda de que Cristo deseaba mostrar, con esta asombrosa cifra, la realidad de nuestra deuda con el Padre que, en la parábola, es representado por el rey. ¿Qué medida tomó el rey al constatar que el siervo no podía pagar? ¿De qué forma reaccionó el siervo? ¿Qué nos indica acerca de su persona?***

La inmensidad del mal que ha perpetrado el ser humano contra Dios, al darle la espalda y seguir los consejos del maligno, no tiene medida. La profundidad y extensión que resultaron de esa desafortunada decisión ha afectado dramáticamente no solamente la vida de los hombres, sino todo el entorno en que vive, de modo que la misma naturaleza gime anhelando el día de la redención. El hecho de que el Señor se haya adjudicado la responsabilidad de asumir los costos y las consecuencias de esta rebeldía no anula la deuda, sino que la transfiere a su persona. Resulta claro que esta deuda trasciende ampliamente lo material. No obstante, Jesús quiso expresarla en términos monetarios para ayudar a los discípulos a tener una idea más clara de la magnitud del mal que nuestro pecado representa a Dios.

Ante semejante obligación era de esperarse que el siervo no pudiera afrontar el pago de la deuda, lo que es una realidad ineludible para cada habitante de este mundo caído. No disponemos de los medios para resolver el caos que ha producido en nuestra vida el hecho de alejarnos de la persona de Dios. El rey, en la parábola, viendo que el hombre no podía pagar su deuda, dio órdenes de que lo vendieran junto con la esposa, los hijos y todos sus bienes, para recuperar siquiera una ínfima parte de aquella monstruosa deuda.

La respuesta del siervo constituye una de las frases más tristes en las Escrituras: «Entonces el siervo cayó postrado ante él, diciendo: "Ten paciencia conmigo y todo te lo pagaré"» (26). Es lamentable su propuesta porque revela que, aun estando en una situación absolutamente perdida, el hombre seguía creyendo que él mismo podía salir del enredo en que estaba metido. Vemos reflejado en el siervo la increíble tenacidad del ser humano que, muchas veces, prefiere hundirse antes que quebrarse y pedir ayuda.¡ Así de terca es nuestra personalidad, así de implacables las demandas de nuestro orgullo, de no dar el brazo a torcer!

El siervo nos recuerda que el camino de la humillación es un camino al que nuestra alma se resistirá con mucha tenacidad. Deja en claro que pedir socorro es algo que va contra todo lo que nos ha enseñado una cultura que defiende ferozmente el valor del esfuerzo individual y la competencia como un medio de vida. En últimas instancias, pone en relieve que solamente por medio de una intervención milagrosa por parte de Dios lograremos echar mano del cambio que tanto necesitamos para que reviva nuestro espíritu.

DIOS EN SANDALIAS

DÍA 326

## Cuando un hermano peca *(Jesús enseña sobre la restauración)*

# Conforme a tu misericordia

### Mateo 18.15–35

*La noticia de que iban a vender a la esposa y los niños del siervo que debía diez mil talentos lo llevó a postrarse delante del rey y exclamar: «Ten paciencia conmigo y todo te lo pagaré». La frase es un elocuente testimonio del grado de necedad y ceguera que afectan al ser humano. No había manera alguna de que este hombre pudiera pagar la deuda que había acumulado. Aun ganando un espléndido salario, necesitaría de varias vidas para reunir la inmensa cifra que constituía el monto de su deuda. No obstante, el hombre, fiel al estilo de los humanos, igualmente solicitó que se le diera algo de tiempo para resolver la situación. De esta manera se puede escabullir toda una vida, creyendo que, si nos dan apenas una oportunidad más, podremos salir adelante de la situación que no hemos logrado resolver durante años.*

*La respuesta del rey ante tan necio pedido es sublime. Lea el versículo 27. ¿Por qué respondió de esta manera el rey? ¿Qué beneficios le otorgó al siervo?*

No existe ningún indicio en la parábola que muestre que al rey le pareció inteligente o apropiada la propuesta del siervo. No le concedió una extensión en el plazo de pago, ni elaboró un plan para que pudiera recaudar el dinero y pagarlo en cuotas a lo largo de un período preestablecido. El texto expone claramente que le perdonó toda la deuda.

El gesto del rey representa la imagen más clara que tenemos del concepto de gracia. La manifestación de la gracia en la vida de un ser humano señala claramente que Dios ha estado moviéndose en ella. Todo lo que es producto de la gracia es aquello que no podría existir como resultado de los esfuerzos y las habilidades naturales del hombre. La condonación de la deuda no ocurrió por lo coherente que resultaba la proposición del siervo, sino a pesar de la necedad de su petición. Así también sucede con el regalo de la salvación. No logramos realmente entender bien cómo sucede o por qué el Señor nos la ofrece. Lo único que nos queda es el asombro ante la generosidad de la propuesta y el éxtasis que viene de saber, repentinamente, que somos libres.

¿Qué inspiró al rey en la decisión que tomó? La compasión. Así de sencillo. En otras palabras, no encontró en el siervo la motivación necesaria para perdonar su deuda, sino en la realidad de su propio corazón. Es un corazón lento para la ira, clemente y bondadoso, lleno de misericordia. Esta realidad le permitió mirar al siervo con una óptica enteramente diferente a la que posee un espíritu duro y condenador.

El corazón tierno del Padre es también lo que anima al salmista cuando ora: «Acuérdate, oh SEÑOR, de tu compasión y de tus misericordias, que son eternas. No te acuerdes de los pecados de mi juventud ni de mis transgresiones; acuérdate de mí conforme a tu misericordia, por tu bondad, oh SEÑOR» (25.6–7). Su única garantía de ser aceptado por Dios es el Señor mismo. El conocimiento de esa bondad es el fundamento de toda relación de intimidad con él. ¿Si él no fuera bueno, quién de nosotros podría estar en pie ante su presencia?

## Cuando un hermano peca *(Jesús enseña sobre la restauración)*

# Represalias

### Mateo 18.15–35

*En la parábola de los dos deudores que nos ha ocupado en estos días, el siervo que debía diez mil talentos recibió un increíble regalo: el rey le perdonó toda aquella deuda y lo dejó ir libre. La magnífica expresión de generosidad, tan inesperada como inmerecida, le devolvió al siervo, en un instante, el extraordinario regalo de la vida. Es por esto que nos choca tan profundamente el contraste que relata Jesús en la siguiente frase. Lea el verso 28. ¿Por qué actuó de esta manera el primer siervo? ¿Qué similitudes nota en la situación del segundo siervo? ¿De qué manera reaccionó el primero al verlo? ¿Cuál fue el pedido que le hizo al primer siervo?*

Es difícil no sentir una profunda indignación al constatar que un hombre que había recibido tanto beneficio por la generosidad del rey no podía desplegar la misma bondad hacia uno de sus consiervos. Algunos detalles del relato nos ayudan a entender por qué se comportó de esta manera.

Debemos, en primer lugar, tomar nota de la enorme diferencia entre la deuda del primer siervo y la del segundo. El hombre que debía cien denarios, aunque le podía significar un sacrificio a la hora de pagar, debía apenas el salario de cien días de trabajo, lo que podría equivaler a una cifra, a valores de hoy, de aproximadamente 3.500 dólares. Un comentarista señala que esta deuda era seiscientas mil veces menor a la deuda que el rey había perdonado a este siervo. Sin duda Cristo deseaba mostrar, de esta manera, la diferencia entre las ofensas que podemos sufrir nosotros y las ofensas que perpetuamos contra el Padre. Aun en el caso de las injusticias más groseras hacia nuestra persona, jamás podrán ser comparadas con la profundidad del mal que hemos ocasionado al Señor con nuestra inclinación al pecado.

Un segundo detalle interesante de este relato es observar la forma en que el hombre reclamaba el pago a su consiervo. La parábola señala que, «echándole mano, lo ahogaba». La forma de proceder describe un acto de violencia hacia el prójimo, una actitud de agresión desenfrenada que no es comprensible a la luz del reclamo que efectuaba. Podemos entender mejor su reacción cuando recordamos que el siervo no le había solicitado perdón al rey, sino un plazo de tiempo para redimir su situación. La diferencia muestra que él no estaba convencido de que necesitaba ser perdonado. A decir verdad, nada nos produce tanto disgusto como el hecho de que nos perdonen por una falta que no reconocemos como tal. El perdón de Dios solamente produce gratitud en el corazón de aquellos que primeramente llegaron a la conclusión de que estaban completamente perdidos. Por esto, es bienaventurado el hombre que, como señalara Cristo en el Sermón del Monte, se reconoce «pobre en espíritu».

Al no reconocer su necesidad de ser perdonado el siervo salió de la entrevista resentido y se desquitó con el primero que se le cruzó por el camino. Su proceder claramente indica que los cambios que más dramáticamente afectan nuestro comportamiento son los que resultan de una profunda transformación en el corazón. En el caso del siervo, la generosidad del rey cambió sus circunstancias pero no afectó la realidad de su espíritu, que era lo único que realmente importaba.

DIOS EN SANDALIAS

DÍA 328

## Cuando un hermano peca *(Jesús enseña sobre la restauración)*

# Aunque sea por vergüenza

### Mateo 18.15–35

***Reflexionábamos, en el devocional de ayer, sobre la actitud de dureza con que reclamó el siervo la deuda de cien denarios que tenía con él su consiervo. Echándole mano, le ahogaba, demandando la devolución del dinero. Nos sorprende sobremanera su actitud porque este segundo siervo usó exactamente el mismo argumento que él utilizó con el rey: «Ten paciencia conmigo y te pagaré» (29). La propuesta que le había parecido a él tan coherente a la hora de ajustar cuentas con el rey, ahora le resultaba inaceptable. ¿Qué tendría que haber pasado con el primer siervo para que fuera más generoso?***

Me gustaría invitarle a que, por un instante, vuelva para atrás en la historia que estamos examinando en esta parábola. Vamos a echar mano de nuestra capacidad de imaginar un marco diferente para el encuentro entre los dos siervos. Supongamos que el consiervo se encontró con el primer siervo mientras este aún no había salido de la presencia del rey. Se le acababa de informar que su deuda había sido completamente perdonada cuando entra en el recinto el hombre que le debía los cien denarios. ¿Cuál, piensa usted, hubiera sido su reacción?

Creo que no tenemos que ser muy atrevidos para creer que el primer siervo no se hubiera abalanzado sobre el que le debía dinero. ¿Qué es lo que le hubiera impedido cometer semejante agresión? La vergüenza de actuar con tanta mezquindad en presencia de aquel que, hacía unos instantes, había sido tan generoso con él. El factor que actuaría como freno sobre su rabia sería la figura del rey con quien estaba reunido.

Es en este detalle que encontramos uno de los principios más importantes sobre el perdón. El perdón es algo que no resulta natural a los hombres, pues nuestra tendencia es hacia el rencor y la venganza. Es por esto que, cuando estamos bajo el control de nuestra naturaleza caída, perdonar se torna tan complicado. Para avanzar, hace falta una experiencia sobrenatural que nos permita vencer la reticencia que mostramos a actuar con misericordia hacia los demás. La «presencia del rey» provee precisamente esa experiencia, pues será imposible mirarle «a los ojos» sin que él nos recuerde la enorme generosidad que ha mostrado hacia la gigantesca deuda que teníamos con él. Por esto, el paso a dar cuando resulta difícil perdonar es el de entrar en su presencia para que refresque nuestra memoria de cuál es la verdadera dimensión de aquella ofensa que en este momento nos parece tan increíble. Poder ver, con nuestros ojos espirituales, las marcas de la cruz en su cuerpo servirá para recordarnos que nuestro reclamo ya no parece tan importante como al principio habíamos creído.

Podemos ejercitar el perdón hacia los demás porque hemos sido perdonados. En las palabras del apóstol Juan, «Nosotros amamos, porque Él nos amó primero» (1 Juan 4.19). Toda obra de generosidad hacia los demás se origina en el corazón bondadoso y tierno de nuestro Padre celestial. Para quienes deseen avanzar hacia el perdón, es necesario que quiten los ojos de la ofensa que han sufrido y las fijen en el rostro de un Dios que es lento para la ira y extiende su misericordia aun hacia los malvados.

DIOS EN SANDALIAS

DÍA 329

## Cuando un hermano peca *(Jesús enseña sobre la restauración)*

# Falta de disposición

### Mateo 18.15–35

*Hemos estado enfocados en la parábola de los deudores que Jesús compartió con los discípulos a modo de ilustración sobre el tema del perdón. El relato nos presenta un dramático contraste entre sus dos figuras principales. El primero de ellos, el rey, actuó con profunda compasión y anuló generosamente la deuda que uno de sus siervos sostenía con él. El siervo, en cambio, al encontrarse con un consiervo que le debía una suma minúscula en comparación a su deuda, tomó al hombre por el cuello y, mientras lo ahogaba, le exigía el pago completo del dinero. Frente a esta exigencia, utilizando el consiervo las mismas palabras que el siervo usó con el rey, solicitó un período de gracia para saldar la deuda. ¿Cuál fue la respuesta del siervo a este pedido? ¿Qué nos dice esto sobre el tema del perdón?*

Debemos detenernos en la respuesta del siervo porque contiene un segundo principio fundamental para el ejercicio del perdón. Las palabras de Cristo señalan que el hombre «no quiso» perdonar a su consiervo. La falta de misericordia no fue el resultado de una incapacidad para perdonar, sino de una decisión que el hombre tomó. Es decir, frente al pedido escogió una respuesta que definió el destino del consiervo. Esta decisión fue el producto de apenas unos instantes de reflexión; es posible que ni siquiera se diera cuenta de que había tomado una decisión. Lo importante para nosotros, sin embargo, es entender que perdonar o no perdonar depende enteramente de una decisión consciente que tomamos en nuestro corazón.

El punto es fundamental para echar por tierra uno de los mitos más atrincherados con respecto al tema del perdón, que es creer que el acto depende de los sentimientos. Una de las frases más comunes que he escuchado en el ministerio por parte de personas que han sido lastimadas por otros es esta: «Yo he intentado perdonar a esta persona, pero no puedo». Lo que intentan comunicar es que sus sentimientos de angustia son aún tan intensos que les resulta imposible ejercitar el perdón, aun si quisieran hacerlo.

El discípulo maduro entiende que los sentimientos siempre serán el punto donde más lento es el cambio que Dios desea producir en nosotros. El hecho es que podemos estar muy dolidos e igualmente practicar el perdón, como claramente lo ilustra Cristo en la cruz. Él no nos perdonó porque en ese momento se «sentía» lleno de amor hacia nosotros, sino por un compromiso que había asumido con el Padre. En efecto, el perdón es una decisión. Cualquier persona que es capaz de declarar «te perdono, en el nombre de Jesús» puede disfrutar de los beneficios de la reconciliación y la sanidad que operan como resultado de esta decisión. Aun cuando el dolor sigue siendo intenso, debemos volver una y otra vez a esta decisión, hasta que los sentimientos lentamente se acomoden a la realidad espiritual que hemos escogido con nuestra voluntad.

DIOS EN SANDALIAS

DÍA 330

## Cuando un hermano peca *(Jesús enseña sobre la restauración)*

# Lamentable desenlace

### Mateo 18.15–35

***Observábamos, en el devocional de ayer, que el siervo que tuvo la oportunidad de mostrar hacia otro el mismo perdón del que había sido beneficiario, la rechazó. No es que no haya podido perdonar al hombre que le debía trescientos denarios, sino que escogió no hacerlo. Su respuesta, tan indigna, causó consternación en las personas que lo conocían. Lea los versículos 32 al 34. ¿Qué consecuencias recibió la falta de perdón del siervo? ¿Cómo reaccionaron los que más cerca de él estaban? ¿Cuál fue el reproche del rey?***

Era de esperarse que semejante mezquindad de espíritu no pasara desapercibida, ni tampoco quedara sin castigo. El reclamo del rey correctamente indica que pretendía del siervo que actuara con la misma generosidad que el soberano había desplegado hacia su persona. Es por esto que debemos considerar como grave que la bendición que se inicia en nuestras vidas, mediante una visitación de la gracia del Señor, no continúe fluyendo hacia la vida de otros que nos rodean. Dios siempre tiene en mente el bien para un grupo mucho mayor que mi círculo más cercano o aun, el pequeño mundo que representa nuestra propia existencia. Cuando llamó a Abraham, claramente indicó que la bendición que recibía conllevaba una obligación: «te bendeciré, engrandeceré tu nombre y serás bendición» (Génesis 12.2). La frase «serás bendición», en el hebreo, no se refiere a una consecuencia sino a un deber. Es la falta de interés en Israel por trabajar hacia el cumplimiento de esta visión lo que tanta tristeza le produce al Señor. Del mismo modo, la actitud del siervo que tanto se había beneficiado por la acción del rey resulta grotesca para los que fueron testigos de ella. No dudaron en recurrir al rey para que él actuara ante semejante grosería.

Tristemente, esta misma apatía ha sido una de las características de la Iglesia durante gran parte de su historia. Jesús claramente indicó a los apóstoles que la obra que él había comenzado debían extenderla en Jerusalén, en toda Judea, en Samaria y hasta lo último de la tierra (Hechos 1.8). No obstante, no fue hasta que se desató una fuerte persecución entre los que habían creído en Jerusalén que la Iglesia comenzó a extenderse hacia otras fronteras (Hechos 8). Pareciera ser, entonces, que esta tendencia a aferrarse a la bendición recibida y no compartirla con otras personas es una de las expresiones más comunes de nuestra humanidad no redimida. Es bueno que seamos conscientes de que bendecir a otros es el resultado de una disciplina personal.

Observe que el rey señala que el siervo debería haberse valido de la misma compasión que tanto influyó en la condonación de su propia deuda. La exhortación indica que la base del perdón nunca puede ser el mérito del que lo recibe, sino la bondad del que lo otorga. A su vez, los que son bondadosos con los demás pueden serlo porque primeramente han disfrutado de las infinitas bondades de un Dios que es generoso en extremo con los que no lo merecemos.

DÍA 331

## Cuando un hermano peca *(Jesús enseña sobre la restauración)*

# Siervo malvado

### Mateo 18.15–35

***Aunque el rey había mostrado gran misericordia y generosidad hacia el siervo que le debía tan exorbitante suma de dinero, no nos sorprende que su reacción ante la posterior dureza de este hombre haya sido de profundo enojo. La paciencia del soberano, aunque supera ampliamente la de los seres humanos, tiene su límite. ¿Qué decisión tomó el rey con respecto a este siervo? ¿Qué implicaba esta decisión para el siervo?***

Siempre debemos guardar cuidado de no imponer a la parábola mayores interpretaciones de lo que realmente permite este género. El objetivo principal del relato es ilustrar, en términos sencillos y conocidos por la audiencia, una verdad principal relacionada con el reino de los cielos. No obstante, en cada una de las historias que compartió Jesús reveló el profundo conocimiento que poseía de las realidades que gobiernan el mundo espiritual. En el fin de esta parábola señala que el rey entregó al siervo malvado a los «verdugos» hasta que pagara todo lo que debía. La introducción de la palabra verdugos añade un elemento alarmante a la historia. Un verdugo es la persona encargada de ejecutar una sentencia, pero es también la persona que, muchas veces, se convierte en el que atormenta al condenado. Las peores representaciones de un verdugo lo ubican en el papel de quien tortura al prisionero.

Sin duda la falta de perdón trae consecuencias graves para quienes no están dispuestos a ejercitarlo. Cuando Pablo advierte que nuestra ira no debe conducir al pecado, ni que tampoco se ponga el sol sobre nuestro enojo, señala que esta es una forma de «no darle lugar al diablo» (Efesios 4.27). Quizás ninguna otra actitud resulte tan propicia para la obra del enemigo como el resentimiento que produce no haber liberado a quien nos ha dañado. Abre nuestros corazones a una serie de pensamientos malvados que estorban enormemente la obra de Dios en nosotros. El autor de Hebreos advierte que quienes permiten que brote una raíz de amargura en sus corazones no podrán «alcanzar la gracia de Dios» (12.15).

Mi experiencia personal y pastoral confirma lo que señala la parábola. Quien no ha logrado desprenderse de una injusticia sufrida encuentra que cada vez más sus pensamientos y sentimientos se centrarán exclusivamente en ese acontecimiento. La paz y el gozo huyen ante tal postura y se instala en nosotros una sensación de profundo agravio que contamina nuestras conversaciones, nuestras relaciones y la perspectiva con que encaramos la vida. Eventualmente, la falta de perdón puede degenerar en problemas físicos como úlceras, dolores crónicos o aun cáncer.

Es por esto que Pablo exhorta a la iglesia en Éfeso a que sea generosa a la hora de perdonar. «Sea quitada de vosotros toda amargura, enojo, gritos, maledicencia, así como toda malicia. Sed más bien amables unos con otros, misericordiosos, perdonándoos unos a otros, así como también Dios os perdonó en Cristo» (4.31–32). Señala, como hemos visto en la parábola, que la clave del perdón es la acción de Cristo a nuestro favor. Solamente el corazón que festeja el abundante y generoso don de Dios hacia nosotros puede adoptar una postura amplia y bondadosa hacia los demás.

# Cuando un hermano peca *(Jesús enseña sobre la restauración)*

# Perdonar de todo corazón

## Mateo 18.15–35

***Hemos reflexionando en estos días sobre el siervo que no estuvo dispuesto a perdonar una pequeña deuda a su consiervo. A pesar de haber recibido una maravillosa e inmerecida condonación de su propia deuda, cerró su corazón a la hora de extender el mismo beneficio hacia su semejante. El rey calificó esta actitud de malvada, indicando que fue mucho más que mezquina. Era, más bien, una expresión de malicia hacia la otra persona. Por la dureza de su corazón lo entregó a los verdugos, para que quedara prisionero hasta que pagara la totalidad de su deuda. Recordemos que esta ascendía al equivalente a más de mil millones de dólares.***

Queda claro que pagar la deuda ahora quedaba totalmente fuera de su alcance. Si era imposible juntar el dinero mientras aún disfrutaba de libertad, cuánto menos ahora que se encontraba en la cárcel. Aun trabajando con gran esmero, nadie iba a pagarle mucho por el fruto de su trabajo. De hecho, esta condena constituye una sentencia de por vida.

La condena, sin embargo, no descarta una intervención posterior del Señor, pues aun en los casos más duros, mientras exista la vida, se mantiene la posibilidad de una nueva visitación divina. Encontramos un buen ejemplo de esto en la figura de Manasés, un rey que hizo lo malo delante de Jehová, que «hizo pasar por el fuego a sus hijos... practicó la hechicería, usó la adivinación, practicó la brujería y trató con adivinos y espiritistas» (2 Crónicas 33.6). «Además, Manasés derramó muchísima sangre inocente hasta llenar a Jerusalén de un extremo a otro» (2 Reyes 21.16). No obstante el cronista relata que hacia el final de su vida, cuando lo habían llevado con garfios y cadenas a Babilonia, Manasés se volvió al Señor. «Cuando estaba en angustia, [Manasés] imploró al SEÑOR su Dios y se humilló grandemente delante del Dios de sus padres. Y cuando oró a Él, Dios se conmovió por su ruego, oyó su súplica y lo trajo de nuevo a Jerusalén, a su reino. Entonces Manasés supo que el Señor era Dios» (2 Crónicas 33.12–13).

Esta es también nuestra esperanza, no solamente para la vida de aquellos que han caído profundamente en pecado, sino también para las nuestras. Nuestro Dios es Dios de las nuevas oportunidades, y mientras exista aliento en nuestras bocas existe la posibilidad de un nuevo acercamiento a su persona, pues él es bueno aun para con los ingratos y perversos (Lucas 6.35). No obstante, resulta innecesario recorrer un camino de tanta angustia y sufrimiento cuando el gozo y la paz pueden ser nuestros en el mismo instante de perdonar. Para evitar ser traspasado por muchos dolores es bueno, como exhorta el salmista, que «todo santo ore a ti en el tiempo en que puedas ser hallado» (Salmos 32.6). La calidad de vida para aquellos que están dispuestos a perdonar, de corazón, es mucho más intensa y plena que para los que quedan atrapados en el mundo miserable y amargo de los que viven con los asuntos no resueltos del pasado. ¡No desperdiciemos semejante oportunidad!

DIOS EN SANDALIAS

DÍA **333**

## El secreto de José *(Un alto en el camino –7)*

# Dios lo tornó en bien

**Génesis 50.15–22**

***En los últimos días hemos dedicado nuestro tiempo a reflexionar sobre el tema del perdón. No es un tema menor para la vida a la que hemos sido llamados. Muchas personas nunca logran reponerse a las heridas que han sufrido a manos de otros y asumen una postura temerosa y resentida en la vida, que neutraliza por completo sus posibilidades de seguir avanzando hacia la madurez en Cristo Jesús. Resolver exitosamente estas situaciones, entonces, se torna un asunto de vital importancia para el camino que aún queda por delante.***

*Lea el texto de Génesis seleccionado para este día. Enumere las pérdidas que le ocasionó a José ser vendido como esclavo por sus hermanos. ¿Por qué temían los hermanos de José que él decidiera vengarse? ¿Cómo reaccionó él ante el pedido de sus hermanos? ¿Cómo explicó su postura? ¿De qué manera practicó el perdón hacia sus hermanos?*

El cuadro que nos presenta el pasaje de Génesis 50 me conmueve cada vez que lo leo. Quizás porque sé lo difícil que es actuar con bondad hacia aquellos que han obrado mal contra mí. La imagen de ternura que vemos en la persona de José nos ofrece la más convincente evidencia de que Dios puede revertir aun las peores situaciones y convertirlas en bendición.

Es muy difícil para nosotros siquiera acercarnos a la profunda desolación por la que atravesó José cuando fue vendido como esclavo. En un solo instante perdió todo lo que era preciado para él: su familia, sus bienes, su idioma, su libertad, la casa de sus padres, su cultura y su futuro. De ser un hombre libre pasó a ser un objeto puesto a la venta en un mercado de esclavos. En algún momento de su vida, sin embargo, José logró reponerse de este durísimo revés para avanzar con paso firme en los proyectos que el Señor ponía delante de él.

El pasaje de hoy es impactante porque, además de presentar José las razones por las que no deseaba vengarse de sus hermanos, nos ofrece un dramático contraste entre la vida de alguien que ha logrado superar las injusticias que vivió, y la vida de quienes continuaban atormentados por un hecho que había ocurrido más de cuarenta años atrás. El hecho de que los hermanos seguían con miedo y albergando sospechas muestra cuánto nos pueden atar los actos del pasado que no han sido redimidos por la gracia de Dios.

En algún momento José fijó su mirada en la bondad de Dios. Entendió que no le correspondía juzgar a sus hermanos, sino rendir cuentas al Señor por su propia vida. Una profunda convicción de que el Señor no obra mal alguno contra sus hijos le permitió entender que esta aparente tragedia fue el medio que escogió Dios para traer un gran bien a la vida de su pueblo. Esta perspectiva le permitió no solamente soltar el pasado, sino disponer su corazón para trabajar en favor del bien de sus hermanos. Una de las mejores formas de sellar la decisión de perdonar a otros.

DIOS EN SANDALIAS

DÍA 334

# Mi tiempo no ha llegado *(Se acerca la hora)*

## Ni sus hermanos creían

### Juan 7.1–9

*En los próximos días estaremos detenidos en el capítulo 7 del Evangelio de Juan. El texto de este pasaje capta la creciente confusión y oposición que despertaba Cristo con su ministerio público. De hecho, el evangelista comenta que «Jesús andaba por Galilea, pues no quería andar por Judea porque los judíos procuraban matarle» (1). Las personas que lo rodeaban no solamente se encontraban divididas en sus opiniones acerca de quién era, sino que proyectaban sobre él sus expectativas del camino que debía seguir. Esto exigía de Cristo la disciplina de mantener los ojos firmemente enfocados en la meta de su peregrinaje terrenal, que era glorificar al Padre por medio de su muerte en la cruz.*

*Tome un tiempo, antes de introducirse en la reflexión de hoy, para leer el texto de este capítulo. A medida que avance en la lectura, podrá captar las tensiones y polémicas que rodeaban al Hijo de Dios. Las opiniones encontradas de los diferentes grupos que lo rodeaban no son disímiles con las muchas versiones de Cristo que encontramos manifestadas en la Iglesia de nuestros tiempos. En medio de todas estas versiones, pida al Padre que le conceda deshacerse de los conceptos que son el resultado de la cultura que nos rodea, para poder acercarse con sencillez y humildad al Jesús de los Evangelios.*

Juan nos dice que la fiesta de los tabernáculos estaba cerca. Esta celebración se realizaba en la época de la cosecha y su objetivo principal era ofrecer a Dios acciones de gracias por su bondadosa provisión hacia el pueblo de Israel. La fiesta, sin embargo, también tenía una nota histórica, pues invitaba a los judíos a recordar la misericordia de Dios hacia el pueblo durante los años de su peregrinaje en el desierto. Por esta razón el festejo poseía un peso y una importancia similar a la celebración de la Pascua.

Los hermanos de Jesús consideraban que la fiesta ofrecía una oportunidad sin igual para que Jesús impactara al pueblo con sus enseñanzas y ministerio. Por esto, le dijeron: «Sal de aquí, y vete a Judea para que también tus discípulos vean las obras que tú haces. Porque nadie hace nada en secreto cuando procura ser conocido en público. Si haces estas cosas, muéstrate al mundo» (3–4). Juan añade, a esta sugerencia, una frase reveladora: «Porque ni aun sus hermanos creían en Él» (5).

Esto nos ayuda a entender que la sugerencia de ellos no procedía de una genuina comprensión de las realidades que rigen el reino de los cielos, sino que era el resultado de la misma confusión que ellos vivían con respecto a la figura del Mesías. Quien no tiene claridad sobre la persona de Cristo y la relación que él propone a quienes quieren ser sus seguidores, tampoco estará en condiciones de aconsejar a otros. Vemos en el comentario de Juan una reiteración del hecho de que las perspectivas de este mundo son incompatibles con los caminos trazados por el Señor. Quien las abraza no está simplemente confundido, sino que está atrapado en un corazón de incredulidad que rechaza como inapropiado el camino trazado por Dios para nuestras vidas.

## Mi tiempo no ha llegado *(Se acerca la hora)*
# «Muéstrate al mundo»

### Juan 7.1–9

***Había llegado el tiempo de una celebración clave en el calendario de Israel, la fiesta de los tabernáculos. El evento reuniría a grandes multitudes en Jerusalén, pues allí se llevaban a cabo las festividades principales. Los hermanos de Cristo veían en el acontecimiento una oportunidad inmejorable para que Jesús logrará aumentar aún más su popularidad, esa seductora meta que tan rápidamente atrapa las ambiciones de nuestros corazones. Por esto, no tardaron en aconsejarle que aprovechara la situación para subir a la gran ciudad. Vuelva a leer las razones por las que ellos creían apropiada esta decisión. Intente descifrar cuál es la estrategia que ocultaban sus palabras. ¿De qué manera vemos manifestada esta estrategia en las figuras más populares de nuestros tiempos?***

No dudamos, ni por un instante, que el plan hubiera ganado la aprobación de muchas personas que seguían a Jesús a todos lados. Las palabras de los hermanos del carpintero de Galilea son el resumen de mil variantes que buscan un mismo objetivo: ganarse un lugar de reconocimiento y admiración entre los pares, la eterna expresión del deseo, plantado en el corazón de la primera pareja, de llegar a ser «como Dios». Es por esta razón que obramos bien en detenernos a examinar con cuidado los elementos que componen esta estrategia humana, no sea que seamos seducidos por propuestas similares.

En primer lugar, observamos que la proposición tiene como objetivo que los discípulos puedan «ver las obras que tú haces». Con una sutileza imperceptible las obras dejan de ser la manifestación visible de una realidad espiritual y pasan a ser una estrategia para impresionar a los demás. No nos sería fácil identificar esta tendencia si no fuera por el testimonio de nuestros propios corazones, que encuentran irresistible cualquier oportunidad que nos ofrezca la posibilidad de ser «vistos por los demás», la tentación de impresionar a otros mientras bendecimos a alguno por nuestro camino. Las obras en la vida de Cristo, sin embargo, eran la expresión visible de la intimidad que existía entre el Padre y el Hijo. El marco en que se realizaban no poseía ninguna importancia. Es más, en ocasiones observamos que Cristo procuraba realizarlas lejos de las multitudes, como queriendo resguardarlas del espíritu mercenario que tan rápidamente se apodera de nuestros corazones. ¡Cuánta libertad logramos también nosotros cuando no permitimos que nuestra mano derecha esté enterada de lo que está realizando nuestra mano izquierda!

En segundo lugar, observamos que los hermanos creían que el objetivo de Cristo era «ser conocido en público», como si esta fuera una meta digna de cualquier ser humano. El hecho de ser reconocido por los semejantes en el reino, siempre es una consecuencia de la calidad de la vida que se vive en privado. Al igual que aquellos vanos intentos por cazar nuestra propia sombra, quien vive para ser conocido en público encontrará que rápidamente se esfuma la autoridad que necesita para mantener su eficacia en las esferas de la vida pública. La popularidad pronto sofoca a la humildad y la sencillez que son esenciales para un liderazgo de impacto. Por esto, el líder eficaz huye de las adulaciones y los reconocimientos de las muchedumbres. Sabe que la auténtica espiritualidad no puede ser confundida con la aclamación de las muchedumbres.

DIOS EN SANDALIAS

DÍA 336

# Mi tiempo no ha llegado *(Se acerca la hora)*

# «Suban ustedes»

## Juan 7.1–9

***Movidos por la sabiduría popular que califica las mejores oportunidades en la vida como aquellas que mayor impacto producen en los demás, los hermanos de Cristo le animaban a que subiera a Jerusalén. Es que se acercaba la fiesta de los tabernáculos, una celebración que reunía a miles de fieles en la principal ciudad de Israel y ofrecía las condiciones óptimas para darse a conocer a gran escala. Lea los versículos 6 al 9. ¿Cómo reaccionó Jesús a la sugerencia de los hermanos? ¿Qué diferencias señaló entre su persona y sus hermanos?***

La respuesta del Señor es instructiva para cualquiera que desea entender mejor los principios que motivaban sus acciones. Jesús claramente entendía que él no decidía sobre los tiempos de su propio ministerio, sino que estaba sujeto a un cronograma que estaba en manos de su Padre. El principio es importante porque muchas veces malogramos un buen proyecto o una buena iniciativa por implementarla a destiempo con el reloj del Señor. Gran parte del trato de Dios para la vida de sus siervos, en las Escrituras, tiene que ver con enseñarles a moverse en este tiempo divino, una de las lecciones más difíciles de aprender, como lo revelan las historias de sus vidas. Abraham quiso acelerar la llegada de su hijo. José quiso acelerar su salida de la cárcel. Moisés quiso movilizar al pueblo hacia la libertad. Los amigos de David quisieron animarle a acelerar la caída de Saúl. Pedro quiso adelantar el tiempo de su sacrificio por Cristo. En ninguno de estos casos, ni en muchos otros, prosperaron los proyectos emprendidos. El factor tiempo era —y sigue siendo— crucial. Para los que no están insertos en la realidad del reino, sin embargo, cualquier tiempo es oportuno. No es posible hacer lo malo a destiempo, porque todo tiempo en que se hace lo malo es tiempo desperdiciado que tiene un solo destino: la muerte.

Jesús también señaló, con mucha sencillez, por qué era imposible que él alcanzara la aclamación popular que ellos proponían. No había forma posible que el mundo pudiera reconocerlo, porque el testimonio que daba de él era que sus acciones eran malas. Realmente nos motiva a pensar acerca del afán de tantos líderes de gozar del reconocimiento de grandes multitudes. La denuncia a la que se refiere Jesús no es una que requiera de palabras, aunque en innumerables situaciones él denunció verbalmente el sistema corrupto de un mundo en tinieblas. La denuncia, sin embargo, se produce en forma automática todas las veces que se produce un marcado contraste entre la luz y las tinieblas. Quien se rehúsa a mentir en el trabajo, por ejemplo, pone en evidencia a los demás empleados que sí lo hacen. Quien siempre mantiene las cuentas al día con los negocios donde efectúa sus compras, pone en evidencia a la multitud de personas que viven de prestado. De este modo, la identificación plena de la persona con Cristo siempre irá de la mano de un testimonio que incomodará a aquellos que aún viven en la oscuridad. Vivir según los principios del reino nos colocará, indefectiblemente, en contraposición a la cultura predominante de este mundo.

DIOS EN SANDALIAS

DÍA 337

# Abuso de poder *(Jesús inicia el ascenso a Jerusalén)*

# Intenciones firmes

## Lucas 9.51–56

***Los hermanos no pudieron persuadir a Jesús a que subiera a Jerusalén. Él nos ha dado muchas señales en los textos examinados de que él no realiza absolutamente nada si el Padre primeramente así no se lo ha indicado. No obstante, en un momento decidió que era hora de subir a Jerusalén. Lea el versículo 51 del texto. ¿Cuál fue el factor que motivó esta decisión? ¿Qué significa que él afirmó, con determinación, su rostro hacia aquella ciudad? ¿Por qué fue necesaria esta actitud?***

Los hermanos de Jesús imaginaban que Jerusalén ofrecía una inmejorable oportunidad para mostrar sus credenciales a las multitudes, despejando, de una vez, las dudas que podían existir con respecto a su identidad. Para el Mesías, sin embargo, llegar a Jerusalén significaba entrar de lleno en el último tramo de su agonizante marcha hacia la muerte en la cruz. La imagen de Cristo en el jardín de Getsemaní nos permite ver la profundidad de la angustia que le produjo esta experiencia, una situación que afligió su alma hasta el punto de la muerte (Mateo 26.38).

La conciencia de la gran cantidad de maniobras que elaboramos en la vida para evitar situaciones de incomodidad, angustia o tribulación debe ayudarnos a entender por qué fue necesario que el Señor se armara de una convicción firme para comenzar su viaje hacia Jerusalén. Algunas situaciones son tan desagradables que buscamos con desesperación la forma de evadirlas. No obstante, la vida contiene una mezcla de situaciones gratas y otras no tan gratas. No es posible que siempre todo nos ofrezca sensaciones placenteras, por el simple hecho de que vivimos en un mundo afectado por el pecado. En esta vida seremos profundamente afectados por el egoísmo, la traición, el desprecio y la injusticia. Para los que somos parte del pueblo de Dios se suman las agresiones naturales que surgen de seguir de cerca al Señor. Jesús advirtió a los suyos, una y otra vez, que recibirían un trato similar al que le había tocado recibir a él. El precio a pagar para ser discípulo de Cristo es, precisamente, la disposición de tomar la cruz.

En la reflexión de hoy, sin embargo, entendemos que disponerse a tomar la cruz no es para las tímidos, ni los dubitativos. El primer paso para abrazarse al sufrimiento que inevitablemente nos tocará vivir es forjar en el corazón la decisión de avanzar con paso firme en la dirección señalada, sin importar lo que pueda suceder en el camino. Es una decisión que requiere una voluntad firme, porque, seguramente, por el camino nos encontraremos con muchas oportunidades que nos incitarán a volver atrás.

Santiago nos anima a que tengamos por sumo gozo el hecho de encontrarnos en diversas pruebas (1.2–4). La fuente de este gozo no es la prueba en sí, que siempre es desagradable, sino el fruto que producirá en nosotros: una vida enteramente preparada para los asuntos del Señor. Del mismo modo, el autor de Hebreos nos indica que Cristo logró soportar la cruz porque consideraba el gozo que le esperaba más allá de la muerte. Sus ojos no estaban fijos en la cruz, sino en el beneficio que lograría en favor nuestro por medio de su muerte.

| DIOS EN SANDALIAS | |
|---|---|
| DÍA | 338 |

# Abuso de poder *(Jesús inicia el ascenso a Jerusalén)*
# Identidad mal entendida

## Lucas 9.51–56

*Una vez que Jesús tomó la decisión de subir a Jerusalén envió a los discípulos a que prepararan el camino para su viaje. El detalle nos ofrece una interesante perspectiva de las formas en que se movía el Señor de un lado hacia el otro, aunque consideremos que estos detalles son de poca importancia. No obstante, nos recuerdan que el ministerio, por más profundo que sea el fundamento espiritual sobre el que está construido, también contiene aspectos netamente prácticos que deben ser atendidos. Lea el resto del texto sobre el que debemos reflexionar en este segmento. ¿Qué ocurrió con los discípulos cuando llegaron a la aldea de Samaria? ¿Por qué les fue negada la hospitalidad? ¿Qué revela la reacción de ellos? ¿Qué principio quiso el Señor que aprendieran?*

El intento de asegurar un lugar para Jesús en una de las aldeas de los samaritanos fracasó. Al saber ellos que él se dirigía a Jerusalén, le negaron el acceso, pues los samaritanos consideraban que las celebraciones en esta ciudad competían con Gerizim, el lugar que consideraban indicado para ofrecer sacrificios. Su actitud nos ayuda a entender por qué se mostraron tan sorprendidos los discípulos cuando encontraron al Señor hablando en el pozo con la mujer samaritana.

Los discípulos no reaccionaron ante lo que se podía considerar un insulto, pero al regresar a Cristo la indignación de ellos se manifestó con una osada propuesta: solicitaron permiso para mandar fuego del cielo y consumir la aldea. Seguramente les inspiraba la historia de lo que había ocurrido en la vida del profeta Elías, según lo que relata 2 Reyes 1. Aplaudimos el hecho de que no actuaron sin permiso, aunque su propuesta era inapropiada. El Señor no solamente se negó al pedido, sino que los reprendió por la actitud que habían asumido.

La clave de la respuesta de Jesús está en su declaración al final del texto: «el Hijo del Hombre no ha venido para destruir las almas de los hombres, sino para salvarlas». La acción que ellos proponían estaba fundada en una actitud de fastidio y venganza, algo que es absolutamente contrario al espíritu del evangelio. De hecho, en el Sermón del monte él había indicado claramente que esperaba de sus discípulos que pusieran la otra mejilla cuando fueran agredidos. A pesar de esto, resulta tentador para nosotros buscar la forma de involucrar al Señor en nuestros pleitos y pedirle que castigue a quienes se nos oponen.

Al señalar Cristo que ellos no sabían de qué espíritu eran vuelve sobre la observación que le hizo a Pedro, cuando este intentó reprenderlo por su intención de entregar su vida en Jerusalén: «no estás pensando en las cosas de Dios, sino en las de los hombres» (Mateo 16.23). Es precisamente porque se nos mezclan los valores de este presente siglo malo con los principios del reino, que intentamos involucrar al Señor en acciones que son contrarias a los intereses del reino. De allí que sea de tanta importancia para nosotros pasar tiempo con él y sumergirnos en los principios de su Palabra, para que veamos cada vez con mayor nitidez la realidad del reino, acomodando nuestras actitudes y nuestro comportamiento a la nueva vida que él está gestando en nosotros.

DIOS EN SANDALIAS

DÍA 339

# Todo o nada *(Jesús rechaza condiciones)*

# Renunciar a las comodidades

## Lucas 9.57–62

***Jesús ya había señalado a los doce cuáles eran las condiciones para los que pretendían ser sus discípulos. Ellos debían estar dispuestos a transitar por el mismo camino que él transitaba. La oposición a la persona de Cristo aumentaba día a día, aunque aún quedaban por delante las manifestaciones más groseras hacia su persona. Los que no entendían bien la propuesta seguían acercándose a él con la intención de «postularse» como discípulos, según la costumbre de la época. Es probable que Lucas haya elegido tres ejemplos de lo que puede haber sido toda una multitud de personas que se acercaron a Cristo con la misma intención. Lea el texto de hoy e intente identificar los diferentes obstáculos que debía sortear cada una de estas personas.***

Las figuras que menciona este pasaje son personas que entraron en contacto con Jesús mientras iba por el camino. Vale la pena volver a afirmar que muchos de los encuentros más significativos en el reino no fueron programados, sino que se produjeron en forma espontánea. El principio nos invita a caminar por la vida con los ojos bien abiertos, pues es muy posible que nos encontremos con personas en las que Dios ha estado trabajando de manera intensa. Si respondemos a las directivas del Espíritu, la vida cotidiana se tornará en el eje de nuestro ministerio hacia los demás.

La impresión que recibimos de la primera persona que se acercó al Cristo es buena. El hombre comparte su deseo de entregarse incondicionalmente a seguir a Jesús por dondequiera que vaya. Sus palabras guardan mucha similitud con los entusiasmados votos que tantas veces expresamos en nuestras reuniones como iglesia. Proclamamos que él tiene toda la libertad para trabajar en nosotros y conducirnos por los caminos que él escoja. No obstante, a menudo nuestras palabras solamente reflejan el entusiasmo del momento. Al no percibir lo engañoso que son nuestros corazones, somos suficientemente ingenuos para creer que nuestras palabras son una fiel representación de nuestras convicciones, pero el Señor escudriña los corazones y prueba nuestros pensamientos (Jeremías 17.10). Por esto, la respuesta de Jesús no debería sorprender, aun cuando guarde poca relación con el apasionado ofrecimiento de esta persona. El Señor no se guía por las palabras de nuestra boca, sino por la realidad de nuestro corazón. Su aguda percepción espiritual le permite rápidamente detectar el verdadero sentido de lo que pedimos, y dirige su respuesta hacia esa realidad.

Este varón que, a nuestros ojos, se ve tan comprometido nos ha engañado. Resulta que su entrega incondicional no es tan incondicional como pensamos. Al mirar su corazón Cristo ve que está anormalmente interesado en asegurarse una vida en la que goce de todas las comodidades de las que disfrutan los demás. Cabe señalar que gozar de un hogar al cual retornar y una cama en la cual recostarse no representa nada malo. Estas comodidades solamente se tornan nocivas cuando interfieren con el llamado a seguir a Cristo. Cuando nos cuesta renunciar a ellas es porque ocupan un lugar en nuestra vida que está reservado exclusivamente para el Señor.

DIOS EN SANDALIAS

DÍA 340

# Todo o nada *(Jesús rechaza condiciones)*

# Hoy es el día

## Lucas 9.57–62

***En el trío de encuentros que relata el Evangelio de Lucas nos topamos con un segundo personaje. Lea los versos 59 y 60. Observe que el verso 59 comienza con esa adversa palabrita «pero». Sin conocer el resto del texto ya sabemos que este va a interponer alguna objeción. ¿Cuál es el deseo que expresa a Cristo? ¿Qué significa la frase «enterrar a mi padre»? ¿Por qué Jesús no atendió el pedido de esta persona?***

El llamado de Jesús a este individuo es con el mismo imperativo que utilizó para llamar a muchas otras personas: «sígueme». En este sencillo verbo se resume la esencia de lo que significa ser un discípulo. No es un llamado a unirse a una religión, asistir a una serie de reuniones o afirmar el valor de algunas verdades acerca de la vida espiritual. Es una invitación de acompañar a Cristo a los lugares que él elige visitar y las personas que escoge tocar. En el acto de seguir, el discípulo proclama que es otro el que decide el rumbo, otro el que establece el itinerario de cada día. La única decisión que le compete al discípulo es mantenerse lo más cerca que pueda de Jesús.

La frase «deja que primero entierre a mi padre» no significa que el padre había fallecido. La expresión, típica de la época, indicaba el compromiso de un hijo de cuidar a sus padres hasta que fallecieran. De esta manera, entonces, el hombre deseaba seguir al Señor, pero solicitó que se le diera un tiempo para atender sus asuntos familiares. Debemos afirmar, como lo hicimos en la reflexión de ayer, que el deseo de cuidar a los padres es honorable y bueno. Solamente se transforma en malo cuando pasa a ser una justificación para no actuar conforme a la palabra que el Señor nos ha hablado.

La respuesta de esta segunda persona nos confronta con uno de los mayores impedimentos para seguir a Cristo, el deseo de que nosotros establezcamos el «cuándo». No consideramos que su respuesta representa un espíritu de desobediencia porque este hombre no le dijo que «no» al Señor, sino que simplemente solicitó una extensión en el plazo necesario para actuar conforme a la palabra recibida.

La respuesta de Cristo puede haber estado fundamentada en dos realidades. La primera, que sostiene todo lo que acontece en el reino de los cielos, es que todas las decisiones referentes a nuestra propia vida ya no están en nuestras manos. No tenemos nosotros, en nuestra condición de siervos, el derecho a decidir sobre nada en nuestro andar con él. Por eso mismo el apóstol Pablo declara que somos esclavos de la obediencia (Romanos 6.16). La segunda razón es que es probable que Jesús supiera que lo que no se lleva a cabo en el momento corre peligro de no realizarse nunca. Cada vez que nosotros respondemos «mañana lo hago» es prácticamente un hecho que no lo cumpliremos. Entre hoy y mañana la carne se habrá fortalecido e interpondrá toda clase de razones para no cumplir con la palabra que hoy nos parecía tan buena. La mejor obediencia es la que se practica en el acto.

DIOS EN SANDALIAS

DÍA 341

## Todo o nada *(Jesús rechaza condiciones)*

# La mano en el arado

**Lucas 9.57–62**

***Lucas comparte con nosotros la experiencia de tres personas que se cruzaron con el Cristo mientras iba camino a Jerusalén. El tercero, al igual que el primero, se ofrece como discípulo. El reino, sin embargo, no admite voluntarios, aunque en ocasiones tenemos la impresión de que somos nosotros los que elegimos a Dios. Lea los versos 61 y 62. ¿Cuál es la condición que interpone este individuo para seguir a Cristo? ¿A qué se refería cuando hablaba de despedir a los de su casa? ¿Qué quiso indicar Jesús con la respuesta que le dio?***

La cortesía de saludar a sus parientes y amigos antes de embarcarse en esta aventura es muy loable. Comenzamos a percibir, sin embargo, que los asuntos que compiten con nuestra entrega a Jesús nunca son groseramente malos. Nos cuesta combatirlos precisamente porque cada uno de ellos expresa aspectos muy buenos de nuestra humanidad. El desafío en el reino, sin embargo, no radica tanto en desechar lo malo, sino en descartar lo bueno para abrazarse a algo que es infinitamente mejor. Lamentablemente, muchas veces la postura que asumimos en la vida indica que quisiéramos obtener lo mejor, sin perder por el camino todo lo bueno.

Cristo, quien ve mucho más nítidamente que nosotros la realidad de nuestra vida, percibió que los vínculos afectivos en la vida de este hombre no eran sanos. Quizás existía la posibilidad de que, volviendo para saludarlos, trataran de convencerlo de que desistiera de su cometido. Quizás lo iban a entretener con otras actividades que lo demorarían innecesariamente. Quizás iban a tratar de exigirle que no canalizara la totalidad de su tiempo y esfuerzos hacia la persona de Cristo. Fuera cual fuera la situación, estas personas representaban una amenaza al llamado que Jesús le hacía.

Como en tantas otras ocasiones Jesús echó mano de una imagen de la vida cotidiana para dar a entender mejor el peligro al que este hombre se enfrentaba. La imagen de un hombre marcando los surcos para la siembra era bien conocida para todos. El pesado arado no solamente era exigente para los animales que tiraban de él, sino que requería de gran concentración del labrador que los conducía. Ningún campesino podía trazar surcos rectos si se volteaba continuamente para mirar hacia atrás.

El mensaje es claro. No podemos seguir a Cristo si a cada rato estamos quitando los ojos de él. Necesitamos estar absolutamente concentrados en su persona, para no perderlo de vista mientras caminamos por una vida que está repleta de atractivas distracciones. De todos los elementos que pueden servir como distracción, ninguno ejerce tanta influencia sobre nuestras vidas como las relaciones con amigos y parientes. En ocasiones los deseos de quienes nos aman van claramente en contra de los deseos de nuestro Padre celestial. El afán de no perder el afecto que compartimos con ellos puede llevarnos a ceder ante situaciones que nos demandan absoluta firmeza.

Esta disciplina es una de las cualidades admirables que observamos en Cristo. Por el camino se le acercaron muchos, incluyendo los discípulos, que quisieron llevarlo por una ruta diferente a la que el Padre había trazado para él. En cada instancia Jesús se resistió a las insinuaciones de ellos, para ser fiel a Aquél ante quien debía rendir cuentas.

# Ríos de agua viva *(La fiesta de los tabernáculos)*
# Opiniones encontradas

## Juan 7.10–50

***Los hermanos de Jesús, que no pudieron persuadirlo para que aprovechara la fiesta de los tabernáculos para mostrar sus obras en público, subieron a Jerusalén solos. No obstante, «cuando sus hermanos subieron a la fiesta, entonces Él también subió; no abiertamente, sino en secreto» (10). ¿Por qué piensa que cambió de idea? ¿Cuál era el ambiente con el que se encontró? ¿Qué nos indica la existencia de puntos de vista tan divergentes entre las personas?***

El hecho de que haya subido en secreto no implica que fue a escondidas, sino que escogió llegar a la ciudad por separado de las grandes multitudes que subían en caravanas a la celebración. De este modo Cristo indicó que no estaba dispuesto a prestarse a ninguna de las estrategias ni propuestas de las personas que estaban cercanas a él. En Jerusalén, no obstante, existía cierta expectativa de que él fuera a presentarse, un hecho que aprovecharían tanto sus detractores como sus seguidores. La búsqueda de los judíos probablemente se refiere al grupo de personas que se le oponían. Su postura de antagonismo se había convertido en una campaña agresiva que pretendía resistir y socavar la influencia de Jesús sobre las multitudes. Este capítulo del Evangelio de Juan nos provee varios ejemplos de la hostilidad de los grupos más religiosos hacia su persona.

La actitud generalizada del pueblo hacia el Hijo de Dios durante este tiempo, parece ser de confusión. Juan comenta que había «murmuración entre la gente», una frase que indica que el Maestro de Galilea se había convertido en la sensación del momento, por lo que muchos intentaban descifrar su identidad y qué significaban las enseñanzas que compartía. Algunos opinaban que su trabajo era beneficioso para la sociedad, mientras que otros afirmaban que lo único que estaba logrando era apartar a las personas de las enseñanzas que el pueblo siempre había atesorado. Y todo este debate se llevaba a cabo en un espíritu de temor, pues los ánimos estaban encendidos y no resultaba aconsejable afirmar abiertamente una postura o la otra.

El camino que hemos recorrido hasta este punto en los Evangelios nos ayuda a entender que esta confusión no tenía que ver solamente con personas que se mantenían al margen de la vida de Jesús. Aun los que más cerca estaban de él no lograban descifrar las formas misteriosas en que ocasionalmente actuaba. La situación vuelve a destacar las serias limitaciones que padecemos para percibir y entender los asuntos relacionados con el reino. Aun entre los más espirituales la diversidad de opiniones no hace otra cosa que mostrar que las frágiles deducciones a las que nos conducen nuestros cuidadosos estudios siempre están condicionados por nuestra humanidad. Mientras dure nuestro peregrinaje por esta vida solamente nos será concedido ver en parte las verdaderas dimensiones del Mesías.

Podemos afirmar, también, que las más auténticas manifestaciones del Señor son las que muchas veces pasan desapercibidas o son rechazadas por la mayoría del pueblo de Dios. La controversia, sin embargo, es parte del precio que deben pagar aquellos que se han comprometido con seguir, hasta las últimas consecuencias, el camino marcado por Dios para su vida.

DIOS EN SANDALIAS

DÍA 343

# Ríos de agua viva *(La fiesta de los tabernáculos)*
# Otra clase de conocimiento

## Juan 7.10–50

***Eventualmente Jesús decidió mostrarse en público. Su presencia entre las multitudes que habían subido para la fiesta de los tabernáculos, sin embargo, pasó desapercibida, tal como había sido su intención. «Pero ya a mitad de la fiesta, Jesús subió al templo y se puso a enseñar» (14), seguramente, como era su costumbre, por indicación de su Padre. La libertad de decidir en qué momento mostraba su rostro no le pertenecía a sus hermanos, a sus discípulos, ni a él mismo; era un privilegio que le pertenecía exclusivamente a Aquél a cuyas directivas se había sujetado tan completamente. ¿Qué reacciones acompañaron sus enseñanzas?***

La pregunta de los judíos revela uno de los conceptos más fuertemente arraigados en la cultura popular de los pueblos, la de creer que el conocimiento solamente se adquiere a través de la disciplina del estudio. Con el pasar del tiempo la convicción, en una cultura dominada por escuelas, seminarios y universidades, se ha hecho tan fuerte que nos resulta prácticamente imposible concebir el aprendizaje fuera de un marco académico. Es posible, sin embargo, acceder a un profundo grado de conocimiento por medio de la experiencia o por estar expuestos, a lo largo del tiempo, a una misma realidad. Este conocimiento es el que llamamos sabiduría, pues está fundada en las observaciones que resultan de la vida misma. Posee mayor peso que el conocimiento adquirido por medio del estudio porque está anclada a la realidad de la vida.

Jesús, sin embargo, poseía acceso a un conocimiento que no es el fruto de una disciplina de estudio, ni de la sabiduría, aunque era un hombre sabio y conocedor de las Escrituras. «Mi enseñanza no es mía», señaló el hijo de Dios, «sino del que me envió» (16). Este conocimiento, a diferencia de los otros «conocimientos», no podrá ser alcanzado aun por las más brillantes y disciplinadas mentes, aunque el saberlo no nos ha llevado a desistir en nuestros intentos de dilucidar los misterios más profundos de la persona de Dios. Este conocimiento, sin embargo, solamente puede ser obtenido por un acto de revelación, y él escoge dar a conocer sus misterios a aquellos que poseen la madurez y la humildad necesarias para poder cargar con semejante tesoro. Los métodos que aseguran la obtención de conocimiento en el mundo, son ineficaces en el reino de los cielos. Jesús mismo reveló esto al exclamar: «Te alabo, Padre, Señor del cielo y de la tierra, porque ocultaste estas cosas a sabios e inteligentes, y las revelaste a los niños» (Mateo 11.25).

El líder inteligente estará siempre consciente de que la sabiduría que más necesita para desarrollar un ministerio eficaz solo puede ser hallada a los pies del Padre. Esto no quita el valor que pueda tener el estar inmerso en un proceso educativo formal, tal como el que puede ofrecer cualquier institución educativa de nuestros tiempos. No obstante, obtenemos mayor discernimiento mediante un espíritu manso y humilde que asistiendo a las mejores clases del mundo. Por esta misma razón la enseñanza de un líder formado de esta manera puede ser piedra de tropiezo para algunos, pues hablará de asuntos que solamente podrán entender los que tienen oídos para hacerlo.

## Ríos de agua viva *(La fiesta de los tabernáculos)*

# El privilegio de los obedientes

### Juan 7.10–50

***La multitud reunida en Jerusalén quedó asombrada por la profundidad de las enseñanzas que compartía Jesús, especialmente al saber que él no se había beneficiado con la rigurosa disciplina de estudios que poseían los fariseos, saduceos y escribas. Cristo aclaró, sin embargo, que su conocimiento no era propio, sino que todo lo que hablaba lo hacía en fidelidad a lo que había recibido del Padre.***

***El hecho de que las enseñanzas de Jesús se originaran en la persona de Dios Padre no garantizaba que el pueblo las recibiera con agrado. De hecho, el capítulo entero nos presenta escenas de enorme confusión. Es que la capacidad de discernir el verdadero sentido de sus palabras no descansa sobre el uso adecuado de los sentidos naturales que poseemos como seres humanos. Lea la declaración de Cristo en los versos 17 y 18. ¿Qué condición estableció para poder discernir la verdad que él hablaba? ¿Cuál es la característica que distingue al que habla para la gloria de otro?***

Realmente creo que es difícil para nosotros comprender el significado de la declaración de Cristo: «Si alguien quiere hacer su voluntad, sabrá si mi enseñanza es de Dios o si hablo de mí mismo». La veracidad de las enseñanzas no se establece en el plano del análisis teórico de la mente, sino en la escuela de la vida. Quien dispone su vida para probar la eficacia de sus enseñanzas en el andar cotidiano, manifiesta la actitud que es indispensable para profundizar en la verdad revelada. Es decir, los que descienden a las profundidades de la persona de Dios son aquellos cuyo objetivo no es tanto conocerlo, sino vivirlo. La intensidad de la experiencia en el Señor es la que mejor agudiza los sentidos espirituales que son indispensables para una correcta comprensión de sus palabras. La vida misma proveerá el marco que más fielmente testifica acerca de la autenticidad de las palabras que el Hijo pronuncia, palabras que no son más que piedras de tropiezo para los que andan en desobediencia.

Jesús añade, a este principio, una segunda observación. La motivación que mueve el corazón de una persona es un elemento clave para determinar la eficacia de un ministerio. Quien esta volcado a asegurar el reconocimiento de su propia grandeza no podrá hablar ni enseñar la Palabra de Dios, pues sus intenciones son contrarias al verdadero espíritu de la Palabra. Solamente podrá compartir con otros sus propias conclusiones acerca de la vida, y las mismas carecerán del peso que poseen las palabras que proceden del corazón de Dios. El que habla lo verdadero solamente lo podrá hacer si su objetivo es asegurar la gloria del Padre, lo que requerirá de una disciplina férrea para resistirse a las insinuaciones de grandeza personal que el diablo querrá continuamente insertar en el mensaje que comparte con otros.

El conocimiento que resulta de caminar en la verdad es el que le da a la vida de Cristo el peso y la autoridad que continuamente deslumbraba a quienes lo escuchaban. El secreto de su mensaje no está en el contenido de sus palabras, sino en la vida que las contienen.

# Ríos de agua viva *(La fiesta de los tabernáculos)*
# Juzgar con juicio justo

## Juan 7.10–50

***La situación de tensión por causa del hombre que fue sanado en un día de reposo lleva a Jesús a apelar a la correcta adhesión a la ley de Moisés. Lea los versos 19 al 24. ¿Cuál es la acusación que eleva sobre la ley de Moisés? En su opinión, ¿por qué negaron que buscaban la forma de quitarle la vida? ¿Qué dilema existía con respecto al día de reposo y la circunsición? ¿A qué se refirió cuando les pidió que juzgaran con juicio justo?***

Juan ya ha comentado que ninguno se atrevía a hablar abiertamente en contra de la persona de Jesús por causa de los judíos, lo que muestra cuánta importancia le daban ellos a guardar la apariencia de legalidad en todos sus actos. Para quienes desean vivir vidas que agradan a Dios esto realmente presenta un complejo desafío, pues en algún momento se deberá optar entre quedar bien con los hombres o quedar bien con el Señor, pues las demandas de unos se oponen a las demandas del otro.

No obstante, Jesús detectaba la inclinación del que no es movido por un genuino deseo de caminar con Dios, y querían utilizar la ley para fines propios. Los que le acusaban no eran personas que realmente anhelaban hacer lo bueno delante del Señor, sino simplemente sumar las Escrituras a la multitud de elementos que utilizaban para desprestigiar al Cristo. Frente a la acusación de una actitud mercenaria por parte de ellos, sin embargo, negaron absolutamente la intención de que estaban buscando cómo dañarlo, algo que seguramente respondía al temor de despertar la censura de las multitudes.

En el verso 22 Jesús señala una práctica común con respecto a la circunsición. El mandamiento, que se remontaba a tiempos aun anteriores a la ley de Moisés, indicaba que un varón debía ser circuncidado a los ochos días de nacido. En ocasiones el octavo día caía en el día de reposo, pero para no quebrar la primera ley se procedía de igual manera con el ritual. Al hacerlo, según los propios argumentos que ellos mismos esgrimían, desechaban el día de reposo. El hecho es que la ley, tal como señala Pablo, es defectuosa porque pertenece a un pacto imperfecto (2 Corintios 3). De esta manera, resulta imposible insistir en un cumplimiento absoluto, porque deja por fuera las flaquezas propias de nuestra humanidad, que requieren de misericordia y consideración.

El Señor les reclamó, entonces, que no juzgaran por las apariencias, sino con juicio justo. El juicio que se basa en los aspectos externos de la vida necesariamente es errado, porque no logra incorporar a la evaluación el elemento de mayor peso en los asuntos eternos, que es el corazón del hombre. La única base para un juicio justo es la perspectiva que incluye un conocimiento acabado del hombre interior, y este conocimiento solamente lo posee el Padre. Por esto, en Juan 5.30, Jesús había señalado que la única forma de ser justo era mirar a las personas con los ojos del Padre, algo que siempre nos dará una perspectiva enteramente diferente a lo que se ve inicialmente en la vida de aquellos que se cruzan por nuestro camino.

# Ríos de agua viva *(La fiesta de los tabernáculos)*
# Camino cerrado

## Juan 7.10–50

***Lea el próximo segmento del pasaje, de los versos 25 al 36. La confusión en cuanto a la persona de Cristo crece cada vez más. En la multitud encontramos representantes de las variadas respuestas que había recibido a lo largo de su ministerio. Intente identificar las diferentes conjeturas que se estaban manejando en ese momento. ¿Cuáles eran los conceptos populares acerca de Cristo que manejaba la gente? ¿Cuál es el dilema que existía con respecto al día de reposo y la circunsición? ¿Qué características revela Jesús sobre su relación con el Padre? ¿Por qué afirmó que ellos no podían ir adonde él iba?***

Las autoridades no salían a pronunciarse en nada con respecto a la persona de Jesús. El silencio de ellos se prestaba para que la situación se deteriorara cada vez más, pues las masas manejaban una gran diversidad de conjeturas acerca de Cristo. La confusión reinante revela por qué es importante que un líder provea orientación para el pueblo en situaciones complejas. Esta orientación nunca debe venir en forma de prohibiciones y declaraciones categóricas, sino en un espíritu de bondadosa enseñanza que permita a las personas arribar a conclusiones acertadas.

Lo irónico de esta situación confusa es que la persona que podía proveerles de una respuesta acertada estaba delante de ellos, pero no lograban entender lo que él les intentaba señalar. Los conceptos más populares acerca de la forma en que debía ser el Cristo entorpecían grandemente el proceso de acercase a él. No obstante, en ningún momento las personas mostraron disposición a examinar estas presuposiciones, sino que insistían en que el hombre se adaptara a la imagen que de él se habían formado. Vemos, por esto, cuánto pueden limitar nuestra comprensión del Señor los conceptos que nos hemos formado de él, muchos de los cuales carecen de base en una verdad revelada.

Una vez más el Señor señala la íntima relación que existía entre el Hijo y el Padre. El Hijo había llegado a la tierra porque el Padre lo había enviado, y volvería al Padre porque el Señor así lo había dispuesto. La imagen confirma la profundidad de la sujeción que había asumido Jesús en su relación con el Padre, una relación que señala el camino que él pretende para cada uno de nosotros en nuestra relación con él.

El agente clave para descifrar el enigma de la persona de Jesús, es el Padre. Cuando Pedro confesó que Jesús era el Cristo, el Hijo de Dios (Mateo 16), el Señor señaló que esta percepción no la había elaborado por su propia cuenta, sino procedía de una revelación puntual del Padre. Del mismo modo ahora, sin la luz que trae el Padre, ellos seguirían dando vueltas sobre el mismo asunto. Al afirmar que lo buscarían pero no podrían encontrarlo, Jesús esta indicando que para ellos este camino está completamente cerrado. Caer ante el Padre para clamar por una revelación del cielo hubiera sido la respuesta más apropiada, pero ese camino está abierto solamente para los más valientes.

## Ríos de agua viva *(La fiesta de los tabernáculos)*

# La gran invitación

### Juan 7.10–50

*«Y en el último día, el gran día de la fiesta, Jesús puesto en pie, exclamó en alta voz, diciendo: Si alguno tiene sed, venga a mí y beba. El que cree en mí, como ha dicho la Escritura: "De lo más profundo de su ser brotarán ríos de agua viva"». Compare esta invitación con la que se encuentra en Isaías 55.1–3, y luego con la que se extiende en Apocalipsis 22.17. ¿Cómo es el corazón del que invita? ¿Cuáles son las características de oferta de la invitación? ¿A quiénes alcanza esta invitación?*

Es posible que Jesús percibiera lo poco que habían aportado los incesantes debates acerca de su identidad, a la verdadera necesidad de las personas. Sea cual fuera el motivo, decidió hablar directamente al corazón de la gente.

La imagen del sediento es frecuentemente empleada en los salmos y los profetas. «Mi alma tiene sed de Dios, del Dios viviente» declaran los hijos de Coré en el Salmo 42. David, conocedor de las sequías del desierto, exclamó: «Mi alma tiene sed de ti, mi carne te anhela cual tierra seca y árida donde no hay agua» (Salmos 63.1). El profeta Isaías señaló que «los afligidos y los necesitados buscan el agua, pero no la hay; su lengua está reseca de sed». Ante esta imagen desesperante, el Señor declara: «Yo, el SEÑOR, les responderé; yo, el Dios de Israel, no los abandonaré» (Isaías 41.17). Proclamó la llegada de un tiempo en que el Señor derramaría «agua sobre la tierra sedienta, y torrentes sobre la tierra seca, derramaré mi Espíritu sobre tu posteridad, y mi bendición sobre tus descendientes. Ellos brotarán entre la hierba, como sauces junto a corrientes de agua» (44.3–4). Por su parte, el profeta Jeremías denunció a un pueblo que abandonó a Dios, fuente de aguas vivas, y cavó para sí cisternas agrietadas que no retenían el agua (2.13).

Más allá del testimonio de las Escrituras, hablar de agua a los israelitas era hablar de algo tan valioso como la vida misma. Al morar en tierras áridas, eran testigos directos de los efectos devastadores de la carencia de lluvias sobre la tierra. Desde los tiempos más remotos los pozos eran el eje que sostenía la vida de personas y animales, de modo que las aldeas y tribus se agrupaban alrededor de ellos.

La invitación del Señor es a todos los que padecen sed. Note cuán amplia es la condición para acceder a él. No requiere de ninguna aptitud especial. Solamente exige reconocer los síntomas que alertan a la existencia de una necesidad interior. A estos, el Señor se ofrece gratuitamente. Juan aclara que este ofrecimiento de agua se refería a la plenitud de vida que traería la presencia del Espíritu sobre la vida de las personas.

En el proceso de beber, sin embargo, ocurre un extraño milagro. Las aguas se convierten en un río que suple, en forma permanente, las necesidades de quienes antes debían volver una y otra vez para calmar la sed. Es decir, se instala en el corazón un estado de sosiego y bienestar que no solamente erradica la angustia de quien no encuentra dónde calmar los deseos más profundos del alma, sino que también puede traer saciedad y prosperidad a otros.

# Ríos de agua viva *(La fiesta de los tabernáculos)*
## Cada uno a su casa

### Juan 7.10–50

***La fiesta de los tabernáculos, en lo que a la persona de Cristo respecta, terminó de la misma manera que comenzó. Las personas seguían divididas en cuanto al significado de las enseñanzas que él había compartido y las obras que él había realizado. Lea los versos 40 al 53. ¿Qué observa en cuanto a los argumentos que ellos esgrimían? ¿Qué suerte corrían aquellos que mostraban alguna simpatía por su persona? ¿En que consistía la propuesta de Nicodemo?***

Los últimos versículos de este pasaje nos presentan una variedad de personas que fueron impactadas por el ministerio de Cristo. Algunos en la multitud opinaban que él era un profeta, un reconocimiento que los ayudaba a disponerse a escuchar con más cuidado las enseñanzas que impartía. Otros arribaron a la conclusión de que era el Mesías. Ya hemos visto, en la confesión de Pedro, que este reconocimiento puede poseer un valor algo limitado. No obstante, también constituía un importante paso de apertura hacia lo espiritual. Otros, que estaban fuera de la multitud, también fueron alcanzados por el testimonio del Señor. Los guardias, que por sus funciones podrían haberse mantenido al margen de las controversias que arreciaban, declararon: «¡Jamás hombre alguno ha hablado como este hombre habla!». Los sacerdotes y los fariseos veían en esto otra prueba de la forma en que Jesús engañaba cada vez a más gente. Nicodemo, sin embargo, que era uno de ellos, intentó proponer un camino de mayor apertura y equilibrio. No obstante, los fariseos y sacerdotes ya no buscaban entender a Jesús, sino acumular argumentos para justificar lo que en sus corazones habían decidido realizar.

La diversidad de respuestas permite afirmar que Jesús siempre será causa de controversia. Ningún segmento de la sociedad se salvará de los conflictos que se suscitan cuando el reino de los cielos se acerca a los hombres. Tampoco los que responden a la invitación de andar en luz pertenecen a algún estrato social en particular. Entre los discípulos de Cristo se encontraban celotes, publicanos, guardias del templo, centuriones romanos y algún que otro fariseo. Es que la posibilidad de pasar a ser un discípulo depende enteramente de la disposición interior de rendirse ante su persona, algo que absolutamente todos pueden decidir, pero que la gran mayoría elige rechazar. Lo triste de este pasaje es que algunos argumentos que esgrimían los que se oponían a él eran acertados. Jesús era de Belén y de la casa de David. El problema no estaba en las Escrituras, sino en la interpretación que de ellas poseían.

¡Qué importante resulta para nosotros revestirnos de humildad! ¿Quién de nosotros no está afectado por su humanidad? Aun entre los de mayor sensibilidad por lo espiritual, el margen de error siempre está presente. ¡Tengamos mucho cuidado, entonces! Que la facilidad en identificar los obvios desaciertos de los fariseos y sacerdotes no nos lleve a creer que esto le da un grado adicional de confiabilidad a nuestras propias posturas. Si todas nuestras afirmaciones no están cubiertas con un gran manto de humildad, nosotros también acabaremos sin entender lo que decimos ni las cosas acerca de las cuales hacemos declaraciones categóricas (1 Timoteo 1.7).

# Tirar la primera piedra *(Jesús perdona a una mujer)*
# Malicia en acción

## Juan 8.1–11

***Al finalizar la fiesta de los tabernáculos cada uno regresó a su casa, pero Jesús se dirigió hacia el monte de los Olivos, probablemente para buscar el rostro de su Padre. Al amanecer regresó otra vez al templo, donde enseñaba al pueblo. Lea el incidente que describe el texto de hoy. En su opinión, ¿cuáles serían los sentimientos de la mujer cuando fue arrastrada hasta Jesús? ¿De qué manera los escribas y fariseos se dirigieron a Cristo? ¿Por qué razón solicitaban su opinión?***

A pesar de la fuerte oposición que había experimentado el Señor durante los días de la fiesta, volvió al templo una vez finalizada la celebración. Seguramente el ambiente era de mayor tranquilidad y Jesús no abandonaba su costumbre de continuar ministrando la Palabra a las multitudes que le buscaban. Los escribas y los fariseos, sin embargo, no desistían de encontrar la forma de neutralizar el impacto que ejercía sobre estas multitudes. Uno de los caminos que con mayor frecuencia recorrían era el de presentarle situaciones polémicas esperando que no pudiera responder a ellas, o que su respuesta hiciera tambalear la popularidad que gozaba el pueblo. En el pasaje de hoy le trajeron a una mujer que, según el testimonio de ellos, había sido sorprendida en el mismo acto de adulterio.

Es poco probable que este grupo de religiosos haya elaborado el plan por anticipado para salir a buscar a una mujer que pudieran utilizar como señuelo. Más bien, pareciera que otros, que la habían sorprendido en la relación adúltera, la habían llevado ante ellos. Quizás en un primer momento las autoridades religiosas iban simplemente a dictar sentencia contra ella, pero repentinamente alguno de ellos vio en la situación la oportunidad ideal para atrapar a Jesús, y decidieron presentarla ante él. Lo que sabemos con certeza es lo que Juan declara: que ellos habían decidido probarlo para tener de qué acusarle.

Entendemos por esto que la situación presentaba a Jesús dos alternativas: en la primera, él dejaba libre a la mujer y claramente desechaba la autoridad de la ley, algo de lo que lo habían acusando tiempo atrás. La otra posibilidad era que él concordara con ellos y diera su aprobación al apedreamiento, generando malestar y repudio por parte del pueblo. Desde la perspectiva de ellos no había manera de que Jesús pudiera escapar ileso de la situación que le presentaban. La mujer, mientras tanto, seguramente había sido bruscamente arrastrada hasta el lugar, ya que su vida era insignificante para sus acusadores. Suponemos que la posibilidad de morir producía en ella una profunda angustia, la cual era aún más intensa porque no veía salida para su situación.

Del cuadro que nos presenta Juan observamos que cuando alguien ha decidido obrar con maldad, no tendrá reparos en echar mano del medio que sea necesario para lograr su cometido. En este caso, el grupo de religiosos que trajo a la mujer no estaba interesado en ella, ni en su esposo, ni tampoco en la ley de Moisés. Su único objetivo era encontrar la forma de ocasionarle un daño a Jesús. El potencial que Dios ha depositado en nosotros puede ser igualmente canalizado hacia el bien o el mal.

DIOS EN SANDALIAS

DÍA 350

# Tirar la primera piedra *(Jesús perdona a una mujer)*
# El que esté sin pecado

## Juan 8.1–11

***Mientras Jesús enseñaba a una multitud que se había juntado en el templo para escucharle, un grupo de fariseos y escribas le trajo a una mujer sorprendida en el acto de adulterio. Con la intención de atraparlo le consultaron acerca de la manera en que debían proceder. ¿De qué manera respondió inicialmente Jesús? ¿Por qué escribía en la tierra? ¿Cómo reaccionó ante la insistencia de ellos? ¿De qué manera se libró de la trampa que le habían tendido? ¿Cómo respondieron ellos?***

La pregunta de los fariseos, tal como vimos ayer, presentaba una complicada situación a Jesús. No obstante, él no respondió. En lugar de ofrecer su perspectiva, se inclinó y con el dedo escribía en la tierra. Imagine por un momento este cuadro: Ellos aguardaban las palabras que les iban a dar los elementos necesarios para condenar al Maestro de Galilea. La mujer, en medio de ellos, esperaba aterrada el veredicto que sellaría su muerte mediante una lluvia de piedras sobre su persona. Algunos en la multitud murmuraban entre ellos acerca de la situación que le habían presentado a Jesús. Otros, quizás, percibían con temor la complejidad del caso que enfrentaba el Señor. La tensión se palpaba en el ambiente. Jesús, sin embargo, escribía en la tierra. La imagen que tenemos de él es de una persona enteramente absorta en lo suyo, distanciada del drama que se vivía a escasos metros de donde se encontraba.

Seguramente el Señor había percibido inmediatamente las malas intenciones de ellos y no les ofreció respuesta alguna, porque ellos no estaban interesados en lo que dijera. La decisión de seguir luchando contra él ya estaba tomada en sus corazones y era indistinto la forma en que él escogiera actuar ante una diversidad de situaciones. Me atrevo a pensar, sin embargo, que esta acción de inclinarse a tierra quizás le dio a Jesús un momento de recogimiento mientras buscaba la dirección de su Padre acerca de la mejor manera de responder. Es sumamente sabio el hombre que medita, para medir el peso de las palabras que ha escuchado, antes de responder.

Como hemos visto en otros pasajes, los fariseos y los escribas no estaban por abandonar tan rápidamente su cometido y volvieron a exigir de él que les diera una respuesta acerca del caso que le habían presentado. Él, entonces, se enderezó e indicó que podía tirar la primera piedra el que de ellos estuviera sin pecado. De esta manera identificó la cuestión de fondo que estaba en juego: ningún ser humano tiene derecho a condenar a otro por el mal que él mismo padece. El adulterio es solamente una de las muchas manifestaciónes de la misma enfermedad que ha afectado a todos por igual: el pecado.

Imaginamos que las palabras de Jesús cayeron como una verdadera bomba en medio de los acusadores de la mujer. El dramático efecto de ellas se vio en que, comenzando por el mayor, se retiraron uno por uno del lugar donde estaban. Jesús, mientras tanto, no dirigió hacia ellos una mirada de desprecio ni festejó su retirada. Inclinándose de nuevo, seguía escribiendo en la tierra. No era esta una victoria para Jesús, sino para la verdad eterna del Padre.

# Tirar la primera piedra *(Jesús perdona a una mujer)*
# Yo tampoco te condeno

## Juan 8.1–11

***Vuelva a leer el pasaje que nos ha ocupado en estos días. Intente imaginar a la mujer que, librada de sus acusadores, quedó sola con Jesús. El hecho de que ellos ya se habían retirado no le restaba seriedad al pecado que había cometido. ¿Cómo respondió Jesús a esta situación? ¿Qué significa el hecho de que él no la condenaba? ¿Qué exhortación le dejó?***

Los religiosos que habían traído ante Jesús a la mujer sorprendida en adulterio, uno por uno, se retiraron del lugar donde le habían solicitado al Señor su intervención. La declaración de Cristo había penetrado hondo en sus corazones y ninguno de ellos se sentía en condiciones de afirmar, delante de la multitud que los observaba, que se consideraba suficientemente libre de pecado como para arrojar la primera piedra hacia ella. Los más jóvenes en el grupo, quizás por ser los menos propensos a ceder, fueron los últimos en retirarse y, eventualmente, la mujer quedó sola con Jesús.

En ese momento él volvió a enderezarse y le preguntó a ella: «¿dónde están ellos? ¿Ninguno te ha condenado?» La segunda pregunta claramente revela cuál era la intención de ellos, acto en el que habían intentado asegurar la participación de Jesús. No obstante, cuando él quedó solo con ella le dijo: «Yo tampoco te condeno».

El hecho de condenar a otros implica que alguien ha sido juzgado y que su culpabilidad ha sido comprobada. La condenación es el último paso de un proceso por el que ha sido evaluada la evidencia a favor o en contra de una persona, antes de arribar a un veredicto acertado. Cristo había indicado a los fariseos que en el reino solamente los que estaban sin pecado podían condenar a otros. Esta condición no solamente los descalificaba a ellos, sino que también excluye a la totalidad de la humanidad. Ninguna persona puede condenar a otra porque absolutamente todos hemos sido afectados por el pecado, perdiendo la capacidad de juzgar con juicio justo. Esta limitación, sin embargo, no alcanzaba a la persona de Jesús pues él, al estar sin pecado, sí poseía las condiciones para poder emitir un juicio justo. Si hubiera condenado a la mujer no hubiera procedido incorrectamente. No obstante, en esto también decidió renunciar a sus derechos y sujetarse por completo a las indicaciones de su Padre. Por esto, declaró: «vosotros juzgáis según la carne; yo no juzgo a nadie» (Juan 8.15).

Esta decisión por parte del Señor es una verdadera piedra de tropiezo, una de las razones por las que nos escandaliza que insista en acercarse a personas que claramente merecen ser castigadas. Jesús declara, sin embargo, que no vino al mundo para juzgarlo sino para salvarlo (Juan 12.47). Solamente se le puede ofrecer la salvación a personas a quienes aún se las mira con ojos de esperanza. La condenación está reservada para aquellos que, indefectiblemente, no pueden ser redimidos. Jesús insistía en relacionarse con personas que vivían en pecado porque creía que mientras existía aliento de vida en alguien, se mantenía viva la esperanza de que pudieran ser rescatadas de la muerte. A la mujer sorprendida en adulterio le extendió una oportunidad de encaminar su vida hacia la verdad eterna.

## Firmes en la Palabra *(Jesús habla a los creyentes)*

# No basta con creer

### Juan 8.30–36

***Luego de que se retirara la mujer sorprendida en adulterio, Jesús continuó hablando con las personas que habían venido a escucharle en el templo. Juan nos indica, en el verso 30, que como consecuencia de sus palabras muchos creyeron en él. Lea el texto de hoy y observe la exhortación que Jesús dejó a estas personas. ¿Qué es lo que implica el concepto de permanecer en su Palabra?***

Si la noticia de que muchos habían creído hubiera llegado a nuestros oídos, seguramente hubiera provocado mucha alegría en nosotros. La meta de conseguir que la gente crea es la que guía nuestros esfuerzos por compartir a Cristo con otros. De hecho, ya no se habla más de ser discípulos, sino de ser creyentes. El cambio de términos claramente indica que el acento de la fe ha pasado del plano de los hechos al plano de lo intelectual. Ser creyente normalmente indica que una persona ha aceptado los conceptos básicos sobre los que se apoya nuestra fe.

Jesús no consideraba que creer era suficiente para sustentar la vida al que los había llamado, aun cuando el concepto de creer, entre los hebreos, fuera diferente al concepto griego que domina nuestra propia cultura. Por esto habló directamente a los que habían creído. Su acción nos recuerda el mensaje que el Señor dirigió a la iglesia de Laodicea, en Apocalipsis 3. La descripción que nos da el texto, de la congregación, revela que estaba muy satisfecha consigo misma, segura de que había alcanzado la plenitud de la vida. No obstante, a esta misma congregación el Señor dirige la dura exhortación a que se arrepienta y modifique su forma de vivir de tal manera que deje lugar para la comunión íntima con Jesús.

Las palabras de Jesús en el texto de hoy indican que los creyentes deben añadir al entusiasmo por las enseñanzas recibidas, la decisión de permanecer en la verdad. El término *permanecer* pone el acento sobre lo que ocurre a lo largo de la vida, y no solamente en el momento de escuchar la Palabra. Es decir, nuevamente nos recalca que lo que define el valor de un encuentro con el Señor es la clase de vida que resulta luego de ese encuentro.

Al hablar de permanecer en la Palabra recordamos la imagen que compartió Cristo, en el Sermón del monte, del hombre que había construido su casa sobre la roca. La permanencia en la Palabra se comprobó cuando vinieron los vientos y cayeron las lluvias. Luego de recibir la palabra de Dios inevitablemente vendrán momentos de prueba que nos ofrecen la oportunidad de practicar la enseñanza recibida. Permanecer en la Palabra indica que, a pesar de las pruebas, la persona no abandona la verdad que ha incorporado a su corazón. Así lo hizo Jesús en las tres tentaciones a las que fue sometido en el desierto. A pesar de la sutileza de las propuestas que trajo el diablo a su vida, escogió mantenerse firme en la verdad que el Padre había declarado en el bautismo. Esta permanencia es la que permite que la Palabra eche raíces en nuestra vida y produzca un precioso fruto de vida.

DIOS EN SANDALIAS

DÍA 353

## Firmes en la Palabra *(Jesús habla a los creyentes)*

# El fruto de permanecer

### Juan 8.30–36

***Cristo ha señalado, a los que creyeron en él, que es necesario que permanezcan en sus palabras. Como resultado de esta postura enumera tres consecuencias. ¿Cuáles son estas consecuencias? ¿Por qué habló de ser verdaderos discípulos? ¿A qué se refiere cuando les anuncia que conocerán la verdad? ¿Cuál es la libertad a la que accede la persona que permanece en la verdad?***

El Señor frecuentemente describe los beneficios de guardar su Palabra. En Deuteronomio 11, por ejemplo, ofrece a los israelitas una detallada descripción de la increíble vida que los espera si disponen sus corazones a obedecer los mandamientos de Jehová. Del mismo modo asegura protección y bendición a Josué, al inicio de su ministerio público, si decide no apartarse ni a derecha ni a izquierda de la Palabra que ha recibido. El Salmo 1 declara que la persona que guarda la Palabra es como un árbol plantado junto a un río, cuyas hojas no se marchitan nunca. Seguramente la intención del Señor en estos, y muchos otros textos, es motivar nuestros corazones al describir los beneficios que nos esperan por caminar en obediencia a él.

A los judíos que habían creído en Jesús les anuncia también tres beneficios. El primero es que serán verdaderamente sus discípulos. Seguramente no hubiera sido necesario añadir el calificativo «verdadero» si todos los que afirmaban ser sus discípulos realmente lo fueran. La popularidad del Maestro de Galilea, sin embargo, había dado lugar a una especie de «moda» en la que muchos, por el prestigio que les otorgaba, se decían ser discípulos de él. Si corriera por cuenta nuestra decidir cuáles son las condiciones que determinan si somos discípulos, existirían tantas versiones de lo que es un discípulo, como el número de personas que llegarán a creer en Jesús. Gracias a Dios que no queda librado a nuestros criterios, sino que Jesús proveyó esta clara definición: un discípulo camina en las instrucciones de su Señor.

Un segundo beneficio de guardar la Palabra es que conoceremos la verdad. Este concepto es sumamente notable, pues contradice abiertamente la definición popular de *conocimiento* que poseemos. Nuestra cultura cree firmemente que el camino hacia el conocimiento de la verdad es el del estudio disciplinado. Cuanto más uno escudriña la Palabra, más conocedor será de la verdad. En el reino, sin embargo, la verdad no se obtiene con la mente, sino con el corazón. No es el fruto del estudio, sino de la intensidad de una relación con Aquél que es verdad. De esta manera entonces, no son conocedores de la verdad los que más estudios bíblicos han realizado, sino los más fieles en guardar la palabra de Dios.

El tercer beneficio se refiere a la posibilidad de romper las ataduras que mantienen nuestra vida sujeta al pecado. Quienes conocen la verdad, acceden a la libertad de la esclavitud que trae el pecado. En esto encontramos la evidencia más clara de que el conocimiento que trae libertad no es intelectual. De otro modo, la Iglesia no estaría plagada de personas que conocen con el intelecto la Palabra, pero que siguen atadas a los mismos pecados que los han esclavizado toda la vida. Solamente cuando caminamos en esas verdades caen las cadenas que nos atan y somos verdaderamente libres.

## Firmes en la Palabra *(Jesús habla a los creyentes)*

# Los que no permanecen

### Juan 8.30–36

***Cristo ha señalado los beneficios de los que gozan aquellos que permanecen en su verdad. Aunque el texto no lo menciona directamente, claramente expone las consecuencias que puede traer a la vida la decisión de desechar la Palabra de Dios. Intente leer una vez más el pasaje e identificar los cambios que se producirían si el Señor hubiera dicho: «Si ustedes no permanecen en mi palabra...»***

Una gran parte del pueblo no logra avanzar más allá de la etapa de creer la Palabra que han escuchado. En estos tiempos, más que nunca, se torna complicado guardar la Palabra porque ya no existen los espacios en la vida para meditar sobre las enseñanzas recibidas. Para muchos, esto no tiene que ver con el ritmo vertiginoso con que viven, aunque esta realidad también contribuye a erosionar los procesos espirituales que deberían existir en nuestro ser interior. El problema principal, sin embargo, es que existe una sobredosis de palabras en nuestra vida. No hemos terminado de digerir lo que el Señor nos puede haber dicho el domingo, cuando se suma a esta palabra las que recibimos en nuestros tiempos devocionales, en otras reuniones semanales o en la lectura de una diversidad de libros, artículos o sitios en Internet. Lo que en algún momento parecía una meta deseable, que cada persona tenga pleno acceso a la Palabra, hoy ha contribuido a una especie de «indigestión» espiritual.

Esta saturación contribuye grandemente a que la Palabra no salga del ámbito de lo intelectual, lo que también acarrea consecuencias. En primer lugar, tales personas no podrán llamarse verdaderos discípulos, pues solamente los que guardan los mandamientos del Señor reciben este título. Me atrevo a sugerir que este segundo grupo, entonces, podrá llamarse «creyentes», porque la actividad principal de su vida es creer, en lugar de poner por obra. En esta categoría se encuentra un gran número de los que pertenecen a la Iglesia.

La segunda característica de este grupo es que, para ellos, la verdad de Dios se convertirá en mentira. La verdad es solamente verdad para aquellos que ejercitan la fe. Para los que no permiten que la Palabra pase a ser la que dirige los pasos de su vida, esa verdad no les resulta eficaz. Al igual que el maná del cielo que el Señor envió al pueblo en el desierto, cuando la Palabra no se consume se echa a perder. El poder que encierra la Palabra de Dios solamente se desata sobre la vida de aquellos que la practican.

Por último, este grupo no tendrá acceso a la libertad que resulta de conocer la verdad. Más bien, a pesar de poseer la Palabra, seguirán siendo esclavos del pecado. De hecho, esta característica describe a miles y miles de personas que pertenecen al pueblo de Dios, que llevan años escuchando y estudiando la palabra del Señor, y sin embargo no obtienen victoria sobre los mismos obstinados hábitos que poseían cuando se convirtieron. El poder liberador de la Palabra no ha surtido efecto en ellos, no porque no sea poderosa, sino porque nunca se le ha dado la oportunidad de operar.

## Firmes en la Palabra *(Jesús habla a los creyentes)*

# El escudo de la fe

### Juan 8.30–36

***Con la descripción del camino que debe recorrer el verdadero discípulo el Señor dejó claro que la clave radica en encontrar la forma de permanecer en la Palabra. Lea el texto de Efesios 6.16. ¿A qué analogía apuntaba Pablo cuando habló de los dardos encendidos del enemigo? ¿Hacia dónde van dirigidos estos dardos? ¿Qué significa «tomar» el escudo de la fe?***

Para poder pelear correctamente la batalla de la fe resulta indispensable que identifiquemos el punto donde experimentaremos los ataques del enemigo. Del texto de Juan podemos afirmar que, para el diablo, no representa ningún problema que nosotros creamos la Palabra. De hecho, el apóstol Santiago nos informa que «también los demonios creen, y tiemblan» (2.19). Lo que creen, sin embargo, no afecta en nada la forma en que actúan, por lo que es un ejercicio sin valor alguno. Del mismo modo, no le produce ninguna preocupación al enemigo que miles y miles de fieles asistentes a la iglesia crean la Palabra que escuchan semana tras semana. Lo que quiere evitar, a toda costa, es que tomen el paso decisivo de poner por obra la Palabra en sus vidas.

Es en este punto, entonces, que el enemigo descargará toda su artillería. Si él puede lograr que nosotros desistamos de practicar los mandamientos del Señor habrá ganado la batalla. Su estrategia, entonces, consistirá en lograr que nosotros dudemos de la eficacia, cuestionemos, argumentemos, especulemos o posterguemos la implementación de la palabra que Dios nos ha hablado.

Para entender este proceso Pablo escoge una imagen tomada de la formidable maquinaria militar de los romanos. Entre las estrategias que este ejército desplegaba contra sus enemigos se encontraba la costumbre de disparar contra ellos flechas encendidas con fuego. Al caer estos dardos entre sus filas producían pánico, y esto inducía a las tropas a abandonar el lugar en que estaban.

Del mismo modo Satanás dispara sus flechas contra la palabra que Dios ha hablado a nuestros corazones. Recordemos, por ejemplo, la forma en que se acercó a Eva y sembró en ella la duda: «así que Dios ha dicho…». Del mismo modo hemos visto en las tentaciones del Señor Jesucristo, donde cuestiona la veracidad de la declaración del Padre a orillas del Jordán. Él sembrará mil preguntas y argumentos en nuestras propias vidas para asegurar que no llevemos al plano de las obras las indicaciones de nuestro Padre celestial.

Los militares romanos habían diseñado una estrategia defensiva para resistir a los enemigos que, copiando su misma táctica, lanzaban contra ellos dardos encendidos. Con sus escudos armaban una caparazón que protegía las cabezas y los flancos de los soldados. De esta manera, las flechas no lograban penetrar sus filas. Así también espera de nosotros el apóstol Pablo al animarnos a tomar el escudo de la fe. La idea es que, imitando el ejemplo de Cristo en las tentaciones, podamos afirmar ante el enemigo: «Escrito está», y citar el texto que Dios ha indicado para nuestra vida en ese momento. Esta postura indicará que estamos decididos a tomar cautivos todos los pensamientos que se oponen a la obediencia a Cristo (2 Corintios 10.4–5), para implementar en nuestras vidas la Palabra de Dios, sea cual sea el precio a pagar.

DIOS EN SANDALIAS

DÍA 356

## Era ciego y ahora veo *(Jesús sana a un ciego)*

# Una obra preparada

### Juan 9.1–41

***En los próximos días acompañaremos a un hombre, ciego de nacimiento, que se encontró con Jesús. Aunque seguramente creía que lo mejor que le podía ocurrir era llegar a gozar de la vista, seguramente jamás se imaginó que semejante milagro podría desatar tantas reacciones en contra de él. Tome un momento para leer el texto, y luego concentre su atención en los primeros cinco versículos. ¿Qué delata la pregunta que los discípulos le plantearon a Jesús? ¿Qué les señaló el Señor al afirmar que el ciego estaba para manifestar las obras del Padre? ¿Qué indicación les dio acerca de las obras que él estaba realizando? ¿A qué se refería cuando les anunció que llegaría una noche en que nadie podría realizar esas obras?***

El texto nos indica que Jesús vio al hombre ciego, mientras pasaba por el lugar. Aunque lo hemos señalado a lo largo de la aventura que hemos compartido, volvemos una y otra vez a observar que las obras las realizaba en el contexto de sus actividades cotidianas. Un corazón sensible a las indicaciones del Espíritu le permitió percibir que aquí se encontraba una obra que había sido preparada por el Padre. En obediencia, entonces, se acercó al hombre que había estado ciego desde su nacimiento.

También hemos señalado que Jesús no perdió nunca el hábito de convertir cada situación en una oportunidad para enseñar a sus discípulos. Ellos ya se habían acostumbrado a preguntarle acerca de las diferentes situaciones que enfrentaban cada día y no desperdiciaron la oportunidad de interrogarlo acerca de la realidad del hombre ciego. Algunas de las personas con las que se había cruzado claramente estaban enfermas por causa de sus pecados. Tal era la situación, como ya hemos visto, del hombre que el Señor sanó en el estanque de Betesda. Quizás este caso es el que los movió a querer identificar el origen de la ceguera de este hombre, por lo que preguntaron si él o los padres eran responsables de su condición.

La pregunta es importante, pero la forma en que la formularon indica que, fuera del pecado, no contemplaban otra causa de su ceguera. Su perspectiva es la misma que con tanta seguridad manejaron los amigos de Job, cuando insistieron que la calamidad que había sobrevenido a su familia se debía a alguna grosera falta moral. La verdad es que este concepto que persiste en un gran segmento de la Iglesia hasta el día de hoy, es una perspectiva simplista de la vida que le asigna una sola explicación a toda dolencia del ser humano. La realidad, sin embargo, es mucho más compleja que esto y muchas veces existen causas que están completamente escondidas a nuestros ojos.

No obstante, el Señor indicó que la pregunta era irrelevante. Más importante que determinar el origen de su ceguera era aprovechar la situación para manifestar las obras del Señor, pues para esto el Padre lo había puesto en el camino de ellos. Su respuesta nos recuerda que el marco de la teoría nunca debe desplazar el llamado a traer alivio real y genuino a la vida de millares que gimen por causa de sus aflicciones. Había llegado la hora de intervenir en esta vida, y ellos no debían demorarse ni por un instante.

| DIOS EN SANDALIAS | |
|---|---|
| DÍA | 357 |

# Era ciego y ahora veo *(Jesús sana a un ciego)*
## ¿Escupir en tierra?

### Juan 9.1–41

***Ayer examinábamos la pregunta de los discípulos acerca del origen de la ceguera en un hombre con que se encontraron. El Señor indicó que el ciego constituía una oportunidad para que se vieran las obras del Padre. Insistió en que estas se debían realizar mientras permanecía la luz del día y advirtió que llegaría la noche en que ninguno podría realizar estas obras. No queda claro a qué se refería el Señor. Podría tratarse de un período, en el futuro, en que sería particularmente difícil realizar las obras del Padre, o a situaciones en que, como en Nazaret, la incredulidad de muchos ofrecería serias limitaciones al ejercicio de la fe. Lo cierto, sin embargo, es que nadie debe desperdiciar las oportunidades que se le presentan cuando el Señor está indicando que es el momento intervenir.***

**«Señor, al leer la pregunta de los discípulos, percibo que siempre corro peligro de quedar atrapado en debates que no aportan alivio para el sufrimiento de la gente. Mientras intento identificar las múltiples causas de las dolencias de la humanidad, millones de personas padecen en silencio las particulares aflicciones que la vida les ha propinado. No permitas, Señor, que la inacción defina mi postura hacia ellos. Entiendo que tú me llamas a la reflexión, pero esta no debe nunca constituirse en una excusa para mantenerme al margen del sufrimiento de otros. Te vuelvo a pedir que me des ojos para ver las obras que tú has preparado para que ande en ellas, y un corazón obediente para seguirte en las acciones que tú ya has iniciado a favor de otros».**

Si en algún momento usted ha sospechado que un ministerio de sanidad solamente se puede llevar a cabo si uno conoce los métodos apropiados, este es el momento en que puede ¡definitivamente descartar esa idea! El proceder de Jesús con este ciego es totalmente diferente al que hemos observado en el caso de otros afligidos. El Señor no le dijo nada, sino que escupió en la tierra e hizo barro con la saliva de su boca. Tomando el barro en sus manos lo untó sobre los ojos del ciego. Presumo que la falta de sensibilidad de sus ojos permitió que el Señor hiciera esto sin que opusiera resistencia. Luego, le dio instrucciones de que se lavara en el estanque de Siloé. Suponemos que alguien lo condujo hasta allí para que pudiera lavarse. El relato está maravillosamente libre de algún cuestionamiento por parte del hombre ciego. Simplemente cumplió con la palabra que había recibido y regresó viendo.

El Evangelio, fiel a su estilo escueto y poco sensacionalista, no nos da ningún detalle acerca del momento puntual en el que recuperó la vista. Imagino, sin embargo, que debe haber sido un momento extraordinario. El hombre nunca había contemplado el mundo en que vivía. ¿Cómo iba a procesar las maravillosas sensaciones que repentinamente recibía por medio de sus ojos, sensaciones que pocas veces nos asombran porque siempre hemos disfrutado de ellas? ¿Habrá irrumpido en gritos de júbilo? ¿Habrá buscado con quién compartir el milagro que había experimentado? La verdad es que solamente podemos especular. No obstante, una realidad podemos destacar: El hombre se fue ciego, y ¡regresó viendo!

# Era ciego y ahora veo *(Jesús sana a un ciego)*
## Primer choque

### Juan 9.1–41

***Cuánto hubiéramos deseado que todos aquellos alrededor del hombre sanado se hubieran unido a los alocados festejos que ameritaba semejante acontecimiento. No obstante, observamos con tristeza que comenzaba para él un verdadero calvario al enfrentarse a una diversidad de personas que cuestionaban lo que le había ocurrido. Lea los versículos 8 al 12. ¿Por qué los vecinos dudaban sobre la identidad de este hombre? ¿De qué manera intentaron resolver la dificultad? ¿Qué clase de testimonio pudo darles? ¿Por qué deseaban hablar con el que había realizado el milagro?***

El pasaje pareciera indicar que Jesús desapareció de escena, pues cuando el ciego regresó de lavarse en el estanque de Siloé las primeras personas con las que se encontró fueron los vecinos. El comportamiento del Señor, parecido al de otros incidentes que hemos examinado, indica que él no tenía esa obsesión tan nuestra de forzar, en el momento, una decisión que sellara el compromiso espiritual de la persona. En algunos casos él llamó a quienes se le cruzaron por el camino a que lo dejaran todo para convertirse en discípulos suyos. Pero en otras situaciones, él simplemente «anduvo haciendo el bien» (Hechos 10.38), dejando que la misma obra realizara, lentamente, su trabajo en la vida de la persona.

Los vecinos viven con el ciego la misma desorientación que experimentaron los discípulos cuando Cristo vino hacia ellos caminando sobre el agua. Era el Jesús con el que venían compartiendo intensamente sus vidas, pero el lugar y las condiciones eran tan extraños que no pudieron reconocerlo. Del mismo modo, los vecinos creen reconocer en el hombre que está frente a ellos al mendigo ciego que habían conocido toda la vida. El problema es que la persona que ellos conocían era ciego, y el que estaba delante de ellos veía perfectamente bien. No se trataba de un cambio de ropa, o de un nuevo corte de pelo, sino de una transformación sobrenatural que sencillamente no estaban contempladas en las posibilidades que manejaban.

Su asombro los lleva por un camino insólito. En lugar de aceptar la evidencia de sus ojos, deciden que el hombre es muy parecido al mendigo. Es decir, no consideran en ningún momento esta posibilidad: que un hombre ciego haya recibido la capacidad de ver. Por esto, prefieren otras explicaciones que, por más rebuscadas que sean, no les obligue a ir por un camino desconocido, el de la intervención milagrosa. No obstante, el hombre se plantó ante ellos y quitó toda duda al respecto: «Yo soy», les dijo.

El hecho de que ellos no puedan aceptar que haya recuperado la vista los obliga a hacer toda clase de malabarismos intelectuales, por lo que piden una explicación de cómo ocurrió esto. El hombre no posee otra explicación que el testimonio de lo que vivió. Él tampoco entiende qué es lo que ocurrió. No obstante, la evidencia de que algo ha acontecido está ante los ojos de todos ellos. Cuántas complicaciones nos evitaríamos si nuestra perspectiva de la vida incluyera el hecho de que Dios es real y puede intervenir en nuestro entorno de la manera que a él le plazca. Frente a lo inexplicable, sabríamos con certeza que nos encontramos ante una obra divina.

DIOS EN SANDALIAS

DÍA 359

# Era ciego y ahora veo *(Jesús sana a un ciego)*

## Segundo choque

### Juan 9.1–41

*A pesar de que el hombre que había sido ciego estaba delante de ellos, y él mismo daba testimonio de que Jesús lo había sanado, los vecinos seguían sin convencerse. Es que la perspectiva que tenían del mundo y de la vida simplemente no admitía que un ciego de nacimiento recuperara milagrosamente la vista. Así de fuertes pueden ser las fortalezas mentales que filtran todo lo que ocurre alrededor de nosotros. Los vecinos decidieron, entonces, referir el asunto a las personas que consideraban con mayor autoridad en lo que a asuntos espirituales se refería: los fariseos. Lea los versículos 13 al 17 y observe la reacción de ellos. ¿Por qué incluye Juan el detalle de que era un sábado el día en que lo sanó? ¿Cómo se habrá sentido el hombre al volver a ser interrogado? ¿Qué argumento utilizaron ellos para descalificar el milagro?*

Imagine, por un instante, la intensa frustración que debe haber sentido el hombre que había recibido la vista. Acababa de vivir la más extraordinaria experiencia de su vida y, a pesar de la contundente evidencia para demostrarlo, no encontraba quién estuviera dispuesto a celebrar con él ese acontecimiento. No es que se tratara de un asunto puramente teórico donde le es lícito a cada uno aferrarse a su propia perspectiva sobre el tema. ¡Aquí se estaba discutiendo si un hecho consumado era real o no!

La situación de este hombre es similar a la que experimentaron muchos de los judíos que pasaron por la desolación que significaron los campos de concentración alemanes en la segunda guerra mundial. Al recuperar la libertad, un pequeño puñado de sobrevivientes de la enorme muchedumbre que allí perecieron, necesitaban con desesperación contar a otros la historia de su agónica lucha por sobrevivir. Imagine cuán intensa fue su consternación, entonces, cuando encontraron que casi todos con quienes hablaban descreían lo que había ocurrido en esos campos de exterminio. Es que el nivel de horror era tan profundo que la mayoría de las personas simplemente no podían aceptar tan increíbles niveles de bajeza en otros seres humanos. Para los sobrevivientes, sin embargo, la incredulidad del mundo constituía una insoportable humillación adicional a la multitud de sufrimientos que ya habían padecido.

Imagino la impotencia que experimentó este hombre al ser interrogado, una vez más, acerca de la forma en que había ocurrido el milagro. Los fariseos, no obstante, optaron por un camino diferente al de los vecinos. Ellos no expresaron descreimiento acerca del milagro, sino que buscaron la forma de desacreditar a quien lo había realizado. La insólita explicación de ellos era que no podía ser de Dios porque el milagro se había llevado a cabo en día de reposo. El testimonio del hombre que había sido ciego, sin embargo, era muy fuerte y produjo, una vez más, división entre ellos. Lo que no lograban entender era que el obstáculo más grande para explicar lo ocurrido no se encontraba en los hechos, sino en la mente de ellos.

*«Señor, líbrame de esa obstinada incredulidad que rehúsa aceptar lo que no se puede negar. Revela las estructuras que me atan. Reaviva en mí la disposición a ser sorprendido, una y otra vez, por tu obrar. Así sea».*

# Era ciego y ahora veo *(Jesús sana a un ciego)*
## Tercer choque

### Juan 9.1–41

***Lentamente, en medio de la oposición y los cuestionamientos, se estaba gestando algo en el corazón del hombre que había sido sanado. Se daba cuenta de que la multitud de argumentos que utilizaban para desacreditar lo que había vivido, simplemente no podía proceder de Dios. Los judíos, obstinados hasta el punto de la estupidez, decidieron llamar a los padres para hablar con ellos. El diálogo que sostuvieron se reproduce en los versos 18 al 23. Lea los detalles de este insólito encuentro. ¿Cuál era el tema que los había dejado perplejos? ¿Qué pretendían de parte de los padres? ¿Qué indica la respuesta de los padres? ¿De qué manera imponían los judíos su perspectiva sobre el pueblo?***

Hubiera sido razonable llamar a los padres para confirmar que el hombre que estaba delante de ellos realmente había nacido ciego. Se podría tratar de un impostor que había inventado la historia, aunque difícilmente un embustero podría imitar el increíble asombro que seguramente demostraba este hombre ante la maravilla de ver, por primera vez, el mundo que lo rodeaba. Podríamos entender, entonces, que ellos hubieran querido remover toda duda con respecto a la identidad de él. No obstante, pidieron a los padres que explicaran cómo es que el hijo había recuperado la vista, algo que seguramente escapaba de sus posibilidades.

He observado que esta tendencia es común en el ser humano. Todas las veces que he sido testigo de intervenciones milagrosas del Señor, han surgido personas que quieren, a toda costa, encontrar una explicación lógica y razonable para entender lo ocurrido. Algunos milagros, no obstante, no pueden comprenderse. Lo único que podemos señalar, con seguridad, es la identidad del autor. En el caso de los padres aun esa información desconocían, por lo que realmente se encontraban «atados de manos y pies».

Se percibe en la respuesta de ellos un intento de distanciarse de lo ocurrido. Esto es triste, porque ellos, al unirse a la alegría de él, podrían haber sido beneficiarios directos de la maravillosa bendición que había recibido el hijo. El camino que escogieron, en cambio, fue el de desentenderse del hecho. Confirmaron que este era, en efecto, el hijo de ellos, pero no se mostraron dispuestos a añadir ningún detalle adicional. Juan comenta que optaron por este camino porque temían a los judíos, quienes habían amenazado expulsar de la sinagoga a cualquier persona que mostrara simpatía por Jesús. Este es el camino que escogen todos los opresores, que no pueden aceptar que otros piensen de manera distinta a ellos.

La decisión de ellos estaba basada en el temor, y el miedo siempre nos impulsa a actuar defensivamente. Solamente los que logran imponer su voluntad sobre el miedo gozan la libertad de proceder en la forma correcta en cualquier situación. Quien se acerca a la persona de Jesús debe tener certeza de que, tarde o temprano, se va a presentar una situación que exigirá de nosotros una decisión firme. Confesamos nuestro compromiso con él u optamos por retroceder. Solamente los que se mantienen firmes experimentarán crecimiento en su relación con él. Las otras opciones indudablemente serán un paso en la dirección equivocada.

# Era ciego y ahora veo *(Jesús sana a un ciego)*
# Argumento irrefutable

**Juan 9.1–41**

***Pareciera que la conversación con los padres ocurrió sin la presencia del hijo, pues cuando terminaron de interrogarlos lo volvieron a llamar. En este nuevo encuentro lo enfrentaron con la evidencia de sus investigaciones. Lea los versículos 24 y 25. ¿Qué intentaban ellos lograr con esta nueva confrontación? ¿De qué manera respondió el hombre? ¿Dónde radica la fuerza de su argumento?***

Como los padres no ofrecieron ninguna información, los judíos se vieron obligados a llamar, una vez más, al que había sido ciego. En esta oportunidad, sin embargo, le presentaron la conclusión a la que habían arribado: «¡Da gloria a Dios! Nosotros sabemos que este hombre es un pecador».

La verdad es que comenzamos a sentir cierto fastidio con estas personas que no dejaban en paz al hombre que había sido sanado. Al ser nosotros meros espectadores de lo que está ocurriendo es muy fácil que sintamos indignación por lo ridículo que resultan las maniobras de este grupo para tratar de argumentar en contra de algo que no se puede negar. Podemos aceptar que no estén contentos con el milagro, o que les parezca que es completamente inapropiado sanar en el día de reposo. No esperamos de los legalistas que muestren compasión hacia los demás, ni que se regocijen con la buena fortuna de otros. Pero buscar la forma de comprobar que una transformación real y visible en realidad no ocurrió roza la imbecilidad absoluta. El proceder de ellos, sin embargo, debe servirnos de advertencia. El orgullo es un amo implacable que no nos permite ceder siquiera un centímetro, aun cuando se presente ante nuestros ojos toda la evidencia de que estamos equivocados.

Es difícil descifrar exactamente lo que esperaban del hombre al compartirle la información de que habían comprobado que Jesús era pecador. ¿Acaso esperaban que él dejara de festejar su sanidad y comenzara a dar gloria a Dios por este descubrimiento? ¿El hecho de que, según el testimonio de ellos, Jesús era un pecador, cambiaba en algo el milagro que había vivido? ¿Esperaban, acaso, que él pidiera a Dios que lo volviera a su estado de nacimiento porque no aprobaban a la persona que lo había sanado?

La respuesta de él nos muestra que no estaba interesado en lo más mínimo en los ridículos argumentos de ellos. ¿Y cómo podía llegar a interesarle un asunto como este cuando era considerado a la luz del increíble regalo que había recibido? El hombre que había sido ciego respondió con una contundencia que obliga a los incrédulos de todas las épocas a callar: «una cosa sé: que yo era ciego y ahora veo». ¿Existe, acaso, algún malabarismo intelectual o teológico que logre neutralizar semejante testimonio? Es que podemos agredir de todas las formas que queramos a una persona que ha sido sanada por el Señor, pero lo que ha vivido no puede ser borrado, negado, escondido, o tapado. Es tan real como el aire que respiramos o el agua que bebemos. Y, me atrevo a afirmar, al Señor tampoco le interesan nuestros interminables debates. Cuando él decida actuar, lo hará cualquiera sea nuestra reacción. ¡Absolutamente nadie podrá borrar los rastros de su paso por nuestra vida!

DIOS EN SANDALIAS

DÍA **362**

# Era ciego y ahora veo *(Jesús sana a un ciego)*
## Cuarto choque

### Juan 9.1–41

***Es difícil saber cómo actuar ante una persona que afirma haber sido ciega y que ahora ve, especialmente cuando toda la evidencia apunta a que está diciendo la verdad. No obstante, los judíos se dan por vencidos y deciden volver al punto donde se había iniciado este tedioso proceso. Lea los detalles de este nuevo diálogo, según lo describe Juan en los versos 26 al 33. ¿De qué manera respondió el hombre a esta nueva interrogación? ¿Qué nos revelan sus respuestas acerca de lo que estaba ocurriendo en él? ¿Cómo respondieron ellos a la insinuación de que querían ser discípulos de Cristo? ¿A qué punto volvían siempre? ¿Cuál es la convicción que comparte el hombre con sus interrogadores?***

Podemos entender por qué el hombre que había sido ciego comenzaba a sentir verdadero fastidio con los judíos, pues ellos volvieron a pedirle la misma explicación que ya les había dado dos veces. ¿Qué posible beneficio podía traer volver a contar la misma historia una tercera vez, especialmente cuando las personas que le pedían el relato estaban empecinadas en desmentir lo sucedido? Es posible que la molestia que sentía le llevara a insinuar con sarcasmo que ellos querían ser discípulos de Cristo, pero ellos se sintieron profundamente agraviados por la insinuación.

El grupo de judíos sintió la necesidad de afirmar que ellos eran discípulos de Moisés. Hubiera sido más acertado que alegaran que intentaban ser fieles a las enseñanzas de la ley, pues Moisés probablemente no hubiera avalado la terca postura que habían asumido. De hecho, ante las acusaciones de Aarón y Miriam, como también cuando fue confrontado por los hijos de Coré, Moisés asumió una postura de mansedumbre que era completamente contraria a los insultos que ahora dirigían contra este hombre. Aun cuando nuestros argumentos sean acertados y nuestras palabras un fiel reflejo de la verdad, la actitud que asumimos es absolutamente esencial para la apertura de quienes pretendemos convencer. El apóstol Pablo animaba a Timoteo a que rechazara «los razonamientos necios e ignorantes, sabiendo que producen altercados. Y el siervo del Señor no debe ser rencilloso, sino amable para con todos, apto para enseñar, sufrido, corrigiendo tiernamente a los que se oponen, por si acaso Dios les da el arrepentimiento que conduce al pleno conocimiento de la verdad» (2 Timoteo 2.23–25). Cuando estamos convencidos de que es el Señor el que realiza el trabajo de convencer, nuestras intervenciones pueden ser mucho más mansas y tiernas porque no depende de nuestros esfuerzos que la otra persona reciba la verdad.

Comenzamos a percibir, entonces, que realmente fue sabio que Cristo lo dejara solo por un tiempo. Estar expuesto a tanta oposición le sirvió para que comenzaran a afianzarse en él sus convicciones espirituales. Observamos cómo, el que supuestamente no sabía nada, expresa asombro ante la falta de claridad que ellos mostraban, cuando la verdad, a sus ojos, parecía tan sencilla: todos saben que Dios no escucha a los pecadores. No obstante, el Señor está siempre atento a los pedidos de quienes le temen. La inevitable conclusión para él era, entonces, que el Altísimo indudablemente había intervenido en la asombrosa experiencia que había vivido.

DIOS EN SANDALIAS

DÍA 363

# Era ciego y ahora veo *(Jesús sana a un ciego)*
# El verdadero obstáculo

## Juan 9.1–41

***Inicialmente habíamos sentido cierta tristeza por el acoso que sufría el hombre que había recuperado la vista. Ahora, sin embargo, es imposible no sentir que el patético proceder de los judíos amerita que sintamos mayor lástima por ellos. Resultaría realmente difícil entender cómo pudieron llegar al punto al que arribaron si no fuera por el hecho de que conocemos bien las torcidas maquinaciones de nuestros propios corazones. Lea el versículo 34. ¿Cuál es el argumento que utilizan para no recibir la observación que quiso compartir con ellos el hombre? ¿Qué convicciones delata esta postura? ¿Por qué procedieron a expulsar al hombre de entre ellos?***

El desenlace de esta historia revela claramente que entrar en contacto con Jesús es abrir también la puerta a la persecución. Solemos pensar que las agresiones contra la fe son el resultado de intentos deliberados de afianzar los valores del reino en lugares de tinieblas. El hombre que había sido ciego, sin embargo, no intentó compartir las Buenas Nuevas del reino con nadie, ni tampoco animó a otros a acercarse a la persona de Cristo. Simplemente fue el receptor de la maravillosa bondad de Jesús. Ser tocado por el Señor, no obstante, automáticamente instala en nuestra vida una realidad espiritual que el enemigo buscará desactivar lo más rápido posible. Aun cuando la persona no entienda siquiera lo que ha ocurrido, podemos esperar de todos aquellos que se acercan a Jesús que sufran una diversidad de pruebas, pues el diablo sabe que es imposible estar cerca de él sin que tambalee el estado de ceguera en el que viven los pecadores.

La verdadera actitud en el corazón de este grupo de judíos sale a la luz cuando el hombre intenta compartir con ellos su convicción acerca de lo sucedido. Reaccionaron de forma violenta y lo expulsaron de en medio de ellos. La aparente firmeza de ellos esconde el fundamento endeble de sus convicciones, las cuales no soportan ningún tipo de cuestionamiento ni oposición. El miedo conduce al aislamiento, el cual, en ocasiones, se defiende aun por medios violentos. Solamente las personas con convicción de que la verdad no es de ellos, sino del Señor, poseen un espíritu confiado y sereno que permite el diálogo con todos. La defensa de la fe no descansa sobre sus hombros y por eso pueden estar relajados en situaciones de oposición. Entienden, incluso, que la vida espiritual se torna más robusta cuando se expone a diversas pruebas.

Las palabras que pronunciaron al expulsarlo revelan el verdadero obstáculo a nuevas experiencias espirituales: «Tú naciste enteramente en pecados, ¿y tú nos enseñas a nosotros?». Ellos creían que solamente cierta clase de personas podían enseñarles sobre la vida espiritual. En el momento que decidimos quiénes pueden ministrarnos y quiénes no, cerramos firmemente la puerta al Señor. Dios no admite que ningún ser humano imponga condiciones a su obrar. Si desea revelar algo por medio de la boca de un asno, él tiene la total libertad de hacerlo. Solamente podrán disfrutar esta revelación, sin embargo, aquellos que aceptan con gozo esta condición: él puede acercarse a nosotros por el medio que quiera, en el momento que desee hacerlo, para decirnos lo que él considere necesario.

# Era ciego y ahora veo *(Jesús sana a un ciego)*
# Lo único que importa

## Juan 9.1–41

***El hombre que había recibido la vista acabó expulsado de entre los judíos. Esto, sin embargo, ¡no podía robarle el regalo de la vista! Jesús, que ha estado ausente a lo largo de las diferentes agresiones que sufrió, oyó lo que había ocurrido y buscó al hombre. Lea los versos 35 al 38. ¿Cómo procedió cuando se encontró con él? ¿Por qué piensa que esperó hasta este momento para orientarlo espiritualmente? ¿Cuál fue el resultado del diálogo que sostuvieron?***

He señalado en otras secciones de este libro que la conversión es un proceso, no la decisión de un momento. El centro de ese proceso lo puede constituir una decisión pública, pero en muchos casos es el resultado de una convicción que se instala lentamente en el corazón. Este hombre no había expresado en ningún momento una «decisión» por Cristo. Sospecho que la obstinada interrogación de los judíos, sin embargo, fue uno de los factores que claramente contribuyó a que se moviera en dirección a la persona de Jesús, precisamente lo que ellos intentaban evitar. La desagradable forma en que presentaban sus convicciones no constituía un buen argumento a favor de la verdad que alegaban poseer. Observamos en el hombre que había sido ciego una maravillosa progresión hacia una convicción espiritual acertada. En el primer choque que sostuvo con los judíos afirmó que «el hombre que se llama Jesús» fue el responsable del milagro (11). Él poseía escaso conocimiento acerca de quién era el Cristo, o de las obras que venía realizando en todo Israel. No obstante, notamos un interesante cambio cuando lo llevaron ante los fariseos. Al interrogarlo acerca de la identidad de quien lo había sanado, no dudó en responder: «es un profeta» (17).

Que un israelita le asignara a un hombre el título de profeta no es un detalle menor. Los profetas, aunque muchas veces resistidos en el momento que ejercieron sus ministerios, gozaban de un prestigio en la historia del pueblo como pocas otras figuras habían alcanzado. Confesar que alguien era profeta significaba un reconocimiento implícito no solamente de la estatura espiritual que poseía, sino de la autoridad divina que respaldaba todo lo que decía. De esta manera observamos que se iba afianzando en el hombre la convicción de que había sido tocado por un personaje extraordinario.

Luego de ser expulsado volvió a encontrarse con Jesús. El Señor ahora lo interrogó acerca de sus convicciones: «¿Crees tú en el Hijo del Hombre?» El hombre confesó, con absoluta franqueza, su ignorancia acerca de la identidad del Cristo. Ante la revelación de que estaba hablando con el mismo Hijo del Hombre, sin embargo, se completó la progresión espiritual que hemos observado y el hombre le adoró. Este es el desenlace deseado por Dios en cada una de sus intervenciones. No descartamos la posibilidad de estudiar y analizar detenidamente las formas en que se presenta ante nosotros, pero este proceso no debe nunca constituir una distracción del hecho de que, según lo que Jesús compartió con la mujer en el pozo de Samaria, el Padre busca adoradores. Tarde o temprano deben cesar nuestras interminables especulaciones y debemos postrarnos en su presencia y adorarle.

DÍA 365

# La confusión de Pedro *(Al finalizar)*
## Renovada visión

### Mateo 16.13–23

***Entre los muchos momentos dramáticos vividos durante este año, uno de los más intensos fue el que describe el pasaje de Mateo 16. Vuelva a leer el diálogo que sostuvo Jesús con sus discípulos. Observe el contraste que existe entre la confesión de Pedro y la actitud que asumió cuando reprendió al Señor. ¿Cuál es la razón por la que surgió esta contradicción en su comportamiento? ¿Qué nos indica acerca de nuestra capacidad de conocer al Señor? ¿De qué forma piensa que el concepto de Jesús que poseía Pedro limitó su relación con él?***

Quizás recuerde que en el inicio de nuestra aventura con Cristo le animé a que meditara en la oración de Salomón, contenida en 1 Reyes 3.5–15. Si desea refrescar su memoria puede volver a mirar el primer día de este libro. En aquella oportunidad intentábamos imaginar lo que le pediríamos al Señor, si él nos diera la oportunidad de solicitarle lo que quisiéramos. Del mismo modo, también intentamos pensar en qué podría pedirnos él a nosotros.

El pasaje que volvemos a leer hoy es el que mejor ilustra el desafío que enfrentamos al caminar con el Señor. Al igual que Pedro, reconocemos que Jesús es el Hijo de Dios, el Prometido que ha sido enviado por el Padre para salvarnos de nuestra propia perdición. La confesión de su identidad es una de las columnas sobre las cuales se edifica una vida espiritual que produce la clase de transformación que Él desea realizar en nosotros. No obstante, vemos también la diferencia entre lo que Pedro tenía en mente cuando hablaba de Cristo, y lo que era en realidad. Es precisamente la diferencia en conceptos la que llevó al discípulo, pocos momentos más adelante, a reprender con vehemencia a la misma persona que había confesado que era el Hijo de Dios.

Si la lectura de este libro ha cumplido con uno de sus propósitos, seguramente usted también habrá encontrado algunas diferencias entre la imagen del Jesús que siempre había tenido y la que se le ha ido revelando en su experiencia de caminar por los Evangelios con Cristo. ¿Cuáles son las diferencias más notables que usted ha podido identificar? ¿Qué implicaciones tienen para su vida estas diferencias? ¿Si decidiera volver a sentarse con el Señor, como lo hizo el primer día de esta serie, de qué manera modificaría su petición ante él? ¿Cuál cree que sería el pedido que Jesús le haría a usted, si pudiera pedirle una sola cosa? El contenido de sus respuestas pueden darle a usted la más clara indicación acerca de lo que el Señor ha intentado obrar en su vida a lo largo de este año. No deseche la oportunidad de meditar en esas señales.

Nuestra aventura con Cristo no termina en este punto. Queda todavía mucho camino por recorrer. Espero, de todo corazón, que sienta el deseo de continuar por este camino y le animo a que me siga acompañando en el segundo volumen de esta serie: *¿Quién eres, Señor?* El proceso de conocerle a él y ser conformados a su imagen apenas comienza. Nos esperan, de la mano de Cristo, ¡muchos otros momentos sagrados!

# Índice de textos bíblicos